Ergänzungsband zum Lexikon für das Lohnbüro 2022

Arbeitslohn · Lohnsteuer · Sozialversicherung

Aktuelle Änderungen der wichtigsten Stichworte

Wolfgang Schönfeld
Regierungsdirektor a.D., Bayerisches Staatsministerium der Finanzen,
Diplom-Finanzwirt (FH),

Jürgen Plenker
Regierungsdirektor, Ministerium der Finanzen Nordrhein-Westfalen,
Diplom-Finanzwirt (FH)

und

Heinz-Willi Schaffhausen
Regierungsrat, Ministerium der Finanzen Nordrhein-Westfalen,
Diplom-Finanzwirt (FH)

1. Auflage

Rechtsstand 1. Juli 2022

rehm

Bibliografische Informationen der Deutschen Nationalbibliothek
Die Deutsche Nationalbibliothek verzeichnet diese Publikation in der Deutschen Nationalbibliografie; detaillierte bibliografische Daten sind im Internet über http://dnb.d-nb.de abrufbar.

ISBN 978-3-8073-2822-5

Verlagsgruppe Hüthig Jehle Rehm GmbH
Im Weiher 10, 69121 Heidelberg
Unsere Homepage: www.rehm-verlag.de

Satz: Druckerei C.H. Beck, Berger Straße 3, 86720 Nördlingen
Druck: Gotteswinter und Fibo Druck, Joseph-Dollinger-Bogen 22, 80807 München

Arbeitslohn – Lohnsteuer – Sozialversicherung
Aktuelle Änderungen der wichtigsten Stichworte

Lohnsteuerpflichtig | Sozialversich.-pflichtig

Corona-Pandemie

Neues auf einen Blick:

In der Zeit vom **18.11.2021 bis zum 31.12.2022** vom Arbeitgeber an in bestimmten Einrichtungen (z. B. Krankenhäusern, Arztpraxen, Rettungsdienste) tätige Arbeitnehmer gewährte Sonderzahlungen zur Anerkennung besonderer Leistungen während der Corona-Pandemie sind bis zu einem Betrag von **4500 €** steuerfrei und werden in der Grundsicherung für Arbeitsuchende nicht angerechnet (sog. **steuerfreier Pflegebonus**).

Vgl. hierzu im Einzelnen die Ausführungen unter der nachfolgenden Nr. 1 Buchstabe b.

Gliederung:

1. Beihilfen und Unterstützungen des Arbeitgebers
   a) Allgemeine Regelung für alle Arbeitnehmer
   b) Besonderer Pflegebonus
2. Schutzmasken und Corona-Tests
   a) Gestellung von Schutzmasken
   b) Corona-Tests auf Kosten des Arbeitgebers
   c) Corona-Impfungen durch den Arbeitgeber
3. Fristverlängerung für Lohnsteuer-Anmeldungen
4. Stundung der Lohnsteuer und der Sozialversicherungsbeträge
5. Kurzarbeitergeld an Arbeitnehmer und Arbeitgeberzuschüsse
6. Quarantäne-Zeit der Arbeitnehmer
7. Verdienstausfallentschädigung bei Kita- und Schulschließung
8. Arbeitgeberleistungen für zusätzlichen Betreuungsbedarf beim Arbeitnehmer
9. Arbeitslohnspenden der Arbeitnehmer
10. Öffentliche Zuschüsse z. B. wegen Grenzschließung
11. Übungsleiterfreibetrag für reaktivierte Ärzte und Pflegekräfte
12. Home-Office
    a) Häusliches Arbeitszimmer
    b) Firmenwagennutzung für Fahrten zwischen Wohnung und erster Tätigkeitsstätte
    c) Zahl der Arbeitstage bei der Entfernungspauschale
    d) Grenzüberschreitende Tätigkeit
13. Keine Dreimonatsfrist beim Auslandstätigkeitserlass
14. Familienpflegezeit und Pflegezeit
15. Nebenberufliche Tätigkeit in Corona-Impfzentren und mobilen Impfteams

1. Beihilfen und Unterstützungen des Arbeitgebers

a) Allgemeine Regelung für alle Arbeitnehmer

Arbeitgeber konnten ihren Arbeitnehmern in der Zeit zwischen dem 1.3.2020 und 31.3.2022 aufgrund der Corona-Pandemie Beihilfen und Unterstützungen bis zu einem Betrag von insgesamt **1500 € steuer- und beitragsfrei** auszahlen oder als Sachleistungen gewähren (§ 3 Nr. 11a EStG); die steuerfreien Leistungen unterliegen nicht dem Progressionsvorbehalt. Aus der einzelvertraglichen Vereinbarung, ähnlichen Dokumenten (z. B. Tarifvertrag, Betriebsvereinbarung) oder einer Erklärung des Arbeitgebers (z. B. Lohnabrechnung, Überweisungsbeleg) musste sich ergeben, dass es sich um eine steuerfreie Leistung zur Abmilderung der zusätzlichen Belastung durch die Corona-Pandemie handelt. Das konnte auch eine Impfprämie sein. Es kam nicht darauf an, aus welchen Mitteln die Sonderleistungen finanziert und ob sie vom Arbeitgeber oder als Arbeitslohn von dritter Seite gewährt wurden. Die Steuerfreistellung bis 1500 € galt insgesamt (also nicht mehrfach!) für sämtliche Zuwendungen im Zeitraum 1.3.2020 bis 31.3.2022 und somit z. B. auch für die Corona-Prämie an Pflegekräfte (§ 150a Abs. 1 SGB XI), für Aufstockungsbeträge dieser Prämie durch die Bundesländer (§ 150a Abs. 9 SGB XI) sowie für etwaige weitere Zuwendungen aus Landesmitteln. Zum steuerfreien Pflegebonus vgl. nachfolgenden Buchstaben b. nein nein

Beispiel A

Der Arbeitgeber zahlte seinen Arbeitnehmern zusätzlich zum ohnehin geschuldeten Arbeitslohn im März 2020, Juni 2021 und Januar 2022 eine Corona-Unterstützung von jeweils 500 €.

Die Zahlungen (Gesamtsumme 1500 €) über jeweils 500 € sind im März 2020, Juni 2021 und Januar 2022 steuer- und beitragsfrei.

Andere Steuerbefreiungsvorschriften (insbesondere die Steuerfreiheit von Zuschlägen für Sonntags-, Feiertags- und Nachtarbeit) und Bewertungsvergünstigungen (z. B. Rabattfreibetrag von 1080 € jährlich für Personalrabatte) bleiben hiervon unberührt und können neben dem Steuerfreibetrag von 1500 € in Anspruch genommen werden.

Voraussetzung ist, dass die steuerfreie Beihilfe oder Unterstützungsleistung im Lohnkonto aufgezeichnet und zusätzlich zum ohnehin geschuldeten Arbeitslohn erbracht wurden. Wegen des **Zusätzlichkeitserfordernisses** ist die Steuerbefreiung bei einem Gehaltsverzicht oder einer Gehaltsumwandlung ausgeschlossen. Eine Vereinbarung über Sonderzahlungen, die vor dem 1.3.2020 ohne einen Bezug zur Corona-Pandemie getroffen wurde, konnte nicht nachträglich in eine steuerfreie Beihilfe oder Unterstützungsleistung zur Abmilderung der zusätzlichen Belastung durch die Corona-Pandemie umgewandelt werden (z. B., wenn für die Sonderzahlung in der Bilanz zum 31.12.2019 eine Rückstellung gebildet wurde oder die Arbeitnehmer bereits im Februar 2020 über die Gewährung einer Sonderzahlung im März 2020 informiert wurden). Sofern vor dem 1.3.2020 keine vertraglichen Vereinbarungen oder andere rechtliche Verpflichtungen des Arbeitgebers zur Gewährung einer Sonderzahlung bestanden haben, konnte allerdings eine steuerfreie Beihilfe oder Unterstützungsleistung zur Abmilderung der zusätzlichen Belastung durch die Corona-Pandemie gewährt werden. Dabei konnte auch in einem Tarifvertrag, durch Betriebsvereinbarung oder durch eine einzelvertragliche Vereinbarung eine steuerfreie Beihilfe oder Unterstützungsleistung zusätzlich zum ohnehin geschuldeten Arbeitslohn vereinbart werden.

Bestand vor dem 1.3.2020 kein Anspruch auf eine **Vergütung von Überstunden** (sondern war lediglich die Möglichkeit eines Freizeitausgleichs vorgesehen), war die Gewährung einer steuerfreien Beihilfe oder Unterstützungsleistung bis 1500 € möglich, auch wenn der Arbeitnehmer im Gegenzug auf einen Freizeitausgleich von Überstunden verzichtet bzw. die Überstunden gekürzt wurden. Die Voraussetzung „zusätzlich zum ohnehin geschuldeten Arbeitslohn" war in diesen Fällen erfüllt.

Dem Arbeitgeber stand es auch frei, **anstelle** einer üblichen (steuerpflichtigen) **Abfindung** wegen des Verlusts des Arbeitsplatzes eine steuerfreie Beihilfe oder Unterstützungsleistung bis 1500 € zu leisten.

Beispiel B

Arbeitnehmer B ist zum 31.12.2021 aus dem Unternehmen seines Arbeitgebers ausgeschieden. Neben einer steuerpflichtigen Abfindung zahlte ihm der Arbeitgeber im Januar 2022 wegen der Corona-Pandemie erstmalig eine Unterstützungsleistung von 1000 €.

Die Unterstützungsleistung in Höhe von 1000 € ist steuer- und beitragsfrei.

Steuerfreie Beihilfen und Unterstützungen konnten **grundsätzlich** an **alle Arbeitnehmer** bis zu einem Betrag von 1500 € geleistet werden. Dies galt unabhängig vom Umfang der Beschäftigung (z. B. Vollzeit oder Teilzeit). Ebenso spielte es keine Rolle, ob und in welchem Umfang Kurzarbeitergeld gezahlt wird. Die Steuerfreistellung galt auch für geringfügig entlohnte Beschäftigte (sog. Minijobber); eine Angemessenheitsprüfung wurde nicht vor-

Lohn-steuer-pflichtig	Sozial-versich.-pflichtig

genommen und die Lohnsteuer-Pauschalierung des beitragspflichtigen Arbeitsentgelts mit 2% oder 20% war weiterhin möglich. Bei Arbeitsverhältnissen unter nahen Angehörigen musste die Gewährung einer solchen Beihilfe oder Unterstützungsleistung aber auch unter Fremden üblich sein (sog. Fremdvergleichsgrundsatz). Bei Gesellschafter-Geschäftsführern war das Vorliegen einer verdeckten Gewinnausschüttung zu prüfen.

Beispiel C

Arbeitgeber E zahlte einer geringfügig beschäftigten Arbeitnehmerin im Januar 2022 erstmalig wegen der Corona-Pandemie eine Beihilfe von 500 €.

Die Beihilfe ist in voller Höhe steuer- und beitragsfrei.

Steuerfreie Beihilfen oder Unterstützungsleistungen bis 1500 € konnten für **jedes Dienstverhältnis** gesondert in Anspruch genommen werden. Die Ausschöpfung des Steuerfreibetrags von 1500 € pro Dienstverhältnis galt allerdings nicht bei mehreren Dienstverhältnissen im Kalenderjahr zu ein und demselben Arbeitgeber. Auch in den Fällen einer zivilrechtlichen Gesamtrechtsnachfolge und bei einem Betriebsübergang nach § 613a BGB ist nicht von einem weiteren Dienstverhältnis auszugehen. Hier tritt zivilrechtlich der neue Betriebsinhaber lediglich in die Rechte und Pflichten aus den im Zeitpunkt des Übergangs bestehenden Arbeitsverhältnissen ein. Daher war in diesen Fällen eine mehrfache Inanspruchnahme des Steuerfreibetrags nicht möglich.

Die steuerfreie Beihilfe oder Unterstützungsleistung ist im **Lohnkonto** des jeweiligen Arbeitnehmers aufzuzeichnen. Ein Ausweis in der Lohnsteuerbescheinigung ist allerdings nicht vorzunehmen. Auch eine Angabe in der Einkommensteuererklärung des Arbeitnehmers ist nicht erforderlich. Die steuerfreie Leistung unterliegt nämlich nicht dem sog. Progressionsvorbehalt, bei dem ein besonderer Steuersatz auf das steuerpflichtige zu versteuernde Einkommen angewendet wird.

b) Besonderer Pflegebonus

In der Zeit vom **18.11.2021 bis zum 31.12.2022** vom Arbeitgeber an in bestimmten Einrichtungen tätige Arbeitnehmer gewährte Sonderzahlungen zur Anerkennung besonderer Leistungen während der Corona-Pandemie sind bis zu einem Betrag von **4500 € steuerfrei** und werden in der Grundsicherung für Arbeitsuchende nicht angerechnet (§ 3 Nr. 11b EStG). Durch die Zahlung einer steuerfreien Prämie sollen die Herausforderungen an Pflegekräfte wegen der besonderen Arbeitsbedingungen aufgrund der Corona-Pandemie sowie der Versorgung von mit dem Virus infizierten Personen gewürdigt werden. Eine Inanspruchnahme der Steuerbefreiung nach dem vorstehenden Buchstaben a kommt für diese Prämienzahlungen nicht in Betracht.

Begünstigt sind neben Prämienzahlungen aufgrund von Gesetzen auch Prämienzahlungen aufgrund von Beschlüssen der Bundesregierung oder einer Landesregierung sowie Arbeitgeberzahlungen aufgrund tarifvertraglicher Vereinbarungen und auch freiwillige Arbeitgeberleistungen.

Anspruchsberechtigt sind nicht nur Pflegekräfte, sondern auch weitere in Krankenhäusern und Pflegeeinrichtungen sowie den weiteren begünstigten Einrichtungen tätige Arbeitnehmer (u. a. Auszubildende sowie Freiwillige im Bundes- oder Jugendfreiwilligendienst). Zudem sind auch Personen anspruchsberechtigt, die in den begünstigten Einrichtungen im Rahmen der Arbeitnehmerüberlassung, eines Werkvertrags oder Dienstleistungsvertrags eingesetzt werden.

Die Inanspruchnahme der Steuerbefreiung setzt voraus, dass der Arbeitnehmer in einer **„begünstigten Einrichtung"** tätig wird. Dies sind:

- Krankenhäuser,
- ambulante Pflegedienste, die ambulante Intensivpflege erbringen,
- voll- oder teilstationäre Einrichtungen zur Betreuung und Unterbringung älterer, behinderter oder pflegebedürftiger Menschen,
- Einrichtungen für ambulantes Operieren,
- Vorsorge- und Rehabilitationseinrichtungen,
- Dialyseeinrichtungen,
- Arzt-, Zahnarztpraxen und
- Rettungsdienste.

Beispiel A

Die Pflegekraft eines Krankenhauses erhält im August 2022 von ihrem Arbeitgeber eine Sonderzahlung in Höhe von 4500 € zur Anerkennung der besonderen Leistungen während der Corona-Pandemie. Im April 2021 hatte sie aufgrund der Corona-Krise von ihrem Arbeitgeber eine Unterstützungsleistung von 1500 € erhalten.

Die Unterstützungsleistung im April 2021 in Höhe von 1500 € war nach § 3 Nr. 11a EStG steuerfrei, die Sonderzahlung im August 2022 ist nach § 3 Nr. 11b EStG steuerfrei. Beide Zahlungen sind auch beitragsfrei.

Beispiel B

Wie Beispiel A. Die Pflegekraft hat im Jahr 2021 keine Unterstützungsleistung erhalten und die Sonderzahlung im August 2022 beträgt 6000 €.

Die Sonderzahlung ist in Höhe von 4500 € steuer- und beitragsfrei und in Höhe des übersteigenden Betrags von 1500 € steuer- und beitragspflichtig.

Beispiel C

Wie Beispiel B. Die Pflegekraft erhält aufgrund einer tarifvertraglichen Vereinbarung im August 2022 eine Sonderzahlung von 4500 €.

Die Steuerbefreiungsvorschrift gilt auch für tarifvertragliche Vereinbarungen. Der Betrag von 4500 € ist daher steuer- und beitragsfrei.

Beispiel D

Eine Arzthelferin erhält im November 2022 zur Anerkennung besonderer Leistungen während der Corona-Pandemie von ihrem Arbeitgeber eine freiwillige Leistung von 4500 €.

Auch diese freiwillige Leistung von 4500 € ist steuer- und beitragsfrei.

2. Schutzmasken und Corona-Tests

a) Gestellung von Schutzmasken

Stellt **der Arbeitgeber** dem Arbeitnehmer Schutzmasken für den beruflichen Gebrauch zur Verfügung, handelt es sich um einen Vorteil im **ganz überwiegend eigenbetrieblichen Interesse** des Arbeitgebers. Ein steuerpflichtiger geldwerter Vorteil liegt insoweit beim Arbeitnehmer nicht vor. Beim Arbeitgeber liegen Betriebsausgaben vor. nein nein

Schafft der **Arbeitnehmer** die Schutzmasken z. B. aufgrund der Vorgaben seines Arbeitgebers Schutzmasken für die berufliche Nutzung an, führen seine Aufwendungen zu abziehbaren **Werbungskosten.** Dies gilt auch dann, wenn die Schutzmasken auch auf dem Weg zur Arbeit getragen werden. Darüber hinausgehende Aufwendungen für den Erwerb von Schutzmasken gehören zu den steuerlich nicht abziehbaren Kosten der privaten Lebensführung. Ein Abzug als Sonderausgaben oder außergewöhnliche Belastungen kommt nicht in Betracht.

b) Corona-Tests auf Kosten des Arbeitgebers

Zahlreiche Arbeitgeber führen bei ihren Arbeitnehmern (ggf. sogar regelmäßig) Corona-Testungen durch und übernehmen hierfür die anfallenden Kosten. Bei den Arbeitnehmern entsteht hierdurch kein steuer- und beitragspflichtiger geldwerter Vorteil, da es sich um Arbeitgeberleistungen im **ganz überwiegenden eigenbetrieblichen Interesse** handelt (hier: Vorsichtsmaßnahme betreffend die Ausbreitung des Corona-Virus im Betrieb). nein nein

Die vorstehenden Ausführungen gelten für Schnelltests, PCR-Tests und Antikörper-Tests gleichermaßen.

Lohn-steuer-pflichtig Sozial-versich.-pflichtig

Zum Werbungskostenabzug bei Aufwendungen des Arbeitnehmers vgl. Anhang 7, Abschnitt B, Nr. 2 „Corona-Test".

c) Corona-Impfungen durch den Arbeitgeber

Aufwendungen des Arbeitgebers für Corona-Schutzimpfungen (einschließlich Auffrischungsimpfungen) seiner Arbeitnehmer sind als Leistungen im **ganz überwiegend eigenbetrieblichen Interesse** nicht steuer- und beitragspflichtig. Dies gilt auch für Schutzimpfungen der Angehörigen (z. B. Ehegatte, Lebenspartner) des Arbeitnehmers.

3. Fristverlängerung für Lohnsteuer-Anmeldungen

Arbeitgebern können die Fristen zur Abgabe monatlicher oder vierteljährlicher Lohnsteuer-Anmeldungen während der Corona-Pandemie im Einzelfall auf Antrag verlängert werden, soweit sie selbst oder der von ihnen mit der Lohnbuchhaltung und Lohnsteuer-Anmeldung Beauftragte nachweislich unverschuldet daran gehindert sind, die Lohnsteuer-Anmeldung pünktlich zu übermitteln. Die Fristverlängerung beträgt in diesem Fall maximal zwei Monate. Die Entscheidung hierüber trifft im jeweiligen Einzelfall das zuständige Betriebsstättenfinanzamt. Zahlungsschwierigkeiten oder Liquiditätsengpässe sind aber kein Grund für eine Fristverlängerung.

4. Stundung der Lohnsteuer und der Sozialversicherungsbeträge

Eine Stundung der Lohnsteuer – die nicht vom Arbeitgeber als Steuerschuldner pauschal erhoben wird – ist gesetzlich ausgeschlossen, da der Arbeitgeber den individuellen Lohnsteuerabzug im ELStAM-Verfahren für Rechnung des Arbeitnehmers vornimmt, der die Lohnsteuer bei seiner Einkommensteuer-Veranlagung angerechnet bekommt.

Die Krankenkassen können mit Arbeitgebern, die in wirtschaftlichen Schwierigkeiten stecken, eine Stundung und Ratenzahlungen vereinbaren. Voraussetzung dafür ist, dass die Einziehung mit erheblichen Härten für das Unternehmen verbunden wäre und davon auszugehen ist, dass die Zahlungsschwierigkeiten nur vorübergehend sind. Stundungsvereinbarungen müssen mit jeder einzelnen Krankenkasse der Mitarbeiter geschlossen werden.

Für einzelne Beitragsmonate werden durch den GKV-Spitzenverband nach Bedarf (z. B. bei Lockdowns) erleichterte Voraussetzungen für die Stundung vorgegeben.

5. Kurzarbeitergeld an Arbeitnehmer und Arbeitgeberzuschüsse

Vgl. die Erläuterungen beim Stichwort „Kurzarbeitergeld".

6. Quarantäne-Zeit der Arbeitnehmer

Spricht das Gesundheitsamt für eine Person aufgrund einer Corona-Infektion ein Beschäftigungsverbot aus, wird der Verdienstausfall durch die **Verdienstausfallentschädigung** nach dem Infektionsschutzgesetz kompensiert. Auch diese Zahlung ist **steuerfrei,** unterliegt jedoch ebenfalls dem **Progressionsvorbehalt.** Der Arbeitgeber hat die Verdienstausfallentschädigung an den Arbeitnehmer auszuzahlen und bekommt sie von der Entschädigungsbehörde erstattet. In der Lohnsteuerbescheinigung des Arbeitnehmers hat der Arbeitgeber die Verdienstausfallentschädigung in Zeile 15 anzugeben.

Schwierigkeiten ergeben sich in der Praxis zwangsläufig, wenn der Arbeitgeber den Arbeitslohn steuerpflichtig abgerechnet, die Lohnsteuer angemeldet sowie die entsprechenden Bescheinigungen in der Lohnsteuerbescheinigung vorgenommen hat und die öffentliche Kasse aufgrund des Antrags des Arbeitgebers erst im Folgejahr **nachträglich** eine **Erstattung** vornimmt.

Lohn-steuer-pflichtig Sozial-versich.-pflichtig

Beispiel

Der monatliche Bruttoarbeitslohn für Dezember 2021 beträgt 2500 €, die Lohnsteuer 300 € und der Arbeitnehmer-Anteil zur Sozialversicherung 200 €. Die jeweiligen Beträge sind in der Lohnsteuerbescheinigung 2021 ausgewiesen. Aufgrund des Antrags des Arbeitgebers erstattet die Entschädigungsbehörde dem Arbeitgeber im Jahre 2022 den Nettoarbeitslohn von 2000 € und trägt den Arbeitnehmer-Anteil zur Sozialversicherung.

Der Bruttoarbeitslohn laut Lohnsteuerbescheinigung ist bei der Einkommensteuer-Veranlagung 2021 des Arbeitnehmers um 2200 € zu mindern, da die Entschädigungsleistung steuerfrei ist, allerdings dem Progressionsvorbehalt unterliegt. Auch die als Sonderausgaben abziehbaren Sozialversicherungsbeiträge (200 €) mindern sich entsprechend. Der verbleibende Betrag (= Lohnsteuer 300 €) ist weiterhin als Bruttoarbeitslohn anzusetzen und diese Lohnsteuer auf die Einkommensteuer anzurechnen. Eine Änderung der Lohnsteuer-Anmeldung Dezember 2021 ist nicht zulässig. Muss der Arbeitnehmer den Betrag von 300 € an den Arbeitgeber zurückzahlen, liegt im Zeitpunkt der Rückzahlung negativer Arbeitslohn vor.

Im umgekehrten Fall (steuerfreie Auszahlung des Betrags im Jahr 2021, **Ablehnung der Erstattung** durch die Entschädigungsbehörde im Jahr 2022), hat der Arbeitgeber den Sachverhalt nach Ausstellung der Lohnsteuerbescheinigung seinem Betriebsstättenfinanzamt anzuzeigen. Bei der Einkommensteuer-Veranlagung erhöht das Wohnsitzfinanzamt des Arbeitnehmers den Bruttoarbeitslohn um den steuerfrei ausgezahlten Betrag. Dieser Betrag darf nicht zusätzlich dem Progressionsvorbehalt unterworfen werden.

Es ist die Frage aufgetreten, welche Eintragungen aufgrund der Corona-Pandemie in den Zeilen 22 bis 27 der Lohnsteuerbescheinigung vorzunehmen sind, wenn der Arbeitgeber während der Quarantäne-Zeit der Arbeitnehmer **Sozialversicherungsbeiträge** auftragsweise für die Entschädigungsbehörde geleistet und im Nachhinein von ihr erstattet bekommen hat. Hierzu gilt Folgendes:

Die während der Quarantäne-Zeit gezahlten Beiträge zur Renten- und Arbeitslosenversicherung sind nicht zu bescheinigen, da sie im Zusammenhang mit steuerfreien Einnahmen stehen (hier: Verdienstausfallentschädigung nach dem Infektionsschutzgesetz) und daher nicht als Sonderausgaben abgezogen werden dürfen.

Bei einem in der gesetzlichen Krankenversicherung pflichtversicherten Arbeitnehmer sind wegen des Zusammenhangs mit diesen steuerfreien Einnahmen ebenfalls keine Kranken- und Pflegeversicherungsbeiträge zu bescheinigen.

Bei einem in der gesetzlichen Krankenversicherung freiwillig versicherten Arbeitnehmer (Selbstzahler) zahlt der Arbeitnehmer seine Beiträge, sodass vom Arbeitgeber keine Bescheinigungen vorzunehmen sind. Entsprechendes gilt für den Arbeitgeberzuschuss, der in diesem Fall – anders als beim Kurzarbeitergeld – nicht zu zahlen ist.

Bei einem in der gesetzlichen Krankenversicherung freiwillig versicherten Arbeitnehmer (Firmenzahler) ist der gesamte, vom Arbeitgeber abgeführte Beitrag zur Kranken- und Pflegeversicherung unter den Nrn. 25 und 26 zu bescheinigen. Mangels Zahlung hat der Arbeitgeber aber – anders als beim Kurzarbeitergeld – keinen Arbeitgeberzuschuss zu bescheinigen.

Auch bei privat versicherten Arbeitnehmern hat der Arbeitgeber mangels Zahlung keinen Arbeitgeberzuschuss zu bescheinigen.

Zahlt der Arbeitgeber während der Quarantäne bzw. bei einem Tätigkeitsverbot nach dem Infektionsschutzgesetz bei einem in der gesetzlichen Krankenversicherung freiwillig versicherten Arbeitnehmer die Zuschüsse zur Kranken- und Pflegeversicherung an den Arbeitnehmer weiterhin aus und lässt er sich gleichzeitig den gegenüber der Entschädigungsbehörde bestehenden Erstattungsanspruch des Arbeitnehmers abtreten, liegt kein lohnsteuerlich relevanter Vorgang und daher auch kein Arbeitslohn vor.

Lohn- steuer- pflichtig | Sozial- versich.- pflichtig

Die sozialversicherungsrechtliche Auswirkung im Versicherungs- und Beitragsrecht der Sozialversicherung bei einer Entschädigung nach dem Infektionsschutzgesetz wegen Anordnung einer Quarantäne ist im Rundschreiben des GKV-Spitzenverbandes vom 2.4.2020 dargestellt (vgl. www.aok.de/fk/sozialversicherung/rundschreiben/jahrgang-2020/).

7. Verdienstausfallentschädigung bei Kita- und Schulschließung

Müssen Eltern ihre bis zu 12 Jahre alten oder behinderten Kinder in der Corona-Pandemie wegen der Schließung oder Einschränkung der Kita oder von Schulen zu Hause betreuen, erhielten sie nach dem Infektionsschutzgesetz eine Verdienstausfallentschädigung.

Die Verdienstausfallentschädigung wird als Lohnersatzleistung vom Arbeitgeber ausgezahlt und ihm von der zuständigen Behörde (z. B. Gesundheitsämter) erstattet. Sie ist **steuerfrei,** unterliegt allerdings dem sog. **Progressionsvorbehalt** und ist deshalb vom Arbeitgeber in der Lohnsteuerbescheinigung des jeweiligen Arbeitnehmers auszuweisen (= Zeile 15).

8. Arbeitgeberleistungen für zusätzlichen Betreuungsbedarf beim Arbeitnehmer

Zusätzlich zum ohnehin geschuldeten Arbeitslohn erbrachte Arbeitgeberleistungen sind bis zu einem Betrag von 600 € jährlich je Arbeitnehmer steuer- und beitragsfrei. Der zusätzliche Betreuungsbedarf muss aus Anlass einer zwingenden und beruflich veranlassten kurzfristigen Betreuung eines Kindes unter 14 Jahren oder eines behinderten Kindes unter 25 Jahren entstehen. Entsprechendes gilt, wenn sich der Arbeitnehmer um einen pflegebedürftigen Angehörigen kümmert.

Das Vorliegen eines zusätzlichen Betreuungsbedarfs wird unterstellt, wenn der Arbeitnehmer aufgrund der Corona-Pandemie zu **außergewöhnlichen Zeiten arbeitet** oder die Betreuung der Kinder infolge der zur Eindämmung der Corona-Pandemie angeordneten **Schließung von Schulen** oder Betreuungseinrichtungen (z. B. **Kindergärten**) weggefallen ist. Dabei ist von einer kurzfristig zu organisierenden Betreuung so lange auszugehen, bis die entsprechenden Betreuungseinrichtungen ihren regulären Betrieb wieder aufnehmen können.

9. Arbeitslohnspenden der Arbeitnehmer

Verzichten Arbeitnehmer auf die Auszahlung des Arbeitslohns zugunsten einer Zahlung des Arbeitgebers auf ein Spendenkonto einer empfangsberechtigten Einrichtung, bleiben diese Lohnteile bei der Feststellung des steuerpflichtigen Arbeitslohns **außer Ansatz.** Der Arbeitgeber hat die Erfüllung der Verwendungsauflage zu dokumentieren. Diese steuerfrei belassenen Lohnteile dürfen bei der Einkommensteuer-Veranlagung des Arbeitnehmers nicht als Spende berücksichtigt werden.

10. Öffentliche Zuschüsse z. B. wegen Grenzschließung

Die aufgrund der Corona-Pandemie aus öffentlichen Mitteln geleisteten Zuschüsse bzw. Tagegeldzahlungen, die ein Arbeitgeber erhalten und an seine Arbeitnehmer (= ausländische Grenzpendler) zur Finanzierung der ihnen entstandenen Mehraufwendungen für Unterbringung und Verpflegung wegen der Grenzschließung oder aus anderen Gründen weitergegeben hat, sind **kein Arbeitslohn** und unterliegen daher nicht dem Lohnsteuerabzug.

11. Übungsleiterfreibetrag für reaktivierte Ärzte und Pflegekräfte

Die ärztliche Versorgung und die Pflege von kranken Menschen zählen zu den begünstigten Tätigkeiten, für die der sog. Übungsleiterfreibetrag in Betracht kommt. Werden Ärzte oder Pflegekräfte, deren Beschäftigungsverhältnis z. B. aufgrund einer Elternzeit ruht oder die bereits im Ruhestand sind, als medizinische Kräfte in einem Gesundheitsamt oder einem staatlichen bzw. gemeinnützigen Krankenhaus tätig, sind die hierfür gewährten Vergütungen bis zum Übungsleiterfreibetrag (2022 = 3000 € jährlich) steuerfrei. Voraussetzung ist jedoch, dass die regelmäßige wöchentliche Arbeitszeit von maximal 14 Stunden nicht überschritten wird.

Lohn- steuer- pflichtig | Sozial- versich.- pflichtig

12. Home-Office

a) Häusliches Arbeitszimmer

Ein häusliches Arbeitszimmer ist ein Raum, der seiner Lage, Funktion und Ausstattung nach in die häusliche Sphäre des Arbeitnehmers eingebunden ist, der Erledigung der beruflichen Arbeit dient und nahezu ausschließlich zu beruflichen Zwecken genutzt wird (= mindestens 90 %).

Die Aufwendungen für ein häusliches Arbeitszimmer können bis zum Höchstbetrag von 1250 € jährlich als Werbungskosten bei den Einkünften aus nichtselbstständiger Arbeit berücksichtigt werden, wenn es sich beim häuslichen Arbeitszimmer zwar nicht um den Mittelpunkt der gesamten beruflichen Tätigkeit des Arbeitnehmers handelt, für die berufliche Tätigkeit aber kein anderer Arbeitsplatz zur Verfügung steht. Ein solcher Abzug bis zum Höchstbetrag von 1250 € jährlich ist auch dann möglich, wenn der **Büroarbeitsplatz** im Betrieb durch die Corona-Pandemie **nicht benutzt werden kann.** Entsprechendes gilt, wenn die Entscheidung über das Tätigwerden im Home-Office der Arbeitnehmer auch ohne eine ausdrückliche Anweisung des Arbeitgebers getroffen hat und er damit eine Empfehlung der Bundes- oder Landesregierung gefolgt ist. Erbringt der Arbeitnehmer seine qualitativ gleichwertige berufliche Tätigkeit während der Corona-Pandemie unter Berücksichtigung der wöchentlichen Regelarbeitszeit zeitlich überwiegend im häuslichen Arbeitszimmer befindet sich dort der Tätigkeitsmittelpunkt und die Aufwendungen sind in vollem Umfang als Werbungskosten abziehbar.

Zahlt der Arbeitgeber dem Arbeitnehmer für die Räumlichkeiten eine Vergütung, handelt es sich grundsätzlich um steuer- und beitragspflichtigen Arbeitslohn. Beim Ersatz der Betriebskosten für die eingesetzten Arbeitsmittel (z. B. PC, Laptop) kann es sich um steuer- und beitragsfreien Auslagenersatz handeln.

Zur Berücksichtigung der **Home-Office-Pauschale** von 5 € täglich für höchstens 120 Tage (= 600 € Höchstbetrag) in den Kalenderjahren 2020 bis 2022 vgl. das Stichwort „Home-Office“ unter Nr. 6. Aufwendungen für Arbeitsmittel sowie Telefon-/Internetkosten sind neben der Home-Office-Pauschale zu berücksichtigen.

b) Firmenwagennutzung für Fahrten zwischen Wohnung und erster Tätigkeitsstätte

In der Praxis stellt sich vielfach die Frage der Versteuerung des geldwerten Vorteils bei einer Firmenwagenüberlassung für Fahrten zwischen Wohnung und erster Tätigkeitsstätte, wenn der Arbeitnehmer aufgrund einer Home-Office-Tätigkeit wegen der Corona-Pandemie nur wenige oder gar keine solchen Fahrten in einem Kalendermonat durchgeführt hat.

Beispiel

Arbeitgeber A stellt dem Arbeitnehmer B für Privatfahrten und Fahrten zwischen Wohnung und erster Tätigkeitsstätte einen Firmenwagen zur Verfügung. Wegen der Corona-Pandemie ist der Arbeitnehmer weit überwiegend im Home-Office tätig gewesen und nur alle 14 Tage in die Firma zu seiner ersten Tätigkeitsstätte gefahren (= zwei Fahrten im Monat).

Neben der 1 %-Regelung für die Privatfahrten ist auch für die Fahrten zwischen Wohnung und erster Tätigkeitsstätte ein geldwerter Vorteil nach der 0,03 %-Regelung zu berechnen. Ein Wechsel zwischen der 0,03 %-Monatspauschale und der 0,002 %-Tagespauschale während

Lohn-steuer-pflichtig | Sozial-versich.-pflichtig

des Kalenderjahres ist nicht zulässig; dies gilt selbst bei einem Wechsel des Firmenwagens.

Abwandlung

Wie vorheriges Beispiel. Aufgrund von Kurzarbeit ist der Betrieb im Mai geschlossen. Fahrten des Arbeitnehmers B zwischen Wohnung und erster Tätigkeitsstätte haben nicht stattgefunden.

Neben der 1 %-Regelung für die Privatfahrten ist nach Auffassung der Finanzverwaltung auch im Mai ein geldwerter Vorteil für die Fahrten zwischen Wohnung und erster Tätigkeitsstätte nach der 0,03 %-Regelung anzusetzen. Alternativ käme auch in diesem Fallr – wie im vorstehenden Ausgangsbeispiel – lediglich die 0,002 %-Tagespauschale für das gesamte Kalenderjahr in Betracht.

c) Zahl der Arbeitstage bei der Entfernungspauschale

Für jeden Arbeitstag, an dem die Beschäftigten ihre Arbeitsstätte im Betrieb aufsuchen, ist eine verkehrsmittelunabhängige Entfernungspauschale für jeden vollen Entfernungskilometer als Werbungskosten bei den Einkünften aus nichtselbstständiger Arbeit abziehbar. Die ihm bekannte Zahl der tatsächlichen Arbeitstage im Betrieb hat der Arbeitnehmer in seiner Einkommensteuererklärung wahrheitsgemäß anzugeben. Wird der Arbeitnehmer im Kalenderjahr ggf. über einen längeren Zeitraum in seinem Home-Office tätig oder hat der Betrieb des Arbeitgebers „Kurzarbeit-Null" angemeldet, ist die Zahl der tatsächlichen Arbeitstage im Betrieb unter Umständen deutlich geringer als in den vergangenen Jahren. Die tatsächlich geleisteten Aufwendungen für eine Jahresfahrkarte oder Monatsfahrkarten zur Benutzung öffentlicher Verkehrsmittel für die Wege zwischen Wohnung und erster Tätigkeitsstätte können als Werbungskosten anerkannt werden, soweit sie die insgesamt für das Kalenderjahr zu berücksichtigende Entfernungspauschale übersteigen.

d) Grenzüberschreitende Tätigkeit

Bei grenzüberschreitend tätigen Arbeitnehmern im Verhältnis zu Belgien, Luxemburg, den Niederlanden, Österreich und Polen können für die Zuweisung des Besteuerungsrechts bezahlte Home-Office-Tage aufgrund von Maßnahmen, die der deutsche oder ausländische Staat zur Bekämpfung der Corona-Pandemie getroffen haben, grundsätzlich als in dem Vertragsstaat verbrachte Arbeitstage behandelt werden, in dem die grenzüberschreitend tätigen Arbeitnehmer ihre nichtselbstständige Tätigkeit ohne die Maßnahmen zur Bekämpfung der Corona-Pandemie ausgeübt hätten. Diese Tatsachenfiktion gilt allerdings nur, soweit der jeweilige Arbeitslohn, der auf die Arbeitstage im Home-Office entfällt, von dem Vertragsstaat, in dem die grenzüberschreitend tätigen Arbeitnehmer ihre nichtselbstständige Tätigkeit ohne die Maßnahmen zur Bekämpfung der Corona-Pandemie ausgeübt hätten, tatsächlich besteuert wird.

Die vorstehend beschriebene Tatsachenfiktion gilt aber nicht für Arbeitstage, die unabhängig von den Maßnahmen zur Corona-Pandemie im Home-Office oder in einem Drittstaat verbracht worden wären, also insbesondere nicht bei grenzüberschreitend tätigen Arbeitnehmern, die nach den arbeitsvertraglichen Vereinbarungen grundsätzlich im Home-Office tätig sind.

Im Verhältnis zu Frankreich und zur Schweiz gelten die vorstehenden Ausführungen entsprechend, wenn es sich nicht um sog. „Grenzgänger" handelt. Bei Grenzgängern führen zusätzliche „Home-Office-Tage" nicht zu einer Änderung des Besteuerungsrechts.

Aufgrund der vorstehenden Ausführungen wurden mit den erwähnten Staaten entsprechende Vereinbarungen getroffen, die allerdings grundsätzlich am 30.6.2022 ausgelaufen sind.

13. Keine Dreimonatsfrist beim Auslandstätigkeitserlass

Die Steuerfreistellung des Arbeitslohns nach dem Auslandstätigkeitserlass setzt voraus, dass eine begünstigte Tätigkeit mindestens drei Monate ununterbrochen in einem Land ausgeübt wird, mit dem kein Doppelbesteuerungsabkommen besteht. Wegen der Corona-Pandemie haben Arbeitgeber ihre Arbeitnehmer in einigen Fällen vorzeitig zurück nach Deutschland geholt. Für die Steuerfreistellung des Arbeitslohns nach dem Auslandstätigkeitserlass ist in diesen Fällen Folgendes zu beachten:

- Die wegen der Corona-Pandemie im Inland verbrachten Tage können auch aus Billigkeitsgründen nicht als im Ausland verbracht angesehen werden. Eine Steuerbefreiung nach dem Auslandstätigkeitserlass kommt daher für diese Tage nicht in Betracht.
- Die wegen der Corona-Pandemie im Inland verbrachten Tage gelten nicht als unschädliche Unterbrechung im Sinne des Auslandstätigkeitserlasses (wie z. B. bei einer Krankheit).
- Für die aufgrund der Corona-Pandemie unterbrochenen oder beendeten Auslandseinsätze findet die Mindestdauer von drei Monaten keine Anwendung, sofern es sich um eine nach dem Auslandstätigkeitserlass begünstigte Tätigkeit handelt und ein Auslandseinsatz für einen Zeitraum von mehr als drei Monaten geplant war. Die Steuerfreiheit des Arbeitslohns gilt also in diesen Fällen auch bei kürzeren Auslandseinsätzen.

Somit kann auch eine Auslandstätigkeit von weniger als drei Monaten nach dem Auslandstätigkeitserlass begünstigt sein, wenn zunächst eine Auslandstätigkeit von mindestens drei Monaten geplant war und diese vorzeitig wegen der Corona-Pandemie beendet oder unterbrochen wurde. Allerdings sind in diesem Fall Tätigkeitstage im Inland auch dann nicht nach dem Auslandstätigkeitserlass begünstigt, wenn die Tätigkeit im Inland der weiteren Durchführung des begünstigten Vorhabens im ausländischen ATE-Staat dient.

Beispiel

Ein Arbeitnehmer sollte ab dem 1.2. für sechs Monate eine begünstigte Tätigkeit in einem ATE-Staat ausüben. Es war geplant, dass sich der Arbeitnehmer in diesem Zeitraum ausschließlich im ATE-Staat aufhält. Wegen der Corona-Pandemie ist der Arbeitnehmer am 31.3. vorzeitig nach Deutschland zurückgekehrt. Er arbeitete anschließend von Deutschland aus weiterhin an dem begünstigten Vorhaben im ATE-Staat.

Die Tätigkeitstage im Inland (bis 31.1. und ab dem 1.4.) sind nicht nach dem Auslandstätigkeitserlass begünstigt und daher grundsätzlich im Inland steuerpflichtig.

Der Arbeitslohn für die Tätigkeitstage im ATE-Staat (1.2. bis 31.3.) ist nach dem Auslandstätigkeitserlass steuerfrei, obwohl die tatsächliche Auslandstätigkeit weniger als drei Monate umfasst. Entscheidend hierfür ist, dass ein Einsatz im ATE-Staat von mindestens drei Monaten geplant war und dieser Auslandseinsatz wegen der Corona-Pandemie (vorzeitig) beendet worden ist.

14. Familienpflegezeit und Pflegezeit

Auf die Ausführungen beim Stichwort „Familienpflegezeit" unter Nr. 6 und „Pflegezeit" unter Nr. 8 in der Hauptausgabe des Lexikons für das Lohnbüro wird verwiesen. Die dort aufgeführten Maßnahmen sind bis zum 31.12.2022 verlängert worden.

15. Nebenberufliche Tätigkeit in Corona-Impfzentren und mobilen Impfteams

All diejenigen nebenberuflichen Helfer, die direkt an der Impfung beteiligt sind (also in Aufklärungsgesprächen oder beim Impfen selbst), können für ihre Einnahmen die sog. **Übungsleiterpauschale** (3000 € jährlich/250 € monatlich) in Anspruch nehmen.

Diejenigen Helfer, die sich in der Verwaltung und der Organisation von Impfzentren engagieren, erhalten für ihre Einnahmen die sog. **Ehrenamtspauschale** (840 € jährlich/70 € monatlich). Die Ehrenamtspauschale kann aber nicht in Anspruch genommen werden, wenn die Tätigkeit hauptberuflich und nicht nebenberuflich ausgeübt wird (insbesondere, wenn Angestellte eines privaten Sicher-

Lohn- steuer- pflichtig | Sozial- versich.- pflichtig

heitsdienstes oder eines privaten Reinigungsunternehmens in den Impfzentren im Rahmen ihres „Haupt-Arbeitsverhältnisses" tätig werden).

Es kommt nicht darauf an, wer im Auftrag der öffentlichen Hand das Impfzentrum betreibt (z. B. ob es eine Kommune oder ein Apotheker ist).

Die vorstehenden Ausführungen gelten entsprechend für Impfstationen sowie für Testzentren, wobei Letztere von einer juristischen Person des öffentlichen Rechts oder einer gemeinnützigen Körperschaft betrieben werden müssen.

Energiepreispauschale

Gliederung:

1. Allgemeines
2. Anspruchsberechtigter Personenkreis
3. Steuer- und sozialversicherungsrechtliche Behandlung
4. Festsetzung und Auszahlung der Energiepreispauschale
5. Erstattung der ausgezahlten Energiepreispauschale an den Arbeitgeber
6. Angabe der Energiepreispauschale in der Lohnsteuerbescheinigung
7. Kürzung der Einkommensteuer-Vorauszahlungen
8. Kinderbonus

1. Allgemeines

Bestimmte Steuerpflichtige erhalten einmalig für das Kalenderjahr 2022 eine Energiepreispauschale von 300 €. Sie ist insbesondere ein **Ausgleich** für die sprunghaft und drastisch gestiegenen erwerbsbedingten **Wegeaufwendungen.** Aufgrund dieser Zielrichtung der Maßnahme erhalten nicht alle Steuerpflichtigen die Energiepreispauschale.

2. Anspruchsberechtigter Personenkreis

Anspruch auf die Energiepreispauschale haben aufgrund des Wohnsitzes oder gewöhnlichen Aufenthalts in Deutschland unbeschränkt steuerpflichtige, aktiv erwerbstätige Personen mit **Gewinneinkünften** (Land- und Forstwirtschaft, Gewerbebetrieb, selbstständiger Arbeit) oder Einkünften als **Arbeitnehmer** aus einem gegenwärtigen ersten Dienstverhältnis, denen daraus an mindestens einem Tag im Kalenderjahr 2022 Einnahmen zugeflossen sind.

Anspruchsberechtigt hinsichtlich der Energiepreispauschale sind auch:

- Arbeitnehmer in einem aktiven Dienstverhältnis, die **Lohnersatzleistungen** beziehen (u. a. Krankengeld, Kurzarbeitergeld, Elterngeld),
- kurzfristig und geringfügig Beschäftigte **(„Minijobber")** sowie Aushilfskräfte in der Land- und Forstwirtschaft (dies gilt unabhängig davon, ob der Lohnsteuerabzug pauschal oder nach den individuellen Lohnsteuerabzugsmerkmalen des Arbeitnehmers vorgenommen wird),
- Arbeitnehmer, die vom Arbeitgeber steuerfreie oder steuerpflichtige Zuschüsse erhalten (z. B. nach dem **Mutterschutzgesetz**),
- Personen, die ausschließlich steuerfreien Arbeitslohn beziehen (z. B. **Übungsleiter,** Betreuer),
- in Deutschland aufgrund des Wohnsitzes oder gewöhnlichen Aufenthalts **unbeschränkt steuerpflichtige Grenzpendler oder Grenzgänger** (dies gilt auch dann, wenn der ausländische Staat das Besteuerungsrecht für den Arbeitslohn hat),
- Arbeitnehmer in der passiven Phase der **Altersteilzeit,**
- Studenten im entgeltlichen Praktikum,
- Menschen mit Behinderungen, die in einer entsprechenden Werkstatt tätig sind,
- Freiwillige im Sinne des Bundes- oder Jugendfreiwilligendienstes.

Jedem anspruchsberechtigten Steuerpflichtigen steht die Energiepreispauschale **nur einmal** zu; bei einer Zusammenveranlagung sind beide Steuerpflichtigen bei Vorliegen entsprechender Einkünfte jeweils einmal anspruchsberechtigt. Die lediglich einmalige Anspruchsberechtigung gilt auch dann, wenn man im Kalenderjahr 2022 neben den Einkünften aus einem aktiven Dienstverhältnis Gewinneinkünfte bezogen hat.

Beispiel A

Arbeitnehmer A erzielt nebenberuflich Einkünfte aus selbstständiger Arbeit.

A erhält die Energiepreispauschale nur als Arbeitnehmer.

Beispiel B

Ehemann A erzielt Einkünfte aus nichtselbstständiger Arbeit, Ehefrau B ist freiberuflich als Rechtsanwältin tätig.

Sowohl A als auch B erhalten die Energiepreispauschale.

Beispiel C

C wird im Kalenderjahr 2022 ausschließlich als Minijobber beschäftigt

C erhält auch als Minijobber die Energiepreispauschale.

Beispiel D

Ehemann D ist als Rechtsanwalt tätig. Die bis Ende 2021 als Arbeitnehmer tätige und weiterhin in einem aktiven Dienstverhältnis stehende Ehefrau E erhält 2022 Elterngeld.

Sowohl D als auch E erhalten die Energiepreispauschale.

Nicht anspruchsberechtigt sind **Empfänger von Versorgungsbezügen, Rentner,** Bezieher von sonstigen Einkünften (z. B. Abgeordnete) und **beschränkt steuerpflichtige Arbeitnehmer** (einschließlich Grenzpendler und Grenzgänger). Dies gilt auch dann, wenn der beschränkt steuerpflichtige Arbeitnehmer aufgrund seines Antrags als unbeschränkt steuerpflichtig behandelt wird.

Beispiel E

C erhält als Beamtenpensionär ausschließlich Versorgungsbezüge.

C hat keinen Anspruch auf die Energiepreispauschale.

Beispiel F

Die Eheleute A und B sind beide Rentner und werden zusammen zur Einkommensteuer veranlagt.

Sowohl A als auch B haben keinen Anspruch auf die Energiepreispauschale. Vgl. hierzu auch das Beispiel C unter der nachfolgenden Nr. 4.

Beispiel G

Arbeitnehmer E mit Wohnsitz in Österreich arbeitet bei einem deutschen Arbeitgeber. E ist in Deutschland beschränkt steuerpflichtig.

E hat keinen Anspruch auf die Energiepreispauschale.

Beispiel H

Der Arbeitnehmer hat seinen Wohnsitz in Schleswig-Holstein und arbeitet als Grenzpendler bei einem Arbeitgeber in Dänemark.

Der Arbeitnehmer erhält die Energiepreispauschale, da er aufgrund seines Wohnsitzes in Deutschland unbeschränkt steuerpflichtig ist und Einkünfte aus nichtselbstständiger Arbeit aus einem aktiven Arbeitsverhältnis erzielt. Unmaßgeblich ist, dass der Arbeitslohn in Dänemark steuerpflichtig ist und in Deutschland als steuerfreier Arbeitslohn lediglich dem Progressionsvorbehalt unterliegt.

Bei Arbeitnehmern setzt die Gewährung der Energiepreispauschale ein steuerlich anzuerkennendes Arbeitsverhältnis voraus. Dies bedeutet, dass es ernsthaft vereinbart und entsprechend der Vereinbarung tatsächlich durchgeführt wird. Die (vertragliche) Vereinbarung muss zivilrechtlich wirksam zustande gekommen sein und inhaltlich dem zwischen Fremden Üblichen entsprechen. Besonders bei Vereinbarungen zwischen Familienangehörigen kann dies ggf. zu überprüfen sein. Bei sog. „Pro-Forma-Verträgen („Gefälligkeitsverhältnissen") besteht kein Anspruch auf die Energiepreispauschale.

Lohnsteuerpflichtig | Sozialversich.-pflichtig

Beispiel I

F ist als Arzt selbstständig tätig und beschäftigt seine Ehefrau G im Rahmen eines steuerlich anzuerkennenden Ehegattenarbeitsverhältnisses.

Die zusammen zur Einkommensteuer veranlagten Eheleute F und G haben jeweils einen eigenen Anspruch auf die Energiepreispauschale.

3. Steuer- und sozialversicherungsrechtliche Behandlung

Die Energiepreispauschale ist unabhängig vom tatsächlichen Zufluss, der ggf. erst im Jahr 2023 erfolgt, im Jahr 2022 **steuerpflichtig** und wird mit dem individuellen Steuersatz besteuert. Zusätzlich fallen ggf. Solidaritätszuschlag und Kirchensteuer an.

Bei Arbeitnehmern erhöht die Energiepreispauschale die Einkünfte aus nichtselbstständiger Arbeit; dies gilt auch bei Bezug von Lohnersatzleistungen, aus Vereinfachungsgründen aber nicht bei Arbeitnehmern, die **ausschließlich pauschal besteuerten Arbeitslohn** aus einer kurzfristigen oder geringfügigen Beschäftigung oder einer Aushilfstätigkeit in der Land- und Forstwirtschaft erzielen und im gesamten Kalenderjahr 2022 keine weiteren anspruchsberechtigten Einkünfte haben. Als **sonstiger Bezug** unterliegt die Energiepreispauschale auch dem **Lohnsteuerabzug. Sozialversicherungsrechtlich** fallen für die Energiepreispauschale aber **keine Beiträge** an, da es sich nicht um Arbeitsentgelt im sozialversicherungsrechtliche Sinne handelt. Aus diesem Grund wird die Energiepreispauschale auch bei der Berechnung der Vorsorgepauschale nicht berücksichtigt. Bei maschineller Lohnabrechnung ist die Energiepreispauschale daher dem Eingangsparameter „SONSTENT" zuzuordnen.

Beispiel A

Arbeitnehmer A erhält im September 2022 von seinem Arbeitgeber eine Energiepreispauschale von 300 € ausgezahlt.

Die Energiepreispauschale gehört im September 2022 zu den Einnahmen aus nichtselbstständiger Arbeit und unterliegt als sonstiger Bezug dem Lohnsteuerabzug. Sie ist allerdings nicht beitragspflichtig in der Sozialversicherung.

Abwandlung 1

Wie Beispiel. Der Arbeitnehmer erhält die Energiepreispauschale als geringfügig Beschäftigter. Er erzielt im Kalenderjahr 2022 keine weiteren für die Energiepreispauschale anspruchsberechtigten Einkünfte.

Auch geringfügig Beschäftigte erhalten die Energiepreispauschale. Aus Vereinfachungsgründen führt die Energiepreispauschale aber nicht zu Einnahmen bei den Einkünften aus nichtselbstständiger Arbeit. Da kein Arbeitsentgelt vorliegt, sind auch keine Pauschalabgaben an die Bundesknappschaft zu entrichten.

Abwandlung 2

Wie Abwandlung 1. Der Arbeitnehmer ist erst seit 1.6.2022 geringfügig beschäftigt. Vom 1.1. bis 31.5.2022 stand er bei einem anderen Arbeitgeber in einem sozialversicherungspflichtigen Hauptarbeitsverhältnis.

Die von dem Arbeitgeber im Rahmen des geringfügigen Beschäftigungsverhältnis ausgezahlte Energiepreispauschale von 300 € erhöht im Rahmen der Einkommensteuer-Veranlagung 2022 den steuerpflichtigen Arbeitslohn aus dem bis zum 31.5.2022 ausgeübten Hauptarbeitsverhältnis.

Wäre der geringfügig beschäftigte Arbeitnehmer im Kalenderjahr 2022 anstelle des Hauptarbeitsverhältnis z. B. selbstständig als Softwareentwickler tätig, würde die im Rahmen des geringfügigen Beschäftigungsverhältnisses ausgezahlte Energiepreispauschale zu sonstigen Einkünften führen.

Beispiel B

Arbeitnehmer B (Steuerklasse I/0) hat einen Monatslohn von 4000 € brutto (12 Monatsgehälter). Im September 2022 erhält er von seinem Arbeitgeber eine Energiepreispauschale von 300 € ausgezahlt. Die Steuerabzüge für die Energiepreispauschale (= sonstiger Bezug) berechnen sich wie folgt:

Lohnsteuer für den maßgebenden Jahresarbeitslohn von 48 000 €	7587,– €
Lohnsteuer für den maßgebenden Jahresarbeitslohn zuzüglich sonstiger Bezug von 48 300 €	7688,– €
Lohnsteuer für den sonstigen Bezug (= Energiepreispauschale)	101,00 €
Solidaritätszuschlag	0,– €
Kirchensteuer 8 % von 101,– €	8,08 €

Lohnsteuerpflichtig | Sozialversich.-pflichtig

Bei anspruchsberechtigten Steuerpflichtigen mit **Gewinneinkünften** führt die Energiepreispauschale unabhängig vom tatsächlichen Zufluss, der ggf. erst im Jahr 2023 erfolgt, im Jahr 2022 zu **sonstigen Einkünften.** Es liegen keine Betriebseinnahmen vor und insoweit besteht auch keine Gewerbesteuerpflicht.

Beispiel C

Auch Landwirt C gehört hinsichtlich der Energiepreispauschale zum anspruchsberechtigten Personenkreis.

Die Energiepreispauschale von 300 € führt bei ihm zu sonstigen Einkünften.

Bei Sozialleistungen, deren Zahlung von anderen Einkommen abhängig ist, wird die Energiepreispauschale übrigens nicht als Einkommen angesetzt.

4. Festsetzung und Auszahlung der Energiepreispauschale

Bei Arbeitnehmern, die am 1.9.2022 in einem gegenwärtigen Dienstverhältnis stehen und in den Steuerklassen I bis V eingereiht sind, wird die Energiepreispauschale grundsätzlich im September 2022 **vom Arbeitgeber ausgezahlt.** Auch in den Fällen des Bezugs von Lohnersatzleistungen im Rahmen eines aktiven Dienstverhältnisses (z. B. Kurzarbeitergeld, Krankengeld, Elterngeld), hat der Arbeitgeber die Energiepreispauschale an den Arbeitnehmer auszuzahlen. Entsprechendes gilt für Arbeitnehmer, die mit 2 % pauschal besteuerten Arbeitslohn aus einem geringfügig entlohnten Beschäftigungsverhältnis beziehen und gegenüber ihrem Arbeitgeber schriftlich erklären, dass es sich um das erste Dienstverhältnis handelt. Diese Bestätigung hat der Arbeitgeber zum Lohnkonto des jeweiligen Arbeitnehmers zu nehmen. Für diese Bestätigung kann folgender Mustertext verwendet werden:

„Hiermit bestätige ich ... (Arbeitnehmer), dass mein am 1. September 2022 bestehendes Dienstverhältnis mit ... (Arbeitgeber) mein erstes Dienstverhältnis (Haupt-Dienstverhältnis) ist. Mir ist bekannt, dass bei einer unrichtigen Angabe der Tatbestand einer Steuerstraftat oder -ordnungswidrigkeit vorliegen kann.

Datum Unterschrift"

Ist der Arbeitgeber allerdings nicht zur Abgabe von Lohnsteuer-Anmeldungen verpflichtet (insbesondere, wenn nur Arbeitnehmer mit einem geringfügig entlohnten Beschäftigungsverhältnis z. B. im Privathaushalt beschäftigt werden), erhalten diese Arbeitnehmer die Energiepreispauschale erst bei der Einkommensteuer-Veranlagung 2022, die erst im Jahr 2023 durchgeführt wird.

Beispiel A

A beschäftigt in ihrer Boutique lediglich zwei geringfügig entlohnte Aushilfen und führt jeweils 30 % Pauschalabgaben an die Bundesknappschaft ab.

Da A nicht zur Abgabe von Lohnsteuer-Anmeldungen verpflichtet ist, erhalten die beiden Aushilfen die Energiepreispauschale von jeweils 300 € bei der Veranlagung zur Einkommensteuer für das Jahr 2022.

Abwandlung

Wie Beispiel A. Neben den beiden geringfügig entlohnten Aushilfen beschäftigt A eine weitere Arbeitnehmerin in einem sozialversicherungspflichtigen Arbeitsverhältnis, für die sie auch Lohnsteuer an ihr Betriebsstättenfinanzamt abführt.

Da A zur Abgabe von Lohnsteuer-Anmeldung verpflichtet ist, hat sie die Energiepreispauschale auch an ihre beiden geringfügig entlohnten Aushilfen auszuzahlen. Es kommt also nicht darauf an, dass der Arbeitgeber für die geringfügig beschäftigten Aushilfen nicht zur Abgabe von Lohnsteuer-Anmeldungen verpflichtet ist, sondern darauf, dass er generell keine Lohnsteuer-Anmeldungen für alle seine Beschäftigten abgeben muss.

Auch Arbeitnehmern, bei denen z. B. am 1.9.2022 kein Arbeitsverhältnis (mehr) vorlag, erhalten die Energiepreispauschale erst im Rahmen der Einkommensteuer-Veranlagung 2022. Dies gilt entsprechend für Arbeitnehmer, die kurzfristig oder als Aushilfskraft in der Land- und Forstwirtschaft beschäftigt werden, sowie für Arbeitneh-

Lohn- steuer- pflichtig | Sozial- versich.- pflichtig

mer die keinen inländischen, sondern einen ausländischen Arbeitgeber haben (z. B. unbeschränkt steuerpflichtige Grenzpendler, Grenzgänger oder Ortskräfte in ausländischen Botschaften oder Generalkonsulaten).

Beispiel B

Arbeitnehmer B war im Jahr 2022 in der Zeit vom 1.1.2022 bis 31.7.2022 erwerbstätig.

Die Energiepreispauschale für B wird im Rahmen der Einkommensteuer-Veranlagung 2022 festgesetzt und ausgezahlt.

Beispiel C

Arbeitnehmerin C war bis zum 31.3.2022 als Arbeitnehmerin tätig und ist seit dem 1. April 2022 Rentnerin.

Obwohl C mittlerweile Rentnerin ist, ist sie hinsichtlich der Energiepreispauschale anspruchsberechtigt, da sie im Kalenderjahr 2022 bis zum 31.3. Einkünfte aus einem aktiven Dienstverhältnis bezogen hat. Die Energiepreispauschale von 300 € wird nicht zeitanteilig berechnet und bei der Einkommensteuer-Veranlagung 2022 festgesetzt und ausgezahlt. Zudem wird die Energiepreispauschale bei der Einkommensteuer-Veranlagung 2022 als Einnahme bei den Einkünften aus nichtselbstständiger Arbeit angesetzt.

5. Erstattung der ausgezahlten Energiepreispauschale an den Arbeitgeber

Die grundsätzlich im September 2022 ausgezahlte Energiepreispauschale hat der Arbeitgeber im Rahmen seiner **Lohnsteuer-Anmeldung** gesondert vom Gesamtbetrag der einzubehaltenden Lohnsteuer zu **entnehmen;** dieses Verfahren zur Refinanzierung ist also angelehnt an den Förderbetrag zur betrieblichen Altersversorgung bei Geringverdienern bzw. dem Lohnsteuereinbehalt in der Seeschifffahrt. Die Energiepreispauschale hat der Arbeitgeber gesondert vom Gesamtbetrag der einzubehaltenden Lohnsteuer zu entnehmen, die er

- als Monatszahler bis zum 12. September 2022,[1]
- als Vierteljahreszahler bis zum 10. Oktober 2022 und
- als Jahreszahler bis zum 10.1.2023

anzumelden und abzuführen hat. Hierdurch sollen finanzielle Belastungen der Arbeitgeber durch eine „Vorfinanzierung" der Energiepreispauschale abgemildert werden. Da die Energiepreispauschale gesondert vom Betrag der einzubehaltenden Lohnsteuer zu entnehmen ist, ist hierfür in der elektronischen Lohnsteuer-Anmeldung eine **gesonderte Kennzahl** vorgesehen, die allerdings nur in den Lohnsteuer-Anmeldungen für August 2022, für das dritte Quartal 2022 und in der Jahresanmeldung für das Kalenderjahr 2022 zur Verfügung steht.

Beispiel A

Arbeitgeber A zahlt im September 2022 an seine Arbeitnehmer Energiepreispauschalen in Höhe von 3000 € aus.

A hat die für den Monat August 2022 bis zum 12. September 2022 an sein Betriebsstättenfinanzamt anzumeldende und abzuführende Lohnsteuer um 3000 € (= ausgezahlte Energiepreispauschalen im September 2022) zu mindern.

Als Vierteljahreszahler darf der Arbeitgeber die Energiepreispauschale abweichend vom allgemeinen Grundsatz (= Auszahlung im September 2022) im Oktober 2022 an seine Arbeitnehmer auszahlen (= Wahlrecht) und als Jahreszahler ist der Arbeitgeber sogar berechtigt, auf die Auszahlung der Energiepreispauschale an seine Arbeitnehmer zu verzichten.

Beispiel B

Arbeitgeber B ist Vierteljahreszahler und zahlt erst Anfang Oktober 2022 an seine Arbeitnehmer Energiepreispauschalen in Höhe von 600 € aus.

B hat die für das dritte Quartal 2022 bis zum 10. Oktober 2022 an sein Betriebsstättenfinanzamt anzumeldende und abzuführende Lohnsteuer um 600 € zu mindern.

Beispiel C

Arbeitgeber C ist Jahreszahler und verzichtet darauf, die Energiepreispauschale an seinen einzigen Arbeitnehmer auszuzahlen.

Lohn- steuer- pflichtig | Sozial- versich.- pflichtig

Die Energiepreispauschale für diesen Arbeitnehmer wird bei seiner Einkommensteuer-Veranlagung für den Veranlagungszeitraum 2022 festgesetzt und auf die Einkommensteuer angerechnet. Bei dieser Veranlagung ist die Energiepreispauschale zudem als Einnahme bei den Einkünften aus nichtselbstständiger Arbeit anzusetzen.

Übersteigt die insgesamt ausgezahlte Energiepreispauschale den Betrag, den der Arbeitgeber insgesamt an Lohnsteuer abzuführen hat, wird der übersteigende Betrag dem Arbeitgeber vom Betriebsstättenfinanzamt erstattet.

Beispiel D

Für den Monat August 2022 beträgt die einzubehaltende und übernommene Lohnsteuer des Arbeitgebers D 4000 €. Außerdem hat er im September 2022 an seine Arbeitnehmer 4500 € Energiepreispauschalen ausgezahlt.

Arbeitgeber D erhält von seinem Betriebsstättenfinanzamt für den Lohnsteuer-Anmeldungszeitraum August 2022 (Abgabetermin 10. September 2022) einen Betrag von 500 € erstattet (= Lohnsteuer für den Monat August 4000 € abzüglich ausgezahlte Energiepreispauschalen im September 4500 €).

Stellt der Arbeitgeber fest, dass er – aus welchen Gründen auch immer – die Energiepreispauschale **zu Unrecht** an den Arbeitnehmer **ausgezahlt** hat, hat er

- die zu Unrecht ausgezahlte Energiepreispauschale vom Arbeitnehmer zurückzufordern und den für die Energiepreispauschale als Arbeitslohn versteuerten sonstigen Bezug zu korrigieren, sofern die elektronische Lohnsteuerbescheinigung für das Kalenderjahr 2022 noch nicht an das Finanzamt übermittelt worden ist sowie
- die Lohnsteuer-Anmeldung, mit der er die einzubehaltende Lohnsteuer um diese Energiepreispauschale gemindert hat, zu berichtigen.

6. Angabe der Energiepreispauschale in der Lohnsteuerbescheinigung

Die vom Arbeitgeber ausgezahlte Energiepreispauschale ist in der elektronischen Lohnsteuerbescheinigung mit dem **Großbuchstaben E** anzugeben. Hierdurch sollen mögliche Doppelzahlungen (z. B. Auszahlung über den Arbeitgeber und Kürzung der Einkommensteuer-Vorauszahlung bei Gewinneinkünften) vermieden werden. Daher besteht im Falle der Nichtangabe in der elektronischen Lohnsteuerbescheinigung für den Arbeitgeber ein Haftungsrisiko. Losgelöst hiervon werden allerdings etwaige Doppelberücksichtigungen vorrangig bei der Einkommensteuer-Veranlagung des Arbeitnehmers korrigiert.

Beispiel

Arbeitgeber A zahlt im September 2022 an seine Arbeitnehmer die Energiepreispauschale in Höhe von jeweils 300 € aus.

In der elektronischen Lohnsteuerbescheinigung des jeweiligen Arbeitnehmers ist der Großbuchstabe E zu bescheinigen.

Für geringfügig beschäftigte Arbeitnehmer, für die der Arbeitgeber die Lohnsteuer pauschal erhebt, ist aber nach wie vor keine Lohnsteuerbescheinigung auszustellen. In diesen Fällen besteht daher auch keine Verpflichtung zur Angabe des Großbuchstabens E.

Abwandlung

Wie Beispiel. Fünf Arbeitnehmer, denen A ebenfalls die Energiepreispauschale ausgezahlt hat, sind bei ihm geringfügig beschäftigt.

Für diese Arbeitnehmer ist wie bisher keine Lohnsteuerbescheinigung auszustellen. Mithin entfällt auch die Bescheinigung des Großbuchstabens E.

7. Kürzung der Einkommensteuer-Vorauszahlungen

Bei Selbstständigen mit Gewinneinkünften (Land- und Forstwirtschaft, Gewerbebetrieb, selbstständiger Arbeit) werden die Einkommensteuer-Vorauszahlungen für das dritte Quartal 2022 (Fälligkeitstermin 12.9.2022) um die

1) Der gesetzliche Abgabetermin (10.9.) verschiebt sich auf den 12.9., da der 10.9.2022 ein Samstag ist.

Lohn-steuer-pflichtig | Sozial-versich.-pflichtig

Energiepreispauschale von 300 € gekürzt. Vereinfacht ausgedrückt handelt es sich um eine „Verrechnung im abgekürzten Zahlungsweg".

Beispiel A

Der freiberuflich tätige Arzt A hat im Kalenderjahr 2022 für jedes Quartal 20 000 € Einkommensteuer-Vorauszahlungen zu leisten.

Die Einkommensteuer-Vorauszahlung für das dritte Quartal ist um 300 € zu mindern, sodass A nur noch 19 700 € zu zahlen hat. Die festgesetzte Einkommensteuer-Vorauszahlung von 20 000 € (19 700 Zahlung und 300 € Energiepreispauschale) wird aber bei der Veranlagung auf festgesetzte Einkommensteuer angerechnet. Neben den Einkünften aus selbstständiger Arbeit aufgrund seiner ärztlichen Tätigkeit hat A im Kalenderjahr 2022 wegen der Energiepreispauschale sonstige Einkünfte in Höhe von 300 € zu versteuern.

Um Doppelzahlungen zu vermeiden, werden die Einkommensteuer-Vorauszahlungen nicht gemindert, wenn außerdem **Einkünfte aus nichtselbstständiger Arbeit** erzielt werden. Dies gilt unabhängig davon, ob es sich um Einkünfte aus nichtselbstständiger Arbeit aus einem aktiven oder einem früheren Arbeitsverhältnis handelt. Besteht also eine Anspruchsberechtigung auf die Energiepreispauschale, weil neben den Versorgungsbezügen z. B. noch eine selbstständige Tätigkeit ausgeübt wird, wird die Energiepreispauschale ggf. erst im Rahmen der Einkommensteuerveranlagung 2022 festgesetzt und ausgezahlt.

Beispiel B

Beamtenpensionär B ist noch als Schriftsteller tätig und erzielt Einkünfte aus selbstständiger Arbeit. Seine Einkommensteuer-Vorauszahlungen 2022 betragen für jedes Quartal 1000 €.

Da B seit 1.1.2022 lediglich Versorgungsbezüge bezieht, wird die Energiepreispauschale nicht von seinem Arbeitgeber ausgezahlt. Die Einkommensteuer-Vorauszahlungen für das dritte Quartal 2022 werden allerdings ebenfalls nicht gemindert, da B mit den Versorgungsbezügen Einkünfte aus nichtselbstständiger Arbeit erzielt. Da er aufgrund seiner Einkünfte aus selbstständiger Arbeit jedoch hinsichtlich der Energiepreispauschale von 300 € anspruchsberechtigt ist, wird diese im Rahmen der Einkommensteuerveranlagung 2022 festgesetzt und ausgezahlt. Neben seinen Versorgungsbezügen und den Einkünften aus selbstständiger Arbeit hat B bei der Einkommensteuer-Veranlagung 2022 – trotz des Zuflusses frühestens in 2023 – sonstige Einkünfte in Höhe von 300 € zu versteuern.

Anspruchsberechtigte, bei denen die Einkommensteuer-Vorauszahlung für das dritte Quartal weniger als 300 € beträgt, erhalten zum 12. September 2022 durch Anrechnung eine Energiepreispauschale in Höhe dieser Einkommensteuer-Vorauszahlung (z. B. 200 €). Der verbleibende Betrag (hier z. B. 100 €) der Energiepreispauschale wird bei der Einkommensteuer-Veranlagung für den Veranlagungszeitraum 2022 gewährt. Eine (anteilige) Berücksichtigung der Energiepreispauschale bei der Einkommensteuer-Vorauszahlung für das vierte Quartal 2022 am 10. Dezember 2022 ist nicht vorgesehen.

8. Kinderbonus

Zur Abfederung besonderer Härten für Familien aufgrund gestiegener Energiepreise wird außerdem ein Kinderbonus gezahlt. Der zusätzlich zum Kindergeld gewährte Betrag beträgt **einmalig 100 € für jedes Kind,** für das in mindestens einem Kalendermonat des Jahres 2022 ein Kindergeldanspruch besteht. Er wird grundsätzlich im Juli 2022 ausgezahlt.

Der Kinderbonus wird – ebenso wie das Kindergeld – bei der Einkommensteuer-Veranlagung in die **Vergleichsrechnung zwischen Kindergeld und Freibeträgen für Kinder einbezogen.** Er wirkt sich daher in erster Linie bei geringen und mittleren Einkommen zugunsten der Steuerzahler aus und wird bei hohen Einkommen faktisch bis auf 0 € abgeschmolzen.

Bei Sozialleistungen, deren Zahlung von anderen Einkommen abhängig ist, ist der einmalige Kinderbonus nicht als Einkommen zu berücksichtigen.

Lohn-steuer-pflichtig | Sozial-versich.-pflichtig

Entfernungspauschale

Neues und Wichtiges auf einen Blick:

1. Anhebung der Entfernungspauschale ab dem 21. Kilometer

Durch das Steuerentlastungsgesetz 2022 ist die bisher ab 1.1.2024 vorgesehene Anhebung der Entfernungspauschale ab dem 21. vollen Entfernungskilometer von 0,35 € auf **0,38 € rückwirkend** auf den **1.1.2022** vorgezogen worden. Mithin beträgt die verkehrsmittelunabhängige Entfernungspauschale ab 1.1.2022 derzeit befristet bis 31.12.2026 **für die ersten 20 vollen Entfernungskilometer jeweils 0,30 € und ab dem 21. Entfernungskilometer für jeden weiteren vollen Entfernungskilometer jeweils 0,38 €.**

Die höhere Entfernungspauschale kann durch die Bildung oder Anpassung eines Freibetrags im Lohnsteuer-Ermäßigungsverfahren bereits im Laufe des Kalenderjahres 2022 oder im Rahmen der Einkommensteuer-Veranlagung für das Kalenderjahr 2022 geltend gemacht werden.

Die sich durch die rückwirkende Erhöhung der Entfernungspauschale zum 1.1.2022 ergebenden Auswirkungen sind in die nachfolgenden Erläuterungen und Beispiele eingearbeitet worden.

2. Anwendungsschreiben zur Entfernungspauschale

Die Finanzverwaltung hat im Jahr 2021 ihr Anwendungsschreiben zur Berücksichtigung der Entfernungspauschale angepasst.[1] Die sich daraus ergebende Verwaltungsauffassung wurde bei den nachfolgenden Ausführungen berücksichtigt.

3. 9-Euro-Ticket

Die anstelle der Entfernungspauschale ggf. anzusetzenden höheren Aufwendungen für öffentliche Verkehrsmittel sind für den Geltungszeitraum des 9-Euro-Tickets (Juni bis August 2022) nur in dieser Höhe zu berücksichtigen.

Gliederung:

1) BMF-Schreiben vom 18.11.2021 (BStBl. I S. 2315). Das BMF-Schreiben ist als Anlage zu H 9.10 LStR im **Steuerhandbuch für das Lohnbüro 2022** abgedruckt, das im selben Verlag erschienen ist.

Lohn-steuer-pflichtig Sozial-versich.-pflichtig

1. Allgemeines

Arbeitnehmer können für die Wege zwischen Wohnung und erster Tätigkeitsstätte die Entfernungspauschale als Werbungskosten geltend machen, soweit Sachbezüge (Firmenwagen, Job-Ticket) oder Barzuschüsse hierfür nicht vom Arbeitgeber steuerfrei gewährt oder pauschal mit 15 % besteuert wurden (vgl. zur Anrechnung solcher Arbeitgeberleistungen auf die Entfernungspauschale die nachfolgende Nr. 12).

Die Entfernungspauschale für diese Fahrten beträgt aufgrund der rückwirkenden Anhebung durch das Steuerentlastungsgesetz 2022 ab 1.1.2022 derzeit befristet bis 31.12.2026 **für die ersten 20 vollen Entfernungskilometer jeweils 0,30 €** und **ab dem 21. Entfernungskilometer** für jeden weiteren vollen Entfernungskilometer jeweils **0,38 €,** bei einem **Jahreshöchstbetrag** von **4500 €,** der allerdings bei Benutzung eines Pkw nicht zu beachten ist.

Die Entfernungspauschale in der vorstehend angegebenen Höhe wird auch für die wöchentlichen **Familienheimfahrten** bei einer beruflich veranlassten doppelten Haushaltsführung gewährt. Außerdem ist bei Familienheimfahrten der Höchstbetrag von 4500 € nicht zu beachten. Zur Entfernungspauschale für Familienheimfahrten im Rahmen einer doppelten Haushaltsführung vgl. die ausführlichen Erläuterungen beim Stichwort „Familienheimfahrten".

Es kommt häufig vor, dass Arbeitnehmer bei Fahrten zwischen Wohnung und erster Tätigkeitsstätte die Post des Arbeitgebers abholen oder abliefern. Solche Fahrten werden dadurch nicht zu beruflich veranlassten Auswärtstätigkeiten, weil sich der Charakter der Fahrt (= Fahrt zwischen Wohnung und erster Tätigkeitsstätte) nicht wesentlich ändert und nur ein geringer Umweg erforderlich ist. Lediglich die erforderliche Umwegstrecke ist als beruflich veranlasste Auswärtstätigkeit zu werten (Hinweise zu R 9.10 LStR, Stichwort „Dienstliche Verrichtungen auf der Fahrt")[1]. Anders ist es hingegen, wenn der Arbeitnehmer auf der Fahrt zwischen Wohnung und erster Tätigkeitsstätte bereits einen auf dem Wege liegenden Kunden des Arbeitgebers aufsucht und dadurch eine **wesentliche Änderung des Charakters der Fahrt** eintritt mit der Folge, dass die gesamte Fahrt (Wohnung – Kunde – erste Tätigkeitsstätte oder umgekehrt) zur beruflich veranlassten Auswärtstätigkeit wird.

2. Verkehrsmittelunabhängige Entfernungspauschale

Der Arbeitnehmer kann für Fahrten zwischen Wohnung und erster Tätigkeitsstätte **unabhängig vom benutzten Verkehrsmittel** eine Entfernungspauschale als Werbungskosten abziehen. Diese Entfernungspauschale wird grundsätzlich unabhängig von der Höhe der Aufwendungen gewährt, die dem Arbeitnehmer für die Wege zwischen Wohnung und erster Tätigkeitsstätte entstehen; zur Berücksichtigung tatsächlicher höherer Aufwendungen für öffentliche Verkehrsmittel vgl. nachfolgende Nr. 9 Buchstabe b. Für jeden Arbeitstag, an dem der Arbeitnehmer die erste Tätigkeitsstätte tatsächlich aufsucht,[2] beträgt die Entfernungspauschale aufgrund der rückwirkenden Anhebung durch das Steuerentlastungsgesetz 2022 ab 1.1.2022 derzeit befristet bis 31.12.2026 **für die ersten 20 vollen Entfernungskilometer jeweils 0,30 €** und **ab dem 21. Entfernungskilometer** für jeden weiteren vollen Entfernungskilometer jeweils **0,38 €.** Die Entfernungskilometer werden also abgerundet z. B. auf 9 bei einer Entfernung von 9,5 km (vgl. § 9 Abs. 1 Satz 3 Nr. 4 Satz 8 EStG).

Die Entfernungspauschale ist anzusetzen, wenn der Weg zwischen Wohnung und erster Tätigkeitsstätte zurückgelegt wird z. B.

- mit dem eigenen oder zur Nutzung überlassenen **Pkw** (einschließlich Firmenwagen); ein Abzug der tatsächlichen Aufwendungen bei Benutzung eines Pkw kommt nicht in Betracht (BFH-Urteil vom 15.11.2016, BStBl. 2017 II S. 228);
- mit öffentlichen Verkehrsmitteln (vgl. zum Ansatz der tatsächlichen Aufwendungen die Erläuterungen unter der nachfolgenden Nr. 9 Buchstabe b);
- mit einem Motorrad, Motorroller, Moped oder Fahrrad;
- zu Fuß;
- als Mitfahrer einer Fahrgemeinschaft (auch bei Ehegattenfahrgemeinschaften; vgl. nachfolgende Nr. 6 Beispiele B und C).

Die Entfernungspauschale ist auch dann anzusetzen, wenn der Arbeitnehmer einen seinem Ehegatten im Rahmen seines Arbeitsverhältnisses überlassenen Firmenwagen für die Fahrten zwischen Wohnung und erster Tätigkeitsstätte nutzt. Dies gilt unabhängig davon, dass beim Ehegatten bei Anwendung der Bruttolistenpreisregelung auf den Ansatz eines zusätzlichen geldwerten Vorteils für diese Fahrten verzichtet wird. Entsprechendes gilt, wenn der Arbeitnehmer den ihm überlassenen Firmenwagen für Fahrten zwischen Wohnung und erster Tätigkeitsstätte in einem anderen Arbeitsverhältnis nutzt (vgl. hierzu die Erläuterungen beim Stichwort „Firmenwagen zur privaten Nutzung" unter Nr. 3 Buchstabe h).

Beispiel A

Außendienstmitarbeiter A erhält von seinem Arbeitgeber einen Firmenwagen (Bruttolistenpreis 50 000 €) zu dienstlichen und privaten Fahrten; eine erste Tätigkeitsstätte hat A nicht. Der Firmenwagen wird aber auch von seinem Ehegatten zu Fahrten zwischen Wohnung und erster Tätigkeitsstätte (= 15 Entfernungskilometer) in dessen Dienstverhältnis genutzt.

Der monatliche geldwerte Vorteil bei A berechnet sich wie folgt:

Privatfahrten:

1 % von 50 000 €	500 €

Die Fahrten zwischen Wohnung und erster Tätigkeitsstätte im Dienstverhältnis des Ehegatten sind mit dem nach der 1 %-Regelung ermittelten geldwerten Vorteil für die Privatfahrten (monatlich 500 €) abgegolten (R 8.1 Abs. 9 Nr. 1 Satz 8 LStR).

Unabhängig davon kann der Ehegatte des A für die mit dem Firmenwagen in seinem Dienstverhältnis durchgeführten Fahrten die Entfernungspauschale geltend machen (z. B. 220 Arbeitstage × 15 km × 0,30 € = 990 € jährlich).

Für die absolute Höhe der Entfernungspauschale ist danach zu unterscheiden, welches Verkehrsmittel benutzt wurde:

a) Benutzung eines Pkws (eigener oder geleaster/gemieteter Pkw, Firmenwagen).
b) Öffentliche Verkehrsmittel, Motorrad, Motorroller, Moped, Fahrrad, zu Fuß oder als Mitfahrer einer Fahrgemeinschaft.

Denn bei der Benutzung eines Pkws wird die Entfernungspauschale nicht auf **4500 €** begrenzt. Bei Benutzung der unter Buchstabe b genannten Verkehrsmittel wird dagegen die Entfernungspauschale mit einem jährlichen Betrag von höchstens 4500 € angesetzt. Zum Ansatz der tatsächlichen Aufwendungen bei Benutzung öffentlicher Verkehrsmittel vgl. nachfolgende Nr. 9 Buchstabe b.

Nach § 9 Abs. 1 Satz 3 Nr. 4 Satz 3 EStG gilt die Entfernungspauschale **nicht für Flugreisen.** Maßgebend sind bei Flügen vielmehr die tatsächlich angefallenen Flugkosten (BFH-Urteil vom 26.3.2009, BStBl. II S. 724). Durch den Abzug der tatsächlichen Flugkosten werden die anfallenden Aufwendungen steuermindernd berücksichtigt und somit dem Grundsatz der Besteuerung nach der wirtschaftlichen Leistungsfähigkeit Rechnung getragen. Die unterschiedliche Behandlung der Verkehrsmittel Flugzeug (nur tatsächliche Kosten) und Bahn (auch Ent-

1) Die amtlichen Hinweise zu den Lohnsteuer-Richtlinien sind im **Steuerhandbuch für das Lohnbüro 2022** abgedruckt, das im selben Verlag erschienen ist.

2) Urlaubstage, Krankheitstage und Home-Office-Tage sind bei der Berechnung der Entfernungspauschale nicht zu berücksichtigen.

Lohn-steuer-pflichtig	Sozial-versich.-pflichtig

fernungspauschale) hält der Bundesfinanzhof für mit dem Grundgesetz vereinbar, da die Bahn gegenüber dem Flugzeug in Bezug auf den Primärenergieverbrauch und den Ausstoß von Treibhausgasen das umweltfreundlichere Verkehrsmittel ist. Die **Entfernungspauschale** gilt jedoch für die **Fahrten vom und zum Flughafen** z. B. mit öffentlichen Verkehrsmitteln oder mit dem Pkw.[1)] Die erstatteten Flugkosten für die Wege zwischen Wohnung und erster Tätigkeitsstätte können in tatsächlicher Höhe mit 15 % pauschal besteuert werden und sind in diesem Fall beitragsfrei (vgl. die Erläuterungen beim Stichwort „Fahrten zwischen Wohnung und erster Tätigkeitsstätte“ unter Nr. 5). ja nein

Für Strecken einer steuerfreien **Sammelbeförderung** gilt die Entfernungspauschale ebenfalls **nicht** (§ 9 Abs. 1 Satz 3 Nr. 4 Satz 3 EStG). Muss der Arbeitnehmer dem Arbeitgeber für die Sammelbeförderung etwas bezahlen, sind die Aufwendungen des Arbeitnehmers als Werbungskosten abziehbar.

Die Entfernungspauschale kann **für jeden Arbeitstag nur einmal** angesetzt werden (BFH-Urteil vom 11.9.2003, BStBl. II S. 893). Die früher geltende Ausnahme für zusätzliche Fahrten an einem Arbeitstag wegen einer Arbeitszeitunterbrechung von mindestens vier Stunden oder wegen eines zusätzlichen Arbeitseinsatzes außerhalb der regelmäßigen Arbeitszeit ist seit 1.1.2001 weggefallen. Fallen die Hin- und Rückfahrt zur ersten Tätigkeitsstätte auf verschiedene Arbeitstage (z. B. bei Schichtdienst), kann aus Vereinfachungsgründen unterstellt werden, dass die Fahrten an einem Arbeitstag durchgeführt wurden.

Legt der Arbeitnehmer aber nur einen Weg zurück, ist laut Bundesfinanzhof nur die Hälfte der Entfernungspauschale je Entfernungskilometer und Arbeitstag als Werbungskosten zu berücksichtigen (BFH-Urteil vom 12.2.2020, BStBl. II S. 473).

Beispiel B

Flugbegleiter B hat seine erste Tätigkeitsstätte am Flughafen C, der 100 km von der Wohnung des B entfernt liegt. Im Jahr 2022 fährt B an 50 Arbeitstagen von seiner Wohnung zum Flughafen und zurück. An 110 weiteren Arbeitstagen führt er nur eine Fahrt aus (Hin- oder Rückfahrt). Die als Werbungskosten abziehbare Entfernungspauschale berechnet sich wie folgt:

50 Arbeitstage × 20 Entfernungskilometer × 0,30 € =	300 €
50 Arbeitstage × 80 Entfernungskilometer × 0,38 € =	1 520 €
110 Arbeitstage × 20 Entfernungskilometer × 0,15 € =	330 €
110 Arbeitstage × 80 Entfernungskilometer × 0,19 € =	1 672 €
Werbungskosten für den Weg zwischen Wohnung und erster Tätigkeitsstätte	3 822 €

Auch wenn der Arbeitnehmer z. B. morgens zunächst seine erste Tätigkeitsstätte aufsucht, nachmittags von dort aus einen Kunden besucht und anschließend von dort aus nach Hause fährt, ist lediglich die hälftige Entfernungspauschale für die Hinfahrt zur Arbeit anzusetzen. Für die Fahrt zum Kunden und anschließend nach Hause gelten Reisekostengrundsätze.

3. Maßgebende Entfernung zwischen Wohnung und erster Tätigkeitsstätte

a) Maßgebende Straßenverbindung

Für die Bestimmung der Entfernung ist die **kürzeste Straßenverbindung** zwischen Wohnung und erster Tätigkeitsstätte maßgebend. Dabei sind nur volle Kilometer der Entfernung anzusetzen, ein angefangener Kilometer bleibt unberücksichtigt. Die Entfernungsbestimmung richtet sich nach der kürzesten Straßenverbindung; sie ist unabhängig von dem Verkehrsmittel, das tatsächlich für den Weg zwischen Wohnung und erster Tätigkeitsstätte benutzt wird.

Beispiel A

Ein Arbeitnehmer fährt mit der U-Bahn zur ersten Tätigkeitsstätte. Einschließlich der Fußwege und der U-Bahnfahrt beträgt die zurückgelegte Entfernung 30 km. Die kürzeste Straßenverbindung beträgt 25,3 km.

Für die Ermittlung der Entfernungspauschale ist eine Entfernung von 25 km anzusetzen.

Maßgebend ist die kürzeste Straßenverbindung, die von **Kraftfahrzeugen** mit bauartbestimmter Höchstgeschwindigkeit von **mehr als 60 km/h befahren werden kann.** Das gilt auch dann, wenn diese Strecke (teilweise) mautpflichtig ist und/oder mit dem vom Arbeitnehmer tatsächlich verwendeten Verkehrsmittel (z. B. einem Moped) straßenverkehrsrechtlich nicht benutzt werden darf (BFH-Urteil vom 24.9.2013, BStBl. 2014 II S. 259).

Beispiel B

Die kürzeste Strecke zwischen Wohnung und erster Tätigkeitsstätte beträgt 9 km und verläuft teilweise durch einen mautpflichtigen Tunnel. Da diese Strecke nur von Kraftfahrzeugen benutzt werden darf, deren durch die Bauart bestimmte Höchstgeschwindigkeit mehr als 60 km/h beträgt, benutzt der Arbeitnehmer mit seinem Moped eine Bundesstraße mit der Folge, dass die Entfernung zwischen Wohnung und erster Tätigkeitsstätte für die tatsächlich benutzte Strecke 27 km beträgt.

Für die Ermittlung der Werbungskosten für die Fahrten zwischen Wohnung und erster Tätigkeitsstätte in Höhe der Entfernungspauschale ist eine Entfernung von 9 km zugrunde zu legen.

Bei Benutzung eines **Kraftfahrzeugs** kann eine andere als die kürzeste Straßenverbindung zugrunde gelegt werden, wenn diese offensichtlich **verkehrsgünstiger** ist und vom Arbeitnehmer regelmäßig (also nicht nur gelegentlich) für die Fahrten zwischen Wohnung und erster Tätigkeitsstätte benutzt wird. Dies gilt auch, wenn der Arbeitnehmer ein öffentliches Verkehrsmittel benutzt, dessen Linienführung über die verkehrsgünstigere Straßenverbindung geführt wird. Eine von der kürzesten Straßenverbindung abweichende Strecke ist verkehrsgünstiger, wenn der Arbeitnehmer die erste Tätigkeitsstätte – trotz gelegentlicher Verkehrsstörungen – in der Regel schneller und pünktlicher erreicht (BFH-Urteil vom 10.10.1975, BStBl. II S. 852). Dabei muss es sich übrigens nicht um die verkehrsgünstigste Strecke überhaupt, sondern lediglich um „eine“ verkehrsgünstigere Strecke handeln. Die Vorteilhaftigkeit der gewählten Straßenverbindung muss so auf der Hand liegen, dass sich jeder unvoreingenommene Verkehrsteilnehmer unter den gegebenen Verkehrsverhältnissen für die Benutzung dieser Strecke entschieden hätte. Eine **Mindestzeitersparnis** von z. B. 20 Minuten hält der Bundesfinanzhof **nicht** für **erforderlich** (BFH-Urteil vom 16.11.2011, BStBl. 2012 II S. 520). Das Merkmal der „Verkehrsgünstigkeit“ kann sich nämlich im Einzelfall auch aus anderen Umständen als einer Zeitersparnis ergeben. Hierzu gehören z. B. auch die **Streckenführung, Stauneigung,** die **Schaltung von Ampeln, Baustellen** oder die **Räumung/ Streuung von Straßen im Winter.** Als „offensichtlich verkehrsgünstiger“ kann zudem nur eine vom Arbeitnehmer tatsächlich benutzte Straßenverbindung in Betracht kommen. Eine bloß mögliche, aber tatsächlich nicht benutzte Straßenverbindung kann hingegen der Berechnung der Entfernungspauschale nicht zugrunde gelegt werden (BFH-Urteil vom 16.11.2011, BStBl. 2012 II S. 470).

Außerdem kann sich eine offensichtlich verkehrsgünstigere Strecke auch aus den Besonderheiten der in die kürzeste Entfernungsberechnung einzubeziehenden **Fährverbindung** ergeben, wie z. B. bei langen **Wartezeiten,** häufig auftretenden **technischen Schwierigkeiten** oder Auswirkungen der **Witterungsbedingungen** auf den Fährbetrieb. Führen solche Umstände dazu, dass sich der Arbeitnehmer auf den Fährbetrieb im Rahmen seiner Planung der Arbeitszeiten und Termine nicht hinreichend verlassen kann, spricht dies für die offensichtliche Verkehrs-

1) Rz. 4 des BMF-Schreibens vom 18.11.2021, BStBl. I S. 2315. Das BMF-Schreiben ist als Anlage zu H 9.10 LStR im **Steuerhandbuch für das Lohnbüro 2022** abgedruckt, das im selben Verlag erschienen ist.

Lohn-steuer-pflichtig	Sozial-versich.-pflichtig

günstigkeit einer anderen Straßenverbindung (BFH-Urteil vom 19.4.2012, BStBl. II S. 802). Zur Berücksichtigung einer Fährverbindung und den hierbei zu beachtenden Besonderheiten vgl. auch den nachfolgenden Buchstaben b.

Teilstrecken mit **steuerfreier Sammelbeförderung** sind im Übrigen in die Entfernungsermittlung nicht einzubeziehen.

b) Fährverbindung

Eine Fährverbindung ist, soweit sie zumutbar erscheint und wirtschaftlich sinnvoll ist, mit in die Entfernungsberechnung einzubeziehen; dies gilt sowohl bei der Ermittlung der kürzesten Straßenverbindung als auch bei der Ermittlung der verkehrsgünstigsten Strecke (vgl. vorstehenden Buchstaben a). Die Fahrtstrecke der Fähre selbst ist dann jedoch nicht Teil der maßgebenden Entfernung. Daher werden die tatsächlichen Fährkosten für diese Teilstrecke als Werbungskosten abgezogen.[1] Werden die tatsächlichen Fährkosten dem Arbeitnehmer vom Arbeitgeber erstattet, ist die Erstattung steuer- und beitragsfrei (§ 3 Nr. 15 Satz 1 EStG; vgl. auch das Stichwort „Fährkosten"). nein nein

Beispiel A

Ein Arbeitnehmer wohnt an einem Fluss und hat seine erste Tätigkeitsstätte auf der anderen Flussseite. Die Entfernung zwischen Wohnung und erster Tätigkeitsstätte beträgt über die nächstgelegene Brücke 60 km und bei Benutzung einer Autofähre 25 km. Die Fährstrecke beträgt 1 km, die Fährkosten betragen 800 € jährlich.

Für die Berechnung der Entfernungspauschale ist eine Entfernung von 24 km (25 km abzüglich 1 km) anzusetzen. Die Fährkosten in Höhe von 800 € können daneben als Werbungskosten berücksichtigt werden. Werden die Fährkosten von 800 € dem Arbeitnehmer vom Arbeitgeber erstattet, ist die Erstattung steuer- und beitragsfrei (§ 3 Nr. 15 Satz 1 EStG).

Beispiel B

Ein Arbeitnehmer wohnt in Konstanz und hat seine erste Tätigkeitsstätte auf der anderen Seite des Bodensees. Für die Fahrt zur ersten Tätigkeitsstätte benutzt er seinen Pkw und die Fähre von Konstanz nach Meersburg. Die Fahrtstrecke einschließlich der Fährstrecke von 4,2 km beträgt insgesamt 15 km. Die Jahreskarte für die Fähre kostet 1500 €.

Entfernungspauschale für die Teilstrecke Pkw:

220 Arbeitstage × 10 km (15 km abzüglich 4,2 km und Abrundung auf volle km) × 0,30 €	660 €
Tatsächliche Kosten für die Fährstrecke:	1 500 €
Werbungskosten insgesamt	2 160 €

Zum Ansatz einer offensichtlich verkehrsgünstigeren Strecke bei möglichen Fährverbindungen vgl. vorstehenden Buchstaben a.

4. Maßgebliche Wohnung

Als Ausgangspunkt für die Fahrten zwischen Wohnung und erster Tätigkeitsstätte kommt **jede Wohnung** des Arbeitnehmers in Betracht, die er regelmäßig zur Übernachtung nutzt und von der aus er seine erste Tätigkeitsstätte aufsucht (R 9.10 Abs. 1 Satz 1 LStR). Anders als beim Begriff „eigener Hausstand" im Rahmen einer doppelten Haushaltsführung ist unter dem Begriff „Wohnung" auch ein möbliertes Zimmer (z. B. Kinderzimmer), ein Gartenhaus, ein „Dauerwohnwagen" oder gar ein Schlafplatz in einer Massenunterkunft zu verstehen. Ein Hotelzimmer oder eine fremde Wohnung, in denen der Arbeitnehmer nur kurzfristig aus privaten Gründen übernachtet, ist keine Wohnung im vorstehenden Sinne (BFH-Urteil vom 25.3.1988, BStBl. II S. 706).

Bei **mehreren Wohnungen** können die Fahrten von und zu der von der ersten Tätigkeitsstätte weiter entfernt liegenden Wohnung allerdings nur dann berücksichtigt werden, wenn sich dort der **Mittelpunkt der Lebensinteressen** des Arbeitnehmers befindet und sie nicht nur gelegentlich aufgesucht wird (§ 9 Abs. 1 Satz 3 Nr. 4 Satz 6 EStG). Der Mittelpunkt der Lebensinteressen befindet sich bei einem **verheirateten** Arbeitnehmer regelmäßig am tatsächlichen Wohnort seiner Familie. Die Wohnung kann aber nur dann ohne nähere Prüfung berücksichtigt werden, wenn sie der verheiratete Arbeitnehmer mindestens sechsmal im Kalenderjahr aufsucht. Ob ein Arbeitnehmer seine weiter entfernt liegende Familienwohnung nicht nur gelegentlich aufsucht, ist nach Ansicht des Bundesfinanzhofs anhand einer Gesamtwürdigung zu beurteilen. Fünf Fahrten im Kalenderjahr können bei entsprechenden Umständen ausreichend sein (BFH-Urteil vom 26.11.2003, BStBl. 2004 II S. 233). Die vorstehenden Ausführungen gelten entsprechend bei eingetragenen Lebenspartnern (§ 2 Abs. 8 EStG).

Bei **ledigen** Arbeitnehmern befindet sich der Mittelpunkt der Lebensinteressen an dem Wohnort, zu dem die engeren persönlichen Beziehungen bestehen. Die persönlichen Beziehungen können ihren Ausdruck besonders in Bindungen an Personen, z. B. Eltern, Verlobte, Freundes- und Bekanntenkreis, finden, aber auch in Vereinszugehörigkeiten und anderen Aktivitäten. Sucht der ledige Arbeitnehmer diese Wohnung im Durchschnitt mindestens **zweimal monatlich** (= 24-mal jährlich) auf, ist davon auszugehen, dass sich dort der Mittelpunkt seiner Lebensinteressen befindet.

Die vorstehenden Ausführungen gelten sowohl bei verheirateten als auch bei ledigen Arbeitnehmern unabhängig davon, ob sich der Lebensmittelpunkt im Inland oder im Ausland befindet.

Der Mittelpunkt der Lebensinteressen kann auch zeitlich begrenzt innerhalb eines Kalenderjahres wechseln **(Sommerwohnung/Winterwohnung).** Lebt z. B. ein Arbeitnehmer im Sommer nicht in seiner Stadtwohnung, sondern in einem Haus an der See oder im Gebirge und fährt er von dort während der Sommermonate täglich zu seinem Arbeitsplatz in der Stadt, ist dieses Haus im Sommer der Mittelpunkt seiner Lebensinteressen wohingegen die Stadtwohnung im Winter den Mittelpunkt seiner Lebensinteressen darstellt (BFH-Urteil vom 10.11.1978, BStBl. 1979 II S. 335). Die vorübergehende Wegverlegung des Lebensmittelpunktes aus privaten Gründen führt aber nicht zu einer beruflich veranlassten doppelten Haushaltsführung (vgl. dieses Stichwort unter Nr. 1 Buchstabe a sowie das dortige Beispiel C).

Beispiel

Ein lediger Arbeitnehmer arbeitet 2022 in München und bewohnt dort ein möbliertes Zimmer. Von dort fährt er in den Wintermonaten (Oktober bis April) täglich mit seinem Pkw zur ersten Tätigkeitsstätte (einfache Entfernung 25 km). In den Sommermonaten (Mai bis September) wohnt er in einer Zweitwohnung in Rottach-Egern (einfache Entfernung 60 km) und fährt von dort täglich zu seiner ersten Tätigkeitsstätte. Der Arbeitnehmer kann im Kalenderjahr 2022 für Fahrten zwischen Wohnung und erster Tätigkeitsstätte folgende Entfernungspauschale als Werbungskosten geltend machen:

Fahrten von der Wohnung in München zu seiner ersten Tätigkeitsstätte an 135 Arbeitstagen, einfache Entfernung 25 km	
135 Arbeitstage × 20 km × 0,30 €	810,– €
135 Arbeitstage × 5 km × 0,38 €	256,50 €
Fahrten von der Wohnung in Rottach-Egern zu seiner ersten Tätigkeitsstätte an 95 Arbeitstagen, einfache Entfernung 60 km	
95 Arbeitstage × 20 km × 0,30 €	570,– €
95 Arbeitstage × 40 km × 0,38 €	1 444,– €
Entfernungspauschale insgesamt	3 080,50 €

Die Entfernung zu der Wohnung, die den Mittelpunkt der Lebensinteressen darstellt, ist auch dann maßgebend, wenn die Fahrt an der näher zur ersten Tätigkeitsstätte liegenden Wohnung unterbrochen wird (BFH-Urteil vom 20.12.1991, BStBl. 1992 II S. 306).

1) Rdnr. 13 des BMF-Schreibens vom 18.11.2021 (BStBl. I S. 2315). Das BMF-Schreiben ist als Anlage zu H 9.10 LStR im **Steuerhandbuch für das Lohnbüro 2022** abgedruckt, das im selben Verlag erschienen ist.

Lohn- steuer- pflichtig | Sozial- versich.- pflichtig

5. Höchstbetrag von 4500 € jährlich

Die anzusetzende Entfernungspauschale ist grundsätzlich auf einen Höchstbetrag von 4500 € jährlich begrenzt. Die Begrenzung auf 4500 € jährlich greift ein,

- wenn der Weg zwischen Wohnung und erster Tätigkeitsstätte mit einem Motorrad, Motorroller, Moped, Fahrrad oder zu Fuß zurückgelegt wird,
- bei Benutzung eines Kraftwagens für die Teilnehmer an einer Fahrgemeinschaft und zwar für die Tage, an denen der Arbeitnehmer seinen eigenen oder zur Nutzung überlassenen Kraftwagen nicht einsetzt,
- bei Benutzung öffentlicher Verkehrsmittel, es sei denn, der Arbeitnehmer weist für das Kalenderjahr insgesamt höhere tatsächliche Aufwendungen im Einzelnen nach (vgl. die Erläuterungen unter der nachfolgenden Nr. 9 Buchstabe b).

Die Begrenzung auf 4500 € jährlich greift ab einer bestimmten Entfernung zwischen Wohnung und erster Tätigkeitsstätte ein. Geht man von 220 Arbeitstagen im Kalenderjahr aus, beträgt diese Entfernungsgrenze **58** Kilometer (220 Arbeitstage × 20 km × 0,30 € = 1320 € zuzüglich 220 Arbeitstage × 38 km × 0,38 € = 3177 € ergibt eine Summe von 4497 €).

Bei Benutzung eines eigenen oder zur Nutzung überlassenen **Kraftwagens** greift die Begrenzung auf **4500 €** jährlich **nicht** ein. Diese Arbeitnehmer müssen ggf. lediglich nachweisen oder glaubhaft machen, dass sie die Fahrten zwischen Wohnung und erster Tätigkeitsstätte mit dem eigenen oder ihnen zur Nutzung überlassenen Kraftwagen zurückgelegt haben (z. B. Darlegung der Jahresfahrleistung; Vorlage von Inspektionsrechnungen; Aufzeichnungen über die durchgeführten Fahrten, wobei es sich nicht um ein ordnungsgemäßes Fahrtenbuch handeln muss). Ein Nachweis der tatsächlichen Aufwendungen für den Kraftwagen ist somit für den Ansatz eines höheren Betrages als 4500 € jährlich nicht erforderlich.

Beispiel

Ein Arbeitnehmer benutzt 2022 für Fahrten zwischen Wohnung und erster Tätigkeitsstätte (einfache Entfernung 100 km) seinen Pkw. Die abzugsfähige Entfernungspauschale beträgt bei 220 Arbeitstagen

220 Arbeitstage × 20 km × 0,30 € =	1 320,– €.
220 Arbeitstage × 80 km × 0,38 € =	6 688,– €.
Summe	8 008,– €.

Der Höchstbetrag von 4500 € ist ein **Jahresbetrag.** Er ist weder zeitanteilig noch teilstreckenbezogen aufzuteilen (vgl. auch die nachfolgenden Beispiele C und D unter Nr. 7).

6. Fahrgemeinschaften

Unabhängig von der Art der Fahrgemeinschaft wird jedem Teilnehmer der Fahrgemeinschaft die Entfernungspauschale entsprechend der für ihn maßgebenden Entfernungsstrecke gewährt. Dies gilt auch bei **Ehegattenfahrgemeinschaften** (vgl. auch die nachfolgenden Beispiele B und C). Umwegstrecken zum Abholen der Mitfahrer dürfen nicht in die Entfernungsberechnung einbezogen werden. Zur Berücksichtigung von Unfallkosten auf einer Umwegstrecke zur Abholung der Mitfahrer einer Fahrgemeinschaft vgl. die Erläuterungen unter der nachfolgenden Nr. 9 Buchstabe c.

Der Höchstbetrag für die Entfernungspauschale von 4500 € jährlich gilt auch bei einer wechselseitigen Fahrgemeinschaft, und zwar für die Mitfahrer der Fahrgemeinschaft an den Arbeitstagen, an denen sie ihren Kraftwagen nicht einsetzen. Bei **wechselseitigen Fahrgemeinschaften** ist deshalb die Entfernungspauschale wie folgt zu berechnen:

Es kann zunächst der Höchstbetrag von 4500 € jährlich durch die Fahrten an den Arbeitstagen ausgeschöpft werden, an denen der Arbeitnehmer mitgenommen wurde. Deshalb ist zunächst die (auf 4500 € begrenzte) anzusetzende Entfernungspauschale für die Tage zu berechnen, an denen der Arbeitnehmer mitgenommen wurde. Anschließend ist die anzusetzende (unbegrenzte) Entfernungspauschale für die Tage zu ermitteln, an denen der Arbeitnehmer seinen eigenen Kraftwagen benutzt hat. Beide Beträge zusammen ergeben die insgesamt anzusetzende Entfernungspauschale.[1]

Beispiel A

Bei einer aus drei Arbeitnehmern bestehenden wechselseitigen Fahrgemeinschaft beträgt die Entfernung zwischen Wohnung und erster Tätigkeitsstätte für jeden Arbeitnehmer 100 km. Bei tatsächlichen 210 Arbeitstagen benutzt jeder Arbeitnehmer seinen eigenen Kraftwagen im Kalenderjahr 2022 an 70 Tagen für die Fahrten zwischen Wohnung und erster Tätigkeitsstätte.

Die Entfernungspauschale ist für jeden Teilnehmer der Fahrgemeinschaft wie folgt zu ermitteln:

Zunächst ist die Entfernungspauschale für die Fahrten und Tage zu ermitteln, an denen der Arbeitnehmer mitgenommen wurde:

140 Arbeitstage × 20 km × 0,30 €	840,– €
140 Arbeitstage × 80 km × 0,38 €	4 256,– €
(Höchstbetrag von 4500 € ist in der Summe beider Beträge überschritten)	
Anzusetzen ist somit	4 500,– €
Anschließend ist die Entfernungspauschale für die Fahrten und Tage zu ermitteln, an denen der Arbeitnehmer seinen eigenen Kraftwagen benutzt hat:	
70 Arbeitstage × 20 km × 0,30 €	420,– €
70 Arbeitstage × 80 km × 0,38 €	2 128,– €
(unbegrenzt abziehbar)	
anzusetzende Entfernungspauschale insgesamt	7 048,– €

Setzt bei einer **Fahrgemeinschaft nur ein Teilnehmer** seinen **Kraftwagen ein,** kann er die Entfernungspauschale ohne Begrenzung auf den Höchstbetrag von 4500 € für seine Fahrten zwischen Wohnung und erster Tätigkeitsstätte geltend machen. Eine Umwegstrecke zum Abholen der Mitfahrer darf nicht in die Entfernungsberechnung einbezogen werden. Den Mitfahrern wird gleichfalls die Entfernungspauschale gewährt, allerdings bei ihnen begrenzt auf den Höchstbetrag von 4500 €. Zur Berücksichtigung von Unfallkosten auf einer Umwegstrecke zur Abholung der Mitfahrer einer Fahrgemeinschaft vgl. die Erläuterungen unter der nachfolgenden Nr. 9 Buchstabe c.

Beispiel B

Die Eheleute A (Fahrer) und B (Mitfahrerin) suchen ihre erste Tätigkeitstätte im Rahmen einer Fahrgemeinschaft an 220 Arbeitstagen gemeinsam auf. Die Entfernung von ihrer Wohnung zur ersten Tätigkeitsstätte beträgt 80 km.

Die Entfernungspauschale beträgt für A (= Fahrer)	
220 Arbeitstage × 20 km × 0,30 €	1 320 €
220 Arbeitstage × 60 km × 0,38 €	5 016 €
Summe	6 336 €
Keine Begrenzung auf 4500 €.	
Die Entfernungspauschale beträgt für B (= Mitfahrerin)	
220 Arbeitstage × 20 km × 0,30 €	1 320 €
220 Arbeitstage × 60 km × 0,38 €	5 016 €
Summe	6 336 €
Begrenzung auf 4500 € jährlich	**4 500 €**

Beispiel C

Wie Beispiel B. A bringt seine Ehefrau mit dem Pkw zunächst zu ihrer ersten Tätigkeitsstätte (Entfernung von der Wohnung = 20 km) und fährt anschließend weiter zu seiner ersten Tätigkeitsstätte (Entfernung von der Wohnung = 25 km).

Die Entfernungspauschale beträgt für A (= Fahrer)	
220 Arbeitstage × 20 km × 0,30 €	1 320 €
220 Arbeitstage × 5 km × 0,38 €	418 €
Summe	1 738 €
Die Entfernungspauschale beträgt für B (= Mitfahrerin)	
220 Arbeitstage × 20 km × 0,30 €	1 320 €

1) Rdnr. 18 des BMF-Schreibens vom 18.11.2021 (BStBl. I S. 2315). Das BMF-Schreiben ist als Anlage zu H 9.10 LStR im **Steuerhandbuch für das Lohnbüro 2022** abgedruckt, das im selben Verlag erschienen ist.

Lohnsteuerpflichtig | Sozialversich.-pflichtig

7. Benutzung verschiedener Verkehrsmittel

Arbeitnehmer legen die Wege zwischen Wohnung und erster Tätigkeitsstätte oftmals auf unterschiedliche Weise zurück, das heißt, für eine Teilstrecke werden der Kraftwagen und für die weitere Teilstrecke öffentliche Verkehrsmittel benutzt **(Park & Ride)** oder es werden für einen Teil des Jahres der eigene Kraftwagen und für den anderen Teil des Jahres öffentliche Verkehrsmittel benutzt. In derartigen Mischfällen ist zunächst die maßgebende Entfernung anhand der **kürzesten Straßenverbindung der Gesamtstrecke** von der Wohnung zur ersten Tätigkeitsstätte zu ermitteln. Diese ist im nächsten Schritt in die **Teilstrecken** der jeweiligen **Verkehrsmittel aufzuteilen.**

Die Teilstrecke, die mit dem **eigenen Kraftwagen** zurückgelegt wird, ist dabei in voller Höhe anzusetzen; für diese Teilstrecke kann ggf. auch eine verkehrsgünstigere Strecke berücksichtigt werden (vgl. unter der vorstehenden Nr. 3 Buchstabe a). Der verbleibende Teil der maßgebenden Entfernung ist die Teilstrecke, die auf **öffentliche Verkehrsmittel** entfällt.

Die anzusetzende Entfernungspauschale ist sodann für die Teilstrecke und Arbeitstage zu ermitteln, an denen der Arbeitnehmer seinen eigenen oder ihm zur Nutzung überlassenen Kraftwagen eingesetzt hat. Anschließend ist die (auf 4500 € jährlich begrenzte) anzusetzende Entfernungspauschale für die Teilstrecke und Arbeitstage zu ermitteln, an denen der Arbeitnehmer öffentliche Verkehrsmittel benutzt. Beide Beträge ergeben die insgesamt anzusetzende Entfernungspauschale, sodass auch in Mischfällen ein höherer Betrag als 4500 € jährlich angesetzt werden kann. Die **erhöhte Entfernungspauschale** ab dem 21. Entfernungskilometer ist vorrangig bei der Teilstrecke zu berücksichtigen, die mit einem eigenen oder zur Nutzung überlassenen Kraftwagen zurückgelegt wird, da für diese der Höchstbetrag von 4500 € nicht gilt (= **Meistbegünstigung**).[1] Die **Vergleichsrechnung** zwischen der insgesamt anzusetzenden **Entfernungspauschale** und den tatsächlich entstandenen **Aufwendungen** für die Benutzung **öffentlicher Verkehrsmittel** ist **jahresbezogen** (also weder täglich noch teilstreckenbezogen) vorzunehmen (§ 9 Abs. 2 Satz 2 EStG; siehe auch die Beispiele B und D).

Beispiel A

Ein Arbeitnehmer fährt im Kalenderjahr 2022 an 220 Arbeitstagen mit dem eigenen Kraftwagen 30 km zur nächsten Bahnstation und von dort 100 km mit der Bahn zur ersten Tätigkeitsstätte. Die kürzeste maßgebende Entfernung (Straßenverbindung) beträgt 100 km. Die Aufwendungen für die Bahnfahrten betragen 2160 € im Jahr (180 € monatlich × 12).

Die Entfernungspauschale ist wie folgt zu berechnen:

Teilstrecke Pkw (30 km):	
220 Arbeitstage × 30 km × 0,38 €	2 508,– €
Teilstrecke Bahn:	
100 km abzüglich 30 km = 70 km	
220 Arbeitstage × 20 km × 0,30 €	1 320,– €
220 Arbeitstage × 50 km × 0,38 €	4 180,– €
Summe	5 500,– €
Begrenzt auf den Höchstbetrag von	4 500,– €
anzusetzende Entfernungspauschale insgesamt (4500 € + 2508 € =)	7 008,– €

Die tatsächlichen Aufwendungen für die Bahnfahrten in Höhe von 2160 € bleiben unberücksichtigt, weil sie unterhalb der für das Kalenderjahr 2022 insgesamt anzusetzenden Entfernungspauschale von 7008 € liegen.

Beispiel B

Ein Arbeitnehmer fährt an 220 Arbeitstagen mit dem eigenen Pkw 3 km zu einer verkehrsgünstig gelegenen Bahnstation und von dort aus 30 km mit der Bahn zur ersten Tätigkeitsstätte. Die kürzeste Straßenverbindung beträgt 25 km. Die Jahreskarte für die Bahn kostet 1780 €.

Die anzusetzenden Werbungskosten sind wie folgt zu ermitteln:

Teilstrecke Pkw:		
220 Arbeitstage × 3 km × 0,38 € gerundet		251 €
Teilstrecke Bahn:		
25 km kürzeste Straßenverbindung abzüglich 3 km = 22 km		
220 Arbeitstage × 20 km × 0,30 €		1 320 €
220 Arbeitstage × 2 km × 0,38 € gerundet		168 €
Zwischensumme		1 739 €
Entfernungspauschale insgesamt	1 739 €	
Aufwendungen öffentliche Verkehrsmittel	1 780 €	
Übersteigender Betrag	41 €	41 €
Werbungskosten insgesamt		1 780 €

Beispiel C

Ein Arbeitnehmer fährt im Kalenderjahr 2022 die ersten drei Monate mit dem eigenen Pkw und die letzten neun Monate mit öffentlichen Verkehrsmitteln zur 120 km entfernten ersten Tätigkeitsstätte. Die Monatskarte kostet 190 €.

Die Entfernungspauschale beträgt bei 220 Arbeitstagen: 220 × 20 km × 0,30 € = 1320 € zuzüglich 220 Arbeitstage × 100 km × 0,38 € = 8360 €, in der Summe also 9680 €. Da jedoch für einen Zeitraum von neun Monaten öffentliche Verkehrsmitteln benutzt worden sind, ist hier die Begrenzung auf den Höchstbetrag von 4500 € zu beachten. Der Höchstbetrag von 4500 € ist ein Jahresbetrag. Er ist **nicht** mit lediglich 9/12 (= 3375 €) anzusetzen, obwohl drei Monate ausschließlich der eigene Pkw für die Wege Wohnung/erste Tätigkeitsstätte benutzt wurde.

Die anzusetzende Entfernungspauschale ist deshalb wie folgt zu ermitteln:

Teilzeitraum Bahn:	
165 Arbeitstage × 20 km × 0,30 €	990,– €
165 Arbeitstage × 100 km × 0,38 €	6 270,– €
Summe	7 260,– €
Begrenzt auf den Höchstbetrag von	4 500,– €
zuzüglich	
Teilzeitraum Pkw:	
55 Arbeitstage × 20 km × 0,30 €	330,– €
55 Arbeitstage × 100 km × 0,38 €	2 090,– €
Summe	2 420,– €
anzusetzende Entfernungspauschale insgesamt (4500 € + 2420 € =)	6 920,– €

Die tatsächlichen Aufwendungen für die Benutzung öffentlicher Verkehrsmittel in den letzten neun Monaten in Höhe von 1710 € (190 € × 9 Monate) bleiben unberücksichtigt, weil sie unterhalb der für das Kalenderjahr 2022 insgesamt anzusetzenden Entfernungspauschale von 6920 € liegen.

Beispiel D

Ein Arbeitnehmer fährt an 220 Arbeitstagen 20 km mit seinem eigenen Pkw zum Treffpunkt einer Fahrgemeinschaft. Die nächsten 40 km legt er als Mitfahrer einer Fahrgemeinschaft zurück und die letzten 60 km mit der Deutschen Bahn. Die tatsächlichen Kosten für die Benutzung der Deutschen Bahn betragen 5400 €.

Die anzusetzenden Werbungskosten für die Wege zwischen Wohnung und erster Tätigkeitsstätte (= 100 km) sind wie folgt zu ermitteln:

Teilstrecke Pkw:		
220 Arbeitstage × 20 km × 0,38 €		1 672 €
Teilstrecke Fahrgemeinschaft:		
220 Arbeitstage × 20 km × 0,30 €	1 320 €	
220 Arbeitstage × 20 km × 0,38 €	1 672 €	
Teilstrecke Deutsche Bahn:		
220 Arbeitstage × 60 km × 0,38 €	5 016 €	
Summe	8 008 €	
Höchstbetrag	4 500 €	4 500 €
Entfernungspauschale		6 172 €

Die Aufwendungen für öffentliche Verkehrsmittel in Höhe von 5400 € können auch nicht teilweise als Werbungskosten berücksichtigt werden, da sie den „insgesamt" als Entfernungspauschale abziehbaren Betrag von 6172 € nicht übersteigen. Unerheblich ist, dass die Aufwendungen (= 5400 €) die Entfernungspauschale für die Teilstrecke Deutsche Bahn (= 5016 €) übersteigen.

8. Mehrere Arbeitsverhältnisse

Bei Arbeitnehmern, die gleichzeitig in mehreren Arbeitsverhältnissen stehen und denen Aufwendungen für die

1) Rdnr. 22 des BMF-Schreibens vom 18.11.2021 (BStBl. I S. 2315). Das BMF-Schreiben ist als Anlage zu H 9.10 LStR im **Steuerhandbuch für das Lohnbüro 2022** abgedruckt, das im selben Verlag erschienen ist.

Fahrten zu mehreren auseinander liegenden ersten Tätigkeitsstätten entstehen, ist die Entfernungspauschale für jeden Weg zur ersten Tätigkeitsstätte anzusetzen, wenn der Arbeitnehmer am Tag zwischenzeitlich in die Wohnung **zurückkehrt.** Die Einschränkung, dass täglich nur eine Fahrt anzuerkennen ist, gilt nur für eine, nicht aber für mehrere erste Tätigkeitsstätten (vgl. das nachfolgende Beispiel B).

Werden täglich in mehreren Arbeitsverhältnissen mehrere erste Tätigkeitsstätten **ohne Rückkehr** zur Wohnung nacheinander angefahren, ist bei der Entfernungsermittlung die Fahrt zur zuerst aufgesuchten ersten Tätigkeitsstätte als Umwegstrecke zur nächsten ersten Tätigkeitsstätte zu berücksichtigen; die für die Ermittlung der Entfernungspauschale anzusetzende Entfernung darf höchstens die Hälfte der Gesamtstrecke betragen.[1)]

Beispiel A

Ein Arbeitnehmer fährt im Kalenderjahr 2022 an 220 Arbeitstagen vormittags von seiner Wohnung A zur ersten Tätigkeitsstätte B (= 1. Arbeitsverhältnis), nachmittags weiter zur ersten Tätigkeitsstätte C (= 2. Arbeitsverhältnis) und abends zur Wohnung in A zurück. Die Entfernungen betragen zwischen A und B 30 km, zwischen B und C 40 km und zwischen C und A 50 km.

Die Gesamtentfernung beträgt 30 + 40 + 50 km = 120 km, die Entfernung zwischen der Wohnung und den beiden Tätigkeitsstätten 30 + 50 km = 80 km. Da dies mehr als die Hälfte der Gesamtentfernung ist, sind (120 km : 2 =) 60 km für die Ermittlung der Entfernungspauschale anzusetzen. Dabei ist für jeden Weg zur Arbeitsstätte (hier 2 Wege) erst ab dem 21. km die höhere Entfernungspauschale anzusetzen. Die Entfernungspauschale beträgt

220 Arbeitstage × 20 km × 0,30 €	= 1320 €
220 Arbeitstage × 20 km × 0,30 €	= 1320 €
220 Arbeitstage × 20 km × 0,38 €	= 1672 €
Summe	4312 €

Bei mehreren Arbeitsverhältnissen gilt die Begrenzung der Entfernungspauschale auf den **Höchstbetrag von 4500 €** (z. B. bei Benutzung öffentlicher Verkehrsmittel) **nicht für jedes** Arbeitsverhältnis, **sondern** für die mehreren Arbeitsverhältnisse **insgesamt.** Die Begrenzung ist also auch dann anzuwenden, wenn tagsüber zwischenzeitlich die Wohnung aufgesucht wird.

Beispiel B

Ein Arbeitnehmer fährt mit öffentlichen Verkehrsmitteln an 220 Arbeitstagen vormittags von seiner Wohnung zur ersten Tätigkeitsstätte A (Entfernung 30 km), mittags zurück zu seiner Wohnung, nachmittags zur ersten Tätigkeitsstätte B (Entfernung 40 km) und abends zurück zu seiner Wohnung. Die Monatskarte für öffentliche Verkehrsmittel kostet 300 €.

Zu berücksichtigen sind 70 km (30 km + 40 km). Auch in diesem Fall ist für jeden Weg zur Arbeitsstätte (hier 2 Wege) erst ab dem 21. km die höhere Entfernungspauschale anzusetzen.

Die Entfernungspauschale beträgt:

Wohnung – erste Tätigkeitsstätte A	
220 Arbeitstage × 20 km × 0,30 €	= 1320 €
220 Arbeitstage × 10 km × 0,38 €	= 836 €
Wohnung – erste Tätigkeitsstätte B	
220 Arbeitstage × 20 km × 0,30 €	= 1320 €
220 Arbeitstage × 20 km × 0,38 €	= 1672 €
Summe	5148 €
Höchstbetrag (insgesamt, nicht je Arbeitsverhältnis)	**4500 €**

Der Höchstbetrag der Entfernungspauschale von 4500 € ist anzusetzen, da die tatsächlichen Kosten für die Benutzung öffentlicher Verkehrsmittel (12 × 300 € = 3600 €) diesen Betrag nicht übersteigen.

9. Berücksichtigung tatsächlicher Aufwendungen

a) Allgemeines

Durch die Entfernungspauschale sind **sämtliche Aufwendungen abgegolten,** die durch die Wege zwischen Wohnung und erster Tätigkeitsstätte und Familienheimfahrten im Rahmen einer beruflich veranlassten doppelten Haushaltsführung entstehen (§ 9 Abs. 2 Satz 1 EStG). Dies gilt z. B. auch für Parkgebühren für das Abstellen des Kraftfahrzeugs während der Arbeitszeit, für Finanzierungskosten, Beiträge für Kraftfahrerverbände, Versicherungsbeiträge (auch für einen Insassenunfallschutz), Aufwendungen infolge Diebstahl des Fahrzeugs sowie für die Kosten eines Austauschmotors anlässlich eines Motorschadens auf einer Fahrt zwischen Wohnung und erster Tätigkeitsstätte oder einer Familienheimfahrt. Die Abgeltungswirkung gilt auch für eine Leasingsonderzahlung (BFH-Urteil vom 15.4.2010, BStBl. II S. 805). Zur Berücksichtigung außergewöhnlicher Kfz-Kosten bei einer beruflich veranlassten Auswärtstätigkeit vgl. Anhang 4, Nr. 7 unter dem Buchstaben h.

Auch Gebühren für die Benutzung eines Straßentunnels oder einer mautpflichtigen Straße können nicht neben der Entfernungspauschale berücksichtigt werden. Anders als z. B. Fährkosten entstehen diese Aufwendungen nicht für die Benutzung eines Verkehrsmittels; zur Berücksichtigung von Fährkosten vgl. die Erläuterungen und Beispiele unter der vorstehenden Nr. 3 Buchstabe b.

Beispiel

Die Entfernung zwischen Wohnung und erster Tätigkeitsstätte beträgt bei einem Arbeitnehmer 20 km. Der Arbeitnehmer mietet sich in der der Firma gegenüberliegenden Tiefgarage einen Stellplatz für seinen Pkw für 120 € monatlich.

Der Arbeitnehmer kann für die Wege zwischen Wohnung und erster Tätigkeitsstätte eine Entfernungspauschale in folgender Höhe geltend machen:

220 Arbeitstage × 20 km × 0,30 €	1 320 €

Die Aufwendungen für den Pkw-Stellplatz in Höhe von 1440 € jährlich (120 € × 12) sind mit dem Ansatz der Entfernungspauschale abgegolten. Es ist ohne Bedeutung, dass die Aufwendungen für das Anmieten des Pkw-Stellplatzes höher als die Entfernungspauschale sind.

Die vorstehend beschriebene Abgeltungswirkung gilt laut Bundesfinanzhof **auch** für **außergewöhnliche Kosten,** wie z. B. Reparaturkosten infolge einer Falschbetankung des Fahrzeugs (BFH-Urteil vom 20.3.2014, BStBl. II S. 849). Dies folge neben dem Wortlaut des Gesetzes auch aus der Systematik und dem Sinn und Zweck der Vorschrift des § 9 Abs. 2 Satz 1 EStG. Denn die Einführung der verkehrsmittelunabhängigen Entfernungspauschale hatte neben umwelt- und verkehrspolitischen Erwägungen auch und vor allem die Steuervereinfachung durch Typisierung zum Ziel. Verfassungsrechtliche Bedenken gegen die Abgeltungswirkung hat das Gericht nicht (vgl. auch BFH-Urteil vom 15.11.2016, BStBl. 2017 II S. 228). Der Gesetzgeber dürfe sich nämlich am Regelfall orientieren und sei nicht verpflichtet, allen Besonderheiten durch Sonderregelungen Rechnung zu tragen.

Zur Berücksichtigung von Unfallkosten vgl. den nachfolgenden Buchstaben c.

b) Öffentliche Verkehrsmittel

Auch bei Benutzung öffentlicher Verkehrsmittel[2)] wird die Entfernungspauschale angesetzt. Allerdings werden die **tatsächlichen Aufwendungen** für die Benutzung öffentlicher Verkehrsmittel berücksichtigt, soweit sie den als **Entfernungspauschale** im Kalenderjahr insgesamt abziehbaren Betrag **übersteigen** (§ 9 Abs. 2 Satz 2 EStG; vgl. auch die Beispiele unter der vorstehenden Nr. 7).

Beispiel A

Ein Arbeitnehmer fährt an 220 Arbeitstagen mit der Straßenbahn zu seiner 6 km von der Wohnung entfernt liegenden ersten Tätigkeitsstätte. Die Fahrkarte für die Straßenbahn kostet 528 € jährlich.

Für die Wege zwischen Wohnung und erster Tätigkeitsstätte können Werbungskosten in folgender Höhe angesetzt werden:

1) Rdnr. 24 des BMF-Schreibens vom 18.11.2021, BStBl. I S. 2315. Das BMF-Schreiben ist als Anlage zu H 9.10 LStR im **Steuerhandbuch für das Lohnbüro 2022** abgedruckt, das im selben Verlag erschienen ist.

2) Mietwagen (ohne Fahrer) sind keine öffentlichen Verkehrsmittel, sodass nicht die tatsächlichen Aufwendungen, sondern die Entfernungspauschale anzusetzen ist (§§ 8 Abs. 2 und 49 Abs. 4 Personenbeförderungsgesetz).

	Lohn-steuer-pflichtig	Sozial-versich.-pflichtig
Entfernungspauschale		
220 Arbeitstage × 6 km × 0,30 €	396 €	396 €
Aufwendungen öffentliche Verkehrsmittel	528 €	
Übersteigender Betrag	132 €	132 €
Werbungskosten insgesamt		528 €

Für den Geltungszeitraum des 9-Euro-Tickets (Juni bis August 2022) sind die Aufwendungen nur in dieser Höhe zu berücksichtigen.

Diese Sonderregelung für die Benutzer öffentlicher Verkehrsmittel, die ihre gegenüber der Entfernungspauschale höheren tatsächlichen Aufwendungen geltend machen können, führt nicht zu einem Verstoß gegen den Gleichheitssatz und ist daher verfassungsrechtlich unbedenklich (BFH-Urteil vom 15.11.2016, BStBl. 2017 II S. 228). Die Privilegierung der Benutzer öffentlicher Verkehrsmittel ist erkennbar von umwelt- und verkehrspolitischen Zielen geprägt. Es ist deshalb gleichheitsrechtlich nicht zu beanstanden, wenn der Gesetzgeber Aufwendungen für öffentliche Verkehrsmittel von der abzugsbegrenzenden Wirkung der Entfernungspauschale ausnimmt.

Die **Vergleichsrechnung** zwischen der insgesamt anzusetzenden **Entfernungspauschale** und den tatsächlich entstandenen **Aufwendungen** für die Benutzung **öffentlicher Verkehrsmittel** ist **jahresbezogen** (also weder täglich noch teilstreckenbezogen) vorzunehmen (§ 9 Abs. 2 Satz 2 EStG; vgl. auch die Erläuterungen unter der vorstehenden Nr. 7).

Beispiel B

Der Arbeitnehmer fährt grundsätzlich mit dem eigenen Pkw von seiner Wohnung zur 20 km entfernt liegenden ersten Tätigkeitsstätte. Am 18. Oktober muss er die Hin- und Rückfahrt aufgrund eines Batterieausfalls an seinem Fahrzeug mit dem Taxi durchführen. Die Taxikosten für die Hin- und Rückfahrt betragen 50 €.

220 Arbeitstage × 20 km × 0,30 €	1 320 €

Die Aufwendungen für das Taxi (= öffentliches Verkehrsmittel) in Höhe von 50 € können nicht als Werbungskosten berücksichtigt werden, da sie den im Kalenderjahr „insgesamt" als Entfernungspauschale abziehbaren Betrag von 1320 € nicht übersteigen. Auf die sich für den einzelnen Arbeitstag ergebende Entfernungspauschale (20 km × 0,30 € = 6 €) kommt es nicht an.

Die höheren **tatsächlichen Aufwendungen** für öffentliche Verkehrsmittel können **auch dann** angesetzt werden, wenn sie den für die Entfernungspauschale geltenden Höchstbetrag von **4500 € übersteigen.**

Beispiel C

Ein Arbeitnehmer mit einer Bahncard 100, 1. Klasse (Preis: angenommen 6800 €), fährt mit der Deutschen Bahn an insgesamt 200 Arbeitstagen jeweils 75 Entfernungskilometer von seiner Wohnung zur ersten Tätigkeitsstätte und zurück.

Der Arbeitnehmer kann für die Wege zwischen Wohnung und erster Tätigkeitsstätte Werbungskosten in folgender Höhe geltend machen:

200 Arbeitstage × 20 km × 0,30 €	1 200 €	
200 Arbeitstage × 55 km × 0,38 €	4 180 €	
Summe	5 380 €	
Höchstbetrag	4 500 €	4 500 €
Aufwendungen öffentliche Verkehrsmittel	6 800 €	
Übersteigender Betrag	2 300 €	2 300 €
Werbungskosten insgesamt		6 800 €

Die tatsächlichen Aufwendungen für öffentliche Verkehrsmittel werden auch dann berücksichtigt, wenn die Jahres- oder Monatsfahrkarte nicht im gesamten Zeitraum genutzt wird (z. B. bei Bezug von Kurzarbeitergeld oder Tätigkeit im Home-Office).

Des Weiteren können die tatsächlichen Aufwendungen für öffentliche Verkehrsmittel auch dann angesetzt werden, wenn in einem Kalenderjahr mehrere Jahreskarten erworben werden. Im folgenden Kalenderjahr, in dem gar keine Jahreskarte erworben wird, kommt es zum Ansatz der Entfernungspauschale.

Beispiel D

Wie Beispiel C. Der Arbeitnehmer erwirbt am 2.1.2022 die Bahncard 100, 1. Klasse, für 2022 und am 17.12.2022 die Bahncard 100, 1. Klasse, für 2023.

Der Arbeitnehmer könnte 2022 für die Wege zwischen Wohnung und erster Tätigkeitsstätte eine Entfernungspauschale in folgender Höhe geltend machen:

200 Arbeitstage × 20 km × 0,30 €	1 200 €
200 Arbeitstage × 55 km × 0,38 €	4 180 €
Summe	5 380 €
Höchstbetrag für die Entfernungspauschale	4 500 €

Die anzusetzenden Werbungskosten ermitteln sich wie folgt:

Entfernungspauschale		
Höchstbetrag	4 500 €	4 500 €
Aufwendungen öffentliche Verkehrsmittel (2 × 6800 €)	13 600 €	
Übersteigender Betrag	9 100 €	9 100 €
Werbungskosten insgesamt		13 600 €

Sofern der Arbeitnehmer die Bahncard 100, 1. Klasse, für 2024 erst in 2024 erwirbt, kommt es für 2023 dennoch zum Ansatz der Entfernungspauschale mit dem Höchstbetrag von 4500 €. Hinweis: Aufgrund der Regelung in § 11 Abs. 2 Satz 2 i. V. m. Abs. 1 Satz 2 EStG sollte die Bahncard für 2023 vor dem 20.12.2022 erworben werden, da ansonsten die Ausgabe von 6800 € dem Jahr der wirtschaftlichen Zugehörigkeit (= 2023) zugerechnet werden könnte und sich in diesem Fall für 2022 nur ein Werbungskostenabzug von 6800 € ergeben würde.

Erstattet der Arbeitgeber dem Arbeitnehmer z. B. im Zusammenhang mit dem Ausscheiden aus dem Arbeitsverhältnis (teilweise) Aufwendungen für öffentliche Verkehrsmittel, handelt es sich bei der **Rückerstattung** des Arbeitgebers um steuer- und sozialversicherungspflichtigen **Arbeitslohn.** Es handelt sich nicht um einen steuerfreien Fahrtkostenzuschuss i. S. d. § 3 Nr. 15 EStG. Dies gilt auch dann, wenn nicht die Aufwendungen für öffentliche Verkehrsmittel, sondern lediglich die Entfernungspauschale als Werbungskosten berücksichtigt worden ist. Erstattete Werbungskosten führen nämlich steuerlich stets zu steuerpflichtigen Einnahmen derselben Einkunftsart; auch wenn sich die früheren Ausgaben steuerlich nicht ausgewirkt haben.

Beispiel E

Wie Beispiel C. Das Arbeitsverhältnis wird zum 30.6.2022 beendet. Der Arbeitgeber ersetzt dem Arbeitnehmer den auf die zweite Jahreshälfte entfallenden Kaufpreis für die Bahncard 100, 1. Klasse, in Höhe von 3400 €. Bei der Erstattung des Arbeitgebers in Höhe von 3400 € handelt es sich um steuer- und beitragspflichtigen Arbeitslohn.

Im Rahmen einer **doppelten Haushaltsführung** werden die **Familienheimfahrten** nicht selten mit dem eigenen Pkw und die Fahrten von der **Zweitwohnung** am Beschäftigungsort zur **ersten Tätigkeitsstätte** mit öffentlichen Verkehrsmitteln durchgeführt. Der zulässige Jahresvergleich (Entfernungspauschale oder höhere Aufwendungen für öffentliche Verkehrsmittel) ist für die Familienheimfahrten und die Fahrten zwischen der Zweitwohnung am Beschäftigungsort und der ersten Tätigkeitsstätte jeweils getrennt durchzuführen. Vgl. das Stichwort „Familienheimfahrten" unter Nr. 3 Buchstabe a, Beispiel D.

c) Unfallkosten

Unfallkosten, die auf einer Fahrt zwischen Wohnung und erster Tätigkeitsstätte entstehen, sind als außergewöhnliche Aufwendungen **neben** der **Entfernungspauschale** nach **§ 9 Abs. 1 Satz 1 EStG** als Werbungskosten zu berücksichtigen.[1] Auch wenn der Bundesfinanzhof im Streitfall zur Berücksichtigung außergewöhnlicher Kosten (Reparaturkosten infolge Falschbetankung; BFH-Urteil

1) Rdnr. 30 des BMF-Schreibens vom 18.11.2021 (BStBl. I S. 2315). Das BMF-Schreiben ist als Anlage zu H 9.10 LStR im **Steuerhandbuch für das Lohnbüro 2022** abgedruckt, das im selben Verlag erschienen ist.

Lohnsteuerpflichtig | Sozialversich.-pflichtig

vom 20.3.2014, BStBl. II S. 849; vgl. vorstehenden Buchstaben a) über Unfallkosten nicht entscheiden brauchte, machte er in seiner Urteilsbegründung dennoch deutlich, dass sämtliche Aufwendungen – unabhängig von ihrer Art und Höhe – unter die Abgeltungswirkung fallen und die Gesetzesmaterialien zur Entfernungspauschale hinsichtlich der zusätzlichen Berücksichtigung von Unfallkosten letztlich sogar widersprüchlich seien. Die Finanzverwaltung lässt die Unfallkosten dennoch weiterhin neben der Entfernungspauschale zum Werbungskostenabzug zu.

Die Berücksichtigung der Unfallkosten als allgemeine Werbungskosten nach § 9 Abs. 1 Satz 1 EStG hat zur Folge, dass für eine etwaige **Erstattung** des **Arbeitgebers** eine **Pauschalierung** der Lohnsteuer mit **15 % nicht** in Betracht kommt. Die Pauschalbesteuerung ist nämlich nur für Beträge zulässig, die der Arbeitnehmer nach § 9 Abs. 1 Satz 3 Nr. 4 EStG oder nach § 9 Abs. 2 EStG als Werbungskosten geltend machen könnte. Vgl. hierzu auch die Erläuterungen beim Stichwort „Fahrten zwischen Wohnung und erster Tätigkeitsstätte" unter Nr. 7. ja ja

Beispiel

Ein Arbeitnehmer hat auf einer Fahrt zwischen Wohnung und erster Tätigkeitsstätte einen selbst verschuldeten Verkehrsunfall. Die Reparaturkosten für sein Fahrzeug betragen 2500 €. Der Arbeitnehmer erhält keinen Ersatz von seiner Versicherung. Der Arbeitgeber zahlt die Reparaturkosten in Höhe von 2500 €.

Der Arbeitgeberersatz in Höhe von 2500 € ist steuer- und beitragspflichtig. Der Arbeitnehmer kann die Reparaturkosten in Höhe von 2500 € neben der Entfernungspauschale für Fahrten zwischen Wohnung und erster Tätigkeitsstätte als Werbungskosten abziehen. Nachteilig bleibt also die Beitragspflicht im Sozialversicherungsrecht.

Neben der Entfernungspauschale können als allgemeine Werbungskosten nach § 9 Abs. 1 Satz 1 EStG nur Aufwendungen berücksichtigt werden für die Beseitigung von **Unfallschäden** bei einem Verkehrsunfall

- auf der Fahrt zwischen **Wohnung** und **erster Tätigkeitsstätte** (BFH-Urteile vom 23.6.1978, BStBl. II S. 457 und vom 14.7.1978, BStBl. II S. 595),
- auf einer **Umwegfahrt** zum **Betanken** des Fahrzeugs (BFH-Urteil vom 11.10.1984, BStBl. 1985 II S. 10),
- auf einer **Umwegstrecke** zur Abholung der Mitfahrer einer **Fahrgemeinschaft** unabhängig von der Gestaltung der Fahrgemeinschaft (BFH-Urteil vom 11.7.1980, BStBl. II S. 655),
- unter bestimmten Voraussetzungen auf einer **Leerfahrt des Ehegatten/Lebenspartners** zwischen der Wohnung und der Haltestelle eines öffentlichen Verkehrsmittels oder auf einer Abholfahrt des Ehegatten/Lebenspartners (BFH-Urteile vom 26.6.1987, BStBl. II S. 818 und vom 11.2.1993, BStBl. II S. 518).

Nicht berücksichtigt werden hingegen Unfallkosten

- auf einer **Umwegstrecke,** wenn diese aus **privaten Gründen** befahren wird (z. B. um ein Kind unmittelbar vor Arbeitsbeginn in die Schule oder in den Hort zu bringen oder zum Einkauf von Lebensmitteln; BFH-Urteil vom 13.3.1996, BStBl. II S. 375),
- auf einer Fahrt, die nicht von der Wohnung aus angetreten oder an der Wohnung beendet wird (BFH-Urteil vom 25.3.1988, BStBl. II S. 706),
- auf einer Fahrt unter **Alkoholeinfluss** (BFH-Urteil vom 6.4.1984, BStBl. II S. 434) sowie unter **Drogeneinfluss** oder
- auf einer Probefahrt (BFH-Urteil vom 23.6.1978, BStBl. II S. 457).

Wird bei einem möglichen Werbungskostenabzug das unfallbeschädigte **Fahrzeug nicht repariert,** kann die **Wertminderung** durch eine Abschreibung für außergewöhnliche Abnutzung als Werbungskosten berücksichtigt werden, sofern die gewöhnliche Nutzungsdauer (in der Regel sechs Jahre) des Fahrzeugs noch nicht abgelaufen ist (BFH-Urteil vom 21.8.2012, BStBl. 2013 II S. 171). Wird die unfallbedingte Wertminderung allerdings durch eine Reparatur behoben, sind nur die tatsächlichen Reparaturkosten als Werbungskosten zu berücksichtigen (BFH-Urteil vom 27.8.1993, BStBl. 1994 II S. 235). Eine an den Arbeitnehmer gezahlte **Versicherungsleistung mindert** auch dann die abziehbaren Werbungskosten, wenn der Arbeitnehmer die Versicherungsleistung erst in dem auf den Unfall folgenden Kalenderjahr erhält. Als Unfallkosten abziehbar sind auch **Schadenersatzleistungen,** die der **Arbeitnehmer** unter Verzicht auf die Inanspruchnahme seiner gesetzlichen Haftpflichtversicherung **selbst getragen** hat (z. B. Reparaturkosten am gegnerischen Fahrzeug).

Nicht berücksichtigungsfähig sind aber:

- die in den Folgejahren **erhöhten Beiträge** für eine **Haftpflicht-** und **Fahrzeugversicherung,** wenn die Schadensersatzleistungen von dem Versicherungsunternehmen erbracht worden sind (BFH-Urteil vom 11.7.1986, BStBl. II S. 866),
- **Finanzierungskosten,** und zwar auch dann, wenn die Kreditfinanzierung des neuen Fahrzeugs wegen Totalschadens des bisherigen Kraftfahrzeugs auf einer Fahrt von der Wohnung zur ersten Tätigkeitsstätte erforderlich geworden ist (BFH-Urteil vom 1.10.1982, BStBl. 1983 II S. 17) und
- der sog. **merkantile Minderwert** eines reparierten und weiterhin benutzten Fahrzeugs (BFH-Urteil vom 31.1.1992, BStBl. II S. 401).

Da die Finanzverwaltung – auch vor dem Hintergrund der Rechtsprechung des Bundesfinanzhofs (vgl. BFH-Urteil vom 20.3.2014, BStBl. II S. 849 zu Reparaturkosten infolge Falschbetankung) – allenfalls Unfallkosten im engeren Sinne, also die Kosten für die Beseitigung von Unfallschäden, zum Werbungskostenabzug zulassen will, können Kosten für einen **Leihwagen** nicht als Werbungskosten berücksichtigt werden. Das gilt auch für den Teil der Aufwendungen, der nach dem Gesamtnutzungsverhältnis des Leihwagens auf die Fahrten zwischen Wohnung und erster Tätigkeitsstätte entfällt. Für diese Fahrten mit dem Leihwagen wird wiederum die Enfernungspauschale angesetzt.

Im Falle der **Veräußerung** des **nicht reparierten Fahrzeugs** ist der Differenzbetrag zwischen fiktiven Buchwert (Anschaffungskosten abzüglich fiktiver Abschreibung) vor dem Unfall und dem Veräußerungserlös als Werbungskosten abziehbar (BFH-Urteil vom 21.8.2012, BStBl. 2013 II S. 171). Keine Rolle spielt der Zeitwert des Fahrzeugs vor dem Unfall. Für ein bereits abgeschriebenes Fahrzeug (= Ablauf der gewöhnlichen Nutzungsdauer von regelmäßig sechs Jahren) kommt allerdings die Berücksichtigung einer außergewöhnlichen Abschreibung nicht in Betracht.

Auch Unfallkosten, die auf einer zu berücksichtigenden **Familienheimfahrt** im Rahmen einer doppelten Haushaltsführung entstehen, sind als außergewöhnliche Aufwendungen neben der Entfernungspauschale nach § 9 Abs. 1 Satz 1 EStG als Werbungskosten zu berücksichtigen. Die Berücksichtigung der Unfallkosten als allgemeine Werbungskosten nach § 9 Abs. 1 Satz 1 EStG hat zur Folge, dass eine etwaige Erstattung des Arbeitgebers nicht steuerfrei, sondern steuer- und beitragspflichtig ist. Vgl. hierzu auch die Erläuterungen beim Stichwort „Familienheimfahrten" unter Nr. 5. ja ja

Auch **unfallbedingte Krankheitskosten,** die aufgrund eines Wegeunfalls zwischen Wohnung und erster Tätigkeitsstätte entstanden sind, berücksichtigt der Bundesfinanzhof neben der Entfernungspauschale als allgemeine Werbungskosten nach § 9 Abs. 1 Satz 1 EStG (BFH-Urteil vom 19.12.2019, BStBl. 2020 II S. 291). Es handelt sich hierbei nicht um fahrzeug- oder wegstreckenbezogene Aufwendungen und somit auch nicht um berufliche Mobilitätskosten, für die die Entfernungspauschale gilt.

Lohnsteuerpflichtig Sozialversich.-pflichtig

10. Arbeitnehmer mit Behinderungen

Arbeitnehmer,

- deren Grad der Behinderung mindestens 70 beträgt, oder
- deren Grad der Behinderung weniger als 70, aber mindestens 50 beträgt und die in ihrer Bewegungsfähigkeit im Straßenverkehr erheblich beeinträchtigt sind (Merkzeichen „G"),

können nach § 9 Abs. 2 Satz 3 EStG für Fahrten zwischen Wohnung und erster Tätigkeitsstätte anstelle der Entfernungspauschale die **tatsächlichen Aufwendungen** ansetzen. Entsprechendes gilt bei Familienheimfahrten bei einer beruflich veranlassten doppelten Haushaltsführung (vgl. „Familienheimfahrten" unter Nr. 4).

Bei Benutzung eines Pkws kann ein Arbeitnehmer mit Behinderungen die ihm entstandenen Kosten im Einzelnen nachweisen oder ohne Einzelnachweis den für Auswärtstätigkeiten geltenden Kilometersatz von **0,30 €** je **gefahrenen** Kilometer auch für die Fahrten zwischen Wohnung und erster Tätigkeitsstätte geltend machen. Dieser Kilometersatz erhöht sich aber nicht ab dem 21. gefahrenen Kilometer.

Wird anstelle des pauschalen Kilometersatzes von 0,30 € je gefahrenen Kilometer ein (höherer) individueller Kilometersatz im Einzelnen nachgewiesen, ist auch die Absetzung für Abnutzung **(AfA)** des Fahrzeugs zu berücksichtigen. Zur Ermittlung dieser AfA werden die Anschaffungskosten des Fahrzeugs über einen Zeitraum von sechs Jahren verteilt. Hat der Arbeitnehmer z. B. von der Deutschen Rentenversicherung für die **Beschaffung** des Fahrzeugs und/oder für eine **behinderungsbedingte Zusatzausstattung** einen **Zuschuss** erhalten, sind die Anschaffungskosten – vor der Berechnung der AfA – um den erhaltenen Zuschuss zu mindern (BFH-Urteil vom 14.6.2012, BStBl. II S. 835).

Unfallkosten, die auf einer Fahrt zwischen Wohnung und erster Tätigkeitsstätte entstanden sind, können neben dem pauschalen Kilometersatz nach § 9 Abs. 1 Satz 1 EStG als Werbungskosten berücksichtigt werden.[1)]

Auch bei Arbeitnehmern mit Behinderungen wird arbeitstäglich nur eine Hin- und Rückfahrt berücksichtigt. **Leerfahrten,** die dadurch entstehen, dass der Arbeitnehmer von einem Dritten, z. B. dem Ehegatten, zu seiner ersten Tätigkeitsstätte gefahren und dort wieder abgeholt wird, werden jedoch zusätzlich anerkannt (R 9.10 Abs. 3 Satz 2 LStR). Es ergibt sich folglich unter Berücksichtigung der Leerfahrten ein Kilometersatz von 2 × 0,60 € = 1,20 € je Entfernungskilometer.

Werden die Fahrten zwischen Wohnung und erster Tätigkeitsstätte mit **verschiedenen Verkehrsmitteln** (z. B. Pkw und Bahn) zurückgelegt, kann das Wahlrecht zwischen Entfernungspauschale und tatsächlichen Kosten nach Auffassung des Bundesfinanzhofs für beide zurückgelegten Teilstrecken nur einheitlich ausgeübt werden (BFH-Urteil vom 5.5.2009, BStBl. II S. 729). Ein darüber hinausgehendes Wahlrecht in Form einer „Meistbegünstigung" für die einzelne Teilstrecke hält der Bundesfinanzhof für nicht erforderlich. Ungeachtet dessen lässt die Finanzverwaltung ein **taggenaues Wahlrecht** hinsichtlich des Ansatzes der tatsächlichen Kosten oder der Entfernungspauschale im Rahmen einer **Meistbegünstigung** zu.[1)]

Beispiel A

Arbeitnehmer A (Grad der Behinderung von 90) fährt an 220 Arbeitstagen im Jahr 2022 mit dem eigenen Kraftwagen 17 km zu einem behindertengerechten Bahnhof und von dort 77 km mit der Bahn zur ersten Tätigkeitsstätte. Die tatsächlichen Bahnkosten betragen 240 € im Monat.

A wählt das günstigste Ergebnis, das sich aufgrund der Höchstgrenze von 4500 € der Entfernungspauschale für die Teilstrecke mit der Bahn ergibt. Dies erreicht er mit dem Ansatz der Entfernungspauschale für 162 Tage und dem Ansatz der tatsächlichen Kosten für 58 Tage.

a) Ermittlung der Entfernungspauschale 162 Tage

Für die Teilstrecke mit der Bahn errechnet sich eine Entfernungspauschale von 162 Arbeitstagen × 20 km × 0,30 € = 972 € zuzüglich 162 Arbeitstagen × 57 km × 0,38 € = 3508,92 €, insgesamt 4480,92 €.

Für die Teilstrecke mit dem eigenen Kraftwagen errechnet sich eine Entfernungspauschale von 162 Arbeitstagen × 17 km × 0,38 € = 1046,52 €, sodass sich eine insgesamt anzusetzende Entfernungspauschale von 5527,44 € (4480,92 € + 1046,52 €) ergibt.

b) Ermittlung der tatsächlichen Kosten für 58 Tage

Für die Teilstrecke mit dem eigenen Kraftwagen sind nunmehr 58 Arbeitstage × 17 km × 2 × 0,30 € = 591,60 € anzusetzen (= tatsächliche Aufwendungen mit pauschalem Kilometersatz je Fahrtkilometer).

Für die verbleibende Teilstrecke mit der Bahn sind die anteiligen tatsächlichen Kosten von 759,27 € (= 240 € × 12 Monate = 2880 € : 220 Tage × 58 Tage) anzusetzen, sodass sich insgesamt ein Betrag von 1350,87 € (591,60 € + 759,27 €) ergibt.

Insgesamt kann somit ein Betrag von 6878,31 € (5527,44 € + 1350,87 €) abgezogen werden.

Tritt bei einem Arbeitnehmer der für einen Ansatz der tatsächlichen Kosten für die Wege zwischen Wohnung und erster Tätigkeitsstätte erforderliche Grad der **Behinderung** von mindestens 70 oder mindestens 50 und Merkzeichen „G" erst im **Laufe des Jahres** ein, besteht ebenfalls ein taggenaues Wahlrecht hinsichtlich des Ansatzes der tatsächlichen Kosten oder der Entfernungspauschale im Rahmen einer Meistbegünstigung.[1)]

Beispiel B

Ein Arbeitnehmer A fährt an 220 Arbeitstagen im Jahr mit dem eigenen Kraftwagen 17 km zum Bahnhof und von dort 77 km mit der Bahn zur ersten Tätigkeitsstätte. Die tatsächlichen Bahnkosten betragen 240 € im Monat. Mitte des Jahres 2022 (110 Arbeitstage) tritt eine Behinderung ein (Grad der Behinderung von 90). A wählt wieder das günstigste Ergebnis (für 162 Tage die Entfernungspauschale und für 58 Tage während des Zeitraums der Behinderung den Ansatz der tatsächlichen Kosten).

a) Ermittlung der Entfernungspauschale

Für die Teilstrecke mit der Bahn errechnet sich eine Entfernungspauschale von 162 Arbeitstagen × 20 km × 0,30 € = 972 € zuzüglich 162 Arbeitstagen × 57 km × 0,38 € = 3508,92 €, insgesamt 4480,92 €.

Für die Teilstrecke mit dem eigenen Kraftwagen errechnet sich eine Entfernungspauschale von 162 Arbeitstagen × 17 km × 0,38 € = 1046,52 €, sodass sich eine insgesamt anzusetzende Entfernungspauschale von 5527,44 € (4480,92 € + 1046,52 €) ergibt.

b) Ermittlung der tatsächlichen Kosten

Für die Teilstrecke mit dem eigenen Kraftwagen sind 58 Arbeitstage × 17 km × 2 × 0,30 € = 591,60 € anzusetzen (= tatsächliche Aufwendungen mit pauschalem Kilometersatz je Fahrtkilometer).

Für die verbleibende Teilstrecke mit der Bahn sind die anteiligen tatsächlichen Kosten von 759,27 € (= 240 € × 12 Monate = 2880 € : 220 Tage × 58 Tage) anzusetzen, sodass sich insgesamt ein Betrag von 1350,87 € (591,60 € + 759,27 €) ergibt.

Insgesamt kann auch in diesem Fall ein Betrag von 6878,31 € (162 Tage Entfernungspauschale und 58 Tage tatsächliche Kosten) abgezogen werden.

Wird bei einem Arbeitnehmer der **Grad der Behinderung** z. B. von bisher mindestens 70 auf weniger als 50 **herabgesetzt,** ist dies für die Berücksichtigung der Fahrtkosten für die Wege zwischen Wohnung und erster Tätigkeitsstätte und für Familienheimfahrten im Rahmen einer beruflich veranlassten Haushaltsführung **ab dem im Bescheid** über die Behinderung **genannten Zeitpunkt** der Neufeststellung zu berücksichtigen (BFH-Beschluss vom 11.3.2014, BStBl. II S. 525). Behinderungsbedingte erhöhte Wegekosten sind nämlich von diesem Moment an nicht länger zu erwarten mit der Folge, dass ab diesem Zeitpunkt lediglich die **Entfernungspauschale** angesetzt werden kann. Der Bundesfinanzhof lehnt es ab, eine etwaige versorgungsrechtliche Verlängerung des Schwerbehindertenschutzes auf das Steuerrecht zu übertragen.

---

1) Rdnr. 29 des BMF-Schreibens vom 18.11.2021 (BStBl. I S. 2315). Das BMF-Schreiben ist als Anlage zu H 9.10 LStR im **Steuerhandbuch für das Lohnbüro 2022** abgedruckt, das im selben Verlag erschienen ist.

Lohnsteuerpflichtig	Sozialversich.-pflichtig

11. Entfernungspauschale bei beruflich veranlassten Auswärtstätigkeiten

a) Allgemeines

Der Werbungskostenabzug in Höhe der Entfernungspauschale kommt grundsätzlich nur für die Wege zwischen Wohnung und einer **ersten Tätigkeitsstätte** in Betracht. Die Annahme einer ersten Tätigkeitsstätte erfordert nicht, dass es sich um eine ortsfeste betriebliche Einrichtung des Arbeitgebers handelt. Eine erste Tätigkeitsstätte kann auch in den Fällen vorliegen, in denen der Arbeitnehmer statt beim **eigenen Arbeitgeber** in einer ortsfesten betrieblichen Einrichtung eines **verbundenen Unternehmens** (§ 15 AktG) oder eines Dritten (z. B. eines **Kunden**) tätig werden soll. Wegen der Einzelheiten zum Begriff der ersten Tätigkeitsstätte vgl. die Erläuterungen und Beispiele in Anhang 4 „Reisekosten bei Auswärtstätigkeiten" unter Nr. 3. Außerdem wird auf die Stichworte „Einsatzwechseltätigkeit", „Fahrtätigkeit" und „Fliegendes Personal" hingewiesen.

Darüber hinaus hat der Gesetzgeber für die Fahrtkosten festgelegt, dass es ungeachtet des Vorliegens einer **beruflich veranlassten Auswärtstätigkeit** dennoch in den folgenden Fällen zum Ansatz der **Entfernungspauschale** kommt:

- Dauerhafte Fahrten zu einem vom Arbeitgeber bestimmten **Sammelpunkt** (vgl. nachfolgenden Buchstaben b) und
- dauerhafte Fahrten zu einem **weiträumigen Tätigkeitsgebiet** (vgl. nachfolgenden Buchstaben c).

In beiden Fällen müssen die Fahrten „dauerhaft" durchgeführt werden. Dauerhaft bedeutet auch hier unbefristet, für die gesamte Dauer des Dienstverhältnisses oder über einen Zeitraum von 48 Monaten hinaus.

Der Ansatz der Entfernungspauschale in diesen beiden Fällen hat auch zur Folge, dass ein etwaiger **Arbeitgeberersatz** der Pkw-Fahrtkosten nicht steuerfrei, sondern **steuerpflichtig** ist, aber ebenfalls mit 15 % pauschal besteuert werden kann. Außerdem führt eine Firmenwagengestellung für solche Fahrten zum Ansatz eines geldwerten Vorteils. — ja | nein[1]

b) Fahrten zu einem vom Arbeitgeber bestimmten Sammelpunkt

Bestimmt der **Arbeitgeber** durch arbeits-/dienstrechtliche Festlegung, dass ein Arbeitnehmer, der keine erste Tätigkeitsstätte hat, sich **dauerhaft typischerweise arbeitstäglich an einem festgelegten Ort** einfinden soll, um von dort seine unterschiedlichen eigentlichen Einsatzorte aufzusuchen oder dort die Arbeit aufzunehmen (z. B. Betriebssitz des Arbeitgebers, Treffpunkt für einen betrieblichen Sammeltransport, Busdepot, Fährhafen, Liegeplatz des Schiffes, Flughafen), werden die Fahrten des Arbeitnehmers von der Wohnung zu diesem vom Arbeitgeber festgelegten Ort „wie" Fahrten zu einer ersten Tätigkeitsstätte behandelt; für diese Fahrten darf nur die **Entfernungspauschale** angesetzt werden (§ 9 Abs. 1 Satz 3 Nr. 4a Satz 3 EStG). Der Bundesfinanzhof setzt in diesem Fall die Entfernungspauschale auch dann an, wenn die Fahrten an einer dem Arbeitsplatz näher gelegenen Wohnung unterbrochen worden sind (BFH-Beschluss vom 14.9.2020, BFH/NV 2021 S. 306). Der Ansatz der Entfernungspauschale in diesen Fällen hat auch zur Folge, dass ein etwaiger **Arbeitgeberersatz** der Fahrtkosten nicht steuerfrei, sondern **steuerpflichtig** ist, aber ebenfalls mit 15 % pauschal besteuert werden kann. Bei einer Firmenwagengestellung durch den Arbeitgeber ist auch für diese Fahrten ein geldwerter Vorteil nach der 0,03 %-Bruttolistenpreisregelung oder der Fahrtenbuchmethode anzusetzen (§ 8 Abs. 2 Sätze 3 und 4 EStG). — ja | nein[1]

Unabhängig von der lediglich begrenzten Abziehbarkeit der Fahrtkosten beginnt die zweifellos vorliegende beruflich veranlasste Auswärtstätigkeit bereits mit dem Verlassen der Wohnung und endet mit der Rückkehr zur Wohnung. Dies ist von Bedeutung für die Berechnung der Abwesenheitsdauer zur Gewährung der Verpflegungspauschale und ggf. für die Berücksichtigung von Übernachtungskosten. Diese Aufwendungen können vom Arbeitgeber auch weiterhin nach Reisekostengrundsätzen steuerfrei erstattet werden. — nein | nein

Beispiel A

Lkw-Fahrer A hat keine erste Tätigkeitsstätte. Er sucht jedoch auf Dauer typischerweise arbeitstäglich den Betrieb seines Arbeitgebers auf, um dort den beladenen Lkw für seine Tour zu übernehmen.

Obwohl es sich beim Betrieb des Arbeitgebers nicht um die erste Tätigkeitsstätte des A handelt, werden die mit dem eigenen Pkw von der Wohnung zum Betrieb des Arbeitgebers durchgeführten Fahrten lediglich in Höhe der Entfernungspauschale berücksichtigt.

Beispiel B

Busfahrer B hat keine erste Tätigkeitsstätte. Er sucht jedoch auf Dauer typischerweise arbeitstäglich den Betriebshof seines Arbeitgebers auf, um dort seinen Bus zu übernehmen.

Obwohl es sich beim Betriebshof des Arbeitgebers nicht um die erste Tätigkeitsstätte des B handelt, werden die mit dem eigenen Pkw von der Wohnung zum Betriebshof des Arbeitgebers durchgeführten Fahrten lediglich in Höhe der Entfernungspauschale berücksichtigt.

Beispiel C

Kundendienstmonteur C sucht auf Dauer täglich den Betrieb seines Arbeitgebers auf, um dort die Auftragsbestätigungen für den laufenden Tag abzuholen bzw. für den Vortag abzugeben.

C hat im Betrieb des Arbeitgebers keine erste Tätigkeitsstätte. Da er ihn jedoch auf Dauer arbeitstäglich aufsucht, werden die mit dem eigenen Pkw von der Wohnung zum Betrieb des Arbeitgebers durchgeführten Fahrten dennoch lediglich in Höhe der Entfernungspauschale berücksichtigt.

Beispiel D

Binnenschiffer D hat auf dem Schiff keine erste Tätigkeitsstätte, da es sich nicht um eine ortsfeste betriebliche Einrichtung des Arbeitgebers handelt. Er tritt seinen Dienst (Ein- und Ausschiffung) allerdings dauerhaft arbeitstäglich vom gleichen Fähranleger an.

Die mit dem eigenen Pkw durchgeführten Fahrten von der eigenen Wohnung des D zum Fähranleger werden lediglich in Höhe der Entfernungspauschale berücksichtigt.

Beispiel E

Der angestellte Lotse E hat keine „erste Tätigkeitsstätte", da er seine Tätigkeit auf verschiedenen Schiffen ausüben soll. Er fährt allerdings dauerhaft jeden Morgen von seiner Wohnung zu einer vom Arbeitgeber festgelegten Lotsenwechselstation, um von dort aus zum Einsatz auf dem jeweiligen Schiff gebracht zu werden.

Die mit dem eigenen Pkw durchgeführten Fahrten von seiner Wohnung zur Lotsenwechselstation werden lediglich in Höhe der Entfernungspauschale berücksichtigt.

Werden die Fahrten von der Wohnung zum Arbeitgeber-Sammelpunkt aber **nicht „arbeitstäglich"** durchgeführt, weil der Arbeitnehmer nicht an jedem Arbeitstag, sondern z. B. nur an einem Tag in der Woche den vom Arbeitgeber festgelegten Ort zur Arbeitsaufnahme aufsuchen soll, bleiben die Fahrtkosten nach allgemeinen **Reisekostengrundsätzen** abziehbar. „Typischerweise arbeitstäglich" erfordert ein – bis auf Urlaubs-, Krankheits- oder Fortbildungstage – arbeitstägliches Aufsuchen desselben Ortes. Ein lediglich **„fahrtägliches Aufsuchen"** des dauerhaft vorgegebenen Treffpunktes führt folglich nicht zum Ansatz der Entfernungspauschale; in solche einem Fall gelten die Reisekostengrundsätze (0,30 € je gefahrenen Kilometer; (BFH-Urteil vom 19.4.2021, BStBl. II S. 727). So kommt es z. B. bei einem Bauarbeiter darauf an, ob er vorausschauend betrachtet auf eintägigen Baustellen (Fahrten von der Wohnung zum Arbeitgeber-Sammelpunkt = Entfernungspauschale) oder auf mehrtägigen Fernbaustellen (Fahrten von der Wohnung zum Treffpunkt = Reisekostengrundsätze) tätig werden soll. — nein | nein

Beispiel F

Lkw-Fahrer F ist im Fernverkehr tätig und von Montag bis Freitag unterwegs. Er ist keiner betrieblichen Einrichtung dauerhaft zugeordnet. Entsprechend der arbeitsrechtlichen Festlegung des Arbeitgebers

1) Im Umfang der Pauschalbesteuerung.

Lohnsteuerpflichtig | Sozialversich.-pflichtig

soll F jeden Montag den Betriebshof des Arbeitgebers aufsuchen, um dort den Lkw zu übernehmen. Nach der Beendigung der mehrtägigen Auswärtstätigkeit am Freitag hat er den Lkw u. a. zu Wartungszwecken sowie zum Be- und Entladen dort wieder abzustellen.

Die Fahrtkosten des Lkw-Fahrers F zum Betrieb des Arbeitgebers können nach Reisekostengrundsätzen (z. B. 0,30 € je gefahrenen Kilometer) als Werbungskosten abgezogen bzw. vom Arbeitgeber steuerfrei erstattet werden. Das gilt auch dann, wenn ein Lkw-Fahrer sowohl Lang- als auch Kurzstrecken fährt und daher den Betrieb des Arbeitgebers zeitweise jeden Tag aufsucht.

Ein Arbeitgeber-Sammelpunkt kann auch dann vorliegen, wenn der **Arbeitgeber** dauerhaft die Abläufe von **Fahrgemeinschaften** bestimmt.

Beispiel G

Der Arbeitgeber hat bestimmt, dass der Arbeitnehmer sich dauerhaft typischerweise arbeitstäglich am Wohnsitz des Kollegen einfinden soll, um von dort mit diesem gemeinsam die unterschiedlichen eigentlichen Einsatzorte aufzusuchen.

Es handelt sich beim Wohnsitz des Kollegen um einen Arbeitgeber-Sammelpunkt mit der Folge, dass der Arbeitnehmer bei Benutzung seines Pkw für die Fahrten von seiner Wohnung zum Wohnsitz des Kollegen nur die Entfernungspauschale als Werbungskosten ansetzen kann bzw. bei Zurverfügungstellung eines Firmenwagens für diese Fahrten ein geldwerter Vorteil nach der 0,03 %-Bruttolistenpreisregelung bzw. der Fahrtenbuchmethode zu ermitteln ist. Bei den Fahrten vom Wohnsitz des Kollegen zu den unterschiedlichen Einsatzorten handelt es sich um Reisekosten.

Beispiel H

Der Arbeitgeber hat bestimmt, dass die Kollegen mit dem Firmenwagen die unterschiedlichen Einsatzorte aufzusuchen haben. Den genauen Treffpunkt (z. B. Wohnort des Kollegen) bestimmt der Arbeitgeber aber nicht.

Es handelt sich beim „Treffpunkt" nicht um einen Arbeitgeber-Sammelpunkt mit der Folge, dass es sich bei den Fahrten von der Wohnung zu diesem Treffpunkt um Reisekosten handelt. Bei der Firmenwagengestellung für diese Fahrten liegt eine steuerfreie Sachleistung vor.

Treffen sich mehrere Arbeitnehmer typischerweise arbeitstäglich an einem bestimmten Ort, um von dort aus gemeinsam zu ihren Tätigkeitsstätten zu fahren **(privat organisierte Fahrgemeinschaft),** liegt ebenfalls kein Sammelpunkt im Sinne der vorstehenden Fahrtkostenbegrenzung vor. Es fehlt insoweit bereits an einer arbeits-/dienstrechtlichen Festlegung des Arbeitgebers.

Beispiel I

Drei Bauarbeiter treffen sich jeden Morgen auf einem Parkplatz in der Nähe der Autobahn, um von dort aus gemeinsam die jeweilige Baustelle aufzusuchen.

Die Fahrten von der jeweiligen Wohnung zum Parkplatz bzw. zur Baustelle können in Höhe der tatsächlichen Aufwendungen (0,30 €) je gefahrenen Kilometer steuerlich geltend gemacht werden. Ein steuerfreier Reisekostenersatz des Arbeitgebers ist auch für diese Fahrtkosten zulässig.

c) Fahrten zum und innerhalb eines weiträumigen Tätigkeitsgebiets

Ein weiträumiges Tätigkeitsgebiet liegt in Abgrenzung zur ersten Tätigkeitsstätte vor, wenn die **vertraglich vereinbarte Arbeitsleistung auf einer festgelegten Fläche** und nicht innerhalb einer ortsfesten betrieblichen Einrichtung des Arbeitgebers, eines verbundenen Unternehmens (§ 15 AktG) oder bei einem vom Arbeitgeber bestimmten Dritten ausgeübt werden soll. In einem weiträumigen Tätigkeitsgebiet werden in der Regel z. B. **Zusteller, Forstarbeiter** tätig. Hingegen sind z. B. Bezirksleiter und Vertriebsmitarbeiter, die verschiedene Niederlassungen betreuen oder mobile Pflegekräfte, die verschiedene Personen in deren Wohnungen in einem festgelegten Gebiet betreuen sowie Schornsteinfeger nicht in einem weiträumigen Tätigkeitsgebiet tätig. Auch ein großräumiges Betriebsgelände mit mehreren ortsfesten betrieblichen Einrichtungen ist kein weiträumiges Tätigkeitsgebiet, allerdings ggf. eine erste Tätigkeitsstätte (z. B. Flughafengelände siehe BFH-Urteil vom 10.4.2019, BFH/NV 2019 S. 904 oder das firmeneigene Schienennetz).

Soll ein Arbeitnehmer, der keine erste Tätigkeitsstätte hat, aufgrund der Weisungen des Arbeitgebers seine berufliche Tätigkeit **dauerhaft** typischerweise **arbeitstäglich** in demselben weiträumigen Tätigkeitsgebiet ausüben, ist für die Fahrten von der **Wohnung** zu diesem **weiträumigen Tätigkeitsgebiet** ebenfalls nur die **Entfernungspauschale** anzuwenden. Wird das weiträumige Tätigkeitsgebiet immer von verschiedenen Zugängen aus betreten oder befahren, ist die Entfernungspauschale aus Vereinfachungsgründen bei diesen Fahrten nur für die kürzeste Entfernung von der Wohnung zum nächstgelegenen Zugang des weiträumigen Tätigkeitsgebiets anzusetzen (§ 9 Abs. 1 Satz 3 Nr. 4a Satz 3 EStG). Der Ansatz der Entfernungspauschale in diesen Fällen hat auch zur Folge, dass ein etwaiger **Arbeitgeberersatz** der Fahrtkosten nicht steuerfrei, sondern **steuerpflichtig** ist, aber ebenfalls mit 15 % pauschal besteuert werden kann. Bei einer Firmenwagengestellung durch den Arbeitgeber ist auch für diese Fahrten ein geldwerter Vorteil nach der 0,03 %-Bruttolistenpreisregelung oder der Fahrtenbuchmethode anzusetzen (§ 8 Abs. 2 Sätze 3 und 4 EStG).[1] — ja | nein[2]

Unabhängig von der lediglich begrenzten Abziehbarkeit der Fahrtkosten beginnt die zweifellos vorliegende beruflich veranlasste Auswärtstätigkeit bereits mit dem Verlassen der Wohnung und endet mit der Rückkehr zur Wohnung. Dies ist von Bedeutung für die Berechnung der Abwesenheitsdauer zur Gewährung der Verpflegungspauschale und ggf. für die Berücksichtigung von Übernachtungskosten. Diese Aufwendungen können vom Arbeitgeber nach Reisekostengrundsätzen steuerfrei erstattet werden. — nein | nein

Außerdem können für alle Fahrten **innerhalb** des **weiträumigen Tätigkeitsgebietes** sowie für die zusätzlichen Kilometer bei den Fahrten von der Wohnung zu einem **weiter entfernten Zugang** die tatsächlichen Aufwendungen oder der pauschale Kilometersatz von 0,30 € je gefahrenen Kilometer als steuerfreier Reisekostenersatz angesetzt werden. — nein | nein

Beispiel A

Der Forstarbeiter A fährt an 150 Tagen mit dem Pkw von seiner Wohnung zu dem 15 km entfernten, nächstgelegenen Zugang des von ihm täglich zu betreuenden Waldgebietes (= weiträumiges Tätigkeitsgebiet). An 70 Tagen fährt er von seiner Wohnung über einen weiter entfernt liegenden Zugang (20 km) in das Waldgebiet.

Die auf Dauer durchzuführenden Fahrten von der Wohnung zu dem weiträumigen Tätigkeitsgebiet werden behandelt wie die Fahrten von der Wohnung zu einer ersten Tätigkeitsstätte. A kann somit für diese Fahrten lediglich die Entfernungspauschale in Höhe von 0,30 € je Entfernungskilometer (= 15 km × 0,30 €) als Werbungskosten ansetzen. Die Fahrten innerhalb des Waldgebietes können mit den tatsächlichen Kosten oder aus Vereinfachungsgründen mit dem pauschalen Kilometersatz in Höhe von 0,30 € je tatsächlich gefahrenen Kilometer berücksichtigt werden.

Bei den Fahrten zu dem weiter entfernt gelegenen Zugang werden ebenfalls nur 15 Kilometer mit der Entfernungspauschale (15 km × 0,30 €) berücksichtigt. Die zusätzlichen 10 Kilometer (morgens und abends jeweils 5 km) werden ebenso wie die Fahrten innerhalb des weiträumigen Tätigkeitsgebietes mit den tatsächlichen Kosten oder aus Vereinfachungsgründen mit dem pauschalen Kilometersatz in Höhe von 0,30 € je gefahrenen Kilometer berücksichtigt.

Letztlich sind somit für 220 Tage jeweils 15 km mit der Entfernungspauschale und die restlichen tatsächlich gefahrenen Kilometer mit den tatsächlichen Kosten oder aus Vereinfachungsgründen mit dem pauschalen Kilometersatz in Höhe von 0,30 € anzusetzen.

Soll der Arbeitnehmer in mehreren ortsfesten Einrichtungen seines Arbeitgebers, eines verbundenen Unternehmens oder eines Dritten, die innerhalb eines bestimmten Bezirks gelegen sind, beruflich tätig werden, wird er nicht in einem weiträumigen Tätigkeitsgebiet, sondern an verschiedenen, ggf. sogar ständig wechselnden Tätigkeitsstätten tätig. Allerdings kann es sich bei einem großräumigen Betriebsgelände mit mehreren ortsfesten betriebli-

1) Dauerhafte Fahrten zu einem weiträumigen Tätigkeitsgebiet in Form einer Sammelbeförderung (vgl. dieses Stichwort) sind steuer- und sozialversicherungsfrei (§ 3 Nr. 32 EStG).

2) Im Umfang der Pauschalbesteuerung.

Lohn-steuer-pflichtig	Sozial-versich.-pflichtig

chen Einrichtungen auch um eine erste Tätigkeitsstätte handeln (z. B. Flughafengelände siehe BFH-Urteil vom 10.4.2019, BFH/NV 2019 S. 904 oder das firmeneigene Schienennetz).

Beispiel B

Der angestellte Schornsteinfeger B legt die Fahrten von seiner Wohnung zum Kehrbezirk mit seinem eigenen Pkw zurück. Die Entfernung von seiner Wohnung zum nächstgelegenen Zugang des Kehrbezirks beträgt 7 km.

B kann die Fahrtkosten nicht nur in Höhe der Entfernungspauschale, sondern in Höhe von 0,30 € je gefahrenen Kilometer geltend machen. Entscheidend hierfür ist, dass er nicht in einem weiträumigen Tätigkeitsgebiet, sondern in Einrichtungen der Kunden seine Tätigkeit ausübt.

Beispiel C

Vertriebsmitarbeiter C besucht dauerhaft in einem Chemiepark einen oder mehrere seiner rund drei Dutzend Kunden.

C wird nicht in einem weiträumigen Tätigkeitsgebiet, sondern in betrieblichen Einrichtungen seiner Kunden tätig. Die Fahrtkosten führen in voller Höhe (ggf. 0,30 €) je gefahrenen Kilometer zu Reisekosten.

12. Anrechnung von Arbeitgeberleistungen auf die Entfernungspauschale

a) Steuerfreie Arbeitgeberleistungen

Die steuerfreien Arbeitgeberleistungen (Sachleistungen und Barzuschüsse) nach § 3 Nr. 15 EStG **mindern** den als **Entfernungspauschale** abziehbaren Betrag (§ 3 Nr. 15 Satz 3 EStG); vgl. hierzu insbesondere die Stichworte „BahnCard" und „Freifahrten". Der Minderungsbetrag entspricht dem Wert der Fahrberechtigung oder dem geleisteten Barzuschuss des Arbeitgebers. Dabei kann der Wert der überlassenen Fahrberechtigung aus Vereinfachungsgründen mit den Bruttoaufwendungen des Arbeitgebers (also einschließlich Umsatzsteuer) angesetzt werden.

Beispiel A

Beim Arbeitnehmer A beträgt die Entfernung zwischen Wohnung und erster Tätigkeitsstätte, die an 150 Tagen aufgesucht wird, 40 km. A erhält für diese Fahrten von seinem Arbeitgeber ein steuerfreies Job-Ticket im Wert von 1600 €.

Ermittlung der Entfernungspauschale:

150 Arbeitstage × 20 km × 0,30 € =	900 €
150 Arbeitstage × 20 km × 0,38 € =	1140 €
Summe	2040 €
Anrechnung der steuerfreien Arbeitgeberleistung (§ 3 Nr. 15 Satz 3 EStG)	1600 €
Verbleibende Entfernungspauschale =	440 €

Die Minderung der Entfernungspauschale ist **auch** dann vorzunehmen, wenn der Arbeitnehmer (ggf. ausschließlich) steuerfreie Arbeitgeberleistungen **für Privatfahrten** im öffentlichen Personennahverkehr erhalten hat.

Beispiel B

Der Arbeitnehmer B benutzt für den Weg von der Wohnung zur Arbeit (= 20 km) an 220 Arbeitstagen seinen Pkw. Für Privatfahrten im öffentlichen Personennahverkehr hat er steuerfreie Arbeitgeberleistungen in Höhe von 300 € erhalten.

Ermittlung der Entfernungspauschale:

220 Arbeitstage × 20 km × 0,30 € =	1320 €
Anrechnung der steuerfreien Arbeitgeberleistung (§ 3 Nr. 15 Satz 3 EStG)	300 €
Verbleibende Entfernungspauschale =	1020 €

Fahrberechtigungen mit einer Gültigkeit über zwei oder mehr Kalenderjahre gelten in dem Kalenderjahr als zugeflossen, in dem die Arbeitgeberleistung erbracht wird. Für die Anrechnung auf die Entfernungspauschale ist der Wert der Fahrberechtigung aber anteilig auf den Gültigkeitszeitraum zu verteilen und entsprechend in der Lohnsteuerbescheinigung zu bescheinigen.

Lohn-steuer-pflichtig	Sozial-versich.-pflichtig

Beispiel C

Der Arbeitgeber überlässt seinem Arbeitnehmer C am 1.10.2022 ein Jahresticket (Gültigkeit bis zum 30.9.2023) für den regionalen Verkehrsverbund, das er zum Preis von 1200 € erworben hat.

Das überlassene Jahresticket im Wert von 1200 € ist als Fahrberechtigung für den öffentlichen Personennahverkehr in voller Höhe steuerfrei (§ 3 Nr. 15 Satz 2 EStG; steuerfreier Zufluss 1.10.2022). Für die Anrechnung auf die Entfernungspauschale ist die steuerfreie Arbeitgeberleistung anteilig auf den Gültigkeitszeitraum der Fahrberechtigung von 12 Monaten zu verteilen. Somit ist die steuerfreie Arbeitgeberleistung im Jahr 2022 mit 300 € (3/12) und im Jahr 2023 mit 900 € (9/12) auf die Entfernungspauschale anzurechnen.

Die **Minderung** der Entfernungspauschale ist unabhängig von der tatsächlichen Nutzung der vom Arbeitgeber überlassenen oder bezuschussten Fahrberechtigung durch den Arbeitnehmer vorzunehmen. Sie erfolgt **von der abziehbaren Entfernungspauschale,** d. h. ggf. unter Beachtung der 4500-€-Grenze; maximal bis auf 0 €. Die Kürzung der Entfernungspauschale erfolgt auch in den Fällen, in denen der Arbeitnehmer die Fahrberechtigung tatsächlich nicht oder privat nutzt.

Beispiel D

Arbeitnehmer D fährt an 220 Arbeitstagen von seiner Wohnung mit dem Pkw 30 km zum Bahnhof und von dort 100 km mit der Bahn zur ersten Tätigkeitsstätte. Die kürzeste Straßenverbindung zwischen Wohnung und erster Tätigkeitsstätte beträgt 110 km. Der Arbeitgeber überlässt dem Arbeitnehmer eine Jahresfahrkarte der Bahn ausschließlich für die Strecke Wohnung-erste Tätigkeitsstätte im Wert von 4600 €.

Die Arbeitgeberleistung in Form der Überlassung der Jahreskarte ist steuerfrei (§ 3 Nr. 15 Satz 2 EStG).

Ermittlung der Entfernungspauschale:

Von der maßgebenden Entfernung von 110 km entfällt eine Teilstreckung von 30 km auf Fahrten mit dem Pkw und von 80 km auf Fahrten mit der Bahn.

Teilstrecke Bahn:	
220 Arbeitstage × 20 km × 0,30 € =	1320 €
220 Arbeitstage × 60 km × 0,38 € =	5016 €
Summe	6336 €
begrenzt auf den Höchstbetrag	4500 €
Teilstrecke Pkw	
220 Arbeitstage × 30 km × 0,38 € =	2508 €
Entfernungspauschale insgesamt	7008 €
Anrechnung der steuerfreien Arbeitgeberleistung (§ 3 Nr. 15 Satz 3 EStG)	4600 €
Verbleibende Entfernungspauschale	2408 €

Beispiel E

Arbeitnehmer E fährt an 220 Arbeitstagen von seiner Wohnung mit dem Pkw 40 km zum Bahnhof und von dort 40 km mit der Bahn zur ersten Tätigkeitsstätte. Die kürzeste Straßenverbindung zwischen Wohnung und erster Tätigkeitsstätte beträgt 65 km. Der Arbeitgeber überlässt dem Arbeitnehmer eine Jahresfahrkarte der Bahn ausschließlich für die Strecke Wohnung-erste Tätigkeitsstätte im Wert von 5100 €.

Die Arbeitgeberleistung in Form der Überlassung der Jahreskarte ist steuerfrei (§ 3 Nr. 15 Satz 2 EStG).

Ermittlung der Entfernungspauschale:

Von der maßgebenden Entfernung von 65 km entfällt eine Teilstrecke von 40 km auf Fahrten mit dem Pkw und von 25 km auf Fahrten mit der Bahn.

Teilstrecke Bahn:	
220 Arbeitstage × 20 km × 0,30 € =	1320 €
220 Arbeitstage × 5 km × 0,38 € =	418 €
Summe	1738 €

Der Höchstbetrag von 4500 € ist nicht überschritten.

Teilstrecke Pkw	
220 Arbeitstage × 40 km × 0,38 € =	3344 €
Entfernungspauschale insgesamt	5082 €
Anrechnung der steuerfreien Arbeitgeberleistung (§ 3 Nr. 15 Satz 3 EStG)	5100 €
Verbleibende Entfernungspauschale	0 €

Bietet der Arbeitgeber gleichartige Fahrberechtigungen allen seinen Arbeitnehmern an und zahlt er hierfür an den

Lohn-steuer-pflichtig Sozial-versich.-pflichtig

Verkehrsträger einen Pauschalpreis pro Arbeitnehmer, können zur Ermittlung des Minderungsbetrags für den einzelnen Arbeitnehmer die **Gesamtaufwendungen** (einschließlich Umsatzsteuer) des Arbeitgebers auf die **Anzahl aller Arbeitnehmer aufgeteilt** werden. Dies gilt unabhängig davon, wie viele Arbeitnehmer Fahrberechtigungen annehmen oder ggf. auf sie verzichten.

Beispiel F

Ein Arbeitgeber schließt mit einem regionalen Verkehrsträger einen Vertrag, wonach alle 50 Arbeitnehmer seines Unternehmens eine Fahrberechtigung für den gesamten Verkehrsverbund erhalten sollen. Hierfür zahlt der Arbeitgeber einschließlich Umsatzsteuer 30 000 € an den Verkehrsträger (Pauschalpreis pro Arbeitnehmer 600 € jährlich).

Arbeitnehmer A nutzt die Jahreskarte an 220 Arbeitstagen für seine Fahrten zwischen Wohnung und erster Tätigkeitsstätte (Entfernung 50 km). Arbeitnehmer B nutzt die Jahreskarte nicht und fährt mit dem Elektro-Bike die 5 km zur Arbeit (220 Arbeitstage). Arbeitnehmer C verzichtet auf die Fahrberechtigung.

Die Überlassung der Jahreskarten ist bei A und B steuerfrei (§ 3 Nr. 15 Satz 2 EStG), da es sich um eine Fahrberechtigung für den öffentlichen Personennahverkehr (Stichwort Verkehrsverbund) handelt. Die Entfernungspauschale ist bei A und B um 600 € – maximal bis auf 0 € – zu kürzen.

Ermittlung der Entfernungspauschale bei A:

220 Arbeitstage × 20 km × 0,30 € =	1320 €
220 Arbeitstage × 30 km × 0,38 € =	2508 €
Summe	3828 €
Anrechnung der steuerfreien Arbeitgeberleistung (§ 3 Nr. 15 Satz 3 EStG)	600 €
Verbleibende Entfernungspauschale	3228 €

Ermittlung der Entfernungspauschale bei B:

220 Arbeitstage × 5 km × 0,30 € =	330 €
Anrechnung der steuerfreien Arbeitgeberleistung (§ 3 Nr. 15 Satz 3 EStG)	600 €
Verbleibende Entfernungspauschale	0 €

Da C auf die Jahreskarte verzichtet hat, erfolgt bei ihm keine Kürzung der Entfernungspauschale (vgl. nachfolgendes Beispiel G).

Macht der Arbeitnehmer anstelle der Entfernungspauschale seine tatsächlichen Aufwendungen geltend (vgl. § 9 Abs. 2 Sätze 2 und 3 EStG), sind steuerfreie Zuschüsse des Arbeitgebers zu den von den Arbeitnehmern selbst erworbenen Fahrberechtigungen ebenfalls auf die Entfernungspauschale anzurechnen (wegen einer Regelungslücke ist Rechtsgrundlage hierfür nicht § 3 Nr. 15 Satz 3 EStG, sondern § 3c Abs. 1 EStG).

Erklärt ein **Arbeitnehmer** gegenüber dem Arbeitgeber, auf die **Fahrberechtigung** vollumfänglich zu **verzichten,** kann nur dann von einer Kürzung der Entfernungspauschale abgesehen werden, wenn der Arbeitnehmer die Fahrberechtigung tatsächlich nicht annimmt oder ab dem Zeitpunkt, zu dem er sie zurückgibt. Der Nachweis des Nutzungsverzichts ist zum Lohnkonto des jeweiligen Arbeitnehmers aufzubewahren.

Beispiel G

Ein Arbeitgeber schließt mit einem regionalen Verkehrsträger einen Vertrag, wonach alle 50 Arbeitnehmer seines Unternehmens eine Fahrberechtigung für den gesamten Verkehrsverbund erhalten sollen. Hierfür zahlt der Arbeitgeber einschließlich Umsatzsteuer 30 000 € an den Verkehrsträger (Pauschalpreis pro Arbeitnehmer 600 € jährlich). Arbeitnehmer G verzichtet auf die Fahrberechtigung.

Da G auf die Jahreskarte verzichtet hat, erfolgt bei ihm keine Kürzung der Entfernungspauschale.

Ebenfalls auf die Entfernungspauschale anzurechnen sind die in Anwendung der **monatlichen 50-€-Freigrenze** (§ 8 Abs. 2 Satz 11 EStG) oder des Rabattfreibetrags (§ 8 Abs. 3 EStG) von 1080 € jährlich steuerfreien Sachbezüge für Fahrten zwischen Wohnung und erster Tätigkeitsstätte (§ 9 Abs. 1 Satz 3 Nr. 4 Satz 5 EStG).

Beispiel H

Der Arbeitgeber vereinbart mit seinem Arbeitnehmer die Zurverfügungstellung eines Job-Tickets durch Gehaltsumwandlung. Der übliche Preis der Monatsfahrkarte beträgt 50 €.

Lohn-steuer-pflichtig Sozial-versich.-pflichtig

Üblicher Preis für eine Monatsfahrkarte	50,00 €
Vom Verkehrsträger eingeräumte Job-Ticketermäßigung 10 %	5,00 €
Differenz	45,00 €
davon 96 % (R 8.1 Abs. 2 Satz 3 LStR)	43,20 €

Eine Steuerfreiheit des Job-Tickets nach § 3 Nr. 15 EStG kommt nicht in Betracht, da es nicht zusätzlich zum ohnehin geschuldeten Arbeitslohn erbracht wird. Unter der Voraussetzung, dass keine weiteren Sachbezüge im Monat gewährt werden, die zu einer Überschreitung der 50-€-Grenze führen, bleibt der Vorteil außer Ansatz, wird aber auf die Entfernungspauschale angerechnet.

Die zusätzlich zum ohnehin geschuldeten Arbeitslohn gewährten geldwerten Vorteile (Sachbezüge) aus der unentgeltlichen oder verbilligten **Nutzungsüberlassung** eines **Fahrrads** vom Arbeitgeber an den Arbeitnehmer insbesondere zur privaten Nutzung und zur Nutzung für Fahrten zwischen Wohnung und erster Tätigkeitsstätte sind **steuerfrei** (§ 3 Nr. 37 EStG). Die Steuerbefreiung gilt sowohl für Pedelecs als auch für „normale" Fahrräder. Wird das Fahrrad (auch) zu Fahrten zwischen Wohnung und erster Tätigkeitsstätte genutzt, sind die steuerfreien Sachbezüge **nicht auf die Entfernungspauschale anzurechnen** (§ 9 Abs. 1 Satz 3 Nr. 4 Satz 7 EStG).

Beispiel I

Der Arbeitgeber überlässt dem Arbeitnehmer ein Pedelec zur uneingeschränkten Privatnutzung. Der Arbeitnehmer fährt mit dem Fahrrad an 100 Tagen auch zur Arbeit, an den übrigen 120 Tagen mit dem Pkw. Die Entfernung Wohnung/erste Tätigkeitsstätte beträgt 10 km.

Die Entfernungspauschale berechnet sich wie folgt.

220 Arbeitstage x 10 km x 0,30 € = 660 €

Der steuerfreie geldwerte Vorteil aus der Überlassung des Pedelecs ist nicht auf die Entfernungspauschale anzurechnen.

b) Pauschal besteuerte Arbeitgeberleistungen

Pauschal mit 15 % Lohnsteuer besteuerte Arbeitgeberleistungen für Fahrten zwischen Wohnung und erster Tätigkeitsstätte sind auf die Entfernungspauschale anzurechnen (§ 40 Abs. 2 Satz 2 Nr. 1 EStG). Hierzu gehören sowohl pauschal besteuerte Sachbezüge z. B. aus der unentgeltlichen oder verbilligten Firmenwagengestellung zu Fahrten zwischen Wohnung und erster Tätigkeitsstätte als auch pauschal besteuerte Fahrtkostenzuschüsse des Arbeitgebers für Fahrten mit dem Pkw des Arbeitnehmers und pauschal mit 15 % besteuerte Job-Tickets (vgl. im Einzelnen die Stichwörter „Fahrten zwischen Wohnung und erster Tätigkeitsstätte" unter Nr. 5 und „Firmenwagen zur privaten Nutzung" unter Nr. 13).

Dem Arbeitgeber ist ein **Wahlrecht** zwischen der **Steuerfreiheit** von Fahrtkostenzuschüssen (Bar- und Sachleistungen des Arbeitgebers) **mit Anrechnung** auf die Entfernungspauschale (§ 3 Nr. 15 Satz 3 EStG) und einer **Pauschalierungsmöglichkeit mit 25 %** bei gleichzeitigem **Verzicht** auf die **Minderung** der Entfernungspauschale (§ 40 Abs. 2 Satz 2 Nr. 2 EStG) eingeräumt worden. Hierdurch soll auch die Akzeptanz von z. B. Jobtickets insbesondere bei solchen Arbeitnehmern erhöht werden, die öffentliche Verkehrsmittel ggf. aufgrund ihres Wohnortes oder der Tätigkeitsstätte im ländlichen Bereich gar nicht oder nur sehr eingeschränkt nutzen können. Wählt der Arbeitgeber die Pauschalierungsmöglichkeit mit 25 % ohne Anrechnung auf die Entfernungspauschale, ist die Pauschalbesteuerung einheitlich für alle Arbeitgeberleistungen (Barzuschüsse und Sachleistungen) i. S. d. § 3 Nr. 15 EStG anzuwenden, die der Arbeitgeber dem jeweiligen Arbeitnehmer innerhalb eines Kalenderjahres gewährt. Auch bei dieser Pauschalierungsmöglichkeit kann die Pauschalsteuer arbeitsrechtlich im Innenverhältnis auf den Arbeitnehmer abgewälzt werden.

Beispiel A

Arbeitgeber A gewährt seinem Arbeitnehmer B zusätzlich zum ohnehin geschuldeten Arbeitslohn eine Fahrberechtigung für den öffentlichen Personennahverkehr im Wert von 100 € (= Aufwand des Arbeitgebers), die auch den Weg zwischen Wohnung und erster Tätigkeitsstätte ab-

Lohn-steuer-pflichtig Sozial-versich.-pflichtig

deckt. Aufgrund der schlechten Verkehrsanbindung nutzt B hierfür allerdings seinen Pkw (220 Arbeitstage á 40 km).

Die Zurverfügungstellung der Fahrberechtigung im Wert von 100 € ist steuerfrei und mindert in dieser Höhe die Entfernungspauschale (§ 3 Nr. 15 Sätze 2 und 3 EStG).

Um eine Anrechnung auf die Entfernungspauschale zu vermeiden, nimmt A – ggf. unter Abwälzung der Pauschalsteuer auf B – eine Pauschalbesteuerung mit 25 % nach § 40 Abs. 2 Satz 2 Nr. 2 EStG vor. Bemessungsgrundlage hierfür sind die Aufwendungen des A in Höhe von 1200 € jährlich (§ 40 Abs. 2 Satz 4 EStG).

Die Pauschalierungsmöglichkeit mit 25 % soll auch für Arbeitgeberleistungen gelten, die nicht zusätzlich zum ohnehin geschuldeten Arbeitslohn (sondern mittels Gehaltsumwandlung) erbracht werden und deshalb die Voraussetzungen für eine Steuerfreistellung der Arbeitgeberleistung nach § 3 Nr. 15 EStG gar nicht erfüllen. Für die mittels Gehaltsumwandlung finanzierten Beträge im Zusammenhang mit der Nutzung öffentlicher Verkehrsmittel von der Wohnung zur Arbeit kann der Arbeitgeber somit wählen zwischen der Pauschalbesteuerung mit 15 % mit Anrechnung auf die Entfernungspauschale (§ 40 Abs. 2 Satz 2 Nr. 1 EStG) und der Pauschalbesteuerung mit 25 % ohne Minderung der Entfernungspauschale (§ 40 Abs. 2 Satz 2 Nr. 2 EStG).

Beispiel B

Arbeitnehmerin B, vollzeitbeschäftigt, hohe Werbungskosten u. a. durch Entfernungspauschale, hat eine Monatsfahrkarte zu einem üblichen Preis von 100 € durch Gehaltsumwandlung finanziert.

Üblicher Preis für eine Monatsfahrkarte	100,00 €
Vom Verkehrsträger eingeräumte Job-Ticketermäßigung 10 %	10,00 €
Differenz = Aufwendungen des Arbeitgebers	90,00 €

Um eine Anrechnung auf die Entfernungspauschale zu vermeiden wird eine Pauschalbesteuerung des geldwerten Vorteils von 90,00 € mit 25 % nach § 40 Abs. 2 Satz 2 Nr. 2 EStG – ggf. unter Abwälzung der Pauschalsteuer auf den Arbeitnehmer – vorgenommen. Maßgebend für die Pauschalbesteuerung sind die Aufwendungen des Arbeitgebers (= 90 €; § 40 Abs. 2 Satz 4 EStG).

Infolge des Verzichts auf die Anrechnung der pauschal besteuerten Arbeitgeberleistungen auf die Anrechnung der Entfernungspauschale müssen die Beträge vom Arbeitgeber auch nicht in der elektronischen Lohnsteuerbescheinigung angegeben werden. Eine individuelle Zurechnung der Arbeitgeberleistungen auf den einzelnen Arbeitnehmer ist daher nicht erforderlich.

Zu den Aufzeichnungs- und Bescheinigungspflichten des Arbeitgebers vgl. „Fahrten zwischen Wohnung und erster Tätigkeitsstätte" unter Nr. 10.

Fahrten zwischen Wohnung und erster Tätigkeitsstätte

Neues auf einen Blick:

Durch das Steuerentlastungsgesetz 2022 ist die bisher ab 1.1.2024 vorgesehene Anhebung der Entfernungspauschale ab dem 21. vollen Entfernungskilometer von 0,35 € auf **0,38 € rückwirkend** auf den **1.1.2022** vorgezogen worden. Mithin beträgt die verkehrsmittelunabhängige Entfernungspauschale ab 1.1.2022 derzeit befristet bis 31.12.2026 **für die ersten 20 vollen Entfernungskilometer jeweils 0,30 € und ab dem 21. Entfernungskilometer für jeden weiteren vollen Entfernungskilometer jeweils 0,38 €.**

Die höhere Entfernungspauschale kann durch die Bildung oder Anpassung eines Freibetrags im Lohnsteuer-Ermäßigungsverfahren bereits im Laufe des Kalenderjahres 2022 oder im Rahmen der Einkommensteuer-Veranlagung für das Kalenderjahr 2022 geltend gemacht werden.

Die sich durch die rückwirkende Erhöhung der Entfernungspauschale zum 1.1.2022 ergebenden Auswirkungen, die insbesondere für den betragsmäßigen Umfang der **Pauschalbesteuerung vorteilhaft** sind, sind in die nachfolgenden Erläuterungen und Beispiele eingearbeitet worden. Auf die Ausführungen und Beispiele beim Stichwort „Entfernungspauschale" wird ergänzend hingewiesen.

Gliederung:

1. Allgemeines

Die Entfernungspauschale wird seit dem 1.1.2014 in erster Linie für die Fahrten zwischen Wohnung und erster

Lohnsteuerpflichtig | Sozialversich.-pflichtig

Tätigkeitsstätte angesetzt. Der Arbeitgeberersatz für Fahrten zwischen Wohnung und erster Tätigkeitsstätte war aber bis 31.12.2018 ohne Rücksicht auf das benutzte Verkehrsmittel grundsätzlich steuerpflichtig. Eine Pauschalierung der Lohnsteuer mit 15 % in Höhe der Entfernungspauschale war möglich und führte zur Beitragsfreiheit in der Sozialversicherung.

Seit 1.1.2019 sind Arbeitgeberleistungen **(Barzuschüsse und Sachleistungen)** für Fahrten des Arbeitnehmers zwischen **Wohnung und erster Tätigkeitsstätte steuerfrei** (§ 3 Nr. 15 Sätze 1 und 2 EStG). Die Fahrten müssen allerdings mit **öffentlichen Verkehrsmitteln** im Linienverkehr (ohne Luftverkehr) durchgeführt werden; die Steuerbefreiung gilt also für Job-Tickets und auch für die BahnCard, kommt aber u. a. nicht bei Benutzung eines Mietwagens oder Pkw (privater Pkw oder Firmenwagen) zur Anwendung. — nein | nein

Die steuerfreien Arbeitgeberleistungen (Barzuschüsse und Sachleistungen) **mindern** die beim Arbeitnehmer als Werbungskosten zu berücksichtigende **Entfernungspauschale** (§ 3 Nr. 15 Satz 3 EStG). Sie sind daher vom Arbeitgeber in der Lohnsteuerbescheinigung anzugeben (§ 41b Abs. 1 Satz 2 Nr. 6 EStG). Der Arbeitgeber hat allerdings das **Wahlrecht,** die steuerfreien Leistungen mit 25 % pauschal zu versteuern (§ 40 Abs. 2 Satz 2 Nr. 2 EStG). Diese mit 25 % pauschal versteuerte Leistung ist nicht auf die Entfernungspauschale anzurechnen.

Die Leistungen (Barzuschüsse und Sachleistungen) müssen zusätzlich zum ohnehin geschuldeten Arbeitslohn gewährt werden. In den Fällen einer schädlichen **Gehaltsumwandlung** zugunsten eines Job-Tickets scheidet eine Steuerbefreiung daher aus. Vorteile bis 50 € monatlich bleiben allerdings in diesen Fällen aufgrund der **Anwendung der 50-Euro-Freigrenze** für Sachbezüge steuer- und beitragsfrei, sofern diese noch nicht anderweitig ausgeschöpft wurde. Bei Übersteigen dieser Grenze wäre der dann steuerpflichtige Sachbezug aus der Job-Ticket-Überlassung für die Fahrten zur Arbeit allerdings pauschalierungsfähig mit 15 %. Der Arbeitgeber hat auch in diesem Fall die Möglichkeit, anstelle der Pauschalierung mit 15 % eine Pauschalierung mit 25 % vorzunehmen, um so die Anrechnung des pauschalierten Betrags auf die Entfernungspauschale zu vermeiden.

Die zusätzlich zum ohnehin geschuldeten Arbeitslohn gewährten geldwerten Vorteile (Sachbezüge) aus der unentgeltlichen oder verbilligten Nutzungsüberlassung eines **Fahrrads** vom Arbeitgeber an den Arbeitnehmer insbesondere zur privaten Nutzung und zur Nutzung für Fahrten zwischen Wohnung und erster Tätigkeitsstätte sind ebenfalls **steuerfrei** (§ 3 Nr. 37 EStG). Die Steuerbefreiung gilt sowohl für Pedelecs als auch für „normale" Fahrräder. Sie ist aber nicht anzuwenden für Elektrofahrräder, die verkehrsrechtlich als Kraftfahrzeug einzuordnen sind; dies ist der Fall, wenn der Motor auch Geschwindigkeiten über 25 Stundenkilometer unterstützt und eine Kennzeichen- und Versicherungspflicht besteht (vgl. im Einzelnen das Stichwort „Elektro-Bike"). Wird das Fahrrad (auch) zu Fahrten zwischen Wohnung und erster Tätigkeitsstätte genutzt, sind die steuerfreien Sachbezüge **nicht auf die Entfernungspauschale anzurechnen.**

2. Sonderfälle, in denen ein Fahrtkostenersatz ohne Rücksicht auf das benutzte Verkehrsmittel steuerfrei ist

a) Allgemeines

Eine ausdrückliche Steuerbefreiung für den Arbeitgeberersatz bei Fahrten zwischen Wohnung und erster Tätigkeitsstätte – und zwar ohne Rücksicht auf das benutzte Verkehrsmittel – sehen u. a. die beiden folgenden gesetzlichen Vorschriften in § 3 EStG vor:

- **§ 3 Nr. 32 EStG**
  Nach dieser Vorschrift ist die **Sammelbeförderung** von Arbeitnehmern zwischen Wohnung und erster Tätigkeitsstätte mit einem vom Arbeitgeber zur Verfügung gestellten Kraftfahrzeug lohnsteuerfrei. Die Steuerbefreiung gilt auch für dauerhafte Fahrten in Form einer Sammelbeförderung zu einem Arbeitgeber-Sammelpunkt oder zu einem weiträumigen Tätigkeitsgebiet (vgl. § 9 Abs. 1 Satz 3 Nr. 4a Satz 3 EStG; vgl. hierzu auch beim Stichwort „Sammelbeförderung" unter Nr. 2 das Beispiel D). — nein | nein
- **§ 3 Nr. 16 EStG**
  Nach dieser Vorschrift sind sowohl Fahrtkostenerstattungen im Rahmen einer beruflich veranlassten **doppelten Haushaltsführung** als auch bei einer beruflich veranlassten **Auswärtstätigkeit** grundsätzlich steuerfrei. Fallen Fahrtkosten demzufolge unter den steuerlichen Begriff „Reisekosten", ist ein hierfür vom Arbeitgeber gewährter Ersatz grundsätzlich ohne Rücksicht auf das benutzte Verkehrsmittel steuerfrei (vgl. zur doppelten Haushaltsführung auch die Erläuterungen beim Stichwort „Familienheimfahrten"). Siehe auch die Erläuterungen zu Reisekosten bei Auswärtstätigkeiten in Anhang 4 Nr. 7 und beim Stichwort „Reisekostenvergütungen aus öffentlichen Kassen" unter Nr. 2 Buchstabe b. — nein | nein
  Dies gilt aber nicht, wenn im Rahmen einer beruflich veranlassten Auswärtstätigkeit **dauerhaft Fahrten** zu einem vom **Arbeitgeber** bestimmten **Sammelpunkt** oder zu einem **weiträumigen Tätigkeitsgebiet** vorliegen und es sich nicht um eine Sammelbeförderung handelt. Auch in diesen beiden Fällen ist die Entfernungspauschale anzusetzen mit der Folge, dass ein etwaiger **Arbeitgeberersatz** der Pkw-Fahrtkosten nicht steuerfrei, sondern **steuerpflichtig** ist, aber ebenfalls mit 15 % pauschal besteuert werden kann (vgl. hierzu auch die Ausführungen und Beispiele unter der nachfolgenden Nr. 2 Buchstabe c zur Fahrtätigkeit und bei den Stichwörtern „Entfernungspauschale" unter Nr. 11 sowie „Weiträumiges Tätigkeitsgebiet" unter Nr. 3). — ja | nein

Für die steuerliche und beitragsrechtliche Behandlung der vorgenannten Fahrtkostenzuschüsse ergibt sich damit folgende Übersicht:

Fahrtkostenersatz

des Arbeitgebers für Fahrten zwischen Wohnung und erster Tätigkeitsstätte ist

steuerfrei	steuerpflichtig
bei Benutzung öffentlicher Verkehrsmittel und Überlassung eines Pedelecs/Fahrrads sowie ohne Rücksicht auf das benutzte Verkehrsmittel, wenn einer der nachfolgend dargestellten **Sonderfälle** vorliegt, z. B. – Sammelbeförderung – Auswärtstätigkeit[1] – Doppelte Haushaltsführung	insbesondere bei Benutzung eines **Pkw,** wenn **keiner** der nachfolgend dargestellten Sonderfälle vorliegt
ist der Fahrtkostenersatz steuerfrei, ist er auch **beitragsfrei** in der Sozialversicherung	die **Lohnsteuer** kann mit 15 % pauschaliert werden, und zwar in Höhe der **Entfernungspauschale** von jeweils 0,30 € für die ersten 20 Entfernungskilometer und 0,38 € ab dem 21. Entfernungskilometer
	die Pauschalierung der Lohnsteuer löst **Beitragsfreiheit** in der Sozialversicherung aus

1) Bei dauerhaften Fahrten zu einem vom Arbeitgeber bestimmten Sammelpunkt oder zu einem weiträumigen Tätigkeitsgebiet vgl. vorstehende Ausführungen, den nachfolgenden Buchstaben c zur Fahrtätigkeit und die Stichwörter „Entfernungspauschale" unter Nr. 11 sowie „Weiträumiges Tätigkeitsgebiet" unter Nr. 3.

Lohn-steuer-pflichtig | Sozial-versich.-pflichtig

b) Sammelbeförderung

Steuerfrei ist nach § 3 Nr. 32 EStG die unentgeltliche oder verbilligte Beförderung eines Arbeitnehmers zwischen Wohnung und erster Tätigkeitsstätte mit einem vom Arbeitgeber eingesetzten Beförderungsmittel, z. B. Omnibus, Kleinbus oder für mehrere Personen eingesetzten Personenkraftwagen, wenn diese Beförderung jeweils für den betrieblichen Einsatz des Arbeitnehmers notwendig ist; das Gleiche gilt, wenn das Fahrzeug von einem Dritten **im Auftrag des Arbeitgebers** eingesetzt wird. Die Steuerbefreiung gilt auch für dauerhafte Fahrten in Form einer Sammelbeförderung zu einem Arbeitgeber-Sammelpunkt oder zu einem weiträumigen Tätigkeitsgebiet (vgl. hierzu das Beispiel D beim Stichwort „Sammelbeförderung" unter Nr. 2). — nein — nein

Die Notwendigkeit einer Sammelbeförderung für den betrieblichen Einsatz des Arbeitnehmers ist nach R 3.32 LStR z. B. in den Fällen anzunehmen, in denen

- die Beförderung mit **öffentlichen Verkehrsmitteln** nicht oder nur mit unverhältnismäßig **hohem Zeitaufwand** durchgeführt werden könnte oder
- der Arbeitsablauf eine **gleichzeitige Arbeitsaufnahme** der beförderten Arbeitnehmer erfordert.

Bei einem Einsatz der Arbeitnehmer an ständig wechselnden Tätigkeitsstätten oder verschiedenen Stellen eines weiträumigen Arbeitsgebietes wird es sich in der Regel bereits um steuerfreien Reisekostenersatz nach § 3 Nrn. 13 oder 16 EStG in Form einer Sachleistung handeln.

Die Notwendigkeit der Sammelbeförderung ist nicht davon abhängig, ob der Arbeitnehmer über einen eigenen Pkw verfügt oder nicht.

Beispiel A

Aufgrund des frühen Arbeitsbeginns und der sehr schlechten Anbindung des Betriebs an öffentliche Verkehrsmittel beauftragt ein Arbeitgeber einen Busunternehmer, die Arbeitnehmer zur ersten Tätigkeitsstätte bzw. zurück nach Hause zu befördern.

Da es sich um eine Sammelbeförderung handelt, die für den betrieblichen Einsatz der Arbeitnehmer notwendig ist, entsteht kein steuer- und sozialversicherungspflichtiger geldwerter Vorteil.

Fälle, in denen eine Sammelbeförderung für den betrieblichen Einsatz nicht notwendig ist, dürften sich auf seltene Ausnahmefälle beschränken. Soweit ein geldwerter Vorteil anzunehmen ist, ist bei jedem Arbeitnehmer der günstigste Fahrpreis für die Benutzung eines öffentlichen Verkehrsmittels anzusetzen.

Wichtig bei dieser Befreiungsvorschrift ist, dass eine Sammelbeförderung im Sinne des § 3 Nr. 32 EStG bereits dann vorliegt, wenn ein Pkw vom Arbeitgeber zwei Arbeitnehmern (= mehrere Personen) gemeinsam für Fahrten zwischen Wohnung und erster Tätigkeitsstätte zur Verfügung gestellt wird.

Beispiel B

Eine Firma lässt ihre beiden Abteilungsleiter vereinbarungsgemäß täglich durch einen Firmenwagen mit Fahrer von zu Hause abholen und abends wieder nach Hause bringen, da beide zu gleicher Zeit die Arbeit aufnehmen müssen und eine schlechte Anbindung an öffentliche Verkehrsmittel gegeben ist.

Es liegt eine Sammelbeförderung im Sinne des § 3 Nr. 32 EStG vor, die betrieblich notwendig ist (gleichzeitige Arbeitsaufnahme der Arbeitnehmer). Der geldwerte Vorteil (einschließlich Fahrer und Abholfahrt) ist als Sammelbeförderung steuerfrei. Zur Umsatzsteuerpflicht von Sammelbeförderungen vgl. das Stichwort „Umsatzsteuerpflicht bei Sachbezügen" unter Nr. 10.

Zu Fallgestaltungen, bei denen von keiner steuerfreien Sammelbeförderung auszugehen ist, vgl. die Erläuterungen unter dem Stichwort „Sammelbeförderung".

Bei Arbeitgeberleistungen für Fahrten zwischen Wohnung und erster Tätigkeitsstätte, die als Sammelbeförderung nach § 3 Nr. 32 EStG steuerfrei sind, wird keine Entfernungspauschale gewährt (§ 9 Abs. 1 Satz 3 Nr. 4 Satz 3 EStG). Sie müssen deshalb auch im Lohnkonto gesondert aufgezeichnet und in der Lohnsteuerbescheinigung gesondert bescheinigt werden. Dies geschieht durch die Eintragung des Großbuchstabens „F" (= Freifahrtberechtigung) in der (elektronischen) Lohnsteuerbescheinigung. Vgl. auch die Erläuterungen beim Stichwort „Sammelbeförderung" unter Nr. 3.

Bei entgeltlicher Sammelbeförderung werden anstelle der Entfernungspauschale die tatsächlichen Aufwendungen des Arbeitnehmers als Werbungskosten berücksichtigt.

c) Arbeitnehmer mit Fahrtätigkeit

Eine beruflich veranlasste **Auswärtstätigkeit** liegt vor, wenn der Arbeitnehmer außerhalb seiner Wohnung und nicht an seiner ersten Tätigkeitsstätte beruflich tätig wird. Dies ist auch dann der Fall, wenn ein Arbeitnehmer ohne erste Tätigkeitsstätte bei seiner individuellen beruflichen Tätigkeit typischerweise nur auf einem Fahrzeug tätig wird (= Fahrtätigkeit).

Eine erste Tätigkeitsstätte setzt zunächst eine ortsfeste betriebliche Einrichtung beim eigenen Arbeitgeber, einem verbundenen Unternehmen oder einem Dritten (z. B. Entleiher, Kunden) voraus. **Fahrzeuge,** Flugzeuge, Schiffe oder Tätigkeitsgebiete ohne ortsfeste betriebliche Einrichtungen sind **keine Tätigkeitsstätten** in diesem Sinne; Entsprechendes gilt für einen Lkw-Wechselplatz auf freier Strecke (BFH-Urteil vom 28.3.2012, BStBl. II S. 926). Außerdem ist eine erste Tätigkeitsstätte nur gegeben, wenn der Arbeitnehmer nach der arbeitsrechtlichen Festlegung des Arbeitgebers einer ortsfesten betrieblichen Einrichtung (z. B. dem Betrieb des Arbeitgebers) dauerhaft (z. B. unbefristet) zugeordnet ist (§ 9 Abs. 4 Satz 1 EStG). Bei Arbeitnehmern mit einer Fahrtätigkeit wird eine Zuordnung zu einer ortsfesten betrieblichen Einrichtung nur in wenigen Fällen vorliegen.

Fehlt es an einer dauerhaften Zuordnung des Arbeitnehmers zu einer betrieblichen Einrichtung durch arbeitsrechtliche Festlegung oder ist die getroffene Festlegung nicht eindeutig, ist von einer ersten Tätigkeitsstätte an der betrieblichen Einrichtung auszugehen, an der der Arbeitnehmer

- typischerweise arbeitstäglich oder
- je Arbeitswoche zwei volle Arbeitstage oder
- mindestens ein Drittel seiner vereinbarten regelmäßigen Arbeitszeit

dauerhaft (z. B. unbefristet) tätig werden soll (§ 9 Abs. 4 Satz 4 EStG). Die vorstehenden zeitlichen Kriterien sind nur dann erfüllt, wenn der Arbeitnehmer an der betrieblichen Einrichtung seine **eigentliche berufliche Tätigkeit ausübt.** Allein ein regelmäßiges Aufsuchen der betrieblichen Einrichtung, z. B. um das Fahrzeug zu übernehmen und zurückzugeben, führt nicht zu einer ersten Tätigkeitsstätte; das gilt auch dann, wenn das Fahrzeug be- und/oder entladen werden muss oder im Betrieb des Arbeitgebers die Pflege und Wartung des Fahrzeugs vorgenommen wird. Bei Arbeitnehmern mit einer Fahrtätigkeit werden die vorgenannten zeitlichen Grenzen zur Begründung einer ersten Tätigkeitsstätte nur in wenigen Fällen erfüllt sein.

Bestimmt der **Arbeitgeber** aber bei einem Arbeitnehmer ohne erste Tätigkeitsstätte durch arbeitsrechtliche Festlegung, dass der Arbeitnehmer sich **dauerhaft typischerweise arbeitstäglich an einem festgelegten Ort** einfinden soll, um von dort seine unterschiedlichen eigentlichen Einsatzorte aufzusuchen oder dort die Arbeit aufzunehmen (z. B. Lkw-Übernahmeort, Betriebshof, Busdepot, Fährhafen, Liegeplatz des Schiffes), werden die Fahrten des Arbeitnehmers von der Wohnung zu diesem vom Arbeitgeber festgelegten Ort *„wie"* Fahrten zu einer ersten Tätigkeitsstätte behandelt (§ 9 Abs. 1 Satz 3 Nr. 4a Satz 3 EStG).

Lohnsteuerpflichtig | Sozialversich.-pflichtig

Für diese Fahrten zum vom Arbeitgeber bestimmten Sammelpunkt darf nur die **Entfernungspauschale** angesetzt werden. Ein steuerfreier Arbeitgeberersatz der Fahrtkosten in Höhe der Entfernungspauschale kommt bei Benutzung eines **Pkw** nicht in Betracht. Allerdings kann ein entsprechender steuerpflichtiger Arbeitgeberersatz mit 15 % pauschal besteuert werden. — ja | nein

Hingegen sind zusätzlich zum ohnehin geschuldeten Arbeitslohn erbrachte Arbeitgeberleistungen (Barzuschüsse und Sachleistungen) für diese Fahrten des Arbeitnehmers mit **öffentlichen Verkehrsmitteln im Linienverkehr** steuer- und beitragsfrei. — nein | nein

Beispiel A

Lkw-Fahrer A hat keine erste Tätigkeitsstätte. Er sucht jedoch dauerhaft typischerweise arbeitstäglich den Betrieb seines Arbeitgebers auf, um dort den beladenen Lkw für seine Tour zu übernehmen.

Obwohl es sich beim Betrieb des Arbeitgebers nicht um die erste Tätigkeitsstätte des A handelt, werden die mit dem eigenen Pkw von der Wohnung zum Betrieb des Arbeitgebers durchgeführten Fahrten lediglich in Höhe der Entfernungspauschale berücksichtigt. Ein etwaiger Arbeitgeberersatz der Fahrtkosten ist nicht steuerfrei, sondern steuerpflichtig, kann aber mit 15 % in Höhe der Entfernungspauschale pauschal besteuert werden.

Beispiel B

Busfahrer B hat keine erste Tätigkeitsstätte. Er sucht jedoch dauerhaft typischerweise arbeitstäglich den Betriebshof seines Arbeitgebers auf, um dort seinen Bus zu übernehmen.

Obwohl es sich beim Betriebshof des Arbeitgebers nicht um die erste Tätigkeitsstätte des B handelt, werden die mit dem eigenen Pkw von der Wohnung zum Betriebshof des Arbeitgebers durchgeführten Fahrten lediglich in Höhe der Entfernungspauschale berücksichtigt. Ein etwaiger Arbeitgeberersatz der Fahrtkosten ist nicht steuerfrei, sondern steuerpflichtig, kann aber mit 15 % in Höhe der Entfernungspauschale pauschal besteuert werden.

Werden die Fahrten von der Wohnung zum Arbeitgeber-Sammelpunkt aber **nicht „arbeitstäglich"** durchgeführt, weil der Arbeitnehmer nicht an jedem Arbeitstag, sondern z. B. nur an einem Tag in der Woche den vom Arbeitgeber festgelegten Ort zur Arbeitsaufnahme aufsuchen soll, bleiben die Fahrtkosten nach allgemeinen **Reisekostengrundsätzen** abziehbar. „Typischerweise arbeitstäglich" erfordert ein – bis auf Urlaubs-, Krankheits- oder z. B. Fortbildungstage – arbeitstägliches Aufsuchen desselben Ortes. Ein „fahrtägliches Aufsuchen" genügt hingegen nicht.

Beispiel C

Lkw-Fahrer C ist im Fernverkehr tätig und von Montag bis Freitag unterwegs. Er ist keiner betrieblichen Einrichtung dauerhaft zugeordnet. Entsprechend der arbeitsrechtlichen Festlegung des Arbeitgebers soll C jeden Montag den Betriebshof des Arbeitgebers aufsuchen, um dort den Lkw zu übernehmen. Nach der Beendigung der mehrtägigen Auswärtstätigkeit am Freitag hat er den Lkw u. a. zu Wartungszwecken sowie zum Be- und Entladen dort wieder abzustellen.

Die Fahrtkosten des Lkw-Fahrers C zum Betrieb des Arbeitgebers können nach Reisekostengrundsätzen (z. B. 0,30 € je gefahrenen Kilometer) als Werbungskosten abgezogen bzw. vom Arbeitgeber steuerfrei erstattet werden.

Führt der Arbeitnehmer von seiner Wohnung Fahrten zu einem **ständig wechselnden Ort** aus, können die Aufwendungen ebenfalls nach Reisekostengrundsätzen vom Arbeitgeber steuerfrei erstattet oder vom Arbeitnehmer als Werbungskosten abgezogen werden. — nein | nein

Beispiel D

Lkw-Fahrer D hat keine erste Tätigkeitsstätte. Für die täglichen Touren übernimmt er seinen Lkw jeden Morgen an unterschiedlichen Standorten.

D kann für die Fahrten von seiner Wohnung zum Übernahmeort des Lkw und zurück 0,30 € je gefahrenen Kilometer ansetzen. Der entsprechende Betrag kann vom Arbeitgeber steuer- und beitragsfrei erstattet werden.

Beispiel E

Busfahrer E hat keine erste Tätigkeitsstätte. Er übernimmt seinen Bus jeden Morgen an unterschiedlichen Depots seines Arbeitgebers.

Lohnsteuerpflichtig | Sozialversich.-pflichtig

E kann für die Fahrten von seiner Wohnung zu den Busdepots und zurück 0,30 € je gefahrenen Kilometer ansetzen. Der entsprechende Betrag kann vom Arbeitgeber steuer- und beitragsfrei erstattet werden.

Wegen weiterer Einzelheiten vgl. das Stichwort „Fahrtätigkeit".

d) Arbeitnehmer mit Einsatzwechseltätigkeit

Eine beruflich veranlasste **Auswärtstätigkeit** liegt auch vor, wenn ein Arbeitnehmer ohne erste Tätigkeitsstätte bei seiner individuellen beruflichen Tätigkeit typischerweise nur an ständig wechselnden Tätigkeitsstätten tätig wird (= Einsatzwechseltätigkeit).

Eine erste Tätigkeitsstätte kann aber auch in den Fällen vorliegen, in denen der Arbeitnehmer statt beim eigenen Arbeitgeber in einer ortsfesten betrieblichen Einrichtung eines verbundenen Unternehmens (§ 15 AktG) oder eines Dritten (z. B. eines Kunden) tätig werden soll. Allerdings ist eine erste Tätigkeitsstätte nur gegeben, wenn der Arbeitnehmer nach der arbeitsrechtlichen Festlegung des Arbeitgebers einer ortsfesten betrieblichen Einrichtung dauerhaft (z. B. unbefristet) zugeordnet ist (§ 9 Abs. 4 Satz 1 EStG). Sofern es an einer dauerhaften Zuordnung fehlt, sind die unter dem vorstehenden Buchstaben c angegebenen zeitlichen Kriterien zur Begründung einer ersten Tätigkeitsstätte zu prüfen.

Beispiel A

Bauarbeiter B wird von seinem Arbeitgeber auf unterschiedlichen Baustellen eingesetzt, ohne dort eine erste Tätigkeitsstätte zu begründen. Die Fahrten von seiner Wohnung zu den Baustellen führt er mit dem eigenen Pkw durch.

Ein etwaiger Fahrtkostenersatz des Arbeitgebers ist steuer- und beitragsfrei, da B bei seiner individuellen beruflichen Tätigkeit nur an ständig wechselnden Tätigkeitsstätten eingesetzt wird und somit insgesamt eine beruflich veranlasste Auswärtstätigkeit vorliegt.

Beispiel B

C ist als Gebietsleiterin für 15 Filialen ihres Arbeitgebers zuständig, die sie im Schnitt dreimal wöchentlich aufsucht. Sie ist keiner Filiale zugeordnet und erfüllt auch bei keiner Filiale die zeitlichen Voraussetzungen für eine erste Tätigkeitsstätte. Die Fahrten von der Wohnung zu den einzelnen Filialen führt sie mit ihrem eigenen Pkw durch.

Ein etwaiger Fahrtkostenersatz des Arbeitgebers ist steuer- und beitragsfrei, da C bei ihrer individuellen beruflichen Tätigkeit nur an ständig wechselnden Tätigkeitsstätten eingesetzt wird und somit insgesamt eine beruflich veranlasste Auswärtstätigkeit vorliegt.

Wegen weiterer Einzelheiten vgl. das Stichwort „Einsatzwechseltätigkeit". Zum Begriff der ersten Tätigkeitsstätte vgl. die ausführlichen Erläuterungen und Beispiele in Anhang 4 „Reisekosten bei Auswärtstätigkeiten" unter Nr. 3. Zur Berücksichtigung von Fahrtkosten vgl. auch das Stichwort „Sammelpunkt".

e) Arbeitnehmer, die sich auf Auswärtstätigkeit befinden

Eine beruflich veranlasste Auswärtstätigkeit liegt vor, wenn der Arbeitnehmer außerhalb seiner Wohnung und nicht an seiner ersten Tätigkeitsstätte beruflich tätig wird. Solange von einer beruflich veranlassten Auswärtstätigkeit auszugehen ist, können die **Fahrtkosten** vom Arbeitgeber zeitlich unbegrenzt nach Reisekostengrundsätzen **steuerfrei** ersetzt werden. — nein | nein

Beispiel

Arbeitnehmer A wird für zwei Jahre von der Hauptniederlassung seines Arbeitgebers zu einer Betriebsstätte in Stuttgart abgeordnet.

Ein etwaiger Fahrtkostenersatz des Arbeitgebers ist für den gesamten Zeitraum von zwei Jahren steuerfrei, da es sich um eine beruflich veranlasste Auswärtstätigkeit handelt.

Zur Behandlung der Fahrten zu einem vom Arbeitgeber bestimmten Sammelpunkt und zu einem weiträumigen Tätigkeitsgebiet vgl. die Stichwörter „Entfernungspauschale" unter Nr. 11, „Weiträumiges Tätigkeitsgebiet" unter Nr. 3 sowie den vorstehenden Buchstaben c.

	Lohn-steuer-pflichtig	Sozial-versich.-pflichtig
f) Arbeitnehmer, die einen beruflich veranlassten doppelten Haushalt führen		
Den Arbeitnehmern, die einen beruflich veranlassten doppelten Haushalt führen, kann der Arbeitgeber Ersatzleistungen in dem beim Stichwort „Doppelte Haushaltsführung" dargestellten Umfang steuerfrei zahlen. Bei den Fahrtkosten sind dabei die Aufwendungen für eine Familienheimfahrt wöchentlich steuerfrei ersetzbar (vgl. „Familienheimfahrten").	nein	nein
Aufwendungen für arbeitstägliche Fahrten zwischen der Wohnung am auswärtigen Beschäftigungsort und der ersten Tätigkeitsstätte können bei Benutzung eines Pkw vom Arbeitgeber nicht steuerfrei ersetzt werden. Ein etwaiger Arbeitgeberersatz ist steuerpflichtig.	ja	ja[1]
Hingegen sind zusätzlich zum ohnehin geschuldeten Arbeitslohn erbrachte Arbeitgeberleistungen (Barzuschüsse und Sachleistungen) für diese Fahrten des Arbeitnehmers mit öffentlichen Verkehrsmitteln im Linienverkehr steuer- und beitragsfrei.	nein	nein

3. Steuerpflichtiger Fahrtkostenersatz für Fahrten zwischen Wohnung und erster Tätigkeitsstätte

Insbesondere bei Benutzung eines **Pkw** gehört ein Arbeitgeberersatz für Fahrten zwischen Wohnung und erster Tätigkeitsstätte zum steuerpflichtigen Arbeitslohn. Der Arbeitnehmer muss seine Aufwendungen bei einer Veranlagung zur Einkommensteuer als Werbungskosten geltend machen.

	Lohn-steuer-pflichtig	Sozial-versich.-pflichtig
Bei den Fahrten zwischen Wohnung und erster Tätigkeitsstätte mit einem Pkw wird folglich streng zwischen dem **steuerpflichtigen** Werbungskostenersatz durch den Arbeitgeber und dem bei der Besteuerung des Arbeitnehmers möglichen Werbungskostenabzug unterschieden. Der Werbungskostenersatz für die Fahrten zwischen Wohnung und erster Tätigkeitsstätte mit einem Pkw ist zwar einerseits steuerpflichtiger Arbeitslohn, andererseits kann der Arbeitnehmer Werbungskosten in Höhe der Entfernungspauschale bei einer Veranlagung zur Einkommensteuer geltend machen. Eine Saldierung von steuerpflichtigen Arbeitslohn und Werbungskosten im Lohnsteuerabzugsverfahren durch den Arbeitgeber ist nicht zulässig.		
In Höhe der Entfernungspauschale kann der Arbeitgeber eine Pauschalierung der Lohnsteuer mit 15 % vornehmen. Der Arbeitgeber kann die pauschalierte Lohnsteuer in Höhe von 15 % im Innenverhältnis auch auf den Arbeitnehmer abwälzen. Die Pauschalierung der Lohnsteuer mit 15 % für den Arbeitgebersatz bei Fahrten zwischen Wohnung und erster Tätigkeitsstätte ist nachfolgend unter Nr. 5 und die Abwälzung der Pauschalsteuer auf den Arbeitnehmer nachfolgend unter Nr. 6 erläutert.	ja	nein[1]
Bei den **Familienheimfahrten** im Rahmen einer doppelten Haushaltsführung hat der Gesetzgeber den Grundsatz, dass ein Werbungskostenersatz durch den Arbeitgeber zum steuerpflichtigen Arbeitslohn gehört, bewusst durchbrochen. Denn nach § 3 Nr. 16 EStG ist der Arbeitgeberersatz steuerfrei, soweit der Arbeitnehmer Aufwendungen für Familienheimfahrten als Werbungskosten geltend machen könnte (vgl. die ausführlichen Erläuterungen beim Stichwort „Familienheimfahrten").	nein	nein

4. Besonderheiten bei der Überlassung eines Job-Tickets und entsprechende Barzuschüsse

a) Allgemeines

Die Aufwendungen des Arbeitnehmers für Fahrten zwischen Wohnung und erster Tätigkeitsstätte kann der Arbeitgeber dadurch mindern, dass er

- einen **Barzuschuss** zu diesen Aufwendungen leistet,
- dem Arbeitnehmer eine unentgeltliche oder verbilligte Fahrkarte für Fahrten zwischen Wohnung und erster Tätigkeitsstätte überlässt (sog. **Job-Ticket**),
- dem Arbeitnehmer aufgrund eines von ihm mit dem Verkehrsträger geschlossenen Rahmenabkommens einen Preisvorteil **(Rabatt)** auf das Job-Ticket verschafft oder
- dem Arbeitnehmer einen **Firmenwagen** für Fahrten zwischen Wohnung und erster Tätigkeitsstätte unentgeltlich oder verbilligt zur Verfügung stellt.

b) Überlassung eines Job-Tickets und entsprechende Barzuschüsse

Öffentliche und private Arbeitgeber bieten ihren Arbeitnehmern zunehmend sogenannte „Job-Tickets" für Fahrten zwischen Wohnung und erster Tätigkeitsstätte an. Hierbei handelt es sich um verbilligte oder sogar unentgeltliche Monats- oder Jahreskarten für öffentliche Nahverkehrsmittel.

Seit 1.1.2019 sind Arbeitgeberleistungen **(Barzuschüsse und Sachleistungen)** für Fahrten des Arbeitnehmers zwischen **Wohnung und erster Tätigkeitsstätte** sowie Fahrten zu einem weiträumigen Tätigkeitsgebiet oder zu einem vom Arbeitgeber dauerhaft festgelegten Sammelpunkt **steuerfrei** (§ 3 Nr. 15 EStG). Die Fahrten müssen allerdings mit **öffentlichen Verkehrsmitteln im Linienverkehr** (ohne Luftverkehr) durchgeführt werden; die Steuerbefreiung kommt also u. a. bei Benutzung eines Mietwagens oder Pkw (privater Pkw oder Firmenwagen) nicht zur Anwendung. Die Steuerbefreiungsvorschrift ist vorrangig vor den Befreiungen bei der Bewertung von Sachbezügen (jährlicher Rabattfreibetrag von 1080 €, monatliche Freigrenze bei Sachbezügen von 50 €) anzuwenden. Die Arbeitgeberleistungen müssen zudem zusätzlich zum ohnehin geschuldeten Arbeitslohn erbracht werden. Die steuerfreien Arbeitgeberleistungen (Barzuschüsse und Sachleistungen) **mindern** die beim Arbeitnehmer als Werbungskosten zu berücksichtigende **Entfernungspauschale** (§ 3 Nr. 15 Satz 3 EStG). Sie sind daher vom Arbeitgeber in der Lohnsteuerbescheinigung unter Nr. 17 anzugeben (§ 41b Abs. 1 Satz 2 Nr. 6 EStG).

Beispiel A

Der Arbeitgeber überlässt dem Arbeitnehmer für Fahrten zwischen Wohnung und erster Tätigkeitsstätte (von Düsseldorf nach Frankfurt) unentgeltlich eine BahnCard 100, 2. Klasse, zum Preis von 4395 €. Der reguläre Verkaufspreis einer Fahrberechtigung nur für diese Strecke von Düsseldorf nach Frankfurt beträgt für den Gültigkeitszeitraum 4500 €.

Der geldwerte Vorteil ist steuer- und sozialversicherungsfrei (§ 3 Nr. 15 Satz 2 EStG). Der Betrag von 4395 € wird auf die Entfernungspauschale angerechnet. Vgl. auch das Stichwort „BahnCard".

Beispiel B

Der Arbeitgeber stellt dem Arbeitnehmer ein monatliches Job-Ticket zur Verfügung. Nach Anrechnung der Zuzahlung des Arbeitnehmers ergibt sich ein geldwerter Vorteil von 40 €.

Der geldwerte Vorteil in Form des Sachbezugs in Höhe von 40 € ist steuer- und sozialversicherungsfrei (§ 3 Nr. 15 Satz 2 EStG). Er wird nicht auf die 50-Euro-Freigrenze für Sachbezüge angerechnet, er mindert jedoch in Höhe von 480 € (12 x 40 €) die Entfernungspauschale.

Beispiel C

Arbeitnehmer A zahlt für sein monatliches Job-Ticket für den Weg zur Arbeit 100 €. Der Arbeitgeber erstattet ihm den Betrag.

Der Barzuschuss des Arbeitgebers ist steuer- und sozialversicherungsfrei (§ 3 Nr. 15 Satz 1 EStG). Der Betrag von 1200 € (12 x 100 €) mindert jedoch die Entfernungspauschale.

---

1) Der Arbeitgeberersatz ist zwar steuer- und damit auch beitragspflichtiges Arbeitsentgelt; der Arbeitgeber hat jedoch auch hier die Möglichkeit der Lohnsteuerpauschalierung in Höhe der Entfernungspauschale nach § 40 Abs. 2 Satz 2 EStG. Pauschaliert der Arbeitgeber die Lohnsteuer mit 15 %, löst dies Beitragsfreiheit in der Sozialversicherung aus (§ 1 Abs. 1 Satz 1 Nr. 3 SvEV). Die Sozialversicherungsentgeltverordnung (SvEV) ist als Anhang 2 im **Steuerhandbuch für das Lohnbüro 2022** abgedruckt, das im selben Verlag erschienen ist.

Lohn-steuer-pflichtig | Sozial-versich.-pflichtig

Der Arbeitgeber ist bei Zahlung eines Zuschusses zu den vom Arbeitnehmer selbst erworbenen Fahrberechtigungen verpflichtet, als Nachweis der zweckentsprechenden Verwendung die vom Arbeitnehmer erworbenen und genutzten Fahrausweise oder entsprechende **Belege** (z. B. Rechnungen über den Erwerb eines Fahrausweises oder eine Bestätigung des Verkehrsträgers über den Bezug eines Jobtickets) zum **Lohnkonto** aufzubewahren. Ohne entsprechenden Nachweis sind die Voraussetzungen für die Steuerfreistellung des Zuschusses nicht erfüllt (= steuerpflichtig). Zudem darf der Zuschuss die Aufwendungen des Arbeitnehmers einschließlich Umsatzsteuer für die entsprechenden Fahrberechtigungen nicht übersteigen.

Der Arbeitgeber hat allerdings das **Wahlrecht,** die steuerfreien Leistungen mit 25 % pauschal zu versteuern (§ 40 Abs. 2 Satz 2 Nr. 2 EStG). Diese mit **25 %** pauschal versteuerte Leistung ist **nicht** auf die Entfernungspauschale anzurechnen. Vgl. dazu auch die Erläuterungen unter der nachfolgenden Nr. 5 Buchstabe g.

Die Finanzverwaltung hat ein umfangreiches Anwendungsschreiben zu dieser Steuerbefreiungsvorschrift bekannt gegeben, auf dessen Besonderheiten in den nachfolgenden Ausführungen eingegangen wird.[1)]

Nach dem Gesetzeswortlaut (vgl. § 3 Nr. 15 Sätze 1 und 2 EStG) wäre es in Betracht gekommen, für den Umfang der Steuerfreiheit der Arbeitgeberleistungen eine **Differenzierung** zwischen Fahrten von der Wohnung zur ersten Tätigkeitsstätte sowie diesen gleichgestellten Fahrten (vgl. § 9 Abs. 1 Satz 3 Nr. 4a Satz 3 EStG) einerseits und privaten Fahrten andererseits vorzunehmen. Die Finanzverwaltung hat sich allerdings dazu entschieden, in ihrem Anwendungsschreiben eine Unterscheidung zwischen Arbeitgeberleistungen für Fahrten mit öffentlichen Verkehrsmitteln im Linienverkehr im Personen**fernverkehr** (ohne Luftverkehr) sowie Arbeitgeberleistungen für Fahrten im öffentlichen Personen**nahverkehr** vorzunehmen.

Für die zutreffende Anwendung der Steuerbefreiungsvorschriften ist zu differenzieren zwischen Fahrten, die zu einem steuerfreien **Arbeitgeberersatz** im **reisekostenrechtlichen Sinne** führen (§ 3 Nr. 13 oder 16 EStG) **und Fahrten von der Wohnung zur Arbeit.** Fahrten, die zu einem steuerfreien Arbeitgeberersatz im reisekostenrechtlichen Sinne führen, sind Fahrten im Rahmen von Auswärtstätigkeiten sowie die wöchentliche Familienheimfahrt im Rahmen einer doppelten Haushaltsführung. Fahrten von der Wohnung zur Arbeit in diesem Sinne sind Fahrten von der Wohnung zur ersten Tätigkeitsstätte sowie dauerhafte Fahrten von der Wohnung zu einem Arbeitgebersammelpunkt oder zu einem weiträumigen Tätigkeitsgebiet (vgl. § 9 Abs. 1 Satz 3 Nr. 4a Satz 3 EStG).

Die **Steuerbefreiung** nach § 3 Nr. 15 EStG gilt für Arbeitgeberleistungen in Form von unentgeltlichen oder verbilligt überlassenen Fahrberechtigungen **(= Sachbezüge)** sowie für Zuschüsse des Arbeitgebers **(= Barlohn)** zu den von den Arbeitnehmern selbst erworbenen Fahrberechtigungen. Fahrberechtigungen im vorstehenden Sinne sind insbesondere Einzelfahrscheine, Mehrfahrtenfahrscheine, Zeitkarten (z. B. Job-Tickets, Monats-, Jahrestickets, Bahncard 100), allgemeine Freifahrtberechtigungen, Tagesfreifahrtberechtigungen (z. B. bei Smogalarm) und Ermäßigungskarten (z. B. Bahncard 25 oder 50). Die Steuerbefreiung ist selbst dann nicht ausgeschlossen, wenn die Fahrberechtigung die Mitnahme von anderen Personen oder die Übertragbarkeit auf andere Personen umfasst.

Beispiel D

Der Arbeitnehmer erhält von seinem Arbeitgeber für den Weg von der Wohnung zur Arbeit ein sog. Job-Ticket. Montags bis freitags ab 18 Uhr und am Wochenende kann der Arbeitnehmer mit diesem Ticket einen weiteren Erwachsenen und bis zu drei Kinder mitnehmen.

Die Zurverfügungstellung des Job-Tickets durch den Arbeitgeber an den Arbeitnehmer ist steuerfrei (§ 3 Nr. 15 Satz 2 EStG). Die Möglichkeit der Mitnahme weiterer Personen zu bestimmten Zeiten ist für die Steuerfreiheit unbeachtlich.

Lohn-steuer-pflichtig | Sozial-versich.-pflichtig

Eine Steuerfreiheit der Arbeitgeberleistungen ist nur dann möglich, wenn sie zusätzlich zum ohnehin geschuldeten Arbeitslohn erbracht werden. In den Fällen der **Gehaltsumwandlung** zugunsten der Überlassung z. B. eines Job-Tickets findet die Steuerbefreiung folglich keine Anwendung. Das Zusätzlichkeitserfordernis ist aber auch dann erfüllt, wenn der Arbeitnehmer aus dem vom Arbeitgeber zusätzlich zum ohnehin geschuldeten Arbeitslohn zur Verfügung gestellten Mobilitätsalternativen wählen kann (z. B. Wahlrecht zwischen Gestellung eines Firmenwagens, Elektro-Bikes oder einer Fahrberechtigung für öffentliche Verkehrsmittel).

Beispiel E

Der Arbeitgeber stellt seinen Arbeitnehmern Mobilitätsalternativen zur Verfügung (Firmenwagen, Elektro-Bike oder Fahrberechtigung für öffentliche Verkehrsmittel). Arbeitnehmer A entscheidet sich für eine begünstigte Fahrberechtigung im Sinne der Steuerbefreiungsvorschrift.

Die Zurverfügungstellung der Fahrberechtigung durch den Arbeitgeber an den Arbeitnehmer ist nach § 3 Nr. 15 Satz 2 EStG steuerfrei, da sie zusätzlich zum ohnehin geschuldeten Arbeitslohn zur Verfügung gestellt wird.

Beispiel F

Arbeitnehmer F wandelt von seinem Arbeitslohn 60 € monatlich zugunsten der Gestellung eines Job-Tickets für den Weg von der Wohnung zur Arbeit um.

Die Zurverfügungstellung des Job-Tickets ist nicht steuerfrei, da es vom Arbeitgeber nicht zusätzlich zum ohnehin geschuldeten Arbeitslohn gewährt wird. Vielmehr liegt eine für die Anwendung der Steuerbefreiungsvorschrift schädliche Gehaltsumwandlung vor. Bei Übersteigen der monatlichen Sachbezugsfreigrenze von insgesamt 50 € kann der geldwerte Vorteil dann allerdings mit 15 % pauschal besteuert werden und ist in diesem Fall beitragsfrei. Der pauschal besteuerte geldwerte Vorteil ist auf die Entfernungspauschale anzurechnen (§ 40 Abs. 2 Satz 2 Nr. 1 EStG). Der Arbeitgeber hat das Wahlrecht, anstelle der Pauschalierung mit 15 % eine Pauschalierung mit 25 % vorzunehmen, um so die Anrechnung des pauschalierten Betrags auf die Entfernungspauschale zu vermeiden.

Die **Steuerfreiheit** von Arbeitgeberleistungen für Fahrberechtigungen im **Personenfernverkehr** ist begrenzt auf **Fahrten von der Wohnung zur Arbeit.** Sie kommt daher nur in Betracht für Arbeitnehmer in einem aktiven Beschäftigungsverhältnis sowie für die beim Entleiher beschäftigten Leiharbeitnehmer. **Privatfahrten** im Personenfernverkehr sind **nicht** begünstigt mit der Folge, dass entsprechende Arbeitgeberleistungen nicht steuerfrei sind; ggf. ist aber der Rabattfreibetrag von 1080 € (§ 8 Abs. 3 EStG) anzuwenden.

Zum Personen**fernverkehr** (= öffentliche Verkehrsmittel im Linienverkehr) gehören Fernzüge der Deutschen Bahn (ICE, IC, EC), Fernbusse auf festgelegten Linien oder Routen und Haltepunkten und vergleichbare Hochgeschwindigkeitszüge und schnellfahrende Fernzüge anderer Anbieter (z. B. TGV, Thalys). Nicht dazu gehören hingegen

- für konkrete Anlässe speziell gemietete bzw. gecharterte Busse oder Bahnen,
- Taxen im Gelegenheitsverkehr, die nicht auf konzessionierten Linien oder Routen fahren,
- der gesetzlich ausgeschlossene Luftverkehr.

Eine darüber hinausgehende Abgrenzung zwischen Fernverkehr und Nahverkehr nach Kilometern oder Fahrzeiten wird nicht vorgenommen.

Beispiel G

Arbeitnehmer G wohnt in Düsseldorf und arbeitet in Frankfurt. Er erhält von seinem Arbeitgeber zusätzlich zum ohnehin geschuldeten Arbeitslohn ein Monatsabonnement für die ICE-Strecke Düsseldorf–Frankfurt.

Die Arbeitgeberleistung in Form der Ticketgestellung ist steuer- und auch beitragsfrei. Da die Fahrberechtigung für den Personenfernverkehr ausschließlich auf die Strecke zwischen Wohnung und erster Tätigkeitsstätte entfällt, wäre auch die Nutzung der Fahrkarte zu reinen

1) Vgl. BMF-Schreiben vom 15.8.2019 (BStBl. I S. 875). Das BMF-Schreiben ist als Anlage zu H 3.15 LStR im **Steuerhandbuch für das Lohnbüro 2022** abgedruckt, das im selben Verlag erschienen ist.

Lohn- steuer- pflichtig | Sozial- versich.- pflichtig

Privatfahrten (z. B. am Wochenende) nach Frankfurt steuer- und beitragsfrei.

Beispiel H

Arbeitnehmer H fährt übers Wochenende mit dem Thalys von Köln nach Paris und zurück. Wegen besonders guter beruflicher Leistungen erhält er von seinem Arbeitgeber eine Erstattung des Fahrpreises.

Die Arbeitgebererstattung ist nicht steuerfrei, da es sich um einen Barzuschuss für eine Privatfahrt im Personenfernverkehr handelt.

Taxen im Gelegenheitsverkehr gehören nicht zu den öffentlichen Verkehrsmitteln im Sinne der Steuerbefreiungsvorschrift, da sie nicht auf konzessionierten Linien oder Routen fahren. Soweit Taxen ausnahmsweise im Linienverkehr nach Maßgabe der genehmigten Nahverkehrspläne eingesetzt werden (z. B. zur Verdichtung, Ergänzung oder zum Ersatz anderer öffentlicher Verkehrsmittel) und von der Fahrberechtigung mitumfasst sind oder gegen einen geringeren Aufpreis genutzt werden dürfen, gehören sie zum Personennahverkehr.

Beispiel I

Arbeitnehmer I muss Überstunden machen und nutzt für die Fahrt nach Hause ein Taxi. Den Fahrpreis bekommt er von seinem Arbeitgeber erstattet.

Die Arbeitgeberleistung ist steuer- und beitragspflichtig. Eine Steuerfreiheit kommt nicht in Betracht, da Taxen im Gelegenheitsverkehr nicht zu den öffentlichen Verkehrsmitteln im Sinne der Steuerbefreiungsvorschrift gehören.

Hinsichtlich der Problematik, wie beim **Zusammentreffen von Fahrten** zwischen Wohnung und erster Tätigkeitsstätte und Dienstreisen zu verfahren ist, wird auf das Stichwort „Bahncard“ verwiesen. Das Zusammentreffen von Fahrten zwischen Wohnung und erster Tätigkeitsstätte und Privatfahrten wird unter dem Stichwort „Fahrtkostenzuschüsse“ erläutert.

Erklärt ein Arbeitnehmer gegenüber dem Arbeitgeber, auf die Fahrberechtigung vollumfänglich zu verzichten **(Nutzungsverzicht),** kann nur dann von einer Kürzung der Entfernungspauschale abgesehen werden, wenn der Arbeitnehmer die Fahrberechtigung tatsächlich nicht annimmt oder ab dem Zeitpunkt, zu dem er sie zurückgibt. Der Nachweis des Nutzungsverzichts ist zum Lohnkonto des jeweiligen Arbeitnehmers aufzubewahren.

Beispiel K

Ein Arbeitgeber schließt mit einem regionalen Verkehrsträger einen Vertrag, wonach alle 50 Arbeitnehmer seines Unternehmens eine Fahrberechtigung für den gesamten Verkehrsverbund erhalten sollen. Hierfür zahlt der Arbeitgeber einschließlich Umsatzsteuer 30 000 € an den Verkehrsträger (Pauschalpreis pro Arbeitnehmer 600 € jährlich). Arbeitnehmer S verzichtet auf die Fahrberechtigung.

Da S auf die Jahreskarte verzichtet hat, erfolgt bei ihm keine Kürzung der Entfernungspauschale und daher auch kein Ausweis in Zeile 17 der Lohnsteuerbescheinigung.

Ein geldwerter Vorteil entsteht im Übrigen nicht, wenn der Arbeitgeber das Job-Ticket zu einem ermäßigten Preis an den Arbeitnehmer weiterverkauft, zu dem er das Ticket von einem Nahverkehrsunternehmen im Rahmen eines Sondertarifs erworben hat (z. B. Großkundenrabatt, üblicher Mengenrabatt). Insoweit erfolgt auch keine Anrechnung eines Vorteils auf die Entfernungspauschale.

c) Anwendung der 50-Euro-Freigrenze

Für Sachbezüge gibt es eine monatliche Freigrenze in Höhe von 50 €. Auf die ausführlichen Erläuterungen beim Stichwort „Sachbezüge“ unter Nr. 4 wird Bezug genommen. Durch die Steuerfreiheit der zusätzlich zum ohnehin geschuldeten Arbeitslohn erbrachten Arbeitgeberleistungen (Barzuschüsse und Sachleistungen) für die Fahrten zwischen Wohnung und erster Tätigkeitsstätte des Arbeitnehmers mit öffentlichen Verkehrsmitteln im Linienverkehr wird der **geldwerte Vorteil eines Job-Tickets nicht mehr auf die 50-Euro-Freigrenze für Sachbezüge angerechnet.** Dies gilt unabhängig davon, ob es sich um eine Monatskarte oder Jahreskarte handelt.

Lohn- steuer- pflichtig | Sozial- versich.- pflichtig

Beispiel

Der Arbeitgeber stellt dem Arbeitnehmer ein monatliches Job-Ticket zur Verfügung. Nach Anrechnung der Zuzahlung des Arbeitnehmers ergibt sich ein geldwerter Vorteil von 40 €.

Der geldwerte Vorteil in Form des Sachbezugs in Höhe von 40 € ist steuer- und sozialversicherungsfrei (§ 3 Nr. 15 Satz 2 EStG). Er wird nicht auf die 50-Euro-Freigrenze für Sachbezüge angerechnet, er mindert jedoch in Höhe von 480 € (12 × 40 €) die Entfernungspauschale. Der Arbeitgeber hat allerdings das Wahlrecht, die steuerfreien Leistungen mit 25 % pauschal zu versteuern. Diese mit 25 % pauschal versteuerte Leistung ist nicht auf die Entfernungspauschale anzurechnen.

Die Leistungen (Barzuschüsse und Sachleistungen) müssen zusätzlich zum ohnehin geschuldeten Arbeitslohn gewährt werden. In den Fällen einer „schädlichen“ **Gehaltsumwandlung** zugunsten eines Job-Tickets scheidet eine Steuerbefreiung daher aus. Vorteile bis 50 € monatlich bleiben allerdings in diesen Fällen aufgrund der **Anwendung der 50-Euro-Freigrenze** für Sachbezüge steuer- und beitragsfrei, sofern diese noch nicht anderweitig ausgeschöpft wurde. Bei Übersteigen dieser Grenze wäre der dann steuerpflichtige Sachbezug aus der Job-Ticket-Überlassung für die Fahrten zur Arbeit allerdings pauschalierungsfähig mit 15 %. Der Arbeitgeber hat auch hier die Möglichkeit, anstelle der Pauschalierung mit 15 % eine Pauschalierung mit 25 % vorzunehmen, um so die Anrechnung des pauschalierten Betrags auf die Entfernungspauschale zu vermeiden. Vgl. dazu auch die Erläuterungen unter der nachfolgenden Nr. 5 Buchstabe g.

d) Benzingutschein oder Tankkarte neben Job-Ticket

Da der durch die unentgeltliche oder verbilligte Überlassung eines Job-Tickets entstehende geldwerte Vorteil steuerfrei ist, kommt **daneben** eine steuerfreie Überlassung von Treibstoff (Benzin, Diesel) durch die Ausstellung eines als Sachbezug zu behandelnden **Benzingutscheins oder** die Überlassung einer **Tankkarte** in Betracht, wenn für diese Vorteile – ohne Berücksichtigung des geldwerten Vorteils für das Job-Ticket – die monatliche **50-Euro-Freigrenze** für Sachbezüge eingehalten wird.

Beispiel A

Der Arbeitnehmer erhält von seinem Arbeitgeber einen als Sachbezug zu behandelnden Gutschein über 30 Liter Super. Der Preis für einen Liter Super beträgt 1,70 €. Der Arbeitgeber zahlt den Rechnungsbetrag aufgrund der getroffenen Vereinbarungen unmittelbar an die Tankstelle.

Ermittlung des geldwerten Vorteils

30 Liter Super à 1,70 €	51,00 €
Abschlag von 4 %	2,04 €
Geldwerter Vorteil	48,96 €

Der geldwerte Vorteil ist steuer- und sozialversicherungsfrei, da die 50-Euro-Freigrenze für Sachbezüge eingehalten worden ist.

Beispiel B

Der Arbeitgeber erlaubt dem Arbeitnehmer auf seine Kosten 30 Liter Super zu tanken. Der Preis für einen Liter Super beträgt 1,70 €. Der Arbeitgeber erstattet dem Arbeitnehmer gegen Vorlage der Rechnung 51 €.

Die Kostenerstattung ist kein Sachbezug, sondern als Geldleistung steuer- und sozialversicherungspflichtig.

Die aus der Gewährung eines Benzingutscheins oder der Überlassung einer Tankkarte in Anwendung der 50-Euro-Freigrenze steuerfrei bleibenden geldwerten Vorteile werden bei der Veranlagung des Arbeitnehmers **nicht** auf die Entfernungspauschale für die Fahrten zwischen Wohnung und erster Tätigkeitsstätte angerechnet, sofern diese nicht ausdrücklich für die Wege zwischen Wohnung und erster Tätigkeitsstätte zugewendet werden.

Vgl. auch die Erläuterungen bei den Stichwörtern „Prepaid Card“, „Sachbezüge“ und „Warengutscheine“.

e) Überlassung von unentgeltlichen oder verbilligten Job-Tickets durch Verkehrsträger

Die Steuerfreiheit (§ 3 Nr. 15 EStG) der zusätzlich zum ohnehin geschuldeten Arbeitslohn erbrachten Arbeitgeberleistungen (Barzuschüsse und Sachleistungen) für

Lohnsteuerpflichtig | Sozialversich.-pflichtig

Fahrten des Arbeitnehmers zwischen Wohnung und erster Tätigkeitsstätte sowie Fahrten zu einem weiträumigen Tätigkeitsgebiet oder zu einem vom Arbeitgeber dauerhaft festgelegten Sammelpunkt mit öffentlichen Verkehrsmitteln im Linienverkehr gilt auch für Arbeitnehmer eines Verkehrsunternehmens. nein nein

Der Rabattfreibetrag von 1080 € jährlich muss für diese ohnehin steuerfreien geldwerten Vorteile nicht in Anspruch genommen werden. Die steuerfreien Arbeitgeberleistungen (Barzuschüsse und Sachleistungen) mindern die beim Arbeitnehmer als Werbungskosten zu berücksichtigende Entfernungspauschale (§ 3 Nr. 15 Satz 3 EStG). Sie sind daher vom Arbeitgeber in der Lohnsteuerbescheinigung unter Nr. 17 anzugeben (§ 41b Abs. 1 Satz 2 Nr. 6 EStG). Auch hier hat der Arbeitgeber das Wahlrecht, die steuerfreien Leistungen mit 25 % pauschal zu versteuern. Diese mit 25 % pauschal versteuerte Leistung ist nicht auf die Entfernungspauschale anzurechnen.

Bei Arbeitnehmern eines Verkehrsunternehmens kann die unentgeltliche oder verbilligte Überlassung eines Job-Tickets an deren Angehörige in Anwendung des Rabattfreibetrages in Höhe von 1080 € jährlich steuerfrei sein. Dies gilt auch bei Jahresnetzkarten. Denn bei Job-Tickets, die Verkehrsunternehmen an Angehörige ihrer Arbeitnehmer unentgeltlich oder verbilligt überlassen, handelt es sich um **Belegschaftsrabatte** im Sinne des § 8 Abs. 3 EStG (vgl. die Erläuterungen beim Stichwort „Rabatte, Rabattfreibetrag“).

5. Pauschalierung der Lohnsteuer für Arbeitgeberleistungen

a) Allgemeines

Der Arbeitgeber kann die Lohnsteuer u. a. für

- **Sachbezüge** in Form der unentgeltlichen oder verbilligten Überlassung eines Firmenwagens für Fahrten zwischen Wohnung und erster Tätigkeitsstätte und
- für **zusätzlich zum ohnehin geschuldeten Arbeitslohn** geleistete **Barzuschüsse zu den Aufwendungen** des Arbeitnehmers für Fahrten mit dem eigenen Pkw zwischen Wohnung und erster Tätigkeitsstätte

pauschal mit 15 % erheben. Eine Pauschalbesteuerung ist aber nur bis zu dem Betrag zulässig, den der Arbeitnehmer im Rahmen seiner Einkommensteuer-Veranlagung bei den Werbungskosten geltend machen könnte, wenn die Bezüge nicht pauschal besteuert würden. Die Pauschalbesteuerung mit 15 % ist somit bis zur Höhe der Entfernungspauschale möglich. ja nein

Für die Ermittlung der pauschalierbaren Sachbezüge oder Zuschüsse sind die jeweils gültigen Entfernungspauschalen anzuwenden. Das bedeutet auch, dass bei Entfernungen von mehr als 20 Kilometer zwischen Wohnung und erster Tätigkeitsstätte ab dem 21. Kilometer die erhöhte Entfernungspauschale zu berücksichtigen ist. Die durch das Steuerentlastungsgesetz 2022 **rückwirkend ab dem 1.1.2022** vorgezogene Anhebung der Entfernungspauschale **ab dem 21. vollen Entfernungskilometer** von 0,35 € auf **0,38 €** wirkt sich somit **vorteilhaft** auf die Höhe des Pauschalierungsvolumens aus.

Beispiel

Arbeitnehmer A fährt arbeitstäglich mit seinem privaten PKW die einfache Entfernung von 30 km zur ersten Tätigkeitsstätte. Der Arbeitgeber leistet für diese Fahrten zusätzlich zum ohnehin geschuldeten Arbeitslohn einen Zuschuss von 150 € pro Monat.

Die abziehbare Entfernungspauschale beträgt pro Monat 147 € (20 km × 0,30 € × 15 Tage = 90 € zuzüglich 10 km × 0,38 € × 15 Tage = 57 €). Der Arbeitgeber kann 147 € pauschal versteuern. Der übersteigende Betrag des Zuschusses von 3 € pro Monat erhöht den steuerpflichtigen Bruttoarbeitslohn.

Das Wahlrecht des Arbeitgebers zur Pauschalbesteuerung ist nicht von einem Antrag des Arbeitgebers abhängig, sondern wird durch Anmeldung der mit dem Pauschsteuersatz erhobenen Lohnsteuer ausgeübt. Wird ein solcher Antrag erst im finanzgerichtlichen Verfahren gestellt, ist er unbeachtlich (BFH-Urteil vom 24.9.2015, BStBl. 2016 II S. 176). Zu den sozialversicherungsrechtlichen Folgen bei nachträglicher Pauschalbesteuerung vgl. „Pauschalierung der Lohnsteuer“ unter Nr. 1.

b) Pauschalierung der Lohnsteuer bei Sachbezügen

Pauschal mit 15 % zu besteuernde Sachbezüge in Form der unentgeltlichen oder verbilligten Beförderung eines Arbeitnehmers zwischen Wohnung und erster Tätigkeitsstätte kommen insbesondere bei der Überlassung eines **Firmenwagens** vor. Die Pauschalierung mit 15 % für Fahrten zwischen Wohnung und erster Tätigkeitsstätte bei der Überlassung eines Firmenwagens ist nachfolgend unter Nr. 8 und beim Stichwort „Firmenwagen zur privaten Nutzung“ unter Nr. 13 erläutert.

Der Sachbezug aus der Überlassung eines **Job-Tickets** oder einer anderen Fahrkarte für die Fahrten zwischen Wohnung und erster Tätigkeitsstätte ist steuerfrei (§ 3 Nr. 15 EStG). Die Steuerfreiheit setzt allerdings voraus, dass die Leistungen des Arbeitgebers zusätzlich zum ohnehin geschuldeten Arbeitslohn gewährt werden. In den Fällen einer „schädlichen“ **Gehaltsumwandlung** zugunsten eines Job-Tickets scheidet eine Steuerbefreiung daher aus. Vorteile bis 50 € monatlich bleiben aber in diesen Fällen aufgrund der Anwendung der 50-Euro-Freigrenze für Sachbezüge steuer- und beitragsfrei, sofern diese noch nicht anderweitig ausgeschöpft wurde. Bei Übersteigen dieser Grenze wäre der dann steuerpflichtige Sachbezug aus der Job-Ticket-Überlassung für die Fahrten zur Arbeit allerdings pauschalierungsfähig nach § 40 Abs. 2 Satz 2 Nr. 1 EStG mit 15 %. Der Arbeitgeber hat das Wahlrecht, anstelle der Pauschalierung mit 15 % eine Pauschalierung mit 25 % vorzunehmen (§ 40 Abs. 2 Satz 2 Nr. 2 EStG), um so die Anrechnung des pauschalierten Betrags auf die Entfernungspauschale zu vermeiden. Diese Ausführungen gelten entsprechend für die im Rahmen einer Gehaltsumwandlung überlassenen Bahncard für Fahrten zwischen Wohnung und erster Tätigkeitsstätte (vgl. die Erläuterungen unter der vorstehenden Nr. 4 und beim Stichwort „Bahncard“).

c) Pauschalierung der Lohnsteuer bei Barzuschüssen

Bei Sachbezügen (Firmenwagen) ist es für die Pauschalierung der Lohnsteuer mit 15 % nicht erforderlich, dass die Ersatzleistungen des Arbeitgebers zusätzlich zum ohnehin geschuldeten Arbeitslohn gewährt werden. Bei Barzuschüssen des Arbeitgebers zu den Aufwendungen des Arbeitnehmers für Fahrten zwischen Wohnung und erster Tätigkeitsstätte ist jedoch eine Pauschalierung der Lohnsteuer mit 15 % nur dann zulässig, wenn es sich bei den pauschal besteuerten Fahrtkostenzuschüssen um Leistungen des Arbeitgebers handelt, die zusätzlich zum ohnehin geschuldeten Arbeitslohn erbracht werden. Die **Umwandlung von Barlohn** in einen pauschal besteuerten Fahrtkostenzuschuss ist **nicht zulässig** (vgl. die Erläuterungen unter der nachfolgenden Nr. 9).

Bei Fahrtkostenzuschüssen für die ausschließliche **Benutzung eines Pkws,** die pauschal mit 15 % besteuert werden sollen, kann aus **Vereinfachungsgründen** davon ausgegangen werden, dass monatlich an **15 Arbeitstagen** Fahrten zwischen Wohnung und erster Tätigkeitsstätte erfolgen. Bei der Zuschussgewährung hat der Arbeitgeber den Höchstbetrag von 4500 Euro nicht zu beachten, da die Entfernungspauschale bei Benutzung eines Pkw nicht auf diesen Betrag begrenzt ist.

Beispiel A

Ein Arbeitnehmer wohnt in Augsburg und arbeitet in München (einfache Entfernung Augsburg–München 50 km). Der Arbeitnehmer benutzt an 220 Arbeitstagen für Fahrten zwischen Wohnung und erster Tätigkeitsstätte einen Pkw. Der Arbeitgeber zahlt im Kalenderjahr 2022 einen Fahrtkostenzuschuss von monatlich 100 €. Dieser Fahrtkosten-

Lohn-steuer-pflichtig | Sozial-versich.-pflichtig

zuschuss ist steuer- und beitragspflichtig. Der Arbeitgeber kann jedoch die Lohnsteuer bis zu dem Betrag mit 15 % pauschalieren, den der Arbeitnehmer im Rahmen seiner Einkommensteuer-Veranlagung bei den Werbungskosten geltend machen könnte. Die Pauschalbesteuerung mit 15 % ist in Höhe der Entfernungspauschale möglich. Es ergibt sich folgender pauschalierungsfähiger Betrag:

20 km × 0,30 € × 220 Arbeitstage	1 320 €
30 km × 0,38 € × 220 Arbeitstage	2 508 €
Summe	3 828 €

Da der Fahrtkostenzuschuss von (12 × 100 € =) 1200 € den Betrag nicht übersteigt, den der Arbeitnehmer bei den Werbungskosten geltend machen könnte, kann der Fahrtkostenzuschuss in 1200 € in voller Höhe pauschal mit 15 % besteuert werden.[1)]

Diese Pauschalierung löst Beitragsfreiheit in der Sozialversicherung aus. Es ergibt sich folgende Berechnung der Pauschalsteuer:

Steuerpflichtiger Fahrtkostenzuschuss	1 200,— €
pauschalierte Lohnsteuer 15 %	180,— €
Solidaritätszuschlag 5,5 % von 180 €	9,90 €
Kirchensteuer (z. B. in Bayern) 7 % von 180 €	12,60 €

Der Arbeitnehmer kann im Fall der Lohnsteuerpauschalierung durch den Arbeitgeber nur den nicht pauschal besteuerten Teil der Entfernungspauschale bei den Werbungskosten geltend machen. Hiernach ergibt sich folgender Werbungskostenabzug:

Entfernungspauschale	3 828,— €
abzüglich pauschal besteuerter Fahrtkostenzuschuss 100 € × 12	1 200,— €
für den Werbungskostenabzug verbleiben	2 628,— €

Beispiel B

Arbeitnehmer B arbeitet häufig im **Homeoffice** und fährt durchschnittlich nur noch einen Tag pro Woche bzw. 48 Tage im Jahr mit dem privaten PKW die einfache Entfernung von 30 km zur ersten Tätigkeitsstätte. Der Arbeitgeber leistet für diese Fahrten zusätzlich zum ohnehin geschuldeten Arbeitslohn einen Zuschuss von 100 € monatlich.

Die Entfernungspauschale beträgt pro Monat 39,20 € (20 km × 0,30 € × 4 Tage = 24 € zuzüglich 10 km × 0,38 € × 4 Tage = 15,20 €). Der Arbeitgeber kann 39,20 € nach pauschal versteuern. Der übersteigende Betrag des Zuschusses von 60,80 € monatlich erhöht den steuerpflichtigen Bruttoarbeitslohn.

Die **Vereinfachungsregelung von 15 Tagen monatlich vermindert sich** verhältnismäßig, wenn der Arbeitnehmer bei einer in die Zukunft gerichteten Prognose an weniger als fünf Arbeitstagen in der Woche an seiner ersten Tätigkeitsstätte tätig werden soll (z. B. bei Homeoffice, Telearbeit, mobiles Arbeiten, tageweisen Teilzeitmodellen); also z. B. bei einer beruflichen 3-Tage-Woche auf 9 Arbeitstage = $^3/_5$ von 15.

Beispiel C

Ein Arbeitnehmer ist auf Dauer an drei Tagen in der Woche in der Firma und an zwei Tagen wöchentlich im Homeoffice beruflich tätig. Für die Fahrten mit seinem eigenen Pkw zur Firma (= erste Tätigkeitsstätte; Entfernung 30 km) erhält er von seinem Arbeitgeber einen Fahrtkostenzuschuss von 120 € monatlich.

Für die Berechnung des pauschal besteuerbaren Fahrtkostenzuschusses kann aus Vereinfachungsgründen von monatlich 9 Arbeitstagen ($^3/_5$ von 15 Arbeitstagen) ausgegangen werden. Die als Werbungskosten zu berücksichtigende Entfernungspauschale beträgt 88,20 € (20 km × 0,30 € × 9 zuzüglich 10 km × 0,38 € × 9). Der Arbeitgeber kann daher den Zuschuss in Höhe von 88,20 € pauschal mit 15 % besteuern. Der übersteigende Betrag des Zuschusses in Höhe von monatlich 31,80 € erhöht den mit dem individuellen Steuersatz zu versteuernden Bruttoarbeitslohn.

Der Arbeitgeber kann bei der Pauschalierung von Barzuschüssen in Höhe der Entfernungspauschale mit 15 % für die Fahrten zwischen Wohnung und erster Tätigkeitsstätte mit dem eigenen Pkw des Arbeitnehmers aus Vereinfachungsgründen von 15 Tagen monatlich ausgehen. Diese **15 Tage-Regelung gilt aber nicht im Einkommensteuer-Veranlagungsverfahren.** Die Pauschalbesteuerung durch den Arbeitgeber entfaltet insoweit keine verfahrensrechtliche Bindungswirkung für das Veranlagungsverfahren, als die pauschalierten Beträge den Betrag übersteigen, den der Arbeitnehmer als Werbungskosten geltend machen kann. Hat der Arbeitgeber einen höheren Betrag pauschal besteuert, als der Arbeitnehmer bei der Einkommensteuer-Veranlagung in Höhe der Entfernungspauschale als Werbungskosten geltend machen kann, wird der Mehrbetrag in der Einkommensteuer-Veranlagung des Arbeitnehmers dem Bruttoarbeitslohn hinzugerechnet.

Lohn-steuer-pflichtig | Sozial-versich.-pflichtig

Beispiel D

Ein Arbeitnehmer führt an 100 Tagen im Jahr Fahrten zwischen Wohnung und erster Tätigkeitsstätte (Entfernung zur Arbeit 20 km) mit dem eigenen Pkw durch. Die Entfernungspauschale beträgt:

100 Tage × 20 km × 0,30 €	600 €

Der Arbeitgeber zahlt dem Arbeitnehmer einen Barzuschuss in Höhe der Entfernungspauschale und wendet die monatliche 15-Tage-Regelung an. Der Barzuschuss beträgt:

180 Tage (12 Monate × 15 Tage) × 20 km × 0,30 €	1080 €

Der pauschal mit 15 % besteuerte Barzuschuss des Arbeitgebers übersteigt die Entfernungspauschale. Der Bruttoarbeitslohn des Arbeitnehmers ist in der Einkommensteuer-Veranlagung um 480 € (1080 € abzüglich 600 €) zu erhöhen und kann ggf. zu einer Nachzahlung für den Mitarbeiter führen.

Legt der Arbeitnehmer regelmäßig an dem jeweiligen Arbeitstag **nur einen Weg** zwischen Wohnung und erster Tätigkeitsstätte zurück, darf auch für die Höhe der pauschalierungsfähigen Sachbezüge oder Zuschüsse nur die **Hälfte der Entfernungspauschale** je Entfernungskilometer und Arbeitstag berücksichtigt werden. Wenn der Arbeitnehmer z. B. morgens zunächst seine erste Tätigkeitsstätte aufsucht, nachmittags von dort aus einen Kunden besucht und anschließend von dort aus nach Hause fährt, ist lediglich die hälftige Entfernungspauschale für die Hinfahrt zur Arbeit anzusetzen. Für die Fahrt zum Kunden und anschließend nach Hause gelten die Reisekostengrundsätze.

Benutzt der Arbeitnehmer ausschließlich ein anderes Verkehrsmittel für die Fahrten zwischen Wohnung und erster Tätigkeitsstätte, z. B. **ein Motorrad, Motorroller, Moped oder Mofa,** ist die Pauschalierung mit 15 % zum einen auf die dem Arbeitnehmer tatsächlich entstehenden Aufwendungen und zum anderen auf die Entfernungspauschale unter Beachtung des Höchstbetrags von 4500 € im Kalenderjahr begrenzt; Entsprechendes gilt, wenn dem Arbeitnehmer als Teilnehmer einer Fahrgemeinschaft Aufwendungen entstehen und er hierfür einen „Fahrtkostenzuschuss" von seinem Arbeitgeber erhält. Für die Höhe der tatsächlich entstehenden Aufwendungen kann auch hier aus Vereinfachungsgründen von 15 Arbeitstagen und von den für Auswärtstätigkeiten geltenden pauschalen Kilometersätzen ausgegangen werden. Der Kilometersatz für motorbetriebene Fahrzeuge beträgt 0,20 € je Fahrtkilometer. Damit sind die tatsächlichen Aufwendungen des Arbeitnehmers bei einem anderen motorbetriebenen Fahrzeug als einen Pkw mit 0,40 € je Entfernungskilometer höher als die Entfernungspauschale. Der **maximal pauschalierungsfähige Barzuschuss** des Arbeitgebers ist damit auf die **Entfernungspauschale** bis zum Höchstbetrag von 4500 € begrenzt.

Beispiel E

Der Arbeitnehmer fährt im Jahr 2022 an 15 Arbeitstagen monatlich mit dem Motorrad zu seiner ersten Tätigkeitsstätte (einfache Entfernung 28 km). Der Arbeitgeber zahlt dem Arbeitnehmer einen zusätzlichen monatlichen Fahrtkostenzuschuss in Höhe von 150 €.

Die in Höhe des Kilometersatzes geschätzten tatsächlichen Aufwendungen des Arbeitnehmers betragen monatlich 168 € (15 Arbeitstage × 28 km × 0,40 € je Entfernungskilometer). Der maximal mit 15 % pauschalierungsfähige Zuschuss des Arbeitgebers in Höhe der Entfernungspauschale beträgt jedoch nur 135,60 € (15 Arbeitstage × 20 km × 0,30 € + 15 Arbeitstage × 8 km × 0,38 €). Dieser Betrag von 135,60 € kann mit 15 % pauschal besteuert werden und ist dann beitragsfrei. Folglich sind 14,40 € (150 € abzüglich 135,60 €) nach den individuellen Lohnsteuerabzugsmerkmalen des Arbeitnehmers zu versteuern und zu verbeitragen.

1) Dies gilt auch dann, wenn man für die Berechnung der Entfernungspauschale die Vereinfachungsregelung von 15 Tagen monatlich (= 180 Tage jährlich) zugrunde legt.

20 km × 0,30 € × 180 Arbeitstage	1 080 €
30 km × 0,38 € × 180 Arbeitstage	2 052 €
Summe	3 132 €

Lohn- steuer- pflichtig | Sozial- versich.- pflichtig

Beispiel F

Ein Arbeitnehmer fährt im Kalenderjahr 2022 mit seinem privaten Fahrrad zur Arbeit (einfache Entfernung 28 km). Der Arbeitgeber zahlt dem Arbeitnehmer einen monatlichen Fahrtkostenzuschuss von 40 €. Dieser Fahrtkostenzuschuss gehört zum steuerpflichtigen Arbeitslohn. Der Arbeitnehmer kann Werbungskosten in Höhe der Entfernungspauschale geltend machen, und zwar wie folgt:

220 Arbeitstage × 20 km × 0,30 =	1 320,– €
220 Arbeitstage × 8 km × 0,38 € =	668,80 €
Summe	1 988,80 €

Obwohl die beim Werbungskostenabzug durch den Arbeitnehmer anzusetzende Entfernungspauschale in Höhe von 1988,80 € den Fahrtkostenzuschuss von (12 × 40 € = 480 €) übersteigt, kann die Lohnsteuer hierfür nicht in voller Höhe mit 15 % pauschal besteuert werden. Denn die Pauschalierung mit 15 % ist auf die Höhe der tatsächlich entstehenden Aufwendungen beschränkt. Der frühere Pauschsatz für Fahrräder von 0,05 € je Fahrtkilometer ist bereits zum 1.1.2014 weggefallen. U. E. ist es aber zulässig, die tatsächlichen Aufwendungen, die dem Grunde nach feststehen, der Höhe nach zu schätzen. Dabei erscheint eine Schätzung mit 0,05 € je Fahrtkilometer nicht überhöht zu sein (vgl. das Stichwort „Fahrradgeld"). Hiernach ergibt sich folgende Berechnung des monatlich pauschalierungsfähigen Betrages:

15 Arbeitstage × 28 km × 0,10 € =	42,– €

Der Fahrtkostenzuschuss in Höhe von 40 € monatlich kann folglich in voller Höhe pauschaliert werden, da er die tatsächlichen Aufwendungen des Arbeitnehmers (42 € monatlich) und die Entfernungspauschale ($^1/_{12}$ von 1988,80 € = 165,73 € monatlich) nicht übersteigt. Diese Pauschalierung löst Beitragsfreiheit in der Sozialversicherung aus.

Eine **Pauschalierung** der Lohnsteuer mit **15 %** in Höhe der **tatsächlichen Aufwendungen** des Arbeitnehmers für die Fahrten zwischen Wohnung und erster Tätigkeitsstätte ist auch zulässig

- für **Flugstrecken** und
- in den Fällen der entgeltlichen Sammelbeförderung.

d) Arbeitnehmer mit Behinderungen

Bei Arbeitnehmern mit Behinderungen sind nach § 9 Abs. 2 Satz 3 EStG die **tatsächlichen Aufwendungen** für Fahrten zwischen Wohnung und erster Tätigkeitsstätte als Werbungskosten abzugsfähig. Bei Benutzung eines Pkws sind somit ohne Einzelnachweis 0,30 € je **tatsächlich gefahrenen Kilometer** als Werbungskosten abziehbar. Dementsprechend ist eine Pauschalierung der Lohnsteuer mit 15 % bei Benutzung eines Pkws auch bis zu 0,30 € je tatsächlich gefahrenen Kilometer möglich (= 0,60 € je Entfernungskilometer). Diese besondere Regelung gilt für Arbeitnehmer

- deren Grad der Behinderung mindestens 70 beträgt,
- deren Grad der Behinderung weniger als 70, aber mindestens 50 beträgt und die in ihrer Bewegungsfähigkeit im Straßenverkehr erheblich beeinträchtigt sind (Merkzeichen „G").

Beispiel

Ein Arbeitnehmer (Grad der Behinderung 70) wohnt in Augsburg und arbeitet in München (einfache Entfernung 50 km). Der Arbeitnehmer benutzt für Fahrten zwischen Wohnung und erster Tätigkeitsstätte einen Pkw. Der Arbeitgeber zahlt im Kalenderjahr 2022 einen Fahrtkostenzuschuss von 0,30 € je tatsächlich gefahrenen Kilometer, also **0,60 €** für jeden Kilometer der einfachen Entfernung zwischen Wohnung und erster Tätigkeitsstätte. Im Kalenderjahr 2022 sind dies insgesamt:

220 Arbeitstage × 50 km × 0,60 € =	6600,– €

Der Arbeitgeber kann die Lohnsteuer für den Fahrtkostenzuschuss in Höhe von 6600 € mit 15 % pauschalieren, da dieser Arbeitnehmer in dieser Höhe Werbungskosten geltend machen könnte.[1] Es ergibt sich folgende Berechnung der Pauschalsteuer:

Steuerpflichtiger Fahrtkostenzuschuss	6 600,– €
pauschalierte Lohnsteuer 15 %	990,– €
Solidaritätszuschlag 5,5 % von 990 €	54,45 €
Kirchensteuer (z. B. in Bayern) 7 % von 990 €	69,30 €

Die Pauschalierung der Lohnsteuer mit 15 % löst Beitragsfreiheit in der Sozialversicherung aus. Der Arbeitnehmer kann in Höhe der pauschal mit 15 % besteuerten Fahrtkostenzuschüsse keine Werbungskosten für Fahrten zwischen Wohnung und erster Tätigkeitsstätte bei seiner Veranlagung zur Einkommensteuer geltend machen.

Lohn- steuer- pflichtig | Sozial- versich.- pflichtig

e) Verlust des Werbungskostenabzugs bei einer Pauschalierung der Lohnsteuer mit 15 %

Die Pauschalierung der Fahrtkostenzuschüsse mit 15 % bringt infolge der dadurch ausgelösten Beitragsfreiheit in der Sozialversicherung für den Arbeit**geber** den Vorteil, dass er sich den ansonsten anfallenden Arbeitgeberanteil am Gesamtsozialversicherungsbeitrag erspart. Außerdem führt die Abwälzung der Pauschalsteuer im Innenverhältnis auf den Arbeitnehmer (vgl. nachfolgend unter Nr. 6) dazu, dass der Arbeitgeber mit der Pauschalsteuer nicht belastet wird. Für den betroffenen Arbeit**nehmer** muss eine Pauschalierung hingegen durchaus nicht günstiger sein als die Einzelversteuerung; insbesondere dann nicht, wenn die Pauschalsteuer auf den Arbeitnehmer abgewälzt wird. Denn durch die Pauschalierung der Lohnsteuer mit 15 % verliert der Arbeitnehmer den Werbungskostenabzug (= Anrechnung auf die Entfernungspauschale). Die normale Versteuerung durch Hinzurechnung zum übrigen Arbeitslohn ist für den Arbeitnehmer immer dann vorteilhafter, wenn sein laufender Arbeitslohn ohnehin die Beitragsbemessungsgrenze in der allgemeinen Rentenversicherung überschreitet (2022 monatlich 7050 € in den alten und 6750 € in den neuen Bundesländern) **und** der Arbeitnehmer bereits mit anderen Werbungskosten den bei seiner Einkommensteuer-Veranlagung zu berücksichtigenden allgemeinen Arbeitnehmer-Pauschbetrag von 1200 € verbraucht hat, sodass sich seine normal versteuerten Fahrtkosten voll als Werbungskosten auswirken können. Der Vorteil ist umso größer, je höher der individuelle Grenzsteuersatz des Arbeitnehmers ist (vgl. die Tabelle zu den Grenzsteuersätzen beim Stichwort „Tarifaufbau" unter Nr. 6).

f) Pauschalierung der Lohnsteuer mit 15 % bei einer geringfügig entlohnten Beschäftigung (Minijob)

Die Möglichkeit, die auf steuerpflichtige Fahrtkostenzuschüsse entfallende Lohnsteuer mit 15 % zu pauschalieren, besteht auch für **Aushilfskräfte und Teilzeitbeschäftigte,** die auf Minijob-Basis arbeiten. Dabei ist besonders wichtig, dass die pauschal mit 15 % besteuerten Fahrtkostenzuschüsse auf die für Aushilfskräfte und Teilzeitbeschäftigte geltende Geringfügigkeitsgrenze **nicht** angerechnet werden (vgl. das Stichwort „Geringfügige Beschäftigung" besonders das Beispiel unter Nr. 4 Buchstabe d). Besonders bei Aushilfskräften und Teilzeitbeschäftigten ist zu beachten, dass eine **Pauschalierung** der Fahrtkostenzuschüsse mit 15 % bei Benutzung eines Pkw in Höhe der Entfernungspauschale möglich ist.

g) Beibehaltung des Werbungskostenabzugs bei einer Pauschalierung der Lohnsteuer mit 25 %

Arbeitgeberleistungen **(Barzuschüsse und Sachleistungen)** für Fahrten des Arbeitnehmers zwischen **Wohnung und erster Tätigkeitsstätte** sowie Fahrten zu einem weiträumigen Tätigkeitsgebiet oder zu einem vom Arbeitgeber dauerhaft festgelegten Sammelpunkt sind **steuerfrei** (§ 3 Nr. 15 Sätze 1 und 2 EStG). Die Fahrten müssen allerdings mit **öffentlichen Verkehrsmitteln im Linienverkehr** (ohne Luftverkehr) durchgeführt werden. Die **steuerfreien Arbeitgeberleistungen mindern** nach § 3 Nr. 15 Satz 3 EStG die beim Arbeitnehmer als Werbungskosten zu berücksichtigende **Entfernungspauschale** (vgl. die Erläuterungen beim Stichwort „Entfernungspauschale" unter Nr. 12). Sie sind daher vom Arbeitgeber in der Lohnsteuerbescheinigung anzugeben (§ 41b Abs. 1 Satz 2 Nr. 6 EStG). Der Arbeitgeber hat allerdings das **Wahlrecht,** die steuerfreien Leistungen mit **25 % pauschal zu versteuern.** Diese mit 25 % pauschal versteuerte Leistung ist **nicht** auf die Entfernungspauschale **anzurechnen.**

1) Randnummer 29 BMF-Schreiben vom 18.11.2021 (BStBl. I S. 2315). Das BMF-Schreiben ist als Anlage zu H 9.10 LStR im **Steuerhandbuch für das Lohnbüro 2022** abgedruckt, das im selben Verlag erschienen ist.

Lohn-steuer-pflichtig | Sozial-versich.-pflichtig

Die Steuerfreiheit der Leistungen (Barzuschüsse und Sachleistungen) nach § 3 Nr. 15 EStG setzt voraus, dass diese zusätzlich zum ohnehin geschuldeten Arbeitslohn gewährt werden. In den Fällen einer „schädlichen" **Gehaltsumwandlung** zugunsten eines Job-Tickets scheidet eine Steuerbefreiung daher aus. Vorteile bis 50 € monatlich bleiben allerdings in diesen Fällen aufgrund der **Anwendung der 50-Euro-Freigrenze** für Sachbezüge steuer- und beitragsfrei, sofern diese noch nicht anderweitig ausgeschöpft wurde. Bei Übersteigen dieser Grenze wäre der dann steuerpflichtige Sachbezug aus der Job-Ticket-Überlassung für die Fahrten zur Arbeit pauschalierungsfähig mit 15 %. Auch in diesem Fall hat der Arbeitgeber die Möglichkeit, anstelle der Pauschalierung mit 15 % eine Pauschalierung mit 25 % vorzunehmen, um so die Anrechnung des pauschalierten Betrags auf die Entfernungspauschale zu vermeiden. Diese Ausführungen gelten entsprechend für die im Rahmen einer Gehaltsumwandlung überlassenen Bahncard für Fahrten zwischen Wohnung und erster Tätigkeitsstätte (vgl. die Erläuterungen unter der vorstehenden Nr. 4 und beim Stichwort „Bahncard").

Beispiel

Arbeitgeber A gewährt seinem Arbeitnehmer B zusätzlich zum ohnehin geschuldeten Arbeitslohn eine Fahrberechtigung für den öffentlichen Personennahverkehr im Wert von 100 € (= Aufwand des Arbeitgebers), die auch den Weg zwischen Wohnung und erster Tätigkeitsstätte abdeckt. Aufgrund der schlechten Verkehrsanbindung nutzt B hierfür allerdings seinen Pkw (220 Arbeitstage á 40 km).

Die Zurverfügungstellung der Fahrberechtigung im Wert von 100 € ist steuerfrei und mindert in dieser Höhe die Entfernungspauschale (§ 3 Nr. 15 Sätze 2 und 3 EStG).

Um eine Anrechnung auf die Entfernungspauschale zu vermeiden, nimmt A – ggf. unter Abwälzung der Pauschalsteuer auf B – eine Pauschalsteuer mit 25 % nach § 40 Abs. 2 Satz 2 Nr. 2 EStG vor. Bemessungsgrundlage hierfür sind die Aufwendungen des A in Höhe von 1200 € jährlich (§ 40 Abs. 2 Satz 4 EStG).

6. Abwälzung der Pauschalsteuer auf den Arbeitnehmer

Die Abwälzung der pauschalen Lohnsteuer auf den Arbeitnehmer ist ein arbeitsrechtlicher Vorgang, durch den die Pauschalierung als solche nicht unzulässig wird. Allerdings ist § 40 Abs. 3 Satz 2 EStG zu beachten, wonach die auf den Arbeitnehmer abgewälzte pauschale Lohnsteuer **als zugeflossener Arbeitslohn gilt und die Bemessungsgrundlage nicht mindern darf.**

Beispiel

Ein Arbeitnehmer wohnt in Augsburg und arbeitet in München (einfache Entfernung München–Augsburg 50 km). Der Arbeitgeber zahlt ihm im Kalenderjahr 2022 einen Pkw-Fahrtkostenzuschuss von monatlich 100 €. Dieser Fahrtkostenzuschuss ist steuer- und beitragspflichtig. Der Arbeitgeber kann jedoch die Lohnsteuer mit 15 % pauschalieren; da der Zuschuss von 100 € monatlich niedriger ist als der Betrag, den der Arbeitnehmer in Form der Entfernungspauschale bei den Werbungskosten geltend machen könnte.[1] Diese Pauschalierung löst Beitragsfreiheit in der Sozialversicherung aus.

Der Arbeitgeber wälzt die Pauschsteuer im arbeitsrechtlichen Innenverhältnis auf den Arbeitnehmer ab.

Der Arbeitnehmer bezieht neben dem Fahrtkostenzuschuss einen laufenden Arbeitslohn von 3000 € monatlich (Steuerklasse III/0). Nach § 40 Abs. 3 Satz 2 EStG ergibt sich folgende monatliche Lohnabrechnung:

Steuerpflichtiger Fahrtkostenzuschuss	100,– €
pauschalierte Lohnsteuer 15 %	15,– €
Solidaritätszuschlag 5,5 % von 15 €	0,82 €
Kirchensteuer (z. B. in Bayern) 7 % von 15 €	1,05 €
abgewälzte Pauschalsteuern insgesamt	16,87 €

Auf die Berechnung der auf den laufenden Barlohn entfallenden Lohnsteuer und Sozialversicherungsbeiträge darf sich diese Abwälzung der pauschalen Lohn- und Kirchensteuer **nicht** auswirken.

Abrechnungstechnisch kann der Fahrtkostenzuschuss in Höhe von 100 € als „Zulage" und die Pauschalsteuer in Höhe von 16,87 € als „Abzug vom monatlichen Nettolohn" abgerechnet werden:

Bruttolohn		3 000,– €
zuzüglich Fahrtkostenzuschuss		100,– €
Summe		3 100,– €
Gesetzliche Abzüge (errechnet aus 3000 €):		
Lohnsteuer (Steuerklasse III/0)	116,50 €	
Solidaritätszuschlag 5,5 %	0,– €	
Kirchensteuer (z. B. 8 %)	9,32 €	
Sozialversicherung (z. B. 20,325 %)	609,75 €	735,57 €
Nettolohn monatlich		2 364,43 €
abzüglich vom Arbeitnehmer übernommene Pauschalsteuer		16,87 €
auszuzahlender Betrag		2 347,56 €

Der Arbeitgeber muss für das Kalenderjahr 2022 einen pauschal besteuerten Fahrtkostenzuschuss in Höhe von (100 € × 12 =) 1200 € in Zeile 18 der elektronischen Lohnsteuerbescheinigung 2022 eintragen.

Einzelheiten zur Abwälzung der Pauschalsteuer auf den Arbeitnehmer, insbesondere die steuerlich unzulässige „Rückrechnung" der Pauschalsteuer aus dem pauschal besteuerten Betrag sind beim Stichwort „Abwälzung der Pauschalsteuer auf den Arbeitnehmer" anhand von Beispielen erläutert.

7. Unfall auf der Fahrt zwischen Wohnung und erster Tätigkeitsstätte

Hat der Arbeitnehmer auf der Fahrt zwischen Wohnung und erster Tätigkeitsstätte mit seinem eigenen Pkw einen **Unfall** und ersetzt der Arbeitgeber dem Arbeitnehmer die Reparaturkosten, ist dieser Arbeitgeberersatz steuer- und beitragspflichtiger **Arbeitslohn.** ja ja

Unfallkosten, die auf einer Fahrt zwischen Wohnung und erster Tätigkeitsstätte entstehen, werden als außergewöhnliche Aufwendungen neben der Entfernungspauschale nach § 9 Abs. 1 Satz 1 EStG als Werbungskosten berücksichtigt.[2] Auch wenn der Bundesfinanzhof in seinem Urteil zur Berücksichtigung außergewöhnlicher Kosten neben der Entfernungspauschale (Reparaturkosten infolge Falschbetankung; BFH-Urteil vom 20.3.2014, BStBl. II S. 849) über Unfallkosten nicht entscheiden brauchte, macht er in seiner Urteilsbegründung dennoch deutlich, dass sämtliche Aufwendungen – unabhängig von ihrer Art und Höhe – unter die Abgeltungswirkung fallen und die Gesetzesmaterialien zur Entfernungspauschale hinsichtlich der zusätzlichen Berücksichtigung von Unfallkosten letztlich sogar widersprüchlich seien (vgl. auch „Entfernungspauschale" unter Nr. 9 besonders Buchstaben a und c). Die Finanzverwaltung lässt die Unfallkosten dennoch weiterhin neben der Entfernungspauschale zum Werbungskostenabzug zu. Die Berücksichtigung als Werbungskosten nach § 9 Abs. 1 Satz 1 EStG hat aber zur Folge, dass die Lohnsteuer für die vom Arbeitgeber erstatteten Unfallkosten nicht mit 15 % pauschaliert werden kann; dies gilt auch bei Arbeitnehmern mit einer Behinderung.

Beispiel

Ein Arbeitnehmer fährt mit seinem eigenen Pkw im Jahr 2022 an 220 Arbeitstagen von seiner Wohnung zur 30 km entfernt liegenden ersten Tätigkeitsstätte. Der Arbeitgeber zahlt ihm einen monatlichen Fahrtkostenzuschuss von 150 €. Im Juli 2022 verschuldet der Arbeitnehmer

1) Der Arbeitnehmer könnte Aufwendungen für Fahrten zwischen Wohnung und erster Tätigkeitsstätte in Höhe der Entfernungspauschale als Werbungskosten gelten machen, wenn der Fahrtkostenzuschuss nicht pauschal besteuert würde:

15 Arbeitstage × 20 km × 0,30 =	90,– €
15 Arbeitstage × 30 km × 0,38 € =	171,– €
Summe	261,– €

Da der Fahrtkostenzuschuss in Höhe von 100 € monatlich, den höchstmöglichen pauschalierungsfähigen Betrag von 261 € nicht übersteigt, kann der Fahrtkostenzuschuss in voller Höhe pauschal mit 15 % besteuert werden.

2) Randnummer 30 des BMF-Schreibens vom 18.11.2021 (BStBl. I S. 2315). Das BMF-Schreiben ist als Anlage zu H 9.10 LStR im **Steuerhandbuch für das Lohnbüro 2022** abgedruckt, das im selben Verlag erschienen ist.

Lohn- steuer- pflichtig | Sozial- versich.- pflichtig

auf dem Weg zur Arbeit mit seinem Pkw einen Unfall. Der Arbeitgeber erstattet dem Arbeitnehmer zusätzlich zum Fahrtkostenzuschuss die ihm entstandenen Unfallkosten von 1500 €.

Der Arbeitgeber kann die Lohnsteuer für den monatlichen Fahrtkostenzuschuss mit 15 % pauschalieren, da der Fahrtkostenzuschuss von 1800 € (150 € × 12 Monate) nicht den Betrag übersteigt, den der Arbeitnehmer bei seiner Einkommensteuer-Veranlagung als Entfernungspauschale geltend machen könnte (220 Arbeitstage × 20 km × 0,30 € = 1320 € zuzüglich 220 Arbeitstage × 10 km × 0,38 € = 836 €, ergibt in der Summe 2156 €).

Die Lohnsteuer für die zusätzliche Übernahme der Unfallkosten kann hingegen nicht mit 15 % pauschaliert werden, da die Unfallkosten nach § 9 Abs. 1 Satz 1 EStG und nicht – wie für eine Pauschalierung erforderlich – nach § 9 Abs. 1 Satz 3 Nr. 4 EStG als Werbungskosten berücksichtigt werden. Die Übernahme der Unfallkosten ist somit individuell steuer- und auch beitragspflichtig. Der Arbeitnehmer kann allerdings die Unfallkosten bei seiner Einkommensteuer-Veranlagung neben der Entfernungspauschale nach § 9 Abs. 1 Satz 1 EStG als Werbungskosten geltend machen.

Zur Behandlung der Unfallkosten bei Überlassung eines „Firmenwagens zur privaten Nutzung" vgl. dieses Stichwort unter Nr. 16.

8. Überlassung eines Firmenwagens für Fahrten zwischen Wohnung und erster Tätigkeitsstätte

a) 0,03 %-Methode

Stellt der Arbeitgeber einem Arbeitnehmer einen Firmenwagen für Fahrten zwischen Wohnung und erster Tätigkeitsstätte zur Verfügung und liegt keiner der in Nr. 2 genannten Ausnahmefälle vor, ist der hierdurch entstehende geldwerte Vorteil steuerpflichtiger Arbeitslohn. — ja — ja

Der geldwerte Vorteil ist grundsätzlich **monatlich** mit **0,03 %** des Bruttolistenpreises (also inklusive Umsatzsteuer) **für jeden Kilometer** der einfachen Entfernung zwischen Wohnung und erster Tätigkeitsstätte anzusetzen.

Der Arbeitgeber hat bei der Besteuerung des geldwerten Vorteils für die Überlassung eines Firmenwagens zu Fahrten zwischen Wohnung und erster Tätigkeitsstätte die Möglichkeit, die Lohnsteuer insoweit mit **15 %** zu pauschalieren, als der Arbeitnehmer Werbungskosten in Höhe der Entfernungspauschale geltend machen könnte. Die **Entfernungspauschale** beträgt jeweils 0,30 € für die ersten 20 Entfernungskilometer und aufgrund der rückwirkenden Anhebung zum 1.1.2022 durch das Steuerentlastungsgesetz 2022 0,38 € ab dem 21. Entfernungskilometer der einfachen Entfernung zwischen Wohnung und erster Tätigkeitsstätte je vollen Entfernungskilometer (vgl. das Stichwort „Entfernungspauschale"). Die Pauschalierung der Lohnsteuer mit 15 % löst Beitragsfreiheit in der Sozialversicherung aus. Allerdings verliert der Arbeitnehmer den Werbungskostenabzug, soweit eine Pauschalierung mit 15 % durchgeführt wurde. Macht der Arbeitgeber von der Pauschalisierungsmöglichkeit Gebrauch, kann aus **Vereinfachungsgründen** unterstellt werden, dass der Arbeitnehmer den Firmenwagen an **15 Arbeitstagen monatlich** (180 Tagen jährlich) für Fahrten zwischen Wohnung und erster Tätigkeitsstätte benutzt; eine Glaubhaftmachung, dass der Firmenwagen an mehr als 15 Arbeitstagen für Fahrten zwischen Wohnung und erster Tätigkeitsstätte benutzt wurde, ist möglich.

Beispiel A

Der Arbeitnehmer nutzt einen Firmenwagen (Bruttolistenpreis im Zeitpunkt der Erstzulassung 30 000 €) für Fahrten zwischen Wohnung und erster Tätigkeitsstätte. Die Entfernung beträgt 40 km. Für die Nutzung des Firmenwagens zu Fahrten zwischen Wohnung und erster Tätigkeitsstätte ergibt sich folgender monatlich zu versteuernder geldwerter Vorteil:

0,03 % von 30 000 € × 40 km	=	360,— €

Der Arbeitgeber kann die Lohnsteuer mit 15 % pauschalieren, soweit der Arbeitnehmer Werbungskosten für Fahrten zwischen Wohnung und erster Tätigkeitsstätte in Höhe der Entfernungspauschale geltend machen könnte. Dabei kann aus Vereinfachungsgründen von 15 Arbeitstagen ausgegangen werden:

15 Arbeitstage × 20 km × 0,30 €	=	90,— €
15 Arbeitstage × 20 km × 0,38 €	=	114,— €
Summe	=	204,— €
zur Versteuerung als laufender Arbeitslohn verbleiben (360 € - 204 € =)		156,— €

Soweit die Lohnsteuer mit 15 % pauschaliert wird, tritt Beitragsfreiheit in der Sozialversicherung ein. Beitragspflichtig ist demnach der Betrag von 156 €.

Durch die Pauschalierung des Betrags von 204 € monatlich verliert der Arbeitnehmer in dieser Höhe den Werbungskostenabzug bei der Veranlagung zur Einkommensteuer.

Die **15-Tage-Regelung vermindert sich** verhältnismäßig, wenn der Arbeitnehmer bei einer in die Zukunft gerichteten Prognose an weniger als fünf Arbeitstagen in der Woche an seiner ersten Tätigkeitsstätte tätig werden soll (z. B. bei Homeoffice, Telearbeit, mobiles Arbeiten, tageweisen Teilzeitmodellen); also z. B. bei einer beruflichen 3-Tage-Woche auf 9 Arbeitstage = $^3/_5$ von 15.

Die vorstehenden Ausführungen gelten entsprechend, wenn ein Firmenwagen für dauerhafte Fahrten zu einem Arbeitgeber-Sammelpunkt oder einem weiträumigen Tätigkeitsgebiet genutzt wird (vgl. hierzu auch „Entfernungspauschale" unter Nr. 11 Buchstaben b und c).

Die steuerliche Förderung von **Elektro- und extern aufladbaren Hybridelektrofahrzeugen** erfolgt durch eine **Halbierung der Bemessungsgrundlage.** Das bedeutet, dass bei der Bruttolistenpreisregelung der halbe Bruttolistenpreis und bei der Fahrtenbuchmethode die Hälfte der Absetzung für Abnutzung bzw. der Leasingkosten angesetzt wird. Dies gilt für die Ermittlung des geldwerten Vorteils bei Privatfahrten, Fahrten zwischen Wohnung und erster Tätigkeitsstätte und etwaige steuerpflichtige Familienheimfahrten im Rahmen einer beruflich veranlassten doppelten Haushaltsführung. Bei Fahrzeugen ohne Kohlendioxidemission **(reine Elektrofahrzeuge)** mit einem Bruttolistenpreis bis 60 000 € wird nur **ein Viertel der Bemessungsgrundlage** angesetzt.

Beispiel B

Der Arbeitnehmer erhält als Firmenwagen ein in 2022 angeschafftes förderfähiges Hybridelektrofahrzeug als Firmenfahrzeug auch zur privaten Nutzung sowie für die Fahrten zwischen Wohnung und erster Tätigkeitsstätte (Entfernung = 20 km). Der Bruttolistenpreis beträgt 45 280 €.

Die Hälfte des Bruttolistenpreises beträgt folglich 22 640 €, abgerundet auf volle Hundert Euro = 22 600 €.

Der monatliche geldwerte Vorteil in 2022 ermittelt sich wie folgt:

Privatfahrten 1 % von 22 600 € =	226,00 €
Fahrten zwischen Wohnung und erster Tätigkeitsstätte 0,03 % von 22 600 € × 20 km =	135,60 €
Geldwerter Vorteil insgesamt	361,60 €

Der geldwerte Vorteil für die Fahrten zwischen Wohnung und erster Tätigkeitsstätte in Höhe von 135,60 € kann in folgendem Umfang pauschal besteuert werden:

15 Arbeitstage × 20 km × 0,30 €	90,00 €
zur Versteuerung als laufender Arbeitslohn verbleiben 135,60 € abzüglich 90 €	45,60 €

Einzelheiten zur Ermittlung des Vorteils aus der Überlassung von Elektro- und Hybridelektrofahrzeugen als Firmenwagen vgl. das Stichwort „Elektrofahrzeuge".

b) 0,002 %-Methode

Wird im Lohnsteuerabzugsverfahren – zumeist wegen der geringen Anzahl von Fahrten zwischen Wohnung und erster Tätigkeitsstätte – ausnahmsweise eine Einzelbewertung der tatsächlich durchgeführten Fahrten mit 0,002 % des Bruttolistenpreises pro Fahrt vorgenommen, ist die Ermittlung der Entfernungspauschale für die Lohnsteuerpauschalierung mit 15 % anhand der vom Arbeitnehmer erklärten Anzahl der Tage vorzunehmen. Die unter dem vorstehenden Buchstaben a) erwähnte 15-Tage-Regelung ist in diesem Fall nicht anwendbar.

Lohn-steuer-pflichtig Sozial-versich.-pflichtig

Im Lohnsteuerabzugsverfahren ist der Arbeitgeber auf Verlangen des Arbeitnehmers zur Einzelbewertung der tatsächlichen Fahrten zwischen Wohnung und erster Tätigkeitsstätte verpflichtet, wenn sich aus der arbeitsvertraglichen oder einer anderen arbeitsrechtlichen Rechtsgrundlage nichts anderes ergibt.

Beispiel

Der Arbeitnehmer nutzt einen Firmenwagen (Bruttolistenpreis im Zeitpunkt der Erstzulassung 40 000 €) im Monat Mai 2022 an 10 Tagen für Fahrten zwischen Wohnung und erster Tätigkeitsstätte. Die Entfernung beträgt 60 km. Arbeitgeber und Arbeitnehmer haben eine Einzelbewertung der Fahrten zur Ermittlung des geldwerten Vorteils vereinbart. Für den Monat Mai 2022 ergibt sich folgender geldwerter Vorteil:

10 Fahrten à 0,002 % von 40 000 € × 60 km	=	480,– €
Der Arbeitgeber kann die Lohnsteuer mit 15 % pauschalieren, soweit der Arbeitnehmer Werbungskosten für Fahrten zwischen Wohnung und erster Tätigkeitsstätte in Höhe der Entfernungspauschale geltend machen könnte. Dabei ist wegen der gewählten Einzelbewertung von 10 Arbeitstagen auszugehen:		
20 km × 0,30 € × 10 Arbeitstage	=	60,– €
40 km × 0,38 € × 10 Arbeitstage	=	152,– €
Summe	=	212,– €
zur Versteuerung als laufender Arbeitslohn verbleiben (480 € – 212 €)	=	268,– €

c) Firmenwagen mit Fahrer

Wird für Fahrten zwischen Wohnung und erster Tätigkeitsstätte nicht nur ein Pkw unentgeltlich oder verbilligt zur Verfügung gestellt, sondern auch ein Fahrer, ist dieser geldwerte Vorteil zusätzlich zu erfassen. Der geldwerte Vorteil der Fahrergestellung bemisst sich nach dem **üblichen Endpreis** einer vergleichbaren von fremden Dritten erbrachten Leistung (§ 8 Abs. 2 Satz 1 EStG). Aus **Vereinfachungsgründen** kann der geldwerte Vorteil für die unentgeltliche Inanspruchnahme eines Fahrers bei Fahrten zwischen Wohnung und erster Tätigkeitsstätte mit einem **Zuschlag** von **50 %** zu dem für die Überlassung des Fahrzeugs zu diesen Fahrten anzusetzenden geldwerten Vorteils – vor Verminderung um eine etwaige Zuzahlung des Arbeitnehmers – angesetzt werden. Damit sind auch die Abholfahrten (sogenannte Leerfahrten) abgegolten.

Den für die Fahrergestellung als geldwerten Vorteil versteuerten Betrag kann der Arbeitnehmer **nicht** als Werbungskosten bei der Einkommensteuer-Veranlagung geltend machen, da die Fahrergestellung mit der Entfernungspauschale abgegolten ist. Der Arbeitgeber kann die Lohnsteuer für den geldwerten Vorteil „Fahrergestellung" daher auch **nicht** mit 15 % pauschalieren; zu Besonderheiten bei Arbeitnehmern mit Behinderungen vgl. „Firmenwagen zur privaten Nutzung" unter Nr. 13 Buchstabe b am Ende.

Weitere Einzelheiten zu den Fahrten zwischen Wohnung und erster Tätigkeitsstätte mit einem Firmenwagen sind beim Stichwort „Firmenwagen zur privaten Nutzung" erläutert; zur Fahrergestellung vgl. dieses Stichwort unter Nr. 15.

d) Überlassung eines Elektro-Bikes für Fahrten zwischen Wohnung und erster Tätigkeitsstätte

Ist ein Elektro-Bike verkehrsrechtlich als **Kraftfahrzeug** einzuordnen (vgl. die Erläuterungen beim Stichwort „Elektro-Bike"), sind für die Ermittlung des **geldwerten Vorteils** die Regelungen zur Überlassung von **Firmenwagen zur privaten Nutzung** (vgl. dieses Stichwort) entsprechend anzuwenden. Die steuerliche Förderung von solchen Elektro-Bikes erfolgt durch eine Viertelung der Bemessungsgrundlage. Das bedeutet, dass bei der Bruttolistenpreisregelung ein Viertel des Bruttolistenpreises und bei der Fahrtenbuchmethode ein Viertel der Abschreibung bzw. der Leasingkosten angesetzt wird. Dies gilt auch für die Ermittlung des geldwerten Vorteils bei Fahrten zwischen Wohnung und erster Tätigkeitsstätte.

Steuerfrei sind die vom Arbeitgeber gewährten **Sachbezüge** für die Überlassung eines **betrieblichen Fahrrads,** das verkehrsrechtlich **kein Kraftfahrzeug** ist (§ 3 Nr. 37 EStG). Die Steuerbefreiung gilt folglich sowohl für Pedelecs als auch für „normale" Fahrräder, die verkehrsrechtlich als Fahrräder einzustufen sind (vgl. die Erläuterungen beim Stichwort „Elektro-Bike"), jedoch nicht für Elektrofahrräder, die verkehrsrechtlich als Kraftfahrzeug einzustufen sind.

Die Steuerbefreiung gilt auch für die Überlassung für **Fahrten zwischen Wohnung und erster Tätigkeitsstätte.** Wird das Fahrrad zu Fahrten zwischen Wohnung und erster Tätigkeitsstätte genutzt, sind die steuerfreien Sachbezüge **nicht** auf die **Entfernungspauschale anzurechnen.** Ebenso erfolgt keine Anrechnung auf die 50-Euro-Freigrenze für Sachbezüge.

Beispiel

Der Arbeitgeber überlässt dem Arbeitnehmer ein Pedelec zur uneingeschränkten Privatnutzung. Der Arbeitnehmer fährt mit dem Fahrrad an 100 Tagen auch zur Arbeit, an den übrigen 120 Tagen mit dem Pkw. Die Entfernung zwischen Wohnung und erster Tätigkeitsstätte beträgt 10 km.

Die Entfernungspauschale berechnet sich wie folgt:

220 Arbeitstage × 10 km × 0,30 € = 660 €

Der steuerfreie geldwerte Vorteil aus der Überlassung des Pedelecs ist nicht auf die Entfernungspauschale anzurechnen. Die Frage einer Pauschalbesteuerung stellt sich durch die Steuerfreiheit des geldwerten Vorteils nicht.

9. Umwandlung von steuerpflichtigem Arbeitslohn in einen pauschal besteuerten Fahrtkostenzuschuss

In § 40 Abs. 2 Satz 2 EStG ist ausdrücklich klargestellt worden, dass Fahrtkostenzuschüsse in Form von **Sachbezügen** (Firmenwagen) auch dann mit 15 % pauschal besteuert werden können, wenn sie aus einer **Gehaltsumwandlung** stammen. Bei **Barzuschüssen** ist eine Pauschalierung der Lohnsteuer mit 15 % nur für solche Fahrtkostenzuschüsse möglich, die **zusätzlich** zum ohnehin geschuldeten Arbeitslohn gezahlt werden. Zu diesem Zusätzlichkeitserfordernis vgl. das Stichwort „Gehaltsumwandlung" insbesondere unter Nr. 4.

10. Aufzeichnungs- und Bescheinigungspflichten

Wird der Arbeitgeberersatz bei Aufwendungen des Arbeitnehmers für Fahrten zwischen Wohnung und erster Tätigkeitsstätte mit 15 % pauschal besteuert, muss im **Lohnkonto** der Fahrtkostenzuschuss und die darauf entfallende pauschale Lohn- und Kirchensteuer sowie der Solidaritätszuschlag **getrennt** vom übrigen Gehalt des Arbeitnehmers **aufgezeichnet** werden (vgl. das Stichwort „Lohnkonto" unter Nr. 10 Buchstabe b). Dies ist deshalb notwendig, weil der pauschal besteuerte Fahrtkostenzuschuss nicht zum Bruttolohn des Arbeitnehmers gehört, der in die elektronische Lohnsteuerbescheinigung einzutragen ist. Ebenso gehört die pauschale Lohn- und Kirchensteuer sowie der Solidaritätszuschlag nicht zu den Steuerabzugsbeträgen, die in der Lohnsteuerbescheinigung des Arbeitnehmers zu bescheinigen sind. Denn die Pauschalbesteuerung stellt die endgültige steuerliche Belastung der Fahrtkostenzuschüsse dar. Die pauschal besteuerten Fahrtkostenzuschüsse dürfen deshalb im Jahresbruttolohn des Arbeitgebers (Zeile 3 der Lohnsteuerbescheinigung 2022) nicht enthalten sein; die pauschale Lohnsteuer, der hierauf entfallende Solidaritätszuschlag und die pauschale Kirchensteuer dürfen ebenfalls nicht in den einbehaltenen Steuerabzugsbeträgen (Zeilen 4, 5 und 6 der Lohnsteuerbescheinigung 2022) enthalten sein.

Wird der Zuschuss des Arbeitgebers zu Aufwendungen für Fahrten zwischen Wohnung und erster Tätigkeitsstätte mit 15 % pauschal besteuert, kann der Arbeitnehmer

Lohn-steuer-pflichtig Sozial-versich.-pflichtig

insoweit keine Werbungskosten in Höhe der Entfernungspauschale bei der Veranlagung zur Einkommensteuer geltend machen. Zur Kontrolle des Werbungskostenabzugs muss der Arbeitgeber die mit 15 % pauschal besteuerten Fahrtkostenzuschüsse in der Lohnsteuerbescheinigung gesondert bescheinigen (Zeile **18** der Lohnsteuerbescheinigung 2022). Der Arbeitgeber ist **gesetzlich verpflichtet,** diese Zeile auszufüllen (§ 41b Abs. 1 Satz 2 Nr. 7 EStG). Entsprechendes gilt für den pauschal besteuerten geldwerten Vorteil bei Überlassung eines Firmenwagens für Fahrten zwischen Wohnung und erster Tätigkeitsstätte (vgl. vorstehende Nr. 8 Buchstaben a und b).

Wird die pauschale Lohnsteuer im Innenverhältnis auf den Arbeitnehmer abgewälzt, muss der Arbeitgeber ebenfalls den pauschal besteuerten Fahrtkostenzuschuss in Zeile 18 der Lohnsteuerbescheinigung 2022 eintragen (vgl. die Erläuterungen unter der vorstehenden Nr. 6).

Arbeitgeberleistungen **(Barzuschüsse und Sachleistungen)** für Fahrten des Arbeitnehmers zwischen **Wohnung und erster Tätigkeitsstätte** sowie Fahrten zu einem weiträumigen Tätigkeitsgebiet oder zu einem vom Arbeitgeber dauerhaft festgelegten Sammelpunkt sind **steuerfrei** (§ 3 Nr. 15 Sätze 1 und 2 EStG). Die Fahrten müssen allerdings mit **öffentlichen Verkehrsmitteln im Linienverkehr** (ohne Luftverkehr) durchgeführt werden. Die **steuerfreien Arbeitgeberleistungen mindern** nach § 3 Nr. 15 Satz 3 EStG die beim Arbeitnehmer als Werbungskosten zu berücksichtigende **Entfernungspauschale** und sind vom Arbeitgeber in der Lohnsteuerbescheinigung (Zeile 17) anzugeben (§ 41b Abs. 1 Satz 2 Nr. 6 EStG).

Beispiel A

Üblicher Endpreis einer Monatskarte (= Job-Ticket)	100,00 €
vom Verkehrsträger eingeräumte Ermäßigung (10 %)	10,00 €
Differenz	90,00 €
davon 96 %	86,40 €

In der Lohnsteuerbescheinigung des Arbeitnehmers ist ein Betrag von 1036,80 € zu bescheinigen (= 86,40 € × 12 Monate). Dieser steuerfreie Betrag mindert die beim Arbeitnehmer als Werbungskosten zu berücksichtigende Entfernungspauschale.

Bei Fahrberechtigungen mit einer **Gültigkeit über zwei Kalenderjahre** ist der Wert der Fahrberechtigung anteilig auf den Gültigkeitszeitraum zu verteilen und entsprechend zu bescheinigen.

Beispiel B

Der Arbeitgeber überlässt seinem Arbeitnehmer am 1.12.2021 ein Jahresticket (Gültigkeit bis zum 30.11.2022) für den regionalen Verkehrsverbund, das er zum Preis von 600 € erworben hat.

Das überlassene Jahresticket im Wert von 600 € ist als Fahrberechtigung für den öffentlichen Personennahverkehr in voller Höhe steuerfrei (§ 3 Nr. 15 Satz 2 EStG; steuerfreier Zufluss 1.12.2021). Für die Anrechnung auf die Entfernungspauschale ist die steuerfreie Arbeitgeberleistung anteilig auf den Gültigkeitszeitraum der Fahrberechtigung von 12 Monaten zu verteilen. Somit ist die steuerfreie Arbeitgeberleistung im Jahr 2021 mit 50 € ($^1/_{12}$) und im Jahr 2022 mit 550 € ($^{11}/_{12}$) auf die Entfernungspauschale anzurechnen.

Der Arbeitgeber hat allerdings das **Wahlrecht,** die steuerfreien Leistungen mit **25 % pauschal zu versteuern.** Diese mit 25 % pauschal versteuerte Leistung ist **nicht** auf die Entfernungspauschale **anzurechnen.**

Die Steuerfreiheit der Leistungen (Barzuschüsse und Sachleistungen) nach § 3 Nr. 15 EStG setzt voraus, dass diese zusätzlich zum ohnehin geschuldeten Arbeitslohn gewährt werden. Bei einer **Gehaltsumwandlung** bleiben allerdings Vorteile bis 50 € monatlich aufgrund der **Anwendung der 50-Euro-Freigrenze** für Sachbezüge steuer- und beitragsfrei, sofern diese noch nicht anderweitig ausgeschöpft wurde. Bei Übersteigen dieser Grenze wäre der dann steuerpflichtige Sachbezug aus der Überlassung eines Job-Tickets oder einer Bahncard für die Fahrten zur Arbeit allerdings pauschalierungsfähig mit 15 %. Auch in diesem Fall hat der Arbeitgeber das Wahlrecht anstelle der Pauschalierung mit 15 % eine Pauschalierung mit 25 % vorzunehmen, um so die Anrechnung des pauschalierten Betrags auf die Entfernungspauschale zu vermeiden.

Lohn-steuer-pflichtig Sozial-versich.-pflichtig

Aus den vorstehenden Erläuterungen ergeben sich folgende **Bescheinigungspflichten,** die der Arbeitgeber bei der Ausstellung der **Lohnsteuerbescheinigung 2022** zu beachten hat:

Unter **Nummer 17** der Lohnsteuerbescheinigung sind die folgenden **auf** die **Entfernungspauschale anzurechnenden steuerfreien Barzuschüsse und Sachbezüge** betragsmäßig zu bescheinigen:

- Zuschüsse des Arbeitgebers, die zusätzlich zum ohnehin geschuldeten Arbeitslohn zu den Aufwendungen des Arbeitnehmers für Fahrten mit öffentlichen Verkehrsmitteln im Linienverkehr (ohne Luftverkehr) zwischen Wohnung und erster Tätigkeitsstätte und nach § 9 Abs. 1 Satz 3 Nr. 4a Satz 3 EStG (dauerhafte Fahrten von der Wohnung zu einem Arbeitgebersammelpunkt oder zu einem weiträumigen Tätigkeitsgebiet) sowie für Fahrten im öffentlichen Personennahverkehr (einschließlich Privatfahrten) gezahlt werden (§ 3 Nr. 15 Satz 1 EStG),
- Sachbezüge für die unentgeltliche oder verbilligte Nutzung öffentlicher Verkehrsmittel im Linienverkehr (ohne Luftverkehr) für Fahrten zwischen Wohnung und erster Tätigkeitsstätte und nach § 9 Abs. 1 Satz 3 Nr. 4a Satz 3 EStG (dauerhafte Fahrten von der Wohnung zu einem Arbeitgebersammelpunkt oder zu einem weiträumigen Tätigkeitsgebiet) sowie für Fahrten im öffentlichen Personennahverkehr (einschließlich Privatfahrten), die der Arbeitnehmer aufgrund seines Dienstverhältnisses zusätzlich zum ohnehin geschuldeten Arbeitslohn erhält (§ 3 Nummer 15 Satz 2 EStG),
- Sachbezüge, die im Rahmen der 50-Euro-Freigrenze für Sachbezüge (§ 8 Abs. 2 Satz 11 EStG) – Job-Ticket – oder § 8 Abs. 3 EStG (Rabattfreibetrag) – Verkehrsträger – steuerfrei bleiben.

Unter **Nummer 18** der Lohnsteuerbescheinigung sind nur die auf die Entfernungspauschale nach § 40 Abs. 2 Satz 2 Nr. 1 zweiter Halbsatz EStG anzurechnenden mit **15 % pauschal besteuerten Arbeitgeberleistungen** für Fahrten zwischen Wohnung und erster Tätigkeitsstätte sowie für Fahrten nach § 9 Abs. 1 Satz 3 Nr. 4a Satz 3 EStG zu bescheinigen.

Der steuerfreie Sachbezug aus der Gestellung eines Fahrrads für den Weg zur Arbeit wird nicht auf die Entfernungspauschale angerechnet und ist folglich auch nicht zu bescheinigen.

Bei Arbeitgeberleistungen, die als **Sammelbeförderung** nach § 3 Nr. 32 EStG **steuerfrei** sind, wird keine Entfernungspauschale gewährt. Sie müssen deshalb auch im Lohnkonto gesondert aufgezeichnet und in der Lohnsteuerbescheinigung gesondert bescheinigt werden. Dies geschieht durch die Eintragung des Großbuchstabens **„F"** (= Freifahrtberechtigung) in Zeile 2 der elektronischen Lohnsteuerbescheinigung 2022. Der Arbeitgeber ist gesetzlich verpflichtet, diese Zeile auszufüllen (§ 41b Abs. 1 Satz 2 Nr. 9 EStG). Der Großbuchstabe „F" ist aber nur zu bescheinigen, wenn eine steuerfreie Sammelbeförderung zwischen **Wohnung** und **erster Tätigkeitsstätte** erfolgte. Er ist grundsätzlich nicht zu bescheinigen für Sammelbeförderungen bei beruflich veranlassten Auswärtstätigkeiten. Eine Bescheinigung des Großbuchstabens „F" ist aber in diesen Fällen erforderlich, wenn es sich um Sammelbeförderungen von der Wohnung zu einem Arbeitgeber-Sammelpunkt oder einem weiträumigen Tätigkeitsgebiet handelt. Allerdings beinhaltet die Bescheinigung des Großbuchstabens „F" keine Aussage, an wie vielen Tagen eine steuerfreie Sammelbeförderung zwischen Wohnung und erster Tätigkeitsstätte durchgeführt worden ist. Ggf. – z. B. bei nur zeitweiser steuerfreier Sammelbeförderung im Kalenderjahr – sind zusätzliche Angaben in

Lohn-steuer-pflichtig	Sozial-versich.-pflichtig

einer gesonderten Bescheinigung des Arbeitgebers erforderlich.

Füllt der Arbeitgeber die Zeilen 2, 17 oder 18 der Lohnsteuerbescheinigung 2022 nicht oder nicht zutreffend aus, obwohl er mindestens eine steuerfreie Sammelbeförderung zwischen Wohnung und erster Tätigkeitsstätte bzw. zu einem Arbeitgeber-Sammelpunkt oder weiträumigen Tätigkeitsgebiet durchgeführt, steuerfreie Job-Tickets überlassen, den geldwerten Vorteil bei einer Firmenwagenüberlassung für solche Fahrten pauschal besteuert oder mit 15 % pauschal besteuerte Fahrtkostenzuschüsse gezahlt hat, haftet er für die durch das Finanzamt bei einer Veranlagung des Arbeitnehmers ggf. zu viel erstattete Steuer (vgl. „Haftung des Arbeitgebers" besonders unter Nr. 3 Buchstabe c).

11. Vorsteuerabzug beim Ersatz der Fahrkarte und beim Kauf von Job-Tickets

Wird dem Arbeitgeber vom Arbeitnehmer eine Fahrkarte vorgelegt, die dieser zur Benutzung öffentlicher Verkehrsmittel für Fahrten zwischen Wohnung und erster Tätigkeitsstätte erworben hat und erstattet der Arbeitgeber die Aufwendungen, stellt sich für ihn die Frage nach dem umsatzsteuerlichen **Vorsteuerabzug.** Gleiches gilt beim Kauf von Job-Tickets durch den Arbeitgeber selbst und anschließender Weitergabe an den Arbeitnehmer.

Nach Abschnitt 15.5 Abs. 1 Sätze 2 und 3 des Umsatzsteuer-Anwendungserlasses gilt folgende Regelung:

„Stellt der Arbeitgeber seinen Arbeitnehmern Fahrausweise für die Fahrten zwischen Wohnung und regelmäßiger Arbeitsstätte[1)] zur Verfügung, sind die von den Arbeitnehmern in Anspruch genommenen Beförderungsleistungen nicht als Umsätze für das Unternehmen anzusehen. Die dafür vom Arbeitgeber beschafften Fahrausweise berechtigen ihn daher **nicht zur Vornahme des Vorsteuerabzugs.**"

Wendet man diese Regelung auf die Job-Tickets an, ergibt sich Folgendes:

Die auf die einzelnen Arbeitnehmer ausgestellten Job-Tickets werden nicht für das Unternehmen des Arbeitgebers bezogen. Der Beförderungsunternehmer (Verkehrsbetrieb) erbringt seine Beförderungsleistungen ausschließlich gegenüber dem jeweiligen Arbeitnehmer. Der Arbeitgeber selbst erhält von dem Beförderungsunternehmer keine Leistung. Damit scheidet ein Vorsteuerabzug aus.

Sowohl beim Kauf von Job-Tickets als auch beim Ersatz der Fahrkarte kann der Arbeitgeber also keinen Vorsteuerabzug in Anspruch nehmen.

Die vorstehenden Ausführungen entsprechen der Vorgehensweise bei der umsatzsteuerlichen Behandlung von Sachbezügen. Vgl. hierzu das Stichwort „Umsatzsteuerpflicht bei Sachbezügen", besonders unter Nr. 1.

Familienheimfahrten

Neues auf einen Blick:

Durch das Steuerentlastungsgesetz 2022 ist die bisher ab 1.1.2024 vorgesehene Anhebung der Entfernungspauschale **ab dem 21. vollen Entfernungskilometer** von 0,35 € auf **0,38 € rückwirkend** auf den **1.1.2022** vorgezogen worden. Mithin beträgt die verkehrsmittelunabhängige Entfernungspauschale ab 1.1.2022 derzeit befristet bis 31.12.2026 für die ersten 20 vollen Entfernungskilometer jeweils 0,30 € und ab dem 21. Entfernungskilometer für jeden weiteren vollen Entfernungskilometer jeweils 0,38 €. Diese Beträge gelten auch für Familienheimfahrten im Rahmen einer beruflich veranlassten doppelten Haushaltsführung sowie für die Fahrten von der Zweitwohnung zur ersten Tätigkeitsstätte.

Auf die nachfolgenden Ausführungen und Beispiele sowie das Stichwort „Entfernungspauschale" wird hingewiesen.

Gliederung:

1. Allgemeines

Auch für wöchentliche Familienheimfahrten im Rahmen einer beruflich veranlassten doppelten Haushaltsführung gilt grundsätzlich unabhängig vom benutzten Verkehrsmittel eine Entfernungspauschale. Der Arbeitgeber kann dem Arbeitnehmer die Aufwendungen für **wöchentliche Familienheimfahrten** bis zur Höhe der **Entfernungspauschale steuerfrei ersetzen.** Der steuerfreie Arbeitgeberersatz für eine Heimfahrt wöchentlich beträgt aufgrund der rückwirkenden Anhebung durch das Steuerentlastungsgesetz 2022 ab 1.1.2022 derzeit befristet bis 31.12.2026 **für die ersten 20 vollen Entfernungskilometer jeweils 0,30 €** und **ab dem 21. Entfernungskilometer** für jeden weiteren vollen Entfernungskilometer jeweils **0,38 €.** — nein — nein

Mit der Entfernungspauschale sind die Aufwendungen für die Hin- und Rückfahrt abgegolten. Die Entfernungspauschale gilt **nicht für Flugstrecken;** für Flugstrecken können die tatsächlichen Kosten steuerfrei ersetzt werden (vgl. die Erläuterungen unter der nachfolgenden Nr. 3 Buchstabe b). Außerdem gilt die Entfernungspauschale nicht bei steuerfreier Sammelbeförderung (vgl. nachfolgende Nr. 3 Buchstabe c).

Die Entfernungspauschale für wöchentliche Familienheimfahrten ist **nicht** auf den grundsätzlich für Fahrten zwischen Wohnung und erster Tätigkeitsstätte geltenden jährlichen Höchstbetrag von **4500 €** (z. B. bei Benutzung öffentlicher Verkehrsmittel oder im Rahmen einer Fahrgemeinschaft) begrenzt.

Der Bundesfinanzhof hat bestätigt, dass die **Entfernungspauschale** für eine wöchentliche Familienheimfahrt – entsprechend ihrem Charakter als aufwandsunabhängige Pauschale – **auch dann** in Anspruch genommen werden kann, wenn dem Arbeitnehmer für diese Fahrt **keine Kosten** entstanden sind (z. B. bei einer unentgeltlichen Mitfahrgelegenheit im Rahmen einer Fahrgemeinschaft). Vom Arbeitgeber **steuerfrei geleistete Reisekostenvergütungen** und/oder steuerfrei gewährte Freifahrten (z. B. bei Arbeitnehmern von Verkehrsbetrieben) sind jedoch mindernd auf die Entfernungspauschale **anzurechnen** (BFH-Urteil vom 18.4.2013, BStBl. II S. 735). Aller-

1) Seit 1.1.2014 = Erste Tätigkeitsstätte.

	Lohn-steuer-pflichtig	Sozial-versich.-pflichtig

dings weist der Bundesfinanzhof darauf hin, dass die Entfernungspauschale nur für **tatsächlich durchgeführte** Familienheimfahrten angesetzt werden kann, deren Anzahl in Zweifelsfällen nachzuweisen bzw. glaubhaft zu machen ist. Vgl. auch das Beispiel B unter der nachfolgenden Nr. 9.

2. Begriff der Familienheimfahrten

Als Familienheimfahrten werden diejenigen Fahrten bezeichnet, die ein Arbeitnehmer mit doppelter Haushaltsführung zwischen dem Ort der ersten Tätigkeitsstätte und dem Ort des eigenen Hausstandes ausführt. Nach § 9 Abs. 1 Satz 3 Nr. 5 Satz 5 EStG können die Aufwendungen für **eine** Heimfahrt **wöchentlich** vom Arbeitnehmer als Werbungskosten abgezogen oder vom Arbeitgeber nach § 3 Nr. 16 EStG **steuerfrei ersetzt** werden. Obwohl das Einkommensteuergesetz von „Familienheimfahrten" spricht, fallen hierunter auch die Heimfahrten lediger Arbeitnehmer mit eigenem Hausstand (vgl. hierzu die Erläuterungen beim Stichwort „Doppelte Haushaltsführung" unter Nr. 2 Buchstabe b). Außerdem können auch Arbeitnehmer, die eine beruflich veranlasste Auswärtstätigkeit ausüben, am Wochenende heimfahren und damit „Familienheimfahrten" durchführen. Aufwendungen für Familienheimfahrten können also in folgenden Fällen steuerfrei und damit auch beitragsfrei gezahlt werden: nein nein

- Heimfahrten für Ledige und Verheiratete im Rahmen beruflich veranlasster **Auswärtstätigkeiten in beliebiger Zahl,** also nicht nur einmal wöchentlich (vgl. auch die Erläuterungen unter der nachfolgenden Nr. 10);
- Familienheimfahrten **einmal wöchentlich** für Verheiratete und Ledige **mit eigenem Hausstand** im Rahmen einer beruflich veranlassten doppelten Haushaltsführung (vgl. das Stichwort „Doppelte Haushaltsführung" unter Nr. 2 Buchstabe b).

3. Steuerfreier Arbeitgeberersatz bei Familienheimfahrten im Rahmen einer doppelten Haushaltsführung

a) Familienheimfahrten mit öffentlichen Verkehrsmitteln oder einem Kraftfahrzeug

Der Arbeitgeber kann dem Arbeitnehmer die Aufwendungen für Familienheimfahrten **unabhängig vom benutzten Verkehrsmittel** bis zur Höhe der Entfernungspauschale steuerfrei ersetzen (Ausnahme: Flugstrecken vgl. nachfolgend unter Buchstabe b und steuerfreie Sammelbeförderung vgl. nachfolgend unter Buchstabe c). Dies gilt auch dann, wenn dem Arbeitnehmer **keine Kosten** entstanden sein sollten (z. B. bei einer unentgeltlichen Mitfahrgelegenheit im Rahmen einer Fahrgemeinschaft; BFH-Urteil vom 18.4.2013, BStBl. II S. 735). Die Entfernungspauschale beträgt jeweils 0,30 € für die ersten 20 vollen Entfernungskilometer und ab dem 21. vollen Entfernungskilometer 0,38 €. Maßgebend ist dabei die Entfernung zwischen dem Ort des eigenen Hausstands und dem Ort der ersten Tätigkeitsstätte. Eine **Begrenzung** auf den Höchstbetrag von **4500 €** ist bei Familienheimfahrten mit öffentlichen Verkehrsmitteln oder z. B. im Rahmen einer Fahrgemeinschaft **nicht** vorzunehmen. nein nein

Der Arbeitgeber kann also dem Arbeitnehmer einen steuerfreien Arbeitgeberersatz für eine Familienheimfahrt wöchentlich auch dann in Höhe der Entfernungspauschale zahlen, wenn der Arbeitnehmer öffentliche Verkehrsmittel benutzt. Allerdings ist in Zweifelsfällen nachzuweisen bzw. glaubhaft zu machen, dass **tatsächlich** eine Familienheimfahrt **durchgeführt** worden ist (BFH-Urteil vom 18.4.2013, BStBl. II S. 735). Mit der Entfernungspauschale sind die Aufwendungen für die Hin- und Rückfahrt abgegolten.

Beispiel A

Der Arbeitnehmer führt im Kalenderjahr 2022 einen beruflich veranlassten doppelten Haushalt. An 40 Wochenenden fährt er teils mit öffentlichen Verkehrsmitteln, teils mit seinem privaten Pkw zu seinem Familienwohnsitz (einfache Entfernung 450 km). Der Arbeitgeber kann für jede wöchentliche Familienheimfahrt folgenden Betrag steuerfrei ersetzen:

0,30 € × 20 km	6,– €
0,38 € × 430 km	163,40 €
Summe	169,40 €
jährlich (169,40 € × 40)	6 776,– €

Die bei Familienheimfahrten anzusetzende Entfernungspauschale ist nicht auf den für Fahrten zwischen Wohnung und erster Tätigkeitsstätte geltenden Höchstbetrag von 4500 € jährlich begrenzt. Das bedeutet, dass der Arbeitgeber dem Arbeitnehmer im Beispielsfall den Betrag von jährlich 6776 € auch dann ohne Nachweis der tatsächlich entstandenen Aufwendungen steuerfrei erstatten kann, wenn der Arbeitnehmer nicht seinen privaten Pkw, sondern ausschließlich öffentliche Verkehrsmittel für die 40 Familienheimfahrten benutzt. Lediglich die tatsächliche Durchführung der Familienheimfahrt ist in Zweifelsfällen nachzuweisen bzw. glaubhaft zu machen.

Die Entfernungspauschale ist grundsätzlich die **Obergrenze** für eine steuerfreie Erstattung von Aufwendungen für wöchentliche Familienheimfahrten. Der Arbeitgeber kann selbstverständlich auch einen geringeren Betrag steuerfrei erstatten.

Beispiel B

Sachverhalt wie Beispiel A.

Der Arbeitgeber erstattet dem Arbeitnehmer aufgrund einer betriebsinternen Regelung für jede wöchentliche Familienheimfahrt die Kosten für eine Bahnfahrt zweiter Klasse (z. B. für 450 km 120 €). Der Arbeitgeber kann dem Arbeitnehmer die 120 € steuer- und beitragsfrei erstatten. Der Arbeitnehmer kann zusätzlich die Differenz zur Entfernungspauschale in Höhe von (169,40 € – 120 € =) 49,40 € je Familienheimfahrt als Werbungskosten bei seiner Veranlagung zur Einkommensteuer geltend machen.

Übersteigen die tatsächlichen **Aufwendungen** für die Benutzung **öffentlicher Verkehrsmittel** anlässlich von Familienheimfahrten die für diese Fahrten im Kalenderjahr insgesamt anzusetzende Entfernungspauschale, können diese übersteigenden Aufwendungen angesetzt werden (§ 9 Abs. 2 Satz 2 EStG). Da Familienheimfahrten oftmals über eine größere Entfernung zurückgelegt werden und diese Regelung eher auf den Nahbereich abzielt, wird sie bei Familienheimfahrten nur in Ausnahmefällen eine Rolle spielen. Der Arbeitgeber hat auch die Möglichkeit dem Arbeitnehmer für diese Fahrten Fahrausweise steuerfrei zu überlassen. Vgl. hierzu das Stichwort „BahnCard".

Beispiel C

Wie Beispiel A. Der Arbeitgeber erstattet dem Arbeitnehmer die tatsächlichen Kosten für die Familienheimfahrten mit öffentlichen Verkehrsmitteln von 180 € wöchentlich.

Der Arbeitgeber kann die tatsächlichen Aufwendungen für die Benutzung öffentlicher Verkehrsmittel von 7200 € jährlich (180 € × 40 Wochen) steuerfrei erstatten, da sie die für diese Fahrten im Kalenderjahr insgesamt anzusetzende Entfernungspauschale von 6776 € jährlich übersteigen (§ 9 Abs. 2 Satz 2 EStG). Der Arbeitnehmer kann für die Familienheimfahrten keine weiteren Werbungskosten bei seiner Veranlagung zur Einkommensteuer geltend machen.

Im Rahmen einer doppelten Haushaltsführung werden die Familienheimfahrten nicht selten mit dem eigenen Pkw und die Fahrten von der Zweitwohnung am Beschäftigungsort zur ersten Tätigkeitsstätte mit öffentlichen Verkehrsmitteln durchgeführt. Der zulässige Jahresvergleich (Entfernungspauschale oder höhere Aufwendungen für öffentliche Verkehrsmittel) ist für die **Familienheimfahrten** und die **Fahrten** zwischen der **Zweitwohnung** am Beschäftigungsort und der **ersten Tätigkeitsstätte** jeweils getrennt durchzuführen; zur steuerfreien Arbeitgebererstattung bei Fahrten zwischen Wohnung und erster Tätigkeitsstätte bei Nutzung öffentlicher Verkehrsmittel vgl. § 3 Nr. 15 EStG und das Stichwort „Freifahrten" unter Nr. 2.

Beispiel D

Ein Arbeitnehmer mit Hauptwohnsitz in Frankfurt und doppelter Haushaltsführung in München führt die wöchentlichen Familienheimfahrten (325 km) mit dem eigenen Pkw durch. Für die Fahrten von der Zweit-

	Lohn-steuer-pflichtig	Sozial-versich.-pflichtig

wohnung in München zur 20 km entfernten ersten Tätigkeitsstätte benutzt er öffentliche Verkehrsmittel. Die Monatskarte kostet 1380 € jährlich.

Die Werbungskosten ermitteln sich wie folgt:

Familienheimfahrten im Rahmen der doppelten Haushaltsführung:		
48 Fahrten × 20 km × 0,30 €		288 €
48 Fahrten × 305 km × 0,38 € aufgerundet		5 564 €
Fahrten von der Zweitwohnung zur ersten Tätigkeitsstätte		
Entfernungspauschale:		
220 Arbeitstage × 20 km × 0,30 € =	1320 €	1320 €
Aufwendungen für öffentliche Verkehrsmittel	1380 €	
Übersteigender Betrag	60 €	60 €
Werbungskosten insgesamt		7 232 €

Die Entfernungspauschale gilt für jeden **vollen** Kilometer der einfachen Entfernung zwischen dem Ort des eigenen Hausstands und dem Ort der ersten Tätigkeitsstätte. Das bedeutet, dass angefangene Kilometer nicht berücksichtigt werden; eine Aufrundung ist also unzulässig. Maßgebend für die Berechnung der Entfernung ist die kürzeste Straßenverbindung; eine andere als die kürzeste Straßenverbindung kann dann zugrunde gelegt werden, wenn die Umwegstrecke offensichtlich verkehrsgünstiger ist und vom Arbeitnehmer regelmäßig für die Familienheimfahrten benutzt wird. Eine zumutbare **Fährverbindung** ist in die Berechnung der kürzesten Straßenverbindung mit einzubeziehen. Die Fahrtstrecke der Fähre selbst ist jedoch nicht Teil der maßgebenden Entfernung. An ihrer Stelle können die tatsächlichen Fährkosten berücksichtigt werden (vgl. die Erläuterungen beim Stichwort „Entfernungspauschale" unter Nr. 3 Buchstabe b). Die Gebühren für die Benutzung eines **Straßentunnels** oder einer **mautpflichtigen Straße** dürfen hingegen nicht neben der Entfernungspauschale berücksichtigt werden.

Werden dem Arbeitnehmer Aufwendungen für mehr als eine Heimfahrt wöchentlich ersetzt, sind die Ersatzleistungen **ab der zweiten Familienheimfahrt** insoweit steuerpflichtiger Arbeitslohn. Da es sich begrifflich nicht um Fahrten zwischen Wohnung und erster Tätigkeitsstätte handelt, kann der Arbeitgeberersatz nicht mit 15 % pauschal besteuert werden. — ja — ja

Der Arbeitnehmer kann in diesen Fällen wählen, ob er die Aufwendungen für die doppelte Haushaltsführung oder nur die Fahrtkosten als Aufwendungen für Wege zwischen Wohnung und erster Tätigkeitsstätte bei seiner Einkommensteuer-Veranlagung als Werbungskosten geltend machen will. Der Arbeitnehmer kann dieses **Wahlrecht** bei derselben doppelten Haushaltsführung nur einmal jährlich ausüben. Der Arbeitgeber hat dieses Wahlrecht nicht zu beachten.

Beispiel E

Der Arbeitnehmer hat eine beruflich veranlasste doppelte Haushaltsführung und führt jeden Mittwoch und Freitag Familienheimfahrten durch (jeweils 300 Entfernungskilometer in 45 Wochen); Fahrtkosten hat der Arbeitgeber für eine Familienheimfahrt wöchentlich in Höhe der Entfernungspauschale zutreffend steuerfrei erstattet. Der steuerfreie Sachbezug aus der verbilligten Zurverfügungstellung einer Zweitwohnung am Ort der ersten Tätigkeitsstätte beträgt monatlich 300 €. Der Arbeitnehmer übt sein Wahlrecht in der Einkommensteuererklärung zugunsten von Fahrten zwischen Wohnung und erster Tätigkeitsstätte aus. Die abziehbaren Werbungskosten ermitteln sich wie folgt:

„2. Familienheimfahrt":	
45 Wochen à 20 km × 0,30 €	270 €
45 Wochen à 280 km × 0,38 €	4 788 €
Summe	5 058 €
abzüglich steuerfreier Sachbezug für die Zweitwohnung am Ort der ersten Tätigkeitsstätte (300 € monatlich × 12 Monate; vgl. R 9.11 Abs. 5 Satz 4 LStR)	3 600 €
Verbleibende Werbungskosten	1 458 €

b) Familienheimfahrten mit dem Flugzeug

Nach § 9 Abs. 1 Satz 3 Nr. 5 Satz 7 i. V. m. Nr. 4 Satz 3 EStG gilt die Entfernungspauschale **nicht für Flugstrecken.** Maßgebend sind bei Flügen vielmehr die tatsächlich angefallenen Flugkosten. Der Bundesfinanzhof hält die Nichtgewährung der Entfernungspauschale für Flugstrecken verfassungsrechtlich für unbedenklich. Durch den Abzug der tatsächlichen Flugkosten werden die im Zusammenhang mit der Arbeitnehmertätigkeit anfallenden Aufwendungen steuermindernd berücksichtigt und damit wird dem Grundsatz der Besteuerung nach der wirtschaftlichen Leistungsfähigkeit Rechnung getragen (BFH-Urteil vom 26.3.2009, BStBl. II S. 724). Die Entfernungspauschale gilt jedoch für die Fahrten vom und zum Flughafen z. B. mit öffentlichen Verkehrsmitteln oder mit dem Pkw. Maßgebend sind auch hier die vollen Entfernungskilometer. Bei Benutzung öffentlicher Verkehrsmittel (z. B. Taxi) können auch die höheren tatsächlichen Kosten angesetzt werden. Die Aufwendungen für öffentliche Verkehrsmittel müssen allerdings den im jeweiligen Kalenderjahr für solche Fahrten insgesamt als Entfernungspauschale abziehbaren Betrag übersteigen (§ 9 Abs. 2 Satz 2 EStG; vgl. auch die Erläuterungen und Beispiele unter dem vorstehenden Buchstaben a). — nein — nein

c) Steuerfreie Sammelbeförderung bei Familienheimfahrten

Die **Entfernungspauschale** ist auch **nicht** anzuwenden für Strecken mit steuerfreier Sammelbeförderung (§ 9 Abs. 1 Satz 3 Nr. 5 Satz 7 i. V. m. Nr. 4 Satz 3 EStG). Bei einer entgeltlichen Sammelbeförderung durch den Arbeitgeber sind die **Aufwendungen** des Arbeitnehmers in der Einkommensteuer-Veranlagung als **Werbungskosten** zu berücksichtigen. Eine privat organisierte Fahrgemeinschaft ist keine Sammelbeförderung des Arbeitgebers in diesem Sinne.

4. Arbeitnehmer mit Behinderungen

Bei Arbeitnehmern,

- deren Grad der Behinderung mindestens 70 beträgt,
- deren Grad der Behinderung weniger als 70, aber mindestens 50 beträgt und die in ihrer Bewegungsfähigkeit im Straßenverkehr erheblich beeinträchtigt sind (Merkzeichen „G"),

bleiben die Ersatzleistungen des Arbeitgebers steuerfrei, soweit der Arbeitgeber für eine Familienheimfahrt wöchentlich bei Benutzung eines Pkws höchstens den für Auswärtstätigkeiten geltenden Betrag von **0,60 €** für jeden vollen Kilometer der einfachen Entfernung zwischen dem Ort der ersten Tätigkeitsstätte und der Familienwohnung ersetzt. — nein — nein

Bei Familienheimfahrten von Arbeitnehmern mit Behinderungen kann der Arbeitgeber also den für Auswärtstätigkeiten geltenden Kilometersatz von 0,30 € je tatsächlich gefahrenen Kilometer steuerfrei erstatten. Unter Berücksichtigung der Hin- und Rückfahrt ergibt sich somit ein Kilometersatz von (2 × 0,30 € =) 0,60 € für jeden Kilometer der einfachen Entfernung zwischen dem Ort der ersten Tätigkeitsstätte und dem Ort der Familienwohnung. Da hier auf den für Auswärtstätigkeiten geltenden Kilometersatz abgestellt wird, erhöht sich dieser nicht auf 0,76 € (2 × 0,38 €) ab dem 21. vollen Entfernungskilometer.

Es besteht aber die Möglichkeit, einen höheren Kilometersatz als 0,30 € je tatsächlich gefahrenen Kilometer im Einzelfall nachzuweisen.

Zum Ansatz der Entfernungspauschale bei Herabsetzung des Grads einer Schwerbehinderung vgl. „Entfernungspauschale" unter Nr. 10 am Ende.

Lohn-steuer-pflichtig	Sozial-versich.-pflichtig

5. Unfallkosten

Durch den Ansatz der Entfernungspauschale sind **sämtliche Aufwendungen abgegolten,** die durch die Familienheimfahrt entstehen. Diese Abgeltungswirkung gilt laut Bundesfinanzhof auch für außergewöhnliche Kosten, wie z. B. Reparaturkosten infolge einer Falschbetankung des Fahrzeugs (BFH-Urteil vom 20.3.2014, BStBl. II S. 849).

Unfallkosten, die auf einer zu berücksichtigenden Familienheimfahrt im Rahmen einer doppelten Haushaltsführung entstehen, sind aber nach Auffassung der Finanzverwaltung als außergewöhnliche Aufwendungen weiterhin neben der Entfernungspauschale nach § 9 Abs. 1 Satz 1 EStG als **Werbungskosten** zu berücksichtigen. Dies gilt auch für unfallbedingte Krankheitskosten (BFH-Urteil vom 19.12.2019, BStBl. 2020 II S. 291). Die Berücksichtigung der Unfallkosten als allgemeine Werbungskosten nach § 9 Abs. 1 Satz 1 EStG hat zur Folge, dass eine etwaige **Erstattung** des Arbeitgebers nicht steuerfrei, sondern **steuer-** und **beitragspflichtig** ist. ja ja

Für den steuerpflichtigen Arbeitgeberersatz scheidet ein Werbungskostenabzug aus, wenn für den Eintritt des Unfalls private Gründe maßgebend waren (z. B. der Arbeitnehmer verursacht den Unfall unter Alkohol- oder Drogeneinfluss).

Zu den Unfallkosten gehören auch **Schadensersatzleistungen,** die der Arbeitnehmer unter Verzicht auf die Inanspruchnahme seiner gesetzlichen Haftpflichtversicherung selbst getragen hat (z. B. Reparaturkosten am gegnerischen Fahrzeug). Ebenso gehört hierzu eine Wertminderung, wenn der Arbeitnehmer sein unfallbeschädigtes Fahrzeug nicht reparieren lässt; nicht aber der sog. merkantile Minderwert eines reparierten und weiterhin benutzten Fahrzeugs.

Da die Finanzverwaltung allenfalls Unfallkosten im engeren Sinne, also die Kosten für die Beseitigung von Unfallschäden, zum Werbungskostenabzug zulassen will, können Kosten für einen **Leihwagen** nicht als Werbungskosten berücksichtigt werden. Das gilt auch für den Teil der Aufwendungen, der nach dem Gesamtnutzungsverhältnis des Leihwagens auf die Familienheimfahrten entfällt. Für diese Fahrten mit dem Leihwagen wird wiederum die Entfernungspauschale angesetzt.

Beispiel

Ein Arbeitnehmer hat auf einer Familienheimfahrt im Rahmen einer beruflich veranlassten doppelten Haushaltsführung einen selbst verschuldeten Verkehrsunfall. Die Reparaturkosten für sein Fahrzeug betragen 2000 €. Der Arbeitnehmer erhält keinen Ersatz von seiner Versicherung. Der Arbeitgeber zahlt die Reparaturkosten in Höhe von 2000 €.

Der Arbeitgeberersatz in Höhe von 2000 € ist steuer- und beitragspflichtig. Der Arbeitnehmer kann die Reparaturkosten in Höhe von 2000 € neben der Entfernungspauschale für tatsächlich durchgeführte Familienheimfahrten als Werbungskosten abziehen. Nachteilig bleibt also die Beitragspflicht im Sozialversicherungsrecht.

6. Erledigung beruflicher Angelegenheiten bei einer Familienheimfahrt

Eine Familienheimfahrt wird nicht dadurch zu einer begünstigten beruflich veranlassten Auswärtstätigkeit, wenn der Arbeitnehmer auf dem Weg nach Hause berufliche Arbeiten erledigt (Abholen von Post, Auslieferung von Waren, Besuch eines Kunden oder einer Niederlassung des Arbeitgebers usw.), solange noch das Aufsuchen der Familienwohnung im Vordergrund steht (BFH-Urteil vom 12.10.1990, BStBl. 1991 II S. 134). Der Arbeitgeber kann deshalb auch für Familienheimfahrten, bei denen der Arbeitnehmer berufliche Dinge erledigt, lediglich die Entfernungspauschale steuerfrei erstatten. Eine steuerfreie Erstattung in Höhe des für Auswärtstätigkeiten geltenden Kilometersatzes von 0,30 € je gefahrenen Kilometer ist nur für etwaige **Umwegstrecken** möglich, die aufgrund der Erledigung beruflicher Angelegenheiten erforderlich sind.

Beispiel

Arbeitnehmer A führt im Rahmen einer beruflich veranlassten doppelten Haushaltsführung Familienheimfahrten durch (hin und zurück 600 gefahrene Kilometer). Anlässlich einer Familienheimfahrt im März 2022 besucht er auf dem Heimweg am Freitag und auf dem Weg zur Firma am Montag jeweils einen Kunden. Hierdurch ergibt sich ein Umweg von 50 km.

Der Arbeitgeber kann anlässlich dieser Familienheimfahrt folgende Beträge steuerfrei erstatten:

Familienheimfahrt	
20 Entfernungskilometer × 0,30 €	6 €
280 Entfernungskilometer × 0,38 € gerundet	107 €
Kundenbesuche	
50 gefahrene Kilometer × 0,30 €	15 €
Steuerfreie Arbeitgebererstattung insgesamt	128 €

7. Besuchsfahrten des Ehegatten als Familienheimfahrten

Wird der Arbeitnehmer am Wochenende von seinem Ehegatten oder seinen minderjährigen Kindern besucht, treten deren Fahrtkosten an die Stelle der Kosten für eine Familienheimfahrt des Arbeitnehmers. Auch die Kosten für diese sog. umgekehrten Familienheimfahrten können vom Arbeitgeber nach den Grundsätzen für Familienheimfahrten **steuerfrei erstattet** werden, wenn der Arbeitnehmer aus **beruflichen Gründen** an der Familienheimfahrt gehindert ist (BFH-Urteil vom 28.1.1983, BStBl. II S. 313). Steuerfrei können also die Entfernungspauschale oder die höheren Aufwendungen für öffentliche Verkehrsmittel (auf das Kalenderjahr gesehen) gezahlt werden. Die Kosten für die Unterkunft und Verpflegung des Ehegatten (und ggf. der minderjährigen Kinder) am Arbeitsort des Arbeitnehmers können allerdings nicht vom Arbeitgeber steuerfrei ersetzt werden. nein nein

Demgegenüber lehnt der Bundesfinanzhof eine steuerfreie Arbeitgebererstattung bzw. einen Werbungskostenabzug für sog. umgekehrte Familienheimfahrten auch hinsichtlich der Fahrtkosten ab, wenn die Besuchsreisen **privat veranlasst** sind (BFH-Beschluss vom 2.2.2011, BStBl. II S. 456). Da den Reisen im Streitfall private Motive zugrunde lagen – ungeachtet der doppelten Haushaltsführung waren es private Wochenendreisen –, sind sie nicht beruflich veranlasst und folglich auch steuerlich nicht zu berücksichtigen. ja ja

Der Bundesfinanzhof hat einen **Werbungskostenabzug** der Aufwendungen für **Besuchsfahrten** eines Ehepartners zur auswärtigen Tätigkeitsstätte des anderen Ehepartners im Rahmen einer beruflich veranlassten **Auswärtstätigkeit** ebenfalls **abgelehnt** (BFH-Urteil vom 22.10.2015, BStBl. 2016 II S. 179). Er musste aber nicht darüber entscheiden, ob an der Rechtsprechung weiter festzuhalten ist, wonach bei sog. umgekehrten Familienheimfahrten im Rahmen einer beruflich veranlassten doppelten Haushaltsführung eine steuerfreie Arbeitgebererstattung bzw. ein Werbungskostenabzug möglich ist, wenn der Arbeitnehmer aus beruflichen Gründen an der Familienheimfahrt gehindert ist. Die Finanzverwaltung lässt in diesen Fällen derzeit eine steuerfreie Arbeitgebererstattung bzw. einen Werbungskostenabzug erfreulicherweise zu und verfährt nach den in den vorstehenden Absätzen beschriebenen Grundsätzen.

8. Telefonkosten anstelle von Familienheimfahrten

Steuerfrei sind nur Ersatzleistungen für tatsächlich durchgeführte Familienheimfahrten. Fährt der Arbeitnehmer am Wochenende nicht nach Hause, können ihm jedoch anstelle der Fahrtkosten die Gebühren für ein Telefongespräch bis zu einer Dauer von **15 Minuten** (nach dem günstigsten Tarif), das er **mit Angehörigen** führt, **die zum Hausstand** des Arbeitnehmers **gehören,** steuerfrei ersetzt werden (Hinweise zu R 9.11 Absätze 5 bis 10 LStR Stichwort „Telefonkosten“)[1]. Voraussetzung für den steuerfreien Ersatz der Telefonkosten ist ein Telefonieren mit Angehörigen, die zum Hausstand des Arbeitnehmers ge-

	Lohn-steuer-pflichtig	Sozial-versich.-pflichtig
hören. Bei ledigen Arbeitnehmern werden die Voraussetzungen deshalb nur in Ausnahmefällen erfüllt sein (z. B. beim Telefonieren mit der oder dem Verlobten[1]), die/der in der Wohnung des Arbeitnehmers lebt und deshalb zu seinem Hausstand am Ort des Mittelpunkts seiner Lebensinteressen gehört). Dabei kann der Arbeitgeber ohne weiteres davon ausgehen, dass solche Kosten entstanden sind, wenn der Ort des eigenen Hausstands im Inland (oder im benachbarten Ausland) liegt. Lediglich bei Familienwohnungen in weit entfernten Ländern wird ein entsprechender Nachweis notwendig sein (z. B. durch Einzelverbindungsnachweis).	nein	nein

Beispiel

Ein Arbeitnehmer aus China ist nach Deutschland versetzt worden; seine Ehefrau und die Kinder leben weiter in China (= doppelte Haushaltsführung). Der Arbeitnehmer führt alle drei Monate eine Familienheimfahrt mit dem Flugzeug durch.

Der Arbeitgeber kann dem Arbeitnehmer in den Wochen, wo er keine Familienheimfahrt durchgeführt hat, die (nachgewiesenen) Gebühren für ein Telefongespräch mit seiner Familie bis zu einer Dauer von 15 Minuten nach dem günstigsten Tarif steuerfrei ersetzen. Steht dem Arbeitnehmer auch für diese Gespräche z. B. ein Mobiltelefon seines Arbeitgebers unentgeltlich oder verbilligt zur Verfügung, ist der geldwerte Vorteil für diese Privatgespräche steuerfrei (§ 3 Nr. 45 EStG; vgl. die Erläuterungen beim Stichwort „Telefonkosten" unter Nr. 1). Ein Werbungskostenabzug kommt in diesem Fall nicht in Betracht (§ 3c Abs. 1 EStG).

9. Überlassung eines Pkws für Familienheimfahrten

Wird für die wöchentliche Familienheimfahrt kein geldwerter Vorteil angesetzt (§ 8 Abs. 2 Satz 5 EStG), erhält der Arbeitnehmer beim Werbungskostenabzug im Rahmen seiner Einkommensteuer-Veranlagung für diese Fahrten auch keine Entfernungspauschale (§ 9 Abs. 1 Satz 3 Nr. 5 Satz 8 EStG).	nein	nein

Auch der Bundesfinanzhof hält es angesichts des Gesetzeswortlauts aus systematischen Gründen für zutreffend, dass bei einer Firmenwagengestellung durch den Arbeitgeber für eine Familienheimfahrt wöchentlich **kein geldwerter Vorteil** angesetzt und **keine Werbungskosten** in Höhe der Entfernungspauschale berücksichtigt werden (BFH-Urteil vom 28.2.2013, BStBl. II S. 629).

Beispiel A

Arbeitnehmer A erhält von seinem Arbeitgeber einen Firmenwagen (Bruttolistenpreis 40 000 €) auch zur privaten Nutzung sowie zur wöchentlichen Familienheimfahrt im Rahmen der beruflich veranlassten doppelten Haushaltsführung (Entfernung = 250 km). Außerdem nutzt A den Wagen für die Fahrten von der Zweitwohnung am Beschäftigungsort zur ersten Tätigkeitsstätte (Entfernung = 10 km).

Der monatliche geldwerte Vorteil aus der Firmenwagengestellung beträgt:

Privatfahrten 1 % von 40 000 € =	400 €
Fahrten Zweitwohnung/erste Tätigkeitsstätte 0,03 % von 40 000 € × 10 km =	120 €
Monatlicher geldwerter Vorteil	520 €

Für die wöchentliche Familienheimfahrt im Rahmen der beruflich veranlassten doppelten Haushaltsführung ist kein geldwerter Vorteil anzusetzen (§ 8 Abs. 2 Satz 5 EStG). Für diese Familienheimfahrten kommt daher auch – im Gegensatz zu den Fahrten von der Zweitwohnung zur ersten Tätigkeitsstätte – ein Werbungskostenabzug nicht in Betracht (§ 9 Abs. 1 Satz 3 Nr. 5 Satz 8 EStG).

Beispiel B

Wie Beispiel A. Arbeitnehmer A nimmt Arbeitnehmer B auf einer Familienheimfahrt mit nach Hause.

Arbeitnehmer B kann – obwohl ihm keine Aufwendungen entstanden sind – die Entfernungspauschale als Werbungskosten geltend machen.

20 km × 0,30 €	6,– €
230 km × 0,38 €	87,40 €
Summe	93,40 €

Zu Besonderheiten bei der umsatzsteuerlichen Bemessungsgrundlage für den Sachbezug vgl. das Stichwort „Firmenwagen zur privaten Nutzung" unter Nr. 20 Buchstabe b.

10. Heimfahrten bei beruflich veranlassten Auswärtstätigkeiten

	Lohn-steuer-pflichtig	Sozial-versich.-pflichtig
Werden Familienheimfahrten bei beruflich veranlassten Auswärtstätigkeiten (unabhängig von der zeitlichen Dauer, keine Dreimonatsfrist) mit dem eigenen Pkw ausgeführt, gilt für diese Heimfahrten nicht die Entfernungspauschale, sondern der für die Benutzung eines Pkws anzusetzende Kilometersatz von **0,30 € je tatsächlich gefahrenen Kilometer** (unter Berücksichtigung der Hin- und Rückfahrt also 2 × 0,30 € = **0,60 €** für jeden Kilometer der einfachen Entfernung zwischen auswärtiger Tätigkeitsstätte und Familienwohnung). Außerdem gilt für solche Familienheimfahrten die Regelung nicht, dass nur eine Heimfahrt wöchentlich steuerfrei ersetzt werden kann. Bei beruflich veranlassten Auswärtstätigkeiten kann der Arbeitgeber deshalb dem Arbeitnehmer mehr als eine Heimfahrt wöchentlich steuerfrei ersetzen, wenn der Arbeitnehmer tatsächlich mehrmals wöchentlich nach Hause fährt.	nein	nein

Beispiel

Ein Arbeitnehmer ist für sechs Monate von Düsseldorf nach Frankfurt abgeordnet (einfache Entfernung 250 km). Er führt wöchentlich zwei Familienheimfahrten mit seinem eigenen Pkw durch.

Da es sich um eine beruflich veranlasste Auswärtstätigkeit handelt, kann der Arbeitgeber wöchentlich folgenden Betrag steuerfrei ersetzen:

2 Fahrten à 250 Entfernungskilometer × 0,60 € =	300 €
für sechs Monate = 24 Wochen à 300 € =	7 200 €

11. Anrechnung der steuerfreien Arbeitgebererstattung beim Werbungskostenabzug

Steuerfreie Erstattungen des Arbeitgebers für wöchentliche Familienheimfahrten **mindern** die **Werbungskosten,** die der Arbeitnehmer bei einer Veranlagung zur Einkommensteuer für Familienheimfahrten im Rahmen der doppelten Haushaltsführung ansetzen kann (§ 3c EStG sowie BFH-Urteil vom 18.4.2013, BStBl. II S. 735).

Geringfügige Beschäftigung

Änderungsintensives Stichwort – bleiben Sie auf dem Laufenden unter

www.lexikon-lohnbuero.de/newsletter **!**

Neues auf einen Blick:

Ab 1.10.2022 ändert sich die Höhe der Geringfügigkeitsgrenze von 450 € auf 520 €.

Die Grenze orientiert sich zukünftig an der Höhe des Mindestlohnes bei einer wöchentlichen Arbeitszeit von 10 Stunden und ändert sich mit jeder Änderung des Mindestlohnes.

Ein unvorhergesehenes Überschreiten der Geringfügigkeitsgrenze ist nur noch zweimal (bisher dreimal) im Laufe eines Zeitjahres zulässig.

Für bestehende Beschäftigungen zwischen 450,01 € und 520 € bestehen Übergangsregelungen. Sie bleiben unter

1) Die amtlichen Hinweise zu den Lohnsteuer-Richtlinien sind im **Steuerhandbuch für das Lohnbüro 2022** abgedruckt, das im selben Verlag erschienen ist.

2) Eine Verlobte/ein Verlobter gehört zu den Angehörigen im Sinne des § 15 AO.

Lohnsteuerpflichtig | Sozialversich.-pflichtig

bestimmten Voraussetzungen versicherungspflichtig bis max. 31.12.2023.

Gliederung:

1. Allgemeines
2. Geringfügige Beschäftigungen
3. Geringfügig entlohnte Beschäftigung (sog. Minijob)
   a) Geringfügigkeitsgrenze
   b) Ermittlung des Arbeitsentgelts, einmalige Zuwendungen
   c) Schwankende Arbeitslöhne
   d) Gelegentliches Überschreiten der Geringfügigkeitsgrenze
   e) Arbeitszeitkonten bei Minijobs
4. Auswirkungen von steuerfreiem und pauschal besteuertem Arbeitslohn auf die Geringfügigkeitsgrenze
   a) Steuerfreier Arbeitslohn
   b) Sonderfälle
   c) Entgeltumwandlung für eine betriebliche Altersversorgung
   d) Pauschal besteuerter Arbeitslohn
5. Pauschalbeiträge
6. Pauschalbeitrag zur Krankenversicherung in Höhe von 13 % oder 5 %
7. Beitrag zur Rentenversicherung in Höhe von 15 % oder 5 %
   a) Pauschalbeitrag zur Rentenversicherung
   b) Pflichtbeiträge zur Rentenversicherung in Höhe von 15 %
   c) Mindestbemessungsgrundlage
8. Befreiung von der Versicherungspflicht in der Rentenversicherung
9. Mindestbeitragsbemessungsgrundlage
10. Pauschalierung der Lohnsteuer
11. Zusammenrechnung von mehreren geringfügig entlohnten Beschäftigungsverhältnissen
12. Zusammenrechnung von Hauptbeschäftigungen und geringfügig entlohnten Beschäftigungen
    a) Allgemeines
    b) Auszubildende mit Minijob
    c) Mehrere Minijobs neben einer Haupttätigkeit
    d) Sonderfälle
13. Überschreiten der Jahresarbeitsentgeltgrenze in der Krankenversicherung durch Mehrfachbeschäftigungen
14. Beginn der Versicherungspflicht bei Mehrfachbeschäftigungen
15. Übergangsregelungen ab 1.10.2022
16. Kurzfristige Beschäftigungen
    a) Allgemeines
    b) Auf ein Jahr befristete Rahmenverträge
    c) Drei Monate oder 70 Arbeitstage
    d) Zusammenrechnung mehrerer Beschäftigungsverhältnisse innerhalb eines Jahres
    e) Prüfung der Berufsmäßigkeit
    f) Kurzfristige Beschäftigung im Anschluss an einen Minijob
    g) Ab wann tritt die Versicherungspflicht ein, wenn die 70-Tage- oder Drei-Monats-Grenze überschritten wird?
17. Besonderheiten in der Arbeitslosenversicherung
18. Aufzeichnungspflichten
19. Abführen der Beiträge
20. Meldepflichten
21. Lohnfortzahlungsversicherung
    a) Allgemeines
    b) Kreis der Arbeitgeber
    c) Umlagen U1 und U2
    d) Erstattung von Arbeitgeberaufwendungen
22. Arbeitsvertrag für geringfügige Beschäftigungsverhältnisse

Lohnsteuerpflichtig | Sozialversich.-pflichtig

1. Allgemeines

Die versicherungs- und beitragsrechtliche Beurteilung von geringfügigen Beschäftigungen für die Zeit vom 1.1.2013 bis 30.9.2022 ist in der Hauptausgabe 2022 des Lexikons für das Lohnbüro ausführlich beschrieben.

Ab 1.10.2022 gelten teilweise neue Regelungen. So ändert sich die Höhe der Geringfügigkeitsgrenze von 450 € auf 520 €. Die Grenze orientiert sich zukünftig an der Höhe des Mindestlohnes bei einer wöchentlichen Arbeitszeit von 10 Stunden und ändert sich mit jeder Änderung des gesetzlichen Mindestlohnes. Die Ermittlung erfolgt anhand der Formel – Mindestlohn × 130 : 13.

Die neue **Geringfügigkeitsgrenze gilt für alle Beschäftigungen,** die nach dem 1.10.2022 begründet werden. Sie gilt einheitlich für die Kranken-, Pflege- und Arbeitslosenversicherung. In der Rentenversicherung ist grds. jede Beschäftigung ohne Rücksicht auf die Höhe des Arbeitsentgelts versicherungspflichtig. Die Geringfügigkeitsgrenze gilt hier nicht.

Für **kurzfristige Beschäftigungen** nach § 8 Abs. 1 Nr. 2 SGB IV gilt die versicherungsrechtliche Beurteilung uneingeschränkt für alle Versicherungszweige, also auch für die Rentenversicherung.

Für Beschäftigungen, die bereits am 30.9.2022 bestanden haben und über den 1.10.2022 weiterhin unverändert bestehen, gelten Bestandsschutz- und Übergangsregelungen. Diese sind unter der Nr. 15 beschrieben.

Für **Beschäftigungen, die ab 1.10.2022 begründet werden,** gilt Folgendes:

Kranken- und Pflegeversicherung

In der Krankenversicherung und damit der Pflegeversicherung ergeben sich grundsätzlich kaum Besonderheiten. Es ist darauf zu achten, dass die Geringfügigkeitsgrenze nicht überschritten wird. Auf die Ausführungen zur versicherungsrechtlichen Beurteilung, Zusammenrechnung mit weiteren Beschäftigungen, insbesondere der Hauptbeschäftigung etc. unter den nachfolgenden Nrn. 11 und 12 wird verwiesen. Es ist ein Augenmerk darauf zu richten, dass die versicherungsrechtliche Beurteilung in der Krankenversicherung von der in der Rentenversicherung abweicht.

Einzugsstelle für Pauschalbeiträge bei Versicherungsfreiheit in der Krankenversicherung in Höhe von 13 % ist die Minijob-Zentrale der Deutschen Rentenversicherung Knappschaft-Bahn-See. Sofern Versicherungspflicht in der Kranken- und Pflegeversicherung eintritt, wechselt die Zuständigkeit für den Beitragseinzug und die Entgegennahme der Meldungen auf die zuständige Krankenkasse. Hierbei ist dann ggf. auch eine Ummeldung in der Rentenversicherung vorzunehmen (siehe nachfolgende Absätze).

Rentenversicherung

In der Rentenversicherung gibt es seit 1.1.2013 grundsätzlich keine versicherungsfreien geringfügig entlohnten Beschäftigungen mehr. Das bedeutet, dass in der Rentenversicherung jede Beschäftigung, also auch Beschäftigungen unter der Geringfügigkeitsgrenze, grundsätzlich versicherungspflichtig sind.

Bei einer versicherungs**pflichtigen** geringfügig entlohnten Beschäftigung hat der Arbeitgeber einen Beitragsanteil von 15 % und der Versicherte einen Anteil von 3,6 % des beitragspflichtigen Entgeltes zu bezahlen.

Von dieser grundsätzlichen Versicherungspflicht in der geringfügig entlohnten Nebenbeschäftigung kann sich der Versicherte jedoch durch einen Antrag beim Arbeitgeber befreien lassen (§ 6 Abs. 1b SGB VI). Eine Befreiung ist nur bei einem Entgelt bis zur Geringfügigkeitsgrenze möglich. Sofern der Versicherte sich von der Versicherungspflicht befreien lässt, hat der Arbeitgeber einen pauschalen Beitrag zur Rentenversicherung von 15 % an die Mini-

Lohn-steuer-pflichtig Sozial-versich.-pflichtig

job-Zentrale zu bezahlen (Beitragsgruppe 0500; in diesen Fällen sind ebenfalls Meldungen an die Minijob-Zentrale zu erstatten).

Für das beitragspflichtige Entgelt in der Rentenversicherung gilt eine Mindestbemessungsgrundlage von 175 €. Die Mindestbemessungsgrundlage gilt bei versicherungs**pflichtigen** geringfügig entlohnten Beschäftigungen.

Einzugsstelle für die Pflichtbeiträge des Versicherten und den Anteil des Arbeitgebers bei Versicherungspflicht einer geringfügig entlohnten Beschäftigung in der Rentenversicherung ist ebenfalls die Minijob-Zentrale.

Auch die Meldungen bei Versicherungspflicht in der Rentenversicherung aufgrund einer geringfügig entlohnten Beschäftigung sind mit den gleichen Beitragsgruppen an die Minijob-Zentrale zu erstatten. Beitragsgruppe Rentenversicherung bei Versicherungspflicht „0100".

Sofern Versicherungspflicht wegen Überschreitens der Geringfügigkeitsgrenze besteht oder eintritt, liegt keine geringfügig entlohnte Beschäftigung mehr vor. Einzugsstelle wird dann die zuständige Krankenkasse des Beschäftigten.

Arbeitslosenversicherung

In der Arbeitslosenversicherung ergeben sich für die Versicherungsfreiheit grundsätzlich kaum Besonderheiten. Es ist darauf zu achten, dass die Geringfügigkeitsgrenze nicht überschritten wird. Es ist ein Augenmerk darauf zu richten, dass die versicherungsrechtliche Beurteilung in der Arbeitslosenversicherung von der in der Rentenversicherung abweichen kann.

2. Geringfügige Beschäftigungen

Die sozialversicherungsrechtliche Beurteilung geringfügiger Beschäftigungen ist in § 8 SGB IV geregelt. Diese Regelungen gelten grundsätzlich für alle Versicherungszweige (Kranken-, Pflege-, Renten- und Arbeitslosenversicherung). Seit 1.1.2013 besteht in der Rentenversicherung bei einer geringfügig entlohnten Beschäftigung grundsätzlich immer Versicherungspflicht (auch bei einem Entgelt unter der Geringfügigkeitsgrenze). Außerdem gelten die Regelungen für geringfügige Beschäftigungsverhältnisse nach § 8a Satz 1 SGB IV auch für Beschäftigungen in Privathaushalten. Eine Beschäftigung im Privathaushalt liegt nach § 8a Satz 2 SGB IV vor, wenn diese durch einen privaten Haushalt begründet ist und die Tätigkeit sonst gewöhnlich durch Mitglieder des privaten Haushalts erledigt wird (vgl. die Erläuterungen beim Stichwort „Hausgehilfin").

Geringfügige Beschäftigungen werden unterteilt in

- **geringfügig entlohnte Beschäftigungen** und
- Beschäftigungen, die wegen ihrer kurzen Dauer geringfügig sind; sie werden als **kurzfristige Beschäftigungen** bezeichnet.

Versicherungsfreiheit aufgrund einer geringfügigen Beschäftigung kommt allerdings für verschiedene Personengruppen nicht in Betracht. Die Beschäftigung der nachstehend genannten Personen ist selbst dann nicht versicherungsfrei, wenn sie die Voraussetzungen der Geringfügigkeit erfüllen. Ausgenommen sind demnach

- Personen, die zu ihrer **Berufsausbildung** beschäftigt werden, auch wenn diese außerbetrieblich durchgeführt wird (z. B. Auszubildende, Studenten in dualen Studiengängen und Praktikanten, vgl. diese Stichwörter),
- Personen, die ein freiwilliges soziales oder ökologisches Jahr oder Bundesfreiwilligendienst leisten,
- Behinderte in geschützten Einrichtungen,
- Personen in Einrichtungen der Jugendhilfe,
- Personen, die nach längerer Krankheit wieder stufenweise ins Erwerbsleben eingegliedert werden,
- Personen während konjunktureller oder saisonaler Kurzarbeit.

Diese Ausnahmen bedeuten, dass in den genannten Beschäftigungsverhältnissen Versicherungspflicht auch dann besteht, wenn das regelmäßige Arbeitsentgelt die Geringfügigkeitsgrenze monatlich unterschreitet oder die Beschäftigung nur kurzfristig ausgeübt wird.

3. Geringfügig entlohnte Beschäftigung (sog. Minijob)

a) Geringfügigkeitsgrenze

Eine geringfügig entlohnte Beschäftigung liegt dann vor, wenn das Arbeitsentgelt regelmäßig im Monat die Geringfügigkeitsgrenze nicht überschreitet. Die Grenze orientiert sich zukünftig an der Höhe des Mindestlohnes bei einer wöchentlichen Arbeitszeit von 10 Stunden und ändert sich mit jeder Änderung des gesetzlichen Mindestlohnes. Die Ermittlung erfolgt anhand folgender Formel: Mindestlohn × 130 : 13.

Beispiel A

Eine Arbeitnehmerin arbeitet als Putzfrau in einem Kaufhaus gegen ein monatliches Entgelt von 500 €, sie ist über ihren Ehemann in der gesetzlichen Krankenversicherung familienversichert.

Die Arbeitnehmerin ist in der Kranken-, Pflege- und Arbeitslosenversicherung versicherungsfrei, weil das Arbeitsentgelt 500 € nicht übersteigt. In der Rentenversicherung besteht dagegen Versicherungspflicht. Der Arbeitgeber hat den Pauschalbeitrag zur Krankenversicherung in Höhe von 13 % zu bezahlen. Zur Rentenversicherung bezahlt der Arbeitgeber einen Beitragsanteil von 15 % und die Arbeitnehmerin 3,6 %. Werden keine individuellen Lohnsteuerabzugsmerkmale nachgewiesen, muss eine Pauschalsteuer von 2 % gezahlt werden, die auch den Solidaritätszuschlag und die Kirchensteuer mit abgilt. Ist die Arbeitnehmerin bei einem Arbeitgeber mit maximal 30 Arbeitnehmern beschäftigt, fallen außerdem Beiträge zur Umlage U1 für Entgeltfortzahlungen im Krankheitsfall an. Außerdem fallen Beiträge zur Umlage U2 für Mutterschaftsaufwendungen an, und zwar auch bei Arbeitgebern, die mehr als 30 Arbeitnehmer beschäftigen. Für die Arbeitnehmerin ergibt sich folgende Lohnabrechnung:

Monatslohn		500,– €
Lohnsteuer	0,– €	
Solidaritätszuschlag	0,– €	
Kirchensteuer	0,– €	
Rentenversicherung (3,6 %)	18,– €	18,– €
Nettolohn		482,– €

Der Arbeitgeber muss folgende Pauschalabgaben zahlen:

Lohnsteuer (einschließlich Solidaritätszuschlag und Kirchensteuer)	2,0 %	10,00 €
Krankenversicherung pauschal	13,0 %	65,00 €
Rentenversicherung	15,0 %	75,00 €
Umlage U1	0,9 %	4,50 €
Umlage U2	0,29 %	1,45 €
Insolvenzgeldumlage	0,09 %	0,45 €
insgesamt		156,40 €

Die Verdienstgrenze beträgt einheitlich für die alten und neuen Bundesländer 520 € im Monat. Hierbei handelt es sich um einen Monatswert, der auch dann gilt, wenn die Beschäftigung nicht während des gesamten Kalendermonats besteht (BSG-Urteil vom 5.12.2017 – B 12 R 10/15 R).

Die Geringfügigkeitsgrenze ermittelt sich im Zusammenhang mit dem Mindestlohn an einer wöchentlichen Arbeitszeit von 10 Stunden. Unabhängig davon ist aus den nachfolgenden Gründen auch immer auf die tatsächliche Arbeitszeit zu achten.

Für die Prüfung der Geringfügigkeitsgrenze kommt es nicht auf das tatsächlich gezahlte Arbeitsentgelt, sondern auf das Arbeitsentgelt an, auf das ein Rechtsanspruch besteht. Denn das im Sozialversicherungsrecht geltende sog. Entstehungsprinzip stellt auf den **Anspruch auf Arbeitsentgelt** ab (wohingegen das im Lohnsteuerrecht geltende Zuflussprinzip allein an die tatsächliche Auszahlung des Arbeitslohns anknüpft). Das **Zuflussprinzip** gilt zwar

Lohn- Sozial-
steuer- versich.-
pflichtig pflichtig

auch im Sozialversicherungsrecht, allerdings **nur für einmalige Zuwendungen** (§ 22 Abs. 1 SGB IV, vgl. die ausführlichen Erläuterungen unter dem nachfolgenden Buchstaben b). Für **laufenden Arbeitslohn** gilt nach wie vor das sog. **Entstehungsprinzip.** Dies hat das Bundessozialgericht in mehreren Revisionsverfahren ausdrücklich bestätigt (z. B. Urteil des Bundessozialgerichts vom 14.7.2004, B 12 KR 1/04 R). In dem entschiedenen Fall beschäftigte der Arbeitgeber Aushilfskräfte mit einem Stundenlohn, der ein monatliches Arbeitsentgelt unter der Geringfügigkeitsgrenze ergab. Im Rahmen einer Betriebsprüfung wurde festgestellt, dass die Arbeitnehmer nach Tarifverträgen, die für allgemeinverbindlich erklärt waren, **Anspruch auf einen höheren Stundenlohn** hatten und dadurch die monatliche Geringfügigkeitsgrenze überschritten war. Das Bundessozialgericht hat in diesen Fällen die Anwendung des Entstehungsprinzips ausdrücklich bestätigt und ausführlich begründet. Anhand der nach wie vor geforderten Aufzeichnung der tatsächlich geleisteten Arbeitsstunden kann der Prüfer feststellen, ob der nach tarifvertraglichen oder arbeitsrechtlichen Bestimmungen ggf. geschuldete Arbeitslohn zu einem Überschreiten der Geringfügigkeitsgrenze führt. Damit würde Versicherungspflicht eintreten, was zu erheblichen Beitragsnachforderungen führen kann. Hierauf sollte der Arbeitgeber bei der Gestaltung der Arbeitsverträge für seine Minijobs achten. Diese Konstellation wird durch das Mindestlohngesetz entsprechend verstärkt. Geringfügig Beschäftigte haben grundsätzlich Anspruch auf den Mindestlohn. Dieser beträgt wie oben erwähnt ab 1.10.2022 12 Euro je Arbeitsstunde (seit 1.1.2022 9,82 Euro; ab 1.7.2022 10,45 Euro; bis 31.12.2021 9,60 Euro). Einzelheiten zum Mindestlohngesetz siehe unter dem Stichwort „Mindestlohn".

Beispiel B

Eine Arbeitnehmerin arbeitet Freitag und Samstag jeweils vier Stunden für einen Stundenlohn von 11 €. Der für allgemeinverbindlich erklärte Tarifvertrag sieht jedoch einen Stundenlohn von 16,50 € vor. Im November 2022 wurde an acht Arbeitstagen jeweils vier Stunden gearbeitet und hierfür ein Arbeitslohn von (8 × 4 × 11 € =) 352 € ausgezahlt.

Bei einer Betriebsprüfung wird die untertarifliche Vergütung festgestellt. Für die Beurteilung der Versicherungspflicht wird auf einen Stundenlohn von 16,50 € abgestellt. Daraus errechnet sich für November 2022 ein Lohn in Höhe von 528 € (= 8 × 4 × 16,50 €). Aufgrund dieser – auch in den anderen Monaten auftretenden – Überschreitung der Geringfügigkeitsgrenze wird die Beschäftigung sowohl rückwirkend als auch zukünftig versicherungspflichtig.

Durch das Überschreiten der Geringfügigkeitsgrenze entfällt die Pauschalabgabe. Für das Beschäftigungsverhältnis sind Sozialversicherungsbeiträge in allen vier Versicherungszweigen nach den allgemeinen Grundsätzen zu zahlen. Außerdem entfällt die Pauschalsteuer von 2 %, weil die Pauschalierung der Lohnsteuer mit 2 % an die Zahlung des pauschalen Beitrags zur Rentenversicherung in Höhe von 15 % anknüpft. Fällt kein pauschaler, sondern der „normale" Beitrag zur Rentenversicherung an, muss der Arbeitnehmer den Arbeitslohn individuell versteuern. Eine Pauschalierung der Lohnsteuer mit 20 % scheidet aus, weil es sich nicht um ein geringfügiges Beschäftigungsverhältnis handelt.

Das Beispiel zeigt, dass es ratsam ist, jeden einzelnen Arbeitsvertrag ständig im Auge zu behalten und notfalls anzupassen. Dabei ist zu prüfen, ob und inwieweit Tarifverträge, Betriebsvereinbarungen oder „betriebliche Übung" oder das Mindestlohngesetz im Einzelfall Anwendung finden. Wichtig ist, dass eine einmalige Überprüfung nicht ausreicht. Da sich die tariflichen Arbeitsbedingungen regelmäßig – meist jährlich – ändern, die Geringfügigkeitsgrenze ab 1.10.2022 dynamisch angelegt wurde, muss vorausschauend geplant werden. Sonst kann es vorkommen, dass zwar derzeit die Geringfügigkeitsgrenze noch unter-, durch nachfolgende tarifliche Erhöhungen jedoch überschritten wird. Nach den Geringfügigkeitsrichtlinien der Sozialversicherungsträger gilt für einen Verzicht auf künftige Ansprüche auf laufenden Arbeitslohn Folgendes:

Ein Verzicht auf künftig entstehende Ansprüche auf laufendes Arbeitsentgelt wird nur dann anerkannt, wenn er **arbeitsrechtlich zulässig** ist. Ein Verzicht z. B. auf tarifvertragliche Ansprüche ist nur zulässig, wenn der Tarifvertrag eine diesbezügliche Öffnungsklausel enthält. Rückwirkende Verzichtserklärungen sind für die versicherungsrechtliche Beurteilung in jedem Fall unerheblich. Vgl. zum Verzicht auf laufendes Arbeitsentgelt die Erläuterungen im Lexikon für das Lohnbüro beim Stichwort „Zufluss von Arbeitslohn" unter Nr. 2 Buchstabe h.

Lohn- Sozial-
steuer- versich.-
pflichtig pflichtig

b) Ermittlung des Arbeitsentgelts, einmalige Zuwendungen

Arbeitsentgelt sind alle laufenden und einmaligen Einnahmen aus einer Beschäftigung, gleichgültig, ob ein Rechtsanspruch auf die Einnahmen besteht, unter welcher Bezeichnung oder in welcher Form sie geleistet werden und ob sie unmittelbar aus der Beschäftigung oder im Zusammenhang mit ihr erzielt werden (§ 14 Abs. 1 Satz 1 SGB IV). Es kann im Normalfall davon ausgegangen werden, dass alle steuerpflichtigen Einnahmen aus einer Beschäftigung auch Arbeitsentgelt darstellen (vgl. die Erläuterungen unter der nachfolgenden Nr. 4).

Ob die Geringfügigkeitsgrenze überschritten wird, hängt von der Höhe des **„regelmäßigen"** monatlichen Arbeitsentgelts ab. Dabei ist mindestens auf das Arbeitsentgelt abzustellen, auf das der Arbeitnehmer einen Rechtsanspruch hat (z. B. aufgrund des Mindestlohngesetzes, eines Tarifvertrags, einer Betriebsvereinbarung oder einer Einzelabsprache); insoweit kommt es auf die Höhe des tatsächlich gezahlten Arbeitsentgelts nicht an. Ein arbeitsrechtlich zulässiger Verzicht auf künftig entstehende Arbeitsentgeltansprüche mindert das zu berücksichtigende Arbeitsentgelt. Vgl. auch die Ausführungen unter dem vorstehenden Buchstaben a.

Das regelmäßige Arbeitsentgelt ermittelt sich abhängig von der Anzahl der Monate, für die eine Beschäftigung gegen Arbeitsentgelt besteht, wobei maximal ein Zeit-Jahres-Zeitraum (12 Monate) zugrunde zu legen ist. Sofern die Beschäftigung im Laufe eines Kalendermonats beginnt, kann für den Beginn des Jahreszeitraums auf den 1. Tag des Monats abgestellt werden (z. B. Beginn der Beschäftigung am 15.2., Beginn des Jahreszeitraums 1.2.). Dabei darf das regelmäßige monatliche Arbeitsentgelt im Durchschnitt einer Jahresbetrachtung 520 € nicht übersteigen (maximal 6240 € pro Jahr bei durchgehender mindestens 12 Monate dauernder Beschäftigung gegen Arbeitsentgelt in jedem Monat). Steht bereits zu Beginn der Beschäftigung fest, dass diese nicht durchgehend für mindestens 12 Monate gegen Arbeitsentgelt besteht, ist die zulässige Arbeitsentgeltgrenze für den Gesamtzeitraum entsprechend zu reduzieren.

Die Ermittlung des regelmäßigen Arbeitsentgelts ist **vorausschauend** bei Beginn der Beschäftigung bzw. erneut bei jeder dauerhaften Veränderung in den Verhältnissen vorzunehmen. Stellen Arbeitgeber aus abrechnungstechnischen Gründen stets zu Beginn eines jeden Kalenderjahres eine erneute vorausschauende Betrachtung zur Ermittlung des regelmäßigen Arbeitsentgelts an, bestehen hiergegen keine Bedenken. Eine erstmalige vorausschauende Betrachtung für eine im Laufe eines Kalenderjahres aufgenommene Beschäftigung kann demnach zu Beginn des nächsten Kalenderjahres durch eine neue jährliche Betrachtung für dieses Kalenderjahr ersetzt werden.

Sofern eine Beschäftigung mit einem Arbeitsentgelt über der Geringfügigkeitsgrenze im Monat durch die vertragliche Reduzierung der Arbeitszeit auf eine Beschäftigung mit einem Arbeitsentgelt unter der Geringfügigkeitsgrenze im Monat umgestellt wird, ist der Beschäftigungsabschnitt ab dem Zeitpunkt der Arbeitszeitreduzierung bzw. für den Zeitraum der Arbeitszeitreduzierung getrennt zu beurteilen. Dies gilt auch bei einer Reduzierung der Arbeitszeit z. B. wegen einer Pflege- oder Elternzeit (vgl. hierzu auch das Stichwort „Pflegezeit" in der Hauptausgabe des Lexikons für das Lohnbüro unter Nr. 4).

Lohn- steuer- pflichtig | Sozial- versich.- pflichtig

Einmalige Einnahmen, deren Gewährung mit hinreichender Sicherheit (z. B. aufgrund eines für allgemeinverbindlich erklärten Tarifvertrags oder aufgrund Gewohnheitsrechts wegen betrieblicher Übung) mindestens einmal jährlich zu erwarten ist, sind bei der Ermittlung des Arbeitsentgelts zu berücksichtigen. Der Arbeitgeber muss also insbesondere bei der Zahlung von Urlaubs- und Weihnachtsgeld bereits im Laufe des Kalenderjahres **vorausblickend** darauf achten, dass die Geringfügigkeitsgrenze nicht überschritten wird.

Beispiel A

Eine Arbeitnehmerin arbeitet für ein monatliches Arbeitsentgelt von 490 €. Außerdem erhält sie jeweils im Dezember ein vertraglich zugesichertes Weihnachtsgeld in Höhe von 245 €. Für die sozialversicherungsrechtliche Beurteilung maßgebendes Arbeitsentgelt:

laufendes Arbeitsentgelt 490 € x 12	5880,– €
Weihnachtsgeld	245,– €
insgesamt	6125,– €
ein Zwölftel	510,42 €

Die Geringfügigkeitsgrenze wird nicht überschritten. Es handelt sich deshalb um eine geringfügige und damit in der Kranken-, Pflege- und Arbeitslosenversicherung versicherungsfreie Beschäftigung. In der Rentenversicherung besteht Versicherungspflicht. Zur Befreiung von der Versicherungspflicht vgl. nachfolgende Nr. 8.

Wichtig ist bei der Berücksichtigung einmaliger Zuwendungen, dass es nicht auf den Anspruch, sondern auf den Zufluss ankommt. Denn nach § 22 Abs. 1 SGB IV gilt für einmalige Zuwendungen nicht das Entstehungsprinzip, sondern das **Zuflussprinzip.** Dieser bewussten Abkehr des Gesetzgebers vom Entstehungsprinzip bei einmalig gezahltem Arbeitsentgelt haben auch die Sozialversicherungsträger in den Geringfügigkeitsrichtlinien Rechnung getragen und bestimmt, dass ein tarifvertraglich bestehender Anspruch auf eine Sonderzahlung, auf die ausdrücklich verzichtet wird, auf das regelmäßige Arbeitsentgelt nicht anzurechnen ist, und zwar ungeachtet der arbeitsrechtlichen Zulässigkeit eines solchen Verzichts. Außerdem ist es unerheblich auf welcher arbeitsrechtlichen Grundlage der Entgeltanspruch beruht. Der Verzicht kann nur für die Zukunft erfolgen.

Beispiel B

Eine Arbeitnehmerin arbeitet ab 1. November 2022 für ein monatliches Arbeitsentgelt von 520 €. Eine Betriebsvereinbarung sieht ein Weihnachtsgeld in Höhe eines Monatsgehalts vor. Die Arbeitnehmerin hat jedoch bei Beginn des Beschäftigungsverhältnisses am 1. November 2022 im Voraus auf das Weihnachtsgeld verzichtet. Es handelt es sich um eine geringfügige Beschäftigung, weil die Geringfügigkeitsgrenze nicht überschritten wird.

Die Abkehr vom Entstehungsprinzip und die Anwendung des Zuflussprinzips gilt nach der ausdrücklichen gesetzlichen Regelung in § 22 Abs. 1 SGB IV nur für einmalige Zuwendungen. Für laufendes Arbeitsentgelt gilt weiterhin das Entstehungsprinzip und der Grundsatz, dass **nur ein arbeitsrechtlich zulässiger schriftlicher Verzicht** auf künftig entstehende Arbeitsentgeltansprüche das zu berücksichtigende Arbeitsentgelt mindert (vgl. die Erläuterungen unter dem vorstehenden Buchstaben a).

c) Schwankende Arbeitslöhne

Sozialversicherungsrechtlich gilt Folgendes: Bei **unvorhersehbar** schwankender Höhe des Arbeitsentgelts **und** in den Fällen, in denen im Rahmen einer Dauerbeschäftigung **saisonbedingt vorhersehbar** unterschiedliche Arbeitsentgelte erzielt werden, ist der regelmäßige Betrag durch Schätzung bzw. durch eine Durchschnittsberechnung zu ermitteln. Bei neu eingestellten Arbeitnehmern kann dabei von der Vergütung eines vergleichbaren Arbeitnehmers ausgegangen werden. Im Rahmen der Schätzung ist es auch zulässig, wenn Arbeitgeber bei ihrer Jahresprognose allein die Einhaltung der jährlichen Geringfügigkeitsgrenze von 6240 € unterstellen, ohne die Arbeitseinsätze und damit die zu erwartenden Arbeitsentgelte für die einzelnen Monate im Vorfeld festzulegen. Die Tatsache, dass aufgrund des unvorhersehbaren Jahresverlaufs in einzelnen Monaten auch Arbeitsentgelte oberhalb von 520 € erzielt werden, ist unschädlich für das Vorliegen einer geringfügig entlohnten Beschäftigung, solange die jährliche Entgeltgrenze von 6240 € nicht überschritten wird.

Lohn- steuer- pflichtig | Sozial- versich.- pflichtig

Die Feststellung der gewissenhaften Schätzung bleibt für die Vergangenheit auch dann maßgebend, wenn sie infolge nicht sicher voraussehbarer Umstände mit den tatsächlichen Arbeitsentgelten aus der Beschäftigung nicht übereinstimmt (vgl. Urteile des BSG vom 27.9.1961 – 3 RK 12/57 –, SozR Nr. 6 zu § 168 RVO, vom 23.11.1966 – 3 RK 56/64 –, USK 6698, und vom 23.4.1974 – 4 RJ 335/72 –, USK 7443). Dies gilt nicht, wenn eine regelmäßige geringfügig entlohnte Beschäftigung auszuschließen ist, weil deren Umfang erheblichen Schwankungen unterliegt. Das ist dann der Fall, wenn eine in wenigen Monaten eines Jahres ausgeübte Vollzeitbeschäftigung nur deshalb geringfügig entlohnt ausgeübt würde, weil die Arbeitszeit und das Arbeitsentgelt in den übrigen Monaten des Jahres soweit reduziert werden, dass das Jahresarbeitsentgelt 6240 € nicht übersteigt. Dies gilt auch dann, wenn unverhältnismäßige Schwankungen saisonbedingt begründet werden. In diesen Fällen liegt in den Monaten des Überschreitens der Entgeltgrenze keine geringfügig entlohnte Beschäftigung vor.

Um in der Praxis die notwendige Rechtsklarheit sicherzustellen, sollen unterschiedliche Auslegungen im Steuer- und Sozialversicherungsrecht über das Vorliegen einer geringfügigen Beschäftigung vermieden werden. Dies wird dadurch gewährleistet, dass der **sozialversicherungsrechtlichen Beurteilung** über das Vorliegen einer geringfügigen Beschäftigung **steuerlich gefolgt** wird.

d) Gelegentliches Überschreiten der Geringfügigkeitsgrenze

Überschreitet das Arbeitsentgelt regelmäßig die Geringfügigkeitsgrenze, tritt ab dem Tag des Überschreitens Versicherungspflicht ein. Für die zurückliegende Zeit verbleibt es bei der Versicherungsfreiheit.

Ein nur **gelegentliches** und **nicht vorhersehbares** Überschreiten der Geringfügigkeitsgrenzen führt nicht zur Versicherungspflicht. Als gelegentlich ist dabei ab 1.10.2020 ein Zeitraum bis zu **zwei Monaten** innerhalb eines Jahres anzusehen. Dabei gilt ab 1.10.2022 zusätzlich, dass in diesen bis zu zwei Monaten das Entgelt jeweils maximal bis zur Höhe der Geringfügigkeitsgrenze überschriten werden darf. Die Überschreitung ist also sowohl zeitlich (2 Monate) als auch vom Entgelt her (max. 2 × 520 €) begrenzt. Rein rechnerisch darf der Beschäftigte innerhalb eines Jahres bei einer unvorhergesehenen Überschreitung von bis zu zwei Monaten maximal das 14-fache der Geringfügigkeitsgrenze verdienen (520 € × 14 = 7280 €).

Beispiel A

Ein Arbeitnehmer übt eine geringfügige Dauerbeschäftigung aus und erhält hierfür 480 € monatlich. Im August 2023 fallen wider Erwarten Überstunden durch die Vertretung eines krank gewordenen Kollegen an. Dadurch erhöht sich der Monatslohn auf 1000 €. Gleichwohl liegt auch im August 2023 in der Kranken-, Pflege- und Arbeitslosenversicherung eine geringfügige Beschäftigung vor, weil es sich nur um ein gelegentliches und unvorhersehbares Überschreiten der Geringfügigkeitsgrenze handelt und die Höchstgrenze für den maximalen Hinzuverdienst nicht überschritten wird. Der Arbeitnehmer bleibt deshalb auch im August 2023 in der Kranken-, Pflege- und Arbeitslosenversicherung versicherungsfrei. In der Rentenversicherung besteht Versicherungspflicht. Für August 2023 ergibt sich folgende Lohnabrechnung:

Monatslohn		1 000,– €
Lohnsteuer	0,– €	
Solidaritätszuschlag	0,– €	
Kirchensteuer	0,– €	
Sozialversicherung (Arbeitnehmeranteil)	36,– €	36,– €
auszuzahlender Betrag		964,– €

	Lohn-steuer-pflichtig	Sozial-versich.-pflichtig

Der Arbeitgeber muss im August 2023 folgende Pauschalabgaben zahlen (aus 1000 €):

Lohnsteuer (einschließlich Solidaritätszuschlag und Kirchensteuer)	2 %	20,– €
Krankenversicherung pauschal	13 %	130,– €
Rentenversicherung	15 %	150,– €
insgesamt		300,– €
Der Arbeitnehmer hat in der Rentenversicherung 3,6 % aus 1000 € zu bezahlen.		36,– €

Ist der Arbeitnehmer privat krankenversichert, entfällt der pauschale Arbeitgeberanteil zur Krankenversicherung in Höhe von 13 %.

Das gelegentliche Überschreiten der Geringfügigkeitsgrenze muss **unvorhersehbar** sein, damit es nicht zur Versicherungspflicht führt. Keine Probleme bereitet deshalb – wie im Beispiel dargestellt – eine Krankheitsvertretung. Schwieriger wird es bereits, wenn regelmäßig Urlaubsvertretungen wahrgenommen werden oder zu bestimmten, alljährlich wiederkehrenden Spitzenzeiten (z. B. Weihnachtsgeschäft, Inventur), der erhöhte Arbeitsanfall durch Mehrarbeit von ansonsten geringfügig entlohnten Beschäftigten aufgefangen wird. In diesen Fällen wird der Nachweis der Unvorhergesehenheit nur schwer zu erbringen sein.

Außerdem ist nach der Auffassung der Sozialversicherungsträger Folgendes zu beachten:

Sofern im **unmittelbaren Anschluss** an eine geringfügig entlohnte (Dauer-)Beschäftigung bei demselben Arbeitgeber eine auf längstens zwei Monate befristete Beschäftigung mit einem Arbeitsentgelt von mehr als 520 € vereinbart wird, ist von der widerlegbaren Vermutung auszugehen, dass es sich um die Fortsetzung der bisherigen (Dauer-)Beschäftigung handelt mit der Folge, dass vom Zeitpunkt der Vereinbarung der befristeten Beschäftigung an die Arbeitsentgeltgrenze überschritten wird und damit Versicherungspflicht eintritt. Dies gilt umso mehr, wenn sich an die befristete Beschäftigung wiederum unmittelbar eine – für sich betrachtet – geringfügig entlohnte Beschäftigung anschließt. Versicherungsfreiheit wegen Vorliegens einer kurzfristigen Beschäftigung (vgl. nachfolgend unter Nr. 16) kommt in diesen Fällen nur dann in Betracht, wenn es sich bei den einzelnen Beschäftigungen um völlig voneinander unabhängige Beschäftigungsverhältnisse handelt.

In den Fällen, in denen die Geringfügigkeitsgrenze infolge einer **rückwirkenden Erhöhung des Arbeitsentgelts** überschritten wird, tritt Versicherungspflicht mit dem Tage ein, an dem der Anspruch auf das erhöhte Arbeitsentgelt entstanden ist (z. B. Tag des Abschlusses eines Tarifvertrags); für die zurückliegende Zeit verbleibt es bei der Versicherungsfreiheit. Allerdings sind in diesen Fällen für das nachgezahlte Arbeitsentgelt Pauschalbeiträge (auch von dem die Geringfügigkeitsgrenze übersteigenden Betrag) zu zahlen.

e) Arbeitszeitkonten bei Minijobs

Die Regelungen bzw. die Handhabung von Beschäftigungen mit Arbeitszeitkonten im Zusammenhang mit einer geringfügigen Beschäftigung sind in der Hauptausgabe des Lexikons für das Lohnbüro 2022 ausführlich beschrieben.

4. Auswirkungen von steuerfreiem und pauschal besteuertem Arbeitslohn auf die Geringfügigkeitsgrenze

a) Steuerfreier Arbeitslohn

Bei der Prüfung der Geringfügigkeitsgrenze bleibt steuerfreier Arbeitslohn außer Betracht, wenn die Steuerfreiheit auch Beitragsfreiheit in der Sozialversicherung auslöst. Bei der Prüfung der 450/520-Euro-Grenze bleiben somit z. B. außer Betracht:

	Lohn-steuer-pflichtig	Sozial-versich.-pflichtig

- **steuer- und beitragsfreier** Arbeitslohn (z. B. Kindergartenzuschüsse, Fahrtkostenzuschüsse für öffentliche Verkehrsmittel, Rabattfreibetrag in Höhe von 1080 € jährlich, Sachbezüge bis zu 50 € monatlich, Zuschläge für Sonntags-, Feiertags- und Nachtarbeit, vgl. die nachfolgenden Beispiele A und B);
- **Beiträge zu Direktversicherungen,** Pensionskassen und Pensionsfonds, die nach § 3 Nr. 63 Satz 1 und 2 EStG sowie der zusätzliche Arbeitgeberbeitrag für Geringverdiener (§ 100 Abs. 6 Satz 1 EStG; vgl. Anhang 6 Nr. 17), die steuerfrei und auch beitragsfrei sind;[1)]
- die **steuer- und beitragsfreie Übungsleiterpauschale** in Höhe von 250 € monatlich (**3000 € jährlich,** vgl. die ausführlichen Erläuterungen beim Stichwort „Nebentätigkeit für gemeinnützige Organisationen"),
- steuer- und beitragsfreie Einnahmen aus ehrenamtlicher Tätigkeit (sog. **Ehrenamtspauschale**) in Höhe von 840 € jährlich (§ 3 Nr. 26a EStG, vgl. die ausführlichen Erläuterungen beim Stichwort „Nebentätigkeit für gemeinnützige Organisationen" unter Nr. 10);
- steuer- und beitragsfreie Aufwendungen des Arbeitgebers für die **Gesundheitsförderung** seiner Arbeitnehmer in Höhe von 600 € jährlich (vgl. das Stichwort „Gesundheitsförderung");
- steuer- und beitragsfreie **Fürsorgeleistungen** des Arbeitgebers (vgl. das Stichwort „Fürsorgeleistungen").

Beispiel A

Eine Arbeitnehmerin erhält für eine Teilzeitbeschäftigung ab Oktober 2022 520 € monatlich. Zusätzlich bekommt sie von ihrem Arbeitgeber jeden Monat einen Benzingutschein für 25 Liter Superbenzin. Dieser Warengutschein ist ein Sachbezug, der mit dem üblichen Endpreis am Abgabeort bewertet wird (vgl. das Stichwort „Warengutscheine"). Solange der Preis für 25 Liter Superbenzin die monatliche 50-Euro-Freigrenze für geringwertige Sachbezüge nicht übersteigt, ist der Wert des Warengutscheins steuer- und beitragsfrei und bleibt deshalb bei der Prüfung, ob die monatliche 520-Euro-Grenze überschritten ist, außer Betracht. Die monatliche 50-Euro-Freigrenze für geringwertige Sachbezüge ist beim Stichwort „Sachbezüge" unter Nr. 4 anhand von Beispielen ausführlich erläutert.

Beispiel B

Eine Küchenaushilfe arbeitet seit 1.1.2022 in einer Gaststätte nur an Sonn- und Feiertagen. Sie erhält einen Stundenlohn von 12 €. Hierzu wird ein Zuschlag bei Sonntagsarbeit von 50 %, bei Feiertagsarbeit von 100 % und ein Zuschlag bei Nachtarbeit (20 Uhr bis 6 Uhr) von 25 % gezahlt. Für Mai 2022 rechnet sie folgende Stunden ab:

- 20 Stunden Sonntagsarbeit, davon 16 nach 20 Uhr;
- 10 Stunden Feiertagsarbeit, davon 8 nach 20 Uhr.

Es ergibt sich folgende Lohnabrechnung:

– 4 Stunden Sonntagsarbeit zu 18 € (12 € + 50 %)	=	72,– €
– 16 Stunden Sonntagsarbeit mit Nachtarbeitszuschlag zu 21 € (12 € + 75 %)	=	336,– €
– 2 Stunden Feiertagsarbeit zu 24 € (12 € + 100 %)	=	48,– €
– 8 Stunden Feiertagsarbeit mit Nachtarbeitszuschlag zu 27 € (12 € + 125 %)	=	216,– €
insgesamt		672,– €

Der steuerpflichtige und damit auch beitragspflichtige Arbeitslohn beträgt (30 Stunden zu 12 € =) 360 € im Monat Mai 2022. Die Zuschläge für Sonntags-, Feiertags- und Nachtarbeit in Höhe von insgesamt 312 € sind steuer- und beitragsfrei. Da die Geringfügigkeitsgrenze nicht überschritten ist, handelt es sich um eine geringfügige versicherungsfreie Beschäftigung, für die der Arbeitgeber den besonderen Arbeitgeberanteil zur Rentenversicherung in Höhe von 15 % entrichten muss (und ggf. 13 % Pauschalbeitrag zur Krankenversicherung). Auf die grundsätzlich bestehende Rentenversicherungspflicht hat die Arbeitnehme-

1) Die Steuerfreiheit der Beiträge zu Direktversicherungen, Pensionskassen und Pensionsfonds nach § 3 Nr. 63 EStG setzt voraus, dass es sich bei der geringfügig entlohnten Beschäftigung um das **erste** Dienstverhältnis handelt. Bei einem pauschal mit 2 % versteuerten geringfügig entlohnten Beschäftigungsverhältnis ist diese Voraussetzung erfüllt, wenn es das einzige Dienstverhältnis des Arbeitnehmers ist. Zudem beträgt die Steuerfreiheit nach § 3 Nr. 63 EStG bis zu 8 % der Beitragsbemessungsgrenze in der gesetzlichen Rentenversicherung (2022: 6768 € jährlich). Sozialversicherungsrechtlich besteht eine Beitragsfreiheit einschließlich des zusätzlichen steuerfreien Arbeitgeberbeitrags für Geringverdiener jedoch nach wie vor nur bis zu 4 % der Beitragsbemessungsgrenze in der gesetzlichen Rentenversicherung (2022: 3384 € jährlich).

rin verzichtet. Durch die Zahlung des besonderen Arbeitgeberanteils zur Rentenversicherung in Höhe von 15 % besteht für den Arbeitgeber die Möglichkeit der Lohnsteuerpauschalierung mit 2 %. Damit sind auch der Solidaritätszuschlag und die Kirchensteuer mit abgegolten. Die Pauschalsteuer beträgt monatlich 2 % von 360 € = 7,20 €.

Sonntags-, Feiertags- und Nachtarbeitszuschläge (SFN-Zuschläge), die ohne tatsächliche Arbeitsleistung während eines **Beschäftigungsverbots** nach dem **Mutterschutzgesetz** oder im Fall der **Entgeltfortzahlung** bei Krankheit gewährt werden, erfüllen nicht die Voraussetzungen für eine Steuerfreiheit. Die dann als Arbeitsentgelt zu berücksichtigenden Zuschläge wirken sich jedoch nicht auf den Status der geringfügig entlohnten Beschäftigung aus. Dies gilt unabhängig davon, ob ein arbeitsrechtlicher Anspruch darauf besteht. In diesen Fällen sind allerdings auch von einem die **Geringfügigkeitsgrenze übersteigenden Betrag** die im Rahmen der geringfügigen Beschäftigung entfallenden Abgaben **(Pauschalbeiträge, Umlagen, Steuern)** an die Minijob-Zentrale zu zahlen. Diese Ausnahmeregelung findet aber keine Anwendung für ebenfalls als Arbeitsentgelt zu berücksichtigende SFN-Zuschläge während bezahlter Urlaubs- oder Feiertage, weil die Zahlung aus diesen Anlässen einplanbar und vorhersehbar ist.

Beispiel C

Arbeitgeber A ist Inhaber einer Großbäckerei und beschäftigt B als Minijobberin. Für ihre regelmäßige Nachtarbeit erhält sie steuerfreie SFN-Zuschläge in Höhe von 50 Euro, die ihrem Lohn zugerechnet werden. B erwartet einige Zeit später ein Kind und fällt aufgrund eines Beschäftigungsverbots aus. A ist als Arbeitgeber dennoch gesetzlich dazu verpflichtet, ihren Verdienst weiter zu zahlen – samt den SFN-Zuschlägen.

Da B die Arbeitsleistung nicht erbringt, wird der SFN-Zuschlag von 50 Euro nunmehr steuer- und beitragspflichtig. Die o. a. Sonderregelung bei Mutterschutz und Krankheit führt trotz Überschreitens der Geringfügigkeitsgrenze dazu, dass B Minijobberin bleibt und A als Arbeitgeber die üblichen Abgaben, allerdings auch von dem jetzt steuer- und beitragspflichtigen Betrag von 50 €, zu zahlen hat.

b) Sonderfälle

Es gibt Fälle, in denen die Steuerfreiheit keine Beitragsfreiheit in der Sozialversicherung auslöst. Auch umgekehrt gibt es Lohnbestandteile, die zwar sozialversicherungsfrei aber steuerpflichtig sind. Für diese Fälle gilt Folgendes:

In R 40a.2 Satz 4 LStR wurde klargestellt, dass für steuerpflichtige Lohnbestandteile, die nicht zum sozialversicherungspflichtigen Arbeitsentgelt gehören (z. B. Abfindungen), die Lohnsteuerpauschalierung nach § 40a Abs. 2 und 2a EStG nicht zulässig ist. Diese Lohnbestandteile unterliegen der Lohnsteuererhebung vielmehr nach den allgemeinen Regelungen.

Beispiel A

Eine geringfügig entlohnte Arbeitnehmerin scheidet nach 10-jähriger Betriebszugehörigkeit aus dem Arbeitsverhältnis aus und erhält aufgrund eines Aufhebungsvertrags eine Abfindung wegen Entlassung aus dem Dienstverhältnis in Höhe von 3000 €. Die Abfindung ist in voller Höhe steuerpflichtig. Die Lohnsteuer ist nach den individuellen Lohnsteuerabzugsmerkmalen der Arbeitnehmerin einzubehalten; zum Abruf der elektronischen Lohnsteuerabzugsmerkmale – ELStAM – vgl. dieses Stichwort. Sind dem Arbeitgeber die individuellen Lohnsteuerabzugsmerkmale (insbesondere Steuerklasse) nicht bekannt, muss er die Lohnsteuer nach Steuerklasse VI einbehalten (vgl. das Stichwort „Nichtvorlage der Lohnsteuerabzugsmerkmale").

Außerdem wurde in R 40a.2 Satz 3 LStR klargestellt, dass bei der Pauschalierung der Lohnsteuer mit 2 % für geringfügig entlohnte Beschäftigungen Lohnbestandteile außer Ansatz bleiben, die nicht zum sozialversicherungspflichtigen Arbeitsentgelt gehören, und zwar unabhängig davon, ob es sich um **steuerpflichtige oder steuerfreie Lohnbestandteile** handelt. Denn für die Pauschalierung nach § 40a Abs. 2 und 2a EStG gilt der sozialversicherungsrechtliche Arbeitslohnbegriff. Damit bleiben steuerfreie Direktversicherungsbeiträge und steuerfreie Beiträge an Pensionskassen und Pensionsfonds einschließlich des zusätzlichen steuerfreien Arbeitgeberbeitrags für Geringverdiener im Kalenderjahr 2022 bis zu einem Betrag von 3384 € jährlich (282 € monatlich) bei der Prüfung der Pauschalierungsgrenzen und bei der Berechnung der 2 % igen Pauschalsteuer außer Ansatz, da sie bis zu dieser Höhe auch sozialversicherungsrechtlich nicht zum beitragspflichtigen Arbeitsentgelt gehören.

Dagegen gehören steuerfreie Direktversicherungsbeiträge und Beiträge an Pensionskassen und Pensionsfonds oberhalb von 4 % bis zu 8 % der Beitragsbemessungsgrenze in der gesetzlichen Rentenversicherung zum **sozialversicherungspflichtigen Entgelt** und unterliegen damit der 2 %igen Pauschalsteuer, wenn diese Beiträge im Rahmen eines geringfügigen Beschäftigungsverhältnisses gezahlt werden sollten. Wichtig ist darauf zu achten, dass durch die beitragspflichtigen Beträge die Geringfügigkeitsgrenze nicht überschritten wird.

Beispiel B

Ein Arbeitgeber zahlt für seine Arbeitnehmerin neben der Geringfügigkeitsgrenze von 450 € bzw. 520 € steuerfreie Direktversicherungsbeiträge bis zu 6 % der Beitragsbemessungsgrenze in der gesetzlichen Rentenversicherung (2022 = 5076 €).

Es liegt keine geringfügige Beschäftigung vor, da 2 % der Beitragsbemessungsgrenze der gesetzlichen Rentenversicherung für die Direktversicherungsbeiträge zwar auch steuerfrei, aber zum sozialversicherungspflichtigen Arbeitsentgelt gehören (2022 = 1692 €). Steuerlich ist der steuerpflichtige Barlohn in Höhe der jeweiligen Geringfügigkeitsgrenze nach den Lohnsteuerabzugsmerkmalen der Arbeitnehmerin zu besteuern (vgl. „Elektronische Lohnsteuerabzugsmerkmale – ELStAM").

Die Pauschalierung der Lohnsteuer mit 2 % nach § 40a Abs. 2 EStG knüpft also voll an die sozialversicherungsrechtliche Behandlung an. Dies gilt auch für die Bemessungsgrundlage, das heißt Bemessungsgrundlage für die 2 %ige Pauschalsteuer ist das sozialversicherungspflichtige Arbeitsentgelt. Dies kann dazu führen, dass die 2 %ige Pauschalsteuer auch für das vertraglich geschuldete tatsächlich aber nicht gezahlte Arbeitsentgelt zu zahlen ist, wenn sozialversicherungsrechtlich das **Anspruchsprinzip** und nicht das Zuflussprinzip zur Anwendung kommt. In R 40a.2 Satz 3 LStR wurde dies ausdrücklich klargestellt, denn dort heißt es wörtlich: „Bemessungsgrundlage für die einheitliche Pauschalsteuer (§ 40a Abs. 2 EStG) ... ist das sozialversicherungsrechtliche Arbeitsentgelt." Das BFH-Urteil vom 29.5.2008 (BStBl. 2009 II S. 147) steht dem nicht entgegen, da es zu der vor dem 1. April 2003 geltenden Rechtslage ergangen und daher für die seit diesem Zeitpunkt geltende Rechtslage nicht relevant ist.

c) Entgeltumwandlung für eine betriebliche Altersversorgung

Arbeitslohn aus einem Beschäftigungsverhältnis kann grundsätzlich zur Finanzierung einer betrieblichen Altersversorgung verwendet werden. Dies gilt auch für geringfügig entlohnte Beschäftigungen.

In der Sozialversicherung haben Entgeltumwandlungen zu Gunsten einer betrieblichen Altersversorgung zur Folge, dass die verwendeten Entgeltbestandteile – unabhängig von der Höhe des Verdienstes – nicht zum beitragspflichtigen Arbeitsentgelt gehören, soweit sie 4 % der Beitragsbemessungsgrenze in der gesetzlichen Rentenversicherung nicht übersteigen. Im Kalenderjahr 2022 sind dies 4 % von 84 600 € = 3384 €.

Allerdings führen nur **künftige** Entgeltumwandlungen zur Beitragsfreiheit, das heißt, rückwirkende Entgeltumwandlungen sind nicht zulässig. Für Entgeltansprüche, die auf einem Tarifvertrag beruhen, kann eine Entgeltumwandlung nur vorgenommen werden, soweit dies durch den Tarifvertrag vorgesehen oder zugelassen ist.

Eine geringfügige Beschäftigung liegt vor, wenn das regelmäßige Arbeitsentgelt nach der Entgeltumwandlung die Geringfügigkeitsgrenze nicht mehr übersteigt.

Lohnsteuerpflichtig | Sozialversich.-pflichtig

Beispiel A

Das monatliche Bruttoarbeitsentgelt einer Arbeitnehmerin beträgt 510 €, ab Oktober 2022 580 €. Für die Zukunft wird eine Entgeltumwandlung zu Gunsten einer betrieblichen Altersversorgung (z. B. einer Direktversicherung) in Höhe von 60 € monatlich vereinbart.

Es verbleibt ein beitragspflichtiges Arbeitsentgelt von 450 € bzw. 520 € monatlich. Damit besteht wegen geringfügiger Entlohnung Versicherungsfreiheit in der Kranken-, Pflege- und Arbeitslosenversicherung. Der Arbeitgeber hat für das jeweilige Arbeitsentgelt monatlich Pauschalbeiträge zur Krankenversicherung zu zahlen. Außerdem fällt pauschale Lohnsteuer in Höhe von 2 % an. In der Rentenversicherung besteht Versicherungspflicht. Der Arbeitgeber hat hierfür einen Anteil von 15 % und der Arbeitnehmer 3,6 % zu entrichten. Zur Befreiung von der Rentenversicherungspflicht vgl. nachfolgende Nr. 8.

Beispiel B

Das monatliche Arbeitsentgelt einer Arbeitnehmerin beträgt 450 €, ab Oktober 2022 520 €. Für die Zukunft wird eine Entgeltumwandlung zu Gunsten einer betrieblichen Altersversorgung (z. B. einer Direktversicherung) in Höhe von 60 € monatlich vereinbart.

Es verbleibt ein Arbeitsentgelt von 390 € bzw. 460 € monatlich. Der Arbeitgeber hat für das verbleibende Arbeitsentgelt die Pauschalbeiträge zur Krankenversicherung zu zahlen. Außerdem fällt pauschale Lohnsteuer in Höhe von 2 % an. In der Rentenversicherung besteht Versicherungspflicht. Der Arbeitgeber hat hierfür einen Anteil von 15 % und der Arbeitnehmer 3,6 % zu entrichten. Zur Befreiung von der Rentenversicherungspflicht vgl. nachfolgende Nr. 8.

Ein Rechtsanspruch auf Entgeltumwandlung besteht nach § 17 Abs. 1 in Verbindung mit § 1a BetrAVG[1] für Arbeitnehmer, die in der gesetzlichen Rentenversicherung pflichtversichert sind. Bei Arbeitnehmern, die in einer geringfügig entlohnten Beschäftigung versicherungsfrei sind, sind Entgeltumwandlungen zugunsten einer betrieblichen Altersversorgung davon abhängig, ob der Arbeitgeber freiwillig zu einer solchen arbeitsvertraglichen Änderung bereit ist. Zum Rechtsanspruch auf Entgeltumwandlung vgl. die ausführlichen Erläuterungen und Beispiele in Anhang 6 unter Nr. 13 Buchstabe a.

Zur Entgeltumwandlung zugunsten einer betrieblichen Altersversorgung und der Problematik der sog. „Überversorgung" bei Ehegatten-Arbeitsverhältnissen vgl. die Erläuterungen beim Stichwort „Zukunftsicherung" unter Nr. 18.

d) Pauschal besteuerter Arbeitslohn

Bei der Prüfung der Geringfügigkeitsgrenze bleibt pauschal besteuerter Arbeitslohn außer Betracht, wenn die Pauschalierung Beitragsfreiheit in der Sozialversicherung auslöst. Bei der Prüfung der Geringfügigkeitsgrenze bleiben somit z. B. außer Betracht:

- **Pkw-Fahrtkostenzuschüsse** zu den Aufwendungen des Arbeitnehmers für Fahrten zwischen Wohnung und erster Tätigkeitsstätte, soweit sie **pauschal mit 15 % besteuert** werden (vgl. das nachfolgende Beispiel);
- **Arbeitgeberleistungen** zu den Aufwendungen des Arbeitnehmers für **Fahrtkosten,** die pauschal mit **15 %** oder **25 %** besteuert werden (vgl. das Stichwort „Fahrten zwischen Wohnung und erster Tätigkeitsstätte" unter Nr. 5);
- **Beiträge zu Direktversicherungen, Pensionskassen und Gruppenunfallversicherungen, die pauschal mit 20 % besteuert** werden. Pauschal besteuerte Beiträge zu Direktversicherungen, Pensionskassen und Gruppenunfallversicherungen bleiben bei der Prüfung der sozialversicherungsrechtlichen Geringfügigkeitsgrenze außer Betracht, wenn die Pauschalbesteuerung mit 20 % Beitragsfreiheit auslöst. Dies ist der Fall, wenn die Direktversicherungs-, Pensionskassen- oder Gruppenunfallversicherungsbeiträge zusätzlich zum Arbeitslohn oder die Direktversicherungs-/Pensionskassenbeiträge ausschließlich aus Einmalzahlungen geleistet werden (vgl. das Stichwort „Zukunftsicherung");
- die Übereignung von Datenverarbeitungsgeräten (z. B. **Personalcomputern**) und die Arbeitgeberzuschüsse für die **Internetnutzung,** soweit zulässigerweise eine Pauschalierung der Lohnsteuer mit **25 %** erfolgt, weil diese Pauschalierung mit 25 % Beitragsfreiheit auslöst (vgl. das Stichwort „Computer" unter Nr. 2);
- die Übereignung von Ladevorrichtungen und entsprechende Arbeitgeberzuschüsse für den Erwerb und die Nutzung für private **Elektrofahrzeuge** der Arbeitnehmer, soweit zulässigerweise eine Pauschalierung der Lohnsteuer mit 25 % erfolgt, weil diese Pauschalierung mit 25 % Beitragsfreiheit auslöst (vgl. das Stichwort „Elektrofahrzeuge" unter Nr. 2 Buchstabe b);
- die Übereignung von **Fahrrädern,** soweit zulässigerweise eine Pauschalierung mit 25 % erfolgt, weil diese Pauschalierung mit 25 % Beitragsfreiheit auslöst (vgl. das Stichwort „Elektro-Bike" unter Nr. 5 Buchstabe b);
- steuerpflichtige Zuwendungen bei **Betriebsveranstaltungen,** soweit zulässigerweise eine Pauschalierung mit **25 %** erfolgt, weil diese Pauschalierung mit 25 % Beitragsfreiheit auslöst (vgl. das Stichwort „Betriebsveranstaltungen" unter Nr. 6);
- bei einer Pauschalierung der Lohnsteuer mit 25 % für steuerpflichtige **Reisekostenvergütungen bei Auswärtstätigkeiten, Erholungsbeihilfen** und **Mahlzeiten** gilt das Gleiche (vgl. hierzu auch das Stichwort „Pauschalierung der Lohnsteuer" unter Nr. 1).

Beispiel

Eine Arbeitnehmerin erhält ab 1.1.2022 für eine Teilzeitbeschäftigung 450 € monatlich. Sie arbeitet an 12 Tagen im Monat und fährt mit dem Pkw zur Arbeitsstätte. Die einfache Entfernung zwischen Wohnung und ihrer ersten Tätigkeitsstätte beträgt 36 km. Der Arbeitgeber zahlt für diese Fahrten einen Fahrtkostenzuschuss in Höhe des Betrags, den der Arbeitnehmer als Entfernungspauschale bei den Werbungskosten absetzen könnte, wenn der Arbeitgeber keinen Fahrtkostenzuschuss zahlen würde. Es ergibt sich folgende monatliche Lohnabrechnung:

Arbeitslohn		450,– €
Fahrtkostenzuschuss in Höhe der Entfernungspauschale		
20 km × 0,30 € × 12 Arbeitstage	=	72,– €
16 km × 0,38 € × 12 Arbeitstage	=	72,96 €
insgesamt		594,96 €

Der Fahrtkostenzuschuss ist steuerpflichtig, das heißt, die Geringfügigkeitsgrenze wäre an sich überschritten. Der Fahrtkostenzuschuss bleibt jedoch bei der Prüfung der Geringfügigkeitsgrenze außer Betracht, soweit er zulässigerweise nach § 40 Abs. 2 EStG mit 15 % pauschaliert wird. Eine Pauschalierung des Fahrtkostenzuschusses mit 15 % ist zulässig, soweit die gesetzliche Entfernungspauschale nicht überschritten wird. Die Entfernungspauschale beträgt 0,30 € für die ersten zwanzig Kilometer und jeweils 0,38 € ab dem 21. Kilometer der einfachen Entfernung zwischen Wohnung und erster Tätigkeitsstätte (vgl. die ausführlichen Erläuterungen bei den Stichwörtern „Entfernungspauschale" und „Fahrten zwischen Wohnung und erster Tätigkeitsstätte" unter Nr. 5). Im Beispielsfall sind also 144,96 € pauschalierungsfähig. Die Pauschalbesteuerung nach § 40 Abs. 2 EStG mit 15 % löst Beitragsfreiheit in der Sozialversicherung aus. Der pauschal besteuerte Fahrtkostenzuschuss bleibt somit bei der Beurteilung der Geringfügigkeitsgrenze außer Betracht. Da die Geringfügigkeitsgrenze nicht überschritten ist, handelt es sich um eine geringfügige versicherungsfreie Beschäftigung, für die der Arbeitgeber den besonderen Arbeitgeberanteil zur Rentenversicherung in Höhe von 15 % entrichten muss (und ggf. auch 13 % Pauschalbeitrag zur Krankenversicherung). Auf die grundsätzlich bestehende Rentenversicherungspflicht hat die Arbeitnehmerin verzichtet. Durch die Zahlung des besonderen Arbeitgeberanteils zur Rentenversicherung in Höhe von 15 % besteht für den Arbeitgeber die Möglichkeit der Lohnsteuerpauschalierung mit 2 %. Damit sind auch der Solidaritätszuschlag und die Kirchensteuer mit abgegolten. Die Pauschalsteuer beträgt monatlich 2 % von 450 € = 9 €.

Der Fahrtkostenzuschuss in Höhe von 144,96 € monatlich ist pauschal zu besteuern. Die pauschale Lohn- und Kirchensteuer sowie der Solidaritätszuschlag, der im Fall der Pauschalbesteuerung weiterhin zu erheben ist, für den Fahrtkostenzuschuss betragen monatlich:

pauschale Lohnsteuer (15 % von 144,96 €)	=	21,74 €
Solidaritätszuschlag (5,5 % von 21,74 €)	=	1,19 €
Kirchensteuer (z. B. in Bayern 7 % von 21,74 €)	=	1,52 €

Besonders zu beachten ist in diesen Fällen, dass die 2 %ige Pauschalsteuer, die auch den Solidaritätszuschlag und die Kirchensteuer abgilt, mit den pauschalen Sozialversicherungsbeiträgen von 15 % für die Rentenversicherung und 13 % für die Krankenversicherung mit Bei-

1) Das Betriebsrentengesetz (BetrAVG) ist als Anhang 13 im **Steuerhandbuch für das Lohnbüro 2022** abgedruckt, das im selben Verlag erschienen ist.

Lohn- steuer- pflichtig | Sozial- versich.- pflichtig

tragsnachweis an die Minijob-Zentrale bei der Deutschen Rentenversicherung Knappschaft-Bahn-See abzuführen ist. Die 15 %ige Pauschalsteuer für den Fahrtkostenzuschuss ist hingegen zusammen mit dem Solidaritätszuschlag und der pauschalen Kirchensteuer beim Finanzamt mit der Lohnsteuer-Anmeldung anzumelden und an das Betriebsstättenfinanzamt abzuführen.

5. Pauschalbeiträge

Für die Pauschalbeiträge bei Minijobs ergibt sich grundsätzlich folgende Übersicht:

Minijob	pauschaler Beitrag zur Rentenversicherung	pauschaler Beitrag zur Krankenversicherung[1]	Pauschalsteuer	Pauschalabgabe insgesamt
in Privathaushalten	5 %	5 %[1]	2 %	12 %
außerhalb von Privathaushalten	15 %	13 %[1]	2 %	30 %

Die für geringfügige Beschäftigungsverhältnisse geltenden Regelungen sind nachfolgend anhand von Beispielen im Einzelnen erläutert. Die Erläuterungen gelten im Grundsatz auch für geringfügige Beschäftigungsverhältnisse in privaten Haushalten. Aus Gründen der Übersichtlichkeit und vor allem weil für geringfügige Beschäftigungsverhältnisse in Privathaushalten andere Pauschalbeiträge zur Renten- und Krankenversicherung gelten, sind unter dem Stichwort „Hausgehilfin" die sozialversicherungsrechtlichen und steuerlichen Besonderheiten für geringfügige Beschäftigungsverhältnisse in Privathaushalten gesondert dargestellt.

Gesondert dargestellt, und zwar unter dem Stichwort „Übergangsbereich nach § 20 Abs. 2 SGB IV" ist auch die sozialversicherungsrechtliche Sonderregelung für Beschäftigungsverhältnisse, bei denen der Monatslohn im Bereich von 520,01 € bis 1600 € liegt.

Die **Pauschalierung der Lohnsteuer** mit 2 % für „normale" Minijobs ist nachfolgend in den wesentlichen Grundzügen erläutert. Aus Gründen der Übersichtlichkeit sind alle steuerlichen Pauschalierungsvorschriften für Aushilfskräfte und Teilzeitbeschäftigte (2 %, 5 %, 20 % und 25 %) unter dem Stichwort „Pauschalierung der Lohnsteuer bei Aushilfskräften und Teilzeitbeschäftigten" zusammengefasst dargestellt.

6. Pauschalbeitrag zur Krankenversicherung in Höhe von 13 % oder 5 %

Der Arbeitgeber einer geringfügig entlohnten Beschäftigung hat für Versicherte, die in dieser Beschäftigung versicherungsfrei oder nicht versicherungspflichtig sind, einen Pauschalbeitrag zur Krankenversicherung von 13 % des Arbeitsentgelts aus dieser Beschäftigung zu zahlen. Wird die geringfügig entlohnte Beschäftigung in einem Privathaushalt ausgeübt, beträgt der Pauschalbeitrag zur Krankenversicherung 5 % des Arbeitsentgelts. Deshalb ist die Abgrenzung zwischen diesen Arten von Beschäftigungsverhältnissen von erheblicher Bedeutung (vgl. das Stichwort „Hausgehilfin").

Voraussetzung für die Zahlung des Pauschalbeitrags von 13 % oder 5 % ist, dass der geringfügig Beschäftigte in der **gesetzlichen Krankenversicherung** versichert ist (z. B. im Rahmen der Familienversicherung, als Rentner, Student oder Arbeitsloser, bei freiwilliger Versicherung).

Für geringfügig Beschäftigte, die privat oder gar nicht krankenversichert sind, fällt kein Pauschalbeitrag an.

Es ist allerdings zu prüfen, ob ggf. Versicherungspflicht im Rahmen einer sog. Auffangversicherung nach § 5 Abs. 1 Nr. 13 SGB V besteht. Dies hat der Beschäftigte ggf. von der Krankenkasse seiner Wahl prüfen zu lassen. Bei entsprechender Versicherungspflicht hat der Arbeitgeber aus der geringfügigen Beschäftigung dann Pauschalbeiträge zur Krankenversicherung zu entrichten.

Für Personen, die in Deutschland oder im Ausland wohnen und zulasten eines Versicherungsträgers in Dänemark, Luxemburg und Österreich krankenversichert sind sowie in Deutschland mit Sachleistungsanspruch betreut werden, besteht keine Versicherungszeit im Sinne von § 249b SGB V, sodass keine Pauschalbeiträge zur Krankenversicherung zu zahlen sind.

Ebenso ist für geringfügig Beschäftigte kein Zusatzbeitrag zur Krankenversicherung zu zahlen.

Weitere Voraussetzung für die Zahlung des Pauschalbeitrags zur Krankenversicherung ist, dass der Arbeitnehmer in der geringfügig entlohnten Beschäftigung krankenversicherungsfrei oder nicht krankenversicherungspflichtig ist. Der Pauschalbeitrag kommt demzufolge entweder dann in Betracht, wenn die Versicherungsfreiheit auf den Regelungen für die geringfügig entlohnten Beschäftigungen beruht oder aus anderen Gründen Krankenversicherungsfreiheit besteht. Der Pauschalbeitrag ist deshalb auch für nach § 6 Abs. 1 Nr. 1 SGB V wegen **Überschreitens der Jahresarbeitsentgeltgrenze** krankenversicherungsfreie Arbeitnehmer, für nach § 6 Abs. 1 Nr. 2 SGB V krankenversicherungsfreie **Beamte** sowie für nach § 6 Abs. 1 Nr. 3 SGB V krankenversicherungsfreie **Werkstudenten** zu zahlen, die daneben eine geringfügig entlohnte Beschäftigung ausüben und gesetzlich krankenversichert sind.

Beispiel

Ein Student übt eine Teilzeitbeschäftigung aus, für die er einen Monatslohn von 520 € erhält. Der Arbeitgeber hat für den Studenten als individuelles Lohnsteuerabzugsmerkmal die Steuerklasse I abgerufen. Für den Minijob des Studenten ergibt sich folgende Lohnabrechnung:

Monatslohn		520,– €
Lohnsteuer (Steuerklasse I)	0,– €	
Solidaritätszuschlag	0,– €	
Kirchensteuer	0,– €	
Sozialversicherung (Arbeitnehmeranteil 3,6 % von 520 €)	18,72 €	18,72 €
Nettolohn		501,28 €

Der Arbeitgeber muss bei versicherungs**frei** geringfügig Beschäftigten einen Beitragsanteil von 13 % für die Krankenversicherung bezahlen.

Dies sind 67,60 €

In der Rentenversicherung hat der Arbeitgeber für diese versicherungs**pflichtige** geringfügige Beschäftigung einen Beitragsanteil von 15 % zu bezahlen. Der Arbeitnehmer zahlt 3,6 %. Zur Befreiung von der Rentenversicherungspflicht vgl. nachfolgende Nr. 8.

15 % von 520 € 78,00 €

Die Pauschalsteuer von 2 % entfällt, weil dem Arbeitgeber die individuellen Lohnsteuerabzugsmerkmale des Studenten bekannt sind. Sind dem Arbeitgeber die individuellen Lohnsteuerabzugsmerkmale des Studenten nicht bekannt, muss der Arbeitgeber 2 % Pauschalsteuer zahlen.

Der 13 %ige pauschale Beitrag zur Krankenversicherung entfällt, wenn der Student privat krankenversichert ist.

Das Beispiel gilt auch für Schüler, die auf 520-Euro-Basis arbeiten.

Für **Praktikanten,** die ein Praktikum machen, das in einer Studien- oder Prüfungsordnung vorgeschrieben ist, fällt ein Pauschalbeitrag zur Krankenversicherung selbst dann nicht an, wenn das Praktikum die Kriterien einer geringfügig entlohnten Beschäftigung erfüllt. Wird **neben** einem Zwischenpraktikum eine geringfügig entlohnte Beschäftigung ausgeübt, hat der Arbeitgeber der geringfügig entlohnten Beschäftigung den Pauschalbeitrag zur Krankenversicherung zu zahlen, wenn der Praktikant in der gesetzlichen Krankenversicherung versichert ist. Entsprechendes gilt für Vor- und Nachpraktikanten, die kein Arbeitsentgelt erhalten. Erhalten die Praktikanten Arbeitsentgelt, unterliegen sie als Arbeitnehmer grundsätzlich der Krankenversiche-

1) Der Pauschalbeitrag zur Krankenversicherung fällt nur dann an, wenn der Beschäftigte in der **gesetzlichen Krankenversicherung** versichert ist (z. B. im Rahmen der Familienversicherung, als Rentner, Student, Arbeitsloser, bei freiwilliger Versicherung).

Lohn-steuer-pflichtig	Sozial-versich.-pflichtig

rungspflicht, sodass für eine **daneben** ausgeübte geringfügig entlohnte Beschäftigung ein Pauschalbeitrag zu zahlen ist. Werden weitere geringfügig entlohnte Beschäftigungen ausgeübt, sind dagegen aus den weiteren Beschäftigungen individuelle Beiträge zu zahlen.

Für Personen, die ein **nicht** in der Studien- oder Prüfungsordnung vorgeschriebenes Praktikum ableisten, fallen Pauschalbeiträge zur Krankenversicherung an, wenn das Praktikum die Kriterien einer geringfügig entlohnten Beschäftigung erfüllt und der Arbeitnehmer gesetzlich krankenversichert ist (vgl. das Stichwort „Praktikanten").

Der Pauschbetrag fällt im Übrigen auch für solche geringfügig entlohnte Beschäftigte an, die zwar aufgrund dieser Beschäftigung nicht versicherungspflichtig werden, gleichwohl aber in der gesetzlichen Krankenversicherung **(freiwillig)** versichert sind (z. B. hauptberuflich Selbstständige, die daneben eine geringfügig entlohnte Beschäftigung ausüben).

7. Beitrag zur Rentenversicherung in Höhe von 15 % oder 5 %

a) Pauschalbeitrag zur Rentenversicherung

Der Arbeitgeber einer **versicherungsfreien** geringfügig entlohnten Beschäftigung hat einen Pauschalbeitrag zur Rentenversicherung von 15 % des Arbeitsentgelts aus dieser Beschäftigung zu zahlen. Wird die geringfügig entlohnte **versicherungsfreie** Beschäftigung in einem Privathaushalt ausgeübt, beträgt der Pauschalbeitrag zur Rentenversicherung 5 % des Arbeitsentgelts (vgl. das Stichwort „Hausgehilfin"). Bei den geringfügigen Beschäftigungen gibt es eine **versicherungsfreie** geringfügig entlohnte Beschäftigung nur noch dann, wenn der geringfügig Beschäftigte

- nach der Bestandsregelung des § 230 Abs. 8 SGB VI weiterhin nach den früheren Voraussetzungen versicherungsfrei,
- von der Rentenversicherungspflicht befreit oder
- nach § 5 Abs. 4 SGB VI (z. B. als Bezieher einer Vollrente wegen Alters nach Erreichen der Regelaltersgrenze oder als Beamtenpensionär) rentenversicherungsfrei

ist.

Dem Pauschalbeitrag zur Rentenversicherung in Höhe von 15 % oder 5 % kommt große Bedeutung zu, da an diesen Pauschalbeitrag die 2 %ige Pauschalsteuer anknüpft, die für einen 450-Euro-Job gezahlt werden muss (vgl. die Erläuterungen unter der nachfolgenden Nr. 10). Ob der Arbeitnehmer neben dem 15 %igen oder 5 %igen Pauschalbeitrag zur Rentenversicherung auch noch einen Pauschalbeitrag zur Krankenversicherung in Höhe von 13 % oder 5 % zahlen muss, ist für die 2 %ige Pauschalsteuer ohne Bedeutung.

Anknüpfungspunkt für den Pauschalbeitrag zur Rentenversicherung in Höhe von 15 % oder 5 % ist also allein die Ausübung eines geringfügig entlohnten **versicherungsfreien** Beschäftigungsverhältnisses.

Für Beamte, die neben ihrer Beamtentätigkeit einen Minijob ausüben, fällt im Normalfall ein Beitrag zur Rentenversicherung an, da in der Rentenversicherung grundsätzlich Versicherungspflicht besteht.

Beispiel A

Ein privat krankenversicherter Beamter übt neben seiner Beamtenbeschäftigung einen Minijob aus. Für den Minijob ergibt sich folgende Lohnabrechnung:

Monatslohn		520,– €
Lohnsteuer	0,– €	
Solidaritätszuschlag	0,– €	
Kirchensteuer	0,– €	
Rentenversicherung (3,6 %)	18,72 €	18,72 €
Nettolohn		501,28 €

Der Arbeitgeber muss folgende Pauschalabgaben zahlen:

Lohnsteuer (einschließlich Solidaritätszuschlag und Kirchensteuer)	2 %	10,40 €
Krankenversicherung (kein Pauschalbeitrag, da privat krankenversichert)		0,– €
Rentenversicherung pauschal	15 %	78,00 €
insgesamt		88,40 €

Die grundsätzliche Versicherungspflicht in der Rentenversicherung besteht auch für Beamte, die eine geringfügig entlohnte Beschäftigung ausüben. Nur bei Beamten, bei denen der Dienstherr die Gewährleistung auf Versorgungsanwartschaften (Pensionsgarantie) **auch auf die geringfügig entlohnte Beschäftigung erstreckt,** sind keine Pauschalbeiträge zu zahlen, da nur dann auch in der Nebentätigkeit Versicherungsfreiheit (wie in der Beamtentätigkeit) besteht. Hierfür ist es allerdings erforderlich, dass der Dienstherr einen entsprechenden Gewährleistungsbescheid erteilt. Dies ist nur möglich, wenn die beamtenrechtlichen Voraussetzungen (u. a. dienstliches oder überwiegend öffentliches Interesse an der Nebentätigkeit) vorliegen. Für eine „normale" Nebenbeschäftigung wird dies in aller Regel nicht der Fall sein.

Der Pauschalbeitrag ist auch für solche Arbeitnehmer zu zahlen, die eine geringfügig entlohnte Beschäftigung ausüben und **von der Rentenversicherungspflicht befreit** sind (§ 6 SGB VI). Hierunter fallen vor allem Personen, die zugunsten einer **berufsständischen Versorgungseinrichtung** von der Rentenversicherungspflicht befreit sind (z. B. Anwälte, Ärzte, Apotheker, Architekten), sowie befreite Lehrer und Erzieher sowie Handwerker. Bei den nach § 6 Abs. 1 Satz 1 Nr. 1 SGB VI von der Rentenversicherungspflicht befreiten Mitgliedern berufsständischer Versorgungseinrichtungen erhält für eine geringfügig entlohnte Beschäftigung in einem Beruf, für den die Befreiung erfolgt ist, die berufsständische Versorgungseinrichtung die Beiträge.

Der Pauschalbeitrag zur Rentenversicherung ist auch für Arbeitnehmer zu zahlen, die nach § 6 Abs. 1b SGB VI von der Rentenversicherungspflicht befreit sind. Hier handelt es sich um Beschäftigte, die sich von der grundsätzlich bestehenden Versicherungspflicht in einer geringfügig entlohnten Beschäftigung (Entgelt bis zur Geringfügigkeitsgrenze) befreien lassen. Der Arbeitgeber hat trotz Befreiung den Pauschalbeitrag zur Rentenversicherung zu bezahlen.

Der Pauschalbeitrag zur Rentenversicherung fällt darüber hinaus auch für Personen an, die nach § 5 Abs. 4 SGB VI rentenversicherungsfrei sind und eine geringfügig entlohnte Beschäftigung ausüben. Dies sind Bezieher einer **Vollrente wegen Alters** nach Erreichen der Regelaltersgrenze, **Ruhestandsbeamte** und gleichgestellte Personen sowie Bezieher einer berufsständischen Altersversorgung und auch Personen nach der Vollendung des 65. Lebensjahres, die bis dahin nicht rentenversichert waren oder danach eine Beitragserstattung aus ihrer Versicherung erhalten haben.

Beispiel B

Der Bezieher einer Vollrente wegen Alters übt nach Erreichen der Regelaltersgrenze nebenher einen Minijob aus. Sozialversicherungsrechtlich handelt es sich um eine versicherungsfreie geringfügige Beschäftigung, für die der Arbeitgeber einen 15 %igen Arbeitgeberanteil zur Rentenversicherung, einen 13 %igen Arbeitgeberanteil zur Krankenversicherung und 2 % Pauschalsteuer zu entrichten hat.

Für den Minijob ergibt sich folgende Lohnabrechnung:

Monatslohn		520,– €
Lohnsteuer	0,– €	
Solidaritätszuschlag	0,– €	
Kirchensteuer	0,– €	
Sozialversicherung (Arbeitnehmeranteil)	0,– €	0,– €
Nettolohn		520,– €

	Lohn-steuer-pflichtig	Sozial-versich.-pflichtig

Der Arbeitgeber muss bei versicherungsfrei geringfügig Beschäftigten einen Beitragsanteil von 15 % für die Rentenversicherung, 13 % für die Krankenversicherung und 2 % Pauschalsteuer bezahlen.

Lohnsteuer (einschließlich Solidaritätszuschlag und Kirchensteuer)	2 %	10,40 €
Krankenversicherung pauschal	13 %	67,60 €
Rentenversicherung pauschal	15 %	78,00 €
insgesamt		156,– €

Der 13 %ige pauschale Beitrag zur Krankenversicherung entfällt, wenn der Rentner privat krankenversichert ist.

Hat der Rentner die Altersgrenze für eine Regelaltersrente noch nicht vollendet, müssen die Hinzuverdienstgrenzen beachtet werden, da bei einem schädlichen Hinzuverdienst, die Vollrente entfällt (vgl. das Stichwort „Rentner").

Beispiel C

Ein **privat** krankenversicherter pensionierter Beamter, Richter oder Soldat übt nebenher einen Minijob aus. Sozialversicherungsrechtlich handelt es sich um eine versicherungsfreie geringfügige Beschäftigung, für die der Arbeitgeber einen 15 %igen Arbeitgeberanteil zur Rentenversicherung zu entrichten hat. Ein 13 %iger Arbeitgeberanteil zur Krankenversicherung fällt nur dann an, wenn der pensionierte Beamte, Richter oder Soldat in der gesetzlichen Krankenversicherung (z. B. freiwillig) versichert ist. Außerdem muss der Arbeitgeber 2 % Pauschalsteuer bezahlen. Für den Minijob ergibt sich folgende Lohnabrechnung:

Monatslohn		520,– €
Lohnsteuer	0,– €	
Solidaritätszuschlag	0,– €	
Kirchensteuer	0,– €	
Sozialversicherung (Arbeitnehmeranteil)	0,– €	0,– €
Nettolohn		520,– €

Der Arbeitgeber muss folgende Pauschalabgaben zahlen:

Lohnsteuer (einschließlich Solidaritätszuschlag und Kirchensteuer)	2 %	10,40 €
Krankenversicherung		0,– €
Rentenversicherung pauschal	15 %	78,00 €
insgesamt		88,40 €

Für **Praktikanten** gilt Folgendes:

Praktikanten, die ein in einer Studien- oder Prüfungsordnung vorgeschriebenes Praktikum ableisten, unterliegen als zur Berufsausbildung Beschäftigte grundsätzlich der Rentenversicherungspflicht, für die die Versicherungsfreiheit aufgrund einer geringfügigen Beschäftigung nach § 5 Abs. 2 Satz 3 SGB VI ausgeschlossen ist. Für vorgeschriebene Zwischenpraktika besteht zudem nach § 5 Abs. 3 SGB VI Versicherungsfreiheit. Pauschalbeiträge sind demnach für vorgeschriebene Praktika nicht zu zahlen.

Nach § 172 Abs. 3 Satz 2 SGB VI gilt die Regelung über den Pauschalbeitrag zur Rentenversicherung nicht für Studierende, die während der Dauer eines Studiums als ordentlich Studierende einer Fachschule oder Hochschule ein Praktikum ableisten (Zwischenpraktikum), das nicht in ihrer Studien- oder Prüfungsordnung vorgeschrieben ist und die Kriterien für eine geringfügig entlohnte Beschäftigung erfüllt. Für diese Praktikanten sind Pauschalbeiträge daher nicht zu zahlen.

Werden **nicht** vorgeschriebene Vor- oder Nachpraktika geringfügig entlohnt ausgeübt, gelten die allgemeinen Regelungen. Pauschalbeiträge sind daher zur Rentenversicherung zu zahlen.

b) Pflichtbeiträge zur Rentenversicherung in Höhe von 15 %

Seit 1.1.2013 sind grundsätzlich alle geringfügig entlohnten Beschäftigungen in der Rentenversicherung versicherungspflichtig.

Bei einer versicherungs**pflichtigen** geringfügig entlohnten Beschäftigung (ohne Befreiungsantrag des Arbeitnehmers) hat der Arbeitgeber grundsätzlich einen Beitragsanteil von 15 % des beitragspflichtigen Entgeltes zu bezahlen. Wird die Beschäftigung im Privathaushalt ausgeübt, trägt der Arbeitgeber grundsätzlich 5 % (§ 168 Abs. 1 Nrn. 1b und 1c SGB VI).

Das bedeutet, dass der Arbeitgeber grundsätzlich für jede geringfügig entlohnte Beschäftigung, die nicht in einem Privathaushalt ausgeübt wird, einen Beitragsanteil von 15 % zu entrichten hat. Dies gilt sowohl für versicherungsfreie geringfügig entlohnte Beschäftigungen als auch für jede andere geringfügig entlohnte Beschäftigung, da für diese, abgesehen von den unter dem vorstehenden Buchstaben a geschilderten Ausnahmen, immer Versicherungspflicht besteht. Überschreitet das Arbeitsentgelt in der geringfügig entlohnten Beschäftigung oder durch Zusammenrechnung mehrerer Beschäftigungen die Geringfügigkeitsgrenze, kommt es ab diesem Zeitpunkt zu einer hälftigen Beitragsteilung zwischen Arbeitgeber und Arbeitnehmer. Liegt das Entgelt zwischen 520,01 € und 1600 €, sind die Ausführungen unter dem Stichwort „Übergangsbereich nach § 20 Abs. 2 SGB IV" zu beachten.

Wie unter dem vorstehenden Buchstaben a beschrieben, sind Pauschalbeiträge für vorgeschriebene Praktika nicht zu zahlen. Wird neben einem vorgeschriebenen Praktikum eine geringfügig entlohnte Beschäftigung ausgeübt, besteht in dieser Beschäftigung grundsätzlich Versicherungspflicht. Bei einem Entgelt bis zur Geringfügigkeitsgrenze hat der Arbeitgeber einen Beitragsanteil von 15 % zu entrichten.

c) Mindestbemessungsgrundlage

Für das beitragspflichtige Entgelt in der Rentenversicherung beträgt die Mindestbemessungsgrundlage 175 €. Die Mindestbeitragsbemessungsgrundlage ist bei allen rentenversicherungspflichtigen Minijobs anzuwenden. Für Personen, die mehrere geringfügig entlohnte Beschäftigungen oder eine geringfügig entlohnte Beschäftigung neben einer versicherungspflichtigen (Haupt-)Beschäftigung ausüben, sind die Arbeitsentgelte für die Prüfung der Mindestbeitragsbemessungsgrundlage aus allen Beschäftigungen zusammenzurechnen. Zu den Details zur Ermittlung der Beitragslastverteilung siehe die Ausführungen unter Nr. 9.

8. Befreiung von der Versicherungspflicht in der Rentenversicherung

Bis 31.12.2012 bestand für geringfügig entlohnte Beschäftigte die Möglichkeit, bei Versicherungsfreiheit in der Rentenversicherung die Versicherungspflicht zu wählen (sog. Option). Diese Wahlalternative ist zum 1.1.2013 weggefallen.

Seit diesem Zeitpunkt sind alle geringfügig entlohnten Beschäftigungen (Entgelt über der Geringfügigkeitsgrenze) in der Rentenversicherung grundsätzlich versicherungspflichtig.

Sofern ein Arbeitnehmer aufgrund einer geringfügig entlohnten Beschäftigung in der Rentenversicherung versicherungspflichtig wird, kann er sich von der eingetretenen Versicherungspflicht auf Antrag befreien lassen (§ 6 Abs. 1b SGB VI). Der Befreiungsantrag ist beim Arbeitgeber schriftlich zu stellen. Der Antrag kann bei mehreren, gleichzeitig ausgeübten Beschäftigungen nur einheitlich (bei allen Arbeitgebern) gestellt werden. Er ist für die Dauer aller Beschäftigungen bindend, d. h. er kann nicht widerrufen werden. Kein Befreiungsrecht steht folgenden Personen zu:

- Personen, die im Rahmen betrieblicher Berufsausbildung tätig sind (z. B. Auszubildende),
- Personen, die Dienst nach dem Jugendfreiwilligendienstegesetz oder dem Bundesfreiwilligendienstgesetz leisten (z. B. freiwilliges soziales oder ökologisches Jahr, Bundesfreiwilligendienst),

Lohnsteuerpflichtig | Sozialversich.-pflichtig

- Behinderte Heimarbeiter in anerkannten Werkstätten oder Behinderte in Anstalten oder Heimen (§ 1 Satz 1 Nr. 2 SGB VI),
- Personen in Einrichtungen der Jugendhilfe oder ähnliche Einrichtungen (§ 1 Satz 1 Nr. 3 SGB VI),
- Auszubildende in außerbetrieblichen Einrichtungen (§ 1 Satz 5 Nr. 1 SGB VI),
- Mitglieder geistlicher Genossenschaften oder ähnliche Gemeinschaften (§ 1 Satz 1 Nr. 4 SGB VI),
- Teilnehmer einer stufenweisen Wiedereingliederung nach § 74 SGB V.

Die Befreiung erfolgt ohne Bescheid der Einzugsstelle (Krankenkasse) oder des Rentenversicherungsträgers. Sie gilt als erteilt, wenn die Einzugsstelle nicht innerhalb eines Monats nach Eingang der Meldung des Befreiungsantrages durch den Arbeitgeber bei der Einzugsstelle dem Befreiungsantrag widerspricht.

Die Befreiung wirkt bei Vorliegen der Voraussetzungen grundsätzlich rückwirkend vom Beginn des Monats, in dem der Antrag des Arbeitnehmers beim Arbeitgeber eingegangen ist. Dies gilt dann, wenn der Arbeitgeber den Befreiungsantrag mit der ersten folgenden Entgeltabrechnung, spätestens aber innerhalb von sechs Wochen nach Zugang, gemeldet und die Einzugsstelle nicht innerhalb eines Monats nach Eingang der Meldung widersprochen hat. Erfolgt die Arbeitgebermeldung später, wirkt die Befreiung mit dem Monatsersten nach Ablauf der Widerspruchsfrist der Einzugsstelle.

Die Meldung eines Arbeitnehmerantrags auf Befreiung von der Versicherungspflicht aufgrund einer geringfügig entlohnten Beschäftigung ist verpflichtender Bestandteil der durch den Arbeitgeber zu erstattenden Meldungen im Rahmen des maschinellen Meldeverfahrens (§ 28a Abs. 1 Nr. 11 SGB IV i. V. mit § 5 Abs. 12 DEÜV).

Der Antrag auf Befreiung ist zu den Lohnunterlagen zu nehmen. Das Eingangsdatum ist entsprechend zu dokumentieren.

Bei einer Befreiung ist grundsätzlich ein Pauschalbeitrag zur Rentenversicherung zu zahlen (siehe vorstehende Nr. 7 Buchstabe a).

Die sog. Befreiungsregelung gilt auch über den 30.9.2022 hinaus. D. h. bei jeder nach dem 30.9.2022 aufgenommenen Beschäftigung mit einem Entgelt bis zur Geringfügigkeitsgrenze besteht ein Befreiungsrecht nach § 6 Abs. 1b SGB VI.

Im Zusammenhang mit der Änderung der Geringfügigkeitsgrenze sind jedoch Bestandsschutz- und Übergangsregelungen zu beachten. Diese sind unter der Nr. 15 beschrieben.

9. Mindestbeitragsbemessungsgrundlage

Für diejenigen **Arbeitnehmer,** die eine geringfügig versicherungs**pflichtige** Beschäftigung ausüben, gilt bei niedrigerem Entgelt eine **Mindestbeitragsbemessungsgrundlage** von **175 €** monatlich (§ 163 Abs. 8 SGB VI). Das bedeutet, dass als Rentenversicherungsbeitrag mindestens ein Betrag von (18,6 % von 175 € =) 32,55 € zu zahlen ist.

Beispiel A

Arbeitsentgelt aus der geringfügig entlohnten Beschäftigung 100 €. Der Arbeitnehmer ist rentenversicherungspflichtig.

18,6 % aus 175 €	32,55 €
abzüglich Arbeitgeberanteil 15 % aus 100 €	15,– €
Arbeitnehmeranteil	17,55 €

Bei monatlichen Arbeitsentgelten unter 175 € muss der Arbeitnehmer also den vom Arbeitgeber zu zahlenden Beitragsanteil von 15 % stets auf 32,55 € aufstocken. Dieser Aufstockungsbetrag wird nach § 2 Abs. 1 Satz 5 BVV ermittelt, indem der gerundete Arbeitgeberbeitragsanteil vom Mindestbeitrag abgezogen wird. Hiernach ergeben sich entsprechend den unterschiedlichen Beitragssätzen zur Rentenversicherung folgende Aufstockungsbeträge:

seit 1.1.2018	**32,55 €**
1.1.2015 – 31.12.2017	32,73 €
1.1.2013 – 31.12.2014	33,08 €

Sofern das Beschäftigungsverhältnis im Laufe eines Monats beginnt oder endet, kommt ein **anteiliger Mindestbeitrag** in Betracht. Entsprechendes gilt im Falle von Arbeitsunterbrechungen (z. B. wegen Ablaufs der Entgeltfortzahlung bei Arbeitsunfähigkeit). Die anteilige Mindestbeitragsbemessungsgrundlage ist wie folgt zu ermitteln:

$$\frac{175\text{ €} \times \text{Kalendertage}}{30} = \text{anteilige Mindestbeitragsbemessungsgrundlage}$$

Dagegen führt ein unbezahlter Urlaub von nicht mehr als einem Monat nicht zu einer Kürzung der Mindestbeitragsbemessungsgrundlage. Dauert der unbezahlte Urlaub länger als einen Monat, ist die Mindestbeitragsbemessungsgrundlage entsprechend zu kürzen. Für Kalendermonate, in denen tatsächliches Arbeitsentgelt nicht erzielt wird, ist allerdings kein Mindestbeitrag zu zahlen, sodass eine Aufstockung entfällt.

Beispiel B

Eine Arbeitnehmerin arbeitet für einen Monatslohn von 90 €. Das Beschäftigungsverhältnis endet am 20. 6. 2022; für den Monat Juni 2022 erhält sie ein Arbeitsentgelt von 60 €.

Für den Monat Juni 2022 ergibt sich für die Berechnung der Rentenversicherungsbeiträge eine monatliche Mindestbeitragsbemessungsgrundlage von (175 € × 20 : 30 =) 116,67 €, sodass der Mindestbeitrag 21,70 € (18,6 % aus 116,67 €) beträgt. Dieser Mindestbeitrag ist wie folgt aufzubringen:

Mindestbeitrag (18,6 % von 116,67 €)	21,70 €
abzüglich Arbeitgeberanteil (15 % von 60 €)	9,– €
Arbeitnehmeranteil	12,70 €

10. Pauschalierung der Lohnsteuer

Nach § 40a Abs. 2 EStG kann der Arbeitgeber den Arbeitslohn für einen geringfügig entlohnten Minijob entweder nach den individuellen Lohnsteuerabzugsmerkmalen des Arbeitnehmers (z. B. Steuerklasse I, Religionszugehörigkeit „rk") oder pauschal mit **2 %** besteuern, wenn der Arbeitgeber für diese geringfügige Beschäftigung einen **Pauschalbeitrag zur gesetzlichen Rentenversicherung** in Höhe von **15 %** für „normale" Minijobs oder in Höhe von **5 %** für Minijobs in einem Privathaushalt entrichtet. Die Voraussetzungen für eine Pauschalierung der Lohnsteuer mit 2 % richten sich ausschließlich nach den sozialversicherungsrechtlichen Vorschriften. Auf die Höhe des Stundenlohns kommt es nicht an. Die 2 %ige Pauschalsteuer ist eine Abgeltungsteuer und gilt auch den Solidaritätszuschlag und die Kirchensteuer mit ab. Der pauschal besteuerte Arbeitslohn und die 2 %ige Pauschalsteuer bleiben bei der Veranlagung des Arbeitnehmers zur Einkommensteuer außer Ansatz. Die Pauschalsteuer von 2 % ist zusammen mit dem pauschalen Kranken- und Rentenversicherungsbeitrag mit Beitragsnachweis an die Minijob-Zentrale bei der Deutschen Rentenversicherung Knappschaft-Bahn-See abzuführen (vgl. die ausführlichen Erläuterungen beim Stichwort „Pauschalierung der Lohnsteuer bei Aushilfskräften und Teilzeitbeschäftigten").

Die Pauschalierungsmöglichkeit mit 2 % ist als **„Kannvorschrift"** ausgestaltet. Das bedeutet, dass anstelle der Pauschalierung der Lohnsteuer mit 2 % auch ein Lohnsteuerabzug nach den individuellen Lohnsteuerabzugsmerkmalen des Arbeitnehmers durchgeführt werden kann. Dies werden in der Praxis diejenigen Fälle sein, in denen die Steuerklasse I, II, III oder IV zur Anwendung kommt, weil dann für den Arbeitnehmer keine Lohnsteuer

Lohn-steuer-pflichtig Sozial-versich.-pflichtig

anfällt und sich der Arbeitgeber die 2 %ige Lohnsteuer spart. Wird also ein Minijob nach einer der Steuerklassen I, II, III oder IV besteuert (z. B. Schüler, Studenten), ist dies für den Arbeitgeber günstiger als die 2 %ige Lohnsteuerpauschalierung (vgl. die Erläuterungen beim Stichwort „Pauschalierung der Lohnsteuer bei Aushilfskräften und Teilzeitbeschäftigten" unter Nr. 2 Buchstabe i).

11. Zusammenrechnung von mehreren geringfügig entlohnten Beschäftigungsverhältnissen

Werden mehrere geringfügig entlohnte Beschäftigungen bei verschiedenen Arbeitgebern nebeneinander ausgeübt, dann sind für die versicherungsrechtliche Beurteilung in der Kranken-, Pflege- und Arbeitslosenversicherung die Arbeitsentgelte aus den einzelnen Beschäftigungen zusammenzurechnen. Eine Zusammenrechnung ist nicht vorzunehmen, wenn eine geringfügig entlohnte Beschäftigung mit einer kurzfristigen Beschäftigung zusammentrifft. In der Rentenversicherung ist für die rein versicherungsrechtliche Beurteilung eine Zusammenrechnung grundsätzlich nicht erforderlich, da hier grundsätzlich jede Beschäftigung der Versicherungspflicht unterliegt. Hier ist jedoch von Bedeutung, ob trotz Zusammenrechnung noch eine bzw. mehrere geringfügig entlohnte versicherungspflichtige Beschäftigungen vorliegen, da sich hiernach die Beitragsaufteilung (Arbeitgeber 15 %; Arbeitnehmer 3,6 % oder Differenz zur Mindestbemessungsgrundlage) ergibt.

Eine versicherungsfreie geringfügig entlohnte Beschäftigung im Sinne des § 8 Abs. 1 Nr. 1 SGB IV liegt bei mehreren nebeneinander ausgeübten Minijobs in der Kranken-, Pflege- und Arbeitslosenversicherung so lange vor, solange die zusammengerechneten Arbeitsentgelte aus allen Beschäftigungsverhältnissen die Geringfügigkeitsgrenze im Monat nicht übersteigen. Jeder Arbeitgeber hat in diesem Fall Beiträge zur Rentenversicherung und ggf. auch Pauschalbeiträge zur Krankenversicherung sowie die 2 %ige Pauschalsteuer zu zahlen.

Beispiel A

Eine privat krankenversicherte Raumpflegerin arbeitet beim Arbeitgeber A gegen ein monatliches Arbeitsentgelt von 270 € und beim Arbeitgeber B gegen ein monatliches Arbeitsentgelt von 250 €.

Die Raumpflegerin ist in beiden Beschäftigungen in der Kranken-, Pflege- und Arbeitslosenversicherung versicherungsfrei, weil das zusammengerechnete Arbeitsentgelt (520 €) aus diesen Beschäftigungen die Geringfügigkeitsgrenze nicht übersteigt. In der Rentenversicherung besteht Versicherungspflicht. Die Arbeitgeber haben Beiträge zur Rentenversicherung sowie die 2 %ige Pauschalsteuer zu zahlen.

Übersteigen die zusammengerechneten Arbeitsentgelte die monatliche Geringfügigkeitsgrenze, tritt Sozialversicherungspflicht in der Kranken-, Pflege- und Arbeitslosenversicherung ein. In der Rentenversicherung besteht für jede einzelne Beschäftigung grundsätzlich Versicherungspflicht. Übersteigen die zusammengerechneten Entgelte die monatliche Geringfügigkeitsgrenze, liegen keine geringfügig entlohnten versicherungspflichtigen Beschäftigungen mehr vor. Dies hat zur Folge, dass der Arbeitgeber nicht mehr einen Anteil von 15 % und der Arbeitnehmer von 3,6 % zu tragen hat, sondern dass es in allen Beschäftigungen grundsätzlich zu einer hälftigen Beitragsteilung kommt (Arbeitgeber 9,3 %, Arbeitnehmer 9,3 %). Die Regelungen zum Übergangsbereich nach § 20 Abs. 2 SGB IV sind ggf. zu beachten. Eine Steuerpauschalierung mit 2 % ist nicht möglich.

Beispiel B

Eine Verkäuferin arbeitet befristet beim Arbeitgeber A vom 2. 5. bis zum 28. 6. (Sechstagewoche), 58 Kalendertage, gegen ein monatliches Arbeitsentgelt von 700 € und beim Arbeitgeber B vom 2. 5. bis zum 3. 8. (Sechstagewoche), 94 Kalendertage, gegen ein monatliches Arbeitsentgelt von 320 €.

Die Beschäftigung beim Arbeitgeber A ist wegen ihrer Dauer und die Beschäftigung beim Arbeitgeber B wegen der Höhe des Arbeitsentgelts geringfügig. Deshalb ist die Verkäuferin in beiden Beschäftigungen versicherungsfrei. Eine Zusammenrechnung der beiden Beschäftigungen kann nicht vorgenommen werden, da es sich bei der Beschäftigung beim Arbeitgeber A um eine kurzfristige Beschäftigung (vgl. nachfolgend unter Nr. 16) und bei der Beschäftigung beim Arbeitgeber B um eine geringfügig entlohnte Beschäftigung handelt. Der Arbeitgeber B hat die Pauschalabgabe von (15 % + 13 % + 2 % =) 30 % zu zahlen. Arbeitgeber A hat zur Berechnung der Steuerbeträge die individuellen Lohnsteuerabzugsmerkmale der Verkäuferin abzurufen (vgl. „Elektronische Lohnsteuerabzugsmerkmale – ELStAM").

Beispiel C

Eine Verkäuferin arbeitet befristet beim Arbeitgeber A vom 2. 5. bis zum 28. 6. (Sechstagewoche), 58 Kalendertage, gegen ein monatliches Arbeitsentgelt von 720 € und vom 3. 8. bis zum 30. 9. (Sechstagewoche), 59 Kalendertage, beim Arbeitgeber B gegen ein monatliches Arbeitsentgelt von 310 €.

Die zweite Beschäftigung beim Arbeitgeber B ist keine kurzfristige Beschäftigung, weil zu ihrem Beginn feststeht, dass sie zusammen mit der ersten Beschäftigung die Grenze von drei Monaten (90 Kalendertagen) überschreitet (vgl. die nachfolgenden Erläuterungen zu kurzfristigen Beschäftigungen unter Nr. 16). Sie ist aber eine geringfügig entlohnte Beschäftigung und damit versicherungsfrei, weil das monatliche Arbeitsentgelt 450 € nicht übersteigt. Der Arbeitgeber B hat die Pauschalabgabe von 30 % zu zahlen. Arbeitgeber A hat zur Berechnung der Steuerbeträge die individuellen Lohnsteuerabzugsmerkmale der Verkäuferin abzurufen (vgl. „Elektronische Lohnsteuerabzugsmerkmale – ELStAM").

Beispiel D

Eine Verkäuferin arbeitet beim Arbeitgeber A gegen ein monatliches Arbeitsentgelt von 350 € (Dauerbeschäftigung). Am 1. 7. nimmt sie zusätzlich eine bis zum 20. 8. befristete Beschäftigung beim Arbeitgeber B auf; dort arbeitet sie als Verkäuferin gegen ein monatliches Arbeitsentgelt von 200 €.

Die Verkäuferin bleibt auch in der Zeit vom 1. 7. bis zum 20. 8. weiterhin versicherungsfrei in der Kranken-, Arbeitslosen- und Pflegeversicherung, weil es sich bei der Beschäftigung beim Arbeitgeber A um eine geringfügig entlohnte und bei der Beschäftigung beim Arbeitgeber B um eine kurzfristige Beschäftigung, vgl. nachfolgend unter Nr. 16, handelt und keine Zusammenrechnung vorzunehmen ist. Der Arbeitgeber A hat die Pauschalabgabe von 30 % zu zahlen.

12. Zusammenrechnung von Hauptbeschäftigungen und geringfügig entlohnten Beschäftigungen

a) Allgemeines

Versicherungspflichtige Hauptbeschäftigungen werden in der Kranken- und Pflegeversicherung im Grundsatz mit geringfügigen Beschäftigungen zusammengerechnet. Von diesem Grundsatz gibt es eine Ausnahme, denn **eine** Nebenbeschäftigung bis zur Geringfügigkeitsgrenze monatlich bleibt anrechnungsfrei.

Beispiel

Eine allein stehende Arbeitnehmerin bezieht aus ihrem ersten Arbeitsverhältnis 2000 € monatlich und hat nebenher einen Minijob. Die beiden Arbeitsverhältnisse werden für die Berechnung der Sozialversicherungsbeiträge in der Kranken-, Pflege- und Arbeitslosenversicherung nicht zusammengerechnet. In der Rentenversicherung besteht Versicherungspflicht. Für den Minijob ergibt sich folgende Lohnabrechnung:

Monatslohn		520,– €
Lohnsteuer	0,– €	
Solidaritätszuschlag	0,– €	
Kirchensteuer	0,– €	
Rentenversicherung (3,6 %)	18,72 €	18,72 €
Nettolohn		501,28 €

Dem Arbeitgeber müssen für den Minijob die individuellen Lohnsteuerabzugsmerkmale der Arbeitnehmerin nicht bekannt sein.

Der Arbeitgeber muss folgende Pauschalabgaben zahlen:

Lohnsteuer (einschließlich Solidaritätszuschlag und Kirchensteuer)	2 %	10,40 €
Krankenversicherung pauschal	13 %	67,60 €
Rentenversicherung	15 %	78,00 €
insgesamt		156,– €

Zu den nicht geringfügigen versicherungspflichtigen (Haupt-)Beschäftigungen gehören u. a. auch:

- Beschäftigungen, die im Rahmen der Bestandsschutzregelungen (siehe Nr. 15) der Versicherungspflicht in der Kranken-, Pflege-, Renten- und Arbeitslosenversicherung unterliegen.

Lohnsteuerpflichtig | Sozialversich.-pflichtig

- Beschäftigungen im Rahmen betrieblicher Berufsbildung bzw. Berufsausbildung oder außerbetrieblicher Berufsausbildung. Hierzu gehören unter anderem duale Studiengänge oder Vor- und Nachpraktika, die in einer Studien- oder Prüfungsordnung vorgeschrieben sind; in der Kranken- und Pflegeversicherung allerdings nur dann, wenn Arbeitsentgelt gezahlt wird. Vorgeschriebene Zwischenpraktika begründen hingegen keine versicherungspflichtige Beschäftigung.
- Versicherungspflichtige Beschäftigungen, die für die Dauer des Bezuges von Entgeltersatzleistungen nach dem Sozialgesetzbuch (z. B. Kurzarbeitergeld nach den Vorschriften des SGB III, Krankengeld nach den Vorschriften des SGB V, Übergangsgeld nach den Vorschriften des SGB VI) unterbrochen werden. Zeiten des Bezugs von Elterngeld während der Elternzeit nach dem Gesetz zum Elterngeld und zur Elternzeit (BEEG) gehören nicht hierzu.
- Zeiten der Ableistung eines freiwilligen sozialen oder ökologischen Jahres bzw. des Bundesfreiwilligendienstes.

Sowohl lohnsteuerlich als auch sozialversicherungsrechtlich ist jedoch zu beachten, dass ein Arbeitnehmer **nicht gleichzeitig für denselben** Arbeitgeber in **zwei Arbeitsverhältnissen** tätig sein kann (z. B. Haupttätigkeit und Minijob beim selben Arbeitgeber). Das gilt auch dann, wenn es sich um unterschiedliche Tätigkeiten handelt. In § 40a Abs. 4 Nr. 2 EStG wurde dies ausdrücklich klargestellt.

Möglich ist es hingegen vom bisherigen Arbeitgeber eine Betriebsrente zu beziehen (Versorgungsempfänger) und daneben für diesen Arbeitgeber noch einen Minijob auszuüben.

b) Auszubildende mit Minijob

Auszubildende üben eine versicherungspflichtige (Haupt-)Beschäftigung aus (vgl. das Stichwort „Auszubildende"). Eine (einzelne) daneben ausgeübte geringfügig entlohnte Beschäftigung bleibt deshalb anrechnungsfrei.

Beispiel

Ein Auszubildender mit einer monatlichen Ausbildungsvergütung von 600 € übt nebenher **einen** Minijob aus. Die Arbeitslöhne aus einer versicherungspflichtigen Hauptbeschäftigung und **einem** Minijob werden in der Kranken-, Pflege- und Arbeitslosenversicherung nicht zusammengerechnet. In der Rentenversicherung besteht Versicherungspflicht. Für den Minijob ergibt sich deshalb folgende Lohnabrechnung:

Monatslohn		520,– €
Lohnsteuer	0,– €	
Solidaritätszuschlag	0,– €	
Kirchensteuer	0,– €	
Rentenversicherung (Arbeitnehmeranteil 3,6 %)	18,72 €	18,72 €
Nettolohn		501,28 €

Der Arbeitgeber muss folgende Pauschalabgaben zahlen:

Lohnsteuer (einschließlich Solidaritätszuschlag und Kirchensteuer)	2 %	10,40 €
Krankenversicherung pauschal	13 %	67,60 €
Rentenversicherung pauschal	15 %	78,– €
insgesamt		156,– €

c) Mehrere Minijobs neben einer Haupttätigkeit

Werden neben einer sozialversicherungspflichtigen Hauptbeschäftigung **mehrere** geringfügig entlohnte Beschäftigungen ausgeübt, dann scheidet für **eine** geringfügig entlohnte Beschäftigung die Zusammenrechnung mit der Hauptbeschäftigung aus. In der Rentenversicherung besteht in jeder Beschäftigung Versicherungspflicht. Ausgenommen von der Zusammenrechnung wird dabei diejenige geringfügig entlohnte Beschäftigung, die **zeitlich zuerst aufgenommen** worden ist, sodass diese Beschäftigung versicherungsfrei bleibt. Die **weiteren** geringfügig entlohnten Beschäftigungen sind mit der versicherungspflichtigen Hauptbeschäftigung zusammenzurechnen, sodass für diese Minijobs die Zahlung pauschaler Arbeitgeberbeiträge zur Kranken- und Rentenversicherung sowie die 2 %ige Pauschalsteuer entfällt. Eine Pauschalierung der Lohnsteuer mit 20 % anstelle von 2 % ist möglich, wenn der Monatslohn für die geringfügig entlohnte Beschäftigung die Geringfügigkeitsgrenze nicht übersteigt (vgl. die Erläuterungen beim Stichwort „Pauschalierung der Lohnsteuer bei Aushilfskräften und Teilzeitbeschäftigten" unter Nr. 2 Buchstabe b).

Beispiel

Eine Verkäuferin arbeitet beim Arbeitgeber A gegen ein monatliches Arbeitsentgelt von 1000 €. Bei Arbeitgeber B arbeitet sie ab 1. November 2022 gegen ein monatliches Arbeitsentgelt von 250 € und beim Arbeitgeber C ab 1. Dezember 2022 gegen ein monatliches Entgelt von 270 €.

Die Verkäuferin unterliegt in der (Haupt-)Beschäftigung beim Arbeitgeber A der Versicherungspflicht. Bei den beiden übrigen Beschäftigungen handelt es sich jeweils um geringfügig entlohnte Beschäftigungen, weil das Arbeitsentgelt aus den einzelnen Beschäftigungen die Geringfügigkeitsgrenze nicht übersteigt. Da die Beschäftigung beim Arbeitgeber B zeitlich zuerst aufgenommen wird, wird sie **nicht** mit der versicherungspflichtigen (Haupt-)Beschäftigung zusammengerechnet und bleibt in der Kranken- und Pflegeversicherung versicherungsfrei. In der Rentenversicherung besteht Versicherungspflicht. Der Arbeitgeber B muss die Pauschalabgabe von 30 % bezahlen. Die Beschäftigung beim Arbeitgeber C ist hingegen mit der versicherungspflichtigen (Haupt-)Beschäftigung zusammenzurechnen mit der Folge, dass volle Versicherungspflicht in der Kranken-, Renten- und Pflegeversicherung begründet wird. In der Arbeitslosenversicherung besteht sowohl beim Arbeitgeber B als auch beim Arbeitgeber C Versicherungsfreiheit, weil das Arbeitsentgelt aus diesen Beschäftigungen jeweils die Geringfügigkeitsgrenze nicht überschreitet und geringfügig entlohnte Beschäftigungen mit versicherungspflichtigen (Haupt-)Beschäftigungen bei der Arbeitslosenversicherung generell nicht zusammengerechnet werden.

Da für die Beschäftigung beim Arbeitgeber C kein pauschaler Beitrag zur Rentenversicherung von 15 % entrichtet wird (sondern der hälftige Arbeitgeberanteil von 9,3 %), entfällt die 2 %ige Steuerpauschalierung (eine Pauschalierung der Lohnsteuer mit 20 % ist jedoch möglich, vgl. das Stichwort „Pauschalierung der Lohnsteuer bei Aushilfskräften und Teilzeitbeschäftigten" unter Nr. 2 Buchstabe b).

d) Sonderfälle

Die Zusammenrechnung einer nicht geringfügigen (Haupt-)Beschäftigung mit geringfügig entlohnten Beschäftigungen ist nur vorgesehen, **wenn die nicht geringfügige (Haupt-)Beschäftigung Versicherungspflicht begründet.** Deshalb scheidet z. B. eine Zusammenrechnung einer nach § 6 Abs. 1 Nr. 2 SGB V und § 5 Abs. 1 Nr. 1 SGB VI in der Kranken-, Pflege- und Rentenversicherung versicherungsfreien (nicht geringfügigen) **Beamtenbeschäftigung** mit geringfügig entlohnten Beschäftigungen aus. Allerdings hat hinsichtlich der neben einer versicherungsfreien Beamtenbeschäftigung ausgeübten geringfügig entlohnten Beschäftigungen eine Zusammenrechnung zu erfolgen, und zwar auch bei der Arbeitslosenversicherung.

Beispiel A

Ein privat krankenversicherter Beamter übt neben seiner Beamtenbeschäftigung beim Arbeitgeber A weitere Beschäftigungen beim Arbeitgeber B und C aus. Beim Arbeitgeber B arbeitet er als Programmierer gegen ein monatliches Arbeitsentgelt von 350 €; beim Arbeitgeber C arbeitet er als Buchhalter gegen ein monatliches Arbeitsentgelt von 250 €.

Der Beamte ist sowohl beim Arbeitgeber B als auch beim Arbeitgeber C in der Krankenversicherung und damit auch in der Pflegeversicherung versicherungsfrei. In der Renten- und **Arbeitslosenversicherung** besteht für den Beamten aufgrund der Beschäftigungen beim Arbeitgeber B und C Versicherungspflicht, weil das zusammengerechnete Arbeitsentgelt aus diesen Beschäftigungen die Geringfügigkeitsgrenze übersteigt.

Beispiel B

Ein privat krankenversicherter Beamter übt neben seiner Beamtenbeschäftigung beim Arbeitgeber A weitere Beschäftigungen beim Arbeitgeber B und C aus. Beim Arbeitgeber B arbeitet er als Buchhalter

Lohn-steuer-pflichtig Sozial-versich.-pflichtig

gegen ein monatliches Arbeitsentgelt von 550 €; beim Arbeitgeber C arbeitet er als Taxifahrer gegen ein monatliches Arbeitsentgelt von 200 €.

Der Beamte ist aufgrund der Beschäftigung beim Arbeitgeber B und C in der Krankenversicherung und damit auch in der Pflegeversicherung versicherungsfrei. In der Beschäftigung beim Arbeitgeber B unterliegt der Beamte der Versicherungspflicht in der Renten- und Arbeitslosenversicherung, weil das Arbeitsentgelt die Geringfügigkeitsgrenze übersteigt. Die Beschäftigung beim Arbeitgeber C bleibt als (erste) geringfügig entlohnte Beschäftigung neben der versicherungspflichtigen (Haupt-)Beschäftigung beim Arbeitgeber B in der Rentenversicherung auf Antrag versicherungsfrei, weil das monatliche Arbeitsentgelt die Geringfügigkeitsgrenze nicht übersteigt. In der Arbeitslosenversicherung besteht in der Beschäftigung beim Arbeitgeber C ebenfalls Versicherungsfreiheit, weil geringfügig entlohnte Beschäftigungen mit versicherungspflichtigen Beschäftigungen nicht zusammengerechnet werden.

Der Grundsatz, dass die Zusammenrechnung einer nicht geringfügigen (Haupt-)Beschäftigung mit geringfügig entlohnten Beschäftigungen nur dann vorzunehmen ist, wenn die nicht geringfügige (Haupt-)Beschäftigung Versicherungspflicht begründet, gilt bei der **Krankenversicherung** auch für diejenigen Arbeitnehmer, die bereits wegen Überschreitens der Jahresarbeitsentgeltgrenze nach § 6 Abs. 1 Nr. 1 SGB V versicherungsfrei sind.

Bei der **Rentenversicherung** gilt der Grundsatz, dass die Zusammenrechnung einer nicht geringfügigen (Haupt-)Beschäftigung mit geringfügig entlohnten Beschäftigten nur dann vorzunehmen ist, wenn die nicht geringfügige (Haupt-)Beschäftigung Versicherungspflicht begründet, auch für diejenigen Arbeitnehmer, die wegen Zugehörigkeit zu einer berufsständischen Versorgungseinrichtung von der Versicherungspflicht nach § 6 Abs. 1 Nr. 1 SGB VI befreit sind.

13. Überschreiten der Jahresarbeitsentgeltgrenze in der Krankenversicherung durch Mehrfachbeschäftigungen

In der Krankenversicherung unterliegen Arbeitnehmer nur dann der Versicherungspflicht, wenn ihr regelmäßiges Jahresarbeitsentgelt die Jahresarbeitsentgeltgrenze nicht übersteigt. Auf die ausführlichen Erläuterungen beim Stichwort „Jahresarbeitsentgeltgrenze" wird Bezug genommen.

Die Versicherungsfreiheit in der Krankenversicherung bedeutet gleichzeitig, dass auch in der sozialen Pflegeversicherung keine Versicherungspflicht aufgrund der Beschäftigung besteht. Wird die Jahresarbeitsentgeltgrenze überschritten, endet die Krankenversicherungspflicht mit Ablauf des Kalenderjahres, in dem die Grenze überschritten wird, vorausgesetzt, das Arbeitsentgelt überschreitet auch die Jahresarbeitsentgeltgrenze des folgenden Kalenderjahres.

Ein Überschreiten der Jahresarbeitsentgeltgrenze kann auch durch Zusammenrechnung einer nicht geringfügigen versicherungspflichtigen (Haupt-)Beschäftigung mit einer bei einem anderen Arbeitgeber ausgeübten zweiten und jeder weiteren für sich gesehen geringfügig entlohnten und damit versicherungsfreien Beschäftigung erfolgen. Arbeitnehmer, die neben einer nicht geringfügig versicherungspflichtigen (Haupt-)Beschäftigung und einer geringfügig entlohnten Beschäftigung eine weitere (zweite oder dritte) geringfügig entlohnte Beschäftigung aufnehmen und deren regelmäßiges Jahresarbeitsentgelt dadurch die Jahresarbeitsentgeltgrenze überschreitet, werden auch in der weiteren geringfügig entlohnten Beschäftigung zunächst krankenversicherungspflichtig. Die Krankenversicherungspflicht endet in beiden Beschäftigungen mit dem Ablauf des Kalenderjahres, in dem die Jahresarbeitsentgeltgrenze überschritten wird, sofern die Arbeitsentgelte aus beiden Beschäftigungen auch die vom Beginn des nächsten Kalenderjahres an geltende Jahresarbeitsentgeltgrenze überschreiten.

Lohn-steuer-pflichtig Sozial-versich.-pflichtig

14. Beginn der Versicherungspflicht bei Mehrfachbeschäftigungen

Der Arbeitgeber hat nach § 28a SGB IV jeden Versicherungspflichtigen und jeden geringfügig entlohnten Beschäftigten zu melden und nach § 28e SGB IV den Gesamtsozialversicherungsbeitrag zu zahlen. Hieraus erwächst für den Arbeitgeber die Verpflichtung, das Versicherungsverhältnis des jeweiligen Arbeitnehmers zu beurteilen, Beiträge zu berechnen und gegebenenfalls vom Arbeitsentgelt einzubehalten und an die Einzugsstelle abzuführen. Außerdem hat der Arbeitgeber nach § 8 Abs. 1 Nr. 9 BVV die für die Versicherungsfreiheit oder die Befreiung von der Versicherungspflicht maßgebenden Angaben – z. B. bei geringfügig Beschäftigten – zu den Entgeltunterlagen zu nehmen.

Andererseits ist der Arbeitnehmer nach § 28o SGB IV verpflichtet, dem Arbeitgeber die zur Durchführung des Meldeverfahrens und der Beitragszahlung erforderlichen Angaben zu machen. Hierzu gehört auch, dass der Arbeitnehmer seinen Arbeitgeber über eventuelle Vorbeschäftigungen oder über aktuelle weitere Beschäftigungen bei anderen Arbeitgebern informiert, damit der Arbeitgeber prüfen kann, ob eine geringfügig entlohnte Beschäftigung mit anderen geringfügig entlohnten Beschäftigungen oder mit einer nicht geringfügigen versicherungspflichtigen Beschäftigung zusammenzurechnen ist.

Sofern ein Sozialversicherungsträger im Nachhinein (z. B. durch Datenabgleich bei der Deutschen Rentenversicherung Knappschaft-Bahn-See oder bei der Datenstelle der Rentenversicherungsträger oder im Rahmen einer Betriebsprüfung) feststellt, dass mehrere geringfügig entlohne Beschäftigungen oder eine geringfügig entlohne Beschäftigung mit einer nicht geringfügigen versicherungspflichtigen Beschäftigung zusammenzurechnen sind und damit Versicherungspflicht gegeben ist, tritt die Versicherungspflicht nach § 8 Abs. 2 Satz 3 SGB IV **erst mit der Bekanntgabe dieser Feststellung** durch die Einzugsstelle oder durch einen Rentenversicherungsträger ein. Dies gilt dann nicht, wenn der Arbeitgeber vorsätzlich oder grob fahrlässig versäumt hat, den Sachverhalt für die versicherungsrechtliche Beurteilung aufzuklären (§ 8 Abs. 2 Satz 4 SGB IV).

Zuständige Einzugsstelle im oben genannten Sinne ist die Minijob-Zentrale bei der Deutschen Rentenversicherung Knappschaft-Bahn-See. Der Rentenversicherungsträger ist zuständig, wenn eine unterbliebene Zusammenrechnung im Rahmen einer Betriebsprüfung festgestellt wird. Die Minijob-Zentrale bzw. der Rentenversicherungsträger wird dem Arbeitgeber im Übrigen in dem Bescheid über die festgestellte Versicherungspflicht definitiv den Tag des Beginns der Versicherungspflicht mitteilen und den bzw. die Arbeitgeber auffordern, die entsprechenden Meldungen vorzunehmen.

Beispiel

Eine Kellnerin arbeitet beim Arbeitgeber A gegen ein monatliches Arbeitsentgelt von 250 € und wird als geringfügig entlohnte Beschäftigte bei der Minijob-Zentrale gemeldet.

Am 1.11.2022 nimmt sie zusätzlich eine Beschäftigung als Kellnerin gegen ein monatliches Arbeitsentgelt von 300 € beim Arbeitgeber B auf. Die Kellnerin hat die Frage des Arbeitgebers B nach dem Vorliegen einer weiteren Beschäftigung verneint. Arbeitgeber B meldet die Arbeitnehmerin somit ebenfalls im Rahmen einer geringfügig entlohnten Beschäftigung bei der Minijob-Zentrale an.

Die Minijob-Zentrale stellt im Dezember des Jahres 2022 fest, dass die Kellnerin in beiden Beschäftigungen versicherungspflichtig ist, weil das zusammengerechnete Arbeitsentgelt aus beiden Beschäftigungen die Geringfügigkeitsgrenze übersteigt. Mit Bescheid vom 17.12.2022 informiert die Minijob-Zentrale die Arbeitgeber A und B darüber, dass die Arbeitnehmerin zum 20.12.2022 als geringfügig Beschäftigte bei der Minijob-Zentrale ab- und zum 21.12.2022 als versicherungspflichtig Beschäftigte bei der zuständigen Krankenkasse anzumelden ist.

Um Streitereien mit den Prüfern von vornherein zu vermeiden, empfiehlt es sich die entsprechenden Angaben zur richtigen sozialversicherungsrechtlichen Beurteilung

Lohn-steuer-pflichtig Sozial-versich.-pflichtig

mit einem **Personalfragebogen** zu erheben und zu dokumentieren. Das Muster eines solchen Personalfragebogens ist als Anhang 18 abgedruckt.

15. Übergangsregelungen ab 1.10.2022

Kranken- und Pflegeversicherung

Für bereits am 30.9.2022 bestehende, krankenversicherungspflichtige Beschäftigungsverhältnisse mit **Entgelt bis 520 €** verbleibt es bei der Versicherungspflicht **bis längstens 31.12.2023,** sofern nicht die Voraussetzungen für eine Familienversicherung nach § 10 SGB V vorliegen und solange das Arbeitsentgelt 450 € monatlich überscheitet.

Das bedeutet, dass versicherungspflichtige Beschäftigungsverhältnisse mit einem Entgelt zwischen 450,01 € und 520 €, die bis 30.9.2022 begonnen haben und dementsprechend nach den bis dahin geltenden Regelungen versicherungspflichtig beurteilt wurden, weil sie mehr als geringfügig entlohnt waren, zunächst krankenversicherungspflichtig blieben. Dieser Bestandsschutz endet am 31.12.2023. D. h., dass ab 1.1.2024 bei unverändertem Beschäftigungsverhältnis mit Ausnahme der Rentenversicherung Versicherungsfreiheit eintritt.

Beschäftigte, die am 30.9.2022 in einer mehr als geringfügigen Beschäftigung stehen (Entgelt mehr als 450 €) und keinen Anspruch auf Familienversicherung nach § 10 SGB V haben, werden nur dann versicherungsfrei, wenn sie einen Antrag auf Befreiung von der Versicherungspflicht stellen (§ 7 Abs. 2 SGB V). Der Antrag ist für Beschäftigte mit einem Entgelt bis zu 520 € möglich. Der Antrag ist bis spätestens 31.12.2022 bei der zuständigen Krankenkasse zu stellen.

Rentenversicherung

Laufende Beschäftigungen, die bis 30.9.2022 versicherungs**pflichtig** waren und deren Entgelt zwischen 450,01 € und 520 € beträgt, bleiben weiterhin versicherungspflichtig. Eine Befreiungsmöglichkeit nach § 6 Abs. 1b SGB VI besteht für am 30.9.2022 bestehende Beschäftigungen nicht (§ 231 Abs. 9 SGB VI).

Arbeitslosenversicherung

Für bis 30.9.2022 arbeitslosenversicherungspflichtige Beschäftigungsverhältnisse mit Entgelt bis 520 € verbleibt es bei der Versicherungspflicht **bis längstens 31.12.2023,** solange das Arbeitsentgelt 450 € übersteigt. Sofern das Arbeitsentgelt unter 450 € sinkt, tritt ab diesem Zeitpunkt Versicherungsfreiheit ein. Arbeitnehmer mit einem Entgelt von 450,01 € bis 520 € können bei der zuständigen Agentur für Arbeit einen Antrag auf Befreiung von dieser Versicherungspflicht stellen (§ 454 Abs. 2 SGB III). Ein solcher Antrag ist auf die geringfügige Beschäftigung beschränkt und wirkt vom 1.10.2022 an, wenn er bis 31.12.2022 gestellt wurde. Wird er später gestellt, wirkt er vom Beginn des auf die Antragstellung folgenden Kalendermonats an.

Die Auswirkungen auf die Beitragsberechnung bei diesen Bestandsschutzfällen sind beim Stichwort „Übergangsbereich nach § 20 Abs. 2 SGB IV" beschrieben.

16. Kurzfristige Beschäftigungen

a) Allgemeines

Durch die Erhöhung der Geringfügigkeitsgrenze ab 1.10.2022 ergeben sich für die versicherungsrechtliche Beurteilung der kurzfristigen Beschäftigungen keine Auswirkungen bzw. Änderungen.

Die Zeitgrenzen für das Vorliegen einer kurzfristigen Beschäftigung sind zum 1.1.2019 dauerhaft auf drei Monate bzw. 70 Arbeitstage erhöht worden. Während der Corona-Pandemie sind die Zeitgrenzen für eine kurzfristige Beschäftigung befristet angehoben worden.[1] Zu diesen Sonderregelungen siehe das Rundschreiben der Spitzenorganisationen der Sozialversicherungsträger vom 31.5.2021 (www.aok.de/fk/sozialversicherung/rundschreiben/rundschreiben-des-jahres-2021/). **Seit 1.11.2021** gelten wieder die bekannten Zeitgrenzen für sozialversicherungsfreie kurzfristige Beschäftigungen von **drei Monaten oder 70 Arbeitstagen** (§ 8 Abs. 1 Nr. 2 SGB IV).

Für eine **zeitlich** geringfügige (sog. kurzfristige Beschäftigung) fallen keine Beiträge zur Sozialversicherung an, und zwar auch keine Pauschalbeiträge zur Kranken- und Rentenversicherung. Das gilt auch dann, wenn die kurzfristige Beschäftigung gleichzeitig die Voraussetzungen einer geringfügig entlohnten Beschäftigung erfüllt. **Der Arbeitslohn für die kurzfristige Beschäftigung unterliegt jedoch der Lohnsteuer.** Der Lohnsteuerabzug kann entweder nach den individuellen Lohnsteuerabzugsmerkmalen des Arbeitnehmers oder pauschal mit 25 % des Arbeitslohns vorgenommen werden. Bei Aushilfskräften in der Land- und Forstwirtschaft beträgt die pauschale Lohnsteuer 5 %. Die nach den individuellen Lohnsteuerabzugsmerkmalen (z. B. Steuerklasse I, Religionszugehörigkeit „rk") ermittelte Lohnsteuer oder bei Einhaltung der übrigen steuerlichen Voraussetzungen die pauschale Lohnsteuer in Höhe von 25 % oder 5 % muss der Arbeitgeber mit dem bei einer Pauschalbesteuerung weiterhin zu erhebenden Solidaritätszuschlag und der Kirchensteuer beim Betriebsstättenfinanzamt anmelden und dorthin abführen (vgl. die ausführlichen Erläuterungen beim Stichwort „Pauschalierung der Lohnsteuer bei Aushilfskräften und Teilzeitbeschäftigten"). Im Einzelnen gilt für kurzfristige Beschäftigungen Folgendes:

Eine kurzfristige Beschäftigung liegt nach § 8 Abs. 1 Nr. 2 SGB IV vor, wenn die Beschäftigung für eine Zeitdauer ausgeübt wird, die im Laufe eines Kalenderjahres seit ihrem Beginn auf nicht mehr als

- drei Monate
  oder
- insgesamt 70 Arbeitstage

nach ihrer Eigenart begrenzt zu sein pflegt oder im Voraus vertraglich (z. B. durch einen auf längstens ein Jahr befristeten Rahmenvertrag) begrenzt ist; dies kann auch gelten, wenn die kurzfristige Beschäftigung die Voraussetzungen einer geringfügig entlohnten Beschäftigung erfüllt. Die Voraussetzung einer kurzfristigen Beschäftigung sind mithin nur gegeben, wenn die Beschäftigung von vornherein auf nicht mehr als drei Monate oder 70 Arbeitstage (auch kalenderjahrüberschreitend) befristet ist. Hierbei sind alle Tage zu berücksichtigen, für die ein Anspruch auf Arbeitsentgelt besteht; dazu gehören z. B. auch Tage, an denen bezahlter Urlaub gewährt (vgl. Urteil des BSG vom 24.11.2020 – B 12 KR 34/19 R –, USK 2020-57) oder Bereitschaftsdienst geleistet wird. Eine kurzfristige Beschäftigung liegt allerdings nicht mehr vor, wenn die Beschäftigung **berufsmäßig** ausgeübt wird und das Arbeitsentgelt aus dieser Beschäftigung die Geringfügigkeitsgrenze überschreitet.

Beispiel A

Eine Hausfrau übt jedes Jahr im Juli, August und September eine Aushilfstätigkeit als Verkäuferin aus. Der Monatslohn beträgt 1800 €. Die Beschäftigung ist sozialversicherungsfrei, da sie von vornherein auf drei Monate befristet ist und nicht berufsmäßig ausgeübt wird; vgl. zur Berufsmäßigkeit nachfolgenden Buchstaben e. Für den Lohnsteuerabzug müssen dem Arbeitgeber die individuellen Lohnsteuerabzugsmerkmale (z. B. Steuerklasse V, Religionszugehörigkeit „rk") der Arbeitnehmerin bekannt sein, da ansonsten der Arbeitslohn nach Steuerklasse VI besteuert wird. Eine Pauschalierung der Lohnsteuer ist wegen der zeitlichen Dauer nicht möglich.

Eine zeitliche Beschränkung der Beschäftigung nach ihrer Eigenart liegt vor, wenn sie sich aus der Art, dem Wesen oder dem Umfang der zu verrichtenden Arbeit ergibt

1) Für den Zeitraum 1.3.2020 bis 31.10.2020 galt eine Zeitgrenze von fünf Monaten oder 115 Arbeitstagen und vom 1.3.2021 bis 31.10.2021 von vier Monaten oder 102 Arbeitstagen.

Lohn- steuer- pflichtig | Sozial- versich.- pflichtig

(Schlussverkauf, Ausstellungen, Messen). Versicherungsfreiheit besteht jedoch trotz Kurzfristigkeit nicht, wenn diese Beschäftigungen **berufsmäßig** ausgeübt werden (vgl. die Erläuterungen unter dem nachfolgenden Buchstaben e).

Eine kurzfristige Beschäftigung liegt selbst dann nicht vor, wenn die Zeitdauer von 70 Arbeitstagen im Laufe eines Kalenderjahres innerhalb eines Dauerarbeitsverhältnisses oder eines regelmäßig wiederkehrenden Arbeitsverhältnisses nicht überschritten wird; eine Beschäftigung, die aufgrund eines über zwölf Monate hinausgehenden Rahmenvertrags begründet wird, ist dabei als Dauerarbeitsverhältnis anzusehen (z. B. bei sog. Ultimo-Aushilfen). Allerdings ist in den vorgenannten Fällen zu prüfen, ob die Beschäftigung die Voraussetzungen einer geringfügig entlohnten Beschäftigung erfüllt.

Beispiel B

Eine Hausfrau arbeitet aufgrund eines unbefristeten Vertrags als Bankkauffrau bei einem Geldinstitut jeweils an den letzten vier Arbeitstagen im Kalendermonat gegen ein monatliches Arbeitsentgelt von 600 €.

Die Bankkauffrau ist versicherungspflichtig, weil das Arbeitsentgelt die Geringfügigkeitsgrenze übersteigt. Dabei ist unerheblich, dass die für die Kurzfristigkeit einer Beschäftigung maßgebende Zeitdauer von 70 Arbeitstagen im Laufe eines Jahres nicht überschritten wird; die Tatsache, dass die Bankkauffrau eine Dauerbeschäftigung ausübt, schließt das Vorliegen einer kurzfristigen Beschäftigung aus.

b) Auf ein Jahr befristete Rahmenverträge

Die Unterscheidung, ob es sich um eine geringfügig entlohnte (Dauer-)Beschäftigung oder um eine kurzfristige Beschäftigung handelt, ist angesichts der Tatsache, dass für kurzfristige Beschäftigungen keine Pauschalbeiträge zu entrichten sind, von großer Bedeutung. In der Praxis werden deshalb vermehrt Überlegungen angestellt, eine auf Dauer angelegte, regelmäßige Beschäftigung durch Kettenarbeitsverträge in eine kurzfristige Beschäftigung umzuwandeln. Hierzu ist Folgendes zu bemerken:

Eine Beschäftigung, die sich über einen längeren Zeitraum ständig wiederholen soll, wird regelmäßig ausgeübt. Dies ist dann der Fall, wenn ein über ein Jahr hinausgehender Arbeitsvertrag geschlossen wird, und zwar auch dann, wenn dieser Vertrag maximal nur Arbeitseinsätze von 70 Arbeitstagen innerhalb eines Jahres vorsieht (vgl. das Beispiel B unter dem vorstehenden Buchstaben a). Ist der Rahmenvertrag zunächst auf ein Jahr oder weniger begrenzt und werden für diesen Zeitraum Arbeitseinsätze von maximal 70 Arbeitstagen vereinbart, bleibt diese Beschäftigung zunächst als kurzfristige Beschäftigung versicherungsfrei. Wird ein solcher Rahmenvertrag auf mehr als ein Jahr verlängert, liegt von dem Zeitpunkt an, an dem die Verlängerung vereinbart wird, eine regelmäßige Beschäftigung vor. Wird ein Rahmenvertrag zunächst auf ein Jahr begrenzt und unmittelbar im Anschluss daran ein neuer Rahmenvertrag geschlossen (Kettenvertrag), ist vom Beginn des neuen Rahmenvertrags an von einer regelmäßigen Beschäftigung auszugehen. Dies ist dann nicht der Fall, **wenn zwischen den beiden Rahmenverträgen eine Unterbrcohung von mindestens zwei Monaten** liegt. Wird also im Anschluss an einen Rahmenvertrag mit einem Abstand von mindestens zwei Monaten ein neuer Rahmenvertrag mit einer Befristung auf ein Jahr und einer Begrenzung auf maximal 70 Arbeitstage abgeschlossen, kann im Regelfall vom Beginn des neuen Rahmenvertrages an wiederum von einer kurzfristigen Beschäftigung ausgegangen werden.

Beispiel

Mit einer Hausfrau ist ein vom 1.1. bis 31.12.2022 befristeter Arbeitsvertrag abgeschlossen worden, der mit Ausnahme des Monats August (Ferien) verschiedene Büroarbeiten jeweils am Montag zum Inhalt hatte. Ein weiterer befristeter Arbeitsvertrag gleichen Inhalts schließt sich erst nach einer Unterbrechung von zwei Monaten an und läuft vom 1.3.2023 bis zum 29.2.2024.

Lohn- steuer- pflichtig | Sozial- versich.- pflichtig

Werden Arbeitnehmer wiederholt von ein und demselben Arbeitgeber beschäftigt, ohne dass ein Rahmenvertrag besteht, liegt eine regelmäßige Beschäftigung so lange **nicht** vor, als im laufenden Kalenderjahr die Zeitgrenze von 70 Arbeitstagen nicht überschritten wird.

c) Drei Monate oder 70 Arbeitstage

Die Zeitgrenze von drei Monaten und die Zeitgrenze von 70 Arbeitstagen sind **gleichwertige Alternativen** zur Begründung einer kurzfristigen Beschäftigung; eine Anwendung der jeweiligen Zeitgrenze in Abhängigkeit von der Anzahl der wöchentlichen Arbeitstage erfolgt nicht (vgl. Urteil des BSG vom 24.11.2020 – B 12 KR 34/19 R –, USK 2020-57). Die zeitlichen Voraussetzungen für eine kurzfristige Beschäftigung sind demzufolge unabhängig von der arbeitszeitlichen Ausgestaltung der Beschäftigung immer erfüllt, wenn die Beschäftigung entweder auf längstens drei Monate oder bei einem darüber hinausgehenden Zeitraum auf längstens 70 Arbeitstage befristet ist. Ein Nachtdienst, der sich über zwei Kalendertage erstreckt, gilt als ein Arbeitstag (BFH-Urteil vom 28.1.1994, BStBl. II S. 421). Werden an einem Kalendertag mehrere kurzfristige Beschäftigungen ausgeübt, gilt dieser Kalendertag ebenfalls als ein Arbeitstag.

d) Zusammenrechnung mehrerer Beschäftigungsverhältnisse innerhalb eines Jahres

Bei der Prüfung, ob die Zeiträume von drei Monaten oder 70 Arbeitstagen überschritten werden, sind die Zeiten mehrerer aufeinander folgender kurzfristiger Beschäftigungen zusammenzurechnen, unabhängig davon, ob sie geringfügig entlohnt oder mehr als geringfügig entlohnt sind. Zu berücksichtigen sind die Zeiträume der Beschäftigung, die vom Arbeitgeber unter Angabe der Personengruppe 110 gemeldet wurden. Dies gilt auch dann, wenn die einzelnen Beschäftigungen bei verschiedenen Arbeitgebern ausgeübt werden. Es ist jeweils bei Beginn einer neuen Beschäftigung zu prüfen, ob diese zusammen mit den schon im laufenden Kalenderjahr ausgeübten kurzfristigen Beschäftigungen die maßgebenden Zeitgrenzen überschreitet.

Bei einer Zusammenrechnung von mehreren Beschäftigungszeiten treten an die Stelle des Dreimonatszeitraums 90 Kalendertage. Hierbei werden volle Kalendermonate mit 30 Kalendertagen und Teilmonate mit den tatsächlichen Kalendertagen berücksichtigt. Umfasst ein Zeitraum keinen Kalendermonat, aber einen Zeitmonat, ist dieser ebenfalls mit 30 Kalendertagen anzusetzen. Kalendermonate sind somit immer vorrangig vor Zeitmonaten zu berücksichtigen. Sofern eine Beschäftigung im Rahmen der 70-Arbeitstage-Regelung zu beurteilen ist, sind die Arbeitstage aus allen im laufenden Kalenderjahr zu berücksichtigenden Beschäftigungszeiträumen zusammenzurechnen. Diese Ausführungen gelten gleichermaßen bei einer Rahmenvereinbarung mit mehreren Beschäftigungszeiträumen, sodass in den einzelnen Beschäftigungszeiträumen einheitlich entweder 90 Kalendertage oder 70 Arbeitstage maßgebend sind.

Werden Arbeitnehmer wiederholt von ein- und demselben Arbeitgeber beschäftigt, ohne dass eine regelmäßige Beschäftigung besteht, liegt eine kurzfristige Beschäftigung so lange vor, als im laufenden Kalenderjahr die Zeitgrenze von drei Monaten bzw. 90 Kalendertagen oder die Zeitgrenze von 70 Arbeitstagen nicht überschritten wird.

Beschäftigungen, die im Vorjahr begonnen haben, werden nur mit der im laufenden Kalenderjahr liegenden Beschäftigungszeit berücksichtigt. Wird durch eine Zusammenrechnung mehrerer kurzfristiger Beschäftigungen die Zeitgrenze von drei Monaten bzw. 90 Kalendertagen oder die Zeitgrenze von 70 Arbeitstagen überschritten, handelt es sich um eine regelmäßig ausgeübte Beschäftigung; in diesen Fällen ist zu prüfen, ob eine geringfügig entlohnte

Lohn-steuer-pflichtig	Sozial-versich.-pflichtig

Beschäftigung vorliegt. Im Ausland ausgeübte Beschäftigungen werden bei der Zusammenrechnung nicht berücksichtigt.

Die vorstehenden Ausführungen gelten auch für Beschäftigungen, die über den Jahreswechsel hinausgehen. Das heißt, beginnt eine für sich betrachtet kurzfristige Beschäftigung in einem Kalenderjahr, in dem die in das laufende Kalenderjahr fallende Beschäftigungszeit zusammen mit den Vorbeschäftigungen die Dauer von drei Monaten bzw. 90 Kalendertagen oder 70 Arbeitstagen überschreitet, liegt für die gesamte Dauer der zu beurteilenden Beschäftigung keine Kurzfristigkeit vor, und zwar auch insoweit, als die zu beurteilende Beschäftigung in das neue Kalenderjahr hineinreicht. Wird die Dauer von drei Monaten bzw. 90 Kalendertagen oder 70 Arbeitstagen in einer für sich betrachtet kalenderjahrüberschreitenden kurzfristigen Beschäftigung bei ihrem Beginn zusammen mit Vorbeschäftigungen im laufenden Kalenderjahr hingegen nicht überschritten, weil lediglich die in das laufende Kalenderjahr fallende Beschäftigungszeit der zu beurteilenden Beschäftigung bei der Zusammenrechnung zu berücksichtigen ist, ist die Beschäftigung für die gesamte Dauer kurzfristig. Eine nach Kalenderjahren getrennte versicherungsrechtliche Beurteilung dieser Beschäftigungen erfolgt nicht.

Beispiel A

Eine Verkäuferin nimmt am 15.11.2021 eine bis zum 15.3.2022 befristete Beschäftigung (Fünftagewoche) gegen ein monatliches Arbeitsentgelt von 1500 € auf.

Die Verkäuferin ist versicherungspflichtig, weil die Beschäftigungszeit von vorneherein auf mehr als drei Monate befristet und deshalb nicht kurzfristig ist. Dem steht nicht entgegen, dass die Beschäftigungszeit in den beiden Kalenderjahren jeweils drei Monate nicht überschreitet.

Beispiel B

Eine Hausfrau nimmt am 1.12.2021 eine Beschäftigung als Aushilfsverkäuferin gegen ein monatliches Arbeitsentgelt von 1000 € auf (Fünftagewoche). Die Beschäftigung ist von vornherein bis zum 28.2.2022 befristet. Die Hausfrau hat im Kalenderjahr 2021 bereits vom 1.6. bis zum 31.8. eine Beschäftigung ausgeübt.

Die am 1.12.2021 aufgenommene Beschäftigung ist nicht kurzfristig und daher versicherungspflichtig, weil zu ihrem Beginn feststeht, dass die Beschäftigungsdauer im Kalenderjahr 2021 unter Berücksichtigung der Vorbeschäftigung mehr als drei Monate beträgt. Die Beschäftigung bleibt auch über den Jahreswechsel hinaus weiterhin versicherungspflichtig, weil bei kalenderjahrüberschreitenden Beschäftigungen eine getrennte versicherungsrechtliche Beurteilung nicht in Betracht kommt.

Beispiel C

Eine Hausfrau nimmt am 1.12.2021 eine Beschäftigung als Aushilfsverkäuferin gegen ein monatliches Arbeitsentgelt von 900 € auf. Die Beschäftigung ist von vornherein bis zum 28.2.2022 befristet. Die Hausfrau hat im Kalenderjahr 2021 bereits vom 1.7. bis zum 31.8. eine Beschäftigung ausgeübt.

Die am 1.12.2021 aufgenommene Beschäftigung ist kurzfristig und damit versicherungsfrei in der Kranken-, Renten- und Arbeitslosenversicherung sowie nicht versicherungspflichtig in der Pflegeversicherung, weil zu ihrem Beginn feststeht, dass die Beschäftigungsdauer im Kalenderjahr 2021 unter Berücksichtigung der Vorbeschäftigung nicht mehr als drei Monate beträgt. Die Beschäftigung bleibt auch über den Jahreswechsel hinaus weiterhin versicherungsfrei bzw. nicht versicherungspflichtig, weil sie auf nicht mehr als drei Monate befristet ist.

Beispiel D

Eine Hausfrau nimmt am 2. 5. eine Beschäftigung als Aushilfsverkäuferin (Urlaubsvertretung) auf, die von vornherein bis zum 18. 6. befristet ist und wöchentlich sechs Arbeitstage umfassen soll. Die Hausfrau war im laufenden Kalenderjahr wie folgt beschäftigt:

a) vom 2. 1. bis 25. 1. (Fünf-Tage-Woche) =	24 Kalendertage
b) vom 31. 3. bis 18. 4. (Sechs-Tage-Woche) =	19 Kalendertage
c) vom 2.5 bis 18. 6. (Sechs-Tage-Woche) =	48 Kalendertage
zusammen =	91 Kalendertage

Die wöchentliche Arbeitszeit beträgt jeweils 40 Stunden.

Die Beschäftigung zu c) ist versicherungspflichtig, weil zu ihrem Beginn feststeht, dass sie zusammen mit den im laufenden Kalenderjahr bereits verrichteten Beschäftigungen die Grenze von drei Monaten (90 Kalendertagen) überschreitet. Stehen bereits bei Aufnahme der ersten Beschäftigung (am 2. 1.) die gesamten folgenden Beschäftigungszeiten fest, unterliegen alle Beschäftigungen der Versicherungspflicht.

e) Prüfung der Berufsmäßigkeit

Eine kurzfristige Beschäftigung erfüllt dann nicht mehr die Voraussetzungen einer geringfügigen Beschäftigung, wenn die Beschäftigung berufsmäßig ausgeübt wird. Die Prüfung der Berufsmäßigkeit ist jedoch nicht erforderlich, wenn das aufgrund dieser Beschäftigung erzielte monatliche Arbeitsentgelt 450 € nicht überschreitet. Darüber hinaus braucht die Berufsmäßigkeit der Beschäftigung auch dann nicht geprüft zu werden, wenn die Beschäftigung bereits infolge Überschreitens der Zeitgrenzen als nicht geringfügig anzusehen ist. Berufsmäßig wird eine Beschäftigung dann ausgeübt, wenn sie für die in Betracht kommende Person nicht von untergeordneter wirtschaftlicher Bedeutung ist. Aushilfsweise tätige **Hausfrauen, Rentner, Schüler und Studenten** sind in der Regel nicht berufsmäßig beschäftigt.

Beschäftigungen, die nur gelegentlich ausgeübt werden, sind also grundsätzlich von untergeordneter wirtschaftlicher Bedeutung und daher als nicht berufsmäßig anzusehen. Dies gilt sinngemäß auch für kurzfristige Beschäftigungen, die neben einer Beschäftigung mit einem Entgelt über der Geringfügigkeitsgrenze (Hauptbeschäftigung) ausgeübt werden.

Beispiel A

Ein Kraftfahrer übt beim Arbeitgeber A eine Dauerbeschäftigung gegen ein monatliches Arbeitsentgelt von 2500 € aus. Am 1. 7. nimmt er zusätzlich eine Beschäftigung beim Arbeitgeber B als Kellner auf, die von vornherein bis zum 15.9. befristet ist; in dieser Beschäftigung erzielt er ein monatliches Arbeitsentgelt von 500 €.

Die Beschäftigung beim Arbeitgeber B bleibt versicherungsfrei, weil sie von vornherein auf nicht mehr als drei Monate befristet ist und auch nicht berufsmäßig ausgeübt wird.

Folgt eine kurzfristige Beschäftigung auf bereits ausgeübte Beschäftigungen, ist Berufsmäßigkeit ohne weitere Prüfung anzunehmen, wenn die Beschäftigungszeiten im Laufe eines Kalenderjahres insgesamt mehr als drei Monate oder 70 Arbeitstage betragen. Dabei können nur solche Beschäftigungen berücksichtigt werden, in denen die monatliche Geringfügigkeitsgrenze überschritten wird.

Beispiel B

Eine Hausfrau nimmt am 13. 8. eine Beschäftigung als Aushilfsverkäuferin gegen ein monatliches Arbeitsentgelt von 1400 € auf. Die Beschäftigung ist von vornherein bis zum 20. 9. befristet. Im laufenden Kalenderjahr war die Hausfrau wie folgt beschäftigt (das Arbeitsentgelt betrug jeweils mehr als 450 €):

a) vom 2. 3. bis 15. 6.	=	106 Kalendertage
b) vom 13. 8. bis 20. 9.	=	39 Kalendertage
zusammen	=	145 Kalendertage

Eine Zusammenrechnung der beiden Beschäftigungszeiten scheidet aus, da hiernach nur geringfügige (d. h. Beschäftigungen von einer Dauer von nicht mehr als drei Monaten bzw. 70 Arbeitstagen) zusammengerechnet werden können. Für die Prüfung der Berufsmäßigkeit sind die Beschäftigungen jedoch in jedem Falle zusammenzurechnen. Da die Beschäftigungszeiten im laufenden Kalenderjahr insgesamt 145 Kalendertage, also mehr als drei Monate, betragen, wird die Beschäftigung berufsmäßig ausgeübt; es besteht deshalb Versicherungspflicht.

Bei Personen, die aus dem Berufsleben ausgeschieden sind, werden nur die Beschäftigungszeiten **nach dem Ausscheiden** angerechnet.

Beispiel C

Eine Verkäuferin hatte ihre langjährige, versicherungspflichtige Beschäftigung aufgrund ihrer Heirat zum 31. 3. aufgegeben. Von diesem Zeitpunkt an war sie nicht mehr berufstätig. Am 1. 8. nimmt sie eine Beschäftigung als Aushilfsverkäuferin auf, die von vornherein bis zum 15.9. befristet ist. Die Arbeitszeit beträgt täglich acht Stunden (5-Tage-Woche); als Vergütung werden 1000 € bezahlt.

Lohnsteuerpflichtig Sozialversich.-pflichtig

Es handelt sich um eine kurzfristige Beschäftigung (nicht mehr als drei Monate). Bei der Prüfung der Berufsmäßigkeit bleibt die bis zum 31. 3. ausgeübte Beschäftigung außer Betracht, da bei Personen, die aus dem Berufsleben ausgeschieden sind, nur Beschäftigungszeiten nach dem Ausscheiden angerechnet werden. Die Beschäftigung ist daher sozialversicherungsfrei.

Bei der Prüfung der Berufsmäßigkeit wird also zum einen darauf abgestellt, ob die Beschäftigung für den betreffenden Arbeitnehmer von mehr als untergeordneter wirtschaftlicher Bedeutung ist. Nach der Rechtsprechung des Bundessozialgerichts ist dies dann anzunehmen, wenn aus dem Entgelt der zu beurteilenden Beschäftigung der Lebensunterhalt ganz oder zu einem erheblichen Teil bestritten wird. Hierbei sind die Lebensumstände des Beschäftigten, insbesondere seine Vermögens- und Einkommensverhältnisse und etwaige Unterhaltsansprüche zu berücksichtigen. Diese Verhältnisse sind nicht nur für die Dauer der zu beurteilenden Beschäftigung zu beachten.

Bei folgenden Personengruppen wird hiernach im Regelfall von Berufsmäßigkeit ausgegangen:

- Bezieher von Arbeitslosengeld und Arbeitslosengeld II, und zwar unabhängig davon, ob die kurzfristige Beschäftigung während des Leistungsbezuges aufgenommen wird oder der Leistungsbezug erst während der kurzfristigen Beschäftigung beginnt;
- Arbeitsuchende, die bei einer Agentur für Arbeit gemeldet sind (ohne Leistungsbezug); ansonsten wie bei tatsächlichen Leistungsbeziehern;
- Mütter oder Väter während der Elternzeit;
- Bezieher von Sozialhilfe;
- Beschäftigung zwischen Schulentlassung und Aufnahme eines Berufsausbildungsverhältnisses (nicht Studium);
- Beschäftigung zwischen Schulentlassung und Ableistung eines freiwilligen sozialen oder ökologischen Jahres oder Teilnahme am Bundesfreiwilligendienst (selbst wenn danach die Aufnahme eines Studiums beabsichtigt ist);
- Beschäftigungen während eines unbezahlten Urlaubs.

Bei den genannten Personen besteht unter Beachtung der beschriebenen Besonderheiten aufgrund der Berufsmäßigkeit ohne Rücksicht auf die Dauer der befristeten Beschäftigung immer Versicherungspflicht, und zwar auch dann, wenn es sich lediglich um einen einzigen Beschäftigungstag handelt. Versicherungsfreiheit besteht nur dann, wenn die (ggf. anteilige) monatliche Geringfügigkeitsgrenze nicht überschritten wird.

Beispiel D

Ein Bezieher von Arbeitslosengeld vereinbart eine auf zwei Tage (Samstag und Sonntag) befristete Beschäftigung als Kellner zu je sieben Stunden; das Arbeitsentgelt beträgt pro Tag 50 €.

Da das Arbeitsentgelt die für den Beschäftigungszeitraum anteilige Arbeitsentgeltgrenze (520 € : 30 × 2 = 34,67 €) übersteigt und der Arbeitnehmer als Bezieher von Arbeitslosengeld als berufsmäßig Beschäftigter anzusehen ist, besteht Versicherungspflicht in der Kranken-, Renten- und Pflegeversicherung. In der Arbeitslosenversicherung besteht Versicherungsfreiheit, weil die wöchentliche Arbeitszeit weniger als 15 Stunden beträgt (vgl. die Erläuterungen zur Arbeitslosenversicherung unter der nachfolgenden Nr. 17).

Zusammenfassend ist für die Prüfung der Berufsmäßigkeit Folgendes festzuhalten:

Im Gegensatz zur Prüfung der Kurzfristigkeit werden bei der Prüfung der Berufsmäßigkeit im Grundsatz **alle Beschäftigungen** (nicht nur kurzfristige) innerhalb des laufenden Kalenderjahres angerechnet, bei denen das Arbeitsentgelt die Geringfügigkeitsgrenze überschritten hat. Das bedeutet, dass auch versicherungspflichtige Beschäftigungen, die beispielsweise auf mehr als drei Monate befristet waren (= mehr als kurzfristig), hier berücksichtigt werden. Darüber hinaus werden auch Zeiträume des Bezuges von Leistungen einer Agentur für Arbeit (Arbeitslosengeld I oder II) wie Beschäftigungszeiten mit einbezogen.

Lohnsteuerpflichtig Sozialversich.-pflichtig

Berufsmäßigkeit wird dagegen nicht angenommen, wenn eine kurzfristige Beschäftigung **neben einer Hauptbeschäftigung** ausgeübt wird. Dies gilt auch für kurzfristige Beschäftigungen neben der Teilnahme am Bundesfreiwilligendienst und neben dem freiwilligen Wehrdienst. Dies stellt einen wesentlichen Unterschied zur Behandlung von Minijobs neben einer Hauptbeschäftigung dar. Dort erfolgt nämlich ab dem zweiten Minijob in der Kranken- und Pflegeversicherung eine Zusammenrechnung mit der Folge der Versicherungspflicht.

f) Kurzfristige Beschäftigung im Anschluss an einen Minijob

Sofern im unmittelbaren Anschluss an eine geringfügig entlohnte (Dauer-)Beschäftigung bei demselben Arbeitgeber eine auf längstens drei Monate befristete Beschäftigung mit einem Arbeitsentgelt über der Geringfügigkeitsgrenze vereinbart wird, geht die Sozialversicherung von der widerlegbaren Vermutung aus, dass es sich um die Fortsetzung der bisherigen (Dauer-)Beschäftigung handelt mit der Folge, dass vom Zeitpunkt der Vereinbarung der befristeten Beschäftigung an die Arbeitsentgeltgrenze überschritten wird und damit Versicherungspflicht eintritt. Dies wird umso mehr angenommen, wenn sich an die befristete Beschäftigung wiederum unmittelbar eine – für sich betrachtet – geringfügig entlohnte Beschäftigung anschließt. Versicherungsfreiheit wegen Vorliegens einer kurzfristigen Beschäftigung kommt in Fällen der hier in Rede stehenden Art nur dann in Betracht, wenn es sich bei den einzelnen Beschäftigungen um völlig voneinander unabhängige Beschäftigungsverhältnisse handelt.

g) Ab wann tritt die Versicherungspflicht ein, wenn die 70-Tage- oder Drei-Monats-Grenze überschritten wird?

Überschreitet eine Beschäftigung, die als kurzfristige Beschäftigung angesehen wird, entgegen der ursprünglichen Erwartung die Zeitdauer von drei Monaten oder 70 Arbeitstagen, tritt vom Tage des Überschreitens an Versicherungspflicht ein, es sei denn, dass die Merkmale einer geringfügig entlohnten Beschäftigung vorliegen.

Stellt sich im Laufe der Beschäftigung heraus, dass sie länger dauern wird, beginnt gegebenenfalls die Versicherungspflicht bereits mit dem Tage, an dem das Überschreiten der Zeitdauer erkennbar wird, also nicht erst nach Ablauf der drei Monate bzw. 70 Arbeitstage; für die zurückliegende Zeit verbleibt es bei der Versicherungsfreiheit.

Sofern ein zunächst auf ein Jahr oder weniger befristeter **Rahmenvertrag** mit Arbeitseinsätzen bis zu maximal 70 Arbeitstagen auf eine Dauer von über einem Jahr verlängert wird, liegt vom Zeitpunkt der Vereinbarung der Verlängerung an eine regelmäßige Beschäftigung vor. Wird ein Rahmenvertrag zunächst auf ein Jahr begrenzt und im unmittelbaren Anschluss daran ein neuer Rahmenvertrag abgeschlossen, ist vom Beginn des neuen Rahmenvertrags an von einer regelmäßig ausgeübten Beschäftigung auszugehen, wenn zwischen den beiden Rahmenverträgen kein Zeitraum von **mindestens zwei Monaten** liegt. Auch in diesen Fällen ist allerdings zu prüfen, ob die Merkmale einer geringfügig entlohnten Beschäftigung vorliegen.

17. Besonderheiten in der Arbeitslosenversicherung

Die Arbeitslosenversicherungsfreiheit geringfügiger Beschäftigungen ergibt sich aus § 27 Abs. 2 SGB III. Eine Ausnahmeregelung besteht allerdings nach § 27 Abs. 5 SGB III für solche Arbeitnehmer, die **neben** dem Anspruch auf Arbeitslosengeld eine mehr als geringfügige, aber kurzzeitige Beschäftigung ausüben; sie sind in der Ar-

Lohnsteuerpflichtig Sozialversich.-pflichtig

beitslosenversicherung versicherungsfrei. Als kurzzeitig gilt eine Beschäftigung, deren wöchentliche Arbeitszeit weniger als 15 Stunden beträgt.

Die Versicherungsfreiheit nach § 27 Abs. 5 SGB III gilt nicht für Bezieher von Teilarbeitslosengeld; sie sind nur dann arbeitslosenversicherungsfrei, wenn sie eine geringfügige (geringfügig entlohnte) Beschäftigung ausüben.

Die Besonderheit in der Arbeitslosenversicherung bedeutet, dass Personen, die **neben dem Bezug der oben genannten Leistungen durch eine Agentur für Arbeit** in einer Beschäftigung stehen, in der sie zwar über der Geringfügigkeitsgrenze monatlich verdienen, die regelmäßige wöchentliche Arbeitszeit aber weniger als 15 Stunden beträgt, versicherungsfrei in der Arbeitslosenversicherung bleiben, solange die Beschäftigung und der Bezug der Leistungen parallel nebeneinander bestehen. Versicherungsfreiheit besteht allerdings nur während des Überschneidungszeitraumes. In der Kranken-, Pflege- und Rentenversicherung besteht Versicherungspflicht für die gesamte Dauer der Beschäftigung.

18. Aufzeichnungspflichten

Die Regelungen der Beitragsverfahrensverordnung (BVV) über die Führung von Entgeltunterlagen gelten uneingeschränkt auch für geringfügig Beschäftigte. Der Arbeitgeber hat die für die Versicherungsfreiheit maßgebenden Angaben in den Entgeltunterlagen aufzuzeichnen und Nachweise, aus denen die erforderlichen Angaben ersichtlich sind, zu den Entgeltunterlagen zu nehmen. Hierzu gehören insbesondere Angaben und Unterlagen über

- das monatliche Arbeitsentgelt,
- die Beschäftigungsdauer,
- die regelmäßige wöchentliche Arbeitszeit und die tatsächlich geleisteten Arbeitsstunden,
- Beginn, Ende und Dauer der täglichen Arbeitszeit,
- das Vorliegen weiterer Beschäftigungen (z. B. Erklärungen des Beschäftigten),
- die Bestätigung, dass vom Beschäftigten die Aufnahme weiterer Beschäftigungen anzuzeigen ist,
- die Feststellungen der Minijob-Zentrale oder des Rentenversicherungsträgers über das Vorliegen von Sozialversicherungspflicht,
- Bescheide der zuständigen Einzugsstelle über die Feststellung des Bestehens oder Nichtbestehens von Versicherungspflicht,
- die Bescheinigung über eine Entsendung für Aushilfsbeschäftigungen von Saisonarbeitskräften,
- den Antrag des Beschäftigten auf Befreiung von der Rentenversicherungspflicht und den Tag des Eingangs beim Arbeitgeber.

Bei kurzfristig Beschäftigten sind zusätzlich Nachweise oder Erklärungen über

- eventuelle weitere kurzfristige Beschäftigungen im Kalenderjahr vor Beginn der zu beurteilenden Beschäftigung,
- den Status (z. B. Hausfrau, Schüler, Student, Arbeitsloser, Rentner) des Beschäftigten

den Entgeltunterlagen beizufügen.

Die Entscheidung darüber, ob bei geringfügig entlohnten oder kurzfristigen Beschäftigungen Sozialversicherungspflicht vorliegt oder nicht, ist oft schwierig zu treffen, zumal häufig vorangegangene oder gleichzeitig ausgeübte Beschäftigungen in die Prüfung mit einbezogen werden müssen. Um Nachforderungen bei den Beiträgen zur Sozialversicherung zu vermeiden, empfiehlt es sich deshalb für den Arbeitgeber, die Feststellung der Versicherungspflicht nachprüfbar zu dokumentieren. Dies kann durch den als **Anhang 18** abgedruckten **Personalfragebogen** erfolgen.

Lohnsteuerpflichtig Sozialversich.-pflichtig

19. Abführen der Beiträge

Die Pauschalbeiträge zur Krankenversicherung und Rentenversicherung für Minijobs sowie die Beiträge zur Rentenversicherung für eine geringfügig entlohnte versicherungs**pflichtige** Beschäftigung sind **der Minijob-Zentrale** bei der Deutschen Rentenversicherung Knappschaft-Bahn-See **im Beitragsnachweis für geringfügig Beschäftigte nachzuweisen,** und zwar

- unter 6000 Pauschalbeitrag zur Krankenversicherung,
- unter 0100 Beitrag zur Rentenversicherung bei einer geringfügig entlohnten versicherungs**pflichtigen** Beschäftigung,
- unter 0500 Pauschalbeitrag zur Rentenversicherung.

Zusatzbeiträge zur Krankenversicherung fallen für geringfügig Beschäftigte nicht an.

Für die Erhebung der einheitlichen **Pauschsteuer von 2 %,** die auch den Solidaritätszuschlag und die Kirchensteuer abgilt, ist ebenfalls die **Minijob-Zentrale** bei der Deutschen Rentenversicherung Knappschaft-Bahn-See zuständig. Anmeldung und Abführung der Pauschsteuer sind analog zu den für die Pauschalbeiträge zur Rentenversicherung geltenden Vorschriften abzuwickeln. Zu diesem Zweck besteht im Beitragsnachweis für geringfügig Beschäftigte die Möglichkeit, auch die Pauschsteuer nachzuweisen. Wird hiervon Gebrauch gemacht, ist auch die **Steuernummer des Arbeitgebers im Beitragsnachweis anzugeben.**

Die Minijob-Zentrale ist auch zuständig für den Einzug der **Insolvenzgeldumlage.** Die Insolvenzgeldumlage muss sowohl bei geringfügig entlohnten Beschäftigungen als auch bei kurzfristigen Beschäftigungsverhältnissen abgeführt werden. Die Insolvenzgeldumlage ist seit 1.1.2022 auf 0,09 % festgesetzt worden.

Die Minijob-Zentrale ist auch dann Einzugsstelle für die Insolvenzgeldumlage, wenn es sich um nach § 6 Abs. 1 Satz 1 Nr. 1 SGB VI von der Rentenversicherungspflicht befreite Mitglieder berufsständischer Versorgungswerke handelt, die wegen Verzichts auf die Rentenversicherungsfreiheit nach § 230 Abs. 8 Satz 2 SGB VI keine Rentenversicherungsbeiträge und wegen einer privaten Krankenversicherung auch keine Pauschalbeiträge an die Minijob-Zentrale zahlen.

Die Umlagebeträge sind im Beitragsnachweisdatensatz unter dem Beitragsgruppenschlüssel 0050 anzugeben.

Auf die ausführlichen Erläuterungen beim Stichwort „Insolvenzgeldumlage“ wird Bezug genommen.

20. Meldepflichten

Für geringfügig Beschäftigte gilt das Meldeverfahren nach der Datenerfassungs- und -übermittlungsverordnung (DEÜV). Dies bedeutet, dass nicht nur An- und Abmeldungen, sondern grundsätzlich auch alle anderen Meldungen zu erstatten sind. Die Meldepflichten für geringfügig Beschäftigte sind in der Hauptausgabe des Lexikons für das Lohnbüro 2022 in Anhang 15 unter Nr. 15 ausführlich erläutert. Geringfügig Beschäftigte in Privathaushalten sind in einem vereinfachten, dem so genannten Haushaltsscheckverfahren, zu melden (vgl. die Erläuterungen beim Stichwort „Hausgehilfin“ besonders unter Nr. 7).

Da die Rentenversicherungsträger im Rahmen der Betriebsprüfung auch die Beitragszahlung zur Unfallversicherung prüfen werden, beinhaltet das Meldeverfahren zur Sozialversicherung auch die prüfrelevanten Informationen zur Unfallversicherung. Das bedeutet, dass in allen Entgeltmeldungen die unfallversicherungsspezifischen Daten zwingend anzugeben sind. Dies hat zur Folge, dass

Lohn-steuer-pflichtig Sozial-versich.-pflichtig

auch für kurzfristig Beschäftigte Entgeltmeldungen zur Unfallversicherung zu erstatten sind.

Zukünftig sind in den Entgeltunterlagen für geringfügig Beschäftigte auch Angaben darüber zu machen, ob die Lohnsteuer pauschal oder nach den individuellen Lohnsteuerabzugsmerkmalen abgerechnet wurde. Zusätzlich sind regelmäßig die steuerlichen Ordnungsmerkmale (= Identifikationsnummern) des Arbeitgebers und des Arbeitnehmers anzugeben. Die Neuregelung trat zum 1.1.2021 in Kraft, wurde aber erst zum 1.1.2022 tatsächlich umgesetzt.

21. Lohnfortzahlungsversicherung

a) Allgemeines

Im Aufwendungsausgleichsgesetz (AAG) ist die Erstattung der Arbeitgeberaufwendungen für die Entgeltfortzahlung im Krankheitsfall und beim Mutterschutz geregelt. Die wichtigsten Inhalte des Aufwendungsausgleichsgesetzes sind

- die Teilnahme **aller Arbeitgeber** am Ausgleichsverfahren der Arbeitgeberaufwendungen für **Mutterschaftsleistungen** (U2),
- die **Einbeziehung** der Aufwendungen für die **Entgeltfortzahlung der Angestellten** im Arbeitsunfähigkeitsfall in das Ausgleichsverfahren der Arbeitgeberaufwendungen (U1),
- die **Erweiterung der** an den Ausgleichsverfahren **teilnehmenden Krankenkassen** auf die Ersatz- und Betriebskrankenkassen,
- die **Festschreibung einer einheitlichen** Grenze von 30 Arbeitnehmern für die Teilnahme am Ausgleichsverfahren der Arbeitgeberaufwendungen bei Arbeitsunfähigkeit (U1).

Die Minijob-Zentrale bei der Deutschen Rentenversicherung Knappschaft-Bahn-See ist für die Durchführung des Ausgleichsverfahrens U1 und U2 zuständig.

b) Kreis der Arbeitgeber

Am Ausgleichsverfahren U1 für die Entgeltfortzahlung bei Arbeitsunfähigkeit im Krankheitsfall nehmen grundsätzlich alle Arbeitgeber mit **maximal 30 Arbeitnehmer** teil (Ausnahme: öffentlich-rechtliche Arbeitgeber). Ein Arbeitgeber nimmt am Ausgleichsverfahren U1 teil, wenn er in dem Kalenderjahr, das demjenigen, für das die Feststellung zu treffen ist, vorangegangen ist, für mindestens acht Monate nicht mehr als 30 Arbeitnehmer beschäftigt hat. Falls ein Betrieb nicht das ganze maßgebliche Kalenderjahr bestanden hat, nimmt der Arbeitgeber am Ausgleich der Arbeitgeberaufwendungen teil, wenn er während des Zeitraums des Bestehens des Betriebs in der überwiegenden Zahl der Kalendermonate nicht mehr als 30 Arbeitnehmer beschäftigt hat. Für die Ermittlung der Mitarbeiterzahl sind alle Arbeitnehmer maßgebend, die ein Arbeitgeber beschäftigt. Das bedeutet, dass alle Arbeiter und Angestellten zu berücksichtigen sind, ungeachtet ihrer Krankenkassenzugehörigkeit. Nicht mitgezählt werden

- Auszubildende und Praktikanten,
- schwerbehinderte Menschen,
- Bezieher von Vorruhestandsgeld,
- freiwillig Wehrdienstleistende und
- Freiwillige im Bundesfreiwilligendienst.

Eine besondere Regelung gilt für Teilzeitbeschäftigte. Sie werden bei der Feststellung der Gesamtzahl der Arbeitnehmer entsprechend ihrer Arbeitszeit berücksichtigt, und zwar wie folgt:

- Arbeitnehmer, die wöchentlich regelmäßig nicht mehr als 10 Stunden zu leisten haben, werden mit dem Faktor **0,25**,
- Arbeitnehmer, die wöchentlich regelmäßig nicht mehr als 20 Stunden zu leisten haben, werden mit dem Faktor **0,5**,
- Arbeitnehmer, die wöchentlich regelmäßig nicht mehr als 30 Stunden zu leisten haben, werden mit dem Faktor **0,75** angesetzt.

Dabei ist stets von der regelmäßigen wöchentlichen Arbeitszeit auszugehen. Schwankt die Arbeitszeit von Woche zu Woche, dann ist die regelmäßige wöchentliche Arbeitszeit in den einzelnen Kalendermonaten im Wege einer Durchschnittsberechnung zu ermitteln.

Die Teilnahme am Ausgleichsverfahren wird jeweils zu Beginn eines Kalenderjahrs für das gesamte Kalenderjahr festgestellt.

c) Umlagen U1 und U2

Die für die Durchführung des Erstattungsverfahrens erforderlichen Mittel werden durch Umlagen von den am Ausgleich beteiligten Arbeitgebern aufgebracht, und zwar durch die Umlage U1 und die Umlage U2.

Die **Umlage U1** ist für den Ausgleich der Arbeitgeberaufwendungen für die **Entgeltfortzahlung** bei Krankheit bzw. Kur zu entrichten. Sie errechnet sich aus den Bruttoarbeitsentgelten aller im Betrieb geringfügig beschäftigten Arbeitnehmer. Der Betrag zur Umlage U1 beträgt seit 1.1.2022 0,9 % (zuvor 1,0 %).

Die **Umlage U2** ist für den Ausgleich der Aufwendungen nach dem **Mutterschutzgesetz** zu entrichten. Sie errechnet sich aus den Bruttoarbeitsentgelten aller im Betrieb geringfügig beschäftigten Arbeitnehmer und beträgt seit 1.1.2022 0,29 % (zuvor 0,39 %).

d) Erstattung von Arbeitgeberaufwendungen

Geringfügig Beschäftigte, die durch Arbeitsunfähigkeit infolge Krankheit oder infolge einer medizinischen Vorsorge- bzw. Rehabilitationsmaßnahme an ihrer Arbeitsleistung verhindert sind, haben grundsätzlich Anspruch auf Entgeltfortzahlung durch den Arbeitgeber für längstens 42 Tage. Die Erstattung durch die Deutsche Rentenversicherung Knappschaft-Bahn-See beträgt 80 % des fortgezahlten Bruttoarbeitsentgelts.

Des Weiteren gehören Leistungen nach dem Mutterschutzgesetz zu den erstattungsfähigen Arbeitgeberaufwendungen. Danach erstattet die Deutsche Rentenversicherung Knappschaft-Bahn-See für Arbeitnehmerinnen

- 100 % des Arbeitgeberzuschusses zum Mutterschaftsgeld während der Schutzfristen vor und nach der Entbindung zuzüglich der darauf entfallenden pauschalen Kranken- und Rentenversicherungsbeiträge,
- 100 % des fortgezahlten Arbeitsentgelts für die Dauer von Beschäftigungsverboten.

Die Erstattungen werden auf Antrag gewährt und können sofort nach geleisteter Entgeltfortzahlung erfolgen.

22. Arbeitsvertrag für geringfügige Beschäftigungsverhältnisse

Nach dem sog. Nachweisgesetz muss der Arbeitgeber bei Teilzeitkräften spätestens einen Monat nach Beginn des Arbeitsverhältnisses die wesentlichen Vertragsbedingungen **schriftlich niederlegen, unterschreiben und aushändigen.** Eine Ausnahme besteht nur für eine Aushilfstätigkeit von höchstens **einem** Monat. Eine Änderung wesentlicher Vertragsbedingungen muss spätestens einen Monat nach der Änderung schriftlich mitgeteilt werden. Die Pflicht zur schriftlichen Mitteilung der Vertragsbedingungen entfällt nur dann, wenn ein **schriftlicher Arbeitsvertrag** vorhanden ist, der die erforderlichen Angaben enthält. Es empfiehlt sich deshalb, in allen Fällen einen schriftlichen Arbeitsvertrag abzuschließen.

Hausgehilfin

Neues auf einen Blick:

Ab 1.10.2022 ändert sich die Höhe der Geringfügigkeitsgrenze von 450 € auf 520 €.

Die Grenze orientiert sich zukünftig an der Höhe des Mindestlohnes bei einer wöchentlichen Arbeitszeit von 10 Stunden und ändert sich mit jeder Änderung des Mindestlohnes.

Ein unvorhergesehenes Überschreiten der Geringfügigkeitsgrenze ist nur noch zweimal (bisher dreimal) im Laufe eines Zeitjahres zulässig.

Gleichzeitig werden die Entgeltgrenzen für den sog. Übergangsbereich nach § 20 Abs. 2 SGB IV auf 520,01 € bis 1600 € geändert.

Für bestehende Beschäftigungen zwischen 450,01 € und 520 € bestehen Übergangsregelungen. Sie bleiben unter bestimmten Voraussetzungen versicherungspflichtig bis max. 31.12.2023.

Für diese Beschäftigungen gelten darüber hinaus die bisherigen Regelungen und Formeln zum Übergangsbereich nach § 20 Abs. 2 SGB IV hinsichtlich der Ermittlung der beitragspflichtigen Einnahme und der Berechnung des Arbeitnehmeranteils weiter.

Gliederung:

1. Allgemeines
2. Definition der Beschäftigung in einem Privathaushalt
   a) Allgemeines
   b) Beschäftigung von Familienangehörigen
3. Pauschalabgabe von 12 % für Beschäftigungen in einem Privathaushalt
4. Befreiung von der Rentenversicherungspflicht
   a) Allgemeines
   b) Bestandsschutz für bestehende Beschäftigungen ab 1.10.2022
   c) Mindestbeitragsbemessungsgrenze
5. Zusammenrechnung von mehreren geringfügig entlohnten Beschäftigungsverhältnissen
6. Zusammenrechnung von Hauptbeschäftigungen mit geringfügig entlohnten Beschäftigungsverhältnissen in Privathaushalten
7. Haushaltsscheckverfahren
   a) Allgemeines
   b) Meldungen im Haushaltsscheck-Verfahren
   c) Art der Meldungen im Haushaltsscheck-Verfahren
   d) SEPA-Basislastschriftmandat
   e) Zuständige Einzugsstelle, Meldeanlass, Meldefristen
   f) Aufzeichnungspflichten
   g) Verfahren bei der Minijob-Zentrale
   h) Bescheinigungen
8. Pauschalierung der Lohnsteuer mit 2 %
   a) Allgemeines
   b) Individuelle Lohnsteuerabzugsmerkmale oder Pauschalierung der Lohnsteuer mit 2 %
9. Steuerliche Vergünstigungen
   a) Allgemeines
   b) Geringfügig entlohnte Beschäftigung
   c) Sozialversicherungspflichtige Beschäftigung in einem privaten Haushalt
   d) Haushaltsnahe Dienstleistungen, die nicht im Rahmen des Arbeitsverhältnisses erbracht werden
   e) Zusätzliche Förderung von Handwerkerleistungen
   f) Freibetrag für das Lohnsteuerabzugsverfahren
   g) Steuerermäßigung nach § 35a EStG bei Wohnungseigentümergemeinschaften und Mietern
   h) Aufwendungen für eine Haushaltshilfe als außergewöhnliche Belastung
   i) Dienst- oder Werkswohnung
   k) Kinderbetreuungskosten
   l) Energetische Gebäudesanierung
10. Schwarzarbeit in Privathaushalten

Lohn- Sozial-
steuer- versich.-
pflichtig pflichtig

1. Allgemeines

Zwischen „normalen" Minijobs einerseits und **Minijobs in Privathaushalten** andererseits wird sozialversicherungsrechtlich hinsichtlich der Pauschalbeiträge und dem Meldeverfahren unterschieden. Für „normale" Minijobs muss der Arbeitgeber eine Pauschalabgabe von **30 %** bezahlen, und zwar 15 % für die Rentenversicherung, 13 % für die Krankenversicherung und 2 % Pauschalsteuer (vgl. das Stichwort „Geringfügige Beschäftigung"). Für Minijobs in Privathaushalten beträgt die Pauschalabgabe dagegen lediglich **12 %.** Davon entfallen 5 % auf die Rentenversicherung, 5 % auf die Krankenversicherung und 2 % auf die Pauschalsteuer. Der 5 %ige Pauschalbeitrag zur Krankenversicherung ist jedoch nur dann zu zahlen, wenn der/die Beschäftigte in der **gesetzlichen** Krankenversicherung versichert ist (z. B. im Rahmen einer Familienversicherung oder als Rentner). Ist der geringfügig in einem Privathaushalt Beschäftigte **privat oder gar nicht versichert,** fällt kein Pauschalbeitrag zur Krankenversicherung an.

Für Minijobs in Privathaushalten gilt zwingend das **Haushaltsscheckverfahren** (vgl. nachfolgend unter Nr. 7).

Nach § 35a EStG erhält der Arbeitgeber für die Beschäftigung einer Haushaltshilfe eine Reihe von Steuervergünstigungen. Diese sind nachfolgend unter Nr. 9 erläutert.

2. Definition der Beschäftigung in einem Privathaushalt

a) Allgemeines

Für die Annahme einer geringfügigen Beschäftigung im Privathaushalt wird nach § 8a Satz 2 SGB IV gefordert, dass diese durch einen **privaten** Haushalt begründet ist und die Tätigkeit sonst gewöhnlich durch Mitglieder des privaten Haushalts erledigt wird. Hierzu gehören z. B.

- Reinigung der Wohnung des Arbeitgebers;
- Zubereitung von Mahlzeiten im Haushalt des Arbeitgebers;
- Gartenpflege, nicht jedoch die erstmalige Errichtung einer Gartenanlage oder das Pflanzen einer Hecke;
- Pflege, Versorgung und Betreuung von Kindern, kranken, alten oder pflegebedürftigen Personen.

Keine begünstigte haushaltsnahe Tätigkeit ist dagegen z. B.

- die Erteilung von Unterricht (z. B. Nachhilfeunterricht, Sprachunterricht);
- die Vermittlung besonderer Fähigkeiten;
- sportliche und andere Freizeitbetätigungen (z. B. Fußball, Reiten, Golf, Tennis, Tanzen, Musizieren).

Die abhängige Beschäftigung muss durch einen privaten Haushalt begründet werden. Nach Auffassung der Spitzenverbände der Sozialversicherungsträger kommen als **Arbeitgeber** im Haushaltsscheckverfahren nur **natürliche Personen** in Betracht. Deshalb fallen Beschäftigungen in privaten Haushalten, die durch Dienstleistungsagenturen oder andere Unternehmen begründet sind, nicht unter diese Regelung. Entsprechendes gilt für Beschäftigungen, die mit Wohnungseigentümergemeinschaften oder Vermietern geschlossen werden, da es sich hierbei nicht um einen Privathaushalt im engeren Sinne handelt. Für Dienstleistungen in einem Haushalt, die zwar auf Minijob-Basis erbracht werden, bei denen der Arbeitgeber aber ein gewerblicher Unternehmer, eine Wohnungseigentümergemeinschaft oder ein Vermieter ist, gilt deshalb nicht die 12 %ige, sondern die 30 %ige Pauschalabgabe.

Lohnsteuerpflichtig | Sozialversich.-pflichtig

Nach der gemeinsamen Verlautbarung der Sozialversicherungsträger zum Haushaltsscheckverfahren wird eine Beschäftigung nur dann ausschließlich im Privathaushalt ausgeübt, wenn der Arbeitnehmer für denselben Arbeitgeber keine weiteren Dienstleistungen, wie z. B. in den dem Privathaushalt angeschlossenen Geschäftsräumen, erbringt. Wird der Arbeitnehmer z. B. auch in den Geschäftsräumen tätig, ist ohne Rücksicht auf die arbeitsvertragliche Gestaltung sozialversicherungsrechtlich von einem einheitlichen Beschäftigungsverhältnis auszugehen, sodass das Haushaltsscheckverfahren keine Anwendung finden kann.

b) Beschäftigung von Familienangehörigen

Ein entgeltliches Beschäftigungsverhältnis wird grundsätzlich nicht dadurch ausgeschlossen, dass jemand für einen nahen Verwandten oder Familienangehörigen im Privathaushalt tätig wird. Allerdings ist bei solchen Beschäftigungsverhältnissen die Arbeitnehmereigenschaft zu prüfen und dabei festzustellen, ob der Arbeitsvertrag zum Schein abgeschlossen wurde (§ 117 BGB) oder die Tätigkeit lediglich eine familienhafte Mithilfe darstellt. Die erforderliche Abgrenzung ist nach den in ständiger Rechtsprechung des Bundessozialgerichts festgelegten Abgrenzungskriterien ausgehend von den gesamten Umständen des Einzelfalles vorzunehmen. Ein entgeltliches Beschäftigungsverhältnis im Privathaushalt unter Ehegatten scheidet allerdings regelmäßig aus, weil in der Ehe bereits gesetzliche Dienstleistungspflichten in Bezug auf die Haushaltsführung bestehen. Gleiches gilt dem Grunde nach für im Haushalt Dienste leistende Kinder, die dem elterlichen Hausstand angehören und von den Eltern unterhalten werden.

Die Ausführungen decken sich im Wesentlichen mit den Anweisungen der Finanzverwaltung, die bundeseinheitlich zu Beschäftigungsverhältnissen mit nahen Angehörigen, eingetragenen Lebenspartnern oder zwischen Partnern einer nicht ehelichen Lebensgemeinschaft für die Anwendung der Steuervergünstigungen nach § 35a Abs. 1 und 2 EStG (nachfolgend erläutert unter Nr. 9) ergangen sind und in denen Folgendes festgelegt worden ist:

Da familienrechtliche Verpflichtungen grundsätzlich nicht Gegenstand eines steuerlich anzuerkennenden Vertrags sein können, kann zwischen Ehegatten, die **in einem Haushalt zusammenlebenden** (§§ 1360, 1356 Abs. 1 BGB) oder zwischen Eltern und in deren im Haushalt lebenden Kindern (§ 1619 BGB) ein haushaltsnahes Beschäftigungsverhältnis im Sinne des § 35a Abs. 1 oder 2 EStG nicht begründet werden. Dies gilt entsprechend für die Partner einer eingetragenen Lebenspartnerschaft. Auch bei in einem Haushalt zusammenlebenden Partnern einer nicht ehelichen Lebensgemeinschaft oder einer nicht eingetragenen Lebenspartnerschaft kann regelmäßig nicht von einem begünstigten Beschäftigungsverhältnis ausgegangen werden, weil jeder Partner auch seinen eigenen Haushalt führt und es deshalb an dem für Beschäftigungsverhältnisse typischen Über- und Unterordnungsverhältnis fehlt.

Ein steuerlich nicht begünstigtes Vertragsverhältnis liegt darüber hinaus auch dann vor, wenn der Vertragspartner eine zwischengeschaltete Person (z. B. GmbH) ist und die Arbeiten im Namen dieser zwischengeschalteten Person von einer im Haushalt lebenden Person ausgeführt werden.

Haushaltsnahe Beschäftigungsverhältnisse mit **Angehörigen,** die **nicht im Haushalt** des Steuerpflichtigen **leben** (z. B. mit Kindern, die in einem eigenen Haushalt leben), können steuerlich nur anerkannt werden, wenn die Verträge zivilrechtlich wirksam zustande gekommen sind, inhaltlich dem zwischen Fremden Üblichen entsprechen und tatsächlich auch so durchgeführt werden.

Lohnsteuerpflichtig | Sozialversich.-pflichtig

3. Pauschalabgabe von 12 % für Beschäftigungen in einem Privathaushalt

Arbeitgeber, die in ihrem Haushalt Arbeitnehmer auf Minijob-Basis beschäftigen, sind gegenüber den Arbeitgebern im gewerblichen Bereich begünstigt. Denn neben einer steuerlichen Förderung nach § 35a EStG (vgl. nachfolgend unter Nr. 9) zahlen die Arbeitgeber geringfügig Beschäftigter in Privathaushalten anstelle der Pauschalabgabe von 30 % lediglich 12 %.

Minijob	Pauschaler Beitrag zur Rentenversicherung	Pauschaler Beitrag zur Krankenversicherung[1]	Pauschalsteuer	Pauschalabgabe insgesamt
in Privathaushalten	5 %	5 %[1]	2 %	12 %
außerhalb von Privathaushalten	15 %	13 %[1]	2 %	30 %

Die Minijobs in Privathaushalten unterscheiden sich von den „normalen" Minijobs nur durch die Höhe der Pauschalbeiträge zur Renten- und Krankenversicherung. Bei den Voraussetzungen, ob überhaupt ein geringfügig entlohntes Beschäftigungsverhältnis vorliegt, für das Pauschalbeiträge zur Renten- und Krankenversicherung entrichtet werden müssen, bestehen **keine Unterschiede.** Auf die Erläuterungen beim Stichwort „Geringfügige Beschäftigung" wird deshalb Bezug genommen, und zwar auf

- Nr. 3 „Geringfügig entlohnte Beschäftigung (sog. Minijobs)";
- Nr. 4 „Auswirkungen von steuerfreiem und pauschal besteuertem Arbeitslohn auf die Geringfügigkeitsgrenze";
- Nr. 6 „Pauschalbeitrag zur Krankenversicherung in Höhe von 13 % oder 5 %";
- Nr. 7 „Beitrag zur Rentenversicherung in Höhe von 15 % oder 5 %".

Beispiel

Eine Arbeitnehmerin arbeitet ab 1.11.2022 als Putzfrau in einem Privathaushalt gegen ein monatliches Arbeitsentgelt von 520 €, sie ist über ihren Ehemann in der gesetzlichen Krankenversicherung familienversichert. Von der Rentenversicherungspflicht hat sie sich befreien lassen.

Die Arbeitnehmerin ist in der Kranken-, Pflege-, und Arbeitslosenversicherung versicherungsfrei, weil das Arbeitsentgelt 520 € nicht übersteigt. In der Rentenversicherung besteht wegen der Befreiung Versicherungsfreiheit; vgl. zur Möglichkeit der Befreiung von der Rentenversicherungspflicht nachfolgende Nr. 4. Der Arbeitgeber hat den Pauschalbeitrag zur Kranken- und Rentenversicherung in Höhe von (5 % + 5 % =) 10 % zu bezahlen. Wird das Arbeitsentgelt nicht nach den individuellen Lohnsteuerabzugsmerkmalen besteuert, muss eine Pauschalsteuer von 2 % gezahlt werden, die auch den Solidaritätszuschlag und die Kirchensteuer mit abgilt. Ist die Arbeitnehmerin bei einem Arbeitgeber mit maximal 30 Arbeitnehmern beschäftigt ist, fallen außerdem Beiträge zur Umlage U1 für Entgeltfortzahlungen im Krankheitsfall an. Außerdem fallen Beiträge zur Umlage U2 für Mutterschaftsaufwendungen an, und zwar auch bei Arbeitgebern, die mehr als 30 Arbeitnehmer beschäftigen. Für die Arbeitnehmerin ergibt sich folgende Lohnabrechnung:

Monatslohn		520,– €
Lohnsteuer	0,– €	
Solidaritätszuschlag	0,– €	
Kirchensteuer	0,– €	
Sozialversicherung	0,– €	0,– €
Nettolohn		520,– €

1) Der Pauschalbeitrag zur Krankenversicherung fällt nur dann an, wenn der Beschäftigte in der **gesetzlichen Krankenversicherung** versichert ist (z. B. im Rahmen der Familienversicherung, als Rentner, Student, Arbeitsloser, freiwillige Versicherung). Für geringfügig Beschäftigte, die privat oder gar nicht krankenversichert sind, fällt kein Pauschalbeitrag zur Krankenversicherung an.

		Lohn-steuer-pflichtig	Sozial-versich.-pflichtig

Der Arbeitgeber muss folgende Pauschalabgaben zahlen:

Lohnsteuer (einschließlich Solidaritätszuschlag und Kirchensteuer)	2,0 %	10,40 €
Krankenversicherung pauschal	5,0 %	26,– €
Rentenversicherung pauschal	5,0 %	26,– €
Umlage U1	0,9 %	4,68 €
Umlage U2	0,29 %	1,51 €
Unfallversicherung	1,6 %	8,32 €
insgesamt		76,91 €

4. Befreiung von der Rentenversicherungspflicht

a) Allgemeines

Seit 1.1.2013 sind alle seit diesem Zeitpunkt begründeten geringfügig entlohnten Beschäftigungen, auch die im Privathaushalt ausgeübten, in der Rentenversicherung grundsätzlich versicherungspflichtig.

Sofern ein Arbeitnehmer aufgrund einer nach dem 31.12.2012 aufgenommenen geringfügig entlohnten Beschäftigung im Privathaushalt in der Rentenversicherung versicherungspflichtig wird, kann er sich von der eingetretenen Versicherungspflicht auf Antrag befreien lassen (§ 6 Abs. 1b SGB VI). Der Befreiungsantrag ist beim Arbeitgeber schriftlich zu stellen. Der Antrag kann bei mehreren gleichzeitig ausgeübten Beschäftigungen nur einheitlich (bei allen Arbeitgebern) gestellt werden. Er ist für die Dauer aller Beschäftigungen bindend, d. h. er kann nicht widerrufen werden. Einzelheiten zur Befreiung siehe unter dem Stichwort „Geringfügige Beschäftigung", Nr. 8.

Sofern ein Arbeitnehmer von seinem Befreiungsrecht keinen Gebrauch macht, sind für ihn Rentenversicherungsbeiträge unter Zugrundelegung des vollen Beitragssatzes in der Rentenversicherung zu zahlen. Den Aufstockungsbetrag zwischen den vom Arbeitgeber zu zahlenden Pauschalbetrag von 5 % und dem vollen Beitragssatz von 18,6 %, also (18,6 % minus 5 % =) **13,6 %** trägt der Arbeitnehmer. Der Aufstockungsbetrag ist durch den Arbeitgeber vom Arbeitsentgelt einzubehalten.

Beispiel

Eine Arbeitnehmerin ist ab 1.11.2022 als Putzfrau in einem Privathaushalt beschäftigt und erhält hierfür einen Monatslohn von 520 €. Die Arbeitnehmerin muss einen Arbeitnehmerbeitrag zur Rentenversicherung in Höhe von 13,6 % bezahlen. Es ergibt sich folgende Lohnabrechnung:

Monatslohn		520,– €
Lohnsteuer	0,– €	
Solidaritätszuschlag	0,– €	
Kirchensteuer	0,– €	
Arbeitnehmeranteil zur Rentenversicherung 13,6 %	70,72 €	70,72 €
Nettolohn		449,28 €

Der Arbeitgeber muss folgende Pauschalabgaben zahlen:

Lohnsteuer (einschließlich Solidaritätszuschlag und Kirchensteuer)	2,0 %	10,40 €
Krankenversicherung pauschal	5,0 %	26,– €
Rentenversicherung pauschal	5,0 %	26,– €
Umlage U1	0,9 %	4,68 €
Umlage U2	0,29 %	1,51 €
Unfallversicherung	1,6 %	8,32 €
insgesamt		76,91 €

b) Bestandsschutz für bestehende Beschäftigungen ab 1.10.2022

Versicherungspflichtig Beschäftigte, die in einer vor dem 30.9.2022 aufgenommenen und über den 1.10.2022 unverändert hinausgehenden Beschäftigung mit einem Entgelt zwischen 450,01 € und 520 € bleiben bis längstens 31.12.2023 versicherungspflichtig in der Kranken-, Pflege- und Arbeitslosenversicherung. Die betroffenen Beschäftigten können sich auf Antrag von der Versicherungspflicht zu diesen Versicherungszweigen befreien lassen.

In der Rentenversicherung besteht ohne Rücksicht auf die Höhe des Arbeitsentgelts grds. Versicherungspflicht. Beschäftigte sind ab 1.10.2022 bei einem Entgelt zwischen 450,01 € und 520 € versicherungspflichtig geringfügig Beschäftigte. Es besteht ebenfalls die Möglichkeit, sich von der Versicherungspflicht befreien zu lassen.

Im Beitragsrecht wird ein befristetes Übergangsrecht für die Zeit bis zum 31.12.2023 für bisher versicherungspflichtige Beschäftigte in Privathaushalten geschaffen, deren Beschäftigung aufgrund der Anhebung der Geringfügigkeitsgrenze zukünftig die Voraussetzungen einer geringfügig entlohnten Beschäftigung erfüllen. Lassen sich diese Beschäftigten nicht von der Versicherungspflicht in der gesetzlichen Rentenversicherung befreien, finden für die Beitragsbemessung und Tragung faktisch weiterhin die Regelungen des bisherigen Übergangsbereichs Anwendung.

Die beitragspflichtige Einnahme wird dabei nach § 134 SGB IV bestimmt. Durch dieses Übergangsrecht wird vermieden, dass Beschäftigte in Privathaushalten höhere Rentenversicherungsbeiträge als bisher zu zahlen hätten, weil versicherungspflichtig geringfügig Beschäftigte in Privathaushalten einen Beitragsanteil von derzeit 13,6 % tragen müssen.

Für diese Beschäftigten gelten bis längstens 31.12.2023 die bis 30.9.2022 gültigen Regelungen bzw. Formeln für den Übergangsbereich (sofern keine Befreiung von der Versicherungspflicht beantragt wird). Für die Ermittlung der beitragspflichtigen Einnahme gilt dabei folgende Formel:

$$F \times 450 + (\{\frac{1300}{1300-450}\} - \{\frac{450}{1300-450}\} \times F) \times (AE - 450)$$

Der Faktor F beträgt dabei bis 31.12.2022 wie bisher 0,7509. Ab 1.1.2023 wird ein neuer Faktor F für die Übergangsfälle bekannt gegeben.

Die Berechnung der Beiträge erfolgt im Rahmen des Haushaltsscheckverfahrens weiterhin durch die Minijob-Zentrale.

c) Mindestbeitragsbemessungsgrenze

Zu beachten ist, dass im Falle der Rentenversicherungspflicht als Mindestbeitragsbemessungsgrundlage nach § 163 Abs. 8 SGB VI ein Betrag in Höhe von **175 €** zugrunde zu legen ist. Der Aufstockungsbetrag für Arbeitnehmer mit einem monatlichen Arbeitsentgelt unterhalb der Mindestbeitragsbemessungsgrundlage ermittelt sich, indem der – ausgehend vom tatsächlich erzielten Arbeitsentgelt berechnete – Pauschalbeitrag des Arbeitgebers vom Mindestbeitrag (175 € × voller Beitragssatz zur Rentenversicherung) abgezogen wird. Das bedeutet, dass als Rentenversicherungsbeitrag mindestens ein Beitrag von (18,6 % von 175 € =) **32,55 €** zu zahlen ist. Reicht das Arbeitsentgelt zur Deckung des Aufstockungsbetrages nicht aus, hat der Arbeitnehmer dem Arbeitgeber den Restbetrag zu erstatten.

Beispiel

Arbeitsentgelt aus der geringfügig entlohnten Beschäftigung in einem Privathaushalt 100 €. Der Arbeitnehmer lässt sich von der Rentenversicherungspflicht nicht befreien.

18,6 % aus 175 €	32,55 €
abzüglich Arbeitgeberanteil 5 % aus 100 €	5,– €
Arbeitnehmeranteil	27,55 €

Sofern das Beschäftigungsverhältnis im Laufe eines Monats beginnt oder endet, kommt ein **anteiliger Mindestbeitrag** in Betracht. Entsprechendes gilt im Falle von Arbeitsunterbrechungen (z. B. wegen Arbeitsunfähigkeit). Auf die Erläuterungen beim Stichwort „Geringfügige Beschäftigung" unter Nr. 9 wird Bezug genommen.

Lohnsteuerpflichtig | Sozialversich.-pflichtig

5. Zusammenrechnung von mehreren geringfügig entlohnten Beschäftigungsverhältnissen

Werden mehrere geringfügig entlohnte Beschäftigungen bei verschiedenen Arbeitgebern nebeneinander ausgeübt, dann sind für die versicherungsrechtliche Beurteilung in allen Versicherungszweigen die Arbeitsentgelte aus den einzelnen Beschäftigungen zusammenzurechnen, und zwar unabhängig davon, ob die geringfügig entlohnten Beschäftigungen in Privathaushalten oder außerhalb von Privathaushalten ausgeübt werden.

Übersteigt das zusammengerechnete monatliche Arbeitsentgelt die Geringfügigkeitsgrenze, tritt folglich Versicherungspflicht bei allen Arbeitgebern in allen vier Zweigen der Sozialversicherung ein. Das bedeutet, dass jeder Arbeitgeber nicht den „pauschalen" Arbeitgeberanteil zur Rentenversicherung zu entrichten hat, sondern den hälftigen Arbeitgeberanteil zur Rentenversicherung in Höhe von 9,3 %. Damit entfällt auch die Steuerpauschalierung mit 2 %, die auch den Solidaritätszuschlag und die Kirchensteuer mit abgilt. Der Arbeitnehmer müsste deshalb bei allen Arbeitgebern eine Besteuerung nach seinen individuellen Lohnsteuerabzugsmerkmalen (einschließlich Steuerklasse VI ab dem zweiten Dienstverhältnis) in Kauf nehmen. Nach § 40a Abs. 2a EStG besteht jedoch für alle Beschäftigungsverhältnisse die Möglichkeit einer Pauschalierung der Lohnsteuer mit 20 %, weil der Monatslohn die Geringfügigkeitsgrenze nicht übersteigt (auf die Höhe des Stundenlohns kommt es nicht an). Die Besteuerung nach den individuellen Lohnsteuerabzugsmerkmalen bei allen geringfügig entlohnten Beschäftigungsverhältnissen wäre dann günstiger, wenn der Arbeitnehmer durch die Bildung von Freibeträgen und Hinzurechnungsbeträgen insgesamt den Lohnsteuerabzug vermeiden könnte (vgl. Beispiel B).

Beispiel A

Eine privat krankenversicherte Putzfrau arbeitet im privaten Haushalt des Arbeitgebers A gegen ein monatliches Arbeitsentgelt von 250 € und in den Geschäftsräumen des Arbeitgebers B gegen ein monatliches Arbeitsentgelt von 270 €. Die Arbeitsentgelte aus den beiden geringfügig entlohnten Beschäftigungsverhältnissen sind für die Prüfung der Geringfügigkeitsgrenze unabhängig davon zusammenzurechnen, dass die Beschäftigung beim Arbeitgeber A in einem Privathaushalt und die Beschäftigung beim Arbeitgeber B außerhalb von einem Privathaushalt ausgeübt wird. Die Putzfrau unterliegt in beiden Beschäftigungsverhältnissen nicht der Sozialversicherungspflicht, weil das zusammengerechnete monatliche Arbeitsentgelt die Geringfügigkeitsgrenze nicht übersteigt. In der Rentenversicherung besteht allerdings Versicherungspflicht; vgl. zur Möglichkeit der Befreiung von der Rentenversicherungspflicht vorstehende Nr. 4. Beide Arbeitgeber haben Beiträge zur Rentenversicherung sowie die 2 %ige Pauschalsteuer zu zahlen, und zwar in folgender Höhe:

Arbeitgeber A	(5 % + 2 % =)	7 % von 250 €	17,50 €
Arbeitgeber B	(15 % + 2 % =)	17 % von 270 €	45,90 €

Für geringfügig Beschäftigte, die privat krankenversichert sind, fällt kein Pauschalbeitrag zur Krankenversicherung an (vgl. vorstehende Nr. 3).

Beispiel B

Eine Arbeitnehmerin arbeitet ab 1.11.2022 an drei Tagen in der Woche in einem Lebensmittelgeschäft beim Arbeitgeber A und erhält hierfür monatlich 450 €. Außerdem putzt sie an jeweils zwei Abenden in den privaten Haushalten der Arbeitgeber B und C. Die Arbeitnehmerin erhält vom Arbeitgeber B monatlich 250 € und vom Arbeitgeber C monatlich 200 €.

Durch die sozialversicherungsrechtliche Zusammenrechnung der drei, für sich allein betrachtet, geringfügig entlohnten Beschäftigungsverhältnisse tritt Versicherungspflicht in allen vier Zweigen der Sozialversicherung ein. Alle drei Arbeitgeber müssen einen hälftigen Arbeitgeberanteil zur Rentenversicherung in Höhe von 9,3 % bezahlen. Damit entfällt für alle drei Beschäftigungsverhältnisse die 2 % Pauschalsteuer. Eine Pauschalierung der Lohnsteuer mit 20 % – ggf. unter Abwälzung auf die Arbeitnehmerin – wäre dagegen für alle drei Beschäftigungsverhältnisse möglich (vgl. das Stichwort „Pauschalierung der Lohnsteuer bei Aushilfskräften und Teilzeitbeschäftigten" unter Nr. 3 Buchstaben b, f und g).

Es wird jedoch in allen drei Beschäftigungsverhältnissen eine individuelle Besteuerung nach den Lohnsteuerabzugsmerkmalen der Arbeitnehmerin vorgenommen und zwar

- beim Arbeitgeber A mit der Steuerklasse I und einem **Hinzurechnungsbetrag von 450 €;**
- beim Arbeitgeber B mit der Steuerklasse VI und einem **Freibetrag von 250 €;**
- beim Arbeitgeber C mit der Steuerklasse VI und einem **Freibetrag von 200 €.**

Damit fällt in allen drei Beschäftigungsverhältnissen weder Lohnsteuer noch Solidaritätszuschlag und auch keine Kirchensteuer an. Die Möglichkeit, korrespondierende Freibeträge und Hinzurechnungsbeträge in Anspruch zu nehmen, ist beim Stichwort „Pauschalierung der Lohnsteuer bei Aushilfskräften und Teilzeitbeschäftigten" unter Nr. 12 erläutert.

6. Zusammenrechnung von Hauptbeschäftigungen mit geringfügig entlohnten Beschäftigungsverhältnissen in Privathaushalten

Versicherungspflichtige Hauptbeschäftigungen werden im Grundsatz mit geringfügigen Beschäftigungen zusammengerechnet. Davon gibt es eine Ausnahme, denn **eine** Nebenbeschäftigung bis zur Höhe der monatlichen Geringfügigkeitsgrenze bleibt in der Kranken-, Pflege- und Arbeitslosenversicherung anrechnungsfrei.

Beispiel A

Eine alleinstehende Arbeitnehmerin bezieht aus ihrem ersten Arbeitsverhältnis als Verkäuferin 2300 € monatlich und hat nebenher ab 1.11.2022 eine Putzstelle in einem privaten Haushalt. Hierfür erhält sie monatlich 520 €. Die beiden Arbeitsverhältnisse werden in der Kranken-, Pflege- und Arbeitslosenversicherung für die Berechnung der Sozialversicherungsbeiträge nicht zusammengerechnet. In der Rentenversicherung besteht Versicherungspflicht; vgl. zur Möglichkeit der Befreiung von der Rentenversicherungspflicht bei der geringfügigen Beschäftigung vorstehende Nr. 4. Für den Minijob ergibt sich folgende Lohnabrechnung:

Monatslohn		520,– €
Lohnsteuer	0,– €	
Solidaritätszuschlag	0,– €	
Kirchensteuer	0,– €	
Rentenversicherung (18,6 % – 5 %)	70,72 €	70,72 €
Nettolohn		449,28 €

Der Arbeitgeber benötigt nicht die individuellen Lohnsteuerabzugsmerkmale der Arbeitnehmerin.

Der Arbeitgeber muss folgende Pauschalabgaben zahlen:

Lohnsteuer (einschließlich Solidaritätszuschlag und Kirchensteuer)	2,0 %	10,40 €
Krankenversicherung pauschal	5,0 %	26,– €
Rentenversicherung pauschal	5,0 %	26.– €
Umlage U1	0,9 %	4,68 €
Umlage U2	0,29 %	1,51 €
Unfallversicherung	1,6 %	8,32 €
insgesamt		76,91 €

Werden neben einer Hauptbeschäftigung **mehrere** geringfügig entlohnte Beschäftigungen ausgeübt, dann scheidet für **eine** geringfügig entlohnte Beschäftigung in der Kranken-, Pflege- und Arbeitslosenversicherung die Zusammenrechnung mit der Hauptbeschäftigung aus. Ausgenommen von der Zusammenrechnung wird dabei diejenige geringfügig entlohnte Beschäftigung, die **zeitlich zuerst aufgenommen** worden ist, sodass diese Beschäftigung versicherungsfrei bleibt. Die **weiteren** geringfügig entlohnten Beschäftigungen sind mit der versicherungspflichtigen Hauptbeschäftigung zusammenzurechnen, sodass für diese Minijobs die Zahlung pauschaler Arbeitgeberbeiträge zur Kranken- und Rentenversicherung sowie die 2 %ige Pauschalsteuer entfällt. Damit findet auch das Haushaltsscheckverfahren keine Anwendung mehr. Der Arbeitgeber hat dann das übliche Beitrags- und Meldeverfahren gegenüber der Krankenkasse durchzuführen, die der Arbeitnehmer gewählt hat.

Eine Pauschalierung der Lohnsteuer mit 20 % anstelle von 2 % ist möglich, wenn der Monatslohn für die jeweilige geringfügig entlohnte Beschäftigung 450 € nicht übersteigt (vgl. die Erläuterungen beim Stichwort „Pauschalierung der Lohnsteuer bei Aushilfskräften und Teilzeitbeschäftigten" unter Nr. 3 Buchstabe b).

Lohnsteuerpflichtig | Sozialversich.-pflichtig

Beispiel B

Eine alleinstehende Arbeitnehmerin bezieht aus ihrem ersten Arbeitsverhältnis als Verkäuferin beim Arbeitgeber A einen Monatslohn von 2000 €. Außerdem hat sie zwei Putzstellen in Privathaushalten, und zwar beim Arbeitgeber B ab 1. November 2022 gegen ein monatliches Arbeitsentgelt von 250 € und beim Arbeitgeber C ab 1. Dezember 2022 gegen ein monatliches Entgelt von 270 €.

Die Verkäuferin unterliegt in der (Haupt-)Beschäftigung beim Arbeitgeber A der Versicherungspflicht. Bei den beiden übrigen Beschäftigungen handelt es sich jeweils um geringfügig entlohnte Beschäftigungen, weil das Arbeitsentgelt aus den einzelnen Beschäftigungen die Geringfügigkeitsgrenze nicht übersteigt. Obwohl die zusammengerechneten Arbeitslöhne aus den beiden geringfügig entlohnten Beschäftigungsverhältnissen die monatliche Geringfügigkeitsgrenze nicht übersteigen wird nur die beim Arbeitgeber B ausgeübte, **zeitlich zuerst aufgenommene Beschäftigung nicht** mit der versicherungspflichtigen (Haupt-)Beschäftigung zusammengerechnet. Der Arbeitgeber B muss die Pauschalabgabe von (5 % + 5 % + 2 % =) 12 % bezahlen. Die Beschäftigung beim Arbeitgeber C ist hingegen mit der versicherungspflichtigen (Haupt-)Beschäftigung zusammenzurechnen mit der Folge, dass volle Versicherungspflicht in der Kranken-, Renten- und Pflegeversicherung begründet wird. In der Arbeitslosenversicherung besteht sowohl beim Arbeitgeber B als auch beim Arbeitgeber C Versicherungsfreiheit, weil das Arbeitsentgelt aus diesen Beschäftigungen jeweils die Geringfügigkeitsgrenze nicht überschreitet und geringfügig entlohnte Beschäftigungen mit versicherungspflichtigen (Haupt-)Beschäftigungen bei der Arbeitslosenversicherung nicht zusammengerechnet werden.

Da für die Beschäftigung beim Arbeitgeber C kein pauschaler Rentenversicherungsbeitrag von 5 % entrichtet wird (sondern der hälftige Arbeitgeberbeitrag von 9,3 %), entfällt die 2 %ige Steuerpauschalierung (eine Pauschalierung der Lohnsteuer mit 20 % ist jedoch möglich, weil das Arbeitsentgelt die Geringfügigkeitsgrenze monatlich nicht übersteigt, vgl. das Stichwort „Pauschalierung der Lohnsteuer bei Aushilfskräften und Teilzeitbeschäftigten" unter Nr. 3 Buchstabe b).

7. Haushaltsscheckverfahren

a) Allgemeines

Für geringfügige Beschäftigungen in Privathaushalten ist eine unbürokratische Abwicklung durch das Haushaltsscheck-Verfahren vorgesehen. Die Anwendung des Haushaltsscheck-Verfahrens ist daran gebunden, dass das Arbeitsentgelt regelmäßig im Monat die Geringfügigkeitsgrenze nicht übersteigt und die Tätigkeit durch einen Privathaushalt begründet ist.

Nach § 28a Absatz 7 Satz 1 SGB IV hat der Arbeitgeber (Privathaushalt) der Einzugsstelle (Deutsche Rentenversicherung Knappschaft-Bahn-See/Minijob-Zentrale) für einen in seinem Haushalt beschäftigten Arbeitnehmer eine vereinfachte Meldung, den Haushaltsscheck, zu erstatten. Der Haushaltsscheck enthält gegenüber der Meldung nach § 28a Absatz 3 SGB IV reduzierte Angaben. Der Arbeitgeber kann den Haushaltsscheck sowohl handschriftlich als auch elektronisch an die Minijob-Zentrale senden. Die Minijob-Zentrale prüft nach Eingang des Haushaltsschecks die Einhaltung der Arbeitsentgeltgrenzen bei geringfügiger Beschäftigung und vergibt, sofern noch nicht vorhanden, die Betriebsnummer. Auf der Grundlage des gemeldeten Arbeitsentgelts berechnet die Minijob-Zentrale die zu zahlenden Abgaben (Gesamtsozialversicherungsbeiträge, Beiträge zur Unfallversicherung, Umlagen zum Ausgleich der Arbeitgeberaufwendungen bei Krankheit und Mutterschaft sowie gegebenenfalls zu zahlende Pauschsteuer). Diese werden im Haushaltsscheck-Verfahren per SEPA-Basislastschriftmandat vom Konto des Arbeitgebers halbjährlich durch die Minijob-Zentrale eingezogen. Bei jeder dauerhaften Änderung des Arbeitsentgelts oder bei schwankender Höhe des Arbeitsentgelts muss der Arbeitgeber die Minijob-Zentrale erneut informieren. Hierfür stehen zusätzlich der Halbjahresscheck oder der Änderungsscheck zur Verfügung.

Die Teilnahme am Haushaltsscheck-Verfahren ist für geringfügige Beschäftigungen mit haushaltsnahen Dienstleistungen im Privathaushalt obligatorisch. Der Arbeitgeber kann somit nicht alternativ das übliche Melde- und Beitragsverfahren nutzen.

Lohnsteuerpflichtig | Sozialversich.-pflichtig

b) Meldungen im Haushaltsscheck-Verfahren

Meldungen im Haushaltsscheck-Verfahren können
- schriftlich mittels Papierbeleg erfolgen oder
- durch elektronische Datenübertragung übermittelt werden.

Voraussetzung für die Übermittlung von Haushaltsscheck-Meldungen im elektronischen Verfahren ist insbesondere, dass die Daten über die Beschäftigungszeiten und die Höhe der beitragspflichtigen Bruttoarbeitsentgelte aus systemgeprüften Programmen oder mittels systemgeprüfter maschinell erstellter Ausfüllhilfen übermittelt werden. Für die Beurteilung einer ordnungsgemäßen Abwicklung der Entgeltabrechnung und für die Berechnung der Beiträge sind die Regelungen der Beitragsverfahrensverordnung (in der jeweils geltenden Fassung) maßgebend. Die Beschreibung des Verfahrens und der Datensätze ist in den „Gemeinsamen Grundsätzen für die Gestaltung des Haushaltsschecks und das der Einzugsstelle in diesem Verfahren zu erteilende Lastschriftmandat nach § 28b Absatz 2 SGB IV in der vom 1. Juli 2018 an geltenden Fassung" beschrieben (vgl. www.aok.de/fk/sozialversicherung/rundschreiben/jahrgang-2018/).

c) Art der Meldungen im Haushaltsscheck-Verfahren

Der **Haushaltsscheck** ist zwingend bei jedem Beginn einer nach § 8a SGB IV geringfügigen Beschäftigung im Privathaushalt zu nutzen. Er kann optional auch für Änderungen oder Abmeldungen verwendet werden. Die erstmalige Nutzung des Haushaltsschecks bedingt ein vom Arbeitgeber schriftlich zu erteilendes SEPA-Basislastschriftmandat. Der Haushaltsscheck beinhaltet folgende Angaben:
- Name, Vorname, ggf. Vorsatzwort, Namenszusatz und Titel, Anschrift, Betriebsnummer und Steuernummer sowie die Telefonnummer und E-Mail-Adresse des Arbeitgebers,
- Name, Vorname, ggf. Vorsatzwort, Namenszusatz und Titel, Anschrift, Versicherungsnummer, Geburtsort, Geburtsname und Geburtsdatum sowie die Telefonnummer und E-Mail-Adresse des Arbeitnehmers,
- Kennzeichnung über die Zahlung von Pauschsteuer,
- Kennzeichnung über eine versicherungspflichtige (Haupt-)Beschäftigung des Arbeitnehmers,
- Kennzeichnung, falls der Arbeitnehmer nicht gesetzlich krankenversichert ist,
- Kennzeichnung, ob der Arbeitnehmer Pflichtbeiträge zur Rentenversicherung zahlen möchte,
- Beginn und Ende der Beschäftigung,
- Höhe des monatlich gleichbleibend oder schwankend gezahlten Arbeitsentgelts in Euro (kaufmännisch auf volle Euro-Beträge gerundet).

Der **Halbjahresscheck** ergänzt den Haushaltsscheck. Er umfasst einen Beschäftigungszeitraum von einem Kalenderhalbjahr und wird von der Minijob-Zentrale automatisch den Haushalten zur Verfügung gestellt, die Arbeitnehmer mit schwankenden Arbeitsentgelten melden. Er stellt lediglich ein zusätzliches Angebot zum Haushaltsscheck dar, die Nutzung steht dem Arbeitgeber frei. Leitgedanke dieses Schecks ist der Abbau von Bürokratie, sodass der Privathaushalt als Arbeitgeber eines geringfügig entlohnten Beschäftigten von nicht erforderlichen Verwaltungspflichten entlastet wird.

Eine Ausstattung des Arbeitgebers mit einem maschinell erstellten Halbjahresscheck setzt voraus, dass der Arbeitgeber zunächst einen Haushaltsscheck mit schwankenden Bezügen (Angabe eines monatlich wechselnden Arbeitsentgelts im Haushaltsscheck) einreicht. Nach dessen Verarbeitung stellt die Minijob-Zentrale dem Arbeitgeber halbjährlich einen Halbjahresscheck bereit. Alternativ kann er unter minijob-zentrale.de heruntergeladen werden.

Lohnsteuerpflichtig Sozialversich.-pflichtig

Der Halbjahresscheck umfasst einen Beschäftigungszeitraum von einem Kalenderhalbjahr. Der Arbeitgeber ergänzt die einzelnen Monate und bescheinigt die jeweiligen Verdienste seiner Haushaltshilfe. Der Meldezeitraum darf immer nur das erste oder zweite Kalenderhalbjahr umfassen, beispielsweise Januar bis Juni oder Juli bis Dezember. Anzugeben sind alle Monate, in denen das Arbeitsverhältnis im Halbjahr bestanden hat. Der Arbeitgeber muss auch Monate melden, für die er kein Arbeitsentgelt gezahlt hat („Nullmonate"). Beispielsweise, weil das Arbeitsverhältnis wegen eines unbezahlten Urlaubs, aufgrund einer (längeren) Arbeitsunfähigkeit (nach Ablauf der Entgeltfortzahlung) oder bei einer Freistellung von Arbeitsleistung (z. B. Gartenarbeit nur jeden dritten Monat) länger als einen Monat unterbrochen war. Das Feld „Arbeitsentgelt" ist in diesem Fall mit 0 Euro vorzugeben.

Der Halbjahresscheck enthält folgende Angaben:
- Name, Vorname und Betriebsnummer des Arbeitgebers
- Name, Vorname und Versicherungsnummer des Arbeitnehmers
- Kennzeichnung über die Beendigung der Beschäftigung
- Die Höhe des monatlich gezahlten Arbeitsentgelts ist in Euro (kaufmännisch auf volle Euro-Beträge gerundet) anzugeben.

Der **Änderungsscheck** stellt ein zusätzliches Angebot zum Haushaltsscheck dar. Er dient der vereinfachten Meldung von Änderungen im Beschäftigungsverhältnis. Die Nutzung steht dem Arbeitgeber frei und ist nicht zwingend. Der Änderungsscheck soll den Arbeitgeber von den nicht erforderlichen Verwaltungspflichten entlasten und die Bürokratie abbauen. Er kann bei der Minijob-Zentrale angefordert werden und steht online unter minijob-zentrale.de zur Verfügung. Folgende Änderungen können Arbeitgeber mitteilen:
- Änderungsdatum
- Name, Vorname des Arbeitgebers und Arbeitnehmers
- Anschrift des Arbeitgebers und Arbeitnehmers
- Besteuerungsart
- Vorliegen einer gesetzlichen Krankenversicherung
- Wunsch, selbst Pflichtbeiträge zur Rentenversicherung zahlen zu wollen oder nicht
- Beschäftigungsende
- Grund der Beendigung
- Entgelthöhe in Euro (kaufmännisch auf volle Euro-Beträge gerundet)
- Kennzeichnung über schwankendes Arbeitsentgelt
- Bankverbindung (Name, Vorname und Anschrift des Kontoinhabers, Kreditinstitut, IBAN)

Der Änderungsscheck enthält ergänzende Erläuterungen für den Arbeitgeber.

d) SEPA-Basislastschriftmandat

Bei erstmaliger Verwendung eines Haushaltsschecks hat der Arbeitgeber der Minijob-Zentrale der Deutschen Rentenversicherung Knappschaft-Bahn-See gesondert schriftlich ein Lastschriftmandat zum Einzug der im Haushaltsscheck-Verfahren anfallenden Abgaben zu erteilen. Hierbei sind die für den Euro-Zahlungsverkehrsraum geltenden SEPA-Regularien zu beachten.

e) Zuständige Einzugsstelle, Meldeanlass, Meldefristen

Der Haushaltsscheck ist nach § 28a Absatz 7 Satz 1 SGB IV unverzüglich bei der zuständigen Einzugsstelle, der Deutschen Rentenversicherung Knappschaft-Bahn-See, Minijob-Zentrale (§ 28i Satz 5 SGB IV), einzureichen.

Lohnsteuerpflichtig Sozialversich.-pflichtig

Dies gilt für jeden Meldeanlass, das heißt, bei Beginn der Beschäftigung, bei Änderungen im laufenden Beschäftigungsverhältnis (z. B. Änderung des Arbeitsentgelts) und bei Beendigung der Beschäftigung. Auch der optional verwendete Halbjahres- oder Änderungsscheck ist unverzüglich einzureichen.

f) Aufzeichnungspflichten

Arbeitgeber, die das Haushaltsscheck-Verfahren nutzen, müssen der Minijob-Zentrale keinen Beitragsnachweis einreichen (§ 28f Absatz 3 Satz 1 2. Halbsatz SGB IV). Anders als bei gewerblichen Arbeitgebern, berechnet bei diesem Verfahren die Minijob-Zentrale die Abgaben für den Privathaushalt.

Arbeitgeber werden nach § 28p Absatz 10 SGB IV wegen der beschäftigten Arbeitnehmer in Privathaushalten nicht vom Rentenversicherungsträger geprüft. Im Übrigen sind Privathaushalte von der Führung von Entgeltunterlagen freigestellt (§ 28f Absatz 1 Satz 2 SGB IV).

g) Verfahren bei der Minijob-Zentrale

Die Minijob-Zentrale prüft das Vorliegen einer geringfügigen Beschäftigung. Fehlende Angaben auf dem Haushaltsscheck werden gegebenenfalls durch Nachfragen beim Arbeitgeber oder Arbeitnehmer recherchiert.

Stellt die Minijob-Zentrale fest, dass das Haushaltsscheck-Verfahren keine Anwendung finden kann (keine haushaltsnahen Tätigkeiten, die gewöhnlich durch Familienmitglieder erledigt werden), informiert sie den Arbeitgeber und fordert ihn auf, die Beschäftigung im Rahmen des normalen Melde- und Beitragsverfahrens für geringfügig Beschäftigte bei der Minijob-Zentrale abzuwickeln. Übersteigt das Arbeitsentgelt regelmäßig im Monat die Geringfügigkeitsgrenze, fordert die Minijob-Zentrale den Arbeitgeber auf, den Arbeitnehmer als versicherungspflichtig Beschäftigten bei der zuständigen Krankenkasse anzumelden.

Nach § 28h Absatz 3 Satz 1 Halbsatz 1 SGB IV vergibt die Minijob-Zentrale bei Verwendung des Haushaltsschecks im Auftrag der Bundesagentur für Arbeit die Betriebsnummer des Arbeitgebers, sofern für den Privathaushalt eine solche noch nicht existiert. Die Minijob-Zentrale vergibt die Betriebsnummern im Haushaltsscheck-Verfahren auf vollmaschinellem Wege und teilt sie der Datenstelle der Rentenversicherung (DSRV) mittels des Datenbausteins Betriebsdaten (DSBD) mit. Die DSRV leitet den Datenbaustein an den BNS weiter.

Die steuerliche Behandlung von geringfügig entlohnten Beschäftigungen ist in den Geringfügigkeits-Richtlinien ausführlich beschrieben. Danach kann der Arbeitgeber die Lohnsteuer pauschal in Höhe von zwei Prozent erheben. Im Haushaltsscheck kann er ankreuzen, ob er sich für die Pauschsteueroption entscheidet oder nicht. Falls ja, berechnet die Minijob-Zentrale die einheitliche Pauschsteuer zusammen mit den übrigen Abgaben, wobei zusätzlich die Steuernummer des Arbeitgebers im Haushaltsscheck anzugeben ist. Nach § 40a Absatz 6 EStG ist die Deutsche Rentenversicherung Knappschaft-Bahn-See für die Erhebung der einheitlichen Pauschsteuer nach § 40a Absatz 2 EStG zuständig. Für die Anmeldung und Abführung dieser Pauschsteuer gelten die gleichen Regelungen wie für die Rentenversicherungsbeiträge. Die Deutsche Rentenversicherung Knappschaft-Bahn-See ist berechtigt, die Pauschsteuer zusammen mit den übrigen Abgaben beim Arbeitgeber einzuziehen.

Nach § 185 Absatz 4 Satz 3 SGB VII beträgt der Beitragssatz zur Unfallversicherung für geringfügig Beschäftigte, die im Haushaltsscheck-Verfahren gemeldet werden, bundeseinheitlich 1,6 Prozent. Die Deutsche Rentenversicherung Knappschaft-Bahn-See wurde von den kommunalen Unfallversicherungsträgern beauftragt,

Lohn- Sozial-
steuer- versich.-
pflichtig pflichtig

die Unfallversicherungsbeiträge für die am Haushaltsscheck-Verfahren teilnehmenden Arbeitgeber zu berechnen und zusammen mit den übrigen Abgaben einzuziehen.

Nach § 28h Absatz 3 Satz 1 SGB IV berechnet die Minijob-Zentrale bei Verwendung eines Haushaltsschecks den Gesamtsozialversicherungsbeitrag und die Umlagen zum Ausgleich der Arbeitgeberaufwendungen bei Krankheit und Mutterschaft (U1 und U2). Dies gilt ebenfalls für die Beiträge zur Unfallversicherung und die einheitliche Pauschsteuer. Insolvenzgeldumlage wird nicht erhoben (§ 358 Absatz 1 Satz 2 SGB III).

Die Beiträge zur Kranken-, Renten- und Unfallversicherung, die im Rahmen des Haushaltsscheck-Verfahrens berechnet werden, werden nach § 23 Absatz 2a SGB IV für das in den Monaten Januar bis Juni erzielte Arbeitsentgelt am 31. Juli des laufenden Jahres und für das in den Monaten Juli bis Dezember erzielte Arbeitsentgelt am 31. Januar des folgenden Jahres fällig. Gleiches gilt für die weiteren Abgaben, wie die einheitliche Pauschsteuer sowie die Umlagen zum Ausgleich der Arbeitgeberaufwendungen bei Krankheit und Mutterschaft. Die Minijob-Zentrale zieht die errechneten Abgaben am Fälligkeitstag im Wege des Lastschriftverfahrens ein.

Die Minijob-Zentrale leitet die Beiträge zur Krankenversicherung nach § 28k Absatz 2 Satz 1 SGB IV zugunsten des Gesundheitsfonds an das Bundesamt für Soziale Sicherung, bei Versicherten in der landwirtschaftlichen Krankenversicherung an die Sozialversicherung für Landwirtschaft, Forsten und Gartenbau weiter. Die Beiträge zur Rentenversicherung werden nach § 28k Absatz 1 SGB IV von der Minijob-Zentrale nach einem von der Deutschen Rentenversicherung Bund festgelegten Verteilungsschlüssel zwischen den Trägern der Deutschen Rentenversicherung aufgeteilt und weitergeleitet. Die Beiträge zur gesetzlichen Unfallversicherung werden von der Minijob-Zentrale an die zuständigen Unfallversicherungsträger weitergeleitet. Die einheitliche Pauschsteuer wird von der Minijob-Zentrale an das Bundeszentralamt für Steuern weitergeleitet und von dort nach einem Verteilungsschlüssel an die Bundesländer weiterverteilt.

Die Minijob-Zentrale stellt nach Eingang eines Haushaltsschecks fest, welche Angaben, die nicht aus dem Haushaltsscheck hervorgehen, für die Erfassung und Weiterleitung von Meldedaten an die Rentenversicherung erforderlich sind. Dabei können Daten aus dem Datenbestand der Minijob-Zentrale übernommen werden. Die fehlenden Angaben sind über den Arbeitgeber oder Arbeitnehmer zu ermitteln. Die Datenerfassung erfolgt anhand der Angaben im Haushaltsscheck-Verfahren. Die Art der Datenerfassung bleibt der Minijob-Zentrale freigestellt. Die Datensätze werden mit dem Datensatz Meldungen (DSME) an die Datenstelle der Rentenversicherung (DSRV) weitergeleitet. Vor der Weiterleitung an die DSRV sind die Datensätze mit dem maschinell zu führenden Bestand der Minijob-Zentrale abzugleichen. Für die Weiterleitung der Daten durch die Minijob-Zentrale gelten die in der Datenerfassungs- und -übermittlungsverordnung (DEÜV) festgelegten Fristen.

Die Minijob-Zentrale übermittelt der Unfallversicherung die Daten zum Privathaushalt. Die Datenübermittlung erfolgt dezentral an den jeweils zuständigen kommunalen Unfallversicherungsträger. Die Meldefristen richten sich von diesem Zeitpunkt an grundsätzlich nach den Regelungen der DEÜV; die Meldungen werden monatlich unmittelbar nach Erstellung der Meldungen zur Rentenversicherung erzeugt und weitergeleitet. Der Datensatz enthält keine Angaben zum Arbeitnehmer, sondern gibt lediglich die Beschäftigtenzahl beim jeweiligen Arbeitgeber wieder. Näheres ist in der technischen Anlage zu der geschlossenen Verwaltungsvereinbarung geregelt. Unter anderem ist darin festgelegt, dass die Deutsche Gesetzliche Unfallversicherung (DGUV) eine Zuordnungsdatei zur Ermittlung des zuständigen Unfallversicherungsträgers und eine Adressdatei dieser Träger erstellt und pflegt. Änderungen übermittelt die DGUV unverzüglich an die Minijob-Zentrale.

Lohn- Sozial-
steuer- versich.-
pflichtig pflichtig

h) Bescheinigungen

Die Minijob-Zentrale hat dem Arbeitnehmer nach § 28h Absatz 3 Satz 3 SGB IV den Inhalt der Meldung schriftlich mitzuteilen. Zu diesem Zweck erhält der Arbeitnehmer über die an die Rentenversicherung gemeldeten Zeiten und Arbeitsentgelte eine entsprechende Bescheinigung. Die Bedeutung der Bescheinigung muss für den Arbeitnehmer erkennbar sein. Die Bescheinigung ist mindestens einmal jährlich bis zum 30. April eines jeden Jahres für alle im Vorjahr gemeldeten Daten auszustellen. Im Falle der Auflösung des Arbeitsverhältnisses ist die Bescheinigung unverzüglich nach Abgabe der letzten Meldung für den Arbeitnehmer auszustellen. Zahlt der Arbeitnehmer die Differenz vom vollen Rentenversicherungsbeitrag und des fünfprozentigen Beitragsanteils des Arbeitgebers, erhält der Arbeitnehmer eine Bescheinigung für das Finanzamt über die nachgewiesenen Beiträge. Diese können in der Steuererklärung geltend gemacht werden. Vgl. hierzu das Stichwort „Pauschalierung der Lohnsteuer bei Aushilfskräften und Teilzeitbeschäftigten" unter Nr. 6 Buchstabe b.

Die am Haushaltsscheck-Verfahren teilnehmenden Arbeitgeber erhalten von der Minijob-Zentrale vor den jeweiligen Fälligkeitsterminen einen Bescheid über die Höhe der einzuziehenden Abgaben für den entsprechenden Abgabenzeitraum und nach Ablauf eines Kalenderjahres eine Bescheinigung für das Finanzamt (§ 28h Absatz 4 SGB IV). Sie beinhaltet den Zeitraum, für den Beiträge zur Rentenversicherung gezahlt wurden sowie die Höhe des im Vorjahr gezahlten Arbeitsentgelts und der darauf entfallenden Abgaben.

8. Pauschalierung der Lohnsteuer mit 2 %

a) Allgemeines

Nach § 40a Abs. 2 EStG kann der Arbeitgeber den Arbeitslohn für einen Minijob unter Verzicht auf die Anwendung der individuellen Lohnsteuerabzugsmerkmale pauschal mit **2 %** besteuern, wenn der Arbeitgeber für diese geringfügige Beschäftigung einen **Beitrag zur gesetzlichen Rentenversicherung** in Höhe von **15 %** für „normale" Minijobs oder in Höhe von **5 %** für Minijobs in einem Privathaushalt entrichtet. Die Voraussetzungen für eine Pauschalierung der Lohnsteuer mit 2 % richten sich ausschließlich nach den sozialversicherungsrechtlichen Vorschriften. Die Höhe des Stundenlohns spielt keine Rolle. Die 2 %ige Pauschalsteuer ist eine Abgeltungsteuer und gilt auch den Solidaritätszuschlag und die Kirchensteuer mit ab. Der pauschal besteuerte Arbeitslohn und die 2 %ige Pauschalsteuer bleiben bei der Veranlagung des Arbeitnehmers zur Einkommensteuer außer Ansatz.

Nach § 40a Abs. 6 EStG ist die Minijob-Zentrale bei der Deutschen Rentenversicherung Knappschaft-Bahn-See für die Erhebung der 2 %igen Pauschalsteuer zuständig. Für die Anmeldung und Abführung dieser Pauschalsteuer an die Minijob-Zentrale bei der Deutschen Rentenversicherung Knappschaft-Bahn-See gelten die gleichen Regelungen wie für die pauschalen Rentenversicherungsbeiträge. Die Minijob-Zentrale bei der Deutschen Rentenversicherung Knappschaft-Bahn-See ist berechtigt, die Pauschalsteuer zusammen mit den Sozialversicherungsbeiträgen beim Arbeitgeber einzuziehen.

Für steuerpflichtige **Lohnbestandteile,** die **nicht** zum sozialversicherungsrechtlichen **Arbeitsentgelt** gehören, ist eine Pauschalierung der Lohnsteuer mit 2 % nicht zulässig. Dieser Arbeitslohn ist vielmehr nach den allgemeinen

Regelungen (individuelle Lohnsteuerabzugsmerkmale) zu versteuern.

b) Individuelle Lohnsteuerabzugsmerkmale oder Pauschalierung der Lohnsteuer mit 2 %

Die Pauschalierungsmöglichkeit mit 2 % ist als **„Kannvorschrift"** ausgestaltet. Das bedeutet, dass anstelle der Pauschalierung der Lohnsteuer mit 2 % auch ein Lohnsteuerabzug nach den individuellen Lohnsteuerabzugsmerkmalen durchgeführt werden kann. Dies werden in der Praxis diejenigen Fälle sein, in denen der Lohnsteuerabzug nach der Steuerklasse I, II, III oder IV vorgenommen werden kann, weil dann keine Lohnsteuer anfällt und sich der Arbeitgeber die 2 %ige Lohnsteuer spart. Sofern der Lohnsteuerabzug also für den Minijob nach der Steuerklasse I, II, III oder IV vorgenommen werden kann, ist dies für den Arbeitgeber günstiger als die 2 %ige Lohnsteuerpauschalierung (vgl. die ausführlichen Erläuterungen beim Stichwort „Pauschalierung der Lohnsteuer bei Aushilfskräften und Teilzeitbeschäftigten" besonders unter Nr. 2 Buchstabe i).

9. Steuerliche Vergünstigungen

a) Allgemeines

Steuerliche Vergünstigungen gibt es zum einen für Beschäftigungsverhältnisse in privaten Haushalten und zum anderen für die Inanspruchnahme haushaltsnaher Dienstleistungen auf freiberuflicher oder gewerblicher Basis (§ 35a EStG). Die Steuerentlastung für abhängige Beschäftigungsverhältnisse in privaten Haushalten wird dem **Arbeitgeber** in Form eines **Abzugsbetrages von der tariflichen Einkommensteuer** bis maximal 0 € gewährt, und zwar wie folgt:

- Bei einer **geringfügigen Beschäftigung** in Privathaushalten mit einem Monatslohn bis zur Geringfügigkeitsgrenze beträgt der beim Arbeitgeber (= Auftraggeber) von der Einkommensteuer abzuziehende Betrag **20 % der Aufwendungen,** höchstens **510 €** jährlich.
- Bei Beschäftigungsverhältnissen in privaten Haushalten, für die **Pflichtbeiträge zur gesetzlichen Sozialversicherung** entrichtet werden, beträgt der beim Arbeitgeber (= Auftraggeber) von der Einkommensteuer abzuziehende Betrag **20 % der Aufwendungen,** höchstens **4000 €** jährlich.

Liegt kein abhängiges Beschäftigungsverhältnis vor, wird gleichwohl eine steuerliche Entlastung gewährt, und zwar für die Inanspruchnahme haushaltsnaher **Dienstleistungen, die nicht im Rahmen eines Arbeitsverhältnisses erbracht werden** (z. B. wenn der Steuerpflichtige seine Fenster durch einen Selbstständigen oder ein Dienstleistungsunternehmen putzen lässt). In diesen Fällen erhält der Steuerpflichtige einen von der Einkommensteuer abzuziehenden Entlastungsbetrag von **20 %** der Aufwendungen, höchstens **4000 €** jährlich. Entsprechendes gilt bei Inanspruchnahme von Pflege- und Betreuungsleistungen. Die Steuerermäßigung für sozialversicherungspflichtige Beschäftigungsverhältnisse und haushaltsnahe Dienstleistungen einschließlich Pflege- und Betreuungsleistungen wird zusammen berechnet, das heißt, begünstigt sind insgesamt 20 % der Aufwendungen, höchstens 4000 € jährlich.

Außerdem sind **Handwerkerleistungen** für Renovierungs-, Erhaltungs- und Modernisierungsmaßnahmen durch einen von der Einkommensteuer abzuziehenden Entlastungsbetrag begünstigt. Der Abzugsbetrag beträgt **20 %** der Aufwendungen, **höchstens 1200 €** jährlich.

Die Inanspruchnahme der Steuerermäßigung für haushaltsnahe Beschäftigungsverhältnisse, haushaltsnahe Dienstleistungen und Handwerkerleistungen soll durch folgendes Schaubild verdeutlicht werden:

	Prozentsatz	Höchstbetrag
Haushaltsnahe Minijobber	20 %	510,– €
Haushaltsnahe Vollbeschäftigungsverhältnisse		
Haushaltsnahe Dienstleistungen	20 %	4 000,– €
Pflege- und Betreuungsleistungen		
Handwerkerleistungen im Haushalt	20 %	1 200,– €

b) Geringfügig entlohnte Beschäftigung

Bei einer geringfügig entlohnten Beschäftigung in einem Privathaushalt mit einem Monatslohn bis zur Geringfügigkeitsgrenze beträgt die steuerliche Entlastung nach § 35a Abs. 1 EStG **20 % der Aufwendungen,** höchstens **510 €** jährlich. Eine steuerlich begünstigte geringfügige Beschäftigung in diesem Sinne liegt nur dann vor, wenn der Arbeitgeber am **Haushaltsscheckverfahren** teilnimmt (vgl. die Erläuterungen unter der vorstehenden Nr. 7).

Beispiel A

Ein Steuerpflichtiger (Arbeitgeber) zahlt einer Haushaltshilfe monatlich 300 €, jährlich also	3 600,– €
Pauschalabgaben (5 % + 5 % + 2 % =) 12 %	432,– €
Beiträge zur Umlage U1 0,9 %	32,40 €
Beiträge zur Umlage U2 0,29 %	10,44 €
Unfallversicherung 1,6 %	57,60 €
Aufwendungen für die Haushaltshilfe insgesamt	4 132,44 €
Betrag den der Steuerpflichtige von seiner persönlichen Einkommensteuerschuld abziehen kann:	
20 % von 4132,44 € =	826,49 €
höchstens (= Höchstbetrag)	510 €

Zu den begünstigten Aufwendungen, für die eine Einkommensteuerermäßigung geltend gemacht werden kann, gehören also das Arbeitsentgelt, die Pauschalabgaben, die Umlagen U1 und U2 sowie die Unfallversicherungsbeiträge. Die Höhe der Aufwendungen ist nachzuweisen. Bei geringfügigen Beschäftigungsverhältnissen in Privathaushalten ergibt sich der überwiegende Teil der Aufwendungen aus der von der Minijob-Zentrale der Deutschen Rentenversicherung Knappschaft-Bahn-See zum Jahresende erteilten Bescheinigung. Hinzuzurechnen sind noch etwaige Sachbezüge und die hierauf entfallenden Steuerbeträge.

Besteht das geringfügig entlohnte Beschäftigungsverhältnis nicht während des ganzen Kalenderjahres, vermindert sich der Höchstbetrag von 510 € nicht **(keine Zwölftelung).**

Beispiel B

Ein Steuerpflichtiger beschäftigt ab 1.9.2022 eine Haushaltshilfe für monatlich 400 €.

Lohnaufwendungen 2022: 4 × 400 €	1 600,– €
Pauschalabgaben (5 % + 5 % + 2 % =) 12 %	192,– €
Beiträge zur Umlage U1 0,9 %	14,40 €
Beiträge zur Umlage U2 0,29 %	4,64 €
Unfallversicherung 1,6 %	25,60 €
Aufwendungen für die Haushaltshilfe insgesamt	1 836,64 €
Betrag den der Steuerpflichtige von seiner persönlichen Einkommensteuerschuld abziehen kann:	
20 % von 1836,64 € =	367,32 €

Der Höchstbetrag von 510 € ist nicht überschritten. Der **Höchstbetrag ist nicht zeitanteilig** (hierbei würde sich lediglich ein Betrag von 170 € = $^4/_{12}$ von 510 € ergeben) zu berechnen.

Die Steuerentlastung von 20 %, höchstens 510 € jährlich, wird nicht für solche Aufwendungen gewährt, die Be-

Lohn-steuer-pflichtig	Sozial-versich.-pflichtig

triebsausgaben bzw. Werbungskosten sind, oder soweit sie als Sonderausgaben oder außergewöhnliche Belastung berücksichtigt worden sind (vgl. die nachfolgenden Buchstaben h und k).

Weiterhin ist zu beachten, dass nicht jedes Beschäftigungsverhältnis im Sinne des § 8a SGB IV nach § 35a Abs. 1 EStG begünstigt ist, weil hiernach nur geringfügige Beschäftigungsverhältnisse erfasst werden, die **in** einem inländischen Haushalt oder in einem Haushalt in einem Mitgliedstaat der EU/des EWR ausgeübt werden. § 8a SGB IV setzt dagegen lediglich voraus, dass die geringfügige Beschäftigung **durch** einen privaten Haushalt **begründet** ist. Bei beschränkt steuerpflichtigen Arbeitnehmern (vgl. dieses Stichwort) kann die Steuerermäßigung nach § 35a EStG nicht in Anspruch genommen werden (vgl. § 50 Abs. 1 Satz 4 EStG).

Da **Wohnungseigentümergemeinschaften** nicht am Haushaltsscheckverfahren teilnehmen können, sind von diesen eingegangene **geringfügigen Beschäftigungsverhältnisse** als **haushaltsnahe Dienstleistungen** zu berücksichtigen (vgl. nachfolgend unter Buchstabe d). Entsprechendes gilt für geringfügige Beschäftigungsverhältnisse von Vermietern im Rahmen ihrer Vermietertätigkeit. Hier liegen beim Mieter haushaltsnahe Dienstleistungen (vgl. den nachfolgenden Buchstaben d) vor.

c) Sozialversicherungspflichtige Beschäftigung in einem privaten Haushalt

Bei Beschäftigungsverhältnissen in privaten Haushalten, für die **Pflichtbeiträge zur gesetzlichen Sozialversicherung** entrichtet werden, beträgt der beim Arbeitgeber von der Einkommensteuer abzuziehende Betrag **20 % der Aufwendungen,** höchstens **4000 €** jährlich.

Beispiel A

Ein Steuerpflichtiger wendet für ein haushaltsnahes sozialversicherungspflichtiges Beschäftigungsverhältnis inklusive aller Abgaben 18 000 € auf.

Betrag den der Steuerpflichtige von seiner persönlichen Einkommensteuerschuld abziehen kann:	
20 % von 18 000 €	3 600,– €

Der Höchstbetrag von 4000 € ist nicht überschritten.

Besteht das haushaltsnahe sozialversicherungspflichtige Beschäftigungsverhältnis nicht während des ganzen Kalenderjahres, vermindert sich der Höchstbetrag von 4000 € nicht **(keine Zwölftelung).**

Beispiel B

Ein Steuerpflichtiger (Arbeitgeber) beschäftigt ab 1. September 2022 eine Haushälterin. Die Haushälterin bekommt einen Barlohn von 1000 € monatlich sowie freie Unterkunft und Verpflegung. Der steuer- und beitragspflichtige Monatslohn beträgt somit:

Barlohn	1 000,– €
Sachbezugswert für freie Unterkunft und Verpflegung (vgl. Anhang 3)	511,– €
	1 511,– €

Die Lohnsteuer (z. B. nach Steuerklasse I) und der hälftige Arbeitnehmeranteil am Gesamtsozialversicherungsbeitrag sind vom Barlohn einzubehalten. Die Aufwendungen des Steuerpflichtigen für die Inanspruchnahme der Steuervergünstigung nach § 35a EStG errechnen sich wie folgt:

Barlohn und Sachbezug monatlich	1 511,– €
Arbeitgeberanteil am Gesamtsozialversicherungsbeitrag (19,975 %)	301,82 €
Umlage U1 und U2 (angenommen)	30,22 €
Beitrag zur gesetzlichen Unfallversicherung (angenommen mit 1 %)	15,11 €
insgesamt	1 858,15 €
für 4 Monate (1 858,15 € × 4)	7 432,60 €
Die Einkommensteuerermäßigung beträgt 20 % von 7 432,60 €	1 486,52 €

Der Höchstbetrag von 4000 € ist nicht überschritten. Der **Höchstbetrag ist nicht zeitanteilig** (hierbei würde sich lediglich ein Betrag von 1334 € = 4/12 von 4000 € ergeben) zu berechnen.

Die Steuerentlastung von 20 %, höchstens 4000 € jährlich, wird nicht für solche Aufwendungen gewährt, die Betriebsausgaben bzw. Werbungskosten sind oder soweit sie als Sonderausgaben oder außergewöhnliche Belastung berücksichtigt worden sind (vgl. die nachfolgenden Buchstaben h und k).

Eine **sozialversicherungspflichtige Beschäftigung** in einem privaten Haushalt kann auch zu einer **Wohnungseigentümergemeinschaft** bestehen. Auch in diesem Fall kann die vorstehende Steuerermäßigung bei den jeweiligen Miteigentümern, die die Wohnung zu eigenen Wohnzwecken nutzen, oder Mietern in Anspruch genommen werden.

Begünstigt sind auch sozialversicherungspflichtige Beschäftigungsverhältnisse, die in einem Haushalt in einem Mitgliedstaat der EU/des EWR ausgeübt werden (vgl. auch die Erläuterungen unter dem vorstehenden Buchstaben b).

d) Haushaltsnahe Dienstleistungen, die nicht im Rahmen des Arbeitsverhältnisses erbracht werden

Neben der Steuerermäßigung für haushaltsnahe Beschäftigungsverhältnisse (vorstehend erläutert unter den Buchstaben b und c) gibt es eine Steuerermäßigung für haushaltsnahe Dienstleistungen einschließlich Pflege- und Betreuungsleistungen, die nicht im Rahmen eines Arbeitsverhältnisses sondern vom Auftragnehmer als **selbstständige** Tätigkeit erbracht werden. Die Einkommensteuerermäßigung beträgt **20 %** der Aufwendungen, höchstens **4000 €** jährlich. Die **Steuerermäßigung** für **sozialversicherungspflichtige Beschäftigungsverhältnisse** und **haushaltsnahe Dienstleistungen** einschließlich **Pflege- und Betreuungsleistungen** wird zusammen berechnet, das heißt, begünstigt sind **insgesamt** 20 % der Aufwendungen, **höchstens 4000 €** jährlich (vgl. auch das Schaubild unter dem vorstehenden Buchstaben a).

Zu den haushaltsnahen Dienstleistungen gehören alle Tätigkeiten, die im Zusammenhang mit der Haushaltsführung anfallen, gewöhnlich durch Mitglieder des privaten Haushalts erledigt und für die nunmehr fremde Dritte beschäftigt werden. Begünstigt sind z. B.

- Tätigkeiten eines selbstständigen Fensterputzers,
- Gartenpflegearbeiten (z. B. Rasenmähen, Heckenschneiden) durch einen selbstständigen Gärtner,
- Reinigung und Winterdienst (Schneeräumung) auf öffentlichen Gehwegen (ohne die Fahrbahn), wenn der Eigentümer oder Mieter hierzu verpflichtet ist (BFH-Urteil vom 20.3.2014, BStBl. II S. 880),
- Inanspruchnahme haushaltsnaher Tätigkeiten – einschließlich Versorgung und Betreuung von Haustieren in der Wohnung (BFH-Urteil vom 3.9.2015, BStBl. 2016 II S. 47) sowie ein sog. „Hundegassiservice" (BFH-Urteil vom 25.9.2017, BFH/NV 2018 S. 39) – über eine Dienstleistungsagentur,
- Dienstleistungen einer Umzugsfirma anlässlich von privaten Umzügen,
- Tätigkeiten eines selbstständigen Pflegedienstes.

Beispiel A

Ein Arbeitnehmer fährt im Sommer für drei Wochen in Urlaub. Er beauftragt eine Dienstleistungsagentur in dieser Zeit in der Wohnung „nach dem Rechten" zu sehen. Die Dienstleistungsagentur leert den Briefkasten, gießt die Blumen, lüftet die Wohnung und schneidet einmal wöchentlich den Rasen. Der Arbeitnehmer zahlt dafür an die Dienstleistungsagentur 300 €. Eine Einkommensteuerermäßigung wegen Vorliegens eines haushaltsnahen Beschäftigungsverhältnisses scheidet aus, da kein abhängiges Beschäftigungsverhältnis begründet worden ist. Allerdings kann die Einkommensteuerermäßigung für haus-

Lohn-steuer-pflichtig Sozial-versich.-pflichtig

haltsnahe Dienstleistungen in Anspruch genommen werden; sie beträgt 20 % von 300 € = 60 €. Der Arbeitnehmer kann als Lohnsteuerabzugsmerkmal auch einen Freibetrag in Höhe von (4 × 60 € =) 240 € bilden lassen (vgl. die Erläuterungen unter dem nachfolgenden Buchstaben f).

Beispiel B

Ein Steuerpflichtiger wendet für ein haushaltsnahes sozialversicherungspflichtiges Beschäftigungsverhältnis inklusive aller Abgaben 18 000 € auf. Für haushaltsnahe Dienstleistungen durch einen selbstständigen Gärtner entstehen ihm im Jahre 2022 Aufwendungen in Höhe von 2500 €.

Betrag, den der Steuerpflichtige von seiner persönlichen Einkommensteuerschuld abziehen kann:

20 % von 20 500 €	4 100 €
Höchstbetrag	4 000 €

Die Steuerermäßigung nach § 35a Abs. 2 EStG beträgt 4000 € jährlich (= Höchstbetrag).

Zu den begünstigten **haushaltsnahen Dienstleistungen** gehören auch **geringfügige Beschäftigungsverhältnisse,** die von **Wohnungseigentümergemeinschaften** begründet worden sind. Entsprechendes gilt für geringfügige Beschäftigungsverhältnisse von **Vermietern** im Rahmen ihrer Vermietertätigkeit. Hier liegen beim Mieter haushaltsnahe Dienstleistungen vor. Ebenso begünstigt sind Aufwendungen eines in einem **Heim** untergebrachten Steuerpflichtigen für Dienstleistungen, die mit denen einer Hilfe im Haushalt vergleichbar sind (z. B. Reinigung des Apartments, Wäscheservice im Heim). Auch die Pflege- und Betreuungsleistungen in einem Heim sind bei Vorhandensein eines eigenen Haushalts berücksichtigungsfähig (z. B. Apartment mit Bad und Kochgelegenheit). Dies gilt auch für die Aufwendungen für ein Notrufsystem im Rahmen des „Betreuten Wohnens“ in einer Seniorenresidenz (BFH-Urteil vom 3.9.2015, BStBl. 2016 II S. 272). Der Bundesfinanzhof hat zudem entschieden, dass die Steuerermäßigung für haushaltsnahe Dienstleistungen bei einer Heimunterbringung nur dann in Anspruch genommen werden kann, wenn dem Steuerpflichtigen die Kosten wegen seiner **eigenen** Unterbringung in einem Heim oder seiner eigenen zur dauernden Pflege entstehen. Aufwendungen des Steuerpflichtigen wegen der **Unterbringung oder Pflege anderer Personen** (z. B. eines Elternteils) können nicht berücksichtigt werden (BFH-Urteil vom 3.4.2019, BStBl. II S. 445).

Die haushaltsnahen Dienstleistungen einschließlich Pflege- und Betreuungsleistungen sind auch dann begünstigt, wenn sie in einem Haushalt bzw. einem Heim in einem Mitgliedstaat der EU/des EWR erbracht werden (vgl. auch die Erläuterungen unter den vorstehenden Buchstaben b und c).

Zu den begünstigten Zahlungsarten (keine Barzahlung!), vgl. nachfolgenden Buchstaben e.

e) Zusätzliche Förderung von Handwerkerleistungen

Bei Inanspruchnahme von Handwerkerleistungen ermäßigt sich die Einkommensteuer zusätzlich um weitere **20 %** der Aufwendungen des Steuerzahlers, höchstens **1200 €** jährlich, wobei nur der Arbeitslohn (einschließlich in Rechnung gestellte Maschinen- und Fahrtkosten) begünstigt ist und **nicht** auch die **Materialkosten.** Die Aufwendungen vermindern sich um etwaige Versicherungsleistungen und etwaige andere Leistungen von dritter Seite (z. B. staatliche Zuschüsse), da der Steuerzahler insoweit wirtschaftlich nicht belastet ist. Der Höchstbetrag von 1200 € jährlich gilt auch dann, wenn zusammen zur Einkommensteuer veranlagte Ehegatten mehrere Wohnungen zeitgleich tatsächlich nutzen (BFH-Urteil vom 29.7.2010, BStBl. 2014 II S. 151). Begünstigt sind alle handwerklichen Tätigkeiten für **Renovierungs-, Erhaltungs- und Modernisierungsmaßnahmen,** die im Haushalt des Steuerzahlers oder in unmittelbarem räumlichen Zusammenhang mit dem Haushalt erbracht werden. Arbeitskosten für Leistungen, die in einem Handwerksbetrieb anfallen, sind daher nicht begünstigt (BFH-Urteil vom 13.5.2020, BStBl. 2021 II S. 669). Es kommt aber nicht darauf an, ob es sich um regelmäßig vorzunehmende Renovierungsarbeiten oder kleine Ausbesserungsarbeiten handelt, die gewöhnlich durch Mitglieder des privaten Haushalts erledigt werden, oder um Erhaltungs- und Modernisierungsaufwendungen, die im Regelfall nur von Fachkräften durchgeführt werden.

Lohn-steuer-pflichtig Sozial-versich.-pflichtig

Zu den begünstigten Handwerkerleistungen gehören u. a.:

- Malerarbeiten wie Streichen/Lackieren von Türen, Fenstern (innen und außen), Wandschränken, Heizkörpern und -rohren,
- Reparatur oder Austausch von Bodenbelägen (z. B. Teppichboden, Parkett, Fliesen),
- Reparatur oder Austausch von Fenster und Türen,
- Reparatur und Wartung von Heizungsanlagen, Elektro-, Gas- und Wasserinstallationen,
- Reparatur und Wartung von Haushaltsgeräten im Haushalt des Steuerzahlers (z. B. Fernsehreparatur vor Ort, aber keine Steuerermäßigung bei Mitnahme des Fernsehers zur Reparatur); Entsprechendes gilt für die Reparatur von Waschmaschine, Geschirrspüler, Herd und anderer Gegenstände im Haushalt des Steuerzahlers, die in der Hausratversicherung mitversichert werden können,
- Erhaltungsarbeiten an Innen- und Außenwänden,
- Modernisierungsarbeiten am Dach, an der Fassade, an Garagen,
- Modernisierung des Badezimmers,
- Maßnahmen zur Modernisierung der Gartengestaltung,
- Pflasterarbeiten im Rahmen einer Renovierungs- oder Modernisierungsmaßnahme auf dem Wohngrundstück.

Nicht begünstigt sind handwerkliche Tätigkeiten im Rahmen einer **Neubaumaßnahme** bis zur Fertigstellung des Haushalts (= Abschluss der wesentlichen Bauarbeiten mit zumutbarem Wohnungsbezug). Bei einem vorhandenen Haushalt ist eine Renovierungs-, Erhaltungs- oder Modernisierungsmaßnahme aber auch dann begünstigt, wenn durch sie Wohn-/Nutzfläche geschaffen wird (BFH-Urteil vom 13.7.2011, BStBl. 2012 II S. 232). Letztlich sind **alle Arbeiten nach Einzug in ein bezugsfertiges Gebäude** begünstigt, auch wenn sie in engem zeitlichen und sachlichen Zusammenhang mit der Neuerrichtung eines Gebäudes anfallen, z. B. als Teilleistung eines einheitlichen Vertrages. Es kommt ausschließlich darauf an, dass das Objekt im Zeitpunkt der Ausführung der Arbeiten bezugsfertig ist.

Beispiel A

Ein Haus- oder Eigentumswohnungsbesitzer lässt sich einen neuen Teppichboden in seine Wohnung legen. Die Materialkosten betragen 3000 €. Das Verlegen des Teppichs kostet 1000 €. Der Wohnungsbesitzer kann 20 % aus 1000 € = 200 € von seiner Einkommensteuerschuld abziehen. Er kann auch einen Freibetrag von 4 × 200 € = 800 € als Lohnsteuerabzugsmerkmal bilden lassen (vgl. auch die Erläuterungen unter dem nachfolgenden Buchstaben f).

Ebenfalls begünstigt sind handwerkliche Leistungen für **Hausanschlüsse** (z. B. Trinkwasser- oder Abwasserversorgung, Kabel für Strom oder Fernsehen), soweit die Aufwendungen die Zuleitung zum Haus oder zur Wohnung betreffen und nicht im Zusammenhang mit einer Neubaumaßnahme stehen; dies gilt auch, soweit die Maßnahme auf öffentlichen Grundstücksraum entfällt, der im unmittelbarem räumlichen Zusammenhang zum Haushalt des Steuerzahlers steht (BFH-Urteil vom 20.3.2014, BStBl. II S. 882). Nicht begünstigt ist der Baukostenzuschuss für eine öffentliche Mischwasserleitung, da er allen Nutzern des **Versorgungsnetzes** zugutekommt und damit die Leistung nicht „im Haushalt“ erbracht wird (BFH-Urteil vom 21.2.2018, BStBl. II S. 641). Entsprechendes gilt, wenn der Steuerzahler aufgrund öffentlich-rechtlicher Verpflichtung zur Zahlung eines Erschließungsbeitrags für eine **öffentliche Straße** herangezogen wird (BFH-Urteil vom 28.4.2020, BStBl. 2022 II S. 18). Denn auch Leistungen im allgemeinen Straßenbau kommen nicht nur einzelnen Grundstückseigentümern, sondern allen Nutzern zugute.

Der Bundesfinanzhof lehnt es ab, zwischen Handwerkerleistungen, durch die ein Objekt in seinem Zustand beeinflusst/verändert wird und Leistungen eines Handwerkers (Untersuchungen und Gutachten), die lediglich dazu dienen, den aktuellen Zustand des Objekts festzustellen, zu unterscheiden. **Gutachtertätigkeiten** zur Überprüfung der Funktionsfähigkeit einer Anlage (im Streitfall Dichtheitsprüfung einer Abwasseranlage nach dem Landeswassergesetz) und damit die Feststellung des unter Umständen noch mangelfreien Istzustandes können ebenso eine steuerbegünstigte Handwerkerleistung sein, wie die Beseitigung eines bereits eingetretenen Schadens oder vorbeugende Maßnahmen zur Schadensabwehr (= „vorbeugende Erhaltungsmaßnahme"; BFH-Urteil vom 6.11.2014, BStBl. 2015 II S. 481). Dies gilt auch dann, wenn hierüber eine Bescheinigung für „amtliche Zwecke" erstellt wird. Folglich sind auch **Schornsteinfegerleistungen** (u. a. Reinigungs- und Kehrarbeiten sowie Mess- oder Überprüfungsarbeiten einschließlich Feuerstättenschau) bis auf etwaige Materialkosten in vollem Umfang begünstigte Handwerkerleistungen. Hingegen sind die Leistungen eines **Statikers** nicht begünstigt, weil er ausschließlich im Bereich der Planung und rechnerischen Überprüfung von Bauwerken tätig wird (BFH-Urteil vom 4.11.2021, BStBl. II S. 320).

Die Steuerermäßigung für Handwerkerleistungen **entfällt für öffentlich geförderte Maßnahmen,** für die zinsverbilligte Darlehen oder steuerfreie Zuschüsse in Anspruch genommen wurden. Werden mehrere Handwerkerleistungen durchgeführt, ist darauf abzustellen, ob die einzelne Maßnahme öffentlich gefördert worden ist oder nicht. Mit dem sog. **Baukindergeld** (= 10 Jahre lang 1200 € je Kind von der KfW-Bank) wird ausschließlich der erstmalige Erwerb von Wohneigentum oder die Neuanschaffung von Wohnraum gefördert. Handwerkerleistungen sind nicht Gegenstand der Förderung, sodass Baukindergeld auch die Inanspruchnahme der Steuerermäßigung für Handwerkerleistungen **nicht ausschließt.**

Um die Steuerermäßigung für die Handwerkerleistungen in Anspruch nehmen zu können, muss der Steuerpflichtige eine Rechnung erhalten haben und die Zahlung muss auf ein Konto des Leistungserbringers erfolgt sein (z. B. durch Überweisung – auch im Wege des Onlinebankings – oder Teilnahme am elektronischen Lastschriftverfahren bzw. Electronic-Cash-Verfahren). **Barzahlungen** werden auch dann **nicht anerkannt,** wenn sie auf der Rechnung quittiert sind. Dies gilt entsprechend für haushaltsnahe Dienstleistungen (vgl. die Erläuterungen unter dem vorstehenden Buchstaben d). Rechnungen von Internet-Portalen, die die Leistung vermittelt haben, werden anerkannt, wenn der Leistende in der Rechnung eindeutig (Name, Anschrift, Steuernummer) bezeichnet ist und der Leistungsempfänger angegeben wird.

Bei Vorliegen der entsprechenden Voraussetzungen kann die Steuerermäßigung für **allgemeine** haushaltsnahe Dienstleistungen (Fensterputzer, Gärtner) und für **Handwerkerleistungen** nebeneinander in Anspruch genommen werden.

Beispiel B

Aufwendungen für **haushaltsnahe Dienstleistungen** (z. B. Fensterputzer, Gärtner) 3500 €.

Steuerermäßigung 20 % von 3500 € =	700 €
Der Höchstbetrag von 4000 € jährlich ist nicht überschritten.	

Aufwendungen für **Handwerkerleistungen**
(z. B. für Malerarbeiten und Verlegen eines neuen Teppichbodens)

Arbeitskosten 5000 €	
Steuerermäßigung 20 % von 5000 € =	1 000 €
Der Höchstbetrag von 1200 € jährlich ist nicht überschritten.	
Summe der Steuerermäßigung insgesamt	1 700 €

Der Steuerpflichtige kann 1700 € von seiner Einkommensteuerschuld abziehen. Bereits für das Lohnsteuerabzugsverfahren kann er als Lohnsteuerabzugsmerkmal einen Freibetrag von 4 × 1700 € = 6800 € bilden lassen (vgl. die Erläuterungen unter dem nachfolgenden Buchstaben f).

Eine kumulative Inanspruchnahme bzw. eine Doppelförderung für ein und dieselbe Handwerkerleistung ist allerdings nicht möglich. Deshalb sind auch Aufwendungen, die Betriebsausgaben oder Werbungskosten sind, nicht nochmals begünstigt.

Die Handwerkerleistungen sind aber auch dann berücksichtigungsfähig, wenn sie in einem Haushalt in einem Mitgliedstaat der EU/des EWR erbracht werden (vgl. auch die Erläuterungen unter den vorstehenden Buchstaben b bis d).

f) Freibetrag für das Lohnsteuerabzugsverfahren

Die Einkommensteuerentlastung nach § 35a EStG kann bei der Einkommensteuer-Veranlagung, bei den Einkommensteuer-Vorauszahlungen und auch beim Lohnsteuerabzug durch den Arbeitgeber berücksichtigt werden. Um eine Berücksichtigung bereits im sog. Lohnsteuer-Ermäßigungsverfahren (vgl. Anhang 7) zu erreichen, wird die Steuerentlastung nach § 35a EStG durch **Vervierfachung** in einen Freibetrag umgerechnet und dieser Freibetrag vom Finanzamt als Lohnsteuerabzugsmerkmal gebildet (§ 39a Abs. 1 Satz 1 Nr. 5 Buchstabe c EStG).

Beispiel

Ein Arbeitnehmer beschäftigt eine Haushaltshilfe im Rahmen eines geringfügig entlohnten Beschäftigungsverhältnisses. Seine Aufwendungen für den Zeitraum Januar bis Dezember 2022 betragen voraussichtlich 2000 €.

Die Einkommensteuerentlastung beträgt 20 % von 2000 € = 400 €. Der Höchstbetrag von 510 € jährlich wird nicht überschritten. Will sich der Arbeitnehmer für die Einkommensteuerentlastung einen Freibetrag als Lohnsteuerabzugsmerkmal bilden lassen, ergibt sich ein Jahresfreibetrag von 400 € × 4 = 1600 €.

Die höchstmöglichen Freibeträge betragen somit

- 510 € × 4 = **2040 €,** wenn die Hausgehilfin als Minijob beschäftigt wird (vgl. Buchstabe b);
- 4000 € × 4 = **16 000 €,** wenn die Hausgehilfin sozialversicherungspflichtig ist (vgl. Buchstabe c) und/oder ein Selbstständiger die haushaltsnahe Dienstleistung erbringt (vgl. Buchstabe d) und/oder ein selbstständiger Pflegedienst die begünstigte Leistung erbringt oder begünstigte Leistungen (insbesondere Pflege und Betreuung) bei einer Heimunterbringung vorliegen (vgl. Buchstabe d);
- 1200 € × 4 = **4800 €,** wenn begünstigte Handwerkerleistungen entstehen (vgl. Buchstabe e).

g) Steuerermäßigung nach § 35a EStG bei Wohnungseigentümergemeinschaften und Mietern

Die Steuerermäßigung für haushaltsnahe Beschäftigungsverhältnisse und haushaltsnahe Dienstleistungen bzw. Handwerkerleistungen kann im Grundsatz nur dann in Anspruch genommen werden, wenn der Steuerpflichtige selbst der Arbeitgeber bzw. Auftraggeber ist.

Besteht das Beschäftigungsverhältnis zu einer Wohnungseigentümergemeinschaft (z. B. bei Reinigung und Pflege von Gemeinschaftsräumen) oder ist eine Wohnungseigentümergemeinschaft Auftraggeber der haushaltsnahen Dienstleistung bzw. der handwerklichen Leistung, kann der einzelne **Wohnungseigentümer,** der die

Lohn- steuer- pflichtig | Sozial- versich.- pflichtig

Wohnung zu eigenen Wohnzwecken nutzt, die Steuerermäßigung in Anspruch nehmen, wenn folgende Voraussetzungen erfüllt sind:

- die entsprechenden Beträge für die begünstigten sozialversicherungspflichtigen Beschäftigungsverhältnisse, Dienst- bzw. Handwerkerleistungen sind in der Jahresabrechnung über die Nebenkosten jeweils gesondert aufgeführt,
- der Anteil der steuerbegünstigten Kosten (Arbeits- und Fahrtkosten) ist ausgewiesen und
- der Anteil des jeweiligen Wohnungseigentümers wurde anhand seines Beteiligungsverhältnisses individuell berechnet.

Zu beachten ist, dass geringfügige Beschäftigungsverhältnisse, die von Wohnungseigentümergemeinschaften begründet worden sind, zu den begünstigten haushaltsnahen Dienstleistungen (vgl. vorstehenden Buchstaben d) gehören.

Hat die Wohnungseigentümergemeinschaft – wie dies in der Regel der Fall ist – zur Wahrnehmung ihrer Aufgaben und Interessen einen Verwalter bestellt und ergeben sich die erforderlichen Angaben nicht bereits aus der Jahresabrechnung über die Nebenkosten, ist der Nachweis der Höhe der begünstigten Aufwendungen gegenüber dem Finanzamt durch eine Bescheinigung des Verwalters über den Anteil des jeweiligen Wohnungseigentümers an der begünstigen Maßnahme zu führen.

Beispiel A

Eine Wohnungseigentümergemeinschaft lässt das Dach für 15 000 € brutto neu eindecken. Der Anteil der begünstigten Arbeitskosten beträgt 6000 € brutto. Der Verwalter bescheinigt dem Wohnungseigentümer A – entsprechend seinem Beteiligungsverhältnis – einen Anteil von 18 500/100 000.

Begünstigte Aufwendungen	6 000 €
Anteil A 18 500/100 000	1 110 €
davon 20 % Steuerermäßigung	222 €

Es wird nicht beanstandet, wenn Wohnungseigentümer die gesamten Aufwendungen erst in dem Jahr geltend machen, in dem die Jahresabrechnung über die Nebenkosten von der Eigentümerversammlung genehmigt worden ist.

Die Steuerermäßigung für haushaltsnahe Beschäftigungsverhältnisse und haushaltsnahe Dienst- bzw. Handwerkerleistungen kann auch von **Mietern** in Anspruch genommen werden, wenn in den von ihnen zu zahlenden Nebenkosten Beträge für solch begünstigte Tätigkeiten enthalten sind und der Anteil des Mieters an diesen Aufwendungen aus der jährlichen Nebenkostenabrechnung hervorgeht oder durch eine Bescheinigung des Vermieters oder seines Verwalters nachgewiesen wird.

Beispiel B

Der Vermieter eines Mehrfamilienhauses beschäftigt für die Reinigung des Treppenhauses und der übrigen gemeinschaftlichen Räume ein Reinigungsunternehmen. Die Aufwendungen belaufen sich auf 6500 €. Aus der Nebenkostenabrechnung des Mieters A ergibt sich ein Anteil von 812,50 €. Der Mieter kann bei seiner Einkommensteuererklärung folgende Steuerermäßigung wegen haushaltsnaher Dienstleistungen geltend machen:

Begünstigte Aufwendungen	812,50 €
davon 20 % Steuerermäßigung	162,50 €

h) Aufwendungen für eine Haushaltshilfe als außergewöhnliche Belastung

Die Einkommensteuerermäßigung nach § 35a EStG ist ausgeschlossen, soweit die Aufwendungen als außergewöhnliche Belastungen berücksichtigt worden sind. Dabei kann zu Gunsten der Steuerermäßigung auf den Abzug der außergewöhnlichen Belastungen verzichtet werden; es besteht also **ein Wahlrecht,** weil außergewöhnliche Belastungen nur auf Antrag berücksichtigt werden. Im Regelfall ist aber der Abzug als außergewöhnliche Belastungen günstiger, weil der Grenzsteuersatz höher als 20 % ist (vgl. zu den Grenzsteuersätzen das Stichwort „Tarifaufbau" unter Nr. 6). Handelt es sich um Aufwendungen, für die beim Abzug als außergewöhnliche Belastung eine zumutbare Eigenbelastung zu kürzen ist, kann für den Teil der Aufwendungen, der durch den Ansatz der zumutbaren Belastung nicht als außergewöhnliche Belastung berücksichtigt wird, die Steuerermäßigung nach § 35a EStG in Anspruch genommen werden; die sog. „Haushaltsersparnis" wird aber nicht über § 35a EStG berücksichtigt (BFH-Urteil vom 16.12.2020, BStBl. 2021 II S. 476). Denkbar ist das Zusammentreffen von außergewöhnlichen Belastungen allgemeiner Art (§ 33 EStG) und der Steuerermäßigung nach § 35a EStG z. B., wenn infolge Pflegebedürftigkeit eine Heimunterbringung erfolgt, eine ambulante Pflegekraft beschäftigt oder ein Pflegedienst in Anspruch genommen wird. Auch für den Teil der Aufwendungen, der wegen Gegenrechnung von Pflegegeld oder Pflegetagegeld nicht als außergewöhnliche Belastung berücksichtigt wird, kann die Steuerermäßigung nach § 35a EStG geltend gemacht werden. Nimmt die pflegebedürftige Person einen Behinderten-Pauschbetrag in Anspruch, schließt dies aber eine (teilweise) Berücksichtigung von Pflegeaufwendungen nach § 35a EStG aus. Dies gilt auch für den Teil der Aufwendungen, die den Behinderten-Pauschbetrag übersteigen (BFH-Urteil vom 5.6.2014, BStBl. II S. 970). Die Steuerermäßigung nach § 35a EStG kann für haushaltsnahe Dienstleistungen bei einer Heimunterbringung nur dann in Anspruch genommen werden, wenn dem Steuerpflichtigen die Kosten wegen seiner eigenen Unterbringung in einem Heim oder seiner eigenen zur dauernden Pflege entstehen. Aufwendungen des Steuerpflichtigen wegen der Unterbringung oder Pflege anderer Personen (z. B. eines Elternteils) können nicht berücksichtigt werden (BFH-Urteil vom 3.4.2019, BStBl. II S. 445). Hier kommt von vornherein allenfalls ein Abzug als außergewöhnliche Belastungen in Betracht.

i) Dienst- oder Werkswohnung

Für vom Arbeitnehmer bewohnte Dienst- oder Werkswohnungen gilt Folgendes: Lässt der Arbeitgeber haushaltsnahe Dienstleistungen oder Handwerkerleistungen von einem (fremden) Dritten durchführen, und trägt er hierfür die Aufwendungen, kann der Arbeitnehmer die Steuerermäßigung nach § 35a EStG nur in Anspruch nehmen, wenn er die Aufwendungen – neben dem Mietwert der Wohnung – als Arbeitslohn **versteuert** und der Arbeitgeber eine Bescheinigung erteilt hat, aus der eine Aufteilung der Aufwendungen nach haushaltsnahen Dienstleistungen und Handwerkerleistungen, jeweils unterteilt nach Arbeitskosten und Materialkosten, hervorgeht. Zusätzlich muss aus der Bescheinigung hervorgehen, dass die Leistungen durch (fremde) Dritte ausgeführt worden sind und zu welchem Wert sie zusätzlich zum Mietwert der Wohnung als Arbeitslohn versteuert worden sind. Die Steuerermäßigung kann nicht in Anspruch genommen werden, wenn die haushaltsnahen Dienstleistungen oder Handwerkerleistungen durch eigenes Personal des Arbeitgebers durchgeführt worden sind.

Pauschale Zahlungen des Arbeitnehmers an den Arbeitgeber für die Durchführung von Schönheitsreparaturen sind ebenfalls nicht begünstigt, wenn sie unabhängig davon erfolgen, ob und ggf. in welcher Höhe der Arbeitgeber tatsächlich Reparaturen an der Dienstwohnung in Auftrag gibt (BFH-Urteil vom 5.7.2012, BStBl. 2013 II S. 14).

k) Kinderbetreuungskosten

Führen Kinderbetreuungskosten (vgl. dieses Stichwort) dem Grunde nach zu **Sonderausgaben, scheidet** eine steuerliche Vergünstigung nach **§ 35a EStG aus.**

Dies gilt sowohl für das nicht als Sonderausgaben abziehbare Drittel der Aufwendungen als auch für Aufwendun-

Lohn- steuer- pflichtig | Sozial- versich.- pflichtig

gen aus, die sich aufgrund des Höchstbetrags von 4000 € jährlich nicht als Sonderausgaben auswirken.

Ist allerdings ein Abzug von Kinderbetreuungskosten als Sonderausgaben dem Grunde nach nicht möglich (z. B. weil das Kind 15 Jahre alt ist), kann unter den weiteren Voraussetzungen die Steuerermäßigung für haushaltsnahe Beschäftigungsverhältnisse bzw. haushaltsnahe Dienstleistungen in Anspruch genommen werden.

Bei Aufwendungen für Unterricht (Nachhilfeunterricht, Fremdsprachenunterricht, Musikunterricht) handelt es sich allerdings bereits begrifflich nicht um Kinderbetreuungskosten mit der Folge, dass die Steuerermäßigung aus diesem Grund nicht in Betracht kommt.

l) Energetische Gebäudesanierung

Energetische Sanierungsmaßnahmen an selbstgenutztem Wohneigentum werden durch einen prozentualen Abzug der Aufwendungen von der Steuerschuld gefördert, wenn das begünstigte Objekt bei der Durchführung der energetischen Maßnahme älter als zehn Jahre und innerhalb der Europäischen Union oder dem Europäischen Wirtschaftsraum belegen ist (§ 35c EStG). Je selbstgenutzten Objekt beträgt die Steuerermäßigung **20% der Aufwendungen, maximal insgesamt 40 000 €;** steuerlich gefördert werden also Aufwendungen bis 200 000 €. Die steuerliche Förderung von maximal 40 000 € kann für mehrere Einzelmaßnahmen an einem begünstigten Objekt in Anspruch genommen werden. Energetische Maßnahmen in diesem Sinne sind:

- Wärmedämmung von Wänden, Dachflächen oder Geschossdecken,
- Erneuerung der Fenster, Außentüren oder Heizungsanlage,
- Erneuerung oder Einbau einer Lüftungsanlage,
- Einbau von digitalen Systemen zur energetischen Betriebs- oder Verbrauchsoptimierung und
- Optimierung bestehender Heizungsanlagen, sofern diese älter als zwei Jahre sind.

Der Abzug von der Steuerschuld erfolgt **innerhalb von drei Jahren** und zwar im Jahr des Abschlusses der Maßnahme und im darauf folgenden Kalenderjahr in Höhe von jeweils 7% der Aufwendungen (höchstens jeweils 14 000 €) und im übernächsten Kalenderjahr in Höhe von 6% der Aufwendungen (höchstens 12 000 €). Dabei werden auch **50 % der Aufwendungen für einen Energieberater,** der mit der planerischen Begleitung oder Beaufsichtigung der energetischen Maßnahme beauftragt worden ist, berücksichtigt.

Begünstigt sind solche Maßnahmen an selbstgenutzten Wohngebäuden/Eigentumswohnungen, die im Zeitpunkt der Durchführung der förderfähigen Maßnahme **älter als zehn Jahre** sind. Maßgebend für diese Altersbestimmung ist der Herstellungsbeginn des Gebäudes. Die Maßnahmen müssen von einem **Fachunternehmen** durchgeführt werden, die eine **Bescheinigung nach amtlich vorgeschriebenem Muster** erteilen; alternativ kann diese Bescheinigung vom Energieberater ausgestellt werden. Es bleibt dem Steuerzahler unbenommen, mehrere Maßnahmen an dem Gebäude gleichzeitig oder zeitlich hintereinander durchzuführen.

Beispiel A

A lässt an seinem 15 Jahre alten Einfamilienhaus im Jahr 2022 begünstigte Wärmedämmungsmaßnahmen durchführen. Die Kosten hierfür betragen 25 000 €.

A kann in den Jahren 2022 und 2023 eine Steuerermäßigung von 1750 € (= 7% von 25 000 €) und in 2024 von 1500 € (6% von 25 000 €) geltend machen. Der Höchstbetrag für die Steuerermäßigung von 40 000 € ist nicht überschritten.

Lohn- steuer- pflichtig | Sozial- versich.- pflichtig

Beispiel B

Die Aufwendungen für eine begünstigte energetische Sanierungsmaßnahme betragen im Jahr 2022 175 000 €. Hinzu kommen die Kosten für einen Energieberater von 10 000 €. Die Steuerermäßigung berechnet sich wie folgt:

Jahr 2022		
Energetische Sanierungsmaßnahme	7 % von 175 000 €	12 250 €
Kosten für den Energieberater	50 % von 10 000 €	5 000 €
Summe		17 250 €
Höchstbetrag (= Deckelung)		14 000 €
Jahr 2023		
Energetische Sanierungsmaßnahme	7 % von 175 000 €	12 250 €

Der Höchstbetrag von 14 000 € ist nicht überschritten.

Jahr 2024		
Energetische Sanierungsmaßnahme	6 % von 175 000 €	10 500 €

Der Höchstbetrag von 12 000 € ist nicht überschritten.

Die gesamte Steuerermäßigung 36 750 € erreicht nicht den Höchstbetrag von 40 000 €. Eine „Nachholung" des „verlorenen Betrags" aus 2022 (= 3250 €) ist nicht möglich!

Die Inanspruchnahme der Steuerermäßigung setzt zudem das Vorliegen einer **Rechnung** und die **Zahlung auf das Konto des Leistenden** voraus. Nimmt der Steuerzahler die steuerliche Förderung für Modernisierungsaufwendungen in Sanierungsgebieten, für Baudenkmale oder für Handwerkerleistungen in Anspruch, kann die Steuerermäßigung nicht geltend gemacht werden. Entsprechendes gilt, wenn er zinsverbilligte Darlehen oder steuerfreie Zuschüsse nach anderen Förderprogrammen (z. B. KfW-Förderung) für die Einzelmaßnahme am Wohngebäude erhält (= **Ausschluss von Mehrfachförderungen**).

Im **Lohnsteuer-Ermäßigungsverfahren** wird vom Finanzamt für die Steuerermäßigung – verteilt über drei Jahre – ein **Freibetrag** für das ELStAM-Verfahren in Höhe des vierfachen Betrags der höchstens abziehbaren Aufwendungen gebildet.

10. Schwarzarbeit in Privathaushalten

Bei Beschäftigungsverhältnissen in privaten Haushalten und bei der Inanspruchnahme haushaltsnaher Dienstleistungen auf freiberuflicher oder gewerblicher Basis sind die Vorschriften des § 50e EStG zu beachten, sowie weitere Vorschriften, insbesondere die **Rechnungsausstellungs- und Aufbewahrungspflichten im Umsatzsteuerrecht.** Danach ist der leistende Unternehmer bei Leistungen im Zusammenhang mit einem Grundstück (z. B. auch Fensterputzen) an Privatpersonen innerhalb von sechs Monaten zur Ausstellung einer Rechnung verpflichtet. Anderenfalls droht ein Bußgeld bis 5000 €. Der Leistungsempfänger **(auch Privatpersonen)** müssen die Rechnung oder den Zahlungsbeleg **zwei Jahre aufbewahren.** Anderenfalls droht hier ein Bußgeld bis zu 500 €.

Aus **lohnsteuerlicher** Sicht ist zu beachten, dass bei Minijobs in Privathaushalten, die nicht ordnungsgemäß angemeldet werden, keine **strafrechtliche** Verfolgung vorgesehen ist, sondern „nur" eine Verfolgung sowohl des Arbeitgebers als auch des Arbeitnehmers über die **Bußgeldvorschriften** der §§ 377 bis 384 AO (Geldbuße bis zu 50 000 €, Verjährung nach fünf Jahren). § 50e EStG gilt zwar in erster Linie für Arbeitgeber, die eine geringfügige Beschäftigung in Privathaushalten (§ 8a SGB IV) nicht ordnungsgemäß bei der Minijob-Zentrale bei der Deutschen Rentenversicherung Knappschaft-Bahn-See anmelden; sie gelten aber auch für Arbeitnehmer, die die Finanzbehörden pflichtwidrig über steuerlich erhebliche Tatsachen bei der Ausübung von Minijobs in Unkenntnis lassen, z. B. wenn der Arbeitnehmer mehrere geringfügige Beschäftigungen ausübt, die zusammengerechnet die Geringfügigkeitsgrenze übersteigen.

Lohn-steuer-pflichtig Sozial-versich.-pflichtig

Home-Office

Neues auf einen Blick:

Aufgrund der Veränderungen in der Arbeitswelt wird eine sog. **Home-Office-Pauschale** gewährt, wenn beim Arbeitnehmer **kein häusliches Arbeitszimmer** vorhanden ist oder der Arbeitnehmer auf einen Abzug der Aufwendungen für ein häusliches Arbeitszimmer als Werbungskosten verzichtet hat. Die Pauschale beträgt **5 € täglich** und wird für höchstens 120 Tage angesetzt; somit ergibt sich ein **Höchstbetrag von 600 € jährlich** (120 Tage á 5 €). Ein Abzug höherer Aufwendungen als die vorgenannte Pauschale ist nicht möglich.

Durch das sog. Vierte Corona-Steuerhilfegesetz sind die vorstehenden Regelungen um ein Jahr verlängert worden, sodass die Home-Office-Pauschale nunmehr für die Kalenderjahre 2020, 2021 und 2022 in Anspruch genommen werden kann.

Wegen der Einzelheiten vgl. nachfolgende Nr. 6.

Gliederung:

1. Allgemeines
2. Keine erste Tätigkeitsstätte im Home-Office
3. Werbungskostenabzug für das Home-Office
4. Mietverhältnis mit dem Arbeitgeber
5. Essensmarken und Mahlzeitenzuschüsse
6. Home-Office-Pauschale
7. Corona-Pandemie

1. Allgemeines

Besonders in Zeiten der Corona-Pandemie hat das Arbeiten im Home-Office enorm an Bedeutung gewonnen. Es kommt daher immer häufiger vor, dass Arbeitnehmer ihre beruflichen Aufgaben ausschließlich oder weit überwiegend zu Hause in ihrem häuslichen Arbeitszimmer/Home-Office erledigen. Wegen der möglichen Einsparung bei den Bürokapazitäten liegt das Arbeiten im Home-Office auch im eigenen Interesse des Arbeitgebers. Daraus ergibt sich zwangsläufig die Frage, ob dort eine erste Tätigkeitsstätte begründet wird bzw. wann eine steuerliche Auswärtstätigkeit beginnt und endet, welche Auswirkungen sich auf die Höhe des geldwerten Vorteils bei der Zurverfügungstellung eines Firmenwagens ergeben und welche steuerlichen Folgerungen eintreten, wenn neben dem Arbeitsvertrag mit dem Arbeitgeber auch ein Mietvertrag für das Home-Office abgeschlossen wird.

2. Keine erste Tätigkeitsstätte im Home-Office

Der Bundesfinanzhof hat zur früheren Rechtslage entschieden, dass ein häusliches Arbeitszimmer selbst dann nicht als regelmäßige Arbeitsstätte angesehen werden kann, wenn der Arbeitgeber den Raum vom Arbeitnehmer anmietet und anschließend wiederum dem Arbeitnehmer zur beruflichen Nutzung überlässt (BFH-Urteil vom 9.6.2011, BStBl. II S. 38). Die berufliche Nutzung des Raums löst nicht die Einbindung in die private Sphäre des Arbeitnehmers und lässt den Charakter der Wohnung insgesamt unberührt. Folglich handelt es sich nicht um eine Betriebsstätte des Arbeitgebers, die auch im Falle der Anmietung nur bei einer räumlichen Trennung zwischen Wohnung und beruflich genutztem Raum vorliegen kann; im Falle einer räumlichen Trennung würde es sich auch um ein sog. außerhäusliches Arbeitszimmer handeln, das von vornherein nicht einer Abzugsbeschränkung unterliegt. Erst recht liege keine regelmäßige Arbeitsstätte vor, wenn der Arbeitnehmer – ohne Anmietung durch den Arbeitgeber – in seinem häuslichen Arbeitszimmer/Home-Office beruflich tätig werde.

Lohn-steuer-pflichtig Sozial-versich.-pflichtig

Aufgrund dessen ist das häusliche Arbeitszimmer auch **keine erste Tätigkeitsstätte,** weil es sich nicht um eine betriebliche Einrichtung des Arbeitgebers handelt. Das gilt auch dann, wenn der Arbeitgeber vom Arbeitnehmer einen oder mehrere Räume anmietet, die der Wohnung des Arbeitnehmers zuzurechnen sind.

Sofern der Arbeitnehmer auch im Betrieb des Arbeitgebers oder bei einem Dritten nicht über eine erste Tätigkeitsstätte verfügt, liegt ab Verlassen der Wohnung (in der sich auch das häusliche Arbeitszimmer/Home-Office befindet) bis zur Rückkehr eine **Auswärtstätigkeit** vor. Zum Begriff der ersten Tätigkeitsstätte vgl. die Ausführungen zu Reisekosten bei Auswärtstätigkeiten in Anhang 4 unter Nr. 3.

Beispiel A

Außendienstmitarbeiter A erledigt sämtliche anfallenden Büroarbeiten in seinem Home-Office von zu Hause aus. Den Betrieb des Arbeitgebers sucht er nur hin und wieder zu Absprachen auf, ohne dort eine erste Tätigkeitsstätte zu begründen. Für sämtliche Fahrten steht ihm ein Firmenwagen (Bruttolistenpreis 50 000 €) – eine Privatnutzung ist erlaubt – zur Verfügung.

A hat einen geldwerten Vorteil aus der Privatnutzung des Firmenwagens in Höhe von monatlich 500 € zu versteuern (1 % von 50 000 €). Mangels erster Tätigkeitsstätte ist kein weiterer geldwerter Vorteil nach der 0,03 %-Bruttolistenpreisregelung anzusetzen. Dies gilt auch für die Fahrten von der Wohnung zum Betrieb des Arbeitgebers.

Beispiel B

Ein Arbeitnehmer soll seine berufliche Tätigkeit an drei Tagen in seinem Home-Office ausüben und an zwei vollen Tagen in der betrieblichen Einrichtung seines Arbeitgebers in Augsburg tätig werden.

Das Home-Office ist keine betriebliche Einrichtung und daher keine erste Tätigkeitsstätte. Erste Tätigkeitsstätte ist hier die betriebliche Einrichtung des Arbeitgebers in Augsburg, da der Arbeitnehmer dort an zwei vollen Tagen beruflich tätig werden soll (§ 9 Abs. 4 Satz 4 EStG). Steht ihm ein Firmenwagen auch für private Zwecke zur Verfügung, ist sowohl für die Privatfahrten als auch für die Fahrten zwischen Wohnung und erster Tätigkeitsstätte ein geldwerter Vorteil nach der Bruttolistenpreisregelung oder der Fahrtenbuchmethode zu ermitteln.

Beispiel C

Ein Arbeitnehmer soll seine berufliche Tätigkeit im Home-Office ausüben und zusätzlich jeden Arbeitstag für zwei Stunden in der betrieblichen Einrichtung seines Arbeitgebers in Augsburg tätig werden. Dabei übt er seine eigentliche berufliche Tätigkeit und nicht nur Vorbereitungshandlungen aus.

Das Home-Office ist keine betriebliche Einrichtung und daher keine erste Tätigkeitsstätte. Erste Tätigkeitsstätte ist hier die betriebliche Einrichtung des Arbeitgebers in Augsburg, da der Arbeitnehmer dort typischerweise arbeitstäglich tätig werden soll. In diesem Fall ist es unerheblich, dass er dort weniger als $^{1}/_{3}$ der gesamten regelmäßigen Arbeitszeit tätig wird.

Beispiel D

Ein Arbeitnehmer soll seine berufliche Tätigkeit im Home-Office ausüben und zusätzlich jeden Tag in einer anderen betrieblichen Einrichtung seines Arbeitgebers tätig werden. Die Arbeitszeit in den verschiedenen Tätigkeitsstätten beträgt jeweils weniger als $^{1}/_{3}$ der gesamten Arbeitszeit des Arbeitnehmers.

Das Home-Office ist keine betriebliche Einrichtung und daher keine erste Tätigkeitsstätte. Auch an den anderen Tätigkeitsstätten des Arbeitgebers hat der Arbeitnehmer keine erste Tätigkeitsstätte, da er diese Tätigkeitsstätte nicht arbeitstäglich aufsucht und dort jeweils weniger als $^{1}/_{3}$ seiner gesamten Arbeitszeit tätig wird. Der Arbeitnehmer übt folglich insgesamt eine beruflich veranlasste Auswärtstätigkeit aus.

Zu beachten ist, dass eine **erste Tätigkeitsstätte** – durch dauerhafte Zuordnung oder durch dauerhaftes Erfüllen der zeitlichen Kriterien – auch in der betrieblichen Einrichtung eines **Dritten** vorliegen kann.

Beispiel E

Der im IT-Bereich tätige Arbeitnehmer ist von seinem Arbeitgeber seinem Home-Office dauerhaft zugeordnet worden. Er wird bis auf Weiteres und arbeitstäglich ausschließlich beim Kunden E tätig. Für sämtliche Fahrten steht dem Arbeitnehmer ein Firmenwagen mit einem Bruttolistenpreis von 50 000 € zur Verfügung. Die Entfernung von seiner Wohnung zum Kunden E beträgt 80 km.

Da das Home-Office keine betriebliche Einrichtung des Arbeitgebers ist, geht die vom Arbeitgeber getroffene Zuordnungsentscheidung ins Leere. Die erste Tätigkeitsstätte ist nach zeitlichen Kriterien zu bestimmen und befindet sich beim Kunden E, da der Arbeitnehmer dort typischerweise arbeitstäglich und dauerhaft tätig werden soll. Der monatliche geldwerte Vorteil aus der Firmenwagengestellung beträgt:

	Lohnsteuerpflichtig	Sozialversich.-pflichtig
Privatfahrten 1 % von 50 000 €		500 €
Fahrten Wohnung/erste Tätigkeitsstätte 0,03 % von 50 000 € × 80 km		1200 €
Summe des geldwerten Vorteils aus der Firmenwagengestellung		1700 €

3. Werbungskostenabzug für das Home-Office

In der Regel können die Aufwendungen für das häusliche Arbeitszimmer nicht in vollem Umfang als Werbungskosten abgezogen werden, da es sich – besonders bei Außendienstlern – nicht um den Mittelpunkt der gesamten beruflichen und betrieblichen Betätigung handelt. Steht dem Arbeitnehmer allerdings für seine berufliche Tätigkeit **kein anderer Arbeitsplatz** zur Verfügung, können die Aufwendungen bis zu **1250 €** als Werbungskosten berücksichtigt werden (vgl. die Erläuterungen und Beispiele beim Stichwort „Arbeitszimmer" unter Nr. 2 Buchstabe c). Zum Abzug einer sog. Home-Office-Pauschale in den Fällen, in denen kein häusliches Arbeitszimmer vorhanden ist, vgl. nachfolgende Nr. 6.

Das häusliche Arbeitszimmer bildet allerdings auch dann den **Mittelpunkt** der gesamten beruflichen Betätigung, wenn bei einem Arbeitnehmer mit einer beruflichen Tätigkeit eine in qualitativer Hinsicht gleichwertige Arbeitsleistung wöchentlich an drei Tagen an einem häuslichen Telearbeitsplatz und an zwei Tagen im Betrieb des Arbeitgebers zu erbringen ist (BFH-Urteil vom 23.5.2006, BStBl. II S. 600). Bei einer beruflichen Tätigkeit, die qualitativ gleichwertig im häuslichen Arbeitszimmer (= Telearbeitsplatz) als auch am außerhäuslichen Arbeitsplatz erbracht wird, befindet sich der Tätigkeitsmittelpunkt (= Vollabzug der Aufwendungen) also im häuslichen Arbeitszimmer, wenn der Arbeitnehmer dort mehr als die Hälfte seiner Arbeitszeit tätig wird.

Hat der Arbeitnehmer **im Betrieb des Arbeitgebers seine erste Tätigkeitsstätte** und arbeitet er ein bis zwei Tage in der Woche von zu Hause aus, können die Aufwendungen für das häusliche Arbeitszimmer (Home-Office) steuerlich regelmäßig nicht geltend gemacht werden. Auch eine Anwendung der Regelungen für Heimarbeiter (vgl. hierzu das Stichwort „Heimarbeiterzuschläge") kommt nicht in Betracht. Bei den Fahrten zwischen Wohnung und erster Tätigkeitsstätte ist zu beachten, dass die **Entfernungspauschale** für Home-Office-Arbeitstage nicht angesetzt werden kann.

Zur Frage, in welchem Umfang bei einem Home-Office ein steuerfreier Arbeitgeberersatz für Aufwendungen des Arbeitnehmers möglich ist, vgl. das Stichwort „Telearbeitsplatz". Zum Abzug der sog. Home-Office-Pauschale vgl. nachfolgende Nr. 6.

4. Mietverhältnis mit dem Arbeitgeber

Vermietet der Arbeitnehmer sein Home-Office an den Arbeitgeber mit anschließender Rücküberlassung, liegen ggf. **Einnahmen aus Vermietung und Verpachtung** vor und die Aufwendungen für das häusliche Arbeitszimmer können bei Vorhandensein einer Überschusserzielungsabsicht in vollem Umfang bei dieser Einkunftsart als Werbungskosten berücksichtigt werden. Entscheidend für das Vorliegen von Vermietungseinkünften ist, dass die Anmietung des Raumes im eigenbetrieblichen Interesse des Arbeitgebers erfolgt. Vgl. hierzu die Erläuterungen beim Stichwort „Arbeitszimmer" unter Nr. 3.

Bei einer umsatzsteuerpflichten Vermietung an den Arbeitgeber kann der Arbeitnehmer die ihm für Renovierungsaufwendungen in Rechnung gestellte Umsatzsteuer als Vorsteuer geltend machen. Dies gilt nicht nur für die Aufwendungen zur Renovierung des beruflich genutzten Büros oder Besprechungsraums, sondern auch für Aufwendungen eines Sanitärraums (WC und Waschbecken mit Handtuchhalter und Seifenspender). Ausgeschlossen vom Vorsteuerabzug sind allerdings die Aufwendungen für ein mit Dusche und Badewanne ausgestattetes Badezimmer (BFH-Urteil vom 7.5.2020, BFH/NV 2020 S. 1211).

5. Essensmarken und Mahlzeitenzuschüsse

	Lohnsteuerpflichtig	Sozialversich.-pflichtig
Essensmarken und Mahlzeitenzuschüsse bis zu 6,67 € täglich, werden mit dem amtlichen Sachbezugswert von 3,57 € täglich bewertet. Der steuerpflichtige geldwerte Vorteil (3,57 € abzüglich etwaiger Zuzahlungen des Arbeitnehmers) kann mit 25% pauschal besteuert werden und ist in diesem Fall sozialversicherungsfrei (vgl. im Einzelnen das Stichwort „Mahlzeiten" unter den Nrn. 6 und 7).	ja	nein

Arbeitstägliche Mahlzeitenzuschüsse können auch an Arbeitnehmer gezahlt werden, die ihre Tätigkeit ausschließlich oder gelegentlich in einem Home-Office verrichten. Das gilt auch dann, wenn sie nicht mehr als sechs Stunden täglich arbeiten und die betriebliche Arbeitszeitregelung keine entsprechenden Ruhepausen vorsieht.[1)]

6. Home-Office-Pauschale

Aufgrund der Veränderungen in der Arbeitswelt wird eine sog. Home-Office-Pauschale gewährt, wenn beim Arbeitnehmer **kein häusliches Arbeitszimmer** vorhanden ist oder der Arbeitnehmer auf einen Abzug der Aufwendungen für ein häusliches Arbeitszimmer als Werbungskosten verzichtet hat. Die Pauschale beträgt **5 € täglich** und wird für höchstens 120 Tage angesetzt; somit ergibt sich ein **Höchstbetrag von 600 € jährlich** (120 Tage á 5 €). Ein Abzug höherer Aufwendungen als die vorgenannte Pauschale ist nicht möglich. **Durch das sog. Vierte Corona-Steuerhilfegesetz sind die vorstehenden Regelungen um ein Jahr verlängert worden, sodass die Home-Office-Pauschale nunmehr für die Kalenderjahre 2020, 2021 und 2022 in Anspruch genommen werden kann.**

Der Ansatz der Pauschale setzt voraus, dass der Arbeitnehmer am jeweiligen Arbeitstag seine berufliche Tätigkeit **ausschließlich** in seinem häuslichen Arbeitszimmer ausübt. Er darf daher an diesem Kalendertag auch keine außerhalb der Wohnung liegende Betätigungsstätte aufsuchen. Die Home-Office-Pauschale kommt daher z. B. nicht für Kalendertage in Betracht, an denen der Arbeitnehmer (auch) einen Kunden aufsucht oder ein Seminar besucht. Entsprechendes gilt beim Aufsuchen eines weiträumigen Tätigkeitsgebiets oder eines Sammelpunktes. Sie ist aber auch für die Tage zu gewähren, an denen der Arbeitnehmer ausschließlich in seiner Zweitwohnung im Rahmen einer beruflich veranlassten doppelten Haushaltsführung tätig wird. Dies gilt unabhängig davon, ob die zusätzlich zu berücksichtigenden Unterkunftskosten für die Zweitwohnung am Beschäftigungsort den monatlichen Höchstbetrag von 1000 € übersteigen oder nicht.

Die Pauschale wirkt sich zudem nur dann aus, wenn die Werbungskosten zusammen mit der Home-Office-Pauschale den Betrag von 1200 € übersteigen; anderenfalls wird nur der Arbeitnehmer-Pauschbetrag in dieser Höhe berücksichtigt. Ein steuerfreier Arbeitgeberersatz der Home-Office-Pauschale ist nicht möglich. Außerdem vermindern sich die Arbeitstage für die Fahrten zwischen Wohnung und erster Tätigkeitsstätte um die Anzahl der Tage, an denen der Arbeitnehmer von zu Hause aus gearbeitet hat (das können auch mehr als 120 Tage sein).

Beispiel A

Arbeitnehmer A hat 220 Arbeitstage. Hiervon ist er 120 Tage im Home-Office (kein häusliches Arbeitszimmer) und 100 Tage im Betrieb des Arbeitgebers tätig. Die Fahrten von der Wohnung zum Betrieb (= erste Tätigkeitsstätte; einfache Entfernung 52 km) führt er mit seinem eigenen Pkw durch. Die Werbungskosten ermitteln sich im Kalenderjahr 2022 wie folgt:

1) BMF-Schreiben vom 18.1.2019 (BStBl. I S. 466). Das BMF-Schreiben ist als Anlage 2 zu H 8.1 (7) LStR im **Steuerhandbuch für das Lohnbüro 2022** abgedruckt, das im selben Verlag erschienen ist.

	Lohn-steuer-pflichtig	Sozial-versich.-pflichtig

Home-Office-Pauschale:

120 Arbeitstage × 5 € =	600,– €
Fahrten zwischen Wohnung und erster Tätigkeitsstätte	
100 Arbeitstage × 20 km × 0,30 € =	600,– €
100 Arbeitstage × 32 km × 0,38 € =	1216,– €
Werbungskosten insgesamt =	2416,– €

Beispiel B

An 30 seiner 120 Home-Office-Tage führt A auch Kundenbesuche durch. Die dabei entstehenden Reisekosten bekommt er von seinem Arbeitgeber steuerfrei ersetzt.

Die Home-Office-Pauschale kann nur für 90 Tage in Anspruch genommen werden. Die Werbungskosten hierfür betragen somit 450 € (90 Tage á 5 €).

Die tatsächlich geleisteten Aufwendungen für eine Jahresfahrkarte oder Monatsfahrkarten zur Benutzung öffentlicher Verkehrsmittel für die Wege zwischen Wohnung und erster Tätigkeitsstätte können als Werbungskosten anerkannt werden, soweit sie die insgesamt für das Kalenderjahr zu berücksichtigende Entfernungspauschale übersteigen. Daneben kann dennoch die Home-Office-Pauschale für diejenigen Tage angesetzt werden, an denen der Arbeitnehmer ausschließlich im Home-Office tätig geworden ist.

7. Corona-Pandemie

Zu aufgetretenen Fragen zum Home-Office im Zusammenhang mit der Corona-Pandemie vgl. dieses Stichwort unter Nr. 12.

Kurzarbeitergeld

Neues auf einen Blick:

Im Zusammenhang mit den wirtschaftlichen Belastungen für Arbeitgeber und Arbeitnehmer aufgrund der **Corona-Pandemie** wurden durch den Gesetzgeber die Regelungen zum Kurzarbeitergeld befristet bis zum 30.6.2022 bzw. 30.9.2022 teilweise flexibler gestaltet und ausgeweitet. Dies betrifft insbesondere

- die Anspruchsvoraussetzungen,
- die Höhe,
- die Bezugsdauer,
- die Hinzuverdienstgrenzen,
- die steuerliche Behandlung von Arbeitgeberzuschüssen und
- die Erstattung von Sozialversicherungsbeiträgen.

Einzelheiten zu diesen einzelnen Regelungen sind unter der nachfolgenden Nr. 8 dargestellt. Unter den nachfolgenden Nrn. 1 bis 7 werden die grundsätzlich gültigen Regelungen erläutert.

Gliederung:

1. Allgemeines
2. Lohnsteuerliche Behandlung
3. Beitragsrechtliche Behandlung
   a) Krankenversicherung
   b) Pflegeversicherung
   c) Rentenversicherung
   d) Arbeitslosenversicherung
   e) Verteilung der Beitragslast
4. Einmalige Zuwendungen und Kurzarbeitgeld
5. Zuschuss zum Kurzarbeitergeld
6. Beitragszuschuss zur Kranken- und Pflegeversicherung bei Beziehern von Kurzarbeitergeld
   a) Allgemeines
   b) Freiwillig in der gesetzlichen Krankenversicherung versicherte Bezieher von Kurzarbeitergeld
   c) Privat krankenversicherte Bezieher von Kurzarbeitergeld
7. Insolvenzgeldumlage
8. Sonderregelungen aufgrund der Corona-Pandemie
   a) Anspruchsvoraussetzungen
   b) Höhe des Kurzarbeitergeldes
   c) Bezugsdauer
   d) Hinzuverdienstgrenzen
   e) Erstattung von Sozialversicherungsbeiträgen
   f) Arbeitgeberzuschüsse zum Kurzarbeitergeld

1. Allgemeines

Die Zahlung von Kurzarbeitergeld ist in den §§ 95 bis 109 SGB III geregelt.[1)]

Kurzarbeitergeld wird bei Erfüllung der dort genannten Voraussetzungen gewährt, wenn in Betrieben oder Betriebsabteilungen die regelmäßige betriebsübliche wöchentliche Arbeitszeit infolge wirtschaftlicher Ursachen oder eines unabwendbaren Ereignisses vorübergehend verkürzt wird.

Das Kurzarbeitergeld beträgt

- **67 %**
  für Arbeitnehmer, die mindestens ein Kind im Sinne des § 32 Abs. 1, Abs. 3 bis 5 EStG haben, unabhängig von der Haushaltszugehörigkeit oder vom in- oder ausländischen Wohnsitz des Kindes (das sind leibliche Kinder sowie Adoptiv- und Pflegekinder, vgl. Anhang 9)
- **60 %**
  für die übrigen Arbeitnehmer

der **Nettoentgeltdifferenz** im Anspruchszeitraum **(Kalendermonat).**

Die Höhe des Kurzarbeitergeldes richtet sich nach dem **pauschalierten Nettoentgeltausfall** im Anspruchszeitraum (Kalendermonat). Das ist der Unterschiedsbetrag **(= Nettoentgeltdifferenz)** zwischen

- dem pauschalierten Nettoentgelt aus dem **Sollentgelt** und
- dem pauschalierten Nettoentgelt aus dem **Istentgelt.**

Sollentgelt ist das beitragspflichtige Bruttoarbeitsentgelt, das der Arbeitnehmer ohne den Arbeitsausfall im Anspruchszeitraum (Kalendermonat) erzielt hätte, einschließlich

- vermögenswirksame Leistungen,
- Anwesenheitsprämien,
- Leistungs- und Erschwerniszulagen,
- Zuschläge für Sonntags-, Feiertags- und Nachtarbeit, soweit sie steuer- und beitragspflichtig sind.

Nicht zum Sollentgelt gehören die Mehrarbeitsvergütung (Stundenlöhne und Zuschläge), einmalig gezahltes Arbeitsentgelt und die steuer- und beitragsfreien Zuschläge für Sonntags-, Feiertags- und Nachtarbeit.

Istentgelt ist das im jeweiligen Anspruchszeitraum (Kalendermonat) tatsächlich erzielte gesamte beitragspflichtige Arbeitsentgelt ohne einmalig gezahltes Arbeitsentgelt aber **einschließlich der Vergütung für Mehrarbeit** (Stundenlöhne und Zuschläge). Das **Soll-** und das **Istentgelt** wird auf den nächsten durch 20 teilbaren Euro-Betrag gerundet.

Das **pauschalierte monatliche Nettoentgelt** wird ermittelt, in dem das gerundete Soll- und das gerundete Istentgelt um folgende pauschalierte Abzüge vermindert wird:

- Sozialversicherungspauschale in Höhe von 20 %
- Lohnsteuer nach der Steuerklasse
- Solidaritätszuschlag.

1) Zu den befristeten Sonderregelungen aufgrund der Corona-Pandemie siehe nachfolgende Nr. 8.

Lohnsteuerpflichtig	Sozialversich.-pflichtig

Maßgebend ist die im jeweiligen Kalendermonat (Anspruchszeitraum) geltende **Steuerklasse** und Zahl der **Kinderfreibeträge.** Wird eine Eintragung zu einem späteren Zeitraum geändert, ist die Änderung für einen bereits abgerechneten Kalendermonat unbeachtlich.

Das Kurzarbeitergeld wird nach dem höheren Leistungssatz gewährt, wenn als Lohnsteuerabzugsmerkmal mindestens der Kinderfreibetragszähler **0,5** gebildet worden ist.

Ein Kind, das das 18. Lebensjahr vollendet hat, kann unter bestimmten Voraussetzungen (z. B. Berufsausbildung) bei den Eltern steuerlich berücksichtigt werden. Der Arbeitnehmer muss den Kinderfreibetragszähler grundsätzlich beim Finanzamt beantragen, um den höheren Leistungssatz für das Kurzarbeitergeld zu erhalten.

Zur Ermittlung der Höhe des Kurzarbeitergelds stellt die Bundesagentur für Arbeit eine **Tabelle zur Berechnung des Kurzarbeitergeldes und des Saisonkurzarbeitergeldes** zur Verfügung, aus der bei dem jeweiligen Bruttoarbeitsentgelt (Soll- und Istentgelt) die pauschalierten monatlichen Nettoentgelte unter Berücksichtigung der Leistungssätze und der Steuerklasse des Arbeitnehmers abgelesen werden können (sog. rechnerische Leistungssätze). Die Differenz zwischen den nach den vorstehenden Kriterien abgelesenen Leistungssätzen stellt das für den Kalendermonat zustehende Kurzarbeitergeld dar.

Beispiel

Bruttoarbeitsentgelt (ohne Kurzarbeit) = 2500,00 €; während der Kurzarbeit wird ein Entgelt von 1250,00 € erzielt. Lohnsteuerabzugsmerkmal des Arbeitnehmers ist die Steuerklasse III und ein Kinderfreibetragszähler von 1,0 (= Leistungssatz 67 %)

Sollentgelt	2 500,00 €	
Rechnerischer Leistungssatz =		1 288,75 €
Istentgelt	1 250,00 €	
Rechnerischer Leistungssatz =		675,36 €
Kurzarbeitergeld		613,39 €

Der Arbeitgeber muss die Kurzarbeit dem **Arbeitsamt** schriftlich oder elektronisch **anzeigen.** Das Kurzarbeitergeld kann frühestens von dem Kalendermonat an gewährt werden, in dem die Anzeige beim Arbeitsamt eingegangen ist. Mit der Anzeige sind das Vorliegen eines erheblichen Arbeitsausfalls und die betrieblichen Voraussetzungen für das Kurzarbeitergeld glaubhaft zu machen (§ 99 SGB III).

Das Kurzarbeitergeld ist für den jeweiligen Anspruchszeitraum (Kalendermonat) schriftlich oder elektronisch innerhalb einer **Ausschlussfrist** von **drei Monaten** zu beantragen. Die Frist beginnt mit Ablauf des Kalendermonats, für den Kurzarbeitergeld beantragt wird.

Die Voraussetzungen und der Ablauf der elektronischen Antragstellung auf Kurzarbeitergeld, Saisonkurzarbeitergeld und die Erstattung der Sozialversicherungsbeiträge für die Bezieherinnen und Bezieher von Kurzarbeitergeld und ergänzende Leistungen sind in den „Grundsätzen KEA" (KEA – Kurzarbeitergeld-Dokumente elektronisch annehmen) in der Fassung ab 1.7.2021 geregelt (vgl. www.gkv-datenaustausch.de/arbeitgeber/kurzarbeitergeld/kurzarbeitergeld.jsp).

Für gesetzliche Feiertage haben Arbeitnehmer nach § 2 Abs. 2 Entgeltfortzahlungsgesetz keinen Anspruch auf Kurzarbeitergeld, sondern auf Feiertagslohn. Ein Anspruch auf Kurzarbeitergeld besteht daher nicht. Fällt ein Feiertag in den Kurzarbeitszeitraum, ist die Feiertagsvergütung in der Höhe, die der Arbeitnehmer ohne den Arbeitsausfall aufgrund des Feiertages hätte, ausschließlich vom Arbeitgeber zu zahlen. Er muss damit Entgeltfortzahlung in der Höhe des Kurzarbeitergeldes leisten. Die Entgeltfortzahlung ist im Gegensatz zum Kurzarbeitergeld steuerpflichtig und voll beitragspflichtig. Die Lohnsteuer ist vom Arbeitnehmer zu tragen. Die Beiträge zur Kranken-, Pflege-, Arbeitslosen- und Rentenversicherung sind vom Arbeitgeber allein zu tragen.

Das Kurzarbeitergeld wird grundsätzlich für längstens zwölf Monate gewährt (§ 104 Abs. 1 SGB III). Liegen auf dem Arbeitsmarkt außergewöhnliche Verhältnisse vor, kann das Bundesministerium für Arbeit und Soziales durch Rechtsverordnung die Bezugsfrist bis auf 24 Monate verlängern (vgl. § 109 SGB III).[1]

2. Lohnsteuerliche Behandlung

Das nach den §§ 95 bis 109 SGB III gezahlte Kurzarbeitergeld ist als Lohnersatzleistung nach § 3 Nr. 2 Buchstabe a EStG **steuerfrei.** Es unterliegt jedoch dem sog. Progressionsvorbehalt (vgl. dieses Stichwort in der Hauptausgabe des Lexikons), der vom Finanzamt bei der Einkommensteuer-Veranlagung berechnet wird. Deshalb muss das Kurzarbeitergeld in Zeile 15 der elektronischen Lohnsteuerbescheinigung 2022 gesondert eingetragen werden. nein nein

Zahlt der Arbeitgeber einen **Zuschuss** zum Kurzarbeitergeld, ist dieser Zuschuss befristet für die Lohnzahlungszeiträume März 2020 bis Juni 2022 steuerfrei (§ 3 Nr. 28a EStG) und unbefristet beitragsfrei (§ 1 Abs. 1 Satz 1 Nr. 8 SvEV[2]), soweit er zusammen mit dem Kurzarbeitergeld 80 % des ausgefallenen Arbeitsentgelts nicht übersteigt (vgl. nachfolgend unter den Nrn. 5 und 8). nein nein

Für Lohnzahlungszeiträume ab Juli 2022 ist ein solcher Zuschuss steuerpflichtig, aber unter den angegebenen Voraussetzungen beitragsfrei. ja nein

Soweit der Zuschuss 80 % des ausgefallenen Arbeitsentgelts übersteigt, ist er steuer- und beitragspflichtig (also nur der übersteigende Teil ist sowohl steuer- als auch beitragspflichtig). ja ja

Zuschüsse, die der Arbeitgeber als Ausgleich zum Kurzarbeitergeld wegen Überschreitens der Beitragsbemessungsgrenze leistet, sind stets steuerpflichtig.

Beim Ausfall voller Arbeitstage entsteht kein Teillohnzahlungszeitraum (anzuwenden ist stets die Monatstabelle, vgl. das nachfolgende Berechnungsbeispiel). Fallen mehr als fünf aufeinander folgende Arbeitstage aus, ist kein Eintrag des Buchstabens „U" im Lohnkonto erforderlich, da die Höhe des Kurzarbeitergeldes gesondert in Zeile 15 der elektronischen Lohnsteuerbescheinigung zu bescheinigen ist (R 41.2 Satz 3 LStR).

3. Beitragsrechtliche Behandlung

Das versicherungspflichtige Beschäftigungsverhältnis besteht während der Zahlung von Kurzarbeitergeld fort. Der Arbeitgeber hat also die Sozialversicherungsbeiträge für die Zeit der Zahlung des Kurzarbeitergeldes weiterhin zu berechnen und abzuführen.

Für die beitragsrechtliche Behandlung bei Kurzarbeit gilt im Einzelnen Folgendes:

a) Krankenversicherung

Die für die Berechnung der Krankenversicherungsbeiträge bei Beziehern von Kurzarbeitergeld maßgebende Bemessungsgrundlage wird durch Addition des tatsächlich erzielten Arbeitsentgelts (sog. Istentgelt oder Kurzlohn) und des gekürzten fiktiven Arbeitsentgelts ermittelt. Für das infolge von Kurzarbeit ausgefallene Arbeitsentgelt ist nach § 232a Abs. 2 SGB V ein **fiktives Arbeitsentgelt** anzusetzen. Ausgangsbasis ist der (auf 80 % verminderte) Unterschiedsbetrag zwischen dem Bruttoarbeitsentgelt, das der Arbeitnehmer ohne den Arbeitsausfall im Anspruchszeitraum erzielt hätte (Sollentgelt), und dem Bruttoarbeits-

1) Zu den befristeten Sonderregelungen aufgrund der Corona-Pandemie siehe nachfolgende Nr. 8.

2) Die Sozialversicherungsentgeltverordnung (SvEV) ist als Anhang 2 im **Steuerhandbuch für das Lohnbüro 2022** abgedruckt, das im selben Verlag erschienen ist.

Lohn- steuer- pflichtig | Sozial- versich.- pflichtig

entgelt, das er im Anspruchszeitraum tatsächlich erzielt hat (Istentgelt). Dabei sind das Sollentgelt und das Istentgelt – anders als in § 106 Abs. 1 Satz 5 SGB III für das Leistungsrecht der Arbeitslosenversicherung vorgeschrieben – nicht auf den nächsten durch zwanzig teilbaren Euro-Betrag zu runden; der auf 80 % verminderte Unterschiedsbetrag ist jedoch in der zweiten Dezimalstelle kaufmännisch zu runden. Übersteigt dieser Betrag die für den Entgeltabrechnungszeitraum maßgebende Beitragsbemessungsgrenze der Krankenversicherung, sind die Beiträge zunächst vom tatsächlich erzielten Arbeitsentgelt (Istentgelt) zu berechnen; das gekürzte fiktive Arbeitsentgelt wird nur noch insoweit für die Beitragsberechnung herangezogen, als die Beitragsbemessungsgrenze der Krankenversicherung noch nicht durch das tatsächlich erzielte Arbeitsentgelt ausgeschöpft ist. Ein eventueller Zuschuss zum Kurzarbeitergeld wird nicht auf das fiktive Arbeitsentgelt angerechnet (vgl. nachfolgend unter Nr. 5).

b) Pflegeversicherung

Für die Beiträge zur Pflegeversicherung gilt dieselbe Beitragsbemessungsgrundlage (und Beitragsbemessungsgrenze) wie in der Krankenversicherung. Der Berechnung der Pflegeversicherungsbeiträge ist deshalb neben dem tatsächlich erzielten Arbeitsentgelt das gekürzte fiktive Arbeitsentgelt (vgl. Ausführungen unter dem vorstehenden Buchstaben a) zugrunde zu legen.

c) Rentenversicherung

Die für die Berechnung der Rentenversicherungsbeiträge bei Beziehern von Kurzarbeitergeld maßgebende Berechnungsgrundlage wird durch Addition des tatsächlich erzielten Arbeitsentgelts (Istentgelt) und des gekürzten fiktiven Arbeitsentgelts ermittelt. Für das infolge von Kurzarbeit ausgefallene Arbeitsentgelt ist nach § 163 Abs. 6 SGB VI ebenfalls ein **fiktives Arbeitsentgelt** anzusetzen. Ausgangsbasis ist auch bei der Rentenversicherung der (auf 80 % verminderte) Unterschiedsbetrag zwischen dem Bruttoarbeitsentgelt, das der Arbeitnehmer ohne den Arbeitsausfall im Anspruchszeitraum erzielt hätte (Sollentgelt), und dem Bruttoarbeitsentgelt, das er im Anspruchszeitraum tatsächlich erzielt hat (Istentgelt). Die Ermittlung der Beitragsbemessungsgrundlage in der Rentenversicherung erfolgt somit nach denselben Grundsätzen wie in der Kranken- und Pflegeversicherung, wobei allerdings die höhere Beitragsbemessungsgrenze der Rentenversicherung beachtet werden muss. Übersteigt das für die Berechnung der Rentenversicherungsbeiträge maßgebende Arbeitsentgelt diese Beitragsbemessungsgrenze, sind die Beiträge zunächst vom tatsächlich erzielten Arbeitsentgelt (Istentgelt) zu berechnen; das gekürzte fiktive Arbeitsentgelt wird nur noch insoweit für die Beitragsberechnung herangezogen, als die Beitragsbemessungsgrenze noch nicht durch das tatsächlich erzielte Arbeitsentgelt (Istentgelt) ausgeschöpft ist. Ein eventueller Zuschuss zum Kurzarbeitergeld wird nicht auf das fiktive Arbeitsentgelt angerechnet (vgl. nachfolgend unter Nr. 5).

In die Versicherungsnachweise (Entgeltbescheinigung) muss das Arbeitsentgelt eingetragen werden, von dem die Rentenversicherungsbeiträge tatsächlich berechnet worden sind. Dieses Entgelt besteht aus der Summe

- des tatsächlich erzielten Arbeitsentgelts (Istentgelt),
- 80 % des Unterschiedsbetrages zwischen dem ungerundeten Sollentgelt und dem ungerundeten Istentgelt,
- ggf. Einmalzahlung.

d) Arbeitslosenversicherung

Beiträge zur Arbeitslosenversicherung sind für Bezieher von Kurzarbeitergeld lediglich aus dem tatsächlich erzielten Arbeitsentgelt (Istentgelt) zu berechnen. Die Berechnung eines fiktiven Arbeitsentgelts entfällt also für den Bereich der Arbeitslosenversicherung. Das Kurzarbeitergeld ist beitragsfrei.

Lohn- steuer- pflichtig | Sozial- versich.- pflichtig

e) Verteilung der Beitragslast

Beim Bezug von Kurzarbeitergeld tragen Arbeitnehmer und Arbeitgeber die Beiträge zur Kranken-, Pflege-, Renten- und Arbeitslosenversicherung **aus dem tatsächlich bezogenen Arbeitsentgelt** jeweils zur Hälfte; dies gilt auch für den kassenindividuellen Zusatzbeitrag. Den Beitragszuschlag zur Pflegeversicherung für Kinderlose (0,35 %) trägt der Arbeitnehmer allein.

Die auf das **gekürzte fiktive Arbeitsentgelt** entfallenden Kranken-, Pflege- und Rentenversicherungsbeiträge **muss der Arbeitgeber allein tragen.** Diese alleinige Beitragstragungspflicht umfasst den gesamten aus dem fiktiven Arbeitsentgelt ermittelten Beitrag zur Krankenversicherung, also auch den kassenindividuellen Zusatzbeitrag. Der Beitragszuschlag für Kinderlose in der Pflegeversicherung wird von der Bundesagentur für Arbeit pauschal abgegolten.

Beispiel A

Ein Betrieb ist im Juni 2022 aus wirtschaftlichen Gründen gezwungen, Kurzarbeit einzuführen. Der Arbeitnehmer würde ohne Arbeitsausfall einen Monatslohn von 2050 € erhalten. Wegen der Kurzarbeit erhält er jedoch nur 1500 € (sog. Kurzlohn oder Istentgelt). Das wegen Kurzarbeit ausfallende Arbeitsentgelt beträgt somit 550 €. Das nach den Leistungstabellen der Bundesagentur für Arbeit errechnete Kurzarbeitergeld soll (angenommen) 168 € betragen.

Lohnsteuerabzugsmerkmal des Arbeitnehmers sind die Steuerklasse I/0 und das Kirchensteuermerkmal „rk".

Für den Abrechnungsmonat Juni 2022 ergibt sich folgende Ermittlung der beitragspflichtigen Einnahmen:

Soll-Stunden (die ohne den Arbeitsausfall zu leisten wären)		164 Stunden
Ist-Stunden (tatsächlich geleistete Arbeitszeit)		120 Stunden
Stundenlohn		12,50 €
Die beitragspflichtigen Einnahmen betragen		
Sollentgelt (12,50 € × 164 Stunden)	=	2 050,– €
Istentgelt (12,50 € × 120 Stunden)	=	1 500,– €
Unterschiedsbetrag zwischen Sollentgelt und Istentgelt	=	550,– €
80 % des Unterschiedsbetrags	=	440,– €

Für Juni 2022 ergibt sich folgende Lohnabrechnung:

Entsprechend der Ausfallzeit gekürzter Monatslohn		1 500,– €
Kurzarbeitergeld		168,– €
insgesamt		1 668,– €
abzüglich:		
Lohnsteuer (Steuerklasse I/0)	43,83 €	
Solidaritätszuschlag	0,– €	
Kirchensteuer	3,50 €	
Sozialversicherungsbeiträge	304,88 €	352,21 €
auszuzahlender Betrag		1 315,79 €

Berechnung der Lohn- und Kirchensteuer sowie des Solidaritätszuschlags

Die Steuerabzugsbeträge sind aus dem tatsächlich gezahlten Arbeitslohn in Höhe von 1500 € zu berechnen (sog. Kurzlohn oder Istentgelt). Das Kurzarbeitergeld ist steuerfrei. Es unterliegt jedoch dem sog. Progressionsvorbehalt (vgl. dieses Stichwort). Deshalb muss es in der elektronischen Lohnsteuerbescheinigung (Zeile 15) gesondert bescheinigt werden.

Lohnsteuer (Steuerklasse I/0) für 1500 €	43,83 €
Solidaritätszuschlag	0,– €
Kirchensteuer	3,50 €

Berechnung der Sozialversicherungsbeiträge

Zur **Arbeitslosenversicherung** wird nur das tatsächlich gezahlte Arbeitsentgelt (Istentgelt) herangezogen:

Beitrag: 2,4 % von 1500 €		36,– €
Arbeitnehmeranteil 1/2	=	18,– €
Arbeitgeberanteil 1/2	=	18,– €

In der **Kranken-, Pflege- und Rentenversicherung** werden die Beiträge für das tatsächlich gezahlte Arbeitsentgelt (Istentgelt) vom Arbeitnehmer und Arbeitgeber je zur Hälfte getragen; dies gilt auch für den kassenindividuellen Zusatzbeitrag. Für das auf 80 % gekürzte ausgefallene Arbeitsentgelt (sog. Fiktivlohn) muss der Arbeitgeber den Beitrag (einschließlich des Zusatzbeitrages zur Krankenversicherung) allein tragen.

Lohnsteuerpflichtig	Sozialversich.-pflichtig

	Arbeitnehmer-anteil	Arbeitgeber-anteil
Kurzlohn: 1500 €		
Krankenversicherung (jeweils 7,3 %)	109,50 €	109,50 €
Krankenversicherung (Zusatzbeitrag) (z. B. jeweils 0,65 %)	9,75 €	9,75 €
Pflegeversicherung (1,875 % bzw. 1,525 %)	28,13 €	22,88 €
Rentenversicherung (2 × 9,3 %)	139,50 €	139,50 €
ausgefallenes Entgelt: (2050 € – 1500 € =) 550 € 80 % = 440 €		
Krankenversicherung (14,6 %)		64,24 €
Krankenversicherung (Zusatzbeitrag) (z. B. 1,3 %)		5,72 €
Pflegeversicherung (3,05 %)		13,42 €
Rentenversicherung (18,6 %)		81,84 €

Zusammengerechnet ergibt sich Folgendes:

	Arbeitnehmer-anteil	Arbeitgeber-anteil
Arbeitslosenversicherung	18,– €	18,– €
Krankenversicherung	119,25 €	189,21 €
Pflegeversicherung	28,13 €	36,30 €
Rentenversicherung	139,50 €	221,34 €
	304,88 €	464,85 €

Meldepflichtig in der Rentenversicherung ist das tatsächlich gezahlte Arbeitsentgelt (Istentgelt) zuzüglich 80 % des ausgefallenen Arbeitsentgelts insgesamt also (1500 € + 440 € =) 1940 €.

Die Berechnung der Beiträge bei Bezug von Kurzarbeitergeld, insbesondere zur Begrenzung der beitragspflichtigen Einnahmen bei höheren Arbeitsentgelten, haben früher unterschiedliche Interpretationen zugelassen, nachdem der Wortlaut der gesetzlichen Regelungen nicht klar und eindeutig war, in welchem Berechnungsschritt die Begrenzung des Bruttoarbeitsentgelts, das der Arbeitnehmer ohne den Arbeitsausfall erzielt hätte, auf die Beitragsbemessungsgrenze vorzunehmen ist.

Nach Auffassung der Spitzenorganisationen der Sozialversicherung (vgl. Besprechungsergebnis vom 13./14.10.2009) kann für die Feststellung des Unterschiedsbetrags zwischen Sollentgelt und Istentgelt das leistungsrechtlich definierte Sollentgelt nur bis zum Betrag der Beitragsbemessungsgrenze in der Arbeitslosenversicherung berücksichtigt werden. Anschließend ist der Unterschiedsbetrag (Differenz) zwischen Sollentgelt und Istentgelt festzustellen und auf 80 % zu kürzen. Das so ermittelte fiktive Entgelt ist dem tatsächlich erzielten Arbeitsentgelt, soweit vorhanden, hinzuzurechnen. Im letzten Schritt findet eine Begrenzung der beitragspflichtigen Einnahmen auf die Beitragsbemessungsgrenze des Versicherungszweiges statt, zu dem die Beiträge zu entrichten sind; dabei ist das tatsächliche Arbeitsentgelt vorrangig vor dem fiktiven Entgelt zu berücksichtigen. Für die Bemessung der Beiträge zur Arbeitslosenversicherung ist ein fiktives Entgelt nicht anzusetzen.

Beispiel B

Bruttoarbeitsentgelt, das der Arbeitnehmer ohne den Arbeitsausfall im Entgeltabrechnungszeitraum erzielt hätte		7 500,– €
Bruttoarbeitsentgelt, das der Arbeitnehmer im Entgeltabrechnungszeitraum tatsächlich erzielt hat		0,– €
Sollentgelt nach § 106 SGB III (begrenzt auf die Beitragsbemessungsgrenze)		7 050,– €
Istentgelt nach § 106 SGB III		0,– €
Differenz zwischen Sollentgelt und Istentgelt		7 050,– €
Kürzung des Differenzbetrags auf 80 % (= fiktives Entgelt)		5 640,– €
Beitragsbemessungsgrundlage Rentenversicherung		
tatsächliches Arbeitsentgelt		0,– €
fiktives Entgelt	+	5 640,– €
		5 640,– €
Beitragsbemessungsgrundlage Kranken- und Pflegeversicherung		
tatsächliches Arbeitsentgelt		0,– €
fiktives Entgelt	+	5 640,– €
	=	5 640,– €
Bemessungsgrundlage (begrenzt auf Beitragsbemessungsgrenze)		4 837,50 €
Beitragsbemessungsgrundlage Arbeitslosenversicherung		
Beitragsbemessungsgrundlage (tatsächliches Arbeitsentgelt)		0,– €

Beispiel C

Bruttoarbeitsentgelt, das der Arbeitnehmer ohne den Arbeitsausfall im Entgeltabrechnungszeitraum erzielt hätte		7 500,– €
Bruttoarbeitsentgelt, das der Arbeitnehmer im Entgeltabrechnungszeitraum tatsächlich erzielt hat		3 750,– €
Sollentgelt nach § 106 SGB III (begrenzt auf die Beitragsbemessungsgrenze)		7 050,– €
Istentgelt nach § 106 SGB III		3 750,– €
Differenz zwischen Sollentgelt und Istentgelt		3 300,– €
Kürzung des Differenzbetrags auf 80 % (= fiktives Entgelt)		2 640,– €
Beitragsbemessungsgrundlage Rentenversicherung		
tatsächliches Arbeitsentgelt		3 750,– €
fiktives Entgelt	+	2 640,– €
	=	6 390,– €
Beitragsbemessungsgrundlage		6 390,– €
Beitragsbemessungsgrundlage Kranken- und Pflegeversicherung		
tatsächliches Arbeitsentgelt		3 750,– €
fiktives Entgelt	+	2 640,– €
	=	6 390,– €
Bemessungsgrundlage (begrenzt auf Beitragsbemessungsgrenze)		4 837,50 €
Beitragsbemessungsgrundlage Arbeitslosenversicherung		
Beitragsbemessungsgrundlage (tatsächliches Arbeitsentgelt)		3 750,– €

4. Einmalige Zuwendungen und Kurzarbeitgeld

Für die Prüfung, ob durch das einmalig gezahlte Entgelt die anteilige Beitragsbemessungsgrenze überschritten wird, sind bei Bezug von Kurzarbeitergeld vorrangig das tatsächliche und das fiktive Arbeitsentgelt heranzuziehen.

Für die Berechnung der Beiträge wird das einmalig gezahlte Arbeitsentgelt nur insoweit berücksichtigt, als die anteilige Jahresbeitragsbemessungsgrenze noch nicht durch tatsächliches und fiktives Arbeitsentgelt sowie durch in früheren Entgeltabrechnungszeiträumen zur Beitragspflicht herangezogenes einmalig gezahltes Arbeitsentgelt ausgeschöpft ist. Dies bedeutet, dass auch für den Entgeltabrechnungszeitraum, dem das einmalig gezahlte Arbeitsentgelt zuzuordnen ist, neben dem laufenden Arbeitsentgelt vorrangig ein fiktives Arbeitsentgelt anzusetzen ist.

5. Zuschuss zum Kurzarbeitergeld[1]

Um die für den Arbeitnehmer finanziell nachteiligen Auswirkungen der Kurzarbeit abzumildern, gewähren manche Arbeitgeber einen Zuschuss zum Kurzarbeitergeld. Auch mehrere Tarifverträge – vor allem in den neuen Bundesländern – sehen die Zahlung eines Arbeitgeberzuschusses zum Kurzarbeitergeld vor. Dieser Zuschuss gehört nach § 1 Abs. 1 Satz 1 Nr. 8 SvEV[2] nicht zum beitragspflichtigen Arbeitsentgelt, soweit er zusammen mit dem Kurzarbeitergeld **80 % des Unterschiedsbetrags von Soll-**

1) Zu den befristeten Sonderregelungen aufgrund der Corona-Pandemie vgl. auch nachfolgende Nr. 8.

2) Die Sozialversicherungsentgeltverordnung (SvEV) ist als Anhang 2 im **Steuerhandbuch für das Lohnbüro 2022** abgedruckt, das im selben Verlag erschienen ist.

	Lohnsteuerpflichtig	Sozialversich.-pflichtig
entgelt und Istentgelt nicht übersteigt. Das bedeutet, dass die Zuschüsse zum Kurzarbeitergeld im Normalfall bei der Berechnung der Sozialversicherungsbeiträge außer Betracht bleiben. Die Zuschüsse sind befristet bis Juni 2022 auch steuerfrei (§ 3 Nr. 28a EStG).	nein	nein
Für Lohnzahlungszeiträume ab Juli 2022 ist ein solcher Zuschuss steuerpflichtig, aber unter den angegebenen Voraussetzungen beitragsfrei.	ja	nein
Soweit der Zuschuss 80 % des ausgefallenen Arbeitsentgelts übersteigt, ist er steuer- und beitragspflichtig (also nur der übersteigende Teil ist sowohl steuer- als auch beitragspflichtig).	ja	ja
Auch Zuschüsse, die der Arbeitgeber als Ausgleich zum Kurzarbeitergeld wegen Überschreitens der Beitragsbemessungsgrenze leistet, sind steuerpflichtig.	ja	ja

6. Beitragszuschuss zur Kranken- und Pflegeversicherung bei Beziehern von Kurzarbeitergeld

a) Allgemeines

Soweit für krankenversicherungspflichtige Bezieher von Kurzarbeitergeld Beiträge zur Kranken- und Pflegeversicherung aus einem fiktiven Arbeitsentgelt zu zahlen sind, hat der Arbeitgeber die Beiträge allein zu tragen; der Arbeitnehmer wird insoweit nicht mit Beiträgen belastet. Für die in der gesetzlichen Krankenversicherung freiwillig oder für die bei einem privaten Krankenversicherungsunternehmen versicherten Bezieher von Kurzarbeitergeld hat der Arbeitgeber hinsichtlich des fiktiven Arbeitsentgelts im Ergebnis den **vollen Beitrag** zur Kranken- und Pflegeversicherung als Zuschuss zu zahlen. Insofern besteht eine Gleichbehandlung der Pflichtversicherten und freiwillig Versicherten sowie der privat Krankenversicherten.

b) Freiwillig in der gesetzlichen Krankenversicherung versicherte Bezieher von Kurzarbeitergeld

Freiwillig in der gesetzlichen Krankenversicherung versicherte Arbeitnehmer erhalten von ihrem Arbeitgeber als Beitragszuschuss die Hälfte des Beitrags, der für einen krankenversicherungspflichtigen Arbeitnehmer bei der Krankenkasse, bei der die Mitgliedschaft besteht, zu zahlen wäre.

Zusätzlich zum regulär zu zahlenden Zuschussbetrag wird Beziehern von Kurzarbeitergeld ein Arbeitgeberzuschuss in Höhe der Hälfte des Betrags eingeräumt, den der Arbeitgeber bei krankenversicherungspflichtigen Arbeitnehmern als Beitrag allein zu tragen hat. Im Ergebnis bedeutet dies, dass bezüglich des fiktiven Arbeitsentgelts vom Arbeitgeber ein Beitragszuschuss in Höhe des vollen Beitrags zu zahlen ist.

In Bezug auf das fiktive Arbeitsentgelt ergibt sich somit keine Änderung, das heißt, dass der Arbeitgeber – wie bisher – aus dem fiktiven Arbeitsentgelt einen Beitragszuschuss in Höhe des vollen Beitrags zu zahlen hat. Die Berechnung des Beitragszuschusses aus dem fiktiven Arbeitsentgelt erfolgt in der Weise, dass zunächst der reguläre Beitragszuschuss auf der Grundlage des paritätischen Beitragssatzes aller gesetzlichen Krankenkassen erfolgt. Anschließend wird dann in einem zweiten Rechenschritt der Beitragszuschuss auf der Grundlage des zusätzlich zu tragenden Beitrages zur Krankenversicherung von z. B. 1,3 % errechnet.

Beispiel

Monatslohn eines freiwillig in der gesetzlichen Krankenversicherung versicherten Arbeitnehmers (Sollentgelt)	5 500,– €
Beitragssatz der Krankenkasse	14,6 %
Zusatzbeitrag z. B. angenommen	1,3 %
monatlicher Beitragszuschuss (7,3 % + 0,65 % = 7,95 % von 4837,50 € =)	384,58 €
wegen Kurzarbeit fällt im Februar 2022 die Hälfte der Arbeitszeit aus. Der Kurzlohn (Istentgelt) beträgt	2 750,– €
hierauf entfallender Beitragszuschuss (7,3 % + 0,65 % = 7,95 % von 2750 € =)	218,63 €
Berechnung des fiktiven Arbeitsentgelts: 80 % des Unterschiedsbetrags zwischen Sollentgelt und Istentgelt (5500 € – 2750 € =) 2750 € × 0,8 = 2200 €, höchstens jedoch bis zur Beitragsbemessungsgrenze (4837,50 € – 2750 € =)	2 087,50 €
auf das fiktive Arbeitsentgelt entfallender Beitragszuschuss (7,3 % + 0,65 % = 7,95 % von 2087,50 € =)	165,96 €
Zuzüglich eines Betrages in Höhe des bei Versicherungspflicht des Arbeitnehmers vom Arbeitgeber zu tragenden Beitrags (7,3 % + 0,65 % = 7,95 % von 2087,50 € =)	165,96 €
Beitragszuschuss des Arbeitgebers insgesamt 218,63 € + 165,96 € + 165,96 €	**550,55 €**

c) Privat krankenversicherte Bezieher von Kurzarbeitergeld

Für die bei einem privaten Krankenversicherungsunternehmen versicherten Arbeitnehmer, die Kurzarbeitergeld beziehen, erhalten als Beitragszuschuss einen Betrag, den der Arbeitgeber bei Versicherungspflicht zu zahlen hätte. Der Zuschuss ist jedoch höchstens auf den Beitrag begrenzt, den der Arbeitnehmer tatsächlich an das private Krankenversicherungsunternehmern zu zahlen hat.

Für die Berechnung des Beitragszuschusses aus dem **Istentgelt** und dem fiktiven Arbeitsentgelt ist der allgemeine bzw. ermäßigte Beitragssatz der gesetzlichen Krankenversicherung zu berücksichtigen. Darüber hinaus ist auch der durchschnittliche Zusatzbeitragssatz (2022: 1,3 %) anzusetzen.

Für Zeiten des Bezugs von Kurzarbeitergeld ist unter Beachtung des § 257 Abs. 2 Satz 4 SGB V auf das der Beitragsbemessung zugrunde liegende fiktive Entgelt in Höhe von 80 Prozent des Unterschiedsbetrages zwischen dem Sollentgelt und dem Istentgelt ein Beitragszuschuss in dem Umfang zu leisten, in dem der Arbeitgeber bei Versicherungspflicht des Arbeitnehmers zu Beitragstragung nach § 249 Abs. 2 SGB V verpflichtet wäre. Dabei gilt die Besonderheit, dass der Beitragszuschuss auf die vollen (und nicht die Hälfte der) Aufwendungen des Arbeitnehmers für seine private Krankenversicherung begrenzt ist. Sofern im Abrechnungszeitraum Kurzarbeitergeld bezogen wird, nimmt der Gesetzgeber keine Differenzierung danach vor, ob für den gesamten Monat des Abrechnungszeitraums Kurzarbeit geleistet wird oder nur für einzelne Tage bzw. Stunden. Insofern lässt diese nicht eindeutige Rechtslage unterschiedliche Interpretationen zu, welche Begrenzungsregelung(en) in diesen Abrechnungszeiträumen gelten. Nach Auffassung des Bundesministeriums für Gesundheit ist zunächst nach § 257 Abs. 2 Satz 4 SGB V der auf das Fiktiventgelt entfallende Beitragszuschuss zu ermitteln; dieser ist gegebenenfalls auf die Höhe des (vollen) PKV-Beitrags zu begrenzen. Anschließend ist nach § 257 Abs. 2 Satz 2 SGB V der auf das tatsächliche Arbeitsentgelt entfallende Beitragszuschuss, maximal in Höhe der Hälfte der Differenz von PKV-Beitrag und Beitragszuschuss für das Fiktiventgelt, zu berechnen. Für den Anspruch auf den Beitragszuschuss zur Pflegeversicherung nach § 61 Abs. 2 SGB XI sind die vorstehenden Ausführungen sinngemäß anzuwenden. Die Spitzenorganisationen der Sozialversicherung schließen sich dieser Auffassung zur Begrenzung des Beitragszuschusses an. Hiernach ist spätestens vom 1.1.2022 an zu verfahren. Soweit in der Praxis bis dahin anders verfahren wurde, wird dies nicht beanstandet (vgl. Besprechungsergebnis der Besprechung des GKV-Spitzenverbandes, der Deutschen Rentenversicherung Bund und der Bundesagentur für Arbeit über Fragen des gemeinsamen Beitragseinzugs vom 24.3.2021, TOP 4).

7. Insolvenzgeldumlage

Der Arbeitgeber muss die **Insolvenzgeldumlage** mit Beitragsnachweis an die Krankenkassen abführen. Die Insolvenzgeldumlage beträgt ab 1.1.2022 0,09 %. Die Insol-

Lohn- steuer- pflichtig | Sozial- versich.- pflichtig

venzgeldumlage bemisst sich nach dem Arbeitsentgelt, aus dem die Beiträge zur gesetzlichen Rentenversicherung berechnet werden (vgl. das Stichwort „Insolvenzgeldumlage"). Eine von der Bemessungsgrundlage für die Rentenversicherungsbeiträge abweichende Regelung gilt für Bezieher von Kurzarbeitergeld (§ 358 Abs. 2 Satz 3 SGB III). Während die Rentenversicherungsbeiträge für diese Personen aus dem tatsächlich erzielten Arbeitsentgelt zuzüglich 80 % des Unterschiedsbetrages zwischen dem Sollentgelt und dem Istentgelt berechnet werden, ist der Berechnung der Umlage nur das tatsächlich erzielte Arbeitsentgelt bis zur Beitragsbemessungsgrenze in der gesetzlichen Rentenversicherung zugrunde zu legen. Das fiktive Arbeitsentgelt wird für die Umlageberechnung nicht herangezogen.

8. Sonderregelungen aufgrund der Corona-Pandemie

a) Anspruchsvoraussetzungen

Wenn aufgrund schwieriger wirtschaftlicher Entwicklungen Aufträge ausbleiben, kann ein Betrieb Kurzarbeit anmelden, wenn mindestens 10 % der Beschäftigten vom Arbeitsausfall betroffen sein könnten. Diese Schwelle lag bisher bei einem Drittel der Belegschaft. Auf den Aufbau negativer Arbeitszeitsalden vor Zahlung des Kurzarbeitergeldes wird vollständig oder teilweise verzichtet. Bisher wurde verlangt, dass in Betrieben, in denen Vereinbarungen zu Arbeitszeitschwankungen genutzt werden, diese auch zur Vermeidung von Kurzarbeit eingesetzt und ins Minus gefahren werden. Dies gilt nunmehr bis 30.9.2022 (§ 421c Abs. 4 und 5 SGB III). Leiharbeitnehmer können bis 30.6.2022 Kurzarbeitergeld beziehen.

b) Höhe des Kurzarbeitergeldes

Für Arbeitnehmer, die wegen der Corona-Krise mindestens 50 % weniger arbeiten, wird das Kurzarbeitergeld ab dem vierten Monat des Bezugs von bisher 60 % (bei Arbeitnehmern mit Kindern 67 %) auf 70 % bzw. 77 % und ab dem siebten Monat des Bezugs auf 80 % bzw. 87 % des pauschalierten Nettoentgelts erhöht. Diese Erhöhungen gelten längstens bis zum 30.6.2022 für alle Beschäftigten, die bis 30.6.2021 in Kurzarbeit gegangen sind (§ 421c Abs. 2 SGB III).

c) Bezugsdauer

Die Bezugsdauer für das Kurzarbeitergeld wurde während der COVID-19-Pandemie mehrfach verlängert. Die letzte Verlängerung erfolgte durch das Gesetz zur Verlängerung von Sonderregelungen im Zusammenhang mit der COVID-19-Pandemie beim Kurzarbeitergeld und anderen Leistungen bis 30.6.2022. Die Dauer des Kurzarbeitergeldes beträgt demnach für Arbeitnehmer, deren Anspruch bis 30.6.2021 entstanden ist, maximal 28 Montae, längstens bis zum 30.6.2022 (vgl. § 421c Abs. 3 SGB III).

d) Hinzuverdienstgrenzen

Zum Hinzuverdienst wurde geregelt, dass in der Zeit vom 1.5.2020 bis zum 31.12.2020 die Hinzuverdienstgrenze bis zur vollen Höhe des bisherigen Monatseinkommens für alle Berufe geöffnet wird. Ab 1.1.2021 bis zum 30.6.2022 werden lediglich Minijobs nicht auf das Kurzarbeitergeld angerechnet.

e) Erstattung von Sozialversicherungsbeiträgen

Die Sozialversicherungsbeiträge, die Arbeitgeber normalerweise für ihre Beschäftigten zahlen müssen, wurden von der Bundesagentur für Arbeit bis zum 31.12.2021 vollständig erstattet. Bis zum 31.3.2022 werden die Sozialversicherungsbeiträge zur Hälfte erstattet. Seit 1.4.2022 erfolgt keine Erstattung mehr.

Lohn- steuer- pflichtig | Sozial- versich.- pflichtig

f) Arbeitgeberzuschüsse zum Kurzarbeitergeld

In Anlehnung an die entsprechende Regelung im Sozialversicherungsrecht zur Beitragsfreiheit werden Zuschüsse des Arbeitgebers zum Kurzarbeitergeld (einschließlich Saison- und Transferkurzarbeitergeld) steuerfrei gestellt, soweit sie zusammen mit dem Kurzarbeitergeld **80 % des Unterschiedsbetrags** zwischen dem nach sozialversicherungsrechtlichen Vorschriften ermittelten Soll-Entgelt und Ist-Entgelt nicht übersteigen. Die **Steuerfreiheit** gilt nur für Zuschüsse zum Kurzarbeitergeld, die für nach dem 29.2.2020 beginnende und **vor dem 1.7.2022 endende Lohnzahlungszeiträume** geleistet werden. Die in der Lohnsteuerbescheinigung anzugebenden Arbeitgeberzuschüsse unterliegen allerdings dem **Progressionsvorbehalt** und können daher bei der Einkommensteuer-Veranlagung zu einer Steuernachzahlung führen. nein | nein

Für Lohnzahlungszeiträume ab Juli 2022 sind solche Arbeitgeberzuschüsse zum Kurzarbeitergeld steuerpflichtig, aber unter den angegebenen Voraussetzungen beitragsfrei. ja | nein

Mindestlohn

Neues auf einen Blick:

Ab 1.10.2022 wird der Mindestlohn durch das „Gesetz zur Erhöhung des Schutzes durch den gesetzlichen Mindestlohn und zu Änderungen im Bereich der geringfügigen Beschäftigung" auf 12 € je Arbeitsstunde festgesetzt.

Die Höhe ist bis 31.12.2023 gesetzlich festgeschrieben. Ab 1.1.2024 legt wieder die Mindestlohnkommission den Mindestlohn alle zwei Jahre fest.

Die Änderung des Mindestlohnes ab 1.10.2022 hat insbesondere Auswirkungen auf den Bereich *Geringfügige Beschäftigungen* (siehe dieses Stichwort), da mit der Änderung auch eine dynamische Gestaltung der Geringfügigkeitsgrenze, abhängig vom Mindestlohn, eingeführt wird.

Des weiteren ändern sich die Entgeltgrenzen für die Aufzeichnungspflichten.

Gleichzeitig wurden mit dem o.g. Gesetz auch die Grenzen für den *Übergangsbereich nach § 20 Abs. 2 SGB IV* auf 520,01 bis 1600 € erhöht (siehe dieses Stichwort).

Allgemeines

Zum 1. Januar 2015 wurde per Gesetz ein flächendeckender Mindestlohn (MiLoG) eingeführt. Grundsätzlich gilt der Mindestlohn bundesweit für alle Beschäftigten über 18 Jahre. Auf die Branche (egal ob im gewerblichen oder kaufmännischen Bereich bzw. in Privathaushalten) oder die Ausgestaltung des Beschäftigungsverhältnisses (z. B. 450-€-Job) kommt es grundsätzlich nicht an. Auch die Ausbildung bzw. die sonstige berufliche Qualifikation des Arbeitnehmers spielt keine Rolle.

Zum 1. Januar 2019 wurde der Mindestlohn von 8,84 € auf 9,19 € erhöht. Ab 1.1.2020 erfolgte eine Erhöhung auf 9,35 €. Ab dem 1.1.2021 steigt der gesetzliche Mindestlohn nach der Dritten Verordnung zur Anpassung des Mindestlohns – MiLoV3 vom 9.11.2020, BGBl. I Nr. 51, S. 2356 in vier Stufen bis 1.7.2022 weiter an (1.1.2021: 9,50 €; 1.7.2021: 9,60 €; 1.1.2022: 9,82 €; 1.7.2022: 10,45 €; **1.10.2022: 12,00 €**).

Neben dem o.g. gesetzlichen Mindestlohn gibt es etliche Branchen-Mindestlöhne (z. B. Gebäudereiniger, Gerüstbauer, Maler und Lackierer, Fleischwirtschaft, Pflege, Bauhauptgewerbe). Diese werden von den Tarifvertragsparteien ausgehandelt und von der Bundesregierung für allgemein verbindlich erklärt. Branchen-Mindestlöhne gelten dann für alle Betriebe der Branche, auch wenn diese nicht tarifgebunden sind.

Lohn- steuer- pflichtig | Sozial- versich.- pflichtig

Ausnahmen

Keinen Anspruch auf Zahlung des Mindestlohns haben die in § 22 MiLoG genannten Personen. Dies sind:

- Praktikanten, wenn:
  - das Praktikum aufgrund einer schulrechtlichen Bestimmung, einer Ausbildungsordnung, einer hochschulrechtlichen Bestimmung oder im Rahmen einer Ausbildung an einer gesetzlichen Berufsakademie verpflichtend zu leisten ist,
  - das Praktikum von einer Dauer bis zu drei Monaten zur Orientierung für eine Berufsausbildung oder für die Aufnahme eines Studiums dienen soll,
  - das Praktikum von einer Dauer bis zu drei Monaten begleitend zu einer Berufs- oder Hochschulausbildung durchgeführt wird, wenn nicht schon zuvor ein solches Praktikumsverhältnis mit demselben Auszubildenden bestand oder
  - es sich um eine Teilnahme an einer Einstiegsqualifizierung nach § 54a des Dritten Buches Sozialgesetzbuch (SGB III) oder an einer Berufsvorbereitung nach §§ 68 bis 70 BBiG handelt
- Personen im Sinne von § 2 Abs. 1 und 2 Jugendarbeitsschutzgesetz (JArbSchG), also Kinder und Jugendliche unter 18 Jahren ohne abgeschlossene Berufsausbildung
- Beschäftigte während ihrer Berufsausbildung
- ehrenamtlich Tätige
- Langzeitarbeitslose, die unmittelbar vor der Beschäftigung gemäß § 18 SGB III mindestens ein Jahr arbeitslos waren, für die ersten sechs Monate der Beschäftigung

Durch das Gesetz zur Modernisierung und Stärkung der beruflichen Bildung wurde ab 1.1.2020 für neue Ausbildungsverträge, die außerhalb der Tarifbindung liegen, eine Mindestvergütung für Auszubildende eingeführt (2020 im ersten Ausbildungsjahr monatlich 515 €, 2021 550 €, **2022 585 €** und ab 2023 620 €).

Dabei gehen die bestehenden Regelungen des Arbeitnehmer-Entsendegesetzes (AEntG), des Arbeitnehmerüberlassungsgesetzes (AÜG) und der auf deren Grundlage erlassenen Rechtsverordnungen vor, soweit die Höhe der auf ihrer Grundlage festgesetzten Branchenmindestlöhne die Höhe des Mindestlohnes nach MiLoG nicht unterschreitet.

Zeitungszusteller haben seit 1.1.2017 Anspruch auf den vollen Mindestlohn je Arbeitsstunde. Bis dahin gab es hier eine Staffelung (ab 1.1.2015: 6,38 €; ab 1.1.2016: 7,23 €).

Bis 31.12.2014 abgeschlossene Tarifverträge in bestimmten Branchen, die noch niedrigere Lohnuntergrenzen enthielten (z. B. Landwirtschaft oder Taxigewerbe), durften längstens bis 31.12.2016 laufen.

Unabdingbarkeit

Vereinbarungen, die den Anspruch auf Mindestlohn unterschreiten oder seine Geltendmachung beschränken oder ausschließen, sind unwirksam. Die Arbeitnehmerin oder der Arbeitnehmer kann auf den entstandenen Anspruch nur durch gerichtlichen Vergleich verzichten; im Übrigen ist ein Verzicht ausgeschlossen. Die Verwirkung des Anspruchs ist ausgeschlossen.

Verstöße gegen das Mindestlohngesetz können mit Bußgeld belegt werden und ab einer bestimmten Höhe zum Ausschluss von öffentlichen Aufträgen führen.

Berechnung und Zahlung

Beim Mindestlohn handelt es sich um einen Bruttolohn je Zeitstunde, der grundsätzlich als Geldleistung zu berechnen und auszuzahlen ist. Sachbezüge gehören grds. nicht zum Mindestlohn (Ausnahme Saisonarbeitskräfte).

Lohn- steuer- pflichtig | Sozial- versich.- pflichtig

Einmalzahlungen können grds. nur im Fälligkeitszeitraum angerechnet werden, wenn sie unwiderrufbar und tatsächlich ausbezahlt werden.

Details zur Berechnung und Zahlung finden Sie z. B. unter www.zoll.de/DE/Fachthemen/Arbeit/Mindestarbeitsbedingungen/Mindestlohn-Mindestlohngesetz/mindestlohn-mindestlohngesetz_node.html.

Sozialversicherungsrechtliche Auswirkungen

Sozialversicherungsrechtlich hat der Mindestlohn in verschiedenen Bereichen, insbesondere im Hinblick auf das in der Sozialversicherung geltende Anspruchsprinzip, gravierende Auswirkungen. Er ist z. B. bei der Beurteilung der Versicherungspflicht aufgrund der Entgelthöhe (z. B. Geringfügige Beschäftigungen) und der Berechnung und Zuordnung der Beiträge von Bedeutung. Zu beachtende Einzelheiten sind bei den jeweiligen Stichworten in der Hauptausgabe des Lexikon für das Lohnbüro 2022 bzw. in dieser Ergänzungsausgabe vermerkt (z. B. „Einmalige Zuwendungen“, „Zufluss von Arbeitslohn“, „Geringfügige Beschäftigung“ etc.).

Gravierende Änderungen ergeben sich ab 1.10.2022 in den Bereichen „Geringfügige Beschäftigung“ und „Übergangsbereich nach § 20 Abs. 2 SGB IV“ (siehe diese Stichworte).

Aufzeichnungspflichten

Arbeitgeber von geringfügig Beschäftigten und Arbeitgeber in bestimmten Wirtschaftszweigen (Bau, Gaststätten- und Beherbergung, Personenbeförderung, Spedition, Transport, Logistik, Schausteller, Forstwirtschaft, Gebäudereinigung, Messebau, Fleischerwirtschaft, Prostitutionsgewerbe) sind verpflichtet Beginn, Ende und Dauer der **täglichen Arbeitszeit** ihrer Arbeitnehmer zeitnah aufzuzeichnen (spätestens bis zum Ablauf des siebten Tages nach der Arbeitsleistung) und diese Daten mindestens zwei Jahre aufzubewahren (§ 17 Abs. 1 Mindestlohngesetz).

Für Arbeitnehmer, die ausschließlich mobil beschäftigt sind (z. B. Außendienst) und deshalb keine konkreten täglichen Beginn- und Endezeiten vorgegeben haben und sich ihre tägliche Arbeitszeit eigenverantwortlich einteilen, genügt es, wenn nur die Dauer der tatsächlichen täglichen Arbeitszeit aufgezeichnet wird (§ 1 Mindestlohnaufzeichnungsverordnung – MiLoAufzV).

Für die in den o. g. Wirtschaftszweigen beschäftigten Arbeitnehmer entfällt die Aufzeichnung der täglichen Arbeitszeit, wenn der jeweilige Arbeitnehmer mtl. ein regelmäßiges verstetigtes Entgelt von mehr als 4176 € brutto erhält (gültig ab 1.10.2022; bis 30.9.2022: 2958 €) bzw. bereits seit mehr als zwölf Monaten mehr als 2784 € mtl. erhalten hat.

Darüber hinaus gelten die Regelungen für die Aufzeichnungen nicht für mitarbeitende Familienangehörige des Arbeitgebers (Ehegatten, eingetragene Lebenspartner, Kinder und Eltern).

Die konkreten Ausnahmeregelungen sind in der Mindestlohndokumentationspflichtenverordnung – MiLoDoV geregelt.

Mobilitätsprämie

Neues auf einen Blick:

Die folgenden, durch das **Steuerentlastungsgesetz** 2022 **rückwirkend zum 1.1.2022** beschlossenen Maßnahmen haben sowohl dem Grunde als auch der Höhe nach Auswirkungen auf die Gewährung der Mobilitätsprämie:

- Anhebung des **Grundfreibetrags** von zuvor 9984 €/ 19 968 € auf 10 347 €/20 694 € bei einer Einzelveranlagung bzw. Zusammenveranlagung,

Lohnsteuerpflichtig Sozialversich.-pflichtig

- Vorziehen der bisher ab 2024 und befristet bis 2026 Anhebung der **Entfernungspauschale** ab dem 21. vollen Entfernungskilometer auf 0,38 € und
- Anhebung des **Arbeitnehmer-Pauschbetrags** von zuvor 1000 € auf 1200 €.

Wegen der Einzelheiten zur **Auswirkung** dieser Maßnahmen im Hinblick auf die **Mobilitätsprämie** vgl. die nachfolgenden Ausführungen und Beispiele.

Zur Entlastung der unbeschränkt und beschränkt steuerpflichtigen Arbeitnehmer, die einen besonders langen Arbeitsweg haben, wird ab 2021 bis 2026 die Entfernungspauschale – unabhängig vom benutzten Verkehrsmittel – **ab dem 21. Entfernungskilometer** angehoben. Sie beträgt für 2021 0,35 € und ab dem 1.1.2022 0,38 € jeweils ab dem 21. Entfernungskilometer. Hierdurch soll in pauschalierender Weise die sich durch die CO_2-Bepreisung ergebende Erhöhung der Aufwendungen für die Fahrten zwischen Wohnung und erster Tätigkeitsstätte sowie für wöchentliche Familienheimfahrten im Rahmen einer beruflich veranlassten doppelten Haushaltsführung teilweise ausgeglichen werden.

Soweit die **erhöhte Entfernungspauschale zu keiner steuerlichen Entlastung** geführt hat, können Arbeitnehmer, deren Arbeitslohn nicht pauschal besteuert wird, im Zeitraum von 2021 bis 2026 als Steuervergütung eine **steuerfreie Mobilitätsprämie in Höhe von 14 % des Betrags** beantragen, der zu keiner steuerlichen Entlastung geführt hat. Aufgrund des Antrags erfolgt eine Prämienfestsetzung durch das Finanzamt. Hierzu folgende Beispiele:

Beispiel A

Der Arbeitnehmer fährt im Kalenderjahr 2022 an 150 Tagen von seiner Wohnung zur ersten Tätigkeitsstätte (= 40 Entfernungskilometer). Die übrigen Werbungskosten betragen 610 €. Sein zu versteuerndes Einkommen beträgt 7363 €.

Es ergibt sich folgende Entfernungspauschale:

150 Tage × 20 km × 0,30 € =	900 €
150 Tage × 20 km (für den 21. bis 40.) × 0,38 € =	1 140 €
Summe	2 040 €
übrige Werbungskosten	610 €
Werbungskosten gesamt	2 650 €

Der Arbeitnehmer-Pauschbetrag von 1200 € wird um 1450 € überschritten. Die erhöhte Entfernungspauschale ab dem 21. Entfernungskilometer beträgt 1140 €. Das zu versteuernde Einkommen von 7363 € unterschreitet den Grundfreibetrag von 10 347 € um 2984 €. Die erhöhte Entfernungspauschale liegt innerhalb dieses Betrags, um den das zu versteuernde Einkommen den Grundfreibetrag unterschreitet und hat insoweit zu keiner steuerlichen Entlastung geführt. Bemessungsgrundlage für die Mobilitätsprämie sind somit 1140 €. Die als Steuervergütung auszuzahlende Mobilitätsprämie beträgt 14 % von 1140 € = 159,60 €.

Beispiel B

Wie Beispiel A. Die übrigen Werbungskosten betragen 0 €. Das zu versteuernde Einkommen beträgt 9 347 €.

Es ergibt sich folgende Entfernungspauschale:

150 Tage × 20 km × 0,30 € =	900 €
150 Tage × 20 km (für den 21. bis 40.) × 0,38 € =	1 140 €
Summe	2 040 €
übrige Werbungskosten	0 €
Werbungskosten gesamt	2 040 €

Der Arbeitnehmer-Pauschbetrag von 1200 € wird um 840 € überschritten. Davon entfallen auf die erhöhte Entfernungspauschale ab dem 21. Entfernungskilometer 840 €. Das zu versteuernde Einkommen in Höhe von 9347 € unterschreitet den Grundfreibetrag von 10 347 € um 1000 €. Die erhöhte Entfernungspauschale liegt innerhalb dieses Betrags, um den das zu versteuernde Einkommen den Grundfreibetrag unterschreitet und hat insoweit zu keiner steuerlichen Entlastung geführt. Bemessungsgrundlage für die Mobilitätsprämie sind somit 840 €. Die als Steuervergütung auszuzahlende Mobilitätsprämie beträgt 14 % von 840 € = 117,60 €.

Beispiel C

Wie Beispiel B. Die übrigen Werbungskosten betragen 0 €. Das zu versteuernde Einkommen beträgt 9747 €.

Es ergibt sich folgende Entfernungspauschale:

150 Tage × 20 km × 0,30 € =	900 €
150 Tage × 20 km (für den 21. bis 40.) × 0,38 € =	1 140 €
Summe	2 040 €
übrige Werbungskosten	0 €
Werbungskosten gesamt	2 040 €

Der Arbeitnehmer-Pauschbetrag von 1200 € wird um 840 € überschritten. Davon entfallen auf die erhöhte Entfernungspauschale ab dem 21. Entfernungskilometer 840 €. Das zu versteuernde Einkommen in Höhe von 9747 € unterschreitet den Grundfreibetrag von 10 347 € um 600 €. Die erhöhte Entfernungspauschale von 840 € liegt somit in Höhe von 600 € innerhalb dieses Betrags, um den das zu versteuernde Einkommen den Grundfreibetrag unterschreitet und hat in dieser Höhe zu keiner steuerlichen Entlastung geführt. 240 € (840 € abzüglich 600 €) haben sich hingegen über den Werbungskostenabzug ausgewirkt. Bemessungsgrundlage für die Mobilitätsprämie sind somit 600 €. Die als Steuervergütung auszuzahlende Mobilitätsprämie beträgt 14 % von 600 € = 84 €.

Zusammen zur Einkommensteuer veranlagte **Ehegatten** oder Lebenspartner haben kein getrenntes, sondern ein **gemeinsames Antragsrecht** für die Mobilitätsprämie.

Beispiel D

Ein Ehepaar (beide Arbeitnehmer) fährt im Jahr 2022 an 150 Tagen zwischen Wohnung und erster Tätigkeitsstätte. Die einfache Entfernung beträgt für den Ehemann 40 km und für die Ehefrau 36 km. Die übrigen Werbungskosten betragen für jeden der Ehegatten 500 € und das zu versteuernde Einkommen beträgt 18 000 €.

Entfernungspauschale Ehemann:

150 Tage × 20 km × 0,30 € =	900 €
150 Tage × 20 km (für den 21. bis 40.) × 0,38 € =	1 140 €
Summe	2 040 €
übrige Werbungskosten	500 €
Werbungskosten gesamt	2 540 €

Der Arbeitnehmer-Pauschbetrag von 1200 € wird um 1340 € überschritten.

Entfernungspauschale Ehefrau:

150 Tage × 20 km × 0,30 € =	900 €
150 Tage × 16 km (für den 21. bis 40.) × 0,38 € =	912 €
Summe	1 812 €
übrige Werbungskosten	500 €
Werbungskosten gesamt	2 312 €

Der Arbeitnehmer-Pauschbetrag von 1200 € wird um 1112 € überschritten.

Das zu versteuernde Einkommen von insgesamt 18 000 € unterschreitet den Grundfreibetrag von 20 694 € um 2694 €. Die erhöhten Entfernungspauschalen in Höhe von 2052 € (1140 € Ehemann und 912 € Ehefrau) liegen unterhalb des Betrags, um den das zu versteuernde Einkommen den Grundfreibetrag unterschreitet und haben in dieser Höhe zu keiner steuerlichen Entlastung geführt. Bemessungsgrundlage für die Mobilitätsprämie sind somit 2052 €. Die Mobilitätsprämie beträgt 287,28 € (= 14 % von 2052 €).

Pauschalierung der Lohnsteuer bei Aushilfskräften und Teilzeitbeschäftigten

Neues auf einen Blick:

1. Anhebung der Verdienstgrenze für geringfügig entlohnte Beschäftigungsverhältnisse ab dem 1.10.2022 auf 520 € monatlich

Ab dem 1.10.2022 steigt die Verdienstgrenze für geringfügig entlohnte Beschäftigungen von bisher 450 € monatlich auf dann 520 € monatlich. Sie wird zudem zukünftig **dynamisch** ausgestaltet, indem der Mindestlohn mit 130 multipliziert, anschließend durch drei dividiert und dann auf volle Euro aufgerundet wird (Mindestlohn 12 € x 130 : 3 = 520 €). Vgl. die Erläuterungen unter der nachfolgenden Nr. 2.

Lohnsteuerpflichtig Sozialversich.-pflichtig

In den nachfolgenden Ausführungen und Beispielen ist daher anstelle der bisherigen Verdienstgrenze von 450 € weitestgehend die neue Verdienstgrenze von 520 € eingearbeitet worden.

2. Gelegentliches Überschreiten der Geringfügigkeitsgrenze

Es wird gesetzlich geregelt, dass ab dem 1.10.2022 ein unvorhersehbares Überschreiten der Geringfügigkeitsgrenze dem Fortbestand einer geringfügigen Beschäftigung nicht entgegensteht, wenn die Geringfügigkeitsgrenze innerhalb des für den jeweiligen Entgeltabrechnungszeitraum zu bildenden Zeitjahres **in nicht mehr als zwei Kalendermonaten bis zur Höhe der Geringfügigkeitsgrenze von 520 € überschritten** wird. Vgl. nachfolgende Nr. 2 Buchstabe c.

Gliederung:

1. Allgemeines

Zum 1.4.2003 ist § 40a EStG, der die Pauschalierung der Lohnsteuer für Aushilfskräfte und Teilzeitbeschäftigte regelt, umfassend geändert worden. Kernpunkt der Änderung war eine Neufassung des § 40a Abs. 2 EStG, die sich völlig an das Sozialversicherungsrecht anlehnt. Hiernach ist für eine geringfügig entlohnte Beschäftigung im Sinne der sozialversicherungsrechtlichen Vorschriften, für die der Arbeitgeber einen **Pauschalbeitrag** zur **Rentenversicherung** in Höhe von **15 %** oder 5 % zu entrichten hat, für die Lohnsteuer eine **Pauschalierungsmöglichkeit mit 2 %** eingeführt worden.

Der früher allgemein bei Teilzeitbeschäftigten für die Lohnsteuer geltende Pauschsteuersatz von 20 % ist zwar beibehalten worden, tritt aber nur noch in seltenen Ausnahmefällen an die Stelle des 2 %igen Pauschsteuersatzes. Der Pauschsteuersatz für Aushilfskräfte in Höhe von 25 % und der besondere Pauschsteuersatz für Aushilfskräfte in der Land- und Forstwirtschaft in Höhe von 5 % sind beibehalten worden.

Zum 1.1.2013 ist die Arbeitsentgeltgrenze bei geringfügiger Beschäftigung von 400 € auf 450 € angehoben worden. Durch die Verweisung in § 40a Abs. 2 und letztlich auch in Abs. 2a EStG auf die entsprechenden Vorschriften des SGB IV gilt die Anhebung der Arbeitsentgeltgrenze von 400 € auf 450 € auch für die Pauschalierung der Lohnsteuer mit 2 % bzw. 20 %. Auch bei geringfügigen Beschäftigungsverhältnissen, die vor dem 1.1.2013 begründet worden sind und in den früheren Entgeltgrenzen („400 €") weitergeführt werden (Altfälle), ist eine Pauschalierung der Lohnsteuer mit 2 % oder 20 % weiterhin möglich.

Ab dem 1.10.2022 steigt die **Verdienstgrenze** für **geringfügig entlohnte Beschäftigungen** von bisher 450 € monatlich auf dann **520 € monatlich.** Auch diese Anhebung der Verdienstgrenze gilt durch den Verweis in § 40a Abs. 2 und Abs. 2a EStG auf die entsprechenden Vorschriften im

SGB IV auch für die Pauschalierung der Lohnsteuer mit 2 % bzw. 20 %.

Bei einer Pauschalierung der Lohnsteuer für kurzfristig beschäftigte Aushilfskräfte mit 25 % und bei einer Pauschalierung der Lohnsteuer für Aushilfskräfte in der Land- und Forstwirtschaft mit 5 % **ist die Stundenlohngrenze** und **Tageslohngrenze weiterhin zu beachten** (vgl. nachfolgend unter Nrn. 4 und 5). Seit 1.1.2020 beträgt die Stundenlohngrenze 15 € und die grundätzlich bei kurzfristiger Beschäftigung zu beachtende Tageslohngrenze 120 €. Hiernach ergibt sich folgende Übersicht:

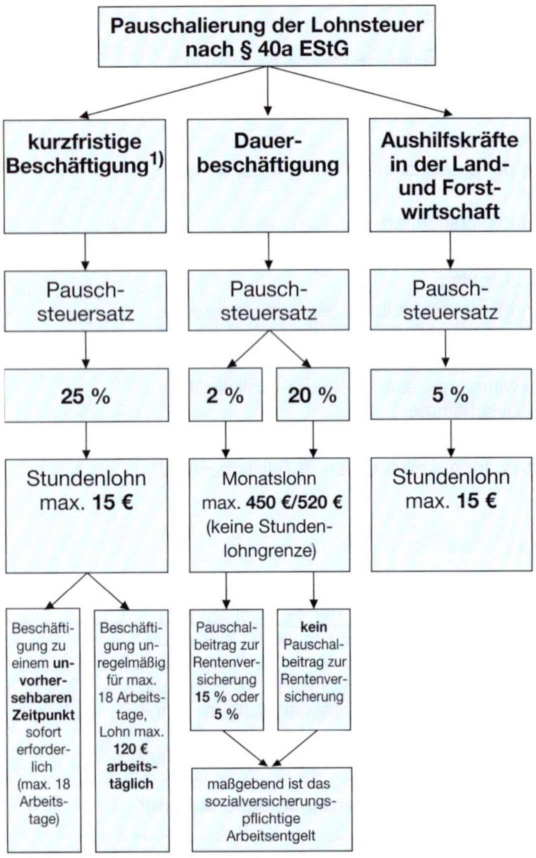

1) Zu beachten ist, dass die sozialversicherungsrechtliche (3 Monate oder 70 Arbeitstage) und die steuerrechtliche (18 zusammenhängende Arbeitstage) Definition einer kurzfristigen Beschäftigung voneinander abweichen.

Die vorstehenden Pauschalierungsmöglichkeiten nach § 40a EStG gelten grundsätzlich für **alle unbeschränkt und beschränkt steuerpflichtigen Arbeitnehmer im steuerlichen Sinne,** also z. B. auch für ausländische Studenten oder ausländische Saisonarbeiter (vgl. die Stichworte „Ausländische Studenten" unter Nr. 1, „Beschränkt steuerpflichtige Arbeitnehmer" unter Nr. 1 Buchstabe a und „Saisonbeschäftigte" unter Nr. 2). Zur Tätigkeit eines Gesellschafter-Geschäftsführers als geringfügig Beschäftigter vgl. das Stichwort „Gesellschafter-Geschäftsführer" unter Nr. 1 Buchstabe h.

Die Finanzverwaltung ist allerdings der Auffassung, dass die Möglichkeiten der **Pauschalierung** der Lohnsteuer für **ausländische Arbeitgeber** – auch unter Berücksichtigung europarechtlicher Vorgaben – **nicht zugelassen** werden müssen. Um die Pauschalierungsmöglichkeiten in Anspruch nehmen zu können, muss der Arbeitgeber am Lohnsteuerabzugsverfahren teilnehmen, was bei einem ausländischen Arbeitgeber – mit Ausnahme des ausländischen Verleihers – nicht der Fall ist. Bei der Pauschalierung der Lohnsteuer bei Aushilfskräften und Teilzeitbeschäftigten wird der Ausschluss der ausländischen Arbeitgeber von den Pauschalierungsmöglichkeiten u.E. aber kaum eine Rolle spielen, weil der Arbeitgeber regelmäßig in **Deutschland** zumindest eine **Betriebsstätte** haben wird und es sich damit um einen **inländischen Arbeitgeber** handelt (vgl. § 38 Abs. 1 Satz 1 Nr. 1 EStG), dem sämtliche Pauschalierungsmöglichkeiten offenstehen. Im **Sozialversicherungsrecht** kann ein ausländischer Arbeitgeber, der im Inland Arbeitnehmer beschäftigt, die Arbeitgeberpflichten auf den Beschäftigten oder auf einem im Inland ansässigen Dritten übertragen. Wegen der Anknüpfung an die sozialversicherungsrechtliche Behandlung ist daher eine Pauschalierung der Lohnsteuer für 520-Euro-Jobs mit 2 % (vgl. nachfolgende Nr. 2) ohnehin möglich.

2. Pauschalierung der Lohnsteuer für geringfügig entlohnte Beschäftigungen mit 2 %

a) Pauschaler Arbeitgeberbeitrag zur Rentenversicherung von 15 % oder 5 % als Grundvoraussetzung für die 2 %ige Steuerpauschalierung

Nach § 40a Abs. 2 EStG kann der Arbeitgeber den Arbeitslohn für einen 520-Euro-Job unter Verzicht auf den Abruf der individuellen Lohnsteuerabzugsmerkmale des Arbeitnehmers auch ab 1.10.2022 pauschal mit **2 %** besteuern, wenn der Arbeitgeber für diese geringfügig entlohnte Beschäftigung einen **Pauschalbeitrag zur gesetzlichen Rentenversicherung** in Höhe von **15 %** für „normale" 520-Euro-Jobs oder in Höhe von **5 %** für 520-Euro-Jobs in einem Privathaushalt bezahlt. Diese 2 %ige Pauschalsteuer ist eine Abgeltungsteuer und gilt auch den Solidaritätszuschlag und die Kirchensteuer mit ab; sie ermäßigt sich nicht, wenn der Arbeitnehmer keiner kirchensteuerberechtigten Religionsgemeinschaft angehört oder beschränkt steuerpflichtig ist. Der pauschal besteuerte Arbeitslohn und die 2 %ige Pauschalsteuer bleiben bei der Veranlagung des Arbeitnehmers zur Einkommensteuer außer Ansatz (§ 40 Abs. 3 Sätze 3 und 4 EStG). Zwingende Voraussetzung für die Pauschalierung der Lohnsteuer mit 2 % ist also die Zahlung eines pauschalen Beitrags zur Rentenversicherung durch den Arbeitgeber in Höhe von 15 % oder 5 % für ein geringfügig entlohntes Beschäftigungsverhältnis. Diese beiden Voraussetzungen sind ausschließlich nach sozialversicherungsrechtlichen Vorschriften wie folgt zu beurteilen:

- Es muss Arbeitsentgelt aus einer geringfügig entlohnten Beschäftigung im Sinne des § 8 Abs. 1 **Nr. 1** oder § 8a SGB IV vorliegen (Arbeitsentgelt maximal 520 € monatlich).
- Der Arbeitgeber muss einen Pauschalbeitrag zur Rentenversicherung entrichten, und zwar nach einer der folgenden Vorschriften:
  = § 172 Abs. 3 SGB VI (15 % Pauschalbeitrag für rentenversicherungsfreie oder von der Rentenversicherungspflicht befreite „normale" 520-Euro-Jobs);
  = § 172 Abs. 3a SGB VI (5 % Pauschalbeitrag für rentenversicherungsfreie oder von der Rentenversicherungspflicht befreite 520-Euro-Jobs in Privathaushalten);
  = § 168 Abs. 1 Nr. 1b SGB VI (15 % Pauschalbeitrag bei Beibehaltung der Rentenversicherungspflicht);
  = § 168 Abs. 1 Nr. 1c SGB VI (5 % Pauschalbeitrag bei Beibehaltung der Rentenversicherungspflicht in Privathaushalten).

Die sozialversicherungsrechtlichen Voraussetzungen für die Zahlung eines pauschalen Rentenversicherungsbeitrags von 15 % für „normale" 520-Euro-Jobs sind beim Stichwort „Geringfügige Beschäftigung" unter den Nrn. 7 und 8 ausführlich erläutert. Der 5 %ige Pauschalbeitrag zur Rentenversicherung für 520-Euro-Jobs in Privathaushalten ist beim Stichwort „Hausgehilfin" unter den Nrn. 3 und 4 abgehandelt.

Beispiel A

Eine Arbeitnehmerin arbeitet ab 1.10.2022 unter Verzicht auf die Rentenversicherungspflicht als Putzfrau in einer Gaststätte gegen ein monatliches Arbeitsentgelt von 520 €, sie ist über ihren Ehemann in der gesetzlichen Krankenversicherung familienversichert.

Der Arbeitgeber muss einen Pauschalbeitrag zur Kranken- und Rentenversicherung in Höhe von (15 % + 13 % =) 28 % bezahlen. Da der Arbeitgeber für den 520-Euro-Job einen Pauschalbeitrag zur Rentenversicherung von 15 % entrichtet, kann die Lohnsteuer mit 2 % pauschaliert werden. Mit der 2 %igen Pauschalsteuer ist auch der Solidaritätszuschlag und die Kirchensteuer abgegolten.

Ist die Arbeitnehmerin bei einem Arbeitgeber mit maximal 30 Arbeitnehmern beschäftigt, fallen außerdem Beiträge zur Lohnfortzahlungsversicherung U 1 und U 2 an.[1] Für die Arbeitnehmerin ergibt sich folgende Lohnabrechnung:

Monatslohn		520,– €
Lohnsteuer	0,– €	
Solidaritätszuschlag	0,– €	
Kirchensteuer	0,– €	
Sozialversicherung	0,– €	0,– €
Nettolohn		520,– €

Der Arbeitgeber muss folgende Pauschalabgaben an die Minijobzentrale abführen:

Lohnsteuer (einschließlich Solidaritätszuschlag und Kirchensteuer)	2,0 %	10,40 €
Krankenversicherung pauschal	13,0 %	67,60 €
Rentenversicherung pauschal	15,0 %	78,– €
Umlage U 1	0,9 %	4,68 €
Umlage U 2	0,29 %	1,51 €
Insolvenzgeldumlage	0,09 %	0,47 €
insgesamt		162,66 €

Da die Anwendung der 2 %igen Pauschalsteuer von der Zahlung des pauschalen Beitrags zur Rentenversicherung in Höhe von 15 % oder 5 % abhängt, muss der Arbeitgeber streng zwischen sozialversicherungspflichtigen Beschäftigungsverhältnissen mit einem hälftigen Arbeitgeberanteil zur Rentenversicherung von **9,3 %** einerseits und Arbeitsverhältnissen mit einem besonderen pauschalen Arbeitgeberanteil von **15 %** bzw. **5 %** andererseits unterscheiden, weil durch die Anwendung des „echten" Arbeitgeberanteils von 9,3 % anstelle des pauschalen Arbeitgeberanteils von 15 % oder 5 % die Pauschalierungsvorschrift des § 40a Abs. 2 EStG ihre Wirkung verliert. Diese Wechselwirkung ist dann von besonderer Bedeutung, wenn der Arbeitnehmer ein zweites 520-Euro-Arbeitsverhältnis aufnimmt und durch die sozialversicherungsrechtlich gebotene Zusammenrechnung der Beschäftigungsverhältnisse die Summe der Arbeitslöhne insgesamt sozialversicherungspflichtig wird. Denn durch die Zusammenrechnung der Arbeitslöhne und dem hieraus folgenden Überschreiten der monatlichen 520-Euro-Grenze entfällt auch die pauschale Lohnsteuer von 2 %. Den Arbeitgebern müssen dann die individuellen Lohnsteuerabzugsmerkmale für die einzelnen geringfügigen Beschäftigungsverhältnisse bekannt sein (zum Abruf der elektronischen Lohnsteuerabzugsmerkmale – ELStAM – vgl. dieses Stichwort). Der Arbeitgeber kann aber auch die Lohnsteuer pauschalieren, wobei in diesen Ausnahmefällen der Pauschsteuersatz für jedes geringfügige Beschäftigungsverhältnis 20 % beträgt (vgl. die Erläuterungen unter der nachfolgenden Nr. 3).

Außerdem ist eine Pauschalierung der Lohnsteuer mit 2 % auch in den Fällen nicht möglich, in denen der Arbeitgeber überhaupt keinen Beitrag zur Rentenversicherung zahlen muss, z. B. weil es sich um eine sozialversicherungsfreie kurzfristige Beschäftigung handelt.

Beispiel B

Eine Hausfrau arbeitet zeitlich befristet als Aushilfsverkäuferin vom 16. Oktober bis Ende November 2022 für einen Monatslohn von 520 €. Für die Arbeitnehmerin sind weder normale noch pauschale Beiträge zur Rentenversicherung zu entrichten, da die Beschäftigung wegen Kurzfristigkeit versicherungsfrei ist (vgl. das Stichwort „Geringfügige Beschäftigung" unter Nr. 16).

Da der Arbeitgeber für die Arbeitnehmerin keinen pauschalen Beitrag zur Rentenversicherung entrichtet, ist eine Pauschalierung der Lohnsteuer mit 2 % nicht möglich. Auch eine Pauschalierung der Lohnsteuer mit 20 % (vgl. nachfolgend unter Nr. 3) kommt nicht in Betracht, weil es sich nicht um ein geringfügig entlohntes Beschäftigungsverhältnis im Sinne des § 8 Abs. 1 **Nr. 1** SGB IV sondern um ein zeitlich geringfügiges, sog. kurzfristiges Beschäftigungsverhältnis im Sinne des § 8 Abs. 1 **Nr. 2** SGB IV handelt. Des Weiteren kommt auch eine Pauschalierung der Lohnsteuer mit 25 % für Aushilfsbeschäftigungen nicht in Betracht, weil die hierfür geltende steuerliche Zeitgrenze von 18 Tagen überschritten ist (vgl. nachfolgend unter Nr. 4)[2]. Der Arbeitslohn muss deshalb nach den individuellen Lohnsteuerabzugsmerkmalen der Arbeitnehmerin – ggf. mit der Steuerklasse VI – versteuert werden. Zum Abruf der elektronischen Lohnsteuerabzugsmerkmale – ELStAM – vgl. dieses Stichwort.

Die Anbindung der 2 %igen Pauschalsteuer an den pauschalen Arbeitgeberbeitrag zur Rentenversicherung in Höhe von 15 % oder 5 % ist auch in den Fällen von Bedeutung, in denen zwar steuerpflichtiger Arbeitslohn, aber kein Arbeitsentgelt aus einer aktiven Beschäftigung vorhanden ist.

Beispiel C

Eine Arbeitnehmerin erhält eine Werkspension (Betriebsrente) von ihrem früheren Arbeitgeber in Höhe von 200 € monatlich. Da der Arbeitgeber für die Betriebsrente in Höhe von 200 € keinen pauschalen 15 %igen Beitrag zur Rentenversicherung zu entrichten hat, ist eine Pauschalierung der Lohnsteuer mit 2 % nicht möglich. Auch eine Pauschalierung der Lohnsteuer mit 20 % (vgl. nachfolgend unter Nr. 3) kommt nicht in Betracht, weil es sich nicht um ein geringfügig entlohntes Beschäftigungsverhältnis im Sinne des § 8 Abs. 1 **Nr. 1** SGB IV handelt. Des Weiteren kommt auch eine Pauschalierung der Lohnsteuer mit 25 % für Aushilfsbeschäftigungen nicht in Betracht, weil die hierfür geltende steuerliche Zeitgrenze von 18 Tagen überschritten ist (vgl. nachfolgend unter Nr. 4). Außerdem handelt es sich beim Bezug einer Betriebsrente nicht um eine „Aushilfsbeschäftigung". Der Arbeitslohn muss deshalb nach den individuellen Lohnsteuerabzugsmerkmalen der Arbeitnehmerin – ggf. mit der Steuerklasse VI – versteuert werden. Zum Abruf der elektronischen Lohnsteuerabzugsmerkmale – ELStAM – vgl. dieses Stichwort.

Die Pauschalierung der Lohnsteuer mit 2 % nach § 40a Abs. 2 EStG knüpft voll an die sozialversicherungrechtliche Behandlung an. Dies gilt auch für die Bemessungsgrundlage, das heißt Bemessungsgrundlage für die 2 %ige Pauschalsteuer ist das **sozialversicherungspflichtige Arbeitsentgelt.** Dies kann dazu führen, dass die 2 %ige Pauschalsteuer auch für das vertraglich geschuldete, tatsächlich aber nicht gezahlte Arbeitsentgelt zu zahlen ist, wenn sozialversicherungsrechtlich das **Anspruchsprinzip** und nicht das Zuflussprinzip zur Anwendung kommt (vgl. hierzu die Erläuterungen beim Stichwort „Zufluss von Arbeitslohn" unter Nr. 2). In R 40a.2 Satz 3 LStR wurde dies ausdrücklich klargestellt, denn dort heißt es wörtlich: „Bemessungsgrundlage für die einheitliche Pauschalsteuer (§ 40a Abs. 2 EStG) ... ist das sozialversicherungsrechtliche Arbeitsentgelt."

b) 2 %ige Pauschalsteuer bei mehreren Arbeitsverhältnissen

Eine geringfügig entlohnte Beschäftigung im Sinne des § 8 Abs. 1 Nr. 1 SGB IV liegt bei mehreren nebeneinander ausgeübten Minijobs solange vor, solange die zusammengerechneten Arbeitsentgelte aus allen Beschäftigungsverhältnissen insgesamt 520 € im Monat nicht übersteigen. Jeder Arbeitgeber hat in diesem Fall Pauschalbeiträge zur Rentenversicherung und ggf. auch zur Krankenversicherung sowie die 2 %ige Pauschalsteuer zu zahlen.

1) Die Lohnfortzahlungsversicherung ist ausführlich in Teil B „Grundsätzliches zur Sozialversicherung" unter Nr. 10 und beim Stichwort „Geringfügige Beschäftigung" unter Nr. 21 erläutert.

2) An diesem Beispiel wird deutlich, dass die sozialversicherungsrechtliche (3 Monate oder 70 Arbeitstage) und die steuerrechtliche (18 zusammenhängende Arbeitstage) Definition einer kurzfristigen Beschäftigung voneinander abweichen.

Lohn-steuer-pflichtig Sozial-versich.-pflichtig

Beispiel A

Eine privat krankenversicherte Raumpflegerin arbeitet beim Arbeitgeber A gegen ein monatliches Arbeitsentgelt von 170 € und beim Arbeitgeber B gegen ein monatliches Arbeitsentgelt von 150 €.

Beide Arbeitgeber haben Pauschalbeiträge zur Rentenversicherung sowie die 2 %ige Pauschalsteuer zu zahlen, weil das zusammengerechnete Arbeitsentgelt (= 320 €) aus diesen Beschäftigungen die Geringfügigkeitsgrenze nicht übersteigt.

Übersteigen die zusammengerechneten Arbeitsentgelte aus mehreren nebeneinander ausgeübten Minijobs die monatliche Entgeltgrenze von 520 €, tritt für jeden Arbeitgeber volle Sozialversicherungspflicht in allen vier Zweigen der Sozialversicherung ein. Damit entfällt automatisch die Möglichkeit der 2 %igen Lohnsteuerpauschalierung. Vgl. hierzu das Beispiel unter der nachfolgenden Nr. 3 Buchstabe f.

Sofern **neben einer versicherungspflichtigen Hauptbeschäftigung** nur ein einzelner Minijob (Monatslohn bis 520 €) ausgeübt wird, findet eine Zusammenrechnung nicht statt, sodass der Arbeitgeber die Pauschalbeiträge zur Kranken- und Rentenversicherung sowie die 2 %ige Pauschalsteuer zu entrichten hat.

Beispiel B

Eine alleinstehende Arbeitnehmerin bezieht aus ihrem ersten Arbeitsverhältnis 2500 € monatlich und hat ab 1.10.2022 unter Verzicht auf die Rentenversicherungspflicht nebenher einen 520-Euro-Job. Die beiden Arbeitsverhältnisse werden für die Berechnung der Sozialversicherungsbeiträge nicht zusammengerechnet. Für den 520-Euro-Job ergibt sich folgende Lohnabrechnung:

Monatslohn		520,– €
Lohnsteuer	0,– €	
Solidaritätszuschlag	0,– €	
Kirchensteuer	0,– €	
Sozialversicherung	0,– €	0,– €
Nettolohn		520,– €

Der Arbeitgeber muss folgende Pauschalabgaben an die Minijobzentrale abführen:

Lohnsteuer (einschließlich Solidaritätszuschlag und Kirchensteuer)	2 %	10,40 €
Krankenversicherung pauschal	13 %	67,60 €
Rentenversicherung pauschal	15 %	78,– €
Umlage U 1	0,9 %	4,68 €
Umlage U 2	0,29 %	1,51 €
Insolvenzgeldumlage	0,09 %	0,47 €
insgesamt		162,66 €

Werden neben einer Hauptbeschäftigung **mehrere** geringfügig entlohnte Beschäftigungen ausgeübt, dann scheidet für **eine** geringfügig entlohnte Beschäftigung die Zusammenrechnung mit der Hauptbeschäftigung aus. Ausgenommen von der Zusammenrechnung wird dabei diejenige geringfügig entlohnte Beschäftigung, die **zeitlich zuerst aufgenommen** worden ist, sodass diese Beschäftigung versicherungsfrei bleibt. Die **weiteren** geringfügig entlohnten Beschäftigungen sind mit der versicherungspflichtigen Hauptbeschäftigung zusammenzurechnen, sodass für diese Minijobs die Zahlung pauschaler Arbeitgeberbeiträge zur Kranken- und Rentenversicherung sowie die 2 %ige Pauschalsteuer entfällt. Eine Pauschalierung der Lohnsteuer mit 20 % ist jedoch möglich (vgl. nachfolgend unter Nr. 3).

Beispiel C

Ein Arbeitnehmer übt beim Arbeitgeber A eine sozialversicherungspflichtige Hauptbeschäftigung aus. Ab 1. Mai 2023 nimmt der Arbeitnehmer eine weitere Tätigkeit beim Arbeitgeber B gegen ein monatliches Arbeitsentgelt von 300 € auf. Ab 1. August 2023 nimmt der Arbeitnehmer eine dritte Tätigkeit beim Arbeitgeber C gegen ein monatliches Arbeitsentgelt von 200 € auf.

Die erste Nebenbeschäftigung beim Arbeitgeber B ist eine geringfügig entlohnte Beschäftigung, weil die Geringfügigkeitsgrenze von 520 € nicht überschritten ist. Da diese zeitlich zuerst als eine geringfügige Beschäftigung aufgenommen wurde, wird sie nicht mit der Hauptbeschäftigung zusammengerechnet. Der Arbeitgeber B zahlt den Pauschalbeitrag zur Kranken- und Rentenversicherung sowie die 2 %ige Pauschsteuer – insgesamt also 30 % von 300 € = 90 €.

Der zweite Minijob beim Arbeitgeber C muss mit der sozialversicherungspflichtigen Hauptbeschäftigung zusammengerechnet werden. Damit entfällt für diesen Minijob die Zahlung pauschaler Arbeitgeberbeiträge zur Kranken- und Rentenversicherung sowie die 2 %ige Pauschalsteuer. Arbeitgeber und Arbeitnehmer müssen vielmehr für den zweiten Minijob jeweils den normalen, hälftigen Sozialversicherungsbeitrag zur Kranken-, Pflege- und Rentenversicherung zahlen. In der Arbeitslosenversicherung ist auch der zweite Minijob versicherungsfrei, weil in diesem Versicherungszweig geringfügig entlohnte Beschäftigungen (Monatslohn bis 520 €) nicht mit versicherungspflichtigen Hauptbeschäftigungen zusammengerechnet werden, und zwar ohne Rücksicht darauf, wie viele Minijobs neben der Hauptbeschäftigung ausgeübt werden (§ 27 Abs. 2 Satz 1 SGB III).

Da für den Minijob beim Arbeitgeber C kein pauschaler Beitrag zur Rentenversicherung gezahlt wird, entfällt automatisch die Möglichkeit der 2 %igen Lohnsteuerpauschalierung. Eine Pauschalierung der Lohnsteuer mit 20 % ist jedoch möglich (vgl. nachfolgende Nr. 3).

Sowohl lohnsteuerlich als auch sozialversicherungsrechtlich ist jedoch zu beachten, dass ein Arbeitnehmer **nicht gleichzeitig für denselben** Arbeitgeber in **zwei Arbeitsverhältnissen** tätig sein kann (z. B. Haupttätigkeit und Minijob beim selben Arbeitgeber). Das gilt auch dann, wenn es sich um unterschiedliche Tätigkeiten handelt.

Beispiel D

Der Arbeitgeber A (Einzelunternehmer) beschäftigt in seinem Betrieb den Arbeitnehmer B als Schlosser. An den Wochenenden pflegt B den Privatbesitz des A (z. B. Rasenschneiden, kleinere Hausreparaturen, Kfz-Pflege). A entlohnt B für diese Tätigkeiten privat. Der Umfang der Wochenendtätigkeit und die Höhe des Lohnes liegen im Rahmen der Pauschalierungsvorschriften des § 40a EStG.

Übt ein Arbeitnehmer bei demselben Arbeitgeber gleichzeitig mehrere Beschäftigungen aus, ist ohne Rücksicht auf die arbeitsvertragliche Gestaltung lohnsteuerlich und sozialversicherungsrechtlich von einem einheitlichen Beschäftigungsverhältnis auszugehen. Dies gilt auch für Beschäftigungen, die während einer Freistellungsphase im Rahmen der Altersteilzeit bei demselben Arbeitgeber ausgeübt werden. Eine Pauschalbesteuerung nach § 40a EStG ist daher nicht zulässig. Der Wochenendlohn und der laufende Arbeitslohn als Schlosser sind daher zusammenzurechnen und nach den individuellen Lohnsteuerabzugsmerkmalen des B zu versteuern.

Beispiel E

Eine Beteiligungs-GmbH beschäftigt eine fest angestellte Arbeitnehmerin, die gleichzeitig eine Nebentätigkeit bei einer GmbH & Co KG ausübt, an der die GmbH als Komplementärin beteiligt ist.

Eine Pauschalierung nach § 40a EStG für die bei der GmbH & Co KG ausgeübte Nebentätigkeit ist hier möglich. Bei rechtlich selbstständigen, wenn auch verbundenen und von einem einheitlich beherrschten Willen geprägten Unternehmen (z. B. Konzerngesellschaften, Mutter- und Tochtergesellschaft, Personenidentität der Gesellschafter), handelt es sich grundsätzlich um verschiedene Arbeitgeber mit der Folge einer gesonderten Betrachtung der einzelnen Arbeitsverhältnisse.

Möglich ist es auch, vom bisherigen Arbeitgeber eine Betriebsrente zu beziehen (Versorgungsempfänger) und daneben für diesen Arbeitgeber noch einen Minijob auszuüben.

c) Gelegentliches Überschreiten der Geringfügigkeitsgrenze

Für die Pauschalierung der Lohnsteuer mit 2 % gilt der sozialversicherungsrechtliche Arbeitsentgeltbegriff (R 40a.2 Sätze 3 und 4 LStR).

Ein gelegentliches und **nicht vorhersehbares** Überschreiten der Geringfügigkeitsgrenze führt deshalb noch nicht zur Sozialversicherungspflicht (vgl. die Erläuterungen beim Stichwort „Geringfügige Beschäftigung" unter Nr. 3 Buchstabe d). Dementsprechend bleibt in diesen Fällen auch die Pauschalierungsmöglichkeit mit 2 % erhalten. Es wurde gesetzlich geregelt, dass ab dem 1.10.2022 ein unvorhersehbares Überschreiten der Geringfügigkeitsgrenze dem Fortbestand einer geringfügigen Beschäftigung nicht entgegensteht, wenn die Geringfügigkeitsgrenze innerhalb des für den jeweiligen Entgeltabrechnungszeitraum zu bildenden Zeitjahres **in nicht mehr als zwei Kalendermonaten bis zur Höhe der Geringfügigkeitsgrenze von 520 € überschritten** wird. Hierdurch soll aus-

Lohn-steuer-pflichtig Sozial-versich.-pflichtig

nahmsweise eine begrenzte Mehrarbeit aus unvorhersehbarem Anlass sowie die Zahlung von Einmalbeträgen, die dem Grunde und der Höhe nach vom Geschäftsergebnis oder einer individuellen Arbeitsleistung des Vorjahres abhängen, ermöglicht werden.

Beispiel

Ein Arbeitnehmer übt seit 1.1.2023 eine geringfügige Dauerbeschäftigung aus und erhält hierfür 520 € monatlich. Im August 2023 fallen wider Erwarten Überstunden durch eine Krankheitsvertretung an. Dadurch erhöht sich der Monatslohn auf 1000 €. Gleichwohl liegt auch im August 2023 eine geringfügige Beschäftigung vor, für die der Arbeitgeber den pauschalen 15 %igen Arbeitgeberanteil zur Rentenversicherung und ggf. auch einen 13 %igen pauschalen Arbeitgeberanteil zur Krankenversicherung zu entrichten hat. Damit liegen auch im August 2023 die Voraussetzungen für eine Pauschalierung der Lohnsteuer vor, sodass der Monatslohn in Höhe von 1000 € pauschal mit 2 % besteuert werden kann.

d) Vorausschauende Ermittlung des „regelmäßigen" sozialversicherungspflichtigen Arbeitsentgelts und Auswirkung von einmaligen Zuwendungen auf die Geringfügigkeitsgrenze

Für die Pauschalierung der Lohnsteuer mit 2 % gilt der sozialversicherungsrechtliche Arbeitsentgeltbegriff (R 40a.2 Sätze 3 und 4 LStR). Eine geringfügig entlohnte Beschäftigung liegt nach § 8 Abs. 1 Nr. 1 SGB IV ab 1.10.2022 vor, wenn das Arbeitsentgelt regelmäßig im Monat 520 € nicht überschreitet. Die wöchentliche Arbeitszeit und die Anzahl der monatlichen Arbeitseinsätze sind dabei grundsätzlich unerheblich, sie sind aber – unter Beachtung des Mindestlohns – für die Höhe des Anspruchs auf Arbeitsentgelt von Bedeutung. Beginnt oder endet eine regelmäßige Beschäftigung im Laufe eines Kalendermonats, gilt für diesen Kalendermonat ebenfalls die Arbeitsentgeltgrenze von 520 €. Ebenso, wenn die Beschäftigung auf weniger als einen Zeitmonat befristet ist.

Bei der Prüfung der Frage, ob das Arbeitsentgelt 520 € monatlich übersteigt, ist vom **regelmäßigen** Arbeitsentgelt auszugehen. Das regelmäßige Arbeitsentgelt ermittelt sich nach der Anzahl der Monate, für die die Beschäftigung besteht, wobei maximal ein Jahreszeitraum (zwölf Monate) zugrunde zu legen ist. Dabei darf das regelmäßige monatliche Arbeitsentgelt im Durchschnitt einer Jahresbetrachtung 520 € nicht übersteigen (maximal 6240 € pro Jahr bei durchgehender mindestens zwölf Monate dauernder Beschäftigung gegen Arbeitsentgelt in jedem Monat). Steht bereits zu Beginn der Beschäftigung fest, dass die Beschäftigung nicht durchgehend für mindestens zwölf Monate gegen Arbeitsentgelt besteht, ist die zulässige Arbeitsentgeltgrenze für den Gesamtzeitraum entsprechend zu reduzieren.

Bei laufendem Arbeitsentgelt ist auf das Arbeitsentgelt abzustellen, auf das der Arbeitnehmer einen Rechtsanspruch hat (z. B. aufgrund eines Tarifvertrags, einer Betriebsvereinbarung oder einer Einzelabsprache); auch der gesetzliche Mindestlohn ist ggf. zu beachten, er beträgt ab dem 1.10.2022 12 € pro Stunde. Denn bei **laufendem** Arbeitsentgelt kommt es auf die Höhe des tatsächlich gezahlten Arbeitsentgelts nicht an (vgl. die Erläuterungen beim Stichwort „Geringfügige Beschäftigung" unter Nr. 3 Buchstabe a). Ein **arbeitsrechtlich zulässiger** Verzicht auf **künftig** entstehende Arbeitsentgeltansprüche mindert allerdings das zu berücksichtigende laufende Arbeitsentgelt (vgl. die Erläuterungen beim Stichwort „Zufluss von Arbeitslohn" unter Nr. 2 Buchstabe h).

Die Ermittlung des regelmäßigen Arbeitsentgelts ist **vorausschauend**

- bei Beginn der Beschäftigung und
- erneut bei jeder dauerhaften Veränderung in den Verhältnissen

vorzunehmen.

Lohn-steuer-pflichtig Sozial-versich.-pflichtig

Stellen Arbeitgeber aus abrechnungstechnischen Gründen stets zu Beginn eines jeden Kalenderjahres eine erneute vorausschauende Betrachtung zur Ermittlung des regelmäßigen Arbeitsentgelts an, bestehen hiergegen keine Bedenken. Eine erstmalige vorausschauende Betrachtung für eine im Laufe eines Kalenderjahres aufgenommene Beschäftigung kann demnach zu Beginn des nächsten Kalenderjahres durch eine neue jährliche Betrachtung für dieses Kalenderjahr ersetzt werden.

Sofern eine Beschäftigung mit einem Arbeitsentgelt von mehr als 520 € im Monat durch die vertragliche Reduzierung der Arbeitszeit auf eine Beschäftigung mit einem Arbeitsentgelt bis zu 520 € im Monat umgestellt wird, ist der Beschäftigungsabschnitt ab dem Zeitpunkt der Arbeitszeitreduzierung bzw. für den Zeitraum der Arbeitszeitreduzierung getrennt zu beurteilen. Dies gilt auch bei einer Reduzierung der Arbeitszeit z. B. wegen einer Pflege- oder Elternzeit.

Für die sozialversicherungsrechtliche Beurteilung der 520-Euro-Grenze sind **einmalige Zuwendungen** bei der Ermittlung des regelmäßigen Arbeitsentgelts zu berücksichtigen, wenn die Gewährung der einmaligen Zuwendung mindestens einmal jährlich mit hinreichender Sicherheit zu erwarten ist (z. B. aufgrund eines für allgemeinverbindlich erklärten Tarifvertrags oder aufgrund Gewohnheitsrechts wegen betrieblicher Übung). Deshalb bleiben z. B. Jubiläumszuwendungen bei der Ermittlung des regelmäßigen Arbeitsentgelts außer Betracht, weil es sich um nicht jährlich wiederkehrende Zuwendungen handelt. Der Arbeitgeber muss also insbesondere bei der Zahlung von Urlaubs- und Weihnachtsgeld bereits im Laufe des Kalenderjahres **vorausblickend** darauf achten, dass die 520-Euro-Grenze nicht überschritten wird.

Beispiel

Eine Arbeitnehmerin arbeitet seit 1. Januar 2023 für ein monatliches Arbeitsentgelt von 495 €. Außerdem erhält sie im August ein Urlaubsgeld in Höhe von 120 € und im Dezember ein Weihnachtsgeld in Höhe von 180 €. Beide Zahlungen sind vertraglich zugesichert. Für die sozialversicherungsrechtliche Beurteilung maßgebendes Arbeitsentgelt:

laufendes Arbeitsentgelt 495 € × 12	=	5 940,– €
vertraglich zugesichertes Urlaubs- und Weihnachtsgeld (120 € + 180 € = 300 €)	=	300,– €
insgesamt	=	6 240,– €
ein Zwölftel	=	520,– €

Die 520-Euro-Grenze wird nicht überschritten. Es handelt sich deshalb um eine geringfügige Beschäftigung, für die der Arbeitgeber den Arbeitgeberanteil zur Rentenversicherung in Höhe von 15 % entrichten muss (und ggf. auch 13 % Pauschalbeitrag zur Krankenversicherung). Da der Arbeitgeber für den gezahlten Arbeitslohn den pauschalen 15 %igen Arbeitgeberanteil zur Rentenversicherung entrichtet, kann er den Arbeitslohn pauschal mit 2 % besteuern. Der Arbeitslohn für August beträgt (495 € + 120 € =) 615 € und für Dezember (495 € + 180 € =) 675 €. Sowohl für 615 € als auch für 675 € hat der Arbeitgeber die Pauschalabgabe von 30 % zu zahlen.

Hat der Arbeitnehmer auf die Zahlung einer **einmaligen Zuwendung** im Voraus verzichtet, dann ist die einmalige Einnahme – **ungeachtet der arbeitsrechtlichen Zulässigkeit eines solchen Verzichts** – vom Zeitpunkt des Verzichts an bei der Ermittlung des regelmäßigen Arbeitsentgelts nicht mehr zu berücksichtigen (vgl. die Erläuterungen beim Stichwort „Zufluss von Arbeitslohn" unter Nr. 2 Buchstabe a). Im Übrigen sind einmalige Einnahmen bei der Ermittlung des Arbeitsentgelts nur insoweit zu berücksichtigen, als sie aus der zu beurteilenden Beschäftigung resultieren. Soweit einmalige Einnahmen aus ruhenden Beschäftigungsverhältnissen (z. B. bei Elternzeit) gezahlt werden, bleiben sie außer Betracht.

Sozialversicherungsrechtlich sind relevante **flexible Arbeitszeitregelungen** auch für geringfügig Beschäftigte möglich. Wie in diesen Fällen vorausschauend das regelmäßige Arbeitsentgelt zu ermitteln ist, ist beim Stichwort „Geringfügige Beschäftigung" unter Nr. 3 Buchstabe e erläutert.

Lohnsteuerpflichtig | Sozialversich.-pflichtig

e) Auswirkungen von steuer- und sozialversicherungsfreiem Arbeitslohn auf die Geringfügigkeitsgrenze

Wie vorstehend unter den Buchstaben c und d erläutert, gilt für die Prüfung der 520-Euro-Grenze der sozialversicherungsrechtliche Arbeitsentgeltbegriff. Das bedeutet, dass bei der Prüfung der 520-Euro-Grenze steuerfreier Arbeitslohn außer Betracht bleibt, **wenn die Steuerfreiheit auch Beitragsfreiheit in der Sozialversicherung auslöst.** Bei der Prüfung der 520-Euro-Grenze bleiben somit z. B. außer Betracht:

- **steuer- und beitragsfreier** Arbeitslohn (z. B. Fahrtkostenzuschüsse für öffentliche Verkehrsmittel, Kindergartenzuschüsse, Rabattfreibetrag in Höhe von 1080 € jährlich, Sachbezüge bis zu 50 € monatlich, Zuschläge für Sonntags-, Feiertags- und Nachtarbeit; vgl. das nachfolgende Beispiel);
- steuerfreie Beiträge zu Direktversicherungen, Pensionskassen und Pensionsfonds nach § 3 Nr. 63 Satz 1 und 2 EStG bis zu 4 % der Beitragsbemessungsgrenze in der gesetzlichen Rentenversicherung (2022 = 3384 €);[1)]
- die **steuer- und beitragsfreie Übungsleiterpauschale** in Höhe von 250 € monatlich **(3000 € jährlich),** vgl. die ausführlichen Erläuterungen beim Stichwort „Nebentätigkeit für gemeinnützige Organisationen";
- steuer- und beitragsfreie Einnahmen aus ehrenamtlicher Tätigkeit (sog. **Ehrenamtspauschale**) in Höhe von 840 € jährlich (§ 3 Nr. 26a EStG, vgl. die Erläuterungen beim Stichwort „Nebentätigkeit für gemeinnützige Organisationen" unter Nr. 10);
- die steuer- und beitragsfreie Gestellung von Fahrrädern und Pedelecs (vgl. das Stichwort "Elektro-Bike" unter Nr. 1);
- steuer- und beitragsfreie Aufwendungen des Arbeitgebers für die **Gesundheitsförderung** seiner Arbeitnehmer in Höhe von 600 € jährlich (vgl. das Stichwort „Gesundheitsförderung");
- steuer- und beitragsfreie **Fürsorgeleistungen** des Arbeitgebers (vgl. das Stichwort „Fürsorgeleistungen").

Beispiel

Die seit 1.1.2023 in einer Gaststätte beschäftigte Küchenhilfe arbeitet überwiegend an Sonn- und Feiertagen. Sie erhält einen Stundenlohn von 12 €. Hierzu wird ein Zuschlag bei Sonntagsarbeit von 50 %, bei Feiertagsarbeit von 100 % und ein Zuschlag bei Nachtarbeit (20 Uhr bis 6 Uhr) von 25 % gezahlt. Für Mai 2023 rechnet sie folgende Stunden ab:

- 6 Stunden Arbeit an normalen Wochenarbeitstagen
- 20 Stunden Sonntagsarbeit, davon 16 nach 20 Uhr;
- 10 Stunden Feiertagsarbeit, davon 8 nach 20 Uhr.

Es ergibt sich folgende Lohnabrechnung:

– 6 Stunden zu 12 €	=	72,– €
– 4 Stunden Sonntagsarbeit zu 18 € (12 € + 50%)	=	72,– €
– 16 Stunden Sonntagsarbeit mit Nachtarbeitszuschlag zu 21 € (12 € + 75%)	=	336,– €
– 2 Stunden Feiertagsarbeit zu 24 € (12 € + 100%)	=	48,– €
– 8 Stunden Feiertagsarbeit mit Nachtarbeitszuschlag zu 27 € (12 € + 125%)	=	216,– €
insgesamt		744,– €

Der steuerpflichtige und damit auch beitragspflichtige Arbeitslohn beträgt (36 Stunden zu 12 € =) 432 € im Monat Mai 2023. Da die 520-Euro-Grenze nicht überschritten ist, handelt es sich um eine geringfügige Beschäftigung, für die der Arbeitgeber den Arbeitgeberanteil zur Rentenversicherung in Höhe von 15 % entrichten muss (und ggf. 13 % Pauschalbeitrag zur Krankenversicherung). Die Pauschalsteuer beträgt monatlich 2 % von 432 € = 8,64 €. Die Zuschläge für Sonntags-, Feiertags- und Nachtarbeit in Höhe von insgesamt 312 € sind steuer- und beitragsfrei.

Lohnsteuerpflichtig | Sozialversich.-pflichtig

f) Auswirkung von steuerfreiem, aber sozialversicherungspflichtigem Arbeitsentgelt

Bei der Pauschalierung der Lohnsteuer mit 2 % für 520-Euro-Jobs bleiben Lohnbestandteile außer Ansatz, die nicht zum sozialversicherungspflichtigen Arbeitsentgelt gehören, und zwar unabhängig davon, ob es sich um steuerpflichtige oder steuerfreie Lohnbestandteile handelt. Denn für die Pauschalierung mit 2 % gilt der sozialversicherungsrechtliche Arbeitslohnbegriff. Dies wurde in R 40a.2 Satz 3 LStR ausdrücklich klargestellt. Damit bleiben steuerfreie Direktversicherungsbeiträge und steuerfreie Beiträge an Pensionskassen und Pensionsfonds im Kalenderjahr 2022 bis zu einem Betrag von 3384 € jährlich (282 € monatlich) bei der Prüfung der Pauschalierungsgrenzen und bei der Berechnung der 2 %igen Pauschalsteuer außer Ansatz, da sie auch sozialversicherungsrechtlich nicht zum Arbeitsentgelt gehören.

Dagegen gehören steuerfreie Direktversicherungsbeiträge und steuerfreie Beiträge an Pensionskassen und Pensionsfonds oberhalb von 4 % bis zu 8 % der Beitragsbemessungsgrenze in der gesetzlichen Rentenversicherung **zum sozialversicherungspflichtigen Entgelt** und unterliegen damit der 2 %igen Pauschalsteuer, wenn diese Beiträge im Rahmen eines geringfügig entlohnten Beschäftigungsverhältnisses gezahlt werden sollten. Wichtig ist zu beachten, dass durch die beitragspflichtigen Beträge die Arbeitsentgeltgrenze von 520 € nicht überschritten werden darf.

Beispiel

Ein Arbeitgeber zahlt für seine Arbeitnehmerin neben 520 € Barlohn steuerfreie Direktversicherungsbeiträge bis zu 6 % der Beitragsbemessungsgrenze in der gesetzlichen Rentenversicherung.

Es liegt keine geringfügige Beschäftigung vor, da 2 % der Beitragsbemessungsgrenze der gesetzlichen Rentenversicherung für die Direktversicherungsbeiträge zwar auch steuerfrei, aber zum sozialversicherungspflichtigen Arbeitsentgelt gehören. Steuerlich ist der steuerpflichtige Barlohn von 520 € nach den Lohnsteuerabzugsmerkmalen der Arbeitnehmerin zu besteuern (vgl. „Elektronische Lohnsteuerabzugsmerkmale – ELStAM –"). Eine Pauschalbesteuerung mit 20 % (nach § 40a Abs. 2a EStG) scheidet aus, da es sich nicht um eine geringfügige Beschäftigung handelt.

g) Auswirkung von steuerpflichtigem, aber sozialversicherungsfreien Arbeitslohn auf die Geringfügigkeitsgrenze

In den Lohnsteuer-Richtlinien wurde klargestellt, dass für steuerpflichtige Lohnbestandteile, die nicht zum sozialversicherungspflichtigen Arbeitsentgelt gehören (z. B. Abfindungen), die Lohnsteuerpauschalierung mit 2 % nach § 40a Abs. 2a EStG nicht zulässig ist. **Diese Lohnbestandteile unterliegen vielmehr der Lohnsteuererhebung nach den allgemeinen Regelungen** (R 40a.2 Satz 4 LStR)[2)].

Beispiel

Eine geringfügig entlohnte Arbeitnehmerin scheidet nach 10-jähriger Betriebszugehörigkeit aus dem Arbeitsverhältnis aus und erhält aufgrund eines Aufhebungsvertrags eine Abfindung wegen Entlassung aus dem Dienstverhältnis in Höhe von 3000 €. Die Abfindung ist in voller Höhe steuerpflichtig. Die Lohnsteuer ist nach den individuellen Lohnsteuerabzugsmerkmalen der Arbeitnehmerin einzubehalten; zum Abruf der elektronischen Lohnsteuerabzugsmerkmale – ELStAM – vgl. dieses Stichwort. Sind dem Arbeitgeber die individuellen Lohnsteuerabzugsmerkmale (insbesondere Steuerklasse) nicht bekannt, muss er

1) Die Steuerfreiheit der Beiträge zu Direktversicherungen, Pensionskassen und Pensionsfonds nach § 3 Nr. 63 EStG setzt voraus, dass es sich beim 520-Euro-Job um das **erste** Dienstverhältnis handelt. Diese Voraussetzung ist erfüllt, wenn der 520-Euro-Job das einzige Dienstverhältnis des Arbeitnehmers ist. Zudem beträgt die Steuerfreiheit nach § 3 Nr. 63 EStG bis zu 8 % der Beitragsbemessungsgrenze in der gesetzlichen Rentenversicherung (2022: 6768 € jährlich). Sozialversicherungsrechtlich besteht eine Beitragsfreiheit jedoch nach wie vor nur bis zu 4 % der Beitragsbemessungsgrenze in der gesetzlichen Rentenversicherung (2022: 3384 € jährlich).

2) Dies gilt als einzige Ausnahme nicht für den Zuschlag nach § 10 Entgeltfortzahlungsgesetz (vgl. das Stichwort „Heimarbeiterzuschläge").

Lohn- steuer- pflichtig | Sozial- versich.- pflichtig

die Lohnsteuer nach Steuerklasse VI einbehalten (vgl. das Stichwort „Nichtvorlage der Lohnsteuerabzugsmerkmale").

h) Auswirkung von pauschal besteuertem Arbeitslohn auf die Geringfügigkeitsgrenze

Bei der Prüfung der 520-Euro-Grenze bleibt pauschal besteuerter Arbeitslohn außer Betracht, wenn die Pauschalierung Beitragsfreiheit in der Sozialversicherung auslöst. Außer Ansatz bleiben somit z. B.:

- **Pkw-Fahrtkostenzuschüsse** zu den Aufwendungen des Arbeitnehmers für Fahrten zwischen Wohnung und erster Tätigkeitsstätte, soweit sie **pauschal mit 15 % besteuert** werden (vgl. das nachfolgende Beispiel);
- **Arbeitgeberleistungen** zu den Aufwendungen des Arbeitnehmers für **Fahrtkosten** ohne Anrechnung auf die Entfernungspauschale, die pauschal mit **25 %** besteuert werden (vgl. das Stichwort „Fahrten zwischen Wohnung und erster Tätigkeitsstätte" unter Nr. 5 Buchstabe g);
- **Beiträge zu Direktversicherungen, Pensionskassen und Gruppenunfallversicherungen, die pauschal mit 20 % besteuert** werden. Pauschal besteuerte Beiträge zu Direktversicherungen, Pensionskassen und Gruppenunfallversicherungen bleiben also bei der Prüfung der sozialversicherungsrechtlichen Geringfügigkeitsgrenze außer Betracht, wenn die Pauschalbesteuerung mit 20 % Beitragsfreiheit auslöst. Dies ist der Fall, wenn die Direktversicherungs-, Pensionskassen- oder Gruppenunfallversicherungsbeiträge zusätzlich zum Arbeitslohn oder die Direktversicherungs- bzw. Pensionskassenbeiträge ausschließlich aus Einmalzahlungen geleistet werden (vgl. das Stichwort „Zukunftsicherung" besonders unter Nr. 10 ff);
- die Übereignung von Datenverarbeitungsgeräten (z. B. **Personalcomputern**) und Barzuschüsse des Arbeitgebers für die **Internetnutzung,** soweit zulässigerweise eine Pauschalierung der Lohnsteuer mit **25 %** erfolgt (vgl. das Stichwort „Computer" unter Nr. 2);
- die Übereignung von **Fahrrädern,** soweit zulässigerweise eine Pauschalierung mit 25 % erfolgt (vgl. das Stichwort „Elektro-Bike" unter Nr. 5 Buchstabe b);
- steuerpflichtige Zuwendungen bei **Betriebsveranstaltungen,** soweit zulässigerweise eine Pauschalierung mit **25 %** erfolgt (vgl. das Stichwort „Betriebsveranstaltungen" unter Nr. 6);
- bei einer Pauschalierung der Lohnsteuer mit 25 % für steuerpflichtige **Reisekostenvergütungen bei Auswärtstätigkeiten, Erholungsbeihilfen** und **Mahlzeiten** (vgl. hierzu auch das Stichwort „Pauschalierung der Lohnsteuer" unter Nr. 1).

Beispiel

Eine seit 1.10.2022 beschäftigte Arbeitnehmerin erhält für eine Teilzeitbeschäftigung 520 € monatlich und verzichtet auf die Rentenversicherungspflicht. Sie arbeitet an 12 Tagen im Monat und fährt mit dem Pkw zur Arbeitsstätte. Die einfache Entfernung zwischen Wohnung und ihrer ersten Tätigkeitsstätte beträgt 36 km. Der Arbeitgeber zahlt für diese Fahrten einen Fahrtkostenzuschuss in Höhe der als Werbungskosten abziehbaren Entfernungspauschale. Es ergibt sich folgende monatliche Lohnabrechnung:

Arbeitslohn	520,– €
Pkw-Fahrtkostenzuschuss in Höhe der Entfernungspauschale	
20 km × 0,30 € × 12 Arbeitstage =	72,– €
16 km × 0,38 € × 12 Arbeitstage =	72,96 €
insgesamt	664,96 €

Der Fahrtkostenzuschuss ist steuerpflichtig, das heißt, die Entgeltgrenze von 520 € monatlich wäre an sich überschritten. Der Fahrtkostenzuschuss bleibt jedoch bei der Prüfung der Entgeltgrenze außer Betracht, soweit er zulässigerweise nach § 40 Abs. 2 Satz 2 EStG mit 15 % pauschaliert wird. Eine Pauschalierung des Fahrtkostenzuschusses mit 15 % ist zulässig, soweit die gesetzliche Entfernungspauschale nicht überschritten wird. Die Entfernungspauschale beträgt jeweils 0,30 € für die ersten zwanzig und 0,38 € ab dem 21. Kilometer der einfachen Entfernung zwischen Wohnung und erster Tätigkeitsstätte (vgl. die ausführlichen Erläuterungen beim Stichwort „Fahrten zwischen Wohnung und erster Tätigkeitsstätte" unter Nr. 5). Im Beispielsfall sind also 144,96 € pauschalierungsfähig. Die Pauschalbesteuerung nach § 40 Abs. 2 EStG mit 15 % löst Beitragsfreiheit in der Sozialversicherung aus. Der pauschal besteuerte Fahrtkostenzuschuss bleibt somit bei der Beurteilung der monatlichen Entgeltgrenze von 520 € außer Betracht. Da die 520-Euro-Grenze nicht überschritten ist, handelt es sich um eine geringfügige Beschäftigung, für die der Arbeitgeber den Arbeitgeberanteil zur Rentenversicherung in Höhe von 15 % entrichten muss (und ggf. auch 13 % Pauschalbeitrag zur Krankenversicherung). Die Pauschalsteuer beträgt monatlich 2 % von 520 € = 10,40 €.

Der Fahrtkostenzuschuss in Höhe von 144,96 € monatlich ist pauschal zu besteuern. Die pauschale Lohn- und Kirchensteuer sowie der Solidaritätszuschlag für den Fahrtkostenzuschuss betragen monatlich:

pauschale Lohnsteuer (15 % von 144,96 €)	=	21,74 €
Solidaritätszuschlag (5,5 % von 21,74 €)	=	1,19 €
Kirchensteuer (z. B. in Bayern 7 % von 21,74 €)	=	1,52 €

Besonders zu beachten ist in diesen Fällen, dass die 2%ige Pauschalsteuer, die auch den Solidaritätszuschlag und die Kirchensteuer abgilt, mit den pauschalen Sozialversicherungsbeiträgen von 15 % für die Rentenversicherung und 13 % für die Krankenversicherung mit Beitragsnachweis an die Minijob-Zentrale bei der Deutschen Rentenversicherung Knappschaft-Bahn-See abzuführen ist. Die 15 %ige Pauschalsteuer für den Fahrtkostenzuschuss ist hingegen zusammen mit dem bei einer Pauschalierung weiterhin zu erhebenden Solidaritätszuschlag und der pauschalen Kirchensteuer beim Finanzamt mit der Lohnsteuer-Anmeldung anzumelden und an das Betriebsstättenfinanzamt abzuführen.

i) Lohnsteuerabzug nach der individuellen Steuerklasse des Arbeitnehmers oder Pauschalierung der Lohnsteuer mit 2 %

Die Pauschalierungsmöglichkeit mit 2 % ist als „Kannvorschrift" ausgestaltet (vgl. § 40a Abs. 2 EStG). Das bedeutet, dass anstelle der Pauschalierung der Lohnsteuer mit 2 % auch ein Lohnsteuerabzug nach den individuellen Lohnsteuerabzugsmerkmalen des Arbeitnehmers durchgeführt werden kann. Dies werden in der Praxis diejenigen Fälle sein, in denen beim geringfügig Beschäftigten die Steuerklasse I, II, III oder IV zur Anwendung kommt, weil dann **keine Lohnsteuer anfällt und sich der Arbeitgeber die 2 %ige Lohnsteuer spart.** Hat also der geringfügig Beschäftigte die Steuerklasse I, II, III oder IV (z. B. Schüler, Studenten), ist dies für den Arbeitgeber günstiger als die 2 %ige Lohnsteuerpauschalierung. In diesem Fall hat der Arbeitgeber für den jeweiligen Arbeitnehmer die elektronischen Lohnsteuerabzugsmerkmale – ELStAM – (vgl. dieses Stichwort) abzurufen.

Für den 520-Euro-Job fällt bei Anwendung der Steuerklasse I, II, III oder IV keine Lohnsteuer an, da die in den Lohnsteuertarif eingearbeiteten Pausch- und Freibeträge erheblich höher sind (vgl. das Stichwort „Tarifaufbau"). Diese sog. Besteuerungsgrenzen betragen 2022 bei Anwendung des Lohnsteuertarifs mit der gekürzten Vorsorgepauschale[1]:

Steuerklasse	kein Lohnsteuerabzug bis zu einem Betrag von monatlich
I	1 097,– €
II	1 458,– €
III	2 078,– €
IV	1 097,– €

Sind nach den individuellen Lohnsteuerabzugsmerkmalen des Arbeitnehmers nicht die Steuerklassen I, II, III oder IV anzuwenden, sondern die Steuerklassen V oder VI, würden für einen 520-Euro-Job monatlich folgende Steuerabzugsbeträge anfallen:

1) Wird ein 520-Euro-Job nicht pauschal, sondern nach den individuellen Lohnsteuerabzugsmerkmalen des Arbeitnehmers besteuert, gilt normalerweise der Lohnsteuertarif mit der gekürzten Vorsorgepauschale. Hat der Arbeitnehmer bei seinem 520-Euro-Job keinen Antrag auf Befreiung von der Rentenversicherungspflicht gestellt, dann gilt der Lohnsteuertarif mit der ungekürzten Vorsorgepauschale (vgl. die Beispiele P und Q in Anhang 8 Nr. 9).

Lohn-steuer-pflichtig Sozial-versich.-pflichtig

	Steuerklasse V	VI
Lohnsteuer für 520 €	49,58 €	64,– €
Solidaritätszuschlag	0,– €	0,– €
Kirchensteuer (8 %)	3,96 €	5,12 €
Steuerabzüge insgesamt	53,54 €	69,12 €

In diesen Fällen ist also eine Pauschalierung der Lohnsteuer mit 2 %, die auch noch die Kirchensteuer abgilt, die weitaus günstigere Lösung.

j) Abwälzung der 2 %igen Pauschalsteuer auf den Arbeitnehmer

Die Abwälzung der pauschalen Lohnsteuer auf den Arbeitnehmer ist kein steuerlicher, sondern ein arbeitsrechtlicher Vorgang. Ein arbeitsrechtlich zulässiger Vorgang könnte nur durch eine entsprechende Regelung im Tarifvertrag, in einer Betriebsvereinbarung oder im Einzelarbeitsvertrag ausgeschlossen werden. Dies hat das Bundesarbeitsgericht ausdrücklich bestätigt. Denn nach dem Urteil des Bundesarbeitsgerichts vom 1.2.2006 Az.: 5 AZR 628/04 ist die Abwälzung der Pauschalsteuer grundsätzlich zulässig. Nach Auffassung des Bundesarbeitsgerichts hat der Arbeitgeber die Lohnsteuer nur dann selbst zu tragen, wenn dies durch eine Nettolohnabrede hinreichend deutlich zum Ausdruck kommt.

Das bedeutet steuerlich, dass die Pauschalierung als solche **nicht unzulässig** wird, wenn der Arbeitgeber die pauschale Lohnsteuer auf den Arbeitnehmer abwälzt und dies nicht ausdrücklich durch Tarifvertrag, Betriebsvereinbarung oder im Einzelarbeitsvertrag ausgeschlossen worden ist. Allerdings darf sich diese Abwälzung auf die **Bemessungsgrundlage** für die pauschale Lohnsteuer nicht auswirken. Dies gilt für alle Pauschalierungsvorschriften in § 40a EStG, also auch für die Pauschalierungsmöglichkeit mit 2 %. Dies ergibt sich aus der Verweisung in § 40a Abs. 5 auf § 40 Abs. 3 Satz 2 EStG.

Beispiel

Eine Arbeitnehmerin ist als Bedienung in einer Gaststätte beschäftigt. Der Monatslohn beträgt 520 €; auf die Rentenversicherungspflicht hat die Arbeitnehmerin gegenüber ihrem Arbeitgeber verzichtet. Die Bedienung ist in der gesetzlichen Krankenversicherung familienversichert. Der Arbeitgeber vereinbart mit der Bedienung die Abwälzung der 2 % igen Pauschalsteuer. Für die Bedienung ergibt sich folgende monatliche Lohnabrechnung:

Monatslohn		520,– €
Lohnsteuer	0,– €	
Solidaritätszuschlag	0,– €	
Kirchensteuer	0,– €	
Sozialversicherung	0,– €	0,– €
Nettolohn		520,– €
abzüglich vom Arbeitnehmer übernommene Pauschalsteuer		10,40 €
auszuzahlender Betrag		509,60 €

Der Arbeitgeber muss folgende Pauschalabgaben zahlen:

Lohnsteuer (einschließlich Solidaritätszuschlag und Kirchensteuer)	2 %	10,40 €
Krankenversicherung pauschal	13 %	67,60 €
Rentenversicherung pauschal	15 %	78,– €
insgesamt		156,– €

Für die Abwälzung der pauschalen Beiträge zur Kranken- und Rentenversicherung gilt Folgendes:

Der Arbeitgeber hat die Pauschalbeiträge zur Kranken- und Rentenversicherung zu tragen. Eine Abwälzung der Pauschalbeiträge auf den Arbeitnehmer ist deshalb nicht zulässig (z. B. Urteil des Arbeitsgerichts Kassel vom 13.1.2000 Az.: 6 Ca 513/99).

Bereits seit 1.4.2003 besteht die Möglichkeit, dass gegen Arbeitgeber die rechtswidrig die Pauschalbeiträge zur Kranken- und Rentenversicherung auf die Arbeitnehmer (auch teilweise) abwälzen, ein Bußgeld bis zu 5000 € verhängt wird (§ 249b Satz 3 SGB V und § 172 Abs. 4 SGB VI in Verbindung mit § 111 Abs. 2 SGB IV).

Lohn-steuer-pflichtig Sozial-versich.-pflichtig

k) Anmeldung und Abführung der 2 %igen Pauschalsteuer

Für die Erhebung der 2 %igen Pauschalsteuer, die auch den Solidaritätszuschlag und die Kirchensteuer abgilt, ist ausschließlich die **Minijob-Zentrale** bei der Deutschen Rentenversicherung Knappschaft-Bahn-See zuständig. Dies gilt sowohl für Beschäftigte in Privathaushalten als auch für Beschäftigte bei anderen Arbeitgebern. Bei Beschäftigten in Privathaushalten ist zwingend das Haushaltsscheckverfahren vorgeschrieben. Dieses Verfahren ist beim Stichwort „Hausgehilfin" unter Nr. 7 erläutert.

Arbeitgeber, die nicht am Haushaltsscheckverfahren teilnehmen, müssen die pauschalen Beiträge zur Kranken- und Rentenversicherung sowie die 2 %ige Pauschalsteuer selbst berechnen und mit dem Vordruck **„Beitragsnachweis für geringfügig Beschäftigte"** bei der Minijob-Zentrale anmelden und an diese abführen. Auch für die Erhebung eines Säumniszuschlags, das Mahnverfahren und Vollstreckungsmaßnahmen bei rückständigen Beträgen ist die Minijob-Zentrale zuständig (§ 40a Abs. 6 Satz 3 EStG). Beim Einzug der 2 %igen Pauschalsteuer wird die Minijob-Zentrale bei der Deutschen Rentenversicherung Knappschaft-Bahn-See als **Bundesfinanzbehörde** tätig (§ 6 Abs. 2 Nr. 8 AO). Deshalb gilt für die 2 %ige Pauschalsteuer das Verfahrensrecht der Abgabenordnung. Der Beitragsnachweis oder der Haushaltsscheck ist deshalb eine Steueranmeldung im Sinne des § 168 AO, soweit er eine 2 %ige Pauschalsteuer enthält. Dementsprechend ist für die Festsetzung der 2 %igen Pauschalsteuer als Rechtsbehelf der Einspruch und der Rechtsweg zu den Finanzgerichten und nicht zu den Sozialgerichten gegeben.

3. Pauschalierung der Lohnsteuer für geringfügig entlohnte Beschäftigungen

a) Allgemeines

Die Pauschalierung der Lohnsteuer für Teilzeitbeschäftigte mit 20 % ist zwar beibehalten worden (§ 40a Abs. 2a EStG), kommt aber nur noch in Ausnahmefällen zur Anwendung, und zwar dann, wenn für eine Beschäftigung, die für sich allein gesehen eine geringfügig entlohnte Beschäftigung ist, **kein Pauschalbeitrag von 15 % oder 5 % zur Rentenversicherung** zu zahlen ist, weil z. B. wegen der Zusammenrechnung von mehreren geringfügig entlohnten Beschäftigungen der „normale" Rentenversicherungsbeitrag von 9,3 % erhoben wird oder aber überhaupt kein Rentenversicherungsbeitrag anfällt. Dies ist z. B. bei einem Beamten der Fall, der neben seiner Beamtentätigkeit eine geringfügig entlohnte Beschäftigung ausübt, auf die die Gewährleistung einer Versorgungsanwartschaft ausgedehnt worden ist (vgl. auch „Beamte" unter Nr. 2 Buchstabe b).

Eine Pauschalierung mit 20 % kommt auch in den Fällen in Betracht, in denen Mitglieder berufsständischer Versorgungswerke eine nunmehr eigentlich rentenversicherungspflichtige geringfügige Beschäftigung aufnehmen. Denn bei Mitgliedern berufsständischer Versorgungswerke, die nach § 6 Abs. 1 Satz 1 Nr. 1 SGB VI von der Rentenversicherungspflicht befreit worden sind und die eine geringfügig entlohnte Beschäftigung aufnehmen, hat dies zur Folge, dass die Befreiung nach § 6 Abs. 1 Satz 1 Nr. 1 SGB VI auch für diese Beschäftigung greift, sofern die geringfügig entlohnte Beschäftigung in einem Beruf ausgeübt wird, für den die Befreiung gilt. Die Voraussetzungen für eine Pauschalierung der Lohnsteuer mit 2 % liegen deshalb in diesen Fällen nicht vor.

Lohn-steuer-pflichtig Sozial-versich.-pflichtig

b) Voraussetzungen und Folgen Pauschalierung der Lohnsteuer mit 20 %

Liegen die Voraussetzungen für eine Pauschalierung der Lohnsteuer mit 2 % nicht vor, weil der Arbeitgeber für ein geringfügig entlohntes Beschäftigungsverhältnis keinen Pauschalbeitrag zur gesetzlichen Rentenversicherung von 15 % oder 5 % entrichtet, kann die Lohnsteuer nach § 40a Abs. 2a EStG mit 20 % pauschaliert werden, wenn das Arbeitsentgelt **monatlich 520 €** nicht übersteigt. Ob in diesen Fällen der durchschnittliche Stundenlohn 15 € übersteigt oder nicht, ist unbeachtlich (vgl. § 40a Abs. 4 EStG, der nicht für die Pauschalierung nach § 40a Abs. 2 und 2a EStG gilt).

Im Gegensatz zur 2 %igen Pauschalsteuer ist bei der Pauschalierung der Lohnsteuer mit 20 % der Solidaritätszuschlag und die Kirchensteuer **nicht** mit abgegolten. Der in den Fällen der Pauschalierung stets weiterhin zu erhebende Solidaritätszuschlag in Höhe von 5,5 % der pauschalen Lohnsteuer und die pauschale Kirchensteuer fallen also zusätzlich zur 20 %igen pauschalen Lohnsteuer an. Die pauschale Lohnsteuer von 20 % sowie der Solidaritätszuschlag und die Kirchensteuer sind im Gegensatz zur 2 %igen Pauschalsteuer nicht an die sog. Minijob-Zentrale bei der Deutschen Rentenversicherung Knappschaft-Bahn-See, sondern mit der Lohnsteuer-Anmeldung beim Betriebsstättenfinanzamt anzumelden und an das Finanzamt abzuführen.

Der Arbeitgeber braucht bei einer Pauschalierung der Lohnsteuer mit 20 % nicht zu prüfen, ob der Arbeitnehmer noch in einem anderen Arbeitsverhältnis steht. Die Pauschalierung der Lohnsteuer mit 20 % kann deshalb gleichzeitig für **mehrere** nebeneinander ausgeübte Tätigkeiten in Anspruch genommen werden. Zu beachten ist jedoch, dass ein Arbeitnehmer beim selben Arbeitgeber nicht gleichzeitig zwei Arbeitsverhältnisse haben kann (vgl. nachfolgend unter Buchstabe f).

Die Pauschalierungsmöglichkeit mit 20 % ist vor allem für diejenigen geringfügig entlohnten Beschäftigungsverhältnisse beibehalten worden, in denen der Arbeitgeber wegen der sozialversicherungsrechtlich vorgeschriebenen Zusammenrechnung mehrerer nebeneinander ausgeübten Minijobs keine Pauschalbeiträge zur Rentenversicherung, sondern die normalen, hälftigen Arbeitgeberanteile zur Sozialversicherung entrichten muss. Da die Voraussetzungen für die 20 %ige Lohnsteuerpauschalierung **für jedes einzelne geringfügig entlohnte Beschäftigungsverhältnis getrennt** zu prüfen sind, kann die Pauschalierung mit 20 % für beliebig viele nebeneinander ausgeübte 520-Euro-Jobs in Anspruch genommen werden.

Die Pauschalierung der Lohnsteuer mit 20 % ist weder von einem Antrag des Arbeitgebers an das Finanzamt noch von einer ausdrücklichen Zustimmung durch das Finanzamt abhängig. Der Arbeitgeber selbst hat unmittelbar das Wahlrecht zur Pauschalierung. Dabei muss die Lohnsteuerpauschalierung nicht einheitlich für alle Teilzeitbeschäftigten durchgeführt werden; der Arbeitgeber kann die Pauschalierung auf bestimmte Arbeitnehmer oder auf einen einzelnen Arbeitnehmer beschränken. Der Arbeitgeber darf die Pauschalbesteuerung auch nachholen, solange keine Lohnsteuerbescheinigung an die Finanzverwaltung übermittelt oder ausgestellt worden ist, eine Lohnsteuer-Anmeldung noch berichtigt werden kann und noch keine Festsetzungsverjährung eingetreten ist.

c) Gelegentliches Überschreiten der Pauschalierungsgrenze

In § 40a Abs. 2a EStG wird durch den Verweis auf § 40a Abs. 2 EStG auf die sozialversicherungsrechtlichen Vorschriften für geringfügig entlohnte Beschäftigungsverhältnisse hingewiesen (§ 8 Abs. 1 Nr. 1 und § 8a SGB IV). Für die Prüfung der 520-Euro-Pauschalierungsgrenze gilt somit der sozialversicherungsrechtliche Entgeltbegriff (R 40a.2 Sätze 3 und 4 LStR); dies wird auch durch die Verwendung des Begriff „Arbeitsentgelts" im Gesetzestext deutlich. Deshalb bleibt auch bei einem gelegentlichen und nicht vorhersehbaren Überschreiten der 520-Euro-Grenze die Pauschalierungsmöglichkeit mit 20 % erhalten. Als gelegentlich ist dabei ab Oktober 2022 ein Zeitraum bis zu zwei Monaten innerhalb eines Jahres anzusehen (vgl. vorstehende Nr. 2 Buchstabe c).

Lohn-steuer-pflichtig Sozial-versich.-pflichtig

d) Behandlung einmaliger Bezüge bei der Prüfung der Pauschalierungsgrenze

Wie vorstehend unter dem Buchstaben c bereits erläutert, gilt für die Prüfung der 520-Euro-Pauschalierungsgrenze der sozialversicherungsrechtliche Arbeitsentgeltbegriff, weil in § 40a Abs. 2a EStG durch den Verweis auf § 40a Abs. 2 EStG auf die für geringfügig entlohnte Beschäftigungsverhältnisse anzuwendenden Vorschriften des § 8 Abs. 1 Nr. 1 und § 8a SGB IV verwiesen wird (R 40a.2 Sätze 3 und 4 LStR).

Für die Beurteilung der 520-Euro-Pauschalierungsgrenze sind deshalb einmalige Zuwendungen bei der Ermittlung des regelmäßigen Arbeitsentgelts zu berücksichtigen, wenn die Gewährung der einmaligen Zuwendung mit hinreichender Sicherheit zu erwarten ist. Der Arbeitgeber muss also insbesondere bei der Zahlung von Urlaubs- oder Weihnachtsgeld bereits im Laufe des Kalenderjahres **vorausblickend** darauf achten, dass die 520-Euro-Pauschalierungsgrenze nicht überschritten wird.

Beispiel

Eine Arbeitnehmerin arbeitet seit 1. Januar 2023 neben einer weiteren geringfügigen Beschäftigung für ein monatliches Arbeitsentgelt von 495 €. Außerdem erhält sie im August ein Urlaubsgeld in Höhe von 120 € und im Dezember ein Weihnachtsgeld in Höhe von 180 €. Beide Zahlungen sind vertraglich zugesichert. Für die Prüfung der 520-Euro-Pauschalierungsgrenze maßgebendes Arbeitsentgelt:

laufendes Arbeitsentgelt 495 € x 12	=	5940,– €
vertraglich zugesichertes Urlaubs- und Weihnachtsgeld (120 € + 180 € = 300 €)	=	300,– €
insgesamt		6240,– €
ein Zwölftel		520,– €

Die 520-Euro-Pauschalierungsgrenze wird nicht überschritten. Das Arbeitsentgelt kann deshalb auch in den Monaten August und Dezember pauschal mit 20 % besteuert werden. Das pauschal mit 20 % zu besteuernde Arbeitsentgelt beträgt für August (495 € + 120 € =) 615 € und für Dezember (495 € + 180 € =) 675 €.

e) Prüfung der Pauschalierungsgrenze beim Bezug von steuerfreiem oder pauschal besteuertem Arbeitslohn

Wie vorstehend unter dem Buchstaben c bereits erläutert, gilt für die Prüfung der 520-Euro-Pauschalierungsgrenze der sozialversicherungsrechtliche Arbeitsentgeltbegriff. Das bedeutet, dass bei der Prüfung der 520-Euro-Pauschalierungsgrenze steuerfreier Arbeitslohn außer Betracht bleibt, wenn die Steuerfreiheit auch Beitragsfreiheit in der Sozialversicherung auslöst. Ebenso bleibt pauschal besteuerter Arbeitslohn bei der Prüfung der 520-Euro-Pauschalierungsgrenze außer Betracht, wenn die Pauschalierung Beitragsfreiheit in der Sozialversicherung auslöst. Die Erläuterungen beim Stichwort „Geringfügige Beschäftigung" unter Nr. 4 sind deshalb auch für die Prüfung der Frage maßgebend, ob ein geringfügig entlohntes Beschäftigungsverhältnis mit 20 % pauschal besteuert werden kann. Vgl. auch die Erläuterungen unter der vorstehenden Nr. 2 Buchstaben e und h.

f) Mehrere Teilzeitbeschäftigungen nebeneinander

Bei geringfügig entlohnten Beschäftigungverhältnissen kann eine Pauschalierung der Lohnsteuer mit 20 % auch für mehrere **gleichzeitig nebeneinander** ausgeübte Tätigkeiten in Anspruch genommen werden. Der Arbeitgeber braucht für die Anwendung der für eine Pauschalierung mit 20 % geltenden lohnsteuerlichen Pauschalierungsvorschriften nicht zu prüfen, ob der Arbeitnehmer noch in

Lohn-steuer-pflichtig	Sozial-versich.-pflichtig

einem anderen Arbeitsverhältnis tätig ist. Seine Prüfung beschränkt sich ausschließlich darauf, ob das bei ihm eingegangene Arbeitsverhältnis die Voraussetzungen für eine Pauschalierung erfüllt. Anders ist dies für 520-Euro-Jobs bei der **Sozialversicherung** geregelt. Dort werden mehrere nebeneinander für verschiedene Arbeitgeber ausgeübte geringfügig entlohnte Beschäftigungen für die Prüfung der Sozialversicherungspflicht **stets zusammengerechnet** (vgl. die Erläuterungen beim Stichwort „Geringfügige Beschäftigung" unter Nr. 11).

Beispiel

Eine Raumpflegerin arbeitet seit dem 1.10.2022 beim Arbeitgeber A gegen ein monatliches Arbeitsentgelt von 300 € und beim Arbeitgeber B gegen ein monatliches Arbeitsentgelt von 250 €.

Aufgrund der sozialversicherungsrechtlichen Zusammenrechnung haben beide Arbeitgeber keinen Pauschalbeitrag zur Rentenversicherung von 15 % zu zahlen, sondern den normalen Rentenversicherungsbeitragssatz. Eine Pauschalierung der Lohnsteuer mit 2 % ist daher nicht möglich. Allerdings kann die Lohnsteuer vom jeweiligen Arbeitgeber mit 20 % pauschaliert werden, da für die Anwendung des § 40a Abs. 2a EStG keine Zusammenrechnung vorgenommen wird, sondern das Arbeitsentgelt im jeweiligen Beschäftigungsverhältnis maßgebend ist, das hier jeweils 520 € nicht übersteigt.

Sowohl lohnsteuerlich als auch sozialversicherungsrechtlich ist jedoch zu beachten, dass ein Arbeitnehmer **nicht gleichzeitig für denselben** Arbeitgeber in **zwei Arbeitsverhältnissen** tätig sein kann (z. B. Haupttätigkeit und Minijob beim selben Arbeitgeber). Das gilt auch dann, wenn es sich um unterschiedliche Tätigkeiten handelt.

Möglich ist es hingegen, vom bisherigen Arbeitgeber eine Betriebsrente zu beziehen (Versorgungsempfänger) und daneben für diesen Arbeitgeber noch einen Minijob auszuüben.

g) Abwälzung der 20 %igen pauschalen Lohnsteuer auf den Arbeitnehmer

Die Abwälzung der pauschalen Lohnsteuer auf den Arbeitnehmer ist ein arbeitsrechtlicher Vorgang, durch den die Pauschalierung als solche nicht unzulässig wird. Allerdings ist § 40 Abs. 3 Satz 2 EStG[1)] zu beachten, der besagt, dass die auf den Arbeitnehmer abgewälzte pauschale Lohnsteuer **als zugeflossener Arbeitslohn gilt und die Bemessungsgrundlage nicht mindern darf.**

Beispiel

Der Stundenlohn einer teilzeitbeschäftigten Arbeitnehmerin beträgt nach dem Arbeitsvertrag 12 €. Die Arbeitszeit der Arbeitnehmerin beträgt monatlich 35 Stunden, sodass sich ein Bruttolohnanspruch von monatlich 420 € ergibt. Da die Arbeitnehmerin nicht nach ihren individuellen Lohnsteuerabzugsmerkmalen besteuert werden will, vereinbart der Arbeitgeber mit ihr, dass die Lohn- und Kirchensteuer sowie der Solidaritätszuschlag pauschal berechnet und die pauschalen Steuerbeträge im Innenverhältnis von der Arbeitnehmerin getragen werden. Liegen die Voraussetzungen für eine 2 %ige Pauschalierung nicht vor, ergibt sich für die Arbeitnehmerin folgende Berechnung der pauschalen Lohnsteuer:

Monatslohn	420,– €
pauschale Lohnsteuer hierauf 20 %	84,– €
Solidaritätszuschlag (5,5 % von 84 €)	4,62 €
Kirchensteuer (z. B. in Bayern 7 % von 84 €)	5,88 €
an das Finanzamt sind insgesamt abzuführen	94,50 €
Für die Arbeitnehmerin ergibt sich folgende Abrechnung:	
Monatslohn	420,– €
im Innenverhältnis übernommene Pauschalsteuern	94,50 €
Auszahlungsbetrag	**325,50 €**

Auf die ausführlichen Erläuterungen zur Abwälzung der Pauschalsteuer unter der nachfolgenden Nr. 8 wird Bezug genommen.

Lohn-steuer-pflichtig	Sozial-versich.-pflichtig

h) Lohnsteuerabzug nach der individuellen Steuerklasse des Arbeitnehmers oder 20 %ige Lohnsteuerpauschalierung

Die Pauschalierung der Lohnsteuer für einen 520-Euro-Job mit 20 % ist dann nicht sinnvoll, wenn der Lohnsteuerabzug nach einer der Steuerklassen I, II, III oder IV durchgeführt werden kann. Denn für den 520-Euro-Job fällt in diesem Fall keine Lohnsteuer an, da die in den Lohnsteuertarif eingearbeiteten Freibeträge erheblich höher sind (vgl. das Stichwort „Tarifaufbau"). Diese sog. Besteuerungsgrenzen, das heißt diejenigen Grenzen, bis zu denen in den Steuerklassen I, II, III oder IV keine Lohnsteuer anfällt, betragen 2022 bei Anwendung des Lohnsteuertarifs mit der ungekürzten Vorsorgepauschale[2)]:

Steuerklasse	steuerfreier Monatslohn bei Anwendung des Lohnsteuertarifs mit der ungekürzten Vorsorgepauschale
I	1 210,– €
II	1 588,– €
III	2 264,– €
IV	1 210,– €

Hat der Arbeitnehmer nicht die Steuerklasse I, II, III oder IV, sondern die Steuerklasse V oder VI, fallen folgende Steuerabzugsbeträge an:

	Steuerklasse V Euro	Steuerklasse VI Euro	Pauschalsteuern trägt der Arbeitgeber Euro	Pauschalsteuern trägt der **Arbeitnehmer** Euro
Arbeitslohn	520,–	520,–	520,–	520,–
Lohnsteuer	43,66	58,08	–,–	104,–
Solidaritätszuschlag	0,–	0,–	–,–	5,72
Kirchensteuer (8 %)	3,49	4,64	–,–	8,32
Auszahlung	472,85	457,28	520,–	401,96

Die Gegenüberstellung zeigt, dass sowohl die Besteuerung des 520-Euro-Jobs nach der Steuerklasse V als auch nach der Steuerklasse VI günstiger ist als eine Pauschalierung der Lohnsteuer mit 20 % unter Abwälzung der Pauschalsteuer auf den Arbeitnehmer. Zur Abwälzung der Pauschalsteuer auf den Arbeitnehmer wird auf die Erläuterungen unter dem vorstehenden Buchstaben g und der nachfolgenden Nr. 8 Bezug genommen.

Eine Pauschalierung der Lohnsteuer muss also nicht immer die günstigste Lösung sein. Außerdem ist zu bedenken, dass der Arbeitnehmer durch die Pauschalierung einen ggf. möglichen Werbungskostenabzug verliert. Denn der Arbeitnehmer kann nach R 40a.1 Abs. 1 Satz 5 LStR diejenigen Aufwendungen, die mit pauschal besteuertem Arbeitslohn zusammenhängen, **nicht als Werbungskosten geltend machen.** Dies gilt auch für geringfügig entlohnte Beschäftigte. Wird hingegen das geringfügig entlohnte Beschäftigungsverhältnis nach den individuellen Lohnsteuerabzugsmerkmalen versteuert, sind auch die mit dem Minijob zusammenhängenden Aufwendungen (z. B. die Entfernungspauschale für Fahrten zwischen Wohnung und erster Tätigkeitsstätte) als Werbungskosten abziehbar.

Normalerweise werden Arbeitgeber und Arbeitnehmer nach Absprache und Berücksichtigung der arbeitsrechtlichen Vorgaben die Entscheidung der Frage, ob ein steuerpflichtiger 520-Euro-Job nach den individuellen Lohnsteuerabzugsmerkmalen des Arbeitnehmers oder pauschal mit 20 % besteuert werden soll, im Voraus für die Dauer der Beschäftigung treffen. Es wird jedoch Fälle

1) § 40 Abs. 3 Satz 2 EStG gilt durch die Verweisung in § 40a Abs. 5 EStG auch bei einer Pauschalierung der Lohnsteuer für Aushilfskräfte und Teilzeitbeschäftigte.

2) Es gilt im Regelfall der Lohnsteuertarif mit der ungekürzten Vorsorgepauschale, weil durch die Zusammenrechnung mehrerer 520-Euro-Jobs Sozialversicherungspflicht besteht.

geben, in denen sich die Verhältnisse nachträglich ändern und der Arbeitnehmer deshalb z. B. von einer Pauschalierung der Lohnsteuer mit Abwälzung der 20 %igen Pauschalsteuer zum Lohnsteuerabzug nach der Steuerklasse VI übergehen will und das ggf. rückwirkend, weil er erkennt, dass die Versteuerung nach der Steuerklasse VI günstiger ist als eine Pauschalierung mit 20 % unter Abwälzung der 20 %igen Pauschalsteuer auf den Arbeitnehmer. Bei einem solchen Wechsel ist Folgendes zu beachten:

Nach der Rechtsprechung des Bundesfinanzhofs (BFH-Urteil vom 26.11.2003, BStBl. 2004 II S. 195) ist der Arbeitgeber nicht gehindert, **nach Ablauf** des Kalenderjahres die Pauschalbesteuerung rückgängig zu machen und zur Regelbesteuerung nach den individuellen Lohnsteuerabzugsmerkmalen des Arbeitnehmers überzugehen. Ein Wechsel von der Pauschalierung zum Lohnsteuerabzug nach der Steuerklasse VI (und umgekehrt) ist deshalb möglich, und zwar auch rückwirkend. Ein Wechsel ist jedoch nur so lange möglich, solange das Lohnsteuerabzugsverfahren noch nicht abgeschlossen ist. Das bedeutet, dass ein rückwirkender Wechsel nur so lange möglich ist, solange die elektronische Lohnsteuerbescheinigung noch nicht an die Finanzverwaltung übermittelt bzw. ausgestellt wurde und deshalb die Lohnsteuer-Anmeldung noch berichtigt werden kann. Als Zeitpunkt, bis zu dem ein Arbeitgeber eine elektronische Lohnsteuerbescheinigung für den Arbeitnehmer zu übermitteln bzw. auszustellen hat, ist der 28./29. Februar des Folgejahres gesetzlich festgelegt worden (§ 93c Abs. 1 AO i. V. m. § 41b EStG), das heißt, dass spätestens zu diesem Zeitpunkt auch ein Übergang von der Pauschalbesteuerung zum Lohnsteuerabzug nach den individuellen Lohnsteuerabzugsmerkmalen des Arbeitnehmers (oder umgekehrt) abgeschlossen sein muss (§ 41c Abs. 3 Satz 1 EStG, R 41c.1 Abs. 7 LStR). Auf die ausführlichen Erläuterungen beim Stichwort „Änderung des Lohnsteuerabzugs" wird Bezug genommen.

Im Laufe des Kalenderjahres ist ein Wechsel zwischen Regelbesteuerung und Pauschalbesteuerung (und umgekehrt) nicht zulässig, wenn dadurch allein das Ausnutzen von Freibeträgen und Pauschbeträgen bei den Einkünften aus nichtselbstständiger Arbeit erreicht werden soll (BFH-Urteil vom 20.12.1991, BStBl. 1992 II S. 695).

i) Nettolohnberechnung oder 20 %ige Lohnsteuerpauschalierung

Ist ein 520-Euro-Job sozialversicherungspflichtig, weil mehrere Minijobs zusammengerechnet werden, ist die Besteuerung entweder nach den individuellen Lohnsteuerabzugsmerkmalen des Arbeitnehmers oder pauschal mit 20 % durchzuführen (ggf. unter Abwälzung der pauschalen Lohnsteuer). Reine Nettolohnberechnungen dürften deshalb bei 520-Euro-Jobs in der Praxis nicht vorkommen.

Dagegen kommt es in der Praxis hin und wieder vor, dass der Arbeitgeber den **Arbeitnehmeranteil am Gesamtsozialversicherungsbeitrag** in den Fällen übernehmen will, in denen durch Zusammenrechnung der Arbeitslöhne für mehrere Minijobs volle Sozialversicherungspflicht eintritt. Übernimmt der Arbeitgeber in einem solchen Fall den Arbeitnehmeranteil am Gesamtsozialversicherungsbeitrag, handelt es sich hierbei um einen **lohnsteuerpflichtigen geldwerten Vorteil,** der dem normalen Arbeitslohn zuzurechnen ist mit der Folge, dass die 520-Euro-Grenze überschritten wird, wenn der Monatslohn eines Minijobs bereits 520 € beträgt. Ein Überschreiten der 520-Euro-Grenze hat zur Folge, dass die Möglichkeit der Lohnsteuerpauschalierung mit 20 % wegen Überschreitens der Pauschalierungsgrenze von 520 € monatlich entfällt. Der Arbeitgeber sollte sich deshalb die Auswirkung einer solchen Nettolohnberechnung, die sich aus der Übernahme des Arbeitnehmeranteils am Gesamtsozialversicherungsbeitrag zwangsläufig ergibt, reiflich überlegen.

4. Pauschalierung der Lohnsteuer für kurzfristig beschäftigte Aushilfskräfte mit 25 %

a) Allgemeines

Der Arbeitgeber kann nach § 40a Abs. 1 EStG bei kurzfristig beschäftigten Arbeitnehmern die Lohnsteuer mit einem Pauschsteuersatz von **25 %** erheben, wenn

- der Arbeitslohn **täglich 120 €** nicht übersteigt,
- die Beschäftigung über **18 zusammenhängende Arbeitstage**[1] nicht hinausgeht und
- der **Stundenlohn** höchstens **15 €** beträgt.

Der Arbeitslohn des kurzfristig beschäftigten Arbeitnehmers darf also während der Dauer der kurzfristigen Beschäftigung im Tagesdurchschnitt **120 €** nicht übersteigen. Wird aber bei einem Arbeitgeber zu einem **unvorhergesehenen Zeitpunkt** der sofortige Einsatz von kurzfristig beschäftigten Arbeitnehmern erforderlich, darf der Tagesdurchschnitt von 120 € überschritten werden (z. B. Aushilfskellner zur Bedienung eines unvorhergesehenen Betriebsausflugs oder zum Einsatz im Gartengeschäft bei unvorhergesehenem Schönwetter, Schneeräumer, Hilfskräfte zum Entladen schnell verderblicher Ware bei unvorhergesehener Lieferung und Ähnliches). Die Beschäftigung von Aushilfskräften, deren Einsatzzeitpunkt längere Zeit vorher feststeht, z. B. bei Volksfesten und Messen oder Schluss-/Räumungsverkäufen, kann grundsätzlich nicht als unvorhersehbar und sofort erforderlich angesehen werden. Ersetzt aber eine teilzeitbeschäftigte Aushilfe eine ausgefallene Aushilfskraft oder besteht **akuter zusätzlicher Bedarf** (z. B. am Bau), kann die Lohnsteuer dafür – unabhängig von der Höhe des durchschnittlichen Tageslohns – mit 25 % pauschaliert werden. Das gilt allerdings dann nicht mehr, wenn dem Arbeitgeber Aushilfen auf Abruf zur Verfügung stehen. Es gilt aber für zusätzliche Aushilfen oder bei Ersatz von **unvorhersehbar ausgefallenen Stammaushilfen.** Davon ist auszugehen, wenn

- durch einen Betriebsunfall ausgefallene Arbeitnehmer sofort ersetzt werden müssen,
- mit Spezialaufgaben betraute Arbeitnehmer plötzlich erkranken und dringend zu ersetzen sind,
- unentschuldigt ferngebliebene Arbeitnehmer aus besonderen Gründen sofort ersetzt werden müssen,
- witterungsabhängige Arbeiten unaufschiebbar vorgezogen oder nachgeholt werden müssen,
- Änderungsanordnungen des Auftraggebers sofort zusätzliche Arbeitskräfte erfordern.

Eine kurzfristige Beschäftigung im Sinne des § 40a Abs. 1 EStG liegt nur dann vor, wenn der Arbeitnehmer nur eine **gelegentliche** (nicht regelmäßig wiederkehrende) Tätigkeit ausübt, die über **18** zusammenhängende **Arbeitstage** nicht hinausgeht.[1] Eine gelegentliche, nicht regelmäßig wiederkehrende Beschäftigung ist dann nicht mehr gegeben, wenn von Anfang an ein **wiederholter Einsatz vereinbart** ist, eine Wiederholungsabsicht also von Anfang an besteht. Besteht keine Wiederholungsabsicht, kann die Beschäftigung auch öfters für denselben Arbeitgeber ausgeübt werden, ohne dass eine laufende Beschäftigung angenommen wird. Dabei kommt es nicht darauf an, wie oft die Aushilfskraft tatsächlich im Laufe eines Jahres für denselben Arbeitgeber tätig wird (R 40a.1 Abs. 2 Satz 4 LStR).

Beispiel A

Eine Arbeitskraft wird in der Großmarkthalle in unregelmäßigen Abständen für ein oder zwei Tage zu Be- und Entladearbeiten beschäftigt. Wiederholungen werden nicht vereinbart. Auch wenn derselbe Unternehmer die Aushilfskraft mehrfach im Kalenderjahr (z. B. mehr als 70-

1) Zu beachten ist, dass die sozialversicherungsrechtliche (3 Monate oder 70 Arbeitstage) und die steuerrechtliche (18 zusammenhängende Arbeitstage) Definition einer kurzfristigen Beschäftigung voneinander abweichen.

mal) beschäftigt, handelt es sich steuerlich gleichwohl um eine kurzfristige Tätigkeit.[1)]

Beispiel B

A hat mit der Buchführungshilfe B vereinbart, dass sie jeweils an den letzten drei Tagen eines Monats im Betrieb arbeiten soll. Es handelt sich nicht um eine kurzfristige Beschäftigung, da von Anfang an eine Wiederholungsabsicht besteht.

Die in § 40a Abs. 2a EStG geregelte 20 %ige Lohnsteuerpauschalierung bezieht sich durch die Verweisung auf § 40a Abs. 2 EStG und somit auf § 8 Abs. 1 **Nr. 1** SGB IV nur auf ein geringfügig entlohntes Beschäftigungsverhältnis (sog. 520-Euro-Job). Für zeitlich geringfügige, das heißt kurzfristige Beschäftigungen im Sinne des § 8 Abs. 1 **Nr. 2** SGB IV kommt deshalb nur noch eine Pauschalierung der Lohnsteuer mit 25 % in Betracht, wenn die hierfür maßgeblichen, vorstehend erläuterten Pauschalierungsvoraussetzungen vorliegen. Auf das Beispiel B unter der vorstehenden Nr. 2 Buchstabe a wird hingewiesen.

Eine Pauschalierung der Lohnsteuer mit 25 % ist sowohl für unbeschränkt als auch für beschränkt steuerpflichtige Aushilfskräfte zulässig (vgl. das Stichwort „Beschränkt steuerpflichtige Arbeitnehmer" unter Nr. 1).

b) Begriff des Arbeitstags

Für den 18-Tage-Zeitraum zählen als Arbeitstage nur die Tage, an denen der Arbeitnehmer tatsächlich tätig ist. Sowohl für die Frage des **zusammenhängenden Einsatzes** als auch des **Zeitraums von 18 Tagen** bleiben Sonn- und Feiertage, Samstage, einzelne Werktage (sogenannte Freizeittage), unbezahlte Krankheits- und Urlaubstage außer Betracht.

Beispiel A

Ein Arbeitnehmer wird für 3 Wochen vom 3.1.–22.1.2022 (= 20 Kalendertage) beschäftigt. Er arbeitet an 5 Tagen in der Woche jeweils 6 Stunden; wöchentlich also 30 Stunden. Der Arbeitslohn beträgt wöchentlich 300 €, für die gesamte Beschäftigungszeit also 3 × 300 € = 900 €. Eine Pauschalierung der Lohnsteuer mit 25 % ist möglich. In die Beschäftigungszeit vom 3.1.–22.1.2022 fallen 15 Arbeitstage. Der Arbeitslohn übersteigt nicht 120 € je Arbeitstag (900 € : 15 = 60 €). Der Stundenlohn übersteigt nicht 15 € (30 × 3 = 90 Stunden insgesamt; 900 € : 90 = 10 €).

Die pauschale Lohnsteuer beträgt

25 % aus 900 €	=	225,– €
Solidaritätszuschlag (5,5 % von 225 €)	=	12,37 €
Kirchensteuer (7 % von 225 €)	=	15,75 €
Steuerbelastung insgesamt		253,12 €

Die Beschäftigung ist als kurzfristige Beschäftigung sozialversicherungsfrei (vgl. „Geringfügige Beschäftigung" unter Nr. 16).

Ein „Arbeitstag" muss nicht immer ein Kalendertag sein. Bei einer Nachtschicht, die sich auf zwei Kalendertage erstreckt, ist für die Prüfung der 120-Euro-Grenze von einem Arbeitstag auszugehen (BFH-Urteil vom 28.1.1994, BStBl. II S. 421).

Beispiel B

Eine Aushilfskraft arbeitet je nach Bedarf (ohne Vereinbarung einer regelmäßigen Wiederholung) einmal wöchentlich eine Nachtschicht in einer Druckerei und erhält hierfür 150 €. Eine Pauschalierung mit 25 % ist nicht möglich, da die Tageslohngrenze von 120 € auch dann überschritten ist, wenn sich die Nachtschicht über zwei Kalendertage erstreckt.

c) Durchschnittlicher Stundenlohn höchstens 15 €

Die Pauschalierung der Lohnsteuer mit 25 % für eine kurzfristige Aushilfstätigkeit ist dann nicht zulässig, wenn der auf einen **Stundenlohn** umgerechnete Arbeitslohn **15 €** übersteigt (§ 40a Abs. 4 Nr. 1 EStG). Bei gelegentlichen kurzfristigen Beschäftigungen werden zum Teil schwankende Arbeitszeiten mit unterschiedlich hohen Stundenlöhnen fest vereinbart und in der Regel nicht geändert. Der durchschnittliche Stundenlohn ist dann aus der Zahl der tatsächlichen Arbeitsstunden und dem Gesamtlohn während der Beschäftigungsdauer zu errechnen.

Beispiel

Der Arbeitgeber beschäftigt den Arbeitnehmer für drei Wochen jeweils montags, mittwochs und sonntags. Der Stundenlohn beträgt montags und mittwochs 11,– € sowie sonntags 16,– €. Der Lohn wird wöchentlich abgerechnet. Der Arbeitnehmer arbeitet in den drei Wochen montags, mittwochs und sonntags jeweils 6 Stunden.

Berechnung des durchschnittlichen Stundenlohns:

12 Std. à 11,– €	=	132,– €
6 Std. à 16,– €	=	96,– €
18 Std.	=	228,– €
1 Std.	=	228,– € : 18 = 12,66 € (also unter 15 €)

Der durchschnittliche Tageslohn übersteigt nicht 120 € (228,– € : 3 = 76,– €). Eine Pauschalierung der Lohnsteuer mit 25 % ist deshalb zulässig.

Der durchschnittliche Stundenlohn ist für die Arbeitsstunde (= Zeitstunde von 60 Minuten) zu berechnen. Wird der Arbeitslohn für kürzere Zeiteinheiten bezahlt (z. B. für 45 Minuten), ist der Lohn zur Prüfung der Stundenlohngrenze entsprechend umzurechnen (BFH-Urteil vom 10.8.1990, BStBl. II S. 1092).

Wegen der Möglichkeit, bei Aushilfskräften die Steuerbelastung von 25 % auf den Eingangssteuersatz von 14 % zu reduzieren, vgl. „Permanenter Lohnsteuerjahresausgleich" unter den Nrn. 3 und 4. Ein sog. „Permanenter Lohnsteuerjahresausgleich" ist vor allem auch dann interessant, wenn die Voraussetzungen einer Lohnsteuerpauschalierung nicht vorliegen, aber nach den individuellen Lohnsteuerabzugsmerkmalen des Arbeitnehmers die Steuerklasse V anzuwenden ist.

5. Pauschalierung der Lohnsteuer für Aushilfskräfte in der Land- und Forstwirtschaft mit 5 %

a) Allgemeines

Eine Pauschalierung der Lohnsteuer mit **5 %** für Aushilfskräfte in der Land- und Forstwirtschaft ist nach § 40a Abs. 3 EStG nur dann zulässig, wenn die Aushilfskraft

- in einem land- und forstwirtschaftlichen Betrieb im Sinne des § 13 EStG tätig ist,
- ausschließlich typisch land- und forstwirtschaftliche Tätigkeiten ausübt,
- **nicht mehr als 180 Tage** im Kalenderjahr für den Arbeitgeber tätig wird,
- **keine** land- und forstwirtschaftliche **Fachkraft** ist,
- nur Arbeiten ausführt, die **nicht ganzjährig anfallen** (eine Beschäftigung mit anderen land- und forstwirtschaftlichen Arbeiten ist unschädlich, wenn die Dauer dieser Arbeiten **25 %** der Gesamtbeschäftigungsdauer nicht überschreitet) und
- der Stundenlohn **15 €** nicht übersteigt.

Außerdem müssen bestimmte Aufzeichnungsvorschriften beachtet werden (vgl. nachfolgend unter Buchstabe h sowie unter Nr. 9).

Eine Pauschalierung der Lohnsteuer mit 5 % ist sowohl für unbeschränkt als auch für beschränkt steuerpflichtige Aushilfskräfte zulässig (vgl. die Stichwörter „Beschränkt steuerpflichtige Arbeitnehmer" unter Nr. 1 und „Saisonbeschäftigte" unter Nr. 2).

b) Tätigkeit in einem land- und forstwirtschaftlichen Betrieb im Sinne des § 13 EStG

Hierunter fallen neben der eigentlichen Landwirtschaft und Forstwirtschaft auch der Weinbau, Gartenbau, Obstbau, Gemüsebau, Baumschulen und alle sonstigen Be-

1) Ob sozialversicherungsrechtlich (in vollem Umfang) eine kurzfristige Beschäftigung vorliegt oder nicht, ist für die Pauschalierung der Lohnsteuer nach § 40a Abs. 1 EStG mit 25 % ohne Bedeutung (R 40a.1 Abs. 2 Satz 5 LStR).

Lohn-steuer-pflichtig Sozial-versich.-pflichtig

triebe, die Pflanzen und Pflanzenteile mit Hilfe der Naturkräfte gewinnen. Weiterhin gehören hierzu die Binnenfischerei, Teichwirtschaft, Fischzucht, Imkerei, Wanderschäferei und auch die Jagd, wenn diese mit einem land- und forstwirtschaftlichen Betrieb im Zusammenhang steht.

Eine Pauschalierung kommt nur für Aushilfskräfte in einem Betrieb im Sinne des § 13 Abs. 1 EStG in Betracht (d. h. die Aushilfskräfte müssen in einem Betrieb beschäftigt werden, der auch als land- und forstwirtschaftlicher Betrieb im Sinne des Einkommensteuerrechts besteuert wird). Für Aushilfskräfte, die in einem Gewerbebetrieb im Sinne des § 15 EStG beschäftigt werden, kommt demnach eine Pauschalierung selbst dann nicht in Betracht, wenn die Aushilfskräfte in diesem Betrieb mit typischen land- und forstwirtschaftlichen Arbeiten beschäftigt werden. Dies kommt insbesondere zur Anwendung, wenn der Betrieb wegen des erheblichen Zukaufs fremder Erzeugnisse als Gewerbebetrieb zu behandeln ist (vgl. auch BFH-Urteil vom 3.8.1990, BStBl. II S. 1002). Eine Pauschalierung der Lohnsteuer mit 5 % ist jedoch für Betriebe möglich, die Land- und Forstwirtschaft betreiben, aber wegen ihrer Rechtsform (z. B. Kapitalgesellschaft) als Gewerbebetrieb gelten. Bei diesen Gewerbebetrieben ist nach den Abgrenzungskriterien in R 15.5 der Einkommensteuer-Richtlinien zu prüfen, ob ein land- und forstwirtschaftlicher Betrieb vorläge, wenn der Betrieb kein Gewerbebetrieb kraft Rechtsform wäre. Hiernach sind **Winzergenossenschaften** berechtigt, die Aushilfslöhne mit 5 % zu pauschalieren, wenn nach den Abgrenzungskriterien in R 15.5 der Einkommensteuer-Richtlinien ein Betrieb der Land- und Forstwirtschaft anzunehmen ist.

Eine Pauschalierung der Lohnsteuer für Aushilfskräfte in einem Betrieb, der Land- und Forstwirtschaft betreibt, mit 5 % ist auch dann zulässig, wenn dieser Betrieb nur wegen der in § 15 Abs. 3 Nr. 1 EStG geregelten **Abfärbetheorie** als Gewerbebetrieb anzusehen ist (BFH-Urteil vom 14.9.2005, BStBl. 2006 II S. 92).

In der Rechtsform eines eingetragenen Vereins organisierte **landwirtschaftliche Betriebshilfsdienste,** die landwirtschaftlichen Betrieben in Notfällen Aushilfskräfte zur Verfügung stellen und entlohnen (z. B. bei längerer Erkrankung des Landwirtes), sind keine Betriebe im Sinne des § 13 EStG. Außerdem handelt es sich bei den beschäftigten Aushilfskräften in der Regel um landwirtschaftliche Fachkräfte.

c) Typisch land- und forstwirtschaftliche Tätigkeit

Zu den „typisch land- und forstwirtschaftlichen Arbeiten" rechnen grundsätzlich alle anfallenden Arbeiten bis zur Verkaufsreife des Produkts.

Hierzu hat der Bundesfinanzhof entschieden (BFH-Urteil vom 8.5.2008, BStBl. 2009 II S. 40), dass das **Schälen von Spargel** durch Aushilfskräfte eines landwirtschaftlichen Betriebs **nicht** zu den begünstigten typisch land- und forstwirtschaftlichen Arbeiten gehört. Entscheidend war für den Bundesfinanzhof letztlich, dass es sich bei dem Schälen von Spargel nicht um eine typisch land- und forstwirtschaftliche Arbeit handelt, sondern um eine Weiterverarbeitung des verkaufsfertigen Produkts „Spargel". Der Streitfall ist nicht vergleichbar mit der (begünstigten) Verarbeitung von Trauben zu Wein. Produktionsziel des Weinbaus ist es nämlich, über die Gewinnung von Trauben Traubenmost und Wein zu erzeugen. Demnach ist im Weinbau – anders mit der Ernte des ungeschälten Spargels – allein mit der Ernte der Trauben der typische Prozess der landwirtschaftlichen Urproduktion noch nicht abgeschlossen.

Die Aushilfskräfte müssen **ausschließlich** mit typisch land- und forstwirtschaftlichen Arbeiten beschäftigt werden. Werden die Aushilfskräfte zwar in einem land- und forstwirtschaftlichen Betrieb im Sinne des § 13 EStG beschäftigt, üben sie aber keine typische land- und forstwirtschaftliche Tätigkeit aus, z. B. Blumenbinder, Verkäufer, oder sind sie **abwechselnd** mit typischen land- und forstwirtschaftlichen und anderen Arbeiten betraut, z. B. auch im Gewerbebetrieb oder Nebenbetrieb des gleichen Arbeitgebers tätig, ist eine Pauschalierung der Lohnsteuer mit 5 % nicht zulässig.

Rebveredelungsarbeiten in **Rebveredelungsbetrieben** sind typisch landwirtschaftliche Arbeiten, weil es sich hierbei um die Gewinnung von Pflanzen bzw. Pflanzenteilen unter Ausnutzung der Naturkraft des Grund und Bodens handelt. Dasselbe gilt auch für entsprechende Tätigkeiten im **Obstbau** und für **Baumschulen.** Auch das Veredeln von Rosen ist landwirtschaftliche Tätigkeit in diesem Sinne und unterscheidet sich von der nicht begünstigten Vermarktung (z. B. Blumenbinden, Verkaufen).

Da eine Beschränkung des Pauschalierungsverfahrens auf wachstums- und witterungsabhängige Arbeiten nicht besteht, gehören bei einem **Erzeugerbetrieb im Weinbau** auch die saisonbedingten Kellerarbeiten zu den typisch land- und forstwirtschaftlichen Arbeiten. Im Besonderen fallen hierunter die Maßnahmen der Traubenverarbeitung (z. B. Keltern) sowie weitere anschließende Arbeiten bis zum ersten Abstich. Dabei ist jedoch zu beachten, dass beim Weinbau erfahrungsgemäß verstärkt Fachkräfte eingesetzt werden, für die die Anwendung der Pauschalierungsregelung nach den Ausführungen unter dem nachfolgenden Buchstaben d ausgeschlossen ist.

Werden bei Erntearbeiten (z. B. Zuckerrübenernte) unter anderem auch **Kraftfahrer** als Aushilfskräfte beschäftigt, die das Erntegut von den Feldern zum Verwertungsbetrieb (z. B. Zuckerfabrik) fahren, ist diese Tätigkeit ebenso wie die Feldarbeit der übrigen Aushilfskräfte als im Rahmen eines Ernteeinsatzes ausgeübte land- und forstwirtschaftliche Tätigkeit anzusehen.

Zu den typischen forstwirtschaftlichen Tätigkeiten gehört grundsätzlich auch der **Bau von Waldwegen**, die der Erschließung oder Ausnutzung eines Waldgebietes dienen. Voraussetzung ist aber, dass die Wald- oder Wirtschaftswege von dem Forstwirt in seiner Eigenschaft als Inhaber eines forstwirtschaftlichen Betriebes angelegt werden. Diese Bedingung ist nicht erfüllt, wenn die Gemeinden die Waldwege ausschließlich oder auch in ihrer Eigenschaft als öffentlich-rechtliche Gebietskörperschaft und in Erfüllung der öffentlichen Daseinsvorsorge zur Erschließung eines Gebietes als Erholungsgebiet oder zur Verbesserung der Zufahrtsmöglichkeiten auch für andere land- und forstwirtschaftliche Betriebe erstellen. In diesen Fällen sind die Aushilfskräfte **nicht** in einem Betrieb der Land- und Forstwirtschaft **ausschließlich** mit typisch land- und forstwirtschaftlichen Arbeiten beschäftigt.

d) Land- und forstwirtschaftliche Fachkraft

Die Pauschalierung der Lohnsteuer mit 5 % gilt **nicht** für die Beschäftigung land- und forstwirtschaftlicher Fachkräfte (z. B. Landwirtschaftsgehilfen, Angehörige der Betriebshilfsdienste, Melker, Maschinenführer usw.). Auf den Umfang der Tätigkeit (nur kurzfristig) oder die Bezeichnung kommt es hierbei nicht an.

Der Bundesfinanzhof hat in zwei Urteilen vom 25.10.2005 (BStBl. 2006 II S. 204 und 208) die Voraussetzungen für das Vorliegen einer land- und forstwirtschaftlichen Fachkraft wie folgt zusammengefasst:

- Ein Arbeitnehmer, der die Fertigkeiten für eine land- oder forstwirtschaftliche Tätigkeit im Rahmen einer Berufsausbildung **erlernt** hat, gehört zu den Fachkräften, ohne dass es darauf ankommt, ob die durchgeführten Arbeiten den Einsatz einer Fachkraft erfordern. Die fachliche Qualifikation lässt sich in diesem Fall aus dem beruflichen Abschluss ableiten.
- Hat der Arbeitnehmer die erforderlichen Fertigkeiten nicht im Rahmen einer Berufsausbildung erworben, gehört er nur dann zu den land- und forstwirtschaftlichen

Lohnsteuerpflichtig Sozialversich.-pflichtig

Fachkräften, wenn er **anstelle** einer **Fachkraft** eingesetzt ist. Dies ist bei Handlangerdiensten und dem Ausüben einfacher Tätigkeiten nach einer kurzen Anleitung nicht gegeben.

- Ein Arbeitnehmer ist anstelle einer land- und forstwirtschaftlichen Fachkraft eingesetzt, wenn **mehr als 25 %** der zu beurteilenden Tätigkeit **Fachkraft-Kenntnisse** erfordern.
- **Traktorführer** sind jedenfalls dann als Fachkräfte und nicht als Aushilfskräfte zu beurteilen, wenn sie den Traktor als Zugfahrzeug mit landwirtschaftlichen Maschinen führen.

e) 180-Tage-Grenze

Eine Pauschalierung der Lohnsteuer mit 5 % ist dann nicht mehr möglich, wenn der Arbeitgeber die Aushilfskraft mehr als 180 Tage **im Kalenderjahr** beschäftigt. Abzustellen ist also auf die Dauer des Beschäftigungsverhältnisses im Kalenderjahr beim selben Arbeitgeber. Dies sind bei einer nur tageweisen Aushilfstätigkeit die einzelnen Arbeitstage. Wird jedoch die Aushilfskraft für die gesamte Erntezeit z. B. vom 1. Juli bis 30. September eingestellt, dauert das Beschäftigungsverhältnis drei Monate oder 92 Tage.

Bei einer wiederholten Beschäftigung desselben Arbeitnehmers muss der Arbeitgeber die für das Kalenderjahr geltende 180-Tage-Grenze **rückblickend** beachten. Wird die Aushilfskraft mehr als 180 Tage beschäftigt, entfallen rückwirkend die Voraussetzungen für eine Pauschalierung der Lohnsteuer mit 5 %, das heißt, die Lohnabrechnungen müssen **rückwirkend berichtigt** werden. Der Arbeitgeber muss sich also reiflich überlegen, ob er eine Aushilfskraft einstellt, bei der die Gefahr einer Überschreitung der 180-Tage-Grenze besteht.

Beispiel

Eine Aushilfskraft hilft im Frühjahr einem Winzer an 90 Tagen im Weinberg; im Sommer folgen weitere 60 Tage. Im Herbst soll die Aushilfskraft für die Weinlese und die anschließende Traubenverarbeitung eingestellt werden.

Wenn die Aushilfskraft im Herbst an mehr als 30 Tagen beschäftigt wird, war sie insgesamt mehr als 180 Tage im Kalenderjahr beschäftigt. Eine Pauschalierung der Lohnsteuer mit 5 % ist in diesem Fall für das gesamte Kalenderjahr unzulässig.

Die 180-Tage-Regelung gilt nicht für land- und forstwirtschaftliche Fachkräfte, das heißt, dass eine aushilfsweise tätige **Fachkraft** auch dann nicht mit 5 % pauschal besteuert werden kann, wenn sie weniger als 180 Tage im Kalenderjahr beschäftigt wird.

f) Beschäftigung mit Arbeiten, die nicht ganzjährig anfallen und 25 %-Regelung

Eine Pauschalierung der Lohnsteuer mit 5 % ist nur dann möglich, wenn

- ausschließlich typische land- und forstwirtschaftliche Tätigkeiten ausgeübt werden,
- die **nicht ganzjährig** anfallen.

Diese Regelung ist auf die land- und forstwirtschaftlichen Arbeitsabläufe zugeschnitten, die geprägt sind von saisonbedingten Arbeiten, die sowohl vom Arbeitsinhalt als auch vom zeitlichen Ablauf her vorübergehend sind, wie dies z. B. beim Pflanzen und bei der Ernte besonders offenkundig wird. Da solche Arbeitsabläufe erfahrungsgemäß von vorübergehender Dauer sind, muss sich auch das Dienstverhältnis auf eine solche vorübergehende Arbeit beziehen. Hieraus folgt, dass Arbeiten, die das ganze Jahr über anfallen, nicht Gegenstand der Pauschalierung mit 5 % sein können wie z. B. Vieh füttern, melken oder saisonunabhängige Kellerarbeiten in einem Weinbaubetrieb (Abfüllen, Etikettieren). Zum einen sind insoweit keine Unterschiede zu Aushilfstätigkeiten außerhalb der Land- und Forstwirtschaft erkennbar. Zum anderen ist nicht entscheidend, dass etwa eine Aushilfskraft für eine vorübergehende Dauer tätig wird, sondern dass die **Arbeit als solche** von ihrer Art her **von vorübergehender Dauer** ist. Dies ist bei Arbeiten, die keinen erkennbaren Abschluss in sich tragen, sondern das ganze Jahr über anfallen, nicht der Fall.

Der Bundesfinanzhof hat in zwei Urteilen vom 25.10.2005 (BStBl. 2006 II S. 204 und 206) die Voraussetzungen für das Vorliegen von land- und forstwirtschaftlichen Saisonarbeiten wie folgt zusammengefasst:

- Land- und forstwirtschaftliche Arbeiten fallen nicht ganzjährig an und sind daher begünstigt, wenn sie wegen der Abhängigkeit vom Lebensrhythmus der produzierten Pflanzen oder Tiere einen erkennbaren Abschluss in sich tragen. Dementsprechend können darunter auch Arbeiten fallen, die im Zusammenhang mit der Viehhaltung stehen.
- Wenn die Tätigkeit des Ausmistens nicht laufend, sondern nur im Zusammenhang mit dem einmal jährlich erfolgenden Vieh-Austrieb auf die Weide möglich ist, handelt es sich um eine nicht ganzjährig anfallende Arbeit. Unschädlich ist, dass ähnliche Tätigkeiten bei anderen Bewirtschaftungsformen ganzjährig anfallen können.
- Reinigungsarbeiten, die ihrer Art nach während des ganzen Jahres anfallen (hier: Reinigung der Güllekanäle und Herausnahme der Güllespalten), sind nicht vom Lebensrhythmus der produzierten Pflanzen der Tiere abhängig und sind daher keine begünstigten saisonbedingten Arbeiten.

Beispiel A

Ein Landwirt stellt seine Mastbullen vom Frühjahr bis zum Herbst auf die Weide. Für das im Frühjahr anfallende Ausmisten des Tierstalls engagiert er eine Aushilfe.

Da die Tätigkeit des Ausmistens nur im Zusammenhang mit dem einmal jährlich erfolgenden Vieh-Austrieb auf die Weide möglich ist, handelt es sich um eine nicht ganzjährig anfallende Arbeit. Eine Pauschalierung der Lohnsteuer für den Arbeitslohn der Aushilfe mit 5% ist zulässig.

Um zu vermeiden, dass Saisonaushilfen aus der Pauschalierung mit 5 % herausfallen, wenn sie kurzfristig für land- und forstwirtschaftliche Arbeiten eingesetzt werden, die das ganze Jahr über anfallen, gilt nach § 40a Abs. 3 Satz 2 EStG eine Milderungsregelung. Diese besagt, dass es für eine Pauschalierung der Lohnsteuer mit 5 % **unschädlich** ist, wenn die Saisonaushilfen auch mit land- und forstwirtschaftlichen Arbeiten beschäftigt werden, die das ganze Jahr über anfallen, diese Arbeiten aber **25 % der Gesamtbeschäftigungsdauer** nicht überschreiten. Übt also eine Aushilfskraft innerhalb der 180-Tage-Grenze eine Mischtätigkeit aus, muss der Arbeitgeber darauf achten, dass der Arbeitnehmer mindestens zu 75 % ausschließlich mit saisonbedingten Arbeiten beschäftigt wird, da ansonsten eine Pauschalierung der Lohnsteuer mit 5 % nicht möglich ist (vgl. hierzu auch BFH-Urteil vom 25.10.2005, BStBl. 2006 II S. 206).

Beispiel B

Eine Aushilfskraft wird von einem Winzer zur Weinlese für 20 Tage eingestellt. Da an fünf Tagen wegen schlechten Wetters eine Weinlese nicht möglich ist, wird die Aushilfskraft mit dem Spülen und Etikettieren von Weinflaschen beschäftigt.

Beim Spülen und Etikettieren von Weinflaschen handelt es sich um saisonunabhängige Arbeiten, die für sich betrachtet nicht die Voraussetzungen für eine Pauschalierung der Lohnsteuer mit 5 % erfüllen. Da die Aushilfskraft aber zur Weinlese – also einer typischen Saisonarbeit – eingestellt worden ist, und die saisonunabhängigen Tätigkeiten nur **25 %** der Gesamtbeschäftigungsdauer betragen, ist eine Pauschalierung der Lohnsteuer mit 5 % für den gesamten Beschäftigungszeitraum zulässig.

Um die Pauschalierungsvoraussetzungen dem Finanzamt nachweisen zu können, wenn dieses eine Lohnsteuer-Außenprüfung durchführt, muss der Arbeitgeber darauf achten, dass sowohl die Art der Beschäftigung als auch

Lohn- steuer- pflichtig | Sozial- versich.- pflichtig

deren genaue zeitliche Dauer in den Lohnunterlagen festgehalten wird (vgl. nachfolgenden Buchstaben h sowie nachfolgende Nr. 9).

g) Durchschnittlicher Stundenlohn höchstens 15 €

Voraussetzung für die Pauschalierung der Lohnsteuer mit 5 % ist außerdem, dass der durchschnittliche Stundenlohn 15 € nicht übersteigt. Weitere Voraussetzungen wie das Einhalten einer wöchentlichen Stundengrenze oder einer monatlichen (täglichen, wöchentlichen) Entgeltgrenze sind **nicht** erforderlich. Die Tageslohngrenze von 120 € bei kurzfristiger Beschäftigung (vgl. vorstehende Nr. 4) gilt nicht für Aushilfskräfte in der Land- und Forstwirtschaft.

Beispiel

In einem Weinbaubetrieb wird im Frühjahr, Sommer und im Herbst dieselbe Aushilfskraft jeweils für vier Wochen beschäftigt. Als Arbeitslohn ist der jeweils höchste pauschalierungsfähige Stundenlohnsatz vereinbart. Dies sind 15 €. Der Wochenlohn beträgt somit bei einer wöchentlichen Arbeitszeit von 40 Stunden (15 € × 40 Stunden =) 600 €, für vier Wochen also 2400 €.

Wenn es sich nicht um eine land- und forstwirtschaftliche Fachkraft handelt, kann die Lohnsteuer mit 5 % pauschaliert werden:

Lohnsteuer: 5 % von 2400 €	120,– €
Solidaritätszuschlag: 5,5 % von 120 €	6,60 €
Kirchensteuer: (z. B. in Bayern) 7 % von 120 €	8,40 €

Falls die Aushilfskraft keine weiteren kurzfristigen Beschäftigungen innerhalb eines Jahres ausübt, besteht Versicherungsfreiheit in der Sozialversicherung (vgl. das Stichwort „Geringfügige Beschäftigung" unter Nr. 16).

Für die Prüfung der Stundenlohngrenze von 15 € ist vom **durchschnittlichen** Stundenlohn auszugehen. Der durchschnittliche Stundenlohn ist aus der Zahl der tatsächlichen Arbeitsstunden und dem Gesamtlohn während der Beschäftigungsdauer zu errechnen (vgl. das Beispiel unter der vorstehenden Nr. 4 Buchstabe c). Etwaige steuerpflichtige sonstige Bezüge sind dabei gleichmäßig auf die Zeiträume der erbrachten Arbeitsleistung zu verteilen. Bei längerfristigen Aushilfsbeschäftigungen kommt es vor, dass der zu Beginn gezahlte Stundenlohn später erhöht wird. In diesem Fall ist der später vereinbarte höhere Stundenlohn nicht in die Berechnung des Stundenlohns für die gesamte Beschäftigungsdauer einzubeziehen, wenn sich dadurch für die gesamte Beschäftigungsdauer ein durchschnittlicher Stundenlohn von über 15 € ergibt. Die Voraussetzungen für die Pauschalierung entfallen vielmehr erst ab dem Zeitpunkt, ab dem der Stundenlohn erstmals 15 € übersteigt.

h) Aufzeichnungsvorschriften

Wegen den allgemein geltenden Aufzeichnungsvorschriften vgl. die Erläuterungen unter der folgenden Nr. 9. Darüber hinaus sind Angaben über die **Art der Beschäftigung** zu vermerken (z. B. „Erntehelfer"). Außerdem ist bei einer Mischtätigkeit (vgl. die Erläuterungen unter dem vorstehenden Buchstaben f) die **Dauer** der begünstigten Saisonarbeit aufzuzeichnen.

6. Auswirkung der Pauschalierung auf eine Veranlagung zur Einkommensteuer

a) Allgemeines

Die mit 25 %, 20 %, 5 % oder 2 % pauschal besteuerten Arbeitslöhne und die hierauf entfallende pauschale Lohn- und Kirchensteuer sowie der Solidaritätszuschlag bleiben bei einer etwaigen Veranlagung der Arbeitnehmer zur Einkommensteuer außer Betracht. Die Pauschalierung stellt somit die endgültige Besteuerung des Arbeitslohns dar. Der Arbeitnehmer kann deshalb auch Aufwendungen, die mit dem pauschal besteuerten Arbeitslohn zusammenhängen, nicht als Werbungskosten abziehen.

Eine **fehlerhafte** Pauschalbesteuerung ist allerdings für die Veranlagung zur Einkommensteuer **nicht bindend** (BFH-Urteil vom 10.6.1988, BStBl. II S. 981). Wird die Pauschalierung bei einer Veranlagung des Arbeitnehmers vom Finanzamt rückgängig gemacht, hat der **Arbeitgeber** einen Anspruch auf Erstattung der pauschalen Lohn- und Kirchensteuer und des Solidaritätszuschlags (vgl. „Änderung der Lohnsteuerpauschalierung").

b) Abzug der pauschalen Arbeitgeberbeiträge von 15 % bzw. 5 % bei geringfügig entlohnten Beschäftigungen als Sonderausgaben

Arbeitnehmer, die eine geringfügig entlohnte Beschäftigung ausüben, sich nicht von der Rentenversicherungspflicht befreien lassen und einen eigenen Arbeitnehmeranteil entrichten, erwerben die vollen Leistungsansprüche der gesetzlichen Rentenversicherung. Dieser Beitragsanteil des Arbeitnehmers gehört zu den Sonderausgaben im Sinne des § 10 Abs. 1 Nr. 2 Buchstabe a EStG und kann **auf Antrag** bei der Veranlagung zur Einkommensteuer geltend gemacht werden (Eintrag in Zeile 6 der Anlage „Vorsorgeaufwand" zur Einkommensteuererklärung).

Ebenso werden auf Antrag die pauschalen Arbeitgeberbeiträge zur Rentenversicherung in Höhe von 15 % bei normalen Minijobs bzw. 5 % bei Minijobs in Privathaushalten in eine Veranlagung zur Einkommensteuer mit einbezogen (§ 10 Abs. 1 Nr. 2 Satz 7 EStG). Dies gilt selbst dann, wenn der Arbeitnehmer wegen Befreiung von der Rentenversicherungspflicht keinen eigenen Beitragsanteil zu leisten hat. Für die Eintragung des pauschalen Arbeitgeberanteils ist die Zeile 10 der Anlage „Vorsorgeaufwand" zur Einkommensteuererklärung vorgesehen. Die Pauschalbeiträge von 15 % bzw. 5 % werden einerseits den Rentenversicherungsbeiträgen zugerechnet, andererseits als steuerfreie Arbeitgeberbeiträge zur Rentenversicherung wieder abgezogen (vgl. Erläuterungen in Anhang 8a). Es ist daher zu prüfen, ob ein solcher Antrag tatsächlich vorteilhaft ist.

7. Ehegattenarbeitsverhältnis[1)]

Auch bei steuerlich anzuerkennenden Ehegattenarbeitsverhältnissen kann die Lohnsteuer stets mit 25 %, 20 %, 5 % oder 2 % pauschaliert werden, wenn die in § 40a EStG festgelegten Voraussetzungen vorliegen. Ob die Pauschalierung – auf das Gesamteinkommen der Ehegatten oder auf die Lohnsteuer des einzelnen bezogen – zu einer Steuerersparnis führt, ist unerheblich und nicht zu prüfen.

Insbesondere bei Ehegattenarbeitsverhältnissen ist jedoch das BFH-Urteil vom 20.12.1991 (BStBl. 1992 II S. 695) zu beachten, nach dem es nicht zulässig ist, **im Laufe des Kalenderjahres** zwischen der Regelbesteuerung (nach den individuellen Lohnsteuerabzugsmerkmalen des Arbeitnehmers) und der Pauschalbesteuerung zu wechseln, wenn dieser Wechsel ausschließlich dazu dient, die bei den Einkünften aus nichtselbstständiger Arbeit anzusetzenden Frei- und Pauschbeträge auszunützen.

Andererseits hat der Bundesfinanzhof aber auch entschieden, dass der Ehemann als Arbeitgeber **nach Ablauf des Kalenderjahres** die Pauschalbesteuerung des Arbeitslohns für die in seinem Betrieb angestellte Ehefrau rückgängig machen und zur Regelbesteuerung nach den individuellen Lohnsteuerabzugsmerkmalen des Arbeitnehmer-Ehegatten übergehen kann (BFH-Urteil vom 26.11.2003, BStBl. 2004 II S. 195).

Die Lohnabrechnung für ein Ehegattenarbeitsverhältnis auf 520-Euro-Basis soll anhand des folgenden Beispiels verdeutlicht werden:

1) Die nachfolgenden Grundsätze gelten entsprechend bei eingetragenen Lebenspartnern (§ 2 Abs. 8 EStG).

Beispiel

Die unter Verzicht auf die Rentenversicherungspflicht bei ihrem Ehemann beschäftigte Ehefrau erhält einen Monatslohn von 520 €. Im November 2022 leistet sie eine Vielzahl von Überstunden, weil eine andere Teilzeitkraft durch Krankheit unvorhergesehen ausfällt. Im November 2022 beträgt der aufgrund der Überstunden zutreffend berechnete Arbeitslohn deshalb 1000 €.

Es liegt eine geringfügige Beschäftigung vor. Der Arbeitgeber, das heißt der Ehemann, muss einen pauschalen Arbeitgeberanteil zur Rentenversicherung in Höhe von 15 % und (wenn die Ehefrau in der gesetzlichen Krankenversicherung versichert ist) auch einen pauschalen Arbeitgeberanteil zur Krankenversicherung in Höhe von 13 % entrichten. Außerdem muss der Arbeitgeber 2 % Pauschalsteuer bezahlen. Dies gilt auch für den Monat November 2022, da ein gelegentliches **unvorhergesehenes** Überschreiten der 520-Euro-Grenze nicht zum Wegfall einer geringfügigen Beschäftigung führt.

Für November 2022 ergibt sich folgende Lohnabrechnung:

Monatslohn		1000,– €
Lohnsteuer	0,– €	
Solidaritätszuschlag	0,– €	
Kirchensteuer	0,– €	
Sozialversicherung (Arbeitnehmeranteil)	0,– €	0,– €
auszuzahlender Betrag		1000,– €

Der Arbeitgeber muss im November 2022 folgende Pauschalabgaben zahlen (aus 1000 €):

Lohnsteuer (einschließlich Solidaritätszuschlag und Kirchensteuer)	2 %	20,– €
Krankenversicherung pauschal	13 %	130,– €
Rentenversicherung pauschal	15 %	150,– €
Umlage U 1	0,9 %	9,– €
Umlage U 2	0,29 %	2,90 €
Insolvenzgeldumlage	0,09 %	0,90 €
insgesamt		312,80 €

Ist die Ehefrau zusammen mit ihrem Ehemann privat krankenversichert, entfällt der pauschale Arbeitgeberanteil zur Krankenversicherung in Höhe von 13 %.

Hat die Ehefrau sich nicht von der Rentenversicherungspflicht befreien lassen, muss sie einen Arbeitnehmerbeitrag zur Rentenversicherung in Höhe von 3,6 % bezahlen. Für November 2022 ergibt sich folgende Lohnabrechnung:

Monatslohn		1000,– €
Lohnsteuer	0,– €	
Solidaritätszuschlag	0,– €	
Kirchensteuer	0,– €	
Arbeitnehmeranteil zur Rentenversicherung 3,6 %	36,– €	36,– €
Nettolohn		964,– €
Arbeitgeberanteil (30 % von 1000 € =)		300,– €

In den übrigen Monaten beträgt der Arbeitnehmerbeitrag zur Rentenversicherung 3,6 % von 450 € = 16,20 €. Der Arbeitgeberbeitrag beträgt in den übrigen Monaten 30 % von 450 € = 135 €.

Zur Entgeltumwandlung zugunsten einer betrieblichen Altersversorgung und der Problematik der sog. „Überversorgung" bei Ehegattenarbeitsverhältnissen vgl. die Erläuterungen beim Stichwort „Zukunftsicherung" unter Nr. 18.

8. Abwälzung der pauschalen Lohnsteuer auf den Arbeitnehmer

Eine Abwälzung der pauschalen Lohnsteuer auf den Arbeitnehmer ist bei allen Pauschalierungsmöglichkeiten zulässig (2 %, 5 %, 20 % oder 25 %). Denn die Abwälzung der pauschalen Lohnsteuer auf den Arbeitnehmer ist ein arbeitsrechtlicher Vorgang, durch den die Pauschalierung als solche nicht unzulässig wird. Allerdings ist § 40 Abs. 3 Satz 2 EStG[1)] zu beachten, der besagt, dass die auf den Arbeitnehmer abgewälzte pauschale Lohnsteuer **als zugeflossener Arbeitslohn gilt und die Bemessungsgrundlage nicht mindern darf.** Wie sich eine steuerlich **unzulässige** Kürzung der Bemessungsgrundlage bei einer Abwälzung der Pauschalsteuer auf den Arbeitnehmer rechnerisch darstellt, soll an einem Beispiel verdeutlicht werden:

Beispiel A

Der Stundenlohn einer teilzeitbeschäftigten Arbeitnehmerin beträgt nach dem Arbeitsvertrag 14 €. Die Arbeitszeit der Arbeitnehmerin beträgt monatlich 30 Stunden, sodass sich ein Bruttolohnanspruch von monatlich 420 € ergibt. Da die Arbeitnehmerin nicht nach ihren individuellen Lohnsteuerabzugsmerkmalen besteuert werden will, vereinbart der Arbeitgeber mit ihr, dass die 2 %ige Pauschalsteuer im Innenverhältnis von der Arbeitnehmerin getragen wird. Wird die Bemessungsgrundlage um die vom Arbeitnehmer übernommene Pauschalsteuer gekürzt, ergibt sich folgende Lohnabrechnung:

Auszahlungsbetrag 98,0392 % von 420 €	411,76 €
Pauschalsteuer hierauf 2 %	8,24 €
Bruttolohnanspruch	420,– €

Die im Beispiel A dargestellte **Rückrechnung ist nicht zulässig.** Denn die abgewälzte Pauschalsteuer darf die Bemessungsgrundlage nicht mindern, sodass sich folgende zutreffende Berechnung der pauschalen Lohnsteuer ergibt:

Beispiel B

Sachverhalt wie Beispiel A.

Monatslohn	420,– €
Pauschalsteuer hierauf 2 %	8,40 €
Für die Arbeitnehmerin ergibt sich folgende Abrechnung:	
Monatslohn	420,– €
im Innenverhältnis übernommene Pauschalsteuern	8,40 €
Auszahlungsbetrag	**411,60 €**

Ist der Arbeitgeber bei der Zahlung des Arbeitslohns arbeitsrechtlich nicht gebunden, das heißt, dass er den Stundenlohn der Höhe nach beliebig festlegen kann, könnte er daran denken, den Stundenlohn so weit herabzusetzen, dass er rein rechnerisch zu dem im Beispiel A dargestellten Ergebnis kommt.

Beispiel C

Das Arbeitsverhältnis der Arbeitnehmerin im Beispiel A ist nicht tarifgebunden. Der Arbeitgeber kann deshalb den Stundenlohn frei vereinbaren. Er vereinbart einen Stundenlohn von 13,72 € und die Übernahme der hierauf entfallenden 2 %igen Pauschalsteuer. Bei einer monatlichen Arbeitszeit von 30 Stunden ergibt sich folgende Lohnabrechnung:

Auszahlungsbetrag (13,72 € × 30 =)	411,60 €
Pauschalsteuer hierauf 2 %	8,40 €
insgesamt	420,– €

Damit wäre der Arbeitgeber rein rechnerisch wieder beim alten Ergebnis.

In § 40 Abs. 3 Satz 2 EStG ist jedoch bestimmt worden, dass die auf den Arbeitnehmer abgewälzte pauschale Lohnsteuer **als zugeflossener Arbeitslohn gilt.** Das bedeutet Folgendes: Stellt das Finanzamt bei einer Lohnsteuer-Außenprüfung z. B. anhand von arbeitsvertraglichen Unterlagen fest, dass die gesetzliche Regelung – wie im Beispiel C dargestellt – durch eine Kürzung des Arbeitslohns um die pauschale Lohnsteuer unterlaufen wurde, kann es die hierauf entfallende Lohnsteuer nachholen, da die in Form der Lohnkürzung auf den Arbeitnehmer abgewälzte Pauschalsteuer als zugeflossener Arbeitslohn gilt.

9. Aufzeichnungsvorschriften

Nach § 4 Abs. 2 Nr. 8 Satz 4 LStDV[2)] hat der Arbeitgeber bei einer Pauschalierung der Lohnsteuer für Teilzeitbeschäftigte und Aushilfskräfte Aufzeichnungen zu führen, aus denen bezogen auf den einzelnen Arbeitnehmer folgende Mindestangaben ersichtlich sein müssen:

1) § 40 Abs. 3 Satz 2 EStG gilt durch die Verweisung in § 40a Abs. 5 EStG auch bei einer Pauschalierung der Lohnsteuer für Aushilfskräfte und Teilzeitbeschäftigte.

2) Die Lohnsteuer-Durchführungsverordnung (LStDV) ist als Anhang 1 im **Steuerhandbuch für das Lohnbüro 2022** abgedruckt, das im selben Verlag erschienen ist.

- Name und Anschrift,
- Dauer der Beschäftigung,
- Tag der Zahlung,
- Höhe des Arbeitslohnes (auch steuerfreier Arbeitslohn und z. B. pauschal besteuerte Fahrtkostenzuschüsse),
- Art der Beschäftigung (nur bei Aushilfskräften in der Land- und Forstwirtschaft).

Ein Unterzeichnen oder Quittieren der Lohnabrechnung durch den Arbeitnehmer ist nicht erforderlich.

Die genannten Aufzeichnungen sind zwar nicht materiellrechtliche Voraussetzung für die Pauschalierung; bei fehlenden oder fehlerhaften Aufzeichnungen ist die Pauschalierung aber nur zulässig, wenn die Pauschalierungsvoraussetzungen auf andere Weise nachgewiesen oder zumindest glaubhaft gemacht werden (z. B. durch Arbeitsnachweise, Zeitkontrollen, Zeugenaussagen usw.); vgl. BFH-Urteil vom 12.6.1986, BStBl. II S. 681.

Die Aufzeichnungen über die Beschäftigungsdauer müssen den Zweck erfüllen, den Stundenlohn in denjenigen Pauschalierungsfällen zu ermitteln, in denen es unter anderem Voraussetzung ist, dass der **Stundenlohn 15 € nicht übersteigt.** Dies sind die Pauschalierungen mit 25 % für Aushilfskräfte und mit 5 % für Aushilfskräfte in der Land- und Forstwirtschaft. Als Beschäftigungsdauer ist in diesen Fällen jeweils die Zahl der tatsächlichen Arbeitsstunden (à 60 Minuten) in dem jeweiligen Monat aufzuzeichnen (BFH-Urteil vom 10.9.1976, BStBl. 1977 II S. 17). Es genügen also Aufzeichnungen über die Anzahl der Arbeitsstunden, z. B. anhand von Stunden- oder Strichlisten. Nicht erforderlich ist dagegen die Aufzeichnung der genauen Uhrzeit (z. B. beschäftigt am 9.8.2022 von 7.30 Uhr bis 12.30 Uhr). Stundenaufzeichnungen in Form von Stunden- oder Strichlisten sind steuerlich entbehrlich, wenn sich die Zahl der Arbeitsstunden aus dem Arbeitsvertrag ergibt und etwaige Abweichungen festgehalten werden.

Bei einer Pauschalierung der Lohnsteuer mit 25 % für kurzfristig beschäftigte Aushilfskräfte (vorstehend erläutert unter Nr. 4) ist neben den tatsächlichen Arbeitsstunden zur Überprüfung der übrigen Voraussetzungen (18 zusammenhängende Arbeitstage, durchschnittlicher Arbeitslohn nicht mehr als 120 € je Tag) die Zahl der Arbeitstage festzuhalten.

Bei einer Pauschalierung der Lohnsteuer mit 5 % für Aushilfskräfte in der Land- und Forstwirtschaft ist zusätzlich zur genauen zeitlichen Dauer der Beschäftigung auch die **Art der Tätigkeit** aufzuzeichnen, damit geprüft werden kann, ob die Aushilfskraft

- ausschließlich typische land- und forstwirtschaftliche Tätigkeiten ausgeübt hat,
- die nicht ganzjährig anfallen (25 %-Regelung).

Bei Lohnsteuer-Außenprüfungen prüft die Finanzverwaltung die Identität der Arbeitslohnempfänger (Name und Anschrift) besonders intensiv. Denn häufig haben entsprechende Nachforschungen ergeben, dass die betreffenden Personen nicht existieren. Den Arbeitgebern kann deshalb nur dringend geraten werden, die Aufzeichnung der Arbeitslohnempfänger nicht auf die leichte Schulter zu nehmen. Kann nämlich das Finanzamt die bezeichneten Personen nicht ermitteln, geht dies zu Lasten des Arbeitgebers und zwar auch dann, wenn die Aushilfskraft einen falschen Namen angegeben haben sollte. Der Betriebsausgabenabzug der Lohnaufwendungen kann in diesem Fall beim Arbeitgeber versagt werden (§ 160 AO).

Die Aufzeichnungsvorschriften für Zwecke der **Sozialversicherung** sind beim Stichwort „Geringfügige Beschäftigung“ unter Nr. 18 erläutert. Vgl. außerdem das Stichwort „Mindestlohn“.

Lohn- steuer- pflichtig Sozial- versich.- pflichtig

10. Pauschalierung der Kirchensteuer

Ist der Arbeitgeber zur Pauschalierung und damit zur Übernahme der Lohnsteuer als Steuerschuldner bereit, dann ist er bei einer Pauschalierung der Lohnsteuer mit 20 %, 25 % oder 5 % auch verpflichtet, eine pauschale Kirchensteuer zu übernehmen. Nur bei der 2 %igen Pauschalsteuer (vorstehend erläutert unter Nr. 2) ist auch die Kirchensteuer mit diesem Steuersatz abgegolten. Fällt die Kirchensteuer zusätzlich an, ist Bemessungsgrundlage für die pauschale Kirchensteuer die pauschale Lohnsteuer von 20 %, 25 % oder 5 %. Der Steuersatz für die pauschale Kirchensteuer ist in den einzelnen Bundesländern unterschiedlich hoch. Eine Gesamtübersicht der pauschalen Kirchensteuersätze ist beim Stichwort „Kirchensteuer“ unter Nr. 10 Buchstabe b abgedruckt.

Diejenigen Arbeitnehmer, die **nachgewiesenermaßen** keiner kirchensteuerberechtigten Religionsgemeinschaft angehören oder beschränkt steuerpflichtig sind, kann der Arbeitgeber aus der Kirchensteuerpauschalierung herausnehmen. Führt der Arbeitgeber für einen Teil der Arbeitnehmer, deren Lohnsteuer pauschaliert wird, den Nachweis, dass sie nicht kirchensteuerpflichtig sind, ist die Kirchensteuer für die übrigen Arbeitnehmer mit dem **vollen** Kirchensteuersatz von 8 % oder 9 % (Regelsteuersatz) und nicht mit dem für Pauschalierungsfälle im vereinfachten Verfahren vorgesehenen ermäßigten Kirchensteuersatz zu berechnen.[1]

Beispiel

Ein Arbeitgeber in Bayern beschäftigt Aushilfskräfte ohne Nachweis der individuellen Lohnsteuerabzugsmerkmale. Er pauschaliert die Lohnsteuer mit 25 %. Der Arbeitgeber hat zwei Möglichkeiten, die Kirchensteuer zu berechnen:

- entweder er pauschaliert für **alle** Aushilfskräfte die Kirchensteuer mit **7 %** der pauschalen Lohnsteuer **oder**
- er lässt sich von den Aushilfskräften, die nicht kirchensteuerpflichtig sind, eine entsprechende Erklärung unterschreiben und nimmt diese als Beleg zum Lohnkonto. Die pauschale Lohnsteuer, die auf diese nicht kirchensteuerpflichtigen Aushilfskräfte entfällt, scheidet aus der Bemessungsgrundlage für die Berechnung der pauschalen Kirchensteuer aus. Für die restliche pauschale Lohnsteuer muss die Kirchensteuer mit dem **normalen** Kirchensteuersatz von **8 %** errechnet werden.

Der Arbeitgeber muss also **nachweisen,** dass ein Teil der Arbeitnehmer, für die die Lohnsteuer pauschaliert werden soll, keiner kirchensteuerberechtigten Religionsgemeinschaft angehören. Dieser Nachweis ist bei einer Pauschalierung der Lohnsteuer für Aushilfskräfte und Teilzeitbeschäftigte durch eine Erklärung zur Kirchensteuerpflicht nach amtlichem Muster zu erbringen. Das Muster der amtlichen Erklärung zur Kirchensteuerpflicht ist beim Stichwort „Kirchensteuer“ unter Nr. 10 Buchstabe d abgedruckt.

11. Solidaritätszuschlag

Wird die Lohnsteuer mit 20 %, 25 % oder 5 % pauschaliert, wird auch weiterhin ein Solidaritätszuschlag zur Lohnsteuer erhoben. Nur bei der 2 %igen Pauschalsteuer (vorstehend erläutert unter Nr. 2) ist auch der Solidaritätszuschlag mit dem Pauschalsteuersatz von 2 % abgegolten. Der Solidaritätszuschlag beträgt **5,5 %** der pauschalen Lohnsteuer. Die bei der Erhebung des Solidaritätszuschlags nach den individuellen Lohnsteuerabzugsmerkmalen des Arbeitnehmers zu beachtende Nullzone sowie der Übergangsbereich sind bei einer Pauschalierung der Lohnsteuer **nicht** anwendbar. Auf die ausführlichen Erläuterungen beim Stichwort „Solidaritätszuschlag“ besonders unter Nr. 8 wird Bezug genommen.

1) Gleich lautende Erlasse der obersten Finanzbehörden der Länder vom 8.8.2016 (BStBl. I S. 773). Der gleich lautende Erlass ist als Anlage 1 zu H 40a.1 LStR im **Steuerhandbuch für das Lohnbüro 2022** abgedruckt, das im selben Verlag erschienen ist.

Lohnsteuerpflichtig | Sozialversich.-pflichtig

12. Berücksichtigung von Freibeträgen und Hinzurechnungsbeträgen bei geringfügig entlohnten Beschäftigungen

Hat ein Arbeitnehmer mehrere 520-Euro-Jobs oder ein Rentner mehrere Betriebsrenten oder Minijobs, kann es vorkommen, dass bei Anwendung der Steuerklasse VI während des Kalenderjahres Lohnsteuer einbehalten werden muss, die nach Ablauf des Jahres im Wege einer Veranlagung zur Einkommensteuer wieder zu erstatten ist, weil der Arbeitnehmer mit seinem gesamten zu versteuernden Einkommen unter dem steuerlichen Grundfreibetrag liegt. Deshalb gibt es die Möglichkeit, dass sich ein Arbeitnehmer, dessen Arbeitslohn aus dem ersten Dienstverhältnis noch im steuerfreien Bereich der Jahreslohnsteuertabelle liegt, einen Freibetrag beim zweiten Dienstverhältnis eintragen lassen kann, **wenn in gleicher Höhe ein Hinzurechnungsbetrag** bei seinem ersten Dienstverhältnis berücksichtigt wird.

Das Verfahren gilt also nur für diejenigen Arbeitnehmer, deren Arbeitslohn aus dem ersten Dienstverhältnis so niedrig ist, dass er noch im steuerfreien Bereich der Monatslohnsteuertabelle liegt (vgl. das Stichwort „Tarifaufbau"). Die Eingangsbeträge der Monatslohnsteuertabelle, bis zu denen keine Lohnsteuer anfällt, betragen aufgrund des Steuerentlastungsgesetzes 2022 für das Kalenderjahr 2022:

Steuerklasse	Allgemeine Monatstabelle für sozialversicherungspflichtige Arbeitnehmer	Besondere Monatstabelle für nicht sozialversicherungspflichtige Arbeitnehmer
I	1 210 €	1 097 €
II	1 588 €	1 458 €
III	2 264 €	2 078 €
IV	1 210 €	1 097 €
V	129 €	117 €

Hat ein sozialversicherungspflichtiger Arbeitnehmer bei seinem ersten Dienstverhältnis z. B. die Steuerklasse I und ist sein Arbeitslohn aus dem **ersten** Dienstverhältnis niedriger als 1210 € monatlich, kann er **beliebig zwischen 0 und 1210 € einen monatlichen Freibetrag auswählen** und bei seinem **zweiten** Dienstverhältnis berücksichtigen lassen. In gleicher Höhe wird dann ein Hinzurechnungsbetrag bei seinem ersten Dienstverhältnis mit der Steuerklasse I berücksichtigt. Die Wahl des Freibetrags ist also nicht auf die Differenz zwischen dem Jahresarbeitslohn aus dem ersten Dienstverhältnis und dem Eingangsbetrag der Jahreslohnsteuertabelle beschränkt. Damit wird dem Arbeitnehmer ein großer Entscheidungsspielraum zugestanden. Die Wahl des zutreffenden Freibetrags soll am Beispiel eines Rentners, der nebenher zwei 300-Euro-Jobs ausübt und außerdem eine Betriebsrente bezieht, näher erläutert werden.

Beispiel

Ein alleinstehender Rentner, der am 16. April 2015 das 65. Lebensjahr vollendet hat, erhält seit 1. Mai 2015 eine Altersrente in Höhe von 900 € monatlich. Der steuerpflichtige Teil dieser Rente beträgt 70 % (vgl. die Erläuterungen beim Stichwort „Renten"). Von seinem früheren Arbeitgeber erhält der Rentner eine Betriebsrente in Höhe von 260 € monatlich. Den Lohnsteuerabzug für die Betriebsrente führt der frühere Arbeitgeber nach Steuerklasse I durch. Bei der Durchführung des Lohnsteuerabzugs für die Betriebsrente ergibt sich im Kalenderjahr 2022 Folgendes:

Betriebsrente	260,– €	260,– €
abzüglich Versorgungsfreibetrag (24 % von 260 €)	63,– €	
verbleiben	197,– €	
abzüglich Zuschlag zum Versorgungsfreibetrag	45,– €	
verbleiben	152,– €	
Lohnsteuer (für 152 € nach Steuerklasse I)	0,– €	
Solidaritätszuschlag	0,– €	
Kirchensteuer	0,– €	0,– €
Nettobetriebsrente		260,– €

Außerdem hat der Rentner bei den Arbeitgebern A und B zwei Nebenjobs, für die er jeweils 300 € monatlich erhält. Beide Nebenjobs werden nach der Steuerklasse VI besteuert. Sowohl beim Arbeitgeber A als auch beim Arbeitgeber B ergibt sich folgende Lohnabrechnung:

Arbeitslohn	300,– €	300,– €
abzüglich Altersentlastungsbetrag (24 % von 300 €)	72,– €	
verbleiben	228,– €	
Lohnsteuer (für 228 € nach Steuerklasse VI)	28,– €	
Solidaritätszuschlag	0,– €	
Kirchensteuer (8 %)	2,24 €	30,24 €
Nettolohn beim Arbeitgeber A und B jeweils		269,76 €

Die Steuerabzugsbeträge in Höhe von (12 × 30,24 € = 362,88 € × 2 =) 725,76 € muss sich der Arbeitnehmer im Wege einer Veranlagung zur Einkommensteuer nach Ablauf des Kalenderjahres vom Finanzamt wieder erstatten lassen. Dies kann der Arbeitnehmer vermeiden, wenn er sich bei **beiden** Arbeitsverhältnissen mit der Steuerklasse VI von seinem Wohnsitzfinanzamt einen Freibetrag von jeweils 228 € bilden lässt. Dementsprechend wird bei seinem ersten Arbeitsverhältnis mit der Steuerklasse I **ein Hinzurechnungsbetrag** von (2 × 228 € =) 456 € berücksichtigt. Dadurch ergibt sich sowohl bei den beiden 300-Euro-Jobs als auch beim Lohnsteuerabzug für die Betriebsrente keine Lohnsteuer.

Hat der Arbeitnehmer keinen Anspruch auf den Altersentlastungsbetrag, weil er noch nicht 64 Jahre alt ist, oder will der Arbeitnehmer den Altersentlastungsbetrag im Freibetragsverfahren außer Betracht lassen, kann er sich bei beiden Arbeitsverhältnissen mit der Steuerklasse VI von seinem Wohnsitzfinanzamt einen Freibetrag von jeweils 300 € bilden lassen. Dementsprechend wird bei seinem ersten Arbeitsverhältnis mit der Steuerklasse I ein Hinzurechnungsbetrag von (2 × 300 € =) 600 € eingetragen. Am lohnsteuerlichen Ergebnis ändert dies nichts.

Das Verfahren zur Eintragung von Freibeträgen und Hinzurechnungsbeträgen und die dabei beim Lohnsteuerabzug durch den Arbeitgeber zu beachtenden Besonderheiten sind ausführlich beim Stichwort „Hinzurechnungsbetrag beim Lohnsteuerabzug" erläutert.

13. Vermögenswirksame Leistungen für Aushilfskräfte und Teilzeitbeschäftigte

Das Vermögensbildungsgesetz gilt für unbeschränkt und beschränkt steuerpflichtige Arbeitnehmer im arbeitsrechtlichen Sinne und für Auszubildende, deren Arbeitsverhältnis oder Ausbildungsverhältnis deutschem Arbeitsrecht unterliegt.

Für die vermögenswirksame Anlage des Arbeitslohns ist es im Grundsatz ohne Bedeutung, ob der Arbeitslohn nach den individuellen Lohnsteuerabzugsmerkmalen oder pauschal mit 2 %, 5 %, 20 % oder 25 % besteuert wird. Denn auch pauschal besteuerter Arbeitslohn kann vermögenswirksam angelegt werden (vgl. die Erläuterungen beim Stichwort „Vermögensbildung der Arbeitnehmer" unter Nr. 4).

Die Anlage vermögenswirksamer Leistungen ist also nicht nur von den üblichen Lohnzahlungen möglich. Vermögenswirksam können auch z. B. angelegt werden:

- pauschal mit 2 %, 5 %, 20 % oder 25 % besteuerter Arbeitslohn für Aushilfskräfte und Teilzeitbeschäftigte;
- pauschal besteuerte sonstige Bezüge.

Auch bei einer Teilzeitbeschäftigung kann der Arbeitnehmer also Teile seines pauschal besteuerten Arbeitslohns vermögenswirksam anlegen. Auch der Arbeitgeber kann bei Teilzeitbeschäftigten zusätzlich zum normalen Arbeitslohn vermögenswirksame Leistungen gewähren; in der Praxis werden diese häufig anteilig – entsprechend der Teilzeitbeschäftigung – gezahlt. Diese zusätzlich gewährten vermögenswirksamen Leistungen sind aber bei der Prüfung, ob die Pauschalierungsgrenzen eingehalten werden, mit einzubeziehen und ebenso wie der normale Lohn für die Teilzeitbeschäftigung mit 25 %, 20 %, 5 % oder 2 % pauschal zu besteuern.

Der **Arbeitnehmer** muss nach Ablauf des Kalenderjahres die Gewährung der Sparzulage beim Wohnsitzfinanzamt beantragen. Hierzu muss der Arbeitnehmer mit dem Einkommensteuer-Erklärungsvordruck einen Antrag auf Festsetzung der Arbeitnehmer-Sparzulage beim Finanzamt einreichen, die **lediglich Angaben zur Person** enthält, wenn außer dem pauschal besteuerten Arbeitslohn keine anderen steuerpflichtigen Einnahmen im Kalenderjahr zugeflossen sind. Denn der pauschal besteuerte Arbeitslohn bleibt bei einer Veranlagung außer Betracht. Die angelegten vermögenswirksamen Leistungen werden grundsätzlich bis Ende Februar des Folgejahres vom Anlageinstitut an die Finanzverwaltung elektronisch übermittelt.

14. Lohnfortzahlungsversicherung

Auch Aushilfskräfte und Teilzeitbeschäftigte haben im Krankheitsfall einen Anspruch auf Lohnfortzahlung nach dem Entgeltfortzahlungsgesetz (vgl. das Stichwort „Entgeltfortzahlung"). Einzelheiten zur Lohnfortzahlungsversicherung sind in Teil B unter Nr. 10 erläutert.

15. Arbeitsvertrag für Aushilfskräfte und Teilzeitbeschäftigte

Nach dem sog. Nachweisgesetz muss der Arbeitgeber bei Teilzeitkräften spätestens einen Monat nach Beginn des Arbeitsverhältnisses die wesentlichen Vertragsbedingungen **schriftlich niederlegen, unterschreiben und** dem Arbeitnehmer **aushändigen.** Eine Ausnahme besteht nur für eine Aushilfstätigkeit von höchstens **einem** Monat. Eine Änderung wesentlicher Vertragsbedingungen muss spätestens einen Monat nach der Änderung schriftlich mitgeteilt werden. Die Pflicht zur schriftlichen Mitteilung der Vertragsbedingungen entfällt nur dann, wenn ein **schriftlicher Arbeitsvertrag** vorhanden ist, der die erforderlichen Angaben enthält. Es empfiehlt sich deshalb, in allen Fällen einen schriftlichen Arbeitsvertrag abzuschließen.

Tarifaufbau

Neues auf einen Blick:

Neben der rückwirkend ab dem 1.1.2022 vorgezogenen Anhebung der Entfernungspauschale ab dem 21. vollen Entfernungskilometer von 0,35 € auf 0,38 € ist es durch das **Steuerentlastungsgesetz 2022** ebenfalls **mit Rückwirkung ab dem 1.1.2022** zu folgenden **Tarifentlastungen** gekommen:

1. Erhöhung des Grundfreibetrags um 363 € bzw. 726 €

Der sog. Grundfreibetrag erhöht sich von bisher 9984 € (Einzelveranlagung) bzw. 19 968 € (Zusammenveranlagung) um 363 € bzw. 726 € auf nunmehr 10 347 € (Einzelveranlagung) bzw. 20 694 € (Zusammenveranlagung).

2. Anhebung des Arbeitnehmer-Pauschbetrags auf 1200 €

Der Arbeitnehmer-Pauschbetrag wird um 200 € von bisher 1000 € auf 1200 € angehoben.

3. Änderungen der bisherigen Lohnabrechnungen des Jahres 2022

Der bisher in 2022 vorgenommene Lohnsteuerabzug ist vom Arbeitgeber grundsätzlich zu korrigieren, wenn ihm dies – was die Regel ist – wirtschaftlich zumutbar ist. Die Art und Weise der Neuberechnung ist allerdings nicht zwingend festgelegt. Sie kann durch eine **Neuberechnung** zurückliegender Lohnzahlungszeiträume, durch eine **Differenzberechnung** für diese Lohnzahlungszeiträume oder durch eine **Erstattung** im Rahmen der Berechnung der Lohnsteuer für einen **demnächst fälligen sonstigen Bezug** erfolgen. Eine Verpflichtung zur Neuberechnung scheidet aus, wenn z. B. der Arbeitnehmer vom Arbeitgeber keinen Arbeitslohn mehr bezieht oder wenn die Lohnsteuerbescheinigung bereits übermittelt oder ausgeschrieben worden ist.

Gliederung:

1. Allgemeines
2. Wodurch unterscheidet sich die Lohnsteuertabelle mit der vollen Vorsorgepauschale von der Lohnsteuertabelle mit der gekürzten Vorsorgepauschale?
3. Anwendung der Grund- und Splittingtabelle
4. Berechnung der Lohnsteuer in den Steuerklassen V und VI
5. Progressiver Steuertarif
6. Spitzensteuersatz, Grenzsteuersatz und Durchschnittssteuersatz
7. Besteuerungsgrenzen in den einzelnen Steuerklassen
   a) Allgemeines
   b) Für 2022 geltende Besteuerungsgrenzen

1. Allgemeines

Die Lohnsteuer ist keine eigene Steuerart, sondern nur eine besondere Erhebungsform der Einkommensteuer für die „Einkünfte aus nichtselbstständiger Arbeit" (= Arbeitslohn).

Deshalb leitet sich der Lohnsteuertarif direkt aus dem Einkommensteuertarif ab, dessen Berechnungsformel in § 32a Abs. 1 EStG festgelegt ist. Um den Lohnsteuerabzug für den Arbeitgeber zu erleichtern, sind verschiedene **Steuerklassen** geschaffen worden, damit der dem Arbeitnehmer zustehende Grundfreibetrag, der Pauschbetrag für Werbungskosten, der Pauschbetrag für Sonderausgaben, die Vorsorgepauschale und bei Alleinerziehenden der Entlastungsbetrag für das erste Kind in den Lohnsteuertarif direkt eingearbeitet werden können (vgl. die Übersicht zum Aufbau der Steuerklassen I bis VI unter der nachfolgenden Nr. 7).

Der Arbeitgeber kann für die Berechnung der Lohn- und Kirchensteuer sowie des Solidaritätszuschlags entweder die im Buchhandel erhältlichen gedruckten Lohnsteuertabellen oder die stufenlose Formel des Einkommensteuertarifs nach § 32a Abs. 1 EStG verwenden. Die nach der stufenlosen Formel des Einkommensteuertarifs **maschinell ermittelte Lohnsteuer** kann geringfügig von der aus einer im Handel erhältlichen Tabelle abgelesenen Lohnsteuer abweichen, weil gedruckte Lohnsteuertabellen auf Tabellensprüngen von 36 € aufbauen, die der Gesetzgeber vorgegeben hat (§ 51 Abs. 4 Nr. 1a EStG). **Diese Abweichungen wurden vom Gesetzgeber bewusst in Kauf genommen.** Sowohl bei der maschinell errechneten Lohnsteuer als auch bei der aus einer gedruckten Tabelle abgelesenen Lohnsteuer handelt es sich um den zutreffenden **gesetzlich vorgeschriebenen Lohnsteuerabzug,** der am Stufenendbetrag übereinstimmt. Folgende Übersicht für das Kalenderjahr 2022 soll dies verdeutlichen (Steuerklasse III/0):

monatlicher Arbeitslohn	Lohnsteuer bei maschineller Lohnabrechnung	Lohnsteuer beim Ablesen aus einer gedruckten Lohnsteuertabelle
3000,00 €	116,50 €	117,– €
3001,50 €	116,83 €	117,– €
3002,99 €	117,– €	117,– €

Da bei der Berechnung der Lohnsteuer die Tarifformel des Einkommensteuertarifs zur Anwendung kommt, ergibt sich nach dem Lohnsteuertarif im Endergebnis die gleiche Steuerbelastung wie nach dem Einkommensteuertarif. Die direkte Ableitung des Lohnsteuertarifs aus dem Einkommensteuertarif soll für einen verheirateten Arbeitnehmer mit der Steuerklasse III/2 anhand eines Beispiels dargestellt werden:

Beispiel

Der Monatslohn eines sozialversicherungspflichtigen Arbeitnehmers mit der Steuerklasse III/2 Kinderfreibeträge beträgt 3000 €. Die monatliche Lohnsteuer errechnet sich im Kalenderjahr 2022 wie folgt:

Jahresarbeitslohn (3000 € × 12)		36 000,– €
abzüglich Arbeitnehmer-Pauschbetrag	1200,– €	
Sonderausgaben-Pauschbetrag	36,– €	
Vorsorgepauschale (vgl. die in Anhang 8 unter Nr. 10 abgedruckte Tabelle)	6 250,– €	7 486,– €
zu versteuerndes Einkommen		28 514,– €
Steuer nach der Einkommensteuer-Splittingtabelle (= Jahreslohnsteuer)		1 426,– €
die monatliche Lohnsteuer beträgt 1/12		118,83 €

Das Beispiel zeigt, dass die Ableitung des Lohnsteuertarifs aus dem Einkommensteuertarif lediglich in der Berücksichtigung der dem Arbeitnehmer zustehenden gesetzlichen Freibeträge besteht. In welcher Höhe die einzelnen Freibeträge in die verschiedenen Steuerklassen eingearbeitet sind, ist unter der nachfolgenden Nr. 7 dargestellt. Weiterhin zeigt das Beispiel, dass sich die Zahl der Kinderfreibeträge auf die Höhe der Lohnsteuer nicht auswirkt.[1] Hierzu ist Folgendes zu bemerken:

Bis 31.12.1995 waren auch die Kinderfreibeträge in das Zahlenwerk des Lohnsteuertarifs eingearbeitet. Da seit 1.1.1996 die Berücksichtigung von Kinderfreibeträgen bei der Lohnsteuer weggefallen und durch die Auszahlung des Kindergelds ersetzt worden ist (vgl. Anhang 9), ist die Lohnsteuer für einen bestimmten Arbeitslohn ohne Rücksicht darauf, wie viele Kinderfreibetrags-Zähler beim Lohnsteuerabzug des Arbeitnehmers zu berücksichtigen sind, immer gleich hoch.[1]

Obwohl die Kinderfreibeträge und auch der seit 1.1.2002 geltende Freibetrag für Betreuungs-, Erziehungs- oder Ausbildungsbedarf für die Berechnung der Lohnsteuer keine Rolle spielen, werden die Kinderfreibetrags-Zähler für die Lohnabrechnung benötigt. Denn die Kinderfreibeträge und auch der Freibetrag für Betreuungs-, Erziehungs- oder Ausbildungsbedarf werden zwar nicht mehr bei der Berechnung der **Lohnsteuer** berücksichtigt; sie wirken sich jedoch beim **Solidaritätszuschlag** steuermindernd aus, weil sie für die Berechnung des Solidaritätszuschlags bei der Ermittlung der maßgebenden Bemessungsgrundlage abgezogen werden. Gleiches gilt für die **Kirchensteuer.** Dementsprechend weisen gedruckte Lohnsteuertabellen in den Kinderfreibetragsspalten nur den Solidaritätszuschlag und die Kirchensteuer, nicht aber einen Lohnsteuerbetrag aus. Die Berechnung des Solidaritätszuschlags und der Kirchensteuer unter Berücksichtigung von Kinderfreibeträgen und den Freibeträgen für Betreuungs-, Erziehungs- oder Ausbildungsbedarf ist sowohl beim Stichwort „Solidaritätszuschlag" als auch beim Stichwort „Kirchensteuer" anhand von Beispielen dargestellt.

2. Wodurch unterscheidet sich die Lohnsteuertabelle mit der vollen Vorsorgepauschale von der Lohnsteuertabelle mit der gekürzten Vorsorgepauschale?

Für den Lohnsteuerabzug durch den Arbeitgeber ist die Steuerklasse des Arbeitnehmers maßgebend. Entsprechend den unterschiedlichen Steuerklassen werden die verschiedenen Pauschbeträge berücksichtigt, die dem Arbeitnehmer beim Lohnsteuerabzug zustehen. Dies gilt auch für die in den Lohnsteuertarif eingearbeitete Vorsorgepauschale. Früher gab es lediglich zwei Vorsorgepauschalen je nachdem, ob der Arbeitnehmer rentenversicherungspflichtig war oder nicht. Dementsprechend gab es früher auch zwei unterschiedliche Lohnsteuertabellen, und zwar

- die Allgemeine Lohnsteuertabelle mit der ungekürzten Vorsorgepauschale für rentenversicherungspflichtige Arbeitnehmer und
- die Besondere Lohnsteuertabelle mit der gekürzten Vorsorgepauschale für **nicht** rentenversicherungspflichtige Arbeitnehmer.

Diese Zweiteilung der Vorsorgepauschale in ein Zahlenwerk für rentenversicherungspflichtige Arbeitnehmer einerseits und in ein Zahlenwerk für nicht rentenversicherungspflichtige Arbeitnehmer andererseits (Allgemeine und Besondere Lohnsteuertabelle) ist bei den gedruckten Lohnsteuertabellen beibehalten worden, denn es gibt nach wie vor

- eine **Allgemeine Lohnsteuertabelle mit der ungekürzten Vorsorgepauschale** für Arbeitnehmer, die rentenversicherungspflichtig und in der gesetzlichen Krankenversicherung oder privat versichert sind und
- eine **Besondere Lohnsteuertabelle mit einer gekürzten Vorsorgepauschale,** für nicht rentenversicherungspflichtige Arbeitnehmer.

Allerdings gibt es seit 1.1.2010 eine Reihe von **Mischformen** bei der Berechnung der Vorsorgepauschale, wobei jeder Sozialversicherungszweig (Renten-, Kranken- und Pflegeversicherung) gesondert geprüft werden muss. Bei der Kranken- und Pflegeversicherung wird außerdem unterschieden zwischen Arbeitnehmern, die in der gesetzlichen Krankenversicherung (GKV) pflicht- oder freiwillig versichert sind und Arbeitnehmern, die in einer privaten Krankenkasse versichert sind (PKV). Eine **Mischform** kann z. B. eintreten, wenn ein Arbeitnehmer zwar rentenversicherungspflichtig, aber nicht kranken- und pflegeversicherungspflichtig ist (Werkstudent) oder umgekehrt, wenn ein Arbeitnehmer zwar kranken- und pflegeversicherungspflichtig aber nicht rentenversicherungspflichtig ist (weiterbeschäftigter Altersvollrentner mit Regelaltersrente).

Alle Möglichkeiten zur Berechnung der Vorsorgepauschale sind anhand von Beispielen in **Anhang 8** ausführlich erläutert. Außerdem sind dort zwei Vorsorgepauschale-Tabellen abgedruckt und zwar eine Tabelle mit der ungekürzten Vorsorgepauschale für sozialversicherungspflichtige Arbeitnehmer (GKV versichert) und eine Tabelle mit der gekürzten Vorsorgepauschale für nicht rentenversicherungspflichtige Arbeitnehmer (vgl. die Nummern 10 und 11 in **Anhang 8**).

Arbeitgeber mit maschineller Lohnabrechnung müssen alle möglichen Mischformen der Vorsorgepauschale durch entsprechende Eingaben in ihr Rechenprogramm berücksichtigen. Dabei ist der für das betreffende Kalenderjahr vom Bundesfinanzministerium im Bundessteuerblatt Teil I veröffentlichte Programmablaufplan für die maschinelle Berechnung der Lohnsteuer, des Solidaritätszuschlags und der Kirchensteuer zu beachten (sog. PAP)[2].

Der Arbeitgeber kann aber auch weiterhin die im Handel angebotenen gedruckten Lohnsteuertabellen verwenden. Auf die im selben Verlag erschienenen **Allgemeinen** und **Besonderen Lohnsteuertabellen** für **Tag, Monat, Jahr** wird besonders hingewiesen.

1) Eine Auswirkung der Zahl der Kinder auf die Berechnung der Lohnsteuer kann sich allerdings indirekt über die Höhe der Vorsorgepauschale ergeben, weil der in der Vorsorgepauschale enthaltene Anteil für die Pflegeversicherung durch den **Beitragszuschlag zur Pflegeversicherung für Kinderlose** beeinflusst wird (vgl. hierzu die ausführlichen Erläuterungen in **Anhang 8**). Daher ist im Beispielsfall die Lohnsteuer geringfügig höher als bei einem Arbeitnehmer ohne Kinder.

2) Der für die Berechnung der Lohnsteuer nach Verabschiedung des Steuerentlastungsgesetzes 2022 maßgebende Programmablaufplan ist mit Datum vom 20.5.2022 im Bundessteuerblatt 2022 Teil I S. 682 veröffentlicht worden.

3. Anwendung der Grund- und Splittingtabelle

Wie bereits ausgeführt, baut der Lohnsteuertarif auf dem Einkommensteuertarif auf. Die Unterteilung des Einkommensteuertarifs in einen Grundtarif und einen Splittingtarif wirkt sich deshalb auch auf den Lohnsteuertarif aus.

Der Splittingtarif ist kein eigener Steuertarif, sondern leitet sich aus dem Grundtarif ab. Beiden Tarifen liegt deshalb dieselbe Tarifformel zugrunde, die in § 32a Abs. 1 EStG enthalten ist. Der Tarifverlauf und die dadurch entstehende Steuerprogression sind unter der nachfolgenden Nr. 5 erläutert.

Der Splittingtarif wurde geschaffen, um Ehegatten durch die Zusammenrechnung ihrer Einkünfte und den progressiven Steuertarif nicht höher zu besteuern als unverheiratete Arbeitnehmer, die zusammen gleich hohe Einkünfte beziehen. Hierzu wird das zusammengerechnete Einkommen beider Ehegatten zunächst halbiert, auch wenn nur ein Ehegatte Einkünfte erzielt hat, und die sich **für das halbierte (= gesplittete) Einkommen ergebende Einkommensteuer** nach der Einkommensteuer-Grundtabelle **verdoppelt** (§ 32a Abs. 5 EStG). Diese Regelung gewährleistet, dass berufstätige Ehegatten nach ihrer Eheschließung grundsätzlich insgesamt keine höhere Einkommensteuer zu zahlen haben als vor ihrer Eheschließung. In den Fällen, in denen die Einkünfte der Ehegatten unterschiedlich hoch sind, tritt durch die Eheschließung regelmäßig eine Steuerentlastung ein. Die vorstehenden Ausführungen gelten entsprechend bei eingetragenen Lebenspartnerschaften.

Das **Splittingverfahren** liegt den in der **Steuerklasse III** ausgewiesenen Steuerbeträgen zugrunde.

Der **Grundtarif** liegt den in den **Steuerklassen I, II und IV** ausgewiesenen Steuerbeträgen zugrunde.

Die in den **Steuerklassen V und VI** ausgewiesenen Steuerbeträge sind aus dem Grundtarif unter Zugrundelegung einer gesetzlichen Fiktion zu einem besonderen Tarif gestaltet worden (vgl. die nachfolgende Nr. 4).

Die **Einkommensteuer** wird für jeden vollen Euro-Betrag des zu versteuernden Einkommens nach der stufenlosen Tarifformel berechnet und auf den nächsten vollen Euro-Betrag abgerundet. Für den **Lohnsteuerabzug** gibt es auch weiterhin (also auch für das Kalenderjahr 2022) gedruckte Lohnsteuertabellen mit gesetzlich vorgegebenen **Tarifstufen von 36 €** (§ 51 Abs. 4 Nr. 1a EStG). Auf die im selben Verlag erschienenen **Allgemeinen und Besonderen Lohnsteuertabellen 2022** für **Tag, Monat, Jahr** wird besonders hingewiesen.

4. Berechnung der Lohnsteuer in den Steuerklassen V und VI

In der Steuerklasse V wird als Lohnsteuer grundsätzlich der Betrag erhoben, der sich ergibt, wenn von der für den gemeinsamen Arbeitslohn beider Ehegatten geschuldeten Lohnsteuer die vom Ehegatten mit der Steuerklasse III entrichtete Lohnsteuer abgezogen wird. Da den Arbeitgebern der Ehegatten jeweils nur der von ihnen selbst ausgezahlte Arbeitslohn, nicht aber der gemeinsame Arbeitslohn beider Ehegatten bekannt ist, wird der Steuerermittlung eine **gesetzliche Fiktion** in der Weise zugrunde gelegt, dass bei dem Ehegatten, der in die Steuerklasse V einzureihen ist, unterstellt wird, dass sein Arbeitslohn 40 % des gesamten Arbeitslohnes beider Ehegatten betrage. Dabei wird die in der Steuerklasse V ausgewiesene Lohnsteuer in der Weise ermittelt, dass vom Arbeitslohn der auf den Lohnzahlungszeitraum entfallende Teil des Arbeitnehmer-Pauschbetrags (1200 € jährlich), des Sonderausgaben-Pauschbetrags sowie die Vorsorgepauschale abgezogen und vom übersteigenden Betrag die Lohnsteuer nach einem besonderen, von der Grundtabelle abgeleiteten Tarif, mindestens aber mit 14 % und höchstens mit 45 % berechnet wird. Die beiden Ehegatten zustehenden Grundfreibeträge werden in voller Höhe bei dem Ehegatten berücksichtigt, der die Steuerklasse III hat (vgl. die unter der nachfolgenden Nr. 7 abgedruckte Übersicht). Die vorstehenden Ausführungen gelten entsprechend bei eingetragenen Lebenspartnerschaften.

Da sich bei der Steuerklassenkombination III/V häufig Einkommensteuer-Nachzahlungen im Veranlagungsverfahren nach Ablauf des Kalenderjahres ergeben haben, wurde das **sog. Faktorverfahren** eingeführt, mit dem diese Nachzahlungen vermieden werden können (vgl. das Stichwort „Faktorverfahren").

Die Berechnung der Lohnsteuer in der Steuerklasse VI erfolgt nach den gleichen Grundsätzen, wobei unterstellt wird, dass beim zweiten Arbeitgeber 40 % des insgesamt bezogenen Arbeitslohns erzielt werden.

5. Progressiver Steuertarif

Der in § 32a Abs. 1 EStG geregelte Einkommensteuertarif umfasst mehrere verschiedene Tarifzonen. In der ersten Tarifzone wird ein Teil des Einkommens durch den sogenannten Grundfreibetrag in Höhe von 10 347 € jährlich steuerfrei gestellt **(Nullzone).** Auf die Nullzone folgt die **Progressionszone,** in der der Steuersatz vom Eingangssteuersatz in Höhe von 14 % bis zum ersten Spitzensteuersatz von 42 % stetig ansteigt. Der Anstieg ist dabei nicht gleichmäßig, sondern verteilt sich auf zwei geradlinig (linear) verlaufende Teilbereiche. Als erster Teilbereich schließt sich die sog. **Steilzone** an die Nullzone (= Grundfreibetrag) an. In dieser Steilzone von 10 348 € bis 14 926 € steigt der Steuersatz sehr schnell an, wohingegen der Steuersatz im zweiten Teilbereich der Progressionszone von 14 927 € bis 58 596 € gleichmäßig bis zum ersten Spitzensteuersatz von 42 % ansteigt. Ab einem zu versteuernden Einkommen von 58 597 € beträgt der Steuersatz gleichbleibend 42 % (sog. **erste Proportionalzone**). Ab einem zu versteuernden Einkommen von 277 826 € beträgt der Steuersatz gleichbleibend 45 % (sog. **zweite Proportionalzone**). Bei Anwendung des Splittingverfahrens verdoppeln sich die vorstehend genannten Grenzbeträge.

Hiernach ergibt sich folgende Übersicht:

	2017	2018	2019
Grundfreibetrag	8 820 €	9 000 €	9 168 €
Eingangssteuersatz	14 %	14 %	14 %
1. Spitzensteuersatz ab einem zu versteuernden Einkommen	42 %	42 %	42 %
– bei Alleinstehenden	54 057 €	54 950 €	55 961 €
– bei Verheirateten	108 114 €	109 900 €	111 922 €
2. Spitzensteuersatz ab einem zu versteuernden Einkommen	45 %	45 %	45 %
– bei Alleinstehenden	256 304 €	260 533 €	265 327 €
– bei Verheirateten	512 608 €	521 066 €	530 654 €

	2020	2021	2022
Grundfreibetrag	9 408 €	9 744 €	10 347 €
Eingangssteuersatz	14 %	14 %	14 %
1. Spitzensteuersatz ab einem zu versteuernden Einkommen	42 %	42 %	42 %
– bei Alleinstehenden	57 052 €	57 919 €	58 597 €
– bei Verheirateten	114 104 €	115 838 €	117 194 €
2. Spitzensteuersatz ab einem zu versteuernden Einkommen	45 %	45 %	45 %
– bei Alleinstehenden	270 501 €	274 613 €	277 826 €
– bei Verheirateten	541 002 €	549 226 €	555 652 €

Beim Lohnsteuerabzug ist zu berücksichtigen, dass sich sämtliche oben angegebene Grenzen auf das **zu versteuernde Einkommen** beziehen. Das bedeutet, dass beim Lohnsteuerabzug zu diesen Beträgen die in den einzelnen Steuerklassen eingearbeiteten Freibeträge hinzukommen. Die beim Lohnsteuerabzug geltenden Besteuerungsgrenzen sind für die einzelnen Steuerklassen unter der nachfolgenden Nr. 7 erläutert. Erst beim Überschreiten dieser **sog. Besteuerungsgrenzen** setzt die Lohnsteuer mit 14 % ein und steigt – wie oben erläutert – in zwei Teil-

Lohnsteuerpflichtig | Sozialversich.-pflichtig

bereichen bis zum Spitzensteuersatz von 42 % bzw. 45 % an. Auf den unter der nachfolgenden Nr. 6 abgedruckten **Progressionsverlauf** wird hingewiesen.

6. Spitzensteuersatz, Grenzsteuersatz und Durchschnittssteuersatz

Der **Spitzensteuersatz** ist der höchstmögliche Steuersatz des geltenden Einkommensteuer- bzw. Lohnsteuertarifs. Für das Kalenderjahr 2022 beträgt der Spitzensteuersatz entweder 42 % oder 45 %.

Der **Grenzsteuersatz** ist der Prozentsatz, mit dem eine Lohnerhöhung von z. B. 100 € besteuert wird. Der höchstmögliche Grenzsteuersatz ist mit dem Spitzensteuersatz identisch und beträgt im Kalenderjahr 2022 entweder 42 % oder 45 %. Eine Lohnerhöhung von 100 € wird also in diesem Bereich mit 42 € oder 45 € besteuert. Rechnet man 5,5 % Solidaritätszuschlag und 9 % Kirchensteuer dazu, beträgt die Steuerbelastung 48,1 % oder 51,5 %. Zwischen dem Eingangssteuersatz von 14 % und dem ersten Spitzensteuersatz von 42 % steigt der Grenzsteuersatz kontinuierlich an (vgl. nachfolgende Tabelle).

Der **Durchschnittssteuersatz** drückt das Verhältnis der festgesetzten Einkommensteuer zum Bruttoarbeitslohn aus.

Jahresbruttolohn	Steuerklasse I und IV Grenzsteuersatz	Steuerklasse I und IV Durchschnittssteuersatz	Steuerklasse II Grenzsteuersatz	Steuerklasse II Durchschnittssteuersatz
12 000 €	0,0 %	0,0 %	0,0 %	0,0 %
13 000 €	0,0 %	0,0 %	0,0 %	0,0 %
14 000 €	5,6 %	0,0 %	0,0 %	0,0 %
15 000 €	12,8 %	0,4 %	0,0 %	0,0 %
16 000 €	16,2 %	1,2 %	0,0 %	0,0 %
17 000 €	18,0 %	2,0 %	0,0 %	0,0 %
18 000 €	19,9 %	2,9 %	0,0 %	0,0 %
19 000 €	21,6 %	3,8 %	13,0 %	0,0 %
20 000 €	21,6 %	4,7 %	15,0 %	0,7 %
21 000 €	20,4 %	5,5 %	15,5 %	1,3 %
22 000 €	20,6 %	6,2 %	17,0 %	2,0 %
23 000 €	21,0 %	6,8 %	18,4 %	2,6 %
24 000 €	21,2 %	7,4 %	19,8 %	3,3 %
25 000 €	21,4 %	8,0 %	20,1 %	3,9 %
26 000 €	21,8 %	8,5 %	20,4 %	4,6 %
27 000 €	22,1 %	9,0 %	20,7 %	5,2 %
28 000 €	22,3 %	9,4 %	20,9 %	5,7 %
29 000 €	22,6 %	9,9 %	21,3 %	6,2 %
30 000 €	22,9 %	10,3 %	21,5 %	6,7 %
31 000 €	23,2 %	10,7 %	21,8 %	7,2 %
32 000 €	23,4 %	11,1 %	22,1 %	7,7 %
33 000 €	23,8 %	11,5%	22,4 %	8,1 %
34 000 €	24,0 %	11,8 %	22,6 %	8,5 %
35 000 €	24,3 %	12,2 %	23,0 %	8,9 %
36 000 €	24,6 %	12,5 %	23,2 %	9,3 %
37 000 €	24,9 %	12,8 %	23,5 %	9,7 %
38 000 €	25,1 %	13,2 %	23,8 %	10,1 %
39 000 €	25,4 %	13,5 %	24,0 %	10,4 %
40 000 €	25,7 %	13,8 %	24,4 %	10,8 %
41 000 €	26,1 %	14,1 %	24,6 %	11,1 %
42 000 €	26,2 %	14,3 %	24,9 %	11,4 %
43 000 €	26,6 %	14,6 %	25,2 %	11,7 %
44 000 €	26,8 %	14,9 %	25,5 %	12,0 %
45 000 €	27,1 %	15,2 %	25,7 %	12,3 %
46 000 €	27,5 %	15,4 %	26,1 %	12,6 %
47 000 €	27,6 %	15,7 %	26,3 %	12,9 %
48 000 €	28,0 %	15,9 %	26,6 %	13,2 %
49 000 €	28,3 %	16,2 %	26,9 %	13,5 %
50 000 €	28,5 %	16,4 %	27,1 %	13,7 %
51 000 €	28,8 %	16,6 %	27,5 %	14,0 %
52 000 €	29,1 %	16,9 %	27,7 %	14,2 %
53 000 €	29,4 %	17,1 %	28,1 %	14,5 %
54 000 €	29,7 %	17,3 %	28,2 %	14,8 %
55 000 €	29,9 %	17,6 %	28,6 %	15,0 %
56 000 €	30,2 %	17,8 %	28,9 %	15,2 %
57 000 €	30,5 %	18,0 %	29,1 %	15,5 %
58 000 €	34,1 %	18,2 %	32,6 %	15,7 %
59 000 €	34,6 %	18,5 %	33,0 %	16,0 %
60 000 €	34,9 %	18,8 %	33,4 %	16,3 %
61 000 €	35,2 %	19,0 %	33,7 %	16,6 %
62 000 €	35,7 %	19,3 %	34,2 %	16,8 %
63 000 €	35,9 %	19,5 %	34,4 %	17,1 %
64 000 €	36,3 %	19,8 %	34,8 %	17,4 %
65 000 €	36,7 %	20,1 %	35,1 %	17,7 %
66 000 €	37,0 %	20,3 %	35,5 %	17,9 %
67 000 €	37,4 %	20,6 %	35,8 %	18,2 %
68 000 €	37,7 %	20,8 %	36,2 %	18,4 %
69 000 €	38,0 %	21,0 %	36,6 %	18,7 %
70 000 €	38,4 %	21,3 %	36,9 %	19,0 %
71 000 €	38,6 %	21,5 %	37,2 %	19,2 %
72 000 €	38,6 %	21,8 %	37,6 %	19,5 %
73 000 €	38,5 %	22,0 %	37,9 %	19,7 %
74 000 €	38,6 %	22,2 %	38,2 %	20,0 %
75 000 €	38,6 %	22,4 %	38,6 %	20,2 %
76 000 €	38,5 %	22,7 %	38,6 %	20,4 %
77 000 €	38,6 %	22,9 %	38,5 %	20,7 %
78 000 €	38,5 %	23,1 %	38,6 %	20,9 %
79 000 €	38,6 %	23,3 %	38,5 %	21,1 %
80 000 €	38,5 %	23,4 %	38,6 %	21,3 %
81 000 €	38,6 %	23,6 %	38,6 %	21,6 %
82 000 €	38,6 %	23,8 %	38,6 %	21,8 %
83 000 €	38,6 %	24,0 %	38,5 %	22,0 %
84 000 €	39,9 %	24,2 %	40,0 %	22,2 %
85 000 €	42,0 %	24,4 %	42,0 %	22,4 %
86 000 €	42,0 %	24,6 %	42,0 %	22,6 %
87 000 €	42,0 %	24,8 %	42,0 %	22,8 %
88 000 €	42,0 %	25,0 %	42,0 %	23,0 %
89 000 €	42,0 %	25,1 %	42,0 %	23,3 %
90 000 €	42,0 %	25,3 %	42,0 %	23,5 %
270 000 €	42,0 %	36,4 %	42,0 %	35,8 %
271 000 €	42,0 %	36,5 %	42,0 %	35,8 %
272 000 €	42,0 %	36,5 %	42,0 %	35,9 %
273 000 €	42,0 %	36,5 %	42,0 %	35,9 %
274 000 €	42,0 %	36,5 %	42,0 %	35,9 %
275 000 €	42,0 %	36,6 %	42,0 %	35,9 %
276 000 €	42,0 %	36,6 %	42,0 %	36,0 %
277 000 €	42,0 %	36,6 %	42,0 %	36,0 %
278 000 €	42,0 %	36,6 %	42,0 %	36,0 %
279 000 €	42,0 %	36,6 %	42,0 %	36,0 %
280 000 €	42,0 %	36,6 %	42,0 %	36,0 %
281 000 €	42,0 %	36,7 %	42,0 %	36,1 %
282 000 €	42,0 %	36,7 %	42,0 %	36,1 %
283 000 €	42,0 %	36,7 %	42,0 %	36,1 %
284 000 €	42,0 %	36,7 %	42,0 %	36,1 %
285 000 €	42,0 %	36,7 %	42,0 %	36,1 %
286 000 €	42,0 %	36,8 %	42,0 %	36,2 %
287 000 €	42,0 %	36,8 %	42,0 %	36,2 %
288 000 €	42,0 %	36,8 %	42,0 %	36,2 %
289 000 €	42,0 %	36,8 %	42,0 %	36,2 %
290 000 €	42,0 %	36,8 %	42,0 %	36,2 %
300 000 €	45,0 %	37,0 %	45,0 %	36,4 %

Jahresbruttolohn	Steuerklasse III Grenzsteuersatz	Steuerklasse III Durchschnittssteuersatz
25 000 €	0,0 %	0,0 %
26 000 €	0,0 %	0,0 %
27 000 €	11,2 %	0,0 %
28 000 €	14,0 %	0,4 %
29 000 €	15,0 %	0,9 %
30 000 €	16,0 %	1,3 %
31 000 €	16,8 %	1,8 %
32 000 €	17,2 %	2,3 %
33 000 €	16,8 %	2,7 %
34 000 €	17,4 %	3,1 %
35 000 €	18,2 %	3,6 %
36 000 €	19,0 %	4,0 %
37 000 €	19,8 %	4,4 %
38 000 €	19,8 %	4,8 %
39 000 €	20,2 %	5,2 %
40 000 €	20,2 %	5,5 %
41 000 €	20,2 %	5,9 %
42 000 €	20,6 %	6,2 %
43 000 €	20,6 %	6,6 %
44 000 €	20,8 %	6,9 %
45 000 €	21,0 %	7,2 %
46 000 €	21,0 %	7,5 %
47 000 €	21,2 %	7,8 %
48 000 €	21,4 %	8,1 %
49 000 €	21,4 %	8,3 %
50 000 €	21,6 %	8,6 %
51 000 €	21,8 %	8,9 %
52 000 €	21,8 %	9,1 %
53 000 €	22,2 %	9,3 %
54 000 €	22,2 %	9,6 %
55 000 €	22,2 %	9,8 %
56 000 €	22,6 %	10,0 %
57 000 €	22,6 %	10,2 %
58 000 €	25,2 %	10,5 %
59 000 €	25,4 %	10,7 %
60 000 €	25,6 %	11,0 %

Jahresbruttolohn	Steuerklasse III	
	Grenzsteuersatz	Durchschnitts- steuersatz
61 000 €	25,8 %	11,2 %
62 000 €	26,0 %	11,4 %
63 000 €	26,2 %	11,7 %
64 000 €	26,4 %	11,9 %
65 000 €	26,4 %	12,1 %
66 000 €	26,6 %	12,3 %
67 000 €	27,0 %	12,5 %
68 000 €	27,0 %	12,8 %
69 000 €	27,2 %	13,0 %
70 000 €	27,4 %	13,2 %
71 000 €	27,4 %	13,4 %
72 000 €	27,8 %	13,6 %
73 000 €	27,8 %	13,8 %
74 000 €	28,2 %	13,9 %
75 000 €	28,2 %	14,1 %
76 000 €	28,4 %	14,3 %
77 000 €	28,6 %	14,5 %
78 000 €	28,8 %	14,7 %
79 000 €	29,0 %	14,9 %
80 000 €	29,0 %	15,0 %
81 000 €	29,4 %	15,2 %
82 000 €	29,4 %	15,4 %
83 000 €	29,6 %	15,6 %
84 000 €	31,0 %	15,7 %
85 000 €	32,6 %	15,9 %
86 000 €	33,0 %	16,1 %
87 000 €	33,0 %	16,3 %
88 000 €	33,2 %	16,5 %
89 000 €	33,6 %	16,7 %
90 000 €	33,6 %	16,9 %
91 000 €	34,0 %	17,0 %
92 000 €	34,2 %	17,2 %
93 000 €	34,2 %	17,4 %
94 000 €	34,6 %	17,6 %
95 000 €	34,8 %	17,8 %
96 000 €	34,8 %	17,9 %
97 000 €	35,2 %	18,1 %
98 000 €	35,4 %	18,3 %
99 000 €	35,6 %	18,5 %
100 000 €	35,8 %	18,6 %
101 000 €	35,8 %	18,8 %
102 000 €	36,2 %	19,0 %
103 000 €	36,4 %	19,1 %
104 000 €	36,6 %	19,3 %
105 000 €	36,8 %	19,5 %
106 000 €	37,0 %	19,6 %
107 000 €	37,2 %	19,8 %
108 000 €	37,4 %	20,0 %
109 000 €	37,8 %	20,1 %
110 000 €	37,8 %	20,3 %
111 000 €	38,0 %	20,4 %
112 000 €	38,2 %	20,6 %
113 000 €	38,4 %	20,7 %
114 000 €	38,8 %	20,9 %
115 000 €	38,8 %	21,1 %
116 000 €	39,0 %	21,2 %
117 000 €	39,4 %	21,4 %
118 000 €	39,4 %	21,5 %
119 000 €	39,8 %	21,7 %
120 000 €	39,8 %	21,8 %
121 000 €	40,2 %	22,0 %
122 000 €	40,2 %	22,1 %
123 000 €	40,6 %	22,3 %
124 000 €	40,8 %	22,4 %
125 000 €	40,8 %	22,6 %
126 000 €	41,2 %	22,7 %
127 000 €	41,4 %	22,8 %
128 000 €	41,4 %	23,0 %
129 000 €	41,8 %	23,1 %
130 000 €	42,0 %	23,3 %
550 000 €	42,0 %	37,6 %
551 000 €	42,0 %	37,6 %
552 000 €	42,0 %	37,6 %
553 000 €	42,0 %	37,6 %
554 000 €	42,0 %	37,6 %
555 000 €	42,0 %	37,6 %
556 000 €	42,0 %	37,6 %
557 000 €	42,0 %	37,6 %
558 000 €	42,0 %	37,6 %
559 000 €	42,0 %	37,6 %
560 000 €	42,0 %	37,7 %
561 000 €	42,0 %	37,7 %
562 000 €	42,0 %	37,7 %
563 000 €	42,0 %	37,7 %
564 000 €	42,0 %	37,7 %
565 000 €	42,0 %	37,7 %
570 000 €	45,0 %	37,7 %

7. Besteuerungsgrenzen in den einzelnen Steuerklassen

a) Allgemeines

Die Besteuerungsgrenze, d. h. die Höhe des Bruttoarbeitslohns, bis zu dem bei Anwendung des Lohnsteuertarifs eine Lohnsteuer noch nicht anfällt, hängt von der Höhe der im Einzelfall zu gewährenden Freibeträge (Arbeitnehmer-Pauschbetrag, Sonderausgaben-Pauschbetrag, Entlastungsbetrag für Alleinerziehende) und insbesondere von der Höhe der **Vorsorgepauschale** ab. Zur Abgrenzung der **Allgemeinen Lohnsteuertabelle** mit der ungekürzten Vorsorgepauschale von der **Besonderen Lohnsteuertabelle** mit der gekürzten Vorsorgepauschale wird auf die Erläuterungen beim Stichwort Lohnsteuertabellen hingewiesen. Die **Berechnung der Vorsorgepauschale** ist in **Anhang 8** ausführlich anhand von Beispielen erläutert.

Damit der Arbeitnehmer in den Genuss der einzelnen Freibeträge kommt, muss der Arbeitgeber die individuellen Lohnsteuerabzugsmerkmale des Arbeitnehmers kennen.[1] Andernfalls muss der Arbeitgeber eine höhere Lohnsteuer nach der Steuerklasse VI einbehalten (vgl. „Nichtvorlage der Lohnsteuerabzugsmerkmale").

Grundfreibeträge, Arbeitnehmer- und Sonderausgaben-Pauschbeträge oder eine Vorsorgepauschale gibt es im Sozialversicherungsrecht nicht. Die nachstehend aufgeführten Freibeträge dürfen somit bei der Berechnung der Sozialversicherungsbeträge nicht abgezogen werden.

b) Für 2022 geltende Besteuerungsgrenzen

Allgemeine Lohnsteuertabelle 2022:

anzusetzende Freibeträge in Euro	Steuerklasse I	II	III
a) Allgemeiner Freibetrag Grundfreibetrag	10 347,–	10 347,–	20 695,–
b) Rundungsbetrag	7,99	7,99	14,99
c) Arbeitnehmerpauschbetrag	1 200,–[2]	1 200,–[2]	1 200,–[2]
d) Sonderausgabenpauschbetrag	36,–	36,–	36,–
e) Entlastungsbetrag für Alleinerziehende	–,–	4 008,–	–,–
f) Vorsorgepauschale (Anhang 8)	2 932,–	3 460,–	5 224,–
Jahresarbeitslohn, bis zu dem keine Lohnsteuer anfällt	14 522,99	19 058,99	27 169,99
monatlich $^{1}/_{12}$	1 210,24	1 588,24	2 264,16

anzusetzende Freibeträge in Euro	Steuerklasse IV	V	VI
a) Allgemeiner Freibetrag Grundfreibetrag	10 347,–	–,–	–,–
b) Rundungsbetrag	7,99	7,99	7,99
c) Arbeitnehmerpauschbetrag	1 200,–[2]	1 200,–[2]	–,–
d) Sonderausgabenpauschbetrag	36,–	36,–	–,–
e) Entlastungsbetrag für Alleinerziehende	–,–	–,–	–,–
f) Vorsorgepauschale (Anhang 8)	2 932,–	315,–	3,–
Jahresarbeitslohn, bis zu dem keine Lohnsteuer anfällt	14 522,99	1 558,99	10,99
monatlich $^{1}/_{12}$	1 210,24	129,91	0,91

Besondere Lohnsteuertabelle 2022:

anzusetzende Freibeträge in Euro	Steuerklasse I	II	III
a) Allgemeiner Freibetrag Grundfreibetrag	10 347,–	10 347,–	20 695,–
b) Rundungsbetrag	7,99	7,99	14,99

1) Auf die ausführlichen Erläuterungen beim Stichwort „Elektronische Lohnsteuerabzugsmerkmale (ELStAM)" wird hingewiesen.

2) Bei Versorgungsbezügen (vgl. dieses Stichwort) beträgt der Pauschbetrag 102 €. Dieser Pauschbetrag ist durch das Steuerentlastungsgesetz 2022 nicht angehoben worden.

anzusetzende Freibeträge in Euro	Steuerklasse I	II	III
c) Arbeitnehmerpauschbetrag	1 200,–[1]	1 200,–[1]	1 200,–[1]
d) Sonderausgabenpauschbetrag	36,–	36,–	36,–
e) Entlastungsbetrag für Alleinerziehende	–,–	4 008,–	–,–
f) Vorsorgepauschale (Anhang 8)	1 581,–	1 900,–	2 993,–
Jahresarbeitslohn, bis zu dem keine Lohnsteuer anfällt	13 171,99	17 498,99	24 938,99
monatlich 1/12	1 097,66	1 458,24	2 078,24

anzusetzende Freibeträge in Euro	Steuerklasse IV	V	VI
a) Allgemeiner Freibetrag Grundfreibetrag	10 347,–	–,–	–,–
b) Rundungsbetrag	7,99	7,99	7,99
c) Arbeitnehmerpauschbetrag	1 200,–[1]	1 200,–[1]	–,–
d) Sonderausgabenpauschbetrag	36,–	36,–	–,–
e) Entlastungsbetrag für Alleinerziehende	–,–	–,–	–,–
f) Vorsorgepauschale (Anhang 8)	1 581,–	170,–	2,–
Jahresarbeitslohn, bis zu dem keine Lohnsteuer anfällt	13 171,99	1 413,99	9,99
monatlich 1/12	1 097,66	117,83	0,83

Die Gegenüberstellung der Besteuerungsgrenzen der Allgemeinen Lohnsteuertabelle für rentenversicherungspflichtige Arbeitnehmer einerseits und der Besonderen Lohnsteuertabelle für nicht rentenversicherungspflichtige Arbeitnehmer andererseits zeigt deutlich, dass der Unterschied **nur in der Höhe der Vorsorgepauschale** liegt. So beträgt z. B. in der Steuerklasse I

	2022
– die Vorsorgepauschale in der Allgemeinen Lohnsteuertabelle	**2 932 €**
– die Vorsorgepauschale in der Besonderen Lohnsteuertabelle lediglich	**1 581 €**

Bei den Besteuerungsgrenzen, das heißt bei den Eingangsbeträgen der verschiedenen Steuerklassen ist der Grund für die Differenz ausschließlich der **Beitragsanteil der Vorsorgepauschale für die gesetzliche Rentenversicherung.** Denn der Beitragsanteil der Vorsorgepauschale für die Kranken- und Pflegeversicherung liegt sowohl bei der Allgemeinen Lohnsteuertabelle als auch bei der Besonderen Lohnsteuertabelle im Bereich der **Mindestvorsorgepauschale,** die in diesem Bereich 12 % des Arbeitslohns – höchstens 1900 € bzw. 3000 € in der Steuerklasse III – beträgt.

Auf die ausführlichen Erläuterungen zur Berechnung der ab 1.1.2022 geltenden Vorsorgepauschale in **Anhang 8** wird Bezug genommen.

Übergangsbereich nach § 20 Abs. 2 SGB IV

Neues auf einen Blick:

Der Bundestag hat am 3.6.2022 das Gesetz zur Erhöhung des Schutzes durch den gesetzlichen Mindestlohn und zu Änderungen im Bereich der geringfügigen Beschäftigung beschlossen. Am 10.6.2022 hat das Gesetz den Bundesrat passiert. Demnach ergeben sich ab 1.10.2022 folgende Änderungen:

Die Entgeltgrenzen für Beschäftigungen im Übergangsbereich betragen ab 1.10.2022 520,01 € bis 1600 € (bisher 450,01 € bis 1300 €).

Bei der Beitragsberechnung im Übergangsbereich werden zukünftig Arbeitnehmer stärker entlastet als bisher. Auf Arbeitgeber kommen höhere Belastungen zu.

Der Faktor F beträgt ab 1.10.2022 0,7009.

Die Formel für die Berechnung der beitragspflichtigen Einnahme (BE) ab 1.10.2022 lautet:

$$BE = F \times G + \left(\frac{1600}{1600 - G} - \frac{G}{1600 - G} \times F\right) \times AE - G$$

(F = 0,7009; G = Geringfügigkeitsgrenze; AE = Arbeitsentgelt)

Der Beitragsanteil der Arbeitnehmer wird ab 1.10.2022 anhand einer eigenen Formel ermittelt.

Die Formel lautet:

$$BE = \left(\frac{1600}{1600 - G}\right) \times (AE - G)$$

Die Berechnung der Beitragsanteile erfolgt in mehreren Schritten.

Für bisher bereits bestehende Beschäftigungen im Übergangsbereich mit einem Entgelt von 450,01 € bis 520 €, die bisher versicherungspflichtig waren, bestehen je nach Versicherungszweig Bestandsschutz- und Übergangsregelungen.

Gliederung:

1. Allgemeines
2. Versicherungsrecht
3. Beitragsrecht
   a) Allgemeines
   b) Ermittlung des regelmäßigen Arbeitsentgelts
   c) Einmalig gezahltes Arbeitsentgelt
   d) Schwankende Bezüge
   e) Steuerfreie Einnahmen
   f) Mehrfachbeschäftigung
4. Beitragsberechnung und Beitragstragung
   a) Ermittlung der fiktiven beitragspflichtigen Einnahme
   b) Ermittlung der fiktiven beitragspflichtigen Einnahme in Teilmonaten
   c) Ermittlung des Gesamtbeitrags für jeden Versicherungszweig
   d) Beitragsanteil des Arbeitgebers
   e) Beitragsanteil des Arbeitnehmers
5. Besonderheiten bei Teilmonaten
6. Versicherungsfreiheit
7. Knappschaftliche Rentenversicherung
8. Mehrfachbeschäftigung
   a) Mehrfachbeschäftigung während des gesamten Kalendermonats
   b) Beginn oder Ende der Mehrfachbeschäftigung im Laufe eines Kalendermonats
9. Gelegentliches Über- oder Unterschreiten des Übergangsbereichs
10. Übergangsregelungen zum Übergangsbereich nach § 20 Abs. 2 SGB IV ab 1.10.2022
11. Ausnahmen und Besonderheiten
    a) Berufsausbildung und freiwilliges soziales/ökologisches Jahr sowie Bundesfreiwilligendienst
    b) Fiktive Arbeitsentgelte
    c) Wertguthabenvereinbarungen, Vorruhestandsgeldbezug, Wiedereingliederungsmaßnahmen
    d) Kurzarbeit
    e) Nettoarbeitsentgelt
    f) Umlagen nach dem Aufwendungsausgleichsgesetz
12. Insolvenzgeldumlage
13. Melderecht
14. Verfahren bei Mehrfachbeschäftigung

1) Bei Versorgungsbezügen (vgl. dieses Stichwort) beträgt der Pauschbetrag 102 €. Dieser Pauschbetrag ist durch das Steuerentlastungsgesetz 2022 nicht angehoben worden.

Lohnsteuerpflichtig Sozialversich.-pflichtig

1. Allgemeines

Durch das Gesetz über Leistungsverbesserungen und Stabilisierung in der gesetzlichen Rentenversicherung (RV-Leistungsverbesserungs- und -Stabilisierungsgesetz) vom 28.11.2018 (BGBl. I S. 2016) trat zum 17.2019 an die Stelle der bisherigen Gleitzone der Übergangsbereich nach § 20 Abs. 2 SGB IV. Die obere Entgeltgrenze wurde von 850 Euro auf 1.300 Euro angehoben.

Durch das Gesetz zur Erhöhung des Schutzes durch den gesetzlichen Mindestlohn und zu Änderungen im Bereich der geringfügigen Beschäftigung werden die Entgeltgrenzen für den Übergangsbereich nach § 20 Abs. 2 SGB IV ab 1.10.2022 erneut angehoben. Die untere Grenze beträgt zukünftig 520,01 € und die obere Grenze 1600 €. Darüber hinaus ändert sich die Ermittlung des Gesamtbeitrages, die Berechnung des Arbeitnehmeranteils und damit auch die Berechnung des Arbeitgeberanteils.

Für Arbeitnehmer mit einem regelmäßigen Arbeitsentgelt von 520,01 Euro bis 1.600,00 Euro im Monat ist weiterhin die Zahlung eines ermäßigten Beitragsanteils am Gesamtsozialversicherungsbeitrag vorgesehen.

Für Arbeitnehmer, die eine versicherungspflichtige Beschäftigung mit einem Arbeitsentgelt innerhalb des Übergangsbereichs ausüben, gelten besondere Regelungen für die Ermittlung der Beitragsbemessungsgrundlage sowie für die Beitragstragung zur Kranken-, Pflege-, Renten- und Arbeitslosenversicherung. Zudem sind die Meldungen besonders zu kennzeichnen und um eine zusätzliche Angabe zum Arbeitsentgelt zu ergänzen. Ein Beschäftigungsverhältnis im Übergangsbereich nach § 20 Abs. 2 SGB IV liegt vor, wenn das Arbeitsentgelt aus der mehr als geringfügig entlohnten Beschäftigung nach § 8 Abs. 1 Nr. 1 SGB IV regelmäßig 1.600 Euro im Monat nicht übersteigt, das regelmäßige Arbeitsentgelt demnach 520,01 Euro bis 1.600,00 Euro im Monat beträgt. Werden mehrere Beschäftigungen ausgeübt, gelten die besonderen Regelungen des Übergangsbereichs, wenn das insgesamt erzielte Arbeitsentgelt (Gesamtarbeitsentgelt) innerhalb des Übergangsbereichs liegt.

2. Versicherungsrecht

Für Arbeitnehmer, die eine Beschäftigung innerhalb des Übergangsbereichs ausüben, besteht in allen Zweigen der Sozialversicherung grundsätzlich Versicherungspflicht nach den allgemeinen Vorschriften. Die in den einzelnen Versicherungszweigen geltenden versicherungsrechtlichen Regelungen finden uneingeschränkt Anwendung.

3. Beitragsrecht

a) Allgemeines

Die Beiträge, die aufgrund einer versicherungspflichtigen Beschäftigung zur Kranken-, Pflege-, Renten- und Arbeitslosenversicherung zu zahlen sind, werden nach einem Beitragssatz von der Beitragsbemessungsgrundlage erhoben (§§ 241 ff. SGB V, § 54 Abs. 2 SGB XI, § 157 SGB VI, § 341 Abs. 1 SGB III), die jedoch nur bis zur Höhe der Beitragsbemessungsgrenze berücksichtigt wird (§ 223 Abs. 3 SGB V, § 55 Abs. 2 SGB XI, § 157 SGB VI, § 341 Abs. 3 SGB III). Beitragsbemessungsgrundlage sind die beitragspflichtigen Einnahmen der versicherungspflichtig Beschäftigten (§ 223 Abs. 2 SGB V, § 54 Abs. 2 SGB XI, § 161 Abs. 1 SGB VI, § 341 Abs. 3 SGB III). Beitragspflichtige Einnahme der versicherungspflichtig Beschäftigten ist das aus der Beschäftigung erzielte Arbeitsentgelt (§ 226 Abs. 1 Satz 1 Nr. 1 SGB V, § 57 Abs. 1 SGB XI, § 162 Nr. 1 SGB VI, § 342 SGB III). Getragen werden die Beiträge zur Kranken-, Pflege-, Renten- und Arbeitslosenversicherung je zur Hälfte von den versicherungspflichtig beschäftigten Arbeitnehmern und den Arbeitgebern (§ 249 Abs. 1 Satz 1 SGB V, § 58 Abs. 1 SGB XI, § 168 Abs. 1 Nr. 1 SGB VI, § 346 Abs. 1 SGB III); der Beitragszuschlag in der Pflegeversicherung für Kinderlose nach § 55 Abs. 3 SGB XI ist von den Beschäftigten allein zu tragen (§ 58 Abs. 1 Satz 3 SGB XI). Bei Beschäftigungen im Übergangsbereich sind für die Beitragsberechnung und Beitragstragung besondere Regelungen zu berücksichtigen.

b) Ermittlung des regelmäßigen Arbeitsentgelts

Die besonderen beitragsrechtlichen Regelungen zum Übergangsbereich ab 1.10.2022 finden Anwendung, wenn das monatliche Arbeitsentgelt aus der Beschäftigung, bzw. bei Bestehen mehrerer Beschäftigungsverhältnisse, die hieraus insgesamt erzielten Arbeitsentgelte im Übergangsbereich von 520,01 Euro bis 1600 Euro liegen. Übergangsbereichsfälle liegen demnach nicht vor, wenn lediglich Teilarbeitsentgelte (z. B. wegen Ablaufs der Entgeltfortzahlung bei Arbeitsunfähigkeit oder bei Beginn bzw. Ende der Beschäftigung im Laufe eines Kalendermonats) innerhalb des Übergangsbereichs liegen.

Bei der Prüfung der Frage, ob das Arbeitsentgelt im Übergangsbereich liegt, ist vom regelmäßigen Arbeitsentgelt auszugehen. Dabei ist grundsätzlich auf das Arbeitsentgelt abzustellen, auf das der Arbeitnehmer einen Rechtsanspruch hat (z. B. aufgrund eines Tarifvertrags, einer Betriebsvereinbarung oder einer Einzelabsprache), selbst wenn der Arbeitgeber das Arbeitsentgelt nicht oder erst später zahlt. Wird allerdings ein höheres als das vereinbarte Arbeitsentgelt gezahlt, kommt es nicht darauf an, ob ein wirksamer (arbeitsrechtlicher) Anspruch auf das gezahlte Arbeitsentgelt besteht; insoweit löst der Zufluss die Arbeitsentgelteigenschaft und mithin den Beitragsanspruch aus. Ob die maßgebenden Entgeltgrenzen regelmäßig im Monat oder nur gelegentlich unter- oder überschritten werden, ist bei Beginn der Beschäftigung und erneut bei jeder dauerhaften Veränderung in den Verhältnissen (z. B. Erhöhung oder Reduzierung des Arbeitsentgelts) im Wege einer vorausschauenden Betrachtung zu beurteilen. Dabei dürfen Änderungen des Arbeitsentgelts (z. B. eine Entgelterhöhung aus Anlass einer bereits feststehenden Tariferhöhung) erst von dem Zeitpunkt an berücksichtigt werden, von dem an der Anspruch auf das neue Entgelt besteht (vgl. Urteil des BSG vom 7.12.1989 – 12 RK 19/87 –, USK 89115). Die hiernach erforderliche Prognose erfordert keine alle Eventualitäten berücksichtigende genaue Vorhersage, sondern lediglich eine ungefähre Einschätzung, welches Arbeitsentgelt – ggf. nach der bisherigen Übung – mit hinreichender Sicherheit zu erwarten ist. Im Prognosezeitpunkt muss davon auszugehen sein, dass sich das Arbeitsentgelt bei normalem Ablauf der Dinge nicht relevant verändert. Grundlage der Prognose können dabei lediglich Umstände sein, von denen in diesem Zeitpunkt anzunehmen ist, dass sie das Arbeitsentgelt bestimmen werden. Solche Umstände können die versicherungs- und beitragsrechtliche Beurteilung dann nicht in die Vergangenheit hinein verändern. Stimmt diese Prognose mit dem späteren Verlauf infolge nicht sicher voraussehbarer Umstände nicht überein, bleibt die für die Vergangenheit getroffene Feststellung maßgebend. Allerdings kann die nicht zutreffende Prognose Anlass für eine neue Prüfung und – wiederum vorausschauende – Betrachtung sein. Als Zeitraum, auf den die vorausschauende Betrachtung bei Beschäftigten zu erstrecken ist, wird der Zeitraum eines Jahres (nicht Kalenderjahr) angesehen. Steht bereits zu Beginn der Beschäftigung fest, dass diese nicht mindestens ein Jahr andauern wird, ist ein entsprechend kürzerer Prognosezeitraum anzusetzen. Es bestehen keine Bedenken, wenn Arbeitgeber aus abrechnungstechnischen Gründen stets zu Beginn eines jeden Kalenderjahres eine erneute vorausschauende Jahresbetrachtung zur Ermittlung des regelmäßigen Arbeitsentgelts anstellen. Eine erstmalige vorausschauende Betrachtung für eine im Laufe eines Kalenderjahres aufgenommene Beschäftigung kann demnach zu Beginn des nächsten Kalenderjahres durch eine neue jährliche Betrachtung für dieses Kalenderjahr ersetzt werden. Ein arbeitsrechtlich zulässiger Verzicht auf künftig entstehende Arbeitsentgeltansprüche mindert das zu berücksichtigende Arbeitsentgelt. Soweit das verminderte regelmäßige Arbeitsentgelt aus der Beschäftigung innerhalb des Übergangsbereichs liegt, sind mit Beginn der Entgeltminderung die Regelungen des Übergangsbereichs anzuwenden. Ebenso ist zu verfahren, wenn sich das regelmäßige Arbeitsentgelt aufgrund eines Wechsels von einer Vollzeit- in eine Teilzeitbeschäftigung entsprechend reduziert (z. B. bei teilweiser Freistellung von der Arbeitsleistung im Rahmen der Pflegezeit nach § 3 PflegeZG). Entgeltumwandlungen zur Finanzierung von Aufwendungen für die betriebliche Altersversorgung bis zur Höhe von 4 % der jährlichen Beitragsbemessungsgrenze in der allgemeinen Rentenversicherung im Sinne von § 14 Abs. 1 Satz 2 SGB IV bzw. § 1 Abs. 1 Satz 1 Nr. 9 SvEV mindern ebenfalls das zu berücksichtigende Arbeitsentgelt. Gleiches gilt für Beiträge, die nach § 40b EStG in der Fassung bis 31.12.2004 im Rahmen einer Entgeltumwandlung zugunsten einer betrieblichen Altersversorgung verwendet werden (§ 1 Abs. 1 Satz 1 Nr. 4 SvEV).

c) Einmalig gezahltes Arbeitsentgelt

Einmalige Einnahmen, deren Gewährung mit hinreichender Sicherheit (z. B. aufgrund eines für allgemeinverbindlich erklärten Tarifvertrags oder aufgrund Gewohnheitsrechts wegen betrieblicher Übung) mindestens einmal jährlich zu erwarten ist, sind bei der Ermittlung des Arbeitsentgelts zu berücksichtigen (vgl. analog Urteil des BSG vom 28.2.1984 – 12 RK 21/83 –, USK 8401). So bleiben z. B. Jubiläumszuwendungen bei der Ermittlung des regelmäßigen Arbeitsentgelts unberücksichtigt, da es sich nicht um jährlich wiederkehrende Zuwendungen handelt. Hat der Arbeitnehmer auf die Zahlung einer einmaligen Einnahme verzichtet, kann die einmalige Einnahme – ungeachtet der arbeitsrechtlichen Zulässigkeit eines solchen Verzichts – vom Zeitpunkt des Verzichts an bei der Ermittlung des regelmäßigen Arbeitsentgelts nicht berücksichtigt werden. Im Übrigen sind einmalige Einnahmen bei der Ermittlung des Arbeitsentgelts nur insoweit zu berücksichtigen, als sie aus der zu beurteilenden Beschäftigung resultieren. Soweit einmalige Einnahmen aus ruhenden Beschäftigungsverhältnissen (z. B. bei freiwilligem Wehrdienst oder Elternzeit) gezahlt werden, bleiben sie außer Betracht.

d) Schwankende Bezüge

Bei unvorhersehbar schwankender Höhe des Arbeitsentgelts und in den Fällen, in denen im Rahmen eines Dauerarbeitsverhältnisses saisonbedingt vorhersehbar unterschiedliche Arbeitsentgelte erzielt werden, ist der regelmäßige Betrag durch Schätzung bzw. durch eine Durchschnittsberechnung zu ermitteln. Dabei ist bei einem seit einem Jahr oder länger beschäftigten Arbeitnehmer von dem im Vorjahr erzielten Arbeitsentgelt auszugehen; bei neu eingestellten Arbeitnehmern kann von der Vergütung eines vergleichbaren Arbeitnehmers ausgegangen werden. Diese Feststellung bleibt für die Vergangenheit auch dann maßgebend, wenn sie infolge nicht sicher voraussehbarer Umstände mit den tatsächlichen Arbeitsentgelten aus der Beschäftigung nicht übereinstimmt (vgl. analog Urteile des BSG vom 27.9.1961 – 3 RK 12/57 –, SozR Nr. 6 zu § 168 RVO, vom 23.11.1966 – 3 RK 56/64 –, USK 6698, und vom 23.4.1974 – 4 RJ 335/72 –, USK 7443).

e) Steuerfreie Einnahmen

Nach ausdrücklicher Bestimmung des § 1 Abs. 1 Satz 1 Nr. 16 SvEV gehören steuerfreie Aufwandsentschädigungen und die in § 3 Nr. 26 und 26a EStG genannten steuerfreien Einnahmen nicht zum Arbeitsentgelt in der Sozialversicherung und bleiben daher bei der Ermittlung des regelmäßigen Arbeitsentgelts unberücksichtigt. Hierunter fallen z. B. die Einnahmen aus nebenberuflichen Tätigkeiten als Übungsleiter, Ausbilder, Erzieher, Betreuer oder vergleichbaren nebenberuflichen Tätigkeiten, aus nebenberuflichen künstlerischen Tätigkeiten oder für die Pflege alter, kranker oder behinderter Menschen bis zur Höhe von insgesamt 3000 Euro im Kalenderjahr (sogenannte Übungsleiterpauschale). Die steuerfreien Einnahmen bleiben bei der Prognose des regelmäßigen Arbeitsentgelts unabhängig davon, ob der steuerfreie Jahresbetrag von 3000 Euro vom Arbeitgeber pro rata (z. B. monatlich mit 250 Euro) angesetzt oder en bloc (z. B. jeweils zum Jahresbeginn bzw. zu Beginn der Beschäftigung) ausgeschöpft wird, in dem Umfang unberücksichtigt, in dem sie in der Summe vom Arbeitgeber gewährt werden sollen. Sofern eine Beschäftigung im Laufe eines Kalenderjahres beendet wird und der Steuerfreibetrag noch nicht verbraucht ist, wird durch eine (rückwirkende) volle Ausschöpfung des Steuerfreibetrags die ursprüngliche versicherungs- und beitragsrechtliche Beurteilung der Beschäftigung jedoch nicht geändert. Dies gilt für steuerfreie Einnahmen nach § 3 Nr. 26a EStG entsprechend. Auch steuerfreie Einnahmen, die zusätzlich zum Arbeitsentgelt gewährt werden und daher nach § 1 Abs. 1 Satz 1 Nr. 1 SvEV nicht zum beitragspflichtigen Arbeitsentgelt gehören, bleiben bei der Ermittlung des regelmäßigen Arbeitsentgelts unberücksichtigt.

f) Mehrfachbeschäftigung

Werden mehrere Beschäftigungen bei verschiedenen Arbeitgebern ausgeübt, sind für die Prüfung des Anwendungsbereichs des Übergangsbereichs nur die Arbeitsentgelte zusammenzurechnen, die aus versicherungspflichtigen Beschäftigungen erzielt werden (z. B. keine Berücksichtigung einer versicherungsfreien Beschäftigung als Beamter). Arbeitsentgelte aus einer geringfügig entlohnten Beschäftigung, die neben einer nicht geringfügigen versicherungspflichtigen (Haupt-)Beschäftigung ausgeübt wird, sind bei der Ermittlung des regelmäßigen Arbeitsentgelts nicht zu berücksichtigen (§ 163 Abs. 10 Satz 1 SGB VI, § 226 Abs. 4 Satz 1 SGB V, § 344 Abs. 4 SGB III). Eine Zusammenrechnung der Arbeitsentgelte scheidet für den Bereich der gesetzlichen Rentenversicherung damit auch in den Fällen aus, in denen der geringfügig entlohnt Beschäftigte der Rentenversicherungspflicht unterliegt. Arbeitsentgelte aus kurzfristigen Beschäftigungen sind ebenfalls nicht anzurechnen. Arbeitsentgelte aus mehreren – für sich betrachtet – geringfügig entlohnten Beschäftigungen sind hingegen zu berücksichtigen, wenn diese wegen der vorgeschriebenen Zusammenrechnung nach § 8 Abs. 2 Satz 1 SGB IV mit anderen geringfügig entlohnten Beschäftigungen oder als weitere geringfügig entlohnte Beschäftigung(en) mit einer versicherungspflichtigen (Haupt-)Beschäftigung für den Arbeitnehmer zur Versicherungspflicht aufgrund mehr als geringfügiger Beschäftigung führen.

4. Beitragsberechnung und Beitragstragung

Für die Beitragsberechnung und Beitragstragung bei Beschäftigungen mit einem regelmäßigen monatlichen Arbeitsentgelt innerhalb des Übergangsbereichs gelten in der Kranken-, Pflege-, Renten- und Arbeitslosenversicherung besondere Regelungen. Für die Beitragsberechnung finden ab 1.10.2022 zwei gesonderte Berechnungen statt. Die Ermittlung des Arbeitnehmeranteils erfolgt anhand einer eigenen Formel. Die Berechnung des Gesamtbeitrages erfolgt in mehreren Schritten.

a) Ermittlung der fiktiven beitragspflichtigen Einnahme

Bei Arbeitnehmern, die gegen ein regelmäßiges monatliches Arbeitsentgelt innerhalb des Übergangsbereichs beschäftigt sind, wird in der Kranken-, Pflege-, Renten- und Arbeitslosenversicherung nach § 226 Abs. 4 SGB V, § 57 Abs. 1 SGB XI, § 163 Abs. 7 SGB VI und § 344 Abs. 4 SGB III für die Berechnung des Beitrags als beitragspflichtige Einnahme nicht das tatsächlich erzielte Arbeitsentgelt zugrunde gelegt, sondern eine fiktive betragspflichtige

Lohn- steuer- pflichtig | Sozial- versich.- pflichtig

Einnahme, die ab 1.10.2022 nach folgender Formel berechnet wird:

$$BE \times F \times G + ((\frac{1600}{1600 - G}) - (\frac{G}{1600 - G}) \times F) \times (AE - G)$$

AE = monatliches Arbeitsentgelt des Beschäftigungsverhältnisses

F = Faktor, der sich ergibt, wenn der Wert 28 % durch den Gesamtsozialversicherungsbeitragssatz des Kalenderjahres, in dem der Anspruch auf das Arbeitsentgelt entstanden ist, geteilt wird.

G = Geringfügigkeitsgrenze

Am 1.1.2022 beträgt der Gesamtsozialversicherungsbeitragssatz unverändert 39,95 % (Krankenversicherung 14,6 % + 1,3 %, Pflegeversicherung 3,05 %, Rentenversicherung 18,6 %, Arbeitslosenversicherung 2,4 %).

Der Faktor F beträgt vom 1.10.2022 bis 31.12.2022 0,7009 (= 28 % / 39,95 %).

Demzufolge kann die ab 1.10.2022 anzuwendende Formel wie folgt vereinfacht werden:

fiktive beitragspflichtige Einnahme = 1,14401 × AE − 230,41777

Beispiel

Das Arbeitsentgelt einer Arbeitnehmerin beträgt im Monat November 2022 1100 €.

Die fiktive beitragspflichtige Einnahme berechnet sich wie folgt:

beitragspflichtige Einnahmen = 1,14401 × 1100 € − 230,41777 = 1027,99 €

Hiernach ergibt sich ab 1.10.2022 folgende Übersicht:

Fiktive beitragspflichtige Einnahme

520,01 €	364,48
600,— €	455,99
700,— €	570,39
800,— €	684,79
900,— €	799,19
1000,— €	913,59
1100,— €	1027,99
1200,— €	1142,40
1300,— €	1256,80
1400,— €	1371,20
1500,- €	1485,60
1600,— €	1600,00

b) Ermittlung der fiktiven beitragspflichtigen Einnahme in Teilmonaten

In den Fällen, in denen zwar das regelmäßige monatliche Arbeitsentgelt innerhalb des Übergangsbereichs liegt, aber der Beschäftigte nicht für einen vollen Kalendermonat Arbeitsentgelt erzielt (z. B. wegen Ablaufs der Entgeltfortzahlung bei Arbeitsunfähigkeit oder bei Beginn bzw. Ende der Beschäftigung im Laufe eines Kalendermonats), ist – ausgehend von der monatlichen beitragspflichtigen Einnahme – die anteilige beitragspflichtige Einnahme zu berechnen. Hierfür ist zunächst ausgehend vom anteiligen Arbeitsentgelt das monatliche Arbeitsentgelt zu berechnen. Dabei ist wie folgt vorzugehen:

$$\text{monatliches Arbeitsentgelt} = \frac{\text{anteiliges Arbeitsentgelt} \times 30}{\text{Kalendertage}}$$

(hier: monatliches Arbeitsentgelt = monatliche beitragspflichtige Einnahme)

Auf der Grundlage des monatlichen Arbeitsentgelts ist die beitragspflichtige Einnahme nach Maßgabe der Berechnungsformel zu ermitteln. Anschließend ist diese beitragspflichtige Einnahme entsprechend der Anzahl der Kalendertage, für die eine versicherungspflichtige Beschäftigung besteht, zu reduzieren:

$$\textbf{anteilige}\text{ beitragspflichtige Einnahme} = \frac{\textbf{monatliche}\text{ beitragspflichtige Einnahme} \times \text{Kalendertage}}{30}$$

Dabei ist unerheblich, ob das anteilige Arbeitsentgelt unterhalb des Übergangsbereichs liegt. Für die Anwendung der besonderen Regelungen des Übergangsbereichs ist in diesen Fällen allein auf das regelmäßige monatliche Arbeitsentgelt abzustellen.

Beispiel

Das mtl. Arbeitsentgelt beträgt im November 2022 650 €. Die Beschäftigung wird am 12.11.2022 beendet. Deshalb wird im November nur ein Arbeitsentgelt von 260 € bezahlt.

Die monatliche beitragspflichtige Einnahme aus 650 € beträgt 513,19 €

Die anteilige beitragspflichtige Einnahme vom 1.11. – 12.11.2022 beträgt 513,19 € × 12 : 30 = 205,28 €

Sofern Arbeitgeber aufgrund arbeits- oder tarifvertraglicher Regelungen das Teilarbeitsentgelt auf andere Weise berechnen (beispielsweise unter Zugrundelegung der tatsächlichen Arbeitstage im Verhältnis zu den Werktagen eines Kalendermonats), ist dies bei der Berechnung der reduzierten beitragspflichtigen Einnahme zu berücksichtigen.

c) Ermittlung des Gesamtbeitrags für jeden Versicherungszweig

Von der fiktiven Einnahme werden zunächst die Gesamtbeiträge zur Kranken-, Pflege-, Renten- und Arbeitslosenversicherung berechnet. Die Beiträge zur gesetzlichen Krankenversicherung werden inklusive des Zusatzbeitrages je zur Hälfte von Arbeitgebern und Arbeitnehmern getragen. Der Beitragszuschlag zur Pflegeversicherung von 0,35 % für kinderlose Arbeitnehmer wird dann entsprechend hinzugerechnet. Er ist von den Arbeitnehmern alleine zu tragen.

d) Beitragsanteil des Arbeitgebers

Der vom Arbeitgeber zu zahlende Beitrag wird durch Anwendung des halben Beitragssatzes auf die nach der unter a) genannten Formel ermittelte fiktive beitragspflichtige Einnahme berechnet. Der Abzug des Beitragsanteils des Arbeitnehmers von dem so errechneten Beitrag ergibt den Beitragsanteil des Arbeitgebers. Überschreiten einzelne Entgelte die Geringfügigkeitsgrenze nicht, ist kein gesonderter Beitragsanteil des Arbeitnehmers zu ermitteln. Der Arbeitgeber trägt insoweit den gesamten Beitrag allein.

e) Beitragsanteil des Arbeitnehmers

Ab 1.10.2022 wird die beitragspflichtige Einnahme zur Berechnung des Beitragsanteils für die Arbeitnehmer mit einem Entgelt im Übergangsbereich anhand einer eigenen Formel berechnet. Diese lautet:

$$\mathbf{BE = (\frac{1600}{1600 - G}) \times (AE - G)}$$

Hierfür ergibt sich ab 1.10.2022 folgende Übersicht:

Arbeitsentgelt	Beitragspflichtige Einnahme zur Berechnung des Arbeitnehmeranteils
520,01 €	0,01
600,— €	118,52
700,— €	266,67
800,— €	414,81
900,— €	562,97

Lohn-steuer-pflichtig | Sozial-versich.-pflichtig

Arbeitsentgelt	Beitragspflichtige Einnahme zur Berechnung des Arbeitnehmeranteils
1000,– €	711,11
1100,– €	859,26
1200,– €	1007,41
1300,– €	1155,56
1400,– €	1303,70
1500,– €	1451,85
1600,– €	1600,00

Der vom Arbeitnehmer zu tragende Beitragsanteil wird durch Anwendung des halben sich aus der Summe der Beitragssätze der einzelnen Versicherungszweige (Renten-, Pflege-, Arbeitslosen- und Krankenversicherung, zuzüglich des kassenindividuellen Zusatzbeitragssatzes) und der nach der o.g. Formel ermittelten beitragspflichtigen Einnahme berechnet.

Beispiel

Der mtl. Arbeitslohn einer Arbeitnehmerin beträgt im August 2022 950,00 €. Bei einem Beitragssatz in der Krankenversicherung von 14,6 % ergibt sich folgende monatliche Lohnabrechnung:

Monatslohn	950,– €
Lohnsteuer (Steuerklasse V)	91,66 €
Solidaritätszuschlag	0,00 €
Kirchensteuer (z. B. 8 %)	7,33 €
Sozialversicherung (Arbeitnehmeranteil)	127,25 €
Nettolohn	723,76 €

Berechnung der Sozialversicherungsbeiträge

Ermittlung der fiktiven beitragspflichtige Einnahme

1,14401 × 950,00 – 230,41777	856,39 €

Berechnung Gesamtbeitrag

	Gesamtbeitrag (fiktive beitragspflichtige Einnahme × Beitragssatz)
Krankenversicherung (14,6 %)	125,04 €
Krankenversicherung Zusatzbeitrag (1,3 %)	11,13 €
Pflegeversicherung (3,05 %)	26,12 €
Rentenversicherung (18,6 %)	159,28 €
Arbeitslosenversicherung (2,4 %)	20,56 €
	342,13 €

Ermittlung der beitragspflichtige Einnahme Arbeitnehmer

1,4815 × (950 – 520)	637,05 €

	Arbeitnehmeranteil (Bemessungsgrundlage 637,05 €)
Krankenversicherung (7,3 %)	46,50 €
Krankenversicherung Zusatzbeitrag (0,65 %)	4,14 €
Pflegeversicherung (1,525 %)	9,72 €
Rentenversicherung (9,3 %)	59,25 €
Arbeitslosenversicherung (1,2 %)	7,64 €
	127,25 €

	Arbeitgeberanteil (Gesamtbeitrag – Arbeitnehmeranteil)	
Krankenversicherung (7,3 %)	125,04 € – 46,50 €	78,54 €
Krankenversicherung Zusatzbeitrag (1,3 %)	11,13 € – 4,14 €	6,99 €
Pflegeversicherung (1,525 %)	26,12 € – 9,72 €	16,40 €
Rentenversicherung (9,3 %)	159,28 € – 59,25 €	100,03 €
Arbeitslosenversicherung (1,2 %)	20,56 € – 7,64 €	12,92 €
		214,88 €

Gesamtbeitrag	342,13 €
Arbeitnehmeranteil gesamt	127,25 €
Arbeitgeberanteil gesamt	214,88 €

Lohn-steuer-pflichtig | Sozial-versich.-pflichtig

5. Besonderheiten bei Teilmonaten

Soweit in den Fällen, in denen nur für wenige Arbeitstage ein Teilarbeitsentgelt und ggf. eine Einmalzahlung gezahlt wird, der Arbeitgeberbeitragsanteil höher ist als der sich auf der Basis der (reduzierten) beitragspflichtigen Einnahme ergebende Versicherungsbeitrag, ist lediglich dieser Versicherungsbeitrag zu zahlen. Ein Arbeitnehmerbeitragsanteil fällt nicht an. Hingegen ist gemäß § 2 Abs. 2 Satz 6 BVV vom Arbeitnehmer der Beitragszuschlag bei Kinderlosigkeit in der Pflegeversicherung zu entrichten. Bei einem unbezahlten Urlaub gilt eine Beschäftigung nach § 7 Abs. 3 Satz 1 SGB IV als fortbestehend, solange das Beschäftigungsverhältnis ohne Anspruch auf Arbeitsentgelt fortdauert, jedoch nicht länger als einen Monat. Die Regelung über den Fortbestand des Beschäftigungsverhältnisses hat mittelbar auch Auswirkungen auf die Berechnung der Beiträge zur Kranken-, Pflege-, Renten- und Arbeitslosenversicherung, denn die Zeiten der Arbeitsunterbrechung ohne Anspruch auf Arbeitsentgelt sind keine beitragsfreien, sondern dem Grunde nach beitragspflichtige Zeiten. Dies bedeutet, dass für Zeiträume von Arbeitsunterbrechungen wegen unbezahlten Urlaubs bis zu einem Monat beitragspflichtige Sozialversicherungstage (SV-Tage) anzusetzen sind. Eine Hochrechnung zur Ermittlung der anteiligen beitragspflichtigen Einnahme ist jedoch nicht für Kalendermonate erforderlich, deren SV-Tage nicht gekürzt werden. Das tatsächlich erzielte (Rest-)Arbeitsentgelt ist als monatliches Arbeitsentgelt anzusehen.

6. Versicherungsfreiheit

Besteht nach besonderen Regelungen in einzelnen Zweigen der Sozialversicherung Versicherungsfreiheit (z. B. in der Krankenversicherung von Arbeitnehmern, die nach Vollendung des 55. Lebensjahres eine dem Grunde nach versicherungspflichtige Beschäftigung aufnehmen; § 6 Abs. 3a SGB V) oder liegt eine Befreiung von der Versicherungspflicht vor (z. B. in der Rentenversicherung wegen Mitgliedschaft in einer berufsständischen Versorgungseinrichtung nach § 6 Abs. 1 Satz 1 Nr. 1 SGB VI), sind zu den betreffenden Versicherungszweigen keine Beiträge zu zahlen. Insbesondere bei geringfügigen Nebenbeschäftigungen können die besonderen Vorschriften über die Zusammenrechnung mit der Hauptbeschäftigung in einzelnen Zweigen der Sozialversicherung zu verschiedenen versicherungs- und beitragsrechtlichen Beurteilungen der Haupt- und Nebenbeschäftigungen führen (§ 8 Abs. 2 SGB IV i. V. m. § 7 Abs. 1 SGB V, § 6 Abs. 1b SGB VI und § 27 Abs. 2 SGB III). Soweit hiernach der Beschäftigte in der Nebenbeschäftigung in einzelnen Versicherungszweigen versicherungsfrei bleibt und in der Rentenversicherung von der Versicherungspflicht befreit wird, sind demnach zu den betreffenden Versicherungszweigen auch keine individuellen Beiträge aus der Nebenbeschäftigung zu zahlen. Der für Beschäftigte zu zahlende Arbeitgeberanteil zur Rentenversicherung (§ 172 Abs. 1 SGB VI), die als Bezieher einer Altersvollrente nach Erreichen der Regelaltersgrenze bzw. einer Versorgung wegen Erreichen einer Altersgrenze oder ausschließlich wegen Erreichens der Regelaltersgrenze oder wegen einer Beitragserstattung aus eigener Versicherung rentenversicherungsfrei sind (§ 5 Abs. 4 Satz 1 SGB VI), ist hingegen auch bei Beschäftigungen innerhalb des Übergangsbereichs zu zahlen. Die Berechnung des Arbeitgeberanteils erfolgt dabei aus dem tatsächlichen Arbeitsentgelt. Für Beschäftigte, die aufgrund der Mitgliedschaft in einer berufsständischen Versorgungseinrichtung von der Rentenversicherungspflicht befreit sind, ist zu beachten, dass der Beitragszuschuss des Arbeitgebers nach § 172a SGB VI zur Versorgungseinrichtung zu zahlen ist.

7. Knappschaftliche Rentenversicherung

Für knappschaftlich rentenversicherte Arbeitnehmer wirkt sich die Regelung des Übergangsbereichs in gleicher

Lohn-steuer-pflichtig Sozial-versich.-pflichtig

Lohn-steuer-pflichtig Sozial-versich.-pflichtig

Weise aus, wie bei einem in der allgemeinen Rentenversicherung versicherten Arbeitnehmer (§ 168 Abs. 3 SGB VI). Allerdings ist der vom Arbeitgeber zu tragende Beitragsanteil auf Basis des besonderen Beitragssatzes zur knappschaftlichen Rentenversicherung zu ermitteln. Für die Berechnung der Beitragsanteile ist zunächst der Arbeitnehmerbeitragsanteil zu berechnen, der vom Arbeitnehmer zu tragen wäre, wenn er in der allgemeinen Rentenversicherung versichert wäre. Der Arbeitgeberbeitragsanteil ergibt sich aus der Differenz des Gesamtbeitrags auf der Basis der reduzierten beitragspflichtigen Einnahme und des Beitragssatzes zur knappschaftlichen Rentenversicherung abzüglich des Arbeitnehmerbeitragsanteils.

8. Mehrfachbeschäftigung

Werden mehrere (ggf. durch Zusammenrechnung) versicherungspflichtige Beschäftigungen ausgeübt, deren Arbeitsentgelte jedoch in der Summe innerhalb des Übergangsbereichs liegen, sind die für die Berechnung der Arbeitnehmerbeitragsanteile zugrunde zu legenden reduzierten beitragspflichtigen Einnahmen für die einzelnen Beschäftigungen nicht durch die Anwendung der allgemeinen Berechnungsformel auf die jeweiligen Arbeitsentgelte zu ermitteln; in diesen Fällen wird die reduzierte beitragspflichtige Einnahme vielmehr auf der Grundlage des Gesamtarbeitsentgelts ermittelt und im Verhältnis der jeweiligen Arbeitsentgelte zum Gesamtarbeitsentgelt aufgeteilt.

a) Mehrfachbeschäftigung während des gesamten Kalendermonats

Sofern die Mehrfachbeschäftigung im Übergangsbereich für volle Kalendermonate besteht, ist die jeweilige beitragspflichtige Einnahme auf der Grundlage des von den Krankenkassen mitgeteilten Gesamtarbeitsentgelts (für den vollen Kalendermonat = 30 Sozialversicherungstage), wie folgt zu berechnen:

$$\frac{[F \times 520 + ([1.600/(1.600 - 520)] - [450/(1.600 - 520)] \times F) \times (GAE - 520)] \times EAE}{GAE}$$

Das Ergebnis der Berechnung ist auf zwei Dezimalstellen zu runden, wobei die zweite Dezimalstelle um 1 zu erhöhen ist, wenn sich in der dritten Dezimalstelle eine der Zahlen 5 bis 9 ergeben würde.

Die besonderen Regelungen für Beschäftigungen mit Arbeitsentgelten außerhalb des Übergangsbereichs – insbesondere die Beitragsberechnung unter ausschließlicher Anwendung des Faktors F – gelten insoweit nicht, als lediglich die einzelnen Arbeitsentgelte (nicht aber das Gesamtarbeitsentgelt) außerhalb des Übergangsbereichs liegen.

b) Beginn oder Ende der Mehrfachbeschäftigung im Laufe eines Kalendermonats

Bestehen mehrere Beschäftigungen nicht durchgehend während des gesamten Kalendermonats, muss differenziert werden, ob

- sämtliche Beschäftigungen nicht für den vollen Monat bestehen, jedoch am gleichen Tag beginnen oder enden,
- (mindestens) eine Beschäftigung den vollen Kalendermonat besteht und (mindestens) eine weitere hinzutritt oder wegfällt oder
- die Beschäftigungen im Laufe eines Monats an verschiedenen Tagen beginnen oder enden.

Beginnt oder endet die Mehrfachbeschäftigung im Übergangsbereich im Laufe eines Kalendermonats, ist die jeweilige beitragspflichtige Einnahme ausgehend von einer monatlichen beitragspflichtigen Einnahme zu ermitteln. Hierzu ist das für den Teil des Kalendermonats (Teilmonat) gezahlte Gesamtarbeitsentgelt zunächst auf den vollen Kalendermonat hochzurechnen. Dieser Grundsatz, wonach die Anwendung der Berechnungsformel in Teilmonaten ein monatliches Arbeitsentgelt bzw. Gesamtarbeitsentgelt verlangt, entspricht den Regelungen, dass im Rahmen einer (einzelnen) Beschäftigung nur ein Teilarbeitsentgelt gezahlt wird. Die aus dem (auf den vollen Kalendermonat hochgerechneten) Gesamtarbeitsentgelt nach der Berechnungsformel ermittelte beitragspflichtige Einnahme ist anschließend entsprechend der Anzahl der SV-Tage zu reduzieren. Die anteilige beitragspflichtige Einnahme für den jeweiligen Arbeitgeber ergibt sich dann aus dem Verhältnis der jeweiligen Arbeitsentgelte zum Gesamtarbeitsentgelt.

Tritt zu einer bestehenden versicherungspflichtigen Beschäftigung im Laufe des Kalendermonats eine weitere versicherungspflichtige Beschäftigung hinzu und wird dadurch eine Mehrfachbeschäftigung im Übergangsbereich begründet, ist zur Ermittlung der jeweiligen beitragspflichtigen Einnahme das vorstehend beschriebene Verfahren mit der Maßgabe anzuwenden, dass aus Gründen der Verfahrensvereinfachung für den Monat des Hinzutritts der weiteren versicherungspflichtigen Beschäftigung insgesamt, also für den vollen Kalendermonat, von einer Mehrfachbeschäftigung im Übergangsbereich auszugehen ist. Insofern entfällt die Hochrechnung des Gesamtarbeitsentgelts auf den vollen Kalendermonat. Entsprechendes gilt bei Wegfall einer Beschäftigung, wenn dadurch die Voraussetzungen der Mehrfachbeschäftigung im Übergangsbereich im Laufe des Kalendermonats entfallen.

Tritt zu einer im Laufe des Kalendermonats aufgenommenen versicherungspflichtigen Beschäftigung im weiteren Verlauf des Kalendermonats eine weitere versicherungspflichtige Beschäftigung hinzu und wird dadurch eine Mehrfachbeschäftigung im Übergangsbereich begründet, ist zur Ermittlung der jeweiligen beitragspflichtigen Einnahme das im vorherigen Absatz beschriebene Verfahren mit der Maßgabe anzuwenden, dass nicht für den vollen Kalendermonat, sondern von dem Zeitpunkt der Aufnahme der (ersten) versicherungspflichtigen Beschäftigung an von einer Mehrfachbeschäftigung im Übergangsbereich auszugehen ist. Unter Berücksichtigung dieser Verfahrensvereinfachung ist das für die unterschiedlichen Teile des Kalendermonats gezahlte Gesamtarbeitsentgelt auf den vollen Kalendermonat hochzurechnen. Die aus dem (auf den vollen Kalendermonat hochgerechneten) Gesamtarbeitsentgelt nach der Berechnungsformel ermittelte beitragspflichtige Einnahme ist anschließend entsprechend der Anzahl der beitragspflichtigen SV-Tage zu reduzieren. Die anteilige beitragspflichtige Einnahme für den jeweiligen Arbeitgeber ergibt sich dann aus dem Verhältnis der jeweiligen Arbeitsentgelte zum Gesamtarbeitsentgelt.

9. Gelegentliches Über- oder Unterschreiten des Übergangsbereichs

Bei Beschäftigungen, in denen zwar das regelmäßige monatliche Arbeitsentgelt innerhalb des Übergangsbereichs liegt, das tatsächliche monatliche Arbeitsentgelt jedoch dessen Grenzen über- oder unterschreitet (z. B. schwankendes Arbeitsentgelt, Einmalzahlungen), kann die für die Beitragsberechnung zu ermittelnde beitragspflichtige Einnahme nicht nach der Berechnungsformel berechnet werden.

In diesen Fällen ist in den Monaten, in denen das Arbeitsentgelt die untere Entgeltgrenze von 520,01 Euro unterschreitet, für die Berechnung der beitragspflichtigen Einnahme das tatsächliche Arbeitsentgelt mit dem Faktor F zu multiplizieren (§ 2 Abs. 2 Satz 2 BVV):

tatsächliches Arbeitsentgelt × F = beitragspflichtige Einnahme

In den Monaten des Überschreitens der oberen Entgeltgrenze von 1.600 Euro sind die Beiträge nach den all-

Lohnsteuer-pflichtig Sozialversich.-pflichtig

gemeinen Regelungen zu berechnen. Das heißt, der Beitragsberechnung ist das tatsächliche Arbeitsentgelt als beitragspflichtige Einnahme zugrunde zu legen und der Beitrag vom Arbeitgeber und Arbeitnehmer nach den für den jeweiligen Versicherungszweig geltenden Bestimmungen zu tragen:

tatsächliches Arbeitsentgelt = beitragspflichtige Einnahme

Sofern aufgrund von länger andauernder Arbeitsunfähigkeit kein laufendes Arbeitsentgelt (mehr) bezogen wird und der Arbeitnehmer eine Einmalzahlung (z. B. Urlaubsgeld) erhält, richtet sich die Anwendung der Regelungen des Übergangsbereichs bei der Beitragsberechnung aus der Einmalzahlung danach, ob die Beschäftigung aufgrund der Höhe des ausgefallenen Arbeitsentgelts im Übergangsbereich liegt. Ist dies der Fall und übersteigt das ausgefallene laufende Arbeitsentgelt zusammen mit der Einmalzahlung nicht die obere Entgeltgrenze von 1.600 Euro, sind die Regelungen des Übergangsbereichs auf die Einmalzahlung anzuwenden. Sofern der Betrag der Einmalzahlung dabei die untere Entgeltgrenze von 520,01 Euro unterschreitet, ist die Einmalzahlung für die Ermittlung der reduzierten beitragspflichtigen Einnahme mit dem Faktor F zu multiplizieren. Übersteigt hingegen das ausgefallene laufende Arbeitsentgelt zusammen mit der Einmalzahlung die obere Entgeltgrenze von 1.600 Euro, sind für die Berechnung der Beiträge (aus der Einmalzahlung) die allgemeinen Regelungen und nicht die des Übergangsbereichs anzuwenden. Dies gilt auch für Einmalzahlungen, die nach § 23a Abs. 2 SGB IV dem letzten Entgeltabrechnungszeitraum des laufenden Kalenderjahres zuzuordnen sind. Allerdings ist bei Beschäftigungen im Übergangsbereich hierbei zur Beitragsberechnung die Berechnungsformel auf die Summe des Arbeitsentgelts des letzten Entgeltabrechnungszeitraums und der Einmalzahlung anzuwenden. Soweit die für die Zeit des Bezugs von Sozialleistungen laufend gezahlten arbeitgeberseitigen Leistungen den SV-Freibetrag nach § 23c Abs. 1 SGB IV überschreiten, sind auf die beitragspflichtigen arbeitgeberseitigen Leistungen ebenfalls die Regelungen des Übergangsbereichs anzuwenden, wenn die Beschäftigung unter Berücksichtigung des ausgefallenen Arbeitsentgelts im Übergangsbereich liegt.

10. Übergangsregelungen zum Übergangsbereich nach § 20 Abs. 2 SGB IV ab 1.10.2022

Der Übergangsbereich umfasst ab 1.10.2022 den Entgeltbereich von 520,01 bis 1.600 Euro.

Versicherungspflichtig Beschäftigte, die in einer vor dem 30.9.2022 aufgenommenen und über den 1.10.2022 unverändert hinausgehenden Beschäftigung mit einem Entgelt zwischen 450,01 € und 520 € bleiben bis zum 31.12.2023 versicherungspflichtig in der Kranken-, Pflege- und Arbeitslosenversicherung. Die betroffenen Beschäftigten können sich auf Antrag von der Versicherungspflicht zu diesen Versicherungszweigen befreien lassen.

In der Rentenversicherung besteht ohne Rücksicht auf die Höhe des Arbeitsentgelts grds. Versicherungspflicht. Beschäftigte sind ab 1.10.2022 bei einem Entgelt zwischen 450,01 € und 520 € versicherungspflichtig geringfügig Beschäftigte.

Für diese Beschäftigten gelten bis längstens 31.12.2023 die bis 30.9.2022 gültigen Regelungen bzw. Formeln für den Übergangsbereich (sofern keine Befreiung von der Versicherungspflicht beantragt wird). Für die Ermittlung der beitragspflichtigen Einnahme gilt dabei weiterhin die bekannte Formel:

F * 450 + ([1300/(1300-450)] – [Geringfügigkeitsgrenze/(1300-450)] * F) * (Arbeitsentgelt – 450)

Die Formel entspricht der bis 30.9.2022 gültigen Regelung. Der Faktor F beträgt dabei bis 31.12.2022 wie bisher 0,7509. Ab 1.1.2023 wird ein neuer Faktor F für die Übergangsfälle bekannt gegeben.

Die Ermittlung der beitragspflichtigen Einnahme und des Arbeitgeber- und Arbeitnehmeranteils ist in der Hauptausgabe des Lexikons für das Lohnbüro unter dem Stichwort „Übergangsbereich nach § 20 Abs. 2 SGB IV" unter der Nummer 7 Bst. a – f beschrieben.

11. Ausnahmen und Besonderheiten

a) Berufsausbildung und freiwilliges soziales/ökologisches Jahr sowie Bundesfreiwilligendienst

Die besonderen Regelungen des Übergangsbereichs gelten nicht für Personen, die zu ihrer Berufsausbildung (z. B. Auszubildende, Praktikanten, Teilnehmer an dualen Studiengängen) beschäftigt sind (§ 20 Abs. 2a letzter Satz SGB IV). Die Rechtsprechung hat für die Beschäftigungen innerhalb der bisherigen Gleitzone diese Ausnahmeregelung für die zur betrieblichen Berufsausbildung Beschäftigten bestätigt und geltend gemachte verfassungsrechtliche Bedenken zurückgewiesen (vgl. Urteil des BSG vom 15.7.2009 – B 12 KR 14/08 R –, USK 2009- 69). Für Umschüler, die den zu ihrer Berufsausbildung Beschäftigten gleichgestellt sind, wenn die Umschulung für einen anerkannten Ausbildungsberuf erfolgt und nach den Vorschriften des Berufsbildungsgesetzes (§ 1 Abs. 5 und § 60 BBiG) durchgeführt wird, gilt die Ausnahmeregelung gleichermaßen. Für Teilnehmer am freiwilligen sozialen oder freiwilligen ökologischen Jahr und am Bundesfreiwilligendienst finden die Regelungen des Übergangsbereichs ebenfalls keine Anwendung, da für diese Personen der Arbeitgeber die Beiträge allein zu tragen hat. Die Anwendung der Regelungen des Übergangsbereichs ist auch ausgeschlossen für mehr als geringfügige versicherungspflichtige Beschäftigungen, die neben einer Beschäftigung zur Berufsausbildung, einer Teilnahme an einem freiwilligen sozialen bzw. freiwilligen ökologischen Jahr oder einem Bundesfreiwilligendienst ausgeübt werden. Dabei ist unerheblich, ob das Arbeitsentgelt aus der mehr als geringfügigen Beschäftigung für sich betrachtet oder zusammen mit dem Arbeitsentgelt aus der Beschäftigung zur Berufsausbildung oder einem der Freiwilligendienste in den Übergangsbereich fällt. Der generelle Ausschluss dieser Personen liegt darin begründet, dass es für eine Berücksichtigung des Arbeitsentgelts aus der Beschäftigung zur Berufsausbildung oder einem der Freiwilligendienste und der sich daran anschließenden Aufteilung der beitragspflichtigen Einnahmen entsprechend dem Verfahren für Mehrfachbeschäftigte an eindeutigen gesetzlichen Regelungen fehlt und insoweit erhebliche Unstimmigkeiten entstehen würden.

b) Fiktive Arbeitsentgelte

Darüber hinaus finden die Regelungen des Übergangsbereichs auch bei Beschäftigungen keine Anwendung, für deren Beitragsberechnung fiktive Arbeitsentgelte zugrunde gelegt werden (z. B. bei der Beschäftigung behinderter Menschen in anerkannten Werkstätten für behinderte Menschen, bei Mitgliedern geistlicher Genossenschaften, Diakonissen und Angehörigen ähnlicher Gemeinschaften).

c) Wertguthabenvereinbarungen, Vorruhestandsgeldbezug, Wiedereingliederungsmaßnahmen

Wird im Rahmen von Wertguthabenvereinbarungen (§ 7b SGB IV) Arbeitsentgelt in das Wertguthaben eingebracht, um es für Zeiten der Freistellung von der Arbeitsleistung oder der Verringerung der vertraglich vereinbarten Arbeitszeit zu entnehmen (z. B. bei Altersteilzeitarbeit im Blockmodell nach dem Altersteilzeitgesetz oder bei der Inanspruchnahme einer Familienpflegezeit nach dem Familienpflegezeitgesetz), führt ein in der Ansparphase und/oder Entsparphase fälliges Arbeitsentgelt von 520,01 Euro bis 1.600,00 Euro zur Anwendung der Regelungen des Übergangsbereichs, auch wenn das regelmäßige Arbeitsentgelt vor Beginn der Beschäftigung im Rahmen der Wertguthabenvereinbarung außerhalb des Übergangsbereichs lag (vgl. Urteil des BSG vom 15.8.2018 – B 12 R

Lohnsteuer-pflichtig Sozialversich.-pflichtig

4/18 R –, USK 2018-47). Bei einer Altersteilzeitbeschäftigung im Übergangsbereich bleibt (sowohl im Blockmodell als auch im kontinuierlichen Verteilmodell) der Aufstockungsbetrag nach § 3 Abs. 1 Nr. 1 Buchst. a AltTZG bei der Ermittlung des beitragspflichtigen Arbeitsentgelts unberücksichtigt. Zudem wirkt sich die fiktive Berechnung des beitragspflichtigen Arbeitsentgelts nicht auf das der Berechnung dieser Aufstockungsbeträge und der zusätzlichen Rentenversicherungsbeiträge nach § 3 Abs. 1 Nr. 1 Buchstabe b AltTZG zugrunde zu legende Regelarbeitsentgelt aus. Aufgrund des vorgenannten Urteils des BSG vom 15.8.2018 finden die Regelungen des Übergangsbereichs für Vorruhestandsgeldbezieher ebenfalls Anwendung, wenn das Vorruhestandsgeld in den Übergangsbereich fällt. Die Regelungen des Übergangsbereichs gelten hingegen nicht für Arbeitsentgelte aus Wiedereingliederungsmaßnahmen nach einer Arbeitsunfähigkeit, wenn das regelmäßige Arbeitsentgelt der Beschäftigung vor Beginn der Arbeitsunfähigkeit außerhalb des Übergangsbereichs lag.

d) Kurzarbeit

Die besonderen Regelungen des Übergangsbereichs gelten auch nicht für versicherungspflichtige Arbeitnehmer, deren monatliches Arbeitsentgelt regelmäßig mehr als 1.600 Euro beträgt und nur wegen konjunktureller oder saisonaler Kurzarbeit so weit gemindert ist, dass das tatsächlich erzielte Arbeitsentgelt (Istentgelt) die obere Entgeltgrenze von 1.600 Euro unterschreitet. Nach § 20 Abs. 2 SGB IV ist u. a. Voraussetzung, dass das aus der Beschäftigung erzielte Arbeitsentgelt die Grenze von 1.600 Euro regelmäßig nicht überschreitet. Diese Voraussetzung ist bei Arbeitsausfällen wegen Kurzarbeit und der daraus folgenden Entgeltminderung nicht gegeben, weil die Entgeltminderung nur vorübergehend ist und regelmäßig ein über 1.600 Euro liegendes Arbeitsentgelt erzielt wird.

Eine andere Beurteilung ergibt sich, wenn für die Beschäftigung die Regelungen des Übergangsbereichs bereits gelten, weil das Arbeitsentgelt (z. B. bei einer regelmäßigen Arbeitszeit von 20 Stunden wöchentlich) ohne Arbeitsausfälle durch Kurzarbeit innerhalb des Übergangsbereichs liegt. In diesen Fällen sind bei den genannten Arbeitsausfällen und der Minderung des Arbeitsentgelts weiterhin die Regelungen des Übergangsbereichs anzuwenden. Die Beiträge werden demnach aus der reduzierten beitragspflichtigen Einnahme auf der Basis des tatsächlich erzielten Arbeitsentgelts (Istentgelt) berechnet. Auf die Ermittlung der fiktiven beitragspflichtigen Einnahme nach § 232a Abs. 2 SGB V und § 163 Abs. 6 SGB VI (80 % des Unterschiedsbetrages zwischen dem Sollentgelt und dem Istentgelt nach § 106 SGB III) für die vom Arbeitgeber die Beiträge zur Kranken-, Pflege- und Rentenversicherung allein zu tragen sind, haben die Regelungen zum Übergangsbereich keinen Einfluss.

e) Nettoarbeitsentgelt

Ist für eine Beschäftigung ein Nettoarbeitsentgelt im Sinne des § 14 Abs. 2 SGB IV vereinbart, wird bei dem für die Prüfung, ob es sich um eine Beschäftigung im Übergangsbereich handelt, zugrunde zu legenden Bruttoarbeitsentgelt nicht der reduzierte Arbeitnehmerbeitrag, sondern der reguläre Arbeitnehmerbeitrag berücksichtigt.

f) Umlagen nach dem Aufwendungsausgleichsgesetz

Die Umlagen für das Ausgleichsverfahren der Arbeitgeberaufwendungen bei Arbeitsunfähigkeit (U1-Verfahren) und für Mutterschaftsleistungen (U2-Verfahren) nach dem Aufwendungsausgleichsgesetz (AAG) sind in einem Vomhundertsatz nach dem Arbeitsentgelt zu berechnen, nach welchem die Beiträge zur gesetzlichen Rentenversicherung bemessen werden oder bei Versicherungspflicht zu bemessen wären (§ 7 Abs. 2 Satz 1 AAG). Bei Arbeitnehmern mit einem Arbeitsentgelt innerhalb des Übergangsbereichs gilt als umlagepflichtiges Arbeitsentgelt die nach § 20 Abs. 2a SGB IV ermittelte fiktive beitragspflichtige Einnahme. Die Umlagen sind von der Beitragsbemessungsgrundlage zu erheben, von der die Beiträge zur gesetzlichen Rentenversicherung berechnet werden, allerdings ohne Berücksichtigung von einmalig gezahltem Arbeitsentgelt. In den Fällen, in denen das regelmäßige monatliche Arbeitsentgelt durch die Berücksichtigung von einmalig gezahltem Arbeitsentgelt die Grenze von 1.600 Euro überschreitet, sind die Regelungen des Übergangsbereichs nicht anzuwenden, sodass die U1- und U2-Umlagen aus dem tatsächlichen Arbeitsentgelt erhoben werden; die Umlagen sind nur aus dem laufenden Arbeitsentgelt zu berechnen. Bei Arbeitnehmern mit einem regelmäßigen Arbeitsentgelt innerhalb des Übergangsbereichs sind in den Monaten, in denen die Grenze von 1.600 Euro durch einmalig gezahltes Arbeitsentgelt überschritten wird, die Umlagen – ebenso wie die Beiträge zur gesetzlichen Rentenversicherung – aus dem tatsächlichen Arbeitsentgelt zu berechnen, wobei allerdings auch hier das einmalig gezahlte Arbeitsentgelt für die Berechnung der U1- und U2-Umlagen nicht herangezogen wird, sondern die Umlagen nur aus dem laufenden Arbeitsentgelt berechnet werden.

12. Insolvenzgeldumlage

Für die Insolvenzgeldumlage ist nach § 358 Abs. 2 SGB III Bemessungsgrundlage das Arbeitsentgelt, nach dem die Beiträge zur gesetzlichen Rentenversicherung der im Betrieb beschäftigten Arbeitnehmer und Auszubildenden bemessen werden oder bei Versicherungspflicht in der gesetzlichen Rentenversicherung zu bemessen wären. Für Arbeitnehmer, die eine versicherungspflichtige Beschäftigung mit einem Arbeitsentgelt innerhalb des Übergangsbereichs ausüben, gilt als umlagepflichtiges Arbeitsentgelt die nach § 20 Abs. 2a SGB IV ermittelte fiktive beitragspflichtige Einnahme. Die Umlage ist sowohl aus dem laufenden als auch dem einmalig gezahlten Arbeitsentgelt zu berechnen.

13. Melderecht

In § 28a Abs. 1 SGB IV sind alle Meldetatbestände abschließend aufgeführt; ein Meldetatbestand für den Eintritt in eine oder den Austritt aus einer Beschäftigung des Übergangsbereichs wurde nicht aufgenommen. Bei einem Eintritt oder Austritt einer Beschäftigung in oder aus dem Übergangsbereich sind demnach grundsätzlich keine Ab- und Anmeldungen durch den Arbeitgeber abzugeben. Die Meldung gemäß § 5 Abs. 10 DEÜV ist gesondert zu kennzeichnen, sofern ein Arbeitsentgelt gemeldet wird (Jahresmeldung, Abmeldung, Unterbrechungsmeldung). Entgeltmeldungen, die ausschließlich Zeiträume ab dem 1.10.2022 umfassen und einen Entgeltabrechnungszeitraum innerhalb des Übergangsbereichs enthalten, sind wie folgt zu kennzeichnen:

1 = monatliches Arbeitsentgelt durchgehend innerhalb des Übergangsbereichs; tatsächliche Arbeitsentgelte in allen Entgeltabrechnungszeiträumen von 520,01 Euro bis 1.600,00 Euro

2 = monatliches Arbeitsentgelt sowohl innerhalb als auch außerhalb des Übergangsbereichs; Meldung umfasst sowohl Entgeltabrechnungszeiträume mit Arbeitsentgelten von 520,01 Euro bis 1.600,00 Euro als auch solche mit Arbeitsentgelten unter 520,01 Euro und/oder über 1.600,00 Euro

In den Meldungen ist zusätzlich zur Angabe der reduzierten beitragspflichtigen Einnahme das tatsächliche Arbeitsentgelt, das ohne Anwendung der Regelungen des Übergangsbereichs zu berücksichtigen wäre, zu erfassen (vgl. § 28a Abs. 3 Satz 2 Nr. 2 Buchstabe c SGB IV). Anzugeben ist dieses tatsächliche Arbeitsentgelt im neuen Feld „Entgelt Rentenberechnung“ im Datenbaustein „Meldesachverhalt“. Sofern eine Entgeltmeldung auch Beschäfti-

Lohn-steuer-pflichtig Sozial-versich.-pflichtig

gungszeiten außerhalb des Übergangsbereichs umfasst, fließen aus diesen Beschäftigungszeiten die beitragspflichtigen Arbeitsentgelte in das der Rentenberechnung zugrunde zu legende Arbeitsentgelt des Feldes „Entgelt Rentenberechnung" ein. Für Altersteilzeitbeschäftigungen im Übergangsbereich fließt zudem auch die fiktive beitragspflichtige Einnahme der zusätzlichen Rentenversicherungsbeiträge nach § 3 Abs. 1 Nr. 1 Buchstabe b AltTZG i. V. m. § 163 Abs. 5 SGB VI in das Feld „Entgelt Rentenberechnung" ein. Für Beschäftigungen im Übergangsbereich während Kurzarbeit gilt dies für die fiktive beitragspflichtige Einnahme nach § 163 Abs. 6 SGB VI. Bei unterschiedlichen Anwendungen der Regelungen in einzelnen Zweigen der Sozialversicherung richtet sich die Kennzeichnung der Meldungen nach der versicherungs- und beitragsrechtlichen Beurteilung in der gesetzlichen Rentenversicherung. Dies gilt auch in den Fällen, in denen die Regelungen des Übergangsbereichs in der gesetzlichen Rentenversicherung nur deshalb keine Anwendung finden, weil bspw. aufgrund des Bezugs einer Vollrente wegen Alters Rentenversicherungsfreiheit besteht und lediglich der Arbeitgeberbeitragsanteil nach § 172 Abs. 1 SGB VI zu zahlen ist. Auch in diesen Fällen ist die Meldung zu kennzeichnen und die reduzierte beitragspflichtige Einnahme sowie das tatsächliche Arbeitsentgelt vorzugeben.

Lohn-steuer-pflichtig Sozial-versich.-pflichtig

14. Verfahren bei Mehrfachbeschäftigung

Die Arbeitgeber haben bei mehrfachbeschäftigten Arbeitnehmern grundsätzlich ohne unmittelbare Beteiligung der Krankenkassen festzustellen, ob die Summe der Arbeitsentgelte aus den einzelnen Beschäftigungsverhältnissen innerhalb des Übergangsbereichs liegt. Ebenfalls ist von den Arbeitgebern bei Anwendung der Regelungen des Übergangsbereichs eigenständig das der Beitragsbemessung zugrunde zu legende Gesamtarbeitsentgelt zu ermitteln. Die Arbeitnehmer sind in diesem Zusammenhang nach § 28o Abs. 1 SGB IV dazu verpflichtet, allen beteiligten Arbeitgebern die zur Durchführung des Meldeverfahrens und der Beitragszahlung erforderlichen Angaben zu machen und, soweit erforderlich, Unterlagen vorzulegen.

Übersicht

über die wichtigsten Höchstbeträge, Freigrenzen, Freibeträge und Pauschbeträge

	2019 Euro	2020 Euro	2021 Euro	2022 Euro	Rechtsgrundlage
Altersentlastungsbetrag Die Höhe des Altersentlastungsbetrags ist je nachdem, welches Kalenderjahr auf die Vollendung des 64. Lebensjahres folgt, unterschiedlich hoch. Für die Kalenderjahre 2019 bis 2022 gelten deshalb folgende unterschiedliche Altersentlastungsbeträge:					§ 24a EStG R 39b.4 LStR
– Vollendung des 64. Lebensjahres vor dem 1.1.2005: **40 %** des Arbeitslohns, höchstens	1 900,–	1 900,–	1 900,–	1 900,–	
– Vollendung des 64. Lebensjahres vor dem 1.1.2006, aber nach dem 31.12.2004: **38,4 %**, höchstens	1 824,–	1 824,–	1 824,–	1 824,–	
– Vollendung des 64. Lebensjahres vor dem 1.1.2007, aber nach dem 31.12.2005: **36,8 %**, höchstens	1 748,–	1 748,–	1 748,–	1 748,–	
– Vollendung des 64. Lebensjahres vor dem 1.1.2008, aber nach dem 31.12.2006: **35,2 %**, höchstens	1 672,–	1 672,–	1 672,–	1 672,–	
– Vollendung des 64. Lebensjahres vor dem 1.1.2009, aber nach dem 31.12.2007: **33,6 %**, höchstens	1 596,–	1 596,–	1 596,–	1 596,–	
– Vollendung des 64. Lebensjahres vor dem 1.1.2010, aber nach dem 31.12.2008: **32,0 %**, höchstens	1 520,–	1 520,–	1 520,–	1 520,–	
– Vollendung des 64. Lebensjahres vor dem 1.1.2011, aber nach dem 31.12.2009: **30,4 %**, höchstens	1 444,–	1 444,–	1 444,–	1 444,–	
– Vollendung des 64. Lebensjahres vor dem 1.1.2012, aber nach dem 31.12.2010: **28,8 %**, höchstens	1 368,–	1 368,–	1 368,–	1 368,–	
– Vollendung des 64. Lebensjahres vor dem 1.1.2013, aber nach dem 31.12.2011: **27,2 %**, höchstens	1 292,–	1 292,–	1 292,–	1 292,–	
– Vollendung des 64. Lebensjahres vor dem 1.1.2014, aber nach dem 31.12.2012: **25,6 %**, höchstens	1 216,–	1 216,–	1 216,–	1 216,–	
– Vollendung des 64. Lebensjahres vor dem 1.1.2015, aber nach dem 31.12.2013: **24,0 %**, höchstens	1 140,–	1 140,–	1 140,–	1 140,–	
– Vollendung des 64. Lebensjahres vor dem 1.1.2016, aber nach dem 31.12.2014: **22,4 %**, höchstens	1 064,–	1 064,–	1 064,–	1 064,–	
– Vollendung des 64. Lebensjahres vor dem 1.1.2017, aber nach dem 31.12.2015: **20,8 %**, höchstens	988,–	988,–	988,–	988,–	
– Vollendung des 64. Lebensjahres vor dem 1.1.2018, aber nach dem 31.12.2016: **19,2 %**, höchstens	912,–	912,–	912,–	912,–	
– Vollendung des 64. Lebensjahres vor dem 1.1.2019, aber nach dem 31.12.2017: **17,6 %**, höchstens	836,–	836,–	836,–	836,–	
– Vollendung des 64. Lebensjahres vor dem 1.1.2020, aber nach dem 31.12.2018: **16,0 %**, höchstens		760,–	760,–	760,–	
– Vollendung des 64. Lebensjahres vor dem 1.1.2021, aber nach dem 31.12.2019: **15,2 %**, höchstens			722,–	722,–	
– Vollendung des 64. Lebensjahres vor dem 1.1.2022, aber nach dem 31.12.2020: **14,4 %**, höchstens				684,–	
Altersvorsorgeaufwendungen siehe „Freibetrag für Altersvorsorgeaufwendungen"					
Antragsgrenze für die Bildung eines Freibetrags als Lohnsteuerabzugsmerkmal	600,–	600,–	600,–	600,–	§ 39a Abs. 2 EStG
Arbeitgeberdarlehen siehe „Zinsersparnisse"					
Arbeitnehmer-Pauschbetrag					
– bei Arbeitslohn für ein aktives Beschäftigungsverhältnis	1000,–	1000,–	1000,–	1200,–	§ 9a Satz 1 Nr. 1 EStG
– bei Versorgungsbezügen	102,–	102,–	102,–	102,–	
Arbeitsessen siehe „Aufmerksamkeiten"					
Arbeitsmittel, Anschaffungskosten sofort voll als Werbungskosten abzugsfähig bei einem Kaufpreis ohne Umsatzsteuer bis	800,–	800,–	800,–	800,–	§ 9 Abs. 1 Satz 3 Nr. 7 EStG i. V. m. § 6 Abs. 2 Satz 1 bis 3 EStG
Arbeitszimmer, Beschränkung des Werbungskostenabzugs jährlich[1)]	1 250,–	1 250,–	1 250,–	1 250,–	§ 9 Abs. 5 i. V. m. § 4 Abs. 5 Satz 1 Nr. 6b EStG
Aufmerksamkeiten, Freigrenze je Sachbezug	60,–	60,–	60,–	60,–	R 19.6 LStR
Aufwandsentschädigung, siehe „Übungsleiterfreibetrag"					
Ausbildungsfreibetrag je Kind					
– ab 18 Jahren bei auswärtiger Unterbringung	924,–	924,–	924,–	924,–	§ 33a Abs. 2 EStG

1) Vollabzug der Aufwendungen, wenn das häusliche Arbeitszimmer den Mittelpunkt der gesamten betrieblichen und beruflichen Betätigung bildet.

Anhang 1 Übersicht über Freibeträge, Höchstbeträge und Pauschbeträge 2019 bis 2022

	2019 Euro	2020 Euro	2021 Euro	2022 Euro	Rechtsgrundlage
Auswärtstätigkeit siehe „Reisekosten bei Auswärtstätigkeiten“					
Behindertenpauschbeträge siehe „Pauschbeträge für behinderte Menschen“					
Beihilfen siehe „Unterstützungen“					
Berufsausbildungskosten					
als Sonderausgaben jährlich	6 000,–	6 000,–	6 000,–	6 000,–	§ 10 Abs. 1 Nr. 7 EStG
Berufskraftfahrer		8,–	8,–	8,–	§ 9 Abs. 1 Satz 3 Nr. 5b EStG
– Übernachtungsnebenkostenpauschale					
Beschränkt steuerpflichtige Arbeitnehmer (Grenze für nicht der deutschen Einkommensteuer unterliegende Einkünfte jährlich)					
– Ledige	9 168,–	9 408,–	9 744,–	10 347,–	§ 1 Abs. 3 EStG
– Ehegatten/Lebenspartner	18 336,–	18 816,–	19 488,–	20 694,–	§ 1a Abs. 1 Nr. 2 EStG
Betreuungsfreibetrag siehe „Kinderbetreuungsfreibetrag“					
Betriebsveranstaltungen (für höchstens zwei Veranstaltungen je Arbeitnehmer einschließlich Umsatzsteuer)					
– Freibetrag (beim Überschreiten Steuerpflicht des übersteigenden Betrags)	110,–	110,–	110,–	110,–	§ 19 Abs. 1 Satz 1 Nr. 1a EStG
Dienstreise siehe „Reisekosten bei Auswärtstätigkeiten“					
Doppelte Haushaltsführung					
– Fahrtkosten (Pkw)					
– erste und letzte Fahrt je gefahrenen Kilometer	0,30	0,30	0,30	0,30	R 9.11 Abs. 6 LStR
– eine Familienheimfahrt wöchentlich je Entfernungskilometer (Entfernungspauschale)[1]	0,30	0,30	0,30	0,30	§ 9 Abs. 1 Satz 3 Nr. 5 EStG
– eine Familienheimfahrt wöchentlich ab dem 21. Entfernungskilometer (Entfernungspauschale)			0,35	0,38	§ 9 Abs. 1 Satz 3 Nr. 5 EStG
– Verpflegungsmehraufwand für die ersten drei Monate					§ 9 Abs. 4a EStG
– bei einer Abwesenheit von 24 Stunden	24,–	28,–	28,–	28,–	
– An- und Abreisetag ohne Mindestabwesenheitszeit	12,–	14,–	14,–	14,–	
– Übernachtungskosten					
– Höchstbetrag	1 000,–	1 000,–	1 000,–	1 000,–	
– Pauschale für die ersten drei Monate (nur Arbeitgeberersatz)	20,–	20,–	20,–	20,–	R 9.11 Abs. 10 Satz 7 Nr. 3 LStR
– Pauschale ab dem vierten Monat (nur Arbeitgeberersatz)	5,–	5,–	5,–	5,–	
Energetische Gebäudesanierung					
– Prozentsatz der Förderung in drei Jahren		20 %	20 %	20 %	
– Höchstbetrag der Förderung		40 000,–	40 000,–	40 000,–	§ 35c EStG
Ehrenamtliche Betreuer, Vormünder, Pfleger	2 400,–	2 400,–	3 000,–	3 000,–	§ 3 Nr. 26b EStG
Ehrenamtliche Tätigkeit (sofern nicht Übungsleiterfreibetrag)	720,–	720,–	840,–	840,–	§ 3 Nr. 26a EStG
Einkommensteuertarif siehe „Tarifaufbau“					
Einsatzwechseltätigkeit siehe „Reisekosten bei Auswärtstätigkeiten“					
Entfernungspauschale für Fahrten zwischen Wohnung und erster Tätigkeitsstätte[1]					
– ab dem 1. Entfernungskilometer	0,30	0,30	0,30	0,30	§ 9 Abs. 1 Satz 3 Nr. 4 EStG
– ab dem 21. Entfernungskilometer			0,35	0,38	
– Höchstbetrag[2]	4 500,–	4 500,–	4 500,–	4 500,–	
Entlastungsbetrag für Alleinerziehende					§ 24b EStG
– für das erste Kind	1 908,–	4 008,–	4 008,–	4 008,–	
– für das zweite und jedes weitere Kind	240,–	240,–	240,–	240,–	
Fahrtätigkeit siehe „Reisekosten bei Auswärtstätigkeiten“					
Fahrten zwischen Wohnung und erster Tätigkeitsstätte siehe „Entfernungspauschale“					
Familienheimfahrten siehe „Doppelte Haushaltsführung“					
Fehlgeld, Freibetrag monatlich	16,–	16,–	16,–	16,–	R 19.3 Abs. 1 Satz 2 Nr. 4 LStR
Förderbetrag betriebliche Altersversorgung					
Steuerfreier Arbeitgeberbeitrag	480,–	960,–	960,–	960,–	§ 100 EStG
Fördersatz	30 %	30 %	30 %	30 %	

1) 2019 und 2020 für jeden Entfernungskilometer. Ab 2021 für die ersten 20 Entfernungskilometer.

2) Der Höchstbetrag gilt nicht bei Benutzung eines Pkw.

	2019 Euro	2020 Euro	2021 Euro	2022 Euro	Rechtsgrundlage
Förder-Höchstbetrag	144,–	288,–	288,–	288,–	
Monatliche Geringverdienergrenze des Arbeitnehmers	2 200,–	2 575,–	2 575,–	2 575,–	
Freibetrag als Lohnsteuerabzugsmerkmal siehe „Antragsgrenze"					
Freibetrag für Altersvorsorgeaufwendungen					
– bei Kapitaldeckung: Beiträge zu Direktversicherungen, Pensionskassen und Pensionsfonds bis zu 8 % der Beitragsbemessungsgrenze (West)	6 432,–	6 624,–	6 816,–	6 768,–	§ 3 Nr. 63 EStG
Bei Umlagefinanzierung: Beiträge zu Pensionskassen bis zu 2 %/3 % der Beitragsbemessungsgrenze (West)	1 608,–	2 484,–	2 556,–	2 538,–	§ 3 Nr. 56 EStG
Freibetrag für Betreuungs-, Erziehungs- oder Ausbildungsbedarf siehe „Kinderbetreuungsfreibetrag"					
Freigrenze für Sachbezüge siehe „Sachbezüge"					
Fürsorgeleistungen, Freibetrag für Betreuung von Kindern und Angehörigen	600,–	600,–	600,–	600,–	§ 3 Nr. 34a EStG
Geringwertige Wirtschaftsgüter siehe „Arbeitsmittel"					
Geschenke siehe „Aufmerksamkeiten" und „Werbegeschenke"					
Gesundheitsförderung (Steuerfreibetrag)	500,-	600,-	600,-	600,-	§ 3 Nr. 34 EStG
Grenzpendler siehe „Beschränkt steuerpflichtige Arbeitnehmer"					
Grundfreibetrag siehe „Tarifaufbau"					
Handwerkerleistungen					
– Abzugsbetrag von der Steuerschuld in % der Aufwendungen	20 %	20 %	20 %	20 %	§ 35a Abs. 3 EStG
– Höchstbetrag jährlich	1 200,–	1 200,–	1 200,–	1 200,–	
Haushaltsnahe Dienstleistungen, kein Arbeitsverhältnis					
– Abzugsbetrag von der Steuerschuld in % der Aufwendungen	20 %	20 %	20 %	20 %	§ 35a Abs. 2 EStG
– Höchstbetrag jährlich[1)]	4 000,–	4 000,–	4 000,–	4 000,–	
Hausgehilfin, geringfügig entlohnt					
– Abzugsbetrag von der Steuerschuld in % der Aufwendungen	20 %	20 %	20 %	20 %	§ 35a Abs. 1 EStG
– Höchstbetrag jährlich	510,–	510,–	510,–	510,–	
Hausgehilfin, sozialversicherungspflichtig					
– Abzugsbetrag von der Steuerschuld in % der Aufwendungen	20 %	20 %	20 %	20 %	§ 35a Abs. 2 EStG
– Höchstbetrag jährlich[2)]	4 000,–	4 000,–	4 000,–	4 000,–	
Hinterbliebenen-Pauschbetrag jährlich	370,–	370,–	370,–	370,–	§ 33b Abs. 4 EStG
Home-Office-Pauschale					
– täglich		5,–	5,–	5,–	
– Höchstbetrag jährlich		600,–	600,–	600,–	
Kilometersätze bei Auswärtstätigkeiten je gefahrenen Kilometer					§ 9 Abs. 1 Satz 3 Nr. 4a EStG
– mit Pkw	0,30	0,30	0,30	0,30	
– mit Motorrad/Motorroller	0,20	0,20	0,20	0,20	
– mit Moped/Mofa	0,20	0,20	0,20	0,20	
– mit Fahrrad	0,00	0,00	0,00	0,00	
Kinderbetreuungsfreibetrag[3)]					
– für alle Kinder, für die ein Kinderfreibetrag zusteht	1 320,–	1 320,–	1 464,–	1 464,–	§ 32 Abs. 6 EStG
– doppelter Freibetrag für die zusammen veranlagten Eltern des Kindes, für Verwitwete und Gleichgestellte (z. B. ein Elternteil im Ausland)	2 640,–	2 640,–	2 928,–	2 928,–	
Kinderbetreuungskosten als Sonderausgaben zwei Drittel der Aufwendungen, höchstens jährlich	4 000,–	4 000,–	4 000,–	4 000,–	§ 10 Abs. 1 Nr. 5 EStG
Kinderfreibetrag je Kind jährlich[3)]	2 490,–	2 586,–	2 730,–	2 730,–	§ 32 Abs. 6 EStG
Doppelter Kinderfreibetrag für die zusammen veranlagten Eltern des Kindes, für Verwitwete und Gleichgestellte (z. B. ein Elternteil im Ausland)	4 980,–	5 172,–	5 460,–	5 460,–	
Kindergeld monatlich[3)]					
– für das erste und zweite jeweils	194,–[4)]	204,–	219,–	219,–	§ 66 EStG
– für das dritte Kind	200,–[4)]	210,–	225,–	225,–	
– für das vierte und jedes weitere Kind	225,–[4)]	235,–	250,–	250,–	
Kontoführungsgebühren als Werbungskosten abziehbarer Jahresbetrag	16,–	16,–	16,–	16,–	bundeseinheitlicher Erlass

1) Einschließlich Pflege- und Betreuungsleistungen. Gemeinsamer Höchstbetrag mit sozialversicherungspflichtigen Beschäftigungsverhältnissen.
2) Gemeinsamer Höchstbetrag mit haushaltsnahen Dienstleistungen einschließlich Pflege- und Betreuungsleistungen.
3) Für die kindbedingten Steuervergünstigungen kommt es auf die Höhe der eigenen Einkünfte und Bezüge bei volljährigen Kindern nicht mehr an.
4) Ab 1.7.2019 beträgt das monatliche Kindergeld für erste und zweite Kinder jeweils 204,– €, für dritte Kinder 210,– € und für das vierte und jedes weitere Kind 235,– €.

Anhang 1 Übersicht über Freibeträge, Höchstbeträge und Pauschbeträge 2019 bis 2022

	2019 Euro	2020 Euro	2021 Euro	2022 Euro	Rechtsgrundlage
Kundenbindungsprogramm siehe „Sachprämien bei Kundenbindungsprogrammen"					
Lohnsteuer-Anmeldungszeitraum					
– monatlich, wenn die abzuführende Lohnsteuer für das vorangegangene Kalenderjahr höher war als	5 000,–	5 000,–	5 000,–	5 000,–	§ 41a Abs. 2 EStG
– vierteljährlich, wenn die abzuführende Lohnsteuer für das vorangegangene Kalenderjahr höher war als	1 080,–	1 080,–	1 080,–	1 080,–	
Mahlzeiten, amtlicher Sachbezugswert					
– für ein Frühstück	1,77	1,80	1,83	1,87	§ 2 SvEV
– für ein Mittag- oder Abendessen	3,30	3,40	3,47	3,57	
Mankogeld siehe „Fehlgeld"					
Mobilitätsprämie (vgl. dieses Stichwort im Hauptteil des Lexikons)					
Nebentätigkeit für gemeinnützige Organisationen siehe „Ehrenamtliche Tätigkeit" und „Übungsleiterfreibetrag"					
Notstandsbeihilfen siehe „Unterstützungen"					
Pauschalierung der Lohnsteuer siehe Anhang 2a					
Pauschbeträge für behinderte Menschen jährlich					
bei einem Grad der Behinderung					§ 33b Abs. 3 EStG
von 25 und 30	310,–	310,–			
von 35 und 40	430,–	430,–			
von 45 und 50	570,–	570,–			
von 55 und 60	720,–	720,–			
von 65 und 70	890,–	890,–			
von 75 und 80	1 060,–	1 060,–			
von 85 und 90	1 230,–	1 230,–			
von 95 und 100	1 420,–	1 420,–			
Blinde und hilflose Pflegebedürftige	3 700,–	3 700,–			
Pauschbeträge für Behinderte jährlich					
bei einem Grad der Behinderung					
von 20			384,–	384,–	§ 33b Abs. 3 EStG
von 30			620,–	620,–	
von 40			860,–	860,–	
von 50			1 140,–	1 140,–	
von 60			1 440,–	1 440,–	
von 70			1 780,–	1 780,–	
von 80			2 120,–	2 120,–	
von 90			2 460,–	2 460,–	
von 100			2 840,–	2 840,–	
Blinde und hilflose Pflegebedürftige			7 400,–	7 400,–	
Pflege-Pauschbetrag jährlich	924,–	924,–			§ 33b Abs. 6 EStG
bei Pflegegrad 2			600,–	600,–	
bei Pflegegrad 3			1 100,–	1 100,–	
bei Pflegegrad 4 oder 5 oder Hilflosigkeit			1 800,–	1 800,–	
Rabattfreibetrag jährlich	1 080,–	1 080,–	1 080,–	1 080,–	§ 8 Abs. 3 EStG
Realsplitting siehe „Unterhalt an den geschiedenen Ehegatten/Lebenspartner (nach Auflösung)"					
Reisekosten bei Auswärtstätigkeiten					
– Fahrtkosten siehe „Kilometersätze"					
– Verpflegungsmehraufwendungen siehe „Verpflegungspauschalen"					
– Übernachtungskosten siehe „Übernachtungspauschalen"					
Sachbezugswerte, amtliche siehe Anhang 3, einzelne Mahlzeiten siehe „Mahlzeiten"					
Sachbezüge Freigrenze monatlich	44,–	44,–	44,–	50,–	§ 8 Abs. 2 Satz 11 EStG
Sachprämien bei Kundenbindungsprogrammen Freibetrag jährlich	1 080,–	1 080,–	1 080,–	1 080,–	§ 3 Nr. 38 EStG
Sonderausgaben-Pauschbetrag jährlich					
– für Alleinstehende	36,–	36,–	36,–	36,–	§ 10c Abs. 1 EStG
– für zusammen veranlagte Ehegatten/Lebenspartner	72,–	72,–	72,–	72,–	
Sonstige Bezüge					
Pauschalierung möglich je Kalenderjahr bis	1 000,–	1 000,–	1 000,–	1 000,–	§ 40 Abs. 1 EStG
Sparer-Pauschbetrag jährlich					
– für Alleinstehende	801,–	801,–	801,–	801,–	§ 20 Abs. 9 EStG
– für zusammen veranlagte Ehegatten/Lebenspartner	1 602,–	1 602,–	1 602,–	1 602,–	

	2019 Euro	2020 Euro	2021 Euro	2022 Euro	Rechtsgrundlage
Spenden					
– Prozentsatz vom Gesamtbetrag der Einkünfte[1]	20 %	20 %	20 %	20 %	§ 10b Abs. 1 EStG
– Promillesatz der Umsätze, Löhne und Gehälter[1]	4 ‰	4 ‰	4 ‰	4 ‰	
Spenden an politische Parteien					
– abziehbar mit 50 % von der Einkommensteuer (Höchstbetrag)	825,–[2]	825,–[2]	825,–[2]	825,–[2]	§ 34g Nr. 1 EStG
– zusätzlich abziehbar als Sonderausgaben	1 650,–[2]	1 650,–[2]	1 650,–[2]	1 650,–[2]	§ 10b Abs. 2 EStG
Spenden an Wählergemeinschaften (abziehbar mit 50 % von der Einkommensteuer; Höchstbetrag)	825,–[2]	825,–[2]	825,–[2]	825,–[2]	§ 34g Nr. 2 EStG
Tarifaufbau					
Grundfreibetrag					
– bei Alleinstehenden	9 168,–	9 408,–	9 744,–	10 347,–	§ 32a EStG
– bei zusammen veranlagten Ehegatten/Lebenspartner	18 336,–	18 816,–	19 488,–	20 694,–	
1. Progressionszone (Steilstufe) bis					
– bei Alleinstehenden	14 254,–	14 532,–	14 753,–	14 926,–	
– bei zusammen veranlagten Ehegatten/Lebenspartner	28 508,–	29 064,–	29 506,–	29 852,–	
2. Progressionszone bis					
– bei Alleinstehenden	55 960,–	57 052,–	57 918,–	58 596,–	
– bei zusammen veranlagten Ehegatten/Lebenspartner	111 920,–	114 104,–	115 836,–	117 192,–	
Anfangssteuersatz	14 %	14 %	14 %	14 %	
Grenzsteuersatz am Ende der 2. Progressionszone	42 %	42 %	42 %	42 %	
Spitzensteuersatz	45 %	45 %	45 %	45 %	
– bei Alleinstehenden ab	265 327,–	270 501,–	274 613,–	277 826,–	
– bei zusammen veranlagten Ehegatten/Lebenspartner ab	530 654,–	541 002,–	549 226,–	555 652,–	
Übernachtungspauschalen im Inland (nur für Arbeitgeberersatz)					
– bei Auswärtstätigkeiten	20,–	20,–	20,–	20,–	R 9.7 Abs. 3 LStR
– bei doppelter Haushaltsführung					
– für die ersten drei Monate	20,–	20,–	20,–	20,–	R 9.11 Abs. 10 Satz 7 Nr. 3 LStR
– ab dem vierten Monat	5,–	5,–	5,–	5,–	
– Kürzungsbetrag für das Frühstück beim Einzelnachweis der Übernachtungskosten im Inland (Rechnung lautet auf den Arbeitnehmer)	4,80	5,60	5,60	5,60	BMF-Schreiben vom 24.10.2014 (BStBl. I S. 1412)
Übungsleiterfreibetrag jährlich	2 400,–	2 400,–	3 000,–	3 000,–	§ 3 Nr. 26 EStG
Umzugskosten (vgl. dieses Stichwort im Hauptteil des Lexikons)					
Unterhalt an gesetzlich unterhaltsberechtigte Personen					
– Höchstbetrag jährlich	9 168,–[3]	9 408,–[3]	9 744,–[3]	9 984,–[3]	§ 33a Abs. 1 EStG
– abzüglich eigene Einkünfte und Bezüge der unterhaltenen Person jährlich über	624,–	624,–	624,–	624,–	
– Kostenpauschale bei der Ermittlung der Bezüge jährlich	180,–	180,–	180,–	180,–	R 33a.1 Abs. 3 EStR
Unterhalt an den geschiedenen Ehegatten/Lebenspartner nach Auflösung (Realsplitting) abzugsfähig als Sonderausgaben jährlich bis	13 805,–[3]	13 805,–[3]	13 805,–[3]	13 805,–[3]	§ 10 Abs. 1a EStG
Unterstützungen (Notstandsbeihilfen) Freibetrag jährlich	600,–	600,–	600,–	600,–	R 3.11 Abs. 2 LStR
Vermögensbeteiligungen					
– Freibetrag jährlich	360,–	360,–	1 440,–	1 440,–	§ 3 Nr. 39 EStG
Vermögensbildung					
Mindestanlagebetrag					
– monatlich	13,–	13,–	13,–	13,–	§ 11 VermBG
– vierteljährlich	39,–	39,–	39,–	39,–	
Bemessungsgrundlage höchstens (Förderhöchstbetrag)					
– Vermögensbeteiligungen (zusätzliche Bemessungsgrundlage)	400,–	400,–	400,–	400,–	§ 13 VermBG
– Bausparbeiträge, Aufwendungen zum Wohnungsbau	470,–	470,–	470,–	470,–	
Höhe der Sparzulage (in % der Bemessungsgrundlage)					
– Vermögensbeteiligungen	20 %	20 %	20 %	20 %	
– Bausparbeiträge, Aufwendungen zum Wohnungsbau	9 %	9 %	9 %	9 %	
Einkommensgrenze (zu versteuerndes Einkommen nach Abzug der Kinderfreibeträge und der Freibeträge für Betreuungs-, Erziehungs- oder Ausbildungsbedarf)					
Vermögensbeteiligungen					
– für Alleinstehende	20 000,–	20 000,–	20 000,–	20 000,–	§ 13 VermBG
– für zusammen veranlagte Ehegatten/Lebenspartner	40 000,–	40 000,–	40 000,–	40 000,–	

1) Nicht als Sonderausgaben abgezogene Spenden werden vorgetragen. Spenden an Stiftungen können bis zu 1 000 000 € (Ehegatten/Lebenspartner 2 000 000 €) als Sonderausgaben abgezogen werden.

2) Doppelter Betrag für zusammen veranlagte Ehegatten/Lebenspartner.

3) Zuzüglich Aufwendungen für „Basis-Krankenversicherung" und gesetzliche Pflegeversicherung.

Anhang 1 Übersicht über Freibeträge, Höchstbeträge und Pauschbeträge 2019 bis 2022

	2019 Euro	2020 Euro	2021 Euro	2022 Euro	Rechtsgrundlage
Bausparbeiträge, Aufwendungen zum Wohnungsbau					
– für Alleinstehende	17 900,–	17 900,–	17 900,–	17 900,–	
– für zusammen veranlagte Ehegatten/Lebenspartner	35 800,–	35 800,–	35 800,–	35 800,–	
Verpflegungspauschalen					
Bei Auswärtstätigkeiten und doppelter Haushaltsführung innerhalb des Dreimonatszeitraums[1)]					
– bei einer Abwesenheit von 24 Stunden	24,–	28,–	28,–	28,–	§ 9 Abs. 4a EStG
– bei einer Abwesenheit von mehr als 8 Stunden	12,–	14,–	14,–	14,–	
– An- und Abreisetag bei mehrtägiger Auswärtstätigkeit ohne Mindestabwesenheitszeit	12,–	14,–	14,–	14,–	
Kürzung Verpflegungspauschale bei Mahlzeitengestellung					
– Frühstück 20 % von 24,– €/28,– €	4,80	5,60	5,60	5,60	
– Mittag- und Abendessen jeweils 40 % von 24,– €/28,– €	9,60	11,20	11,20	11,20	
Versorgungsfreibeträge					§ 19 Abs. 2 EStG
Die Höhe des Versorgungsfreibetrags und des Zuschlags zum Versorgungsfreibetrag richtet sich nach dem Jahr des Versorgungsbeginns. Für die Kalenderjahre 2019 bis 2022 gelten deshalb unterschiedliche Beträge:					
– Versorgungsbeginn im Kalenderjahr 2005 oder früher					
– Versorgungsfreibetrag: 40 % höchstens	3 000,–	3 000,–	3 000,–	3 000,–	
– Zuschlag zum Versorgungsfreibetrag	900,–	900,–	900,–	900,–	
– Versorgungsbeginn im Kalenderjahr 2006					
– Versorgungsfreibetrag: 38,4 % höchstens	2 880,–	2 880,–	2 880,–	2 880,–	
– Zuschlag zum Versorgungsfreibetrag	864,–	864,–	864,–	864,–	
– Versorgungsbeginn im Kalenderjahr 2007					
– Versorgungsfreibetrag: 36,8 % höchstens	2 760,–	2 760,–	2 760,–	2 760,–	
– Zuschlag zum Versorgungsfreibetrag	828,–	828,–	828,–	828,–	
– Versorgungsbeginn im Kalenderjahr 2008					
– Versorgungsfreibetrag: 35,2 % höchstens	2 640,–	2 640,–	2 640,–	2 640,–	
– Zuschlag zum Versorgungsfreibetrag	792,–	792,–	792,–	792,–	
– Versorgungsbeginn im Kalenderjahr 2009					
– Versorgungsfreibetrag: 33,6 % höchstens	2 520,–	2 520,–	2 520,–	2 520,–	
– Zuschlag zum Versorgungsfreibetrag	756,–	756,–	756,–	756,–	
– Versorgungsbeginn im Kalenderjahr 2010					
– Versorgungsfreibetrag: 32,0 % höchstens	2 400,–	2 400,–	2 400,–	2 400,–	
– Zuschlag zum Versorgungsfreibetrag	720,–	720,–	720,–	720,–	
– Versorgungsbeginn im Kalenderjahr 2011					
– Versorgungsfreibetrag: 30,4 % höchstens	2 280,–	2 280,–	2 280,–	2 280,–	
– Zuschlag zum Versorgungsfreibetrag	684,–	684,–	684,–	684,–	
– Versorgungsbeginn im Kalenderjahr 2012					
– Versorgungsfreibetrag: 28,8 % höchstens	2 160,–	2 160,–	2 160,–	2 160,–	
– Zuschlag zum Versorgungsfreibetrag	648,–	648,–	648,–	648,–	
– Versorgungsbeginn im Kalenderjahr 2013					
– Versorgungsfreibetrag: 27,2 % höchstens	2 040,–	2 040,–	2 040,–	2 040,–	
– Zuschlag zum Versorgungsfreibetrag	612,–	612,–	612,–	612,–	
– Versorgungsbeginn im Kalenderjahr 2014					
– Versorgungsfreibetrag: 25,6 % höchstens	1 920,–	1 920,–	1 920,–	1 920,–	
– Zuschlag zum Versorgungsfreibetrag	576,–	576,–	576,–	576,–	
– Versorgungsbeginn im Kalenderjahr 2015					
– Versorgungsfreibetrag: 24,0 % höchstens	1 800,–	1 800,–	1 800,–	1 800,–	
– Zuschlag zum Versorgungsfreibetrag	540,–	540,–	540,–	540,–	
– Versorgungsbeginn im Kalenderjahr 2016					
– Versorgungsfreibetrag: 22,4 % höchstens	1 680,–	1 680,–	1 680,–	1 680,–	
– Zuschlag zum Versorgungsfreibetrag	504,–	504,–	504,–	504,–	
– Versorgungsbeginn im Kalenderjahr 2017					
– Versorgungsfreibetrag: 20,8 % höchstens	1 560,–	1 560,–	1 560,–	1 560,–	
– Zuschlag zum Versorgungsfreibetrag	468,–	468,–	468,–	468,–	
– Versorgungsbeginn im Kalenderjahr 2018					
– Versorgungsfreibetrag: 19,2 % höchstens	1 440,–	1 440,–	1 440,–	1 440,–	
– Zuschlag zum Versorgungsfreibetrag	432,–	432,–	432,–	432,–	
– Versorgungsbeginn im Kalenderjahr 2019					
– Versorgungsfreibetrag: 17,6 % höchstens	1 320,–	1 320,–	1 320,–	1 320,–	
– Zuschlag zum Versorgungsfreibetrag	396,–	396,–	396,–	396,–	

1) Die Dreimonatsfrist gilt nicht bei Tätigkeiten auf mobilen Einrichtungen (Fahrzeuge, Flugzeuge, Schiffe) und bei Tätigkeiten in einem weiträumigen Tätigkeitsgebiet.

	2019 Euro	2020 Euro	2021 Euro	2022 Euro	Rechtsgrundlage
– Versorgungsbeginn im Kalenderjahr 2020					
– Versorgungsfreibetrag: 16,0 % höchstens		1 200,–	1 200,–	1 200,–	
– Zuschlag zum Versorgungsfreibetrag		360,–	360,–	360,–	
– Versorgungsbeginn im Kalenderjahr 2021					
– Versorgungsfreibetrag: 15,2 % höchstens			1 140,–	1 140,–	
– Zuschlag zum Versorgungsfreibetrag			342,–	342,–	
– Versorgungsbeginn im Kalenderjahr 2022					
– Versorgungsfreibetrag: 14,4 % höchstens				1 080,–	
– Zuschlag zum Versorgungsfreibetrag				324,–	
Vorsorgeaufwendungen					
Höchstbetrag für Altersvorsorgeaufwendungen jährlich					
– für Alleinstehende	24 305,–	25 046,–	25 787,–	25 639,–	§ 10 Abs. 3 EStG
– für zusammen veranlagte Ehegatten/Lebenspartner	48 610,–	50 092,–	51 574,–	51 278,–	
Beiträge bis zum Höchstbetrag werden berücksichtigt mit einem Prozentsatz von	88 %	90 %	92 %	94 %	
Höchstbetrag für sonstige Vorsorgeaufwendungen bei Arbeitnehmern jährlich					
– für Alleinstehende	1 900,– [1]	1 900,– [1]	1 900,– [1]	1 900,– [1]	§ 10 Abs. 4 EStG
– für zusammen veranlagte Ehegatten/Lebenspartner	3 800,– [1]	3 800,– [1]	3 800,– [1]	3 800,– [1]	
Höchstbetrag für sonstige Vorsorgeaufwendungen bei Selbstständigen jährlich					
– für Alleinstehende	2 800,– [1]	2 800,– [1]	2 800,– [1]	2 800,– [1]	
– für zusammen veranlagte Ehegatten/Lebenspartner	5 600,– [1]	5 600,– [1]	5 600,– [1]	5 600,– [1]	
Grundzulage Riester-Rente	175,–	175,–	175,–	175,–	§§ 84, 85 EStG
Berufseinsteiger-Bonus Riester-Rente (einmalig)	200,–	200,–	200,–	200,–	
Kinderzulage Riester-Rente (geboren bis 31.12.2007)	185,–	185,–	185,–	185,–	
Kinderzulage Riester-Rente (geboren ab 1.1.2008)	300,–	300,–	300,–	300,–	
Zusätzlicher Sonderausgaben-Höchstbetrag für die Altersvorsorge (Riester-Rente) im Rahmen der Günstigerprüfung (vgl. Anhang 6a)[2]	2 100,–	2 100,–	2 100,–	2 100,–	§ 10a Abs. 1 EStG
Vorsorgepauschale siehe Anhang 8					
Werbegeschenke, Freigrenze	35,–	35,–	35,–	35,–	§ 9 Abs. 5 i. V. m. § 4 Abs. 5 Satz 1 Nr. 1 EStG
Werbungskosten-Pauschbeträge					
– bei Einkünften aus Kapitalvermögen	0,–	0,–	0,–	0,–	§ 9a EStG
– bei Arbeitnehmern siehe „Arbeitnehmer-Pauschbetrag“					
– bei wiederkehrenden Bezügen (Renten)	102,–	102,–	102,–	102,–	
Wohnungsüberlassung					
– Bewertungsabschlag		$^1/_3$	$^1/_3$	$^1/_3$	§ 8 Abs. 2 Satz 12 EStG
– Mietobergrenze		25,–	25,–	25,–	
Zinsersparnisse bei Arbeitgeberdarlehen					
– Darlehenshöchstbetrag (Freigrenze)	2 600,–	2 600,–	2 600,–	2 600,–	BMF-Schreiben vom 19.5.2015 (BStBl. I S. 484)
– Zinsvorteil nur bei einem Zinssatz von weniger als	[3]	[3]	[3]	[3]	

1) Mindestens abziehbar Aufwendungen für „Basis-Krankenversicherung“ und gesetzliche Pflegeversicherung.

2) Der Höchstbetrag beträgt 2160 €, wenn der Ehegatte/Lebenspartner lediglich einen abgeleiteten Zulagenanspruch hat.

3) Marktüblicher Zinssatz. Vgl. die Erläuterungen beim Stichwort „Zinsersparnisse und Zinszuschüsse“.

Lohnpfändungstabelle[1)]

Lohnpfändungstabelle ab 1.7.2022

Auszahlung für Monate						
Euro	Pfändbarer Betrag bei Unterhaltspflicht für . . . Personen					
Nettolohn monatlich	0	1	2	3	4	5 und mehr
bis 1 339,99	–	–	–	–	–	–
1 340,00 bis 1 349,99	6,89	–	–	–	–	–
1 350,00 bis 1 359,99	13,89	–	–	–	–	–
1 360,00 bis 1 369,99	20,89	–	–	–	–	–
1 370,00 bis 1 379,99	27,89	–	–	–	–	–
1 380,00 bis 1 389,99	34,89	–	–	–	–	–
1 390,00 bis 1 399,99	41,89	–	–	–	–	–
1 400,00 bis 1 409,99	48,89	–	–	–	–	–
1 410,00 bis 1 419,99	55,89	–	–	–	–	–
1 420,00 bis 1 429,99	62,89	–	–	–	–	–
1 430,00 bis 1 439,99	69,89	–	–	–	–	–
1 440,00 bis 1 449,99	76,89	–	–	–	–	–
1 450,00 bis 1 459,99	83,89	–	–	–	–	–
1 460,00 bis 1 469,99	90,89	–	–	–	–	–
1 470,00 bis 1 479,99	97,89	–	–	–	–	–
1 480,00 bis 1 489,99	104,89	–	–	–	–	–
1 490,00 bis 1 499,99	111,89	–	–	–	–	–
1 500,00 bis 1 509,99	118,89	–	–	–	–	–
1 510,00 bis 1 519,99	125,89	–	–	–	–	–
1 520,00 bis 1 529,99	132,89	–	–	–	–	–
1 530,00 bis 1 539,99	139,89	–	–	–	–	–
1 540,00 bis 1 549,99	146,89	–	–	–	–	–
1 550,00 bis 1 559,99	153,89	–	–	–	–	–
1 560,00 bis 1 569,99	160,89	–	–	–	–	–
1 570,00 bis 1 579,99	167,89	–	–	–	–	–
1 580,00 bis 1 589,99	174,89	–	–	–	–	–
1 590,00 bis 1 599,99	181,89	–	–	–	–	–
1 600,00 bis 1 609,99	188,89	–	–	–	–	–
1 610,00 bis 1 619,99	195,89	–	–	–	–	–
1 620,00 bis 1 629,99	202,89	–	–	–	–	–
1 630,00 bis 1 639,99	209,89	–	–	–	–	–
1 640,00 bis 1 649,99	216,89	–	–	–	–	–
1 650,00 bis 1 659,99	223,89	–	–	–	–	–
1 660,00 bis 1 669,99	230,89	–	–	–	–	–
1 670,00 bis 1 679,99	237,89	–	–	–	–	–
1 680,00 bis 1 689,99	244,89	–	–	–	–	–
1 690,00 bis 1 699,99	251,89	–	–	–	–	–
1 700,00 bis 1 709,99	258,89	–	–	–	–	–
1 710,00 bis 1 719,99	265,89	–	–	–	–	–
1 720,00 bis 1 729,99	272,89	–	–	–	–	–
1 730,00 bis 1 739,99	279,89	–	–	–	–	–
1 740,00 bis 1 749,99	286,89	–	–	–	–	–
1 750,00 bis 1 759,99	293,89	–	–	–	–	–

1) Pfändungsfreigrenzen – Bekanntmachung vom 25.5.2022 (BGBl. I S. 825).

Auszahlung für Monate						
Euro	Pfändbarer Betrag bei Unterhaltspflicht für . . . Personen					
Nettolohn monatlich	0	1	2	3	4	5 und mehr
1 760,00 bis 1 769,99	300,89	–	–	–	–	–
1 770,00 bis 1 779,99	307,89	–	–	–	–	–
1 780,00 bis 1 789,99	314,89	–	–	–	–	–
1 790,00 bis 1 799,99	321,89	–	–	–	–	–
1 800,00 bis 1 809,99	328,89	–	–	–	–	–
1 810,00 bis 1 819,99	335,89	–	–	–	–	–
1 820,00 bis 1 829,99	342,89	–	–	–	–	–
1 830,00 bis 1 839,99	349,89	–	–	–	–	–
1 840,00 bis 1 849,99	356,89	4,61	–	–	–	–
1 850,00 bis 1 859,99	363,89	9,61	–	–	–	–
1 860,00 bis 1 869,99	370,89	14,61	–	–	–	–
1 870,00 bis 1 879,99	377,89	19,61	–	–	–	–
1 880,00 bis 1 889,99	384,89	24,61	–	–	–	–
1 890,00 bis 1 899,99	391,89	29,61	–	–	–	–
1 900,00 bis 1 909,99	398,89	34,61	–	–	–	–
1 910,00 bis 1 919,99	405,89	39,61	–	–	–	–
1 920,00 bis 1 929,99	412,89	44,61	–	–	–	–
1 930,00 bis 1 939,99	419,89	49,61	–	–	–	–
1 940,00 bis 1 949,99	426,89	54,61	–	–	–	–
1 950,00 bis 1 959,99	433,89	59,61	–	–	–	–
1 960,00 bis 1 969,99	440,89	64,61	–	–	–	–
1 970,00 bis 1 979,99	447,89	69,61	–	–	–	–
1 980,00 bis 1 989,99	454,89	74,61	–	–	–	–
1 990,00 bis 1 999,99	461,89	79,61	–	–	–	–
2 000,00 bis 2 009,99	468,89	84,61	–	–	–	–
2 010,00 bis 2 019,99	475,89	89,61	–	–	–	–
2 020,00 bis 2 029,99	482,89	94,61	–	–	–	–
2 030,00 bis 2 039,99	489,89	99,61	–	–	–	–
2 040,00 bis 2 049,99	496,89	104,61	–	–	–	–
2 050,00 bis 2 059,99	503,89	109,61	–	–	–	–
2 060,00 bis 2 069,99	510,89	114,61	–	–	–	–
2 070,00 bis 2 079,99	517,89	119,61	–	–	–	–
2 080,00 bis 2 089,99	524,89	124,61	–	–	–	–
2 090,00 bis 2 099,99	531,89	129,61	–	–	–	–
2 100,00 bis 2 109,99	538,89	134,61	–	–	–	–
2 110,00 bis 2 119,99	545,89	139,61	0,13	–	–	–
2 120,00 bis 2 129,99	552,89	144,61	4,13	–	–	–
2 130,00 bis 2 139,99	559,89	149,61	8,13	–	–	–
2 140,00 bis 2 149,99	566,89	154,61	12,13	–	–	–
2 150,00 bis 2 159,99	573,89	159,61	16,13	–	–	–
2 160,00 bis 2 169,99	580,89	164,61	20,13	–	–	–
2 170,00 bis 2 179,99	587,89	169,61	24,13	–	–	–
2 180,00 bis 2 189,99	594,89	174,61	28,13	–	–	–
2 190,00 bis 2 199,99	601,89	179,61	32,13	–	–	–
2 200,00 bis 2 209,99	608,89	184,61	36,13	–	–	–
2 210,00 bis 2 219,99	615,89	189,61	40,13	–	–	–
2 220,00 bis 2 229,99	622,89	194,61	44,13	–	–	–
2 230,00 bis 2 239,99	629,89	199,61	48,13	–	–	–

Auszahlung für Monate						
Euro	Pfändbarer Betrag bei Unterhaltspflicht für . . . Personen					
Nettolohn monatlich	0	1	2	3	4	5 und mehr
2 240,00 bis 2 249,99	636,89	204,61	52,13	–	–	–
2 250,00 bis 2 259,99	643,89	209,61	56,13	–	–	–
2 260,00 bis 2 269,99	650,89	214,61	60,13	–	–	–
2 270,00 bis 2 279,99	657,89	219,61	64,13	–	–	–
2 280,00 bis 2 289,99	664,89	224,61	68,13	–	–	–
2 290,00 bis 2 299,99	671,89	229,61	72,13	–	–	–
2 300,00 bis 2 309,99	678,89	234,61	76,13	–	–	–
2 310,00 bis 2 319,99	685,89	239,61	80,13	–	–	–
2 320,00 bis 2 329,99	692,89	244,61	84,13	–	–	–
2 330,00 bis 2 339,99	699,89	249,61	88,13	–	–	–
2 340,00 bis 2 349,99	706,89	254,61	92,13	–	–	–
2 350,00 bis 2 359,99	713,89	259,61	96,13	–	–	–
2 360,00 bis 2 369,99	720,89	264,61	100,13	–	–	–
2 370,00 bis 2 379,99	727,89	269,61	104,13	–	–	–
2 380,00 bis 2 389,99	734,89	274,61	108,13	–	–	–
2 390,00 bis 2 399,99	741,89	279,61	112,13	0,43	–	–
2 400,00 bis 2 409,99	748,89	284,61	116,13	3,43	–	–
2 410,00 bis 2 419,99	755,89	289,61	120,13	6,43	–	–
2 420,00 bis 2 429,99	762,89	294,61	124,13	9,43	–	–
2 430,00 bis 2 439,99	769,89	299,61	128,13	12,43	–	–
2 440,00 bis 2 449,99	776,89	304,61	132,13	15,43	–	–
2 450,00 bis 2 459,99	783,89	309,61	136,13	18,43	–	–
2 460,00 bis 2 469,99	790,89	314,61	140,13	21,43	–	–
2 470,00 bis 2 479,99	797,89	319,61	144,13	24,43	–	–
2 480,00 bis 2 489,99	804,89	324,61	148,13	27,43	–	–
2 490,00 bis 2 499,99	811,89	329,61	152,13	30,43	–	–
2 500,00 bis 2 509,99	818,89	334,61	156,13	33,43	–	–
2 510,00 bis 2 519,99	825,89	339,61	160,13	36,43	–	–
2 520,00 bis 2 529,99	832,89	344,61	164,13	39,43	–	–
2 530,00 bis 2 539,99	839,89	349,61	168,13	42,43	–	–
2 540,00 bis 2 549,99	846,89	354,61	172,13	45,43	–	–
2 550,00 bis 2 559,99	853,89	359,61	176,13	48,43	–	–
2 560,00 bis 2 569,99	860,89	364,61	180,13	51,43	–	–
2 570,00 bis 2 579,99	867,89	369,61	184,13	54,43	–	–
2 580,00 bis 2 589,99	874,89	374,61	188,13	57,43	–	–
2 590,00 bis 2 599,99	881,89	379,61	192,13	60,43	–	–
2 600,00 bis 2 609,99	888,89	384,61	196,13	63,43	–	–
2 610,00 bis 2 619,99	895,89	389,61	200,13	66,43	–	–
2 620,00 bis 2 629,99	902,89	394,61	204,13	69,43	–	–
2 630,00 bis 2 639,99	909,89	399,61	208,13	72,43	–	–
2 640,00 bis 2 649,99	916,89	404,61	212,13	75,43	–	–
2 650,00 bis 2 659,99	923,89	409,61	216,13	78,43	–	–
2 660,00 bis 2 669,99	930,89	414,61	220,13	81,43	–	–
2 670,00 bis 2 679,99	937,89	419,61	224,13	84,43	0,50	–
2 680,00 bis 2 689,99	944,89	424,61	228,13	87,43	2,50	–
2 690,00 bis 2 699,99	951,89	429,61	232,13	90,43	4,50	–
2 700,00 bis 2 709,99	958,89	434,61	236,13	93,43	6,50	–
2 710,00 bis 2 719,99	965,89	439,61	240,13	96,43	8,50	–

Auszahlung für Monate						
Euro	Pfändbarer Betrag bei Unterhaltspflicht für . . . Personen					
Nettolohn monatlich	0	1	2	3	4	5 und mehr
2 720,00 bis 2 729,99	972,89	444,61	244,13	99,43	10,50	–
2 730,00 bis 2 739,99	979,89	449,61	248,13	102,43	12,50	–
2 740,00 bis 2 749,99	986,89	454,61	252,13	105,43	14,50	–
2 750,00 bis 2 759,99	993,89	459,61	256,13	108,43	16,50	–
2 760,00 bis 2 769,99	1 000,89	464,61	260,13	111,43	18,50	–
2 770,00 bis 2 779,99	1 007,89	469,61	264,13	114,43	20,50	–
2 780,00 bis 2 789,99	1 014,89	474,61	268,13	117,43	22,50	–
2 790,00 bis 2 799,99	1 021,89	479,61	272,13	120,43	24,50	–
2 800,00 bis 2 809,99	1 028,89	484,61	276,13	123,43	26,50	–
2 810,00 bis 2 819,99	1 035,89	489,61	280,13	126,43	28,50	–
2 820,00 bis 2 829,99	1 042,89	494,61	284,13	129,43	30,50	–
2 830,00 bis 2 839,99	1 049,89	499,61	288,13	132,43	32,50	–
2 840,00 bis 2 849,99	1 056,89	504,61	292,13	135,43	34,50	–
2 850,00 bis 2 859,99	1 063,89	509,61	296,13	138,43	36,50	–
2 860,00 bis 2 869,99	1 070,89	514,61	300,13	141,43	38,50	–
2 870,00 bis 2 879,99	1 077,89	519,61	304,13	144,43	40,50	–
2 880,00 bis 2 889,99	1 084,89	524,61	308,13	147,43	42,50	–
2 890,00 bis 2 899,99	1 091,89	529,61	312,13	150,43	44,50	–
2 900,00 bis 2 909,99	1 098,89	534,61	316,13	153,43	46,50	–
2 910,00 bis 2 919,99	1 105,89	539,61	320,13	156,43	48,50	–
2 920,00 bis 2 929,99	1 112,89	544,61	324,13	159,43	50,50	–
2 930,00 bis 2 939,99	1 119,89	549,61	328,13	162,43	52,50	–
2 940,00 bis 2 949,99	1 126,89	554,61	332,13	165,43	54,50	–
2 950,00 bis 2 959,99	1 133,89	559,61	336,13	168,43	56,50	0,36
2 960,00 bis 2 969,99	1 140,89	564,61	340,13	171,43	58,50	1,36
2 970,00 bis 2 979,99	1 147,89	569,61	344,13	174,43	60,50	2,36
2 980,00 bis 2 989,99	1 154,89	574,61	348,13	177,43	62,50	3,36
2 990,00 bis 2 999,99	1 161,89	579,61	352,13	180,43	64,50	4,36
3 000,00 bis 3 009,99	1 168,89	584,61	356,13	183,43	66,50	5,36
3 010,00 bis 3 019,99	1 175,89	589,61	360,13	186,43	68,50	6,36
3 020,00 bis 3 029,99	1 182,89	594,61	364,13	189,43	70,50	7,36
3 030,00 bis 3 039,99	1 189,89	599,61	368,13	192,43	72,50	8,36
3 040,00 bis 3 049,99	1 196,89	604,61	372,13	195,43	74,50	9,36
3 050,00 bis 3 059,99	1 203,89	609,61	376,13	198,43	76,50	10,36
3 060,00 bis 3 069,99	1 210,89	614,61	380,13	201,43	78,50	11,36
3 070,00 bis 3 079,99	1 217,89	619,61	384,13	204,43	80,50	12,36
3 080,00 bis 3 089,99	1 224,89	624,61	388,13	207,43	82,50	13,36
3 090,00 bis 3 099,99	1 231,89	629,61	392,13	210,43	84,50	14,36
3 100,00 bis 3 109,99	1 238,89	634,61	396,13	213,43	86,50	15,36
3 110,00 bis 3 119,99	1 245,89	639,61	400,13	216,43	88,50	16,36
3 120,00 bis 3 129,99	1 252,89	644,61	404,13	219,43	90,50	17,36
3 130,00 bis 3 139,99	1 259,89	649,61	408,13	222,43	92,50	18,36
3 140,00 bis 3 149,99	1 266,89	654,61	412,13	225,43	94,50	19,36
3 150,00 bis 3 159,99	1 273,89	659,61	416,13	228,43	96,50	20,36
3 160,00 bis 3 169,99	1 280,89	664,61	420,13	231,43	98,50	21,36
3 170,00 bis 3 179,99	1 287,89	669,61	424,13	234,43	100,50	22,36
3 180,00 bis 3 189,99	1 294,89	674,61	428,13	237,43	102,50	23,36
3 190,00 bis 3 199,99	1 301,89	679,61	432,13	240,43	104,50	24,36

Anhang 2 Lohnpfändungstabelle

Auszahlung für Monate						
Euro	Pfändbarer Betrag bei Unterhaltspflicht für . . . Personen					
Nettolohn monatlich	0	1	2	3	4	5 und mehr
3 200,00 bis 3 209,99	1 308,89	684,61	436,13	243,43	106,50	25,36
3 210,00 bis 3 219,99	1 315,89	689,61	440,13	246,43	108,50	26,36
3 220,00 bis 3 229,99	1 322,89	694,61	444,13	249,43	110,50	27,36
3 230,00 bis 3 239,99	1 329,89	699,61	448,13	252,43	112,50	28,36
3 240,00 bis 3 249,99	1 336,89	704,61	452,13	255,43	114,50	29,36
3 250,00 bis 3 259,99	1 343,89	709,61	456,13	258,43	116,50	30,36
3 260,00 bis 3 269,99	1 350,89	714,61	460,13	261,43	118,50	31,36
3 270,00 bis 3 279,99	1 357,89	719,61	464,13	264,43	120,50	32,36
3 280,00 bis 3 289,99	1 364,89	724,61	468,13	267,43	122,50	33,36
3 290,00 bis 3 299,99	1 371,89	729,61	472,13	270,43	124,50	34,36
3 300,00 bis 3 309,99	1 378,89	734,61	476,13	273,43	126,50	35,36
3 310,00 bis 3 319,99	1 385,89	739,61	480,13	276,43	128,50	36,36
3 320,00 bis 3 329,99	1 392,89	744,61	484,13	279,43	130,50	37,36
3 330,00 bis 3 339,99	1 399,89	749,61	488,13	282,43	132,50	38,36
3 340,00 bis 3 349,99	1 406,89	754,61	492,13	285,43	134,50	39,36
3 350,00 bis 3 359,99	1 413,89	759,61	496,13	288,43	136,50	40,36
3 360,00 bis 3 369,99	1 420,89	764,61	500,13	291,43	138,50	41,36
3 370,00 bis 3 379,99	1 427,89	769,61	504,13	294,43	140,50	42,36
3 380,00 bis 3 389,99	1 434,89	774,61	508,13	297,43	142,50	43,36
3 390,00 bis 3 399,99	1 441,89	779,61	512,13	300,43	144,50	44,36
3 400,00 bis 3 409,99	1 448,89	784,61	516,13	303,43	146,50	45,36
3 410,00 bis 3 419,99	1 455,89	789,61	520,13	306,43	148,50	46,36
3 420,00 bis 3 429,99	1 462,89	794,61	524,13	309,43	150,50	47,36
3 430,00 bis 3 439,99	1 469,89	799,61	528,13	312,43	152,50	48,36
3 440,00 bis 3 449,99	1 476,89	804,61	532,13	315,43	154,50	49,36
3 450,00 bis 3 459,99	1 483,89	809,61	536,13	318,43	156,50	50,36
3 460,00 bis 3 469,99	1 490,89	814,61	540,13	321,43	158,50	51,36
3 470,00 bis 3 479,99	1 497,89	819,61	544,13	324,43	160,50	52,36
3 480,00 bis 3 489,99	1 504,89	824,61	548,13	327,43	162,50	53,36
3 490,00 bis 3 499,99	1 511,89	829,61	552,13	330,43	164,50	54,36
3 500,00 bis 3 509,99	1 518,89	834,61	556,13	333,43	166,50	55,36
3 510,00 bis 3 519,99	1 525,89	839,61	560,13	336,43	168,50	56,36
3 520,00 bis 3 529,99	1 532,89	844,61	564,13	339,43	170,50	57,36
3 530,00 bis 3 539,99	1 539,89	849,61	568,13	342,43	172,50	58,36
3 540,00 bis 3 549,99	1 546,89	854,61	572,13	345,43	174,50	59,36
3 550,00 bis 3 559,99	1 553,89	859,61	576,13	348,43	176,50	60,36
3 560,00 bis 3 569,99	1 560,89	864,61	580,13	351,43	178,50	61,36
3 570,00 bis 3 579,99	1 567,89	869,61	584,13	354,43	180,50	62,36
3 580,00 bis 3 589,99	1 574,89	874,61	588,13	357,43	182,50	63,36
3 590,00 bis 3 599,99	1 581,89	879,61	592,13	360,43	184,50	64,36
3 600,00 bis 3 609,99	1 588,89	884,61	596,13	363,43	186,50	65,36
3 610,00 bis 3 619,99	1 595,89	889,61	600,13	366,43	188,50	66,36
3 620,00 bis 3 629,99	1 602,89	894,61	604,13	369,43	190,50	67,36
3 630,00 bis 3 639,99	1 609,89	899,61	608,13	372,43	192,50	68,36
3 640,00 bis 3 649,99	1 616,89	904,61	612,13	375,43	194,50	69,36
3 650,00 bis 3 659,99	1 623,89	909,61	616,13	378,43	196,50	70,36
3 660,00 bis 3 669,99	1 630,89	914,61	620,13	381,43	198,50	71,36
3 670,00 bis 3 679,99	1 637,89	919,61	624,13	384,43	200,50	72,36

Auszahlung für Monate						
Euro	Pfändbarer Betrag bei Unterhaltspflicht für . . . Personen					
Nettolohn monatlich	0	1	2	3	4	5 und mehr
3 680,00 bis 3 689,99	1 644,89	924,61	628,13	387,43	202,50	73,36
3 690,00 bis 3 699,99	1 651,89	929,61	632,13	390,43	204,50	74,36
3 700,00 bis 3 709,99	1 658,89	934,61	636,13	393,43	206,50	75,36
3 710,00 bis 3 719,99	1 665,89	939,61	640,13	396,43	208,50	76,36
3 720,00 bis 3 729,99	1 672,89	944,61	644,13	399,43	210,50	77,36
3 730,00 bis 3 739,99	1 679,89	949,61	648,13	402,43	212,50	78,36
3 740,00 bis 3 749,99	1 686,89	954,61	652,13	405,43	214,50	79,36
3 750,00 bis 3 759,99	1 693,89	959,61	656,13	408,43	216,50	80,36
3 760,00 bis 3 769,99	1 700,89	964,61	660,13	411,43	218,50	81,36
3 770,00 bis 3 779,99	1 707,89	969,61	664,13	414,43	220,50	82,36
3 780,00 bis 3 789,99	1 714,89	974,61	668,13	417,43	222,50	83,36
3 790,00 bis 3 799,99	1 721,89	979,61	672,13	420,43	224,50	84,36
3 800,00 bis 3 809,99	1 728,89	984,61	676,13	423,43	226,50	85,36
3 810,00 bis 3 819,99	1 735,89	989,61	680,13	426,43	228,50	86,36
3 820,00 bis 3 829,99	1 742,89	994,61	684,13	429,43	230,50	87,36
3 830,00 bis 3 839,99	1 749,89	999,61	688,13	432,43	232,50	88,36
3 840,00 bis 3 849,99	1 756,89	1 004,61	692,13	435,43	234,50	89,36
3 850,00 bis 3 859,99	1 763,89	1 009,61	696,13	438,43	236,50	90,36
3 860,00 bis 3 869,99	1 770,89	1 014,61	700,13	441,43	238,50	91,36
3 870,00 bis 3 879,99	1 777,89	1 019,61	704,13	444,43	240,50	92,36
3 880,00 bis 3 889,99	1 784,89	1 024,61	708,13	447,43	242,50	93,36
3 890,00 bis 3 899,99	1 791,89	1 029,61	712,13	450,43	244,50	94,36
3 900,00 bis 3 909,99	1 798,89	1 034,61	716,13	453,43	246,50	95,36
3 910,00 bis 3 919,99	1 805,89	1 039,61	720,13	456,43	248,50	96,36
3 920,00 bis 3 929,99	1 812,89	1 044,61	724,13	459,43	250,50	97,36
3 930,00 bis 3 939,99	1 819,89	1 049,61	728,13	462,43	252,50	98,36
3 940,00 bis 3 949,99	1 826,89	1 054,61	732,13	465,43	254,50	99,36
3 950,00 bis 3 959,99	1 833,89	1 059,61	736,13	468,43	256,50	100,36
3 960,00 bis 3 969,99	1 840,89	1 064,61	740,13	471,43	258,50	101,36
3 970,00 bis 3 979,99	1 847,89	1 069,61	744,13	474,43	260,50	102,36
3 980,00 bis 3 989,99	1 854,89	1 074,61	748,13	477,43	262,50	103,36
3 990,00 bis 3 999,99	1 861,89	1 079,61	752,13	480,43	264,50	104,36
4 000,00 bis 4 009,99	1 868,89	1 084,61	756,13	483,43	266,50	105,36
4 010,00 bis 4 019,99	1 875,89	1 089,61	760,13	486,43	268,50	106,36
4 020,00 bis 4 029,99	1 882,89	1 094,61	764,13	489,43	270,50	107,36
4 030,00 bis 4 039,99	1 889,89	1 099,61	768,13	492,43	272,50	108,36
4 040,00 bis 4 049,99	1 896,89	1 104,61	772,13	495,43	274,50	109,36
4 050,00 bis 4 059,99	1 903,89	1 109,61	776,13	498,43	276,50	110,36
4 060,00 bis 4 069,99	1 910,89	1 114,61	780,13	501,43	278,50	111,36
4 070,00 bis 4 077,72	1 917,89	1 119,61	784,13	504,43	280,50	112,36
Der Mehrbetrag über 4 077,72 Euro ist voll pfändbar.						

Hinweise:

Die **wöchentliche** Lohnpfändungstabelle wurde nicht abgedruckt, weil eine wöchentliche Auszahlung des Arbeitslohns nur noch selten vorkommt.

Die **tägliche** Lohnpfändungstabelle wurde nicht abgedruckt, weil eine tägliche Auszahlung des Arbeitslohns nur sehr selten vorkommt und bei einem intritt bzw. Austritt während des Monats die monatliche Lohnpfändungstabelle anzuwenden ist, wenn für den Arbeitnehmer eine monatliche uszahlung des Arbeitslohns vereinbart wurde.

Rahmen der Unterhaltspflicht gegenüber anderen Personen sind Unterhaltsleistungen des Schuldners gegenüber seinem Ehegatten, einem neren Ehegatten, dem (früheren) Lebenspartner, einem Verwandten (Kinder, Enkelkinder, Eltern, Großeltern) oder der Mutter bzw. dem Vater eines tehelichen Kindes nach §§ 1615l, 1615n BGB zu berücksichtigen.